Hektor Haarkötter

Notizzettel

Denken
und Schreiben im
21. Jahrhundert

S. FISCHER

Aus Verantwortung für die Umwelt hat sich der S. Fischer Verlag zu einer nachhaltigen Buchproduktion verpflichtet. Der bewusste Umgang mit unseren Ressourcen, der Schutz unseres Klimas und der Natur gehören zu unseren obersten Unternehmenszielen.

Gemeinsam mit unseren Partnern und Lieferanten setzen wir uns für eine klimaneutrale Buchproduktion ein, die den Erwerb von Klimazertifikaten zur Kompensation des CO_2-Ausstoßes einschließt.

Weitere Informationen finden Sie unter: www.klimaneutralerverlag.de

Originalausgabe
Erschienen bei S. FISCHER

© 2021 S. Fischer Verlag GmbH,
Hedderichstr. 114, D-60596 Frankfurt am Main

Satz: Dörlemann Satz, Lemförde
Druck und Bindung: CPI books GmbH, Leck
Printed in Germany
ISBN 978-3-10-397330-3

Inhalt

Am Anfang notiert · 9

Die Erfindung des Notizzettels · 25
   Schreiben Drucken Veröffentlichen · 37
   Renaissance-Mensch Universalgenie · 53
   Lionardo als Erfinder des Notizzettels? · 66
   Erfindung des Überblicks · 73
   Notieren Erinnern Vergessen
   (Theorie des Notizzettels I) · 84
   Geist Körper Zettel (Theorie des Notizzettels II) · 100
   »Das kann man noch gebrauchen« · 112

Verzettelt denken · 116
   Ludwig Wittgenstein bittet zum Diktat · 116
   Notizen Manuskripte Typoskripte · 134
   Die Geburt des Zettels aus dem Geiste des Fußballs
   (Theorie des Notizzettels III) · 156
   Im Kino mit Wittgenstein (Theorie des Notizzettels IV) · 164
   Privatheit Veröffentlichkeit Wahnsinn · 173
   Letzte Zettel · 206

Das handgeschriebene Buch · 221
   Meditation und Maulwurfsfell · 221
   Hand Schrift Selbst · 236
   Immer dieser Michel: Haushalts-, Schmier-
   und Sudelbücher · 252
   Barocke Selbstschreibungen · 259
   Eselei Faselei Hudelei Klügelei Sudelei Witzelei · 281
   Von der Liste zum Buch (Theorie des Notizzettels V) · 310

Am Buch laborieren · 345
Das leere Notizbuch · 355

Der Zettel im Kasten · 358
Zettel's Albtraum · 358
Zettel Kisten Exzerpte · 372
Von der Lesetechnik zur Verwaltungstechnik · 383
Wilde Formen des Verzettelns · 394
Datei löschen · 407

Notizen an der Wand · 410
Graffiti Wände Hände · 410
Exkurs: Philosophie des Hip-Hop · 412
Ach, wie gut, dass niemand weiß …
(Theorie des Notizzettels VI) · 423
Wiener-Hof-Write-Schule oder
Fifteen minutes of publicity · 433
»Stoß langsam!« Antike Kritzeleien · 440
Nachrichten auf der Wand: Acta Diurna · 466
Sprechende Statuen · 474

Begehbare Notizzettel · 481
Geheimnisse unter den Dielen · 481
Hohentwiel · 482
Keller Zelle Wand · 491
Das Atelier des Francis Bacon · 498
Das Leben notieren · 507

Der Fluss der Kommunikation · 514
Ein Einbruch in eine Bank · 514
Notieren im digitalen Zeitalter · 520
Die Kommunikation im Fluss · 529

Inhalt	7
Anmerkungen	533
Abbildunggsverzeichnis	555
Literaturverzeichnis	556
Index	585

Am Anfang notiert

»Das müsste man mal eben notieren.« Vermutlich ist dies der am häufigsten gedachte Gedanke, wenn es um unsere ganz alltägliche Schreib- und Medienpraxis geht. Ein kleiner Zettel ist schnell zur Hand, einen Stift kann man womöglich auch in unseren digitalen Zeiten immer noch irgendwo auftreiben. Manche Notizzettel können gar medizinisch indiziert sein. Auf den Zettel zurückgeworfen fand sich der, dessen ärztliche Diagnose so lautete:

> »Krebsige Zerstörung des Kehlkopfes mit sekundärer Erkrankung einer größeren Lymphdrüse am Halse links unten und aus einem kutanen Knoten rechts neben der Wunde. Speiseröhre unversehrt. Brandige Zerstörung des oberen Teils der Luftröhre und der Nachbarschaft. Zahlreiche Bronchiektasien mit putridem Inhalt. In ihrer Nähe bronchopneumonische abszedierende, gagräneszierende Herde«.[1]

Dem es hier so dreckig geht, ist Friedrich III., der »99-Tage-Kaiser«. Er war bei seiner Thronbesteigung im Jahr 1888 schon so schwer an Kehlkopfkrebs erkrankt, dass er sich nur noch vermittels Notizzetteln mit der Außenwelt verständigen konnte. »Es dürfte kaum eine zweite Krankengeschichte der Weltliteratur geben, die zu einer ähnlich umfangreichen Literatur geführt hat«, schreibt der Medizinhistoriker Georg Dhom.[2] Die Einschätzungen der deutschen Ärzte, zu denen immerhin auch Rudolf Virchow zählte, waren ein Politikum, und so waren es auch die quasi ärztlich verordneten Notizzettel – das letzte Medium, mit dem der Regent mit seinem Staatsvolk, seinen Untertanen, kommunizieren konnte.[3]

Der Kaiser überlebte seine Zettelwirtschaft nicht lange: Schreiben hält nicht zweifelsfrei am Leben. Das Schicksal, krankheitsbedingt auf Notizzettel angewiesen zu sein, teilte der deutsche Kaiser ironischerweise mit einem Antipoden im Geiste. Auch Friedrich Engels war am Ende seines Lebens so schwer an dem tückischen Krebs erkrankt, dass er, Autor von *Die Entwicklung des Sozialismus von der Utopie zur Wissenschaft* und neben Karl Marx Mitverfasser des *Kommunistischen Manifests*, am Ende seiner schriftstellerischen Laufbahn nicht mehr voluminöse Bücher, sondern nur noch Notizzettel schrieb, wenn er etwas mitzuteilen hatte.[4] Notizzettel können also, das scheinen die beiden historischen Beispiele zu lehren, der letzte Anker sein, um menschliche Kommunikation aufrechtzuerhalten.

Aber halt! Genau um solche Notizzettel soll es in diesem Buch nicht gehen: um Zettel, die anderen tatsächlich etwas mitteilen, Zettel, die der Mit- und Umwelt etwas zu sagen haben, Zettel, die im Spiel der menschlichen Kommunikation, des gesellschaftlichen Austauschs eine Rolle spielen. Nein, die Zettel, um die es in diesem Buch geht, sind von einer anderen, verwegeneren Art: Es gibt nämlich Zettel, die gerade nicht geschrieben, gekritzelt, gesudelt oder gehudelt werden, um anderen Menschen etwas zu kommunizieren, sondern die scheinbar nur für einen selbst da sind.

Ludwig van Beethoven notierte seine genialen musikalischen Einfälle beim Spazierengehen auf seine Manschetten. »Was ich auf dem Herzen habe, muss heraus, und darum schreibe ich«, soll Beethoven gesagt haben.[5] Es handelt sich dabei um einen musikhistorischen oder kunsthistorischen Topos, wenn man so will: einen Notiertopos, denn nicht nur von Beethoven wird die Manschettenanekdote kolportiert. Antonin Dvořák soll bei Angelausflügen mit der Familie seine Kompositionsideen schneller auf die Manschette seines Hemds skizziert haben, als seine

Söhne Fische fingen. Carl Nielsen soll die Idee für das Hauptthema seiner zweiten Symphonie bei einer Straßenbahnfahrt gekommen sein, so dass er es in Ermangelung von Notenpapier auf die Manschette notierte.

Aber nicht nur die großen Herzensangelegenheiten und nicht nur die hehren Werke der Weltliteratur und der Weltmusik haben ihre Anfänge im Zettel. Auch das Trivialste und Alltäglichste ist dem Zettel nicht fremd, die Bedürfnisse des Magens etwa oder noch Liederlicheres. Zum Beispiel als Einkaufszettel: Der teuerste Notizzettel der Welt ist ein ebensolcher. Es handelt sich um einen Einkaufszettel des gerade erwähnten Ludwig van Beethoven. Auf einem schlichten Zettel notierte der Schöpfer der Schicksalssymphonie, was die Erfordernisse des Komponistenhaushalts seien, die aus der »Bognergasse« zu besorgen wären: »MäuseFall, 3 Barbiermesser, Waschseife« und auch eine ominöse »Büchermaschin«, unter der womöglich eine Art Setzkasten zu verstehen ist, um seinem geliebten Neffen das Lesen beizubringen.

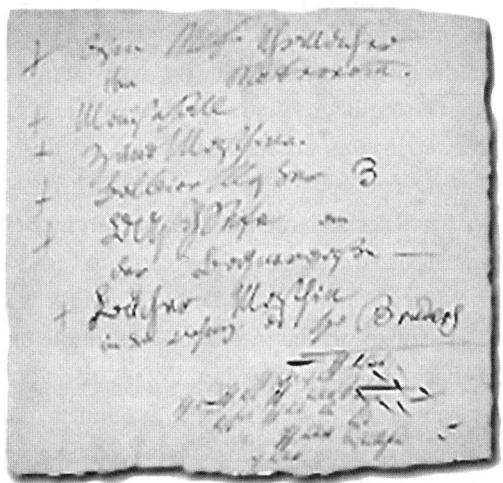

Abb. 1: Ludwig van Beethovens Einkaufszettel

In der Leserlichkeit zeigt Beethovens Notizzettel schon eine Verwandtschaft zu seinen handschriftlichen Kompositionen: kaum zu entziffern. Da wird geschmiert und durchgestrichen, übereinandergeschrieben und wieder radiert. Mitteilsam ist das nicht, oder nur unter Schwierigkeiten. Ist die europäische Symphonie als Musikgattung das vielleicht am besten geordnete und organisierte Kunstwerk der Menschheit, so ist ihr Zustandekommen, ihr verzetteltes Chaos häufig das gerade Gegenteil und belegt eine vielleicht nicht zufällige etymologische Verwandtschaft der Noten zu den Notizen. »Musik ist das Geräusch, das denkt«: Das Bonmot des französischen Schriftstellers Victor Hugo ist auch hier einschlägig.[6] Der Notizzettel vereinigt Rauschen und Denken, das Irdische und das Überirdische. Astronomisch auch der Preis für Beethovens Notizzettel: Für 60 000 Euro wurde das schlichte Blatt im Jahr 2011 vom Kölner Auktionshaus Venator & Hanstein versteigert. Beethoven, der sich als einer der ersten freien Künstler in ständiger Geldnot wähnte, hätte diese Summe vermutlich gut gebrauchen können. Denn auch der Künstler selbst begründet das Überirdische mit dem Allzuirdischen: »Alle meine Noten bringen mich nicht aus den Nöten, und ich schreibe Noten überhaupt nur aus Nöten.«[7]

Es scheint auf den ersten Blick keine sehr gute Idee zu sein, das Wertvollste, was wir haben, unsere Gedanken, dem flüchtigsten Medium anzuvertrauen, das es seit Menschengedenken gibt, dem Notizzettel. Der Notizzettel ist so vergänglich wie die Gedanken selbst. So schnell, wie er zur Hand ist, so schnell ist er auch wieder fort. Wo habe ich mir das noch mal aufgeschrieben? Der Notizzettel hat viele Orte, die alles eines gemein haben: aus dem Auge, aus dem Sinn. Er teilt damit den Friedhof alles Überflüssigen und alles Unangenehmen: das Vergessen – was, nebenbei bemerkt, ein denkbarer Beleg dafür ist, dass alles Unangenehme überflüssig ist. Notizzettel auf Kühlschranktüren, Notizzettel an Toilettenspiegeln, Notizzettel auf Landkarten, Einsatzplanungswänden und Spindtüren, Notizzettel mit Klebestreifen, gelocht und beringt, Notizzettel auf Blöcken, in losen Blättern, in Karteikästen oder in ihrer edelsten Form: als Notizbuch, das für seinen Besitzer einen so enormen Wert haben kann, dass etwa der Schriftsteller Bruce Chatwin im Verlustfall einen gigantischen Finderlohn auslobte. Was macht die besondere Geltung von etwas vorderhand so Unscheinbarem wie dem Notizzettel aus? Warum hat das Notieren die Geschichte des Menschen nahezu von seinen Anfängen an begleitet, alle historischen und medialen Wechselfälle schadlos überstanden? Wenn der Notizzettel der erste Container unserer Gedanken ist, dann ist es vielleicht gerade diese Nähe zum Gedanken, zum spontanen und wilden, zum ungeordneten und zufälligen Gedanken, die die Frage stellen lässt, wie es um die Nähe zum Denken bestellt ist: Liegt die Zettelwirtschaft, liegt die Ablage in kleine und kleinste Gedankensplitter uns deswegen so nahe, weil unser Denken selbst genauso ist: wild und spontan, ungeordnet und zufällig? Der Notizzettel bildet dann womöglich nahezu ideal die Art und Weise ab, wie wir denken. Unsere mentalen Vorgänge – das wird die Mediengeschichte des Notizzettels lehren, die darum auch eine Geistes- oder Mentalgeschichte ist – spielen sich folglich nicht in Form großer Abhandlungen, gelehrter Traktate oder ausufernder Romane ab, sondern im Kleinklein der Notizen und Zettel. Unser Hirn: ein Zettelkasten, und unser Denken: Zettels Traum.

»Ein Zettel ist ein kleines, meist loses Stück Papier«, heißt es in einer der seltenen definitorischen Bemühungen um den Notizzettel, nämlich der Online-Enzyklopädie Wikipedia. Als Kommentar ist unter diesem Lemma vermerkt: »Dieser Artikel oder nachfolgende Abschnitt ist nicht hinreichend mit Belegen (bspw. Einzelnachweisen) ausgestattet.« Aber was sollte auch der »Einzelnachweis« für »den« Notizzettel sein? Es bleibt bei der Kleinheit des Notizzettels, auch wenn Sammlungen von Notizzetteln nicht nur im Fall des Karteikastens, wie etwa der Philosoph Hans Blumenberg oder der Soziologe Niklas Luhmann sie angelegt haben oder wie bis vor kurzem jede Bibliothek von Stand sie vorwies, es zu beachtlicher, wenn nicht gigantischer Größe gebracht haben können. Er unterscheidet sich vom Brief (lat. *breve* = kurz) dadurch, dass er in der Regel keinen Adressaten hat. Wer etwas notiert, tut dies in erster Linie für sich selbst und teilt nicht anderen etwas mit. Wie ich im Laufe dieser Untersuchung an vielen Beispielen zeigen werde, ist der Notizzettel – und das ist auch die erste Hypothese dieses Buchs – ein unkommunikatives Medium. Der Medienpsychologe Paul Watzlawick hat mit einer berühmten und vielzitierten Formulierung einmal behauptet, niemand könne bestreiten, dass man *nicht* nicht kommunizieren könne.[8] Nun, ich bin dieser Niemand. Ich leugne es geradezu. Wenn wir uns die lange und verzettelte Geschichte des Notierens intensiver ansehen, werden wir zu dem Ergebnis kommen, dass das Notieren die primäre und elementare Form des Schreibens ist, der Notizzettel ist mithin das primäre Medium oder auch Protomedium. Und was ich mit dieser Studie weiterhin belegen möchte, ist, dass man sogar medial *nicht* kommunizieren kann, also auch bei und trotz der Verwendung eines technischen Mediums nichts mitteilt. Dass dies mitunter auch vorkommt und Medien hin und wieder etwas mitzuteilen haben, erscheint angesichts der langen und wechselvollen, multikulturellen und multimodalen Geschichte des Notizzettels als die Ausnahme, aber nicht als die Regel. Kurz: Medien sind nicht zum Kommunizieren da.

Um hier den Nachweis zu erbringen, führe ich ein Begriffspaar ein, das sich an die Terminologie der strukturalistischen Linguistik anlehnt. Deren Begründer, Ferdinand de Saussure, unterschied die Sprache nach der »langue« als dem Sprachsystem, ihrem Potenzial oder ihrem Regelwerk einerseits und der »parole« als der tatsächlichen Manifestation oder Performanz der Sprache im gesprochenen oder geschriebenen Wort andererseits. Diese Unterscheidung erwies sich als ausgesprochen produktiv und führte zu weiteren Differenzierungen zum Beispiel auf der Bedeutungsebene, wo der Signifikant als das Bezeichnende oder Meinende vom Signifikat als dem Bezeichneten oder Gemeinten unterschieden wird. In der vorliegenden Untersuchung, die sich als medien- und kommunikationswissenschaftliche versteht und darum die Frage einerseits nach der Kommunikation oder der Kommunikabilität, andererseits nach der Medialität von Kommunikation in den Vordergrund rückt, wird ganz analog der Unterschied von Kommunikat und Kommunikant gemacht. Der Kommunikant ist die mitteilende Äußerung, während das Kommunikat das Mitgeteilte und Geäußerte darstellt. Der Kommunikant stellt eine Mitteilung, einen Inhalt zur Verfügung, aber erst wenn daraus ein Kommunikat wird, kommt Kommunikation zustande und kann Kommunikation gelingen. Dass diese beiden Sphären zu differenzieren sind, zeigt gerade der Notizzettel. Denn der Notizzettel, das ist die nächste Hypothese dieses Buches, stellt einen Kommunikanten ohne Kommunikat dar: Was auf dem Zettel als Notiz geäußert, festgehalten, niedergelegt ist, sieht nur wie ein Kommunikat aus, ist aber keins, weil ihm die Mitteilungsabsicht abgeht. Seine mediale und auch kommunikative Funktion ist eine andere, als sich anderen mitzuteilen. Das wird noch zu zeigen sein.

Der Notizzettel und seine große Schwester, das Notizbuch, unterscheiden sich vom Tagebuch, das als literarische Gattung ebenso wie der Brief längst etabliert und beschrieben ist, dadurch, dass sie keine Regelmäßigkeit und kein Ordnungssystem dergestalt kennen, dass etwa kalendarisch Einträge sortiert werden müssten. Indes können manche Tagebücher durchaus die

Form von Notizbüchern einnehmen, und manches Notizbuch kann sich auch zum Tagebuch entwickeln. Der Notizzettel bietet Raum für den spontanen Geistesblitz, das Ungeplante, aber so, dass seine Möglichkeit doch vorgesehen und darum ein Zettel, ein Büchlein, ein Block und ein Schreibwerkzeug zuhanden, um es etwas heideggerisch auszudrücken und damit zu sagen: geplant sind. Die Hand, die Handschrift, auch das Handwerkliche werden beim Notizzettel auch noch eine Rolle spielen.

Der Notizzettel als »Aufschreibesystem« beschreibt zugleich seine Form und seinen Inhalt, er ist Hardware und Software. Wenn von der Nähe des Zettels zum auf ihm formulierten Gedanken auf die prinzipielle Nähe zum menschlichen Denken geschlossen wird, so ist damit offenkundig seine softwaremäßige Erscheinungsform gemeint, die Notiz selbst. Das lateinische Verb *notare* reicht mit seinem Bedeutungsspektrum von anmerken und aufschreiben bis zu wahrnehmen und beobachten und verweist damit schon auf die weite Funktionalität des Zettels und seinen wesenhaften Zusammenhang mit den Kernbereichen des menschlichen Denkens.

Was sich in all diesen *Alla-breve*-Formen des Schriftlichen andeutet, ist vielleicht jenem medientechnischen Apriori zu danken, für das insbesondere der Medienwissenschaftler Friedrich Kittler sich stark gemacht hat. Dem Nietzsche-Diktum nachdenkend, das besagt: »Unser Schreibzeug arbeitet mit an unseren Gedanken«,[9] hat Kittler viel Forscherfleiß in den Nachweis investiert, dass sprachliche und in Sonderheit literarische Inhalte in starker Abhängigkeit vom gewählten Medium stünden. Die Art des Notizzettels als Medium würde demnach jenen kurzen und kürzesten Formen sprachlichen und gedanklichen Ausdrucks die Formatierung und womöglich sogar den Inhalt vorgeben. Weil ein Zettel zuhanden ist, findet sich auch die Notiz, wird die Form geschaffen, wird eine Gattung kreiert. Im Gang der Untersuchung werden wir uns noch mit der Frage beschäftigen, ob das wirklich gilt. Jedenfalls lenkt diese Annahme den Blick auf den Notizzettel nicht so sehr als Inhalt, sondern als Container, als Material.

Wenn von der Mediengeschichte des Notizzettels die Rede ist, impliziert die Formulierung, dass es sich bei dem besagten Zettel überhaupt um ein Medium handle, dass er nicht nur Software, sondern eben auch ein Stück Hardware bildet, einen Untergrund, eine Unterlage, einen Stoff. Der Notizzettel besteht eben nicht nur aus der Notiz, sondern auch aus dem Zettel. Walter Portsmann, einer der Pioniere der Karteikunde in Deutschland, hat schon in den 1920er Jahren kritisch angemerkt, dass zwar das »Wesen der Schrift« sowie der »Entwicklung der Schreibwerkzeuge« medienhistorisch aufgearbeitet worden ist:

»Aber noch nirgends haben wir zusammenfassende Darstellungen, die das dritte Element des Schreibens behandeln, nämlich die Schreibfläche, und noch weniger kennen wir schließlich planmäßige Ordnung der Schreibfläche.«[10]

Hier hat sich wissenschaftshistorisch allerdings seit Portsmanns Zeiten allerhand getan. Der Materialität von Aufzeichnungssystemen hat die Medien- und Kommunikationswissenschaft seit geraumer Zeit einige Aufmerksamkeit gewidmet. Abraham A. Moles hatte bereits in den 1950er Jahren auf die Materialität von Kommunikation hingewiesen.[11] In den 1980er Jahren haben Hans Ulrich Gumbrecht und andere einen Schule machenden Sammelband zur *Materialität der Kommunikation* vorgelegt.[12] Friedrich Kittlers These von den *Aufschreibesystemen* sowie seine Studie über *Grammophon, Film, Typewriter*[13] haben ebenso wie Paul Virilios *Krieg und Kino*[14] und einige andere medienhistorische Arbeiten im Gefolge poststrukturalistischer Medientheorien die materielle Seite der Sinnproduktion offengelegt. Elizabeth Eisenstein hat in ihren Arbeiten zur »printing Revolution« gezeigt, wie der Buchdruck die schriftliche Kommunikation in der Gesellschaft verändert hat.[15] Markus Krajewski hat mit seiner Studie *Zettelwirtschaft* nicht weniger als die »Geburt der Kartei aus dem Geist der Bibliothek« herausarbeiten wollen.[16] Und neuere Arbeiten wie Till A. Heilmanns *Textverarbeitung*[17] oder Matthew G. Kirschenbaums *Track changes: A literary history of word processing*[18] haben einen Beitrag zur Theorie des Schreibens unter digitalen Bedingungen erbracht. Nur der Notizzettel, wiewohl das universellste aller Universalmedien, wurde einer medien- und kommunikationswissenschaftlichen Untersuchung bisher noch nicht unterzogen. Auch Werner Faulstich musste feststellen, dass das »Medium Blatt […] das mit Abstand am meisten vernachlässigte Kommunikationsmedium unserer Zeit« ist.[19] Und was ist ein Notizzettel anderes als ein unbeschriebenes Blatt oder gar nur ein Teil davon, eine Karte, ein Fetzen, ein Ausriss oder ein Schnipsel?

Dabei beweist die Tätigkeit des Notierens eine bemerkenswerte historische Konstanz. Das macht, wenn man so will, einen Teil ihrer subversiven Kraft aus: sich als der kleine mediale David nicht von den datenverarbeitenden Goliaths unterkriegen zu lassen. Die Mediengeschichte wird zeigen, dass das Notieren das menschliche Denken und Schreiben von Anbeginn an begleitet hat. Unser Schreiben hat sich aus unserem Notieren entwickelt. Allerdings wird meine Untersuchung ergeben, dass der Notizzettel als *terminus* und auch als *apparatus technicus* erst in einer ganz bestimmten historischen und medialen Konstellation auftauchen, wahrnehmbar werden konnte. Wir werden also den Nullpunkt des Schreibens auf Notizzetteln aufspüren müssen, um dem Zusammenhang von Schreiben und Denken auf den Grund zu gehen.

Der Notizzettel ist ein in seinen Inhalten zwar manchmal *unzuverlässiger*, in seiner Verfügbarkeit aber äußerst *zuverlässiger* Begleiter, was Datenbe- und -verarbeitung angeht. Das zeigt sich noch in den neuesten und aktuellen medientechnischen Volten, nämlich der Umkrempelung des Büroalltags. »Büros modernisieren«, behauptete zwar Friedrich Kittler, »heißt nur mehr: sie computergerecht umbauen und netzgerecht verschalten, also Chiparchitektur auf Innenarchitektur abbilden. Damit allerdings tritt die Herrschaft der Schreibtische in ihr Endstadium.«[20] In der etwas tristeren Bürorealität äußert sich dagegen die Subversion eher im Festhalten an analoger Dinglichkeit. So stellt Uta Brandes in ihrem Aufsatz über die »Digitalisierung des Büros« fest:

»Je nomadischer, ortsunabhängiger, gleichzeitiger und zeichenhafter die ehemaligen Büros werden, desto heftiger und beharrlicher wird die vom Verschwinden bedrohte oder bedroht gewähnte Dingwelt von den Arbeitenden rekonstruiert.«[21]

Diese Dingwelt kann auch beim Namen genannt werden:

»Vier Gegenstände, die das Büro herkömmlicher Art inkarnieren und es zugleich symbolisieren: der Schreibtisch – der Computer – die Topfpflanze – die Urlaubspostkarte.«

Hier wurde eine wesentliche, wenn nicht sogar die wichtigste Ingredienz ausgelassen: der meist quadratische und oft bunte Block für die Notizzettel oder das Abreißpäckchen mit den Post-its. Sie wurden schlicht vergessen, und das ist eine der typischen Eigenschaften des Notizzettels. Es muss sich bei diesem Vergessen um eine Form der Vernachlässigung durch Überanwesenheit handeln. Wenn ein Medium sich als Universalmedium bezeichnen darf, dann ist es der Notizzettel. Er ist überall. Alle Anwürfe eines »papierlosen Büros« und einer vollständigen Digitalisierung hat er überlebt. Wenn er dennoch in einer Beschreibung des Büroalltags keine Erwähnung findet, liegt das gerade an einer seiner wichtigsten Eigenschaften, die wir hier bereits konstatieren können und die eine weitere Hypothese dieses Buches darstellt: Medien sind zum Vergessen da.

Als die Softwareentwickler der Firma Microsoft für ihre bekannte digitale Officesuite ein Bürohilfsprogramm entwickelten, ließen sie Tausende von Schreibtischen fotografieren und bildeten dann ein Notizenprogramm als digitales Werkzeug nach jenem papiernen Überlebenden des analogen Zeitalters, der aus dem Büro und vom Schreibtisch offenbar nicht zu vertreiben war. Nach ihm wurde die Software, hinter der sich eine mächtige Datenbankanwendung verbirgt, auch benannt: *OneNote*. PC-Monitore, deren Ränder hinter Endlosketten von schlechthaftenden Haftnotizen verschwinden, belegen, dass noch in der Bürorealität des 21. Jahrhunderts die wirklich wichtigen Notizen lieber analog einem aus minderwertigem Klebstoff hergestellten Post-it und damit der potenziellen Löschung als der digitalen Speicherung anvertraut werden. Wobei, vielleicht ist das Speichern von Information die viel effektivere Form der Löschung?! Auch dies werde ich im Gang der Untersuchung zeigen: Nicht nur die Hardware, der Zettel selbst wird gerne und schnell vergessen, sondern auch und gerade das, was wir auf ihm notieren. Wir schreiben nicht etwas auf Notizzettel, um uns daran zu erinnern – wir schreiben es auf, um es zu vergessen. Medien sind nicht zum Erinnern da, Medien sind zum Vergessen da. Je universeller das Medium, umso universeller auch das Vergessen. So gesehen ist der Notizzettel für die größten und intensivsten Löschaktionen des kulturellen Gedächtnisses mitverantwortlich. Wo habe ich das noch mal aufgeschrieben?

Der Notizzettel passt vielleicht einfach in keine Schublade? Das ist vermutlich ebenso falsch. Nichts passt besser in Schubladen als Notizzettel. Schubladen sind einer der bevorzugten Aufenthaltsorte von Notizzetteln neben Schuhkartons, Zigarrenkisten, Archivbehältern oder Umzugskartons. Wenn man so will, ist die vorliegende Studie eine Übung in Schubladendenken. Es handelt sich allerdings um jene Schublade, in die all das Vermischte und Verstreute, all die Parerga und Paralipomena, die Schnipsel und Übrigbleibsel landen, die sich der Einsortierung in irgendeine andere wohlbeschriftete und wohlorganisierte Schublade entziehen.

Apropos Schreiben: Hier schreibt einer, der selbst viele Jahre als Journalist gearbeitet hat und dem es deswegen durchaus darum zu tun ist, seine Ansichten und Argumente anschaulich zu vermitteln. Aber das ist nicht der einzige Grund, warum Teile dieser Abhandlung narrativ daherkommen. Geschichten *sprechen* (bzw. *schreiben*) nämlich nicht nur von Tatsachen und Ereignissen, sondern sie *zeigen* sie. Und das ist der große Vorteil der narrativen Methode. Der Moralphilosoph Bernard Williams ist in ganz anderem Zusammenhang und auf vermutlich klügere Art ähnlich vorgegangen. In seinem Buch *Wahrheit und Wahrhaftigkeit* nennt er dies »genealogische Methode« und beruft sich geradewegs auf Friedrich Nietzsche (was Denkerinnen[*] der analytischen Schule der Philosophie sonst nicht so häufig tun). Diese Methode verzichte auf die üblichen »Vermeidungstaktiken«, die jeden Anschein unterbinden wollen, »hier habe ein Autor einem Leser eine Behauptung mitteilen wollen«.[22] Auch ich möchte meine Gedanken über das Schreiben und Denken aus Geschichten heraus entwickeln und dabei bestimmte Phänomene rund um das Notieren zeigen. Dabei handelt es sich um

---

[*] Bei unbestimmten Personenangaben werde ich immer im Wechsel weibliches und männliches Genus verwenden, das jeweils andere Geschlecht ist entsprechend »mitgemeint«, wie man heute so sagt, um alle Diskussionen um generisches versus biologisches Geschlecht zu umschiffen. Ich werde mich aber auch daran nicht sklavisch halten, sondern möglichst liberal und lesefreundlich formulieren.

faktuale Geschichten, die ich nach bestem Wissen und Gewissen aus Quellen geschöpft habe. Da dieses Buch bei aller Narrativität einen wissenschaftlichen Anspruch hat, kann es nicht immer nur erzählerisch zugehen. Einige Abschnitte sind darum mit dem Vermerk »Theorie des Notizzettels« versehen, und hier geht es, *nomen est omen*, etwas theoretischer zu. Aber vielleicht ist Theorie ja auch nur eine spezifische Form, eine Geschichte zu erzählen, und vielleicht weist die narrative Methode ja sogar über dieses Buch hinaus: Charles Taylor formuliert die Ansicht, wir müssten »das eigene Leben unbedingt in narrativer Form – als ›Suche‹ – begreifen«. Wenn wir unsere eigene Existenz am Guten ausrichten und in moralischer Hinsicht deuten wollten, könnten wir gar nicht anders, als »unser Leben als Geschichte sehen«.[23] Die Geschichten der anderen wären dann wie ein Spiegel, dessen Reflexionen auch das eigene Leben erhellen. Das mag auch für die Geschichte des Notizzettels gelten, die ja vor allem eine Geschichte von Menschen ist, die etwas zu notieren hatten.

Bücher schreiben sich ja nie alleine. Ich muss darum einigen Personen pflichtschuldigen Dank entrichten, ohne die dieses Buch so nie zustande gekommen wäre: Zuerst danke ich allen Autoren, die ich in diesem Buch zitieren durfte – und mehr vielleicht noch jenen, die ich nicht wörtlich zitiert habe, die mir aber mit ihren Büchern, Studien und Untersuchungen auf die Sprünge geholfen haben. Ich habe im laufenden Text fast ausschließlich wörtliche Zitate in den Fußnoten kenntlich gemacht und alle weiteren Bezugnahmen, Verweise und Relationen fast nie explizit ausgewiesen. Ziel war es, einen möglichst lesbaren Text herzustellen, der sich nicht nur an Fachwissenschaftlerinnen wendet. Und all diese exuberanten Fußnoten- und Verweissysteme in wissenschaftlichen Veröffentlichungen, was sind sie häufig anderes als Kommunikanten ohne Kommunikat? In diesem Sinne habe ich auch die meisten fremdsprachigen Zitate stillschweigend ins Deutsche übersetzt, sofern nicht ohnehin deutsche Übersetzungen vorlagen, sowie einige ältere Quellen sprachlich behutsam modernisiert.

Wo mehrere Zitate aus derselben Quelle aufeinanderfolgen, habe ich nur den ersten Verweis kenntlich gemacht und mir die restlichen gespart.

Sodann danke ich Olaf E. Müller von der Humboldt-Universität zu Berlin, der dieses Buch bei Rotwein und Gugelhupf mit auf den Weg gebracht hat, Thorsten Lorenz von der Pädagogischen Hochschule Heidelberg als Erstleser und wichtigem Ratgeber, Anreger, Kritiker und Freund, Thomas Schmid, Heike Gfrereis, Janet Dilger und allen Mitarbeiterinnen und Mitarbeitern des Deutschen Literaturarchivs Marbach, die mir bei Recherchen und Scans geholfen haben, Bernd Rauschenbach für die Privatführung durchs Arno-Schmidt-Haus in Bargfeld und einige Insiderinformationen zu Schmidts Zettelkästen, Hans Medick aus Göttingen danke ich für die Anregungen zu Selbstzeugnissen und Ego-Dokumenten, Johannes Schmidt von der Uni Bielefeld für Hinweise zu Luhmanns Zettelkasten und die Scans einiger wichtiger Karteikarten, Gert Scobel für seine Notizbücher, auch wenn ich mich mit ihnen nicht mehr näher auseinandersetzen konnte, Hartmut Ihne als Präsidenten der Hochschule Bonn-Rhein-Sieg für freundschaftlich-kollegiale Unterstützung und die eine oder andere philosophische Anregungen, allen meinen Kolleginnen und Kollegen an meiner aktuellen und den früheren Hochschulen, an denen ich tätig war, für vielfältige Anregungen, Tipps und Kritik, außerdem danke ich auch allen anderen Bildgebern und Rechteüberlassern sowie allen, die ich jetzt vergessen habe namentlich zu erwähnen und die mich mit Notizzetteln und Hinweisen jeder Art versorgt haben. Filiz Kalmuk und Marlene Nunnendorf von der Hochschule Bonn-Rhein-Sieg danke ich für ihre Hilfe bei der Manuskripterstellung und den Bildrecherchen, meinem wunderbaren Lektor Alexander Roesler für die guten Nerven, die guten Gespräche und das ein oder andere Wiener Schnitzel. Einen besonderen Dank möchte ich jener Buchhändlerin im Souvenirladen in Vinci direkt gegenüber dem Lionardo-Museum entrichten, die mir eine alte Ausgabe der Märchen und Anekdoten Lionardos einfach schenkte, weil ich der Einzige gewesen sei, der sich in den letzten dreißig Jahren dafür interessiert habe. Schließlich danke ich Christel und Fridolin für ihre unfassbare Geduld mit einem kauzigen Autor, der mit dem Schreiben nie fertig wird.

Köln im Juni 2020

Die Erfindung des Notizzettels

Die meisten Probleme entstehen bei ihrer Lösung.
(Lionardo da Vinci)

Was für ein Jahr, dieses Jahr 1452! Johannes Gensfleisch zu Gutenberg druckte in Mainz seine 42-zeilige Bibelausgabe und damit das erste, mit beweglichen Lettern hergestellte Buch, mit Friedrich III. wurde der letzte Kaiser des Heiligen Römischen Reichs vom Papst in Rom gekrönt (der dann allerdings von der Nachwelt als »Reichsschlafmütze« bezeichnet wurde), der portugiesische Seefahrer Diogo de Teive entdeckte die zu den Azoren gehörenden Inseln Flores und Corves, Papst Nikolaus V. erlaubte die Versklavung dunkelhäutiger Menschen, der osmanische Sultan Mehmed II. begann die Eroberung Konstantinopels, in dem kleinen toscanischen Dörfchen Vinci wird der uneheliche Sohn des Florentiner Notars Ser Piero namens Lionardo geboren und, schließlich, der Notizzettel erfunden.

Die beiden letztgenannten Ereignisse hängen umständehalber miteinander zusammen. Und beide haben mit dem erstgenannten historischen Faktum, der Erfindung des Buchdrucks, zu tun. Womöglich hängen ja alle Ereignisse irgendwie miteinander zusammen, auf offenkundige oder auf geheime Art und Weise. Womöglich ist dies aber auch nur ein Gedanke, der selbst tief im Gutenberg-Zeitalter der Bezüge, Verweise, Knoten, Links und Relationen steckt. Man kann jedenfalls Lionardo (so schrieb er sich selbst, und unter diesem Namen wurde seine Geburt von seinem Großvater vermerkt, und zwar wo? Natürlich auf dem Rücken eines alten Notizbuches) da Vinci mit Fug und Recht als den Erfinder und den frühen Meister des Notizzettels bezeichnen. Heute ist Lionardo als Künstler und Maler, als Erfinder und Konstrukteur berühmt. Allerdings war er als öffentlicher Künstler nicht sehr produktiv. Nur etwa fünfzehn Gemälde, die nachweislich von ihm selbst geschaffen wurden, sind erhalten, einige davon in sehr schlechtem oder nie vollendetem Zustand. Von all seinen wirklichen und angeblichen Erfindungen hat er nahezu nichts selbst realisiert. Im heutigen Mailand ist im Stadtteil Brera nahe der Kirche San Marco der Überrest einer Schleuse aus dem 15. Jahrhundert zu besichtigen, die auf Lionardo zurückgehen soll. Es handelt sich mutmaßlich um »die einzige Erfindung des Meisters […], die bis in unsere Zeit überdauert hat«.[1]

Wenn Lionardo da Vinci etwas war, dann war er ein Schreiber. Über 10 000 Blätter, Bögen, Entwürfe, Fetzen, Schnipsel, Skizzen, Papiere, Seiten und Zettel hat er hinterlassen. Und das ist nur der Teil seiner vielen Aufzeichnungen, der uns erhalten ist. Von anderen Kladden, Notizbüchern und Codices mit seinen Papieren wissen wir; sie sind aber verschwunden, zerstreut, auseinandergerissen, verscherbelt oder schlicht im Laufe der Zeit auf die ein oder andere Art vernichtet worden. Wie groß die Zahl jener Lionardo'schen Aufzeichnungen ist, von denen wir keine, na ja: Notiz haben, ist unabschätzbar.

Zeit seines Lebens hat Lionardo Aufzeichnungen gemacht. Und er hat alles beschrieben, was man nur irgendwie als Notizzettel verwenden kann. Im Herbst 1517 besucht Kardinal Luigi von Aragon, ein Enkel des Königs von Neapel, mit seinem Gefolge den gealterten Lionardo in seinem Schlösschen an der französischen Loire. Sein Kaplan und Sekretär Antonio de Beatis hat über diesen Besuch ein, wie Lionardo-Biograph Charles Nicholl notiert, etwas »geschwätziges Reisetagebuch« verfasst, in dem er sich auch über Lionardos Notizensammlung äußert:

»Dieser Edelmann hat viel über Anatomie geschrieben, mit zahlreichen Abbildungen von Körperteilen wie den Muskeln, Nerven, Adern und den Windungen der Eingeweide, so dass

Die Erfindung des Notizzettels 27

es möglich ist, den Körper des Mannes und der Frau in einer Weise zu verstehen, wie es noch niemand zuvor getan hat. All das sahen wir mit unseren eigenen Augen, und er sagte uns, er habe schon mehr als dreißig Leichen seziert, Männer und Frauen jeglichen Alters. Er hat auch, wie er selbst sagte, eine unendliche Menge von Bänden über die Natur des Wassers, über diverse Maschinen und andere Dinge geschrieben, alle in der Volkssprache, und wenn man sie ans Licht brächte, wären sie nicht nur eine nützliche, sondern auch eine vergnügliche Lektüre.«[2]

»Oculatamente« – mit eigenen Augen: Mit dieser Formulierung hat Antonio de Beatis unabsichtlich ein Verfahren beim Namen genannt, das wahrhaft lionardesk ist und auf das beginnende neue Zeitalter hinweist. Der eigene Augenschein, die empirische Weltwahrnehmung wird zu einer eigenen Instanz. Was man selbst gesehen hat, »mit eigenen Augen«, beglaubigt die Tatsachen, die die Welt ausmachen. Lionardos Notizen, die er selbst nie veröffentlicht hat, aber offensichtlich dennoch öffentlich machte (wenn auch nur einer sehr begrenzten, oder darf man sagen: »privaten« Öffentlichkeit), werden durch sein eigenes Verfahren beglaubigt. Für den dahintersteckenden schrägen Öffentlichkeitsbegriff hat Jakob Jünger jüngst den Ausdruck »unklare Öffentlichkeit« geschaffen, für den er die paradoxe Umschreibung fand: »Nicht alles, was öffentlich ist, ist öffentlich.«[3] Jünger hebt damit auf aktuelle Erscheinungen der Onlinekommunikation ab. Mir scheint, er habe damit auch ganz gut eine Metapher für den Öffentlichkeitsstatus von Notizzetteln geschaffen.

Lionardo bastelte sich aber nicht nur Notizbücher. Er beschrieb alles, was sich irgendwie beschreiben ließ. Bei seinem künstlerisch und wirtschaftlich erfolglosen Romaufenthalt von 1513 bis 1515 trifft er seinen Halbbruder Giuliano. Dieser hatte von seiner Frau Alessandra, die mit ihrem Kind in Florenz verblieben war, einen rührenden Brief erhalten, in dem sie auch Grüße an den »eccellentissimo e singularissimo«, den herausragenden und einzigartigen Schwager ausrichten lässt. Offenbar hat Giuliano dieser Grüße wegen den Brief an Lionardo übergeben, und so landete dieser zwischen dessen Papieren. Für Lionardo war der Brief aber nicht als nostalgisches Souvenir an seinen Bruder aufhebenswert, sondern weil er den freien Raum am Ende des Briefs für eigene Notizen zur Geometrie nutzte. Auf der Rückseite des Briefes vermerkt er sogar noch, dass er ein anderes seiner Notizbücher dem Messer Battista dell'Aquila, dem privaten Kämmerer des Papstes, geliehen hatte.

Wenn ich im Angesicht von Lionardos Notizuniversum von der Arbitrarität der Beschreibstoffe spreche, hebe ich damit auf eine historische Aufzeichnungspraxis ab, die, im Übergang von der Manuskriptzeit, die man auch *Manuzän* nennen könnte, zur Typoskriptzeit und zur Gutenberg-Galaxis, dem *Typozän*, für das alltägliche Schreiben noch keine Regeln und Vorkehrungen kannte, keine Industrien und keine Produkte. Aus der antiken Tradition hatten schon die mittelalterlichen Schreiber die Wachstäfelchen übernommen. Diese *tabulae ceratae* oder griechisch *hypomnêmata* waren Holzschindeln, die einseitig oder auch beidseitig mit einer Mischung aus Bienenwachs, Kiefernharz und Ruß beschichtet waren und mit einem Griffel (lat. *stilus*) beschrieben wurden, indem mit der Spitze ins weiche Wachs gekratzt wurde. Mit einem Spachtel ließ sich die Oberfläche wieder glätten und die Beschriftung löschen. Auf diese Weise waren die Wachstafeln multipel verwendbar. Aus der Antike ist beispielsweise von Cicero, Seneca oder Augustinus überliefert, dass auf solchen Tafeln Briefe überbracht wurden, die vom Empfänger wieder gelöscht wurden, um sogleich als Antwortmedium herzuhalten. Mehrere Tafeln ließen sich mittels Kordeln oder Scharnieren auch zu Klappbüchern zusammenbinden. Ein Buch

Die Erfindung des Notizzettels

aus zwei Tafeln war ein Diptychon, eines aus dreien ein Triptychon und ein vielteiliges ein Polyptychon. Ein solches gebundenes Buch nannte sich Codex im Unterschied zum Volumen, also der Buchrolle, in der längere Schriften aufgezeichnet und auch gespeichert wurden. In der Spätantike löste dann der Codex die Schriftrolle als typisches Buchmedium ab, die Gestalt des Notizbuchs hat sich also medienhistorisch gegen den älteren Buchtypus durchgesetzt. Wenn heute Schauspielerinnen eine »Rolle« lernen oder wenn, vor allem im englischen Sprachraum, mehrbändige Schriften als »volumes« bezeichnet werden, rekurrieren wir noch auf den antiken Mediengebrauch.

So wie die Aufzeichnungen auf den *tabulae ceratae* flüchtig sind, dienen sie auch nur dem flüchtigen Schreiben, sie sind ein Verkehrs-, aber kein Speichermedium. Die Botschaften Lionardos waren aber nicht ausschließlich flüchtiger Natur. Darum schuf er sich seine eigenen Medien. Als Beschreibstoff nahm er alles her, was sich überhaupt beschreiben ließ. Die Herstellung von Tinten und Farben besorgte er als Handwerker und Künstler professionell selbst, und er band auch seine Aufzeichnungen

Abb. 2: Lionardos *Codex Forster*

selbst zu kleinen oder größeren Codices, Libretti, *libricini* (Büchelchen) oder *taccuini* (Heftchen). Dazu schlug Lionardo die Papiere in Pergament oder Leder ein und fixierte diesen Umschlag mit kleinen hölzernen Keilen, die durch die Schleifen einer Kordel gezogen wurden. Die Formate reichten vom verbreiteten Oktavformat bis hin zu miniaturisierten Taschenbuchformaten, die nicht größer als ein Kartenspiel waren. Der Künstler folgte damit gängiger Medienpraxis. Vom Mittelalter bis ins 19. Jahrhundert war es vor der Industrialisierung auch des Druckwesens durchaus üblich, von der Offizin die beschriebenen oder gedruckten Bögen ungebunden zu erhalten und selbst für einen Einband zu sorgen. Deswegen finden sich in älteren Bibliotheksbeständen auch äußerst disparate Schriften zwischen den Buchdeckeln: Gebunden wurde auch, was nicht zusammengehörte.

Lionardo trug offenbar praktisch immer ein Notizbuch bei sich, das er für schriftliche Aufzeichnungen oder für Skizzen nutzen konnte, häufig für beides zugleich. Ein Augenzeuge berichtet aus Lionardos Mailänder Zeit von einem »kleinen Buch, das stets an seinem Gürtel hing«.[4] Als er 1502 durch das Städtchen Cesena läuft, hat Lionardo offenbar ein solches Büchelchen bei sich, denn rasch wirft er eine kleine Skizze einer Alltagsbeobachtung auf Papier und gibt ihr eine Überschrift, die mittelbar auch über das Zustandekommen der Aufzeichnung Auskunft gibt: »So tragen sie in Cesena Trauben.« Man sehe ihn praktisch »wie einen Reporter« durch die Gassen schlendern, fügt Charles Nicholl an und findet damit die Formel für den spezifischen Empirismus Lionardos, seine Lehre vom eigenen Augenschein.[5] Ein Künstler solle, führt Lionardo andernorts aus, stets gewahr und in der Lage sein, schnell eine Skizze anzufertigen, »wie es die Umstände erlauben«. Hierbei geht es mehr um das Tempo als um die Qualität der Ausführung, und Lionardo gibt auch noch eine Anweisung für das Skizzieren, das

Die Erfindung des Notizzettels

mehr wie das Tutorial eines Comicstrips oder einer Clipart als wie das einer Studie erscheint:

»Man muß sie [die Menschen] auf den Straßen und Plätzen und auf freiem Feld beobachten und sie sich in knappen Umrissen aufzeichnen, das heißt, statt eines Kopfes mache ein O und statt eines Armes eine gerade oder gekrümmte Linie, und dasselbe gilt für Beine und Rumpf; und wenn man nach Hause kommt, führe man diese Aufzeichnungen in vollendeter Form aus.«[6]

Auch Vasari, der erste und zeitgenössische Biograph des großen Renaissancekünstlers, weiß von Lionardos Schreibwütigkeit, seiner jederzeitigen Schreibbereitschaft und täglichen Schreib-, Mal- und Kritzeltätigkeit zu berichten. Für die Existenz der Notizsammlungen kann Vasari eigene Augenzeugenschaft für sich reklamieren, und auch die völlige Disparatheit der Sujets, die Lionardo beschäftigten und die er in Vasaris Augen offenbar total inkohärent zu Papier brachte, bemerkte er. Vielleicht fühlte der Biograph aber auch nur die eigene intellektuelle *Unterlegenheit* angesichts des so immensen wie ingeniösen Ausflusses an Gedankenblitzen:

»Täglich verfertigte er Modelle und Zeichnungen, wie man mit Leichtigkeit Berge abtragen und durchbrechen könne, um von einer Ebne zur andern zu gelangen; wie mit Winden, Haspen und Schrauben große Lasten aufzuziehen wären, in welcher Weise man Seehäfen reinigen, und durch Pumpen Wasser aus tiefen Gegenden heraufholen könne. Solchen schwierigen Dingen sann er ohne Unterlaß nach, und es finden sich von diesen Gedanken und Bemühungen eine Menge Zeichnungen, deren ich viele gesehen habe.«[7]

Lionardo starb im Jahr 1519 im Château du Cloux (heute Clos Lucé) in Amboise, das ihm der französische König Franz I. überlassen hatte. Seinen gesamten schriftlichen Nachlass hinterließ er laut Testament seinem Schüler Franceso Melzi. In einer Holzkiste, die so schwer war, dass sie von zwei Männern getragen werden musste, ließ der Mailänder Patriziersohn Melzi den schriftlichen Nachlass seines Meisters zum Familienlandsitz in Vaprio d'Adda am Fuße der lombardischen Alpen tragen. Die Villa Melzi war auch zu Lebzeiten Lionardos schon einmal Aufbewahrungsort seiner Notizen. In der Zeit zwischen 1511 und 1513, in den Wirren der oberitalienischen Kriege, zog der *maestro* sich mit seinem Schüler hierher zurück. Genau in dem Turm, in dem Lionardo bei seinem Aufenthalt residierte, richtete Melzi nach seiner Wiederkehr sein Lionardo-Archiv ein, das ein Gedenkort war, vielleicht ein Denkmal, womöglich sogar ein Lionardo-Tempel oder, wie Stefan Klein schreibt, das »Allerheiligste«.[8] Er beschäftigte zwei Sekretäre, mit denen zusammen er Ordnung in die schier unüberschaubare Menge an Zetteln und Notaten bringen wollte und denen Melzi wenigstens einen Bruchteil von Lionardos Ideen zu diktieren versuchte. Eine Umschrift von Lionardos Aufzeichnungen war auch deswegen dringend geboten, weil der *maestro* seine Notizen in einer Geheimschrift verfasst hatte: Lionardo schrieb spiegelverkehrt von rechts nach links und band seine Notizbücher, so er sie überhaupt gebunden hat, von hinten nach vorne. Einer spontanen und flüchtigen Lektüre verwehrten sich die handschriftlichen Notizen darum von vornherein. Melzi empfing auch großzügig und bereitwillig Besucher, denen er seinen Lionardo-Schatz vorführte, was den Ruf dieser Aufzeichnungen, jedenfalls in den Kreisen der Eingeweihten und Kennerinnen, merklich erhöhte.

Wenn Melzi an der selbstgestellten Aufgabe, aus den unzähligen Notizen Lionardo da Vincis druckbare Manuskripte und damit letzten Endes im Druck veröffentlichte Werke herzustellen, gescheitert ist, hat er als gelehriger Schüler nur das Scheitern seines Lehrers und des Autors der Notizzettel nachempfunden. Auch wenn einzelne Notizbücher und Passagen zusammenhängende, kohärente Texte darstellten, war das überwältigende Gros der Aufzeichnungen Lionardos ein disparates Textmonster, das sich der kohärenten Zusammenstellung und Drucklegung eindrucksvoll widersetzte. Aus heutiger Sicht, da wir hypertextuelle und in Schichten, Überschreibungen und Palimpsesten organisierte Textsysteme kennen und wenn schon nicht meistern, dann doch bearbeiten können, erscheinen uns Lionardos Notizen nicht mehr so fremd und unbeherrschbar, wie sie Francesco Melzi und seinen Zeitgenossinnen vorgekommen sein müssen, sondern in gewissem Maße aktuell und modern. Lionardos Notizen sind deswegen noch nicht die Vorläufer heutiger moderner, postmoderner und neomoderner oder modernistischer Aufschreibesysteme, denn dazu fehlt bei der verschlungenen und disruptiven Überlieferungsgeschichte dieser Notizblätter die klare Sukzession. Aber sie sind doch die Blaupause für die aktuellen und die zukünftigen Formen des Schreibens und Notierens, die in ihrer Komplexität die Ordnung einer modernen Welt und eines modernen Denkens nachzeichnen wollen, die selbst womöglich stetig an Komplexität zunehmen. Francesco Melzi schaffte es in jahrzehntelanger Beschäftigung mit den Notizsammlungen Lionardo da Vincis gerade mal, einen einzigen halbwegs kohärenten Text als Manuskript herzustellen, der später Basis für den 1651 erstmals in Paris im Druck veröffentlichten *trattato della pittura* (Traktat über die Malerei) darstellte. Als Melzi 1570 hochbetagt verschied, hinterließ er Lionardos Zettelwerk seinem Sohn Orazio, dem hingegen jedes Geschick und wohl auch jedes Verständnis für den Umgang damit abging. Orazio Melzi trägt die Verantwortung dafür, dass der Nachlass Lionardo da Vincis in alle Winde zerstreut wurde, und wer heute das schriftstellerische Werk des

Florentiners mit eigenen Augen, »oculatamente«, inspizieren möchte, muss eine Weltreise antreten. Der Hauslehrer der Familie Melzi konnte 13 Bände von Lionardos Aufzeichnungen entwenden und an den Großherzog der Toscana verscherbeln. Ein weiteres großes Konvolut an Notizen Lionardos, insgesamt über 2500 Blätter, ging an den Bildhauer Pompeo Leoni, der ihnen mit Schere und Kleber auf den Leib rückte. Die Disparatheit der Zettel und ihrer Inhalte weder verstehend noch beherrschend, schnitt er vermeintlich Zusammengehöriges aus und klebte es auf frische Bögen, die er wiederum zu eigenen neuen Konvoluten zusammenband. Nach Leonis Tod im Jahr 1608 ging jener Teil von Lionardos schriftlichem Erbe, der sich zu diesem Zeitpunkt noch in seinem Besitz befand, an den Grafen Galeazzo Arconati, der ihn 1637 der Biblioteca Ambrosiana in Mailand überließ. Der heute noch dort vorhandene Teil der Notizen wird als *Codex Atlanticus* bezeichnet, umfasst 1119 Bögen und gilt als einer der wichtigsten Teile des Textnachlasses Lionardo da Vincis. Der Name des Codex leitet sich nicht von dem Ozean her, sondern vom sogenannten großen Atlasformat, da die Bögen eine Höhe von mehr als 60 cm haben, weswegen der Bibliothekar Baldassare Oltrocchi das Konvolut 1780 als »codice in forma atlantica« bezeichnete. Es enthält viele der heute berühmten Darstellungen von Flugmaschinen, Kriegsgerät und anderen technischen Erfindungen, die Lionardo auf dem Papier ersonnen hat.

Andere Teile aus Lionardos hinterlassenem Zettelkonvolut sind buchstäblich in alle Winde zerstreut und heute auf praktisch allen Erdteilen wiederzufinden. Wichtige Notizbücher Lionardo da Vincis landeten auf Windsor Castle und in der British Library, im Pariser Institut de France, im Vatikan oder in New York City.

Die Geschichten und Anekdoten von Verlust und stückweisem Wiederauffinden Lionardo'scher Manuskripte beleuchten

Die Erfindung des Notizzettels

drastisch den gewandelten Stellenwert von Notizsammlungen und handschriftlichen Aufzeichnungen und können darum als erster tentativer Beleg für eine der in diesem Buch vorgestellten Thesen dienen, dass nämlich Medien zum Vergessen da sind und nicht zum Erinnern. Dies mögen drei solcher Lost-and-Found-Geschichten illustrieren:

Der *Codex Windsor* wurde im 17. Jahrhundert von dem sammelwütigen englischen König Karl I. erworben. Er enthält vor allem die berühmten anatomischen Skizzen Lionardos. In den Wirren des englischen Bürgerkriegs wurde diese Handschrift in einer schweren Holzkiste verstaut, wo sie für über 100 Jahre schlicht vergessen wurde. Ähnlich erging es einer Sammlung rätselhafter Manuskripte, die heute als *Codex Madrid* bezeichnet werden. Wie diese Lionardo'schen Notizbücher in den Bestand der Biblioteca Nacional in Madrid gelangt sind, ist bis heute ungeklärt. Die mehr als 700 Bögen, die auf zwei Bände verteilt sind, waren seit dem Jahr 1866 im Madrider Bibliothekskatalog aufgeführt, aber nicht auffindbar. Erst der amerikanische Romanist Jules Piccus konnte sie 1967 durch einen glücklichen Zufall wieder aufspüren.

Dieses Vergessen ist symptomatisch und zeichnet eine wesentliche Medienfunktion nach, denn was aufgeschrieben ist, kann vergessen werden, und nichts ist vergesslicher und vergessenswerter als Notizzettel. Ergo: Medien sind nicht zum Erinnern da, Medien sind zum Vergessen da. Das Dingsymbol dieses Vergessens ist jene schlichte Holztruhe in Windsor Castle. Im konkreten texthistorischen Fall sprechen die vergessenen Lionardo'schen Notizzettel für das fehlende Bewusstsein des Werts von Autographen und Unikaten, das sich über die Jahrhunderte der modernen Mediengeschichte erst bilden musste und auch mit der Apotheose eines bestimmten Künstlertyps zu tun hat, an der Lionardo nicht ganz unbeteiligt war. Der Gebrauchswert dieser Notizen allein schien zu gering, so dass der

Tauschwert und damit die Holzkiste mit den Zetteln in den Keller ging.

Ganz anders stellen sich Wert und Wirkung des Zettelnachlasses Lionardo da Vincis im Ausgang des 20. Jahrhunderts dar. Der *Codex Leicester* enthält 18 Bögen, die jeweils mittig gefaltet und beidseitig beschrieben sind, also ein Manuskript von 72 Seiten, das 1980 von einem amerikanischen Industriellen ersteigert wurde. 1994 landete Lionardos Zettelsammlung erneut beim Auktionshaus Christie's und wurde für die Summe von 30,8 Millionen US-Dollar vom Gründer des Softwarehauses Microsoft, Bill Gates, erstanden, der noch heute der Eigentümer ist. Mit der Auktionssumme ist der *Codex Leicester* die teuerste jemals verkaufte Handschrift der Welt. Der Notizzettel als nichtiges und wertloses Medium? Davon kann wohl seitdem keine Rede mehr sein.

Viele Notizen Lionardos bereichern heute als Einzelblätter die Bibliotheken und Museen in aller Welt, weil Bibliophile, Büchernarren und Langfinger durch die Jahrhunderte die ursprünglichen Sammlungen gefleddert haben. Kaum abschätzbar ist, wie viele Notizzettel Lionardos komplett verschwunden sind. Martin Kemp schätzt in seinem *Leonardo*-Buch, dass zwischen 25 und 80 Prozent des Nachlasses Lionardo da Vincis verloren gegangen sind.[9] Lionardo da Vincis Notizzettel sind nicht nur als Werk ein disparates Konvolut verstreuter und zerstreuter Bemerkungen, sie institutionalisieren auch nach dem Ableben ihres Schöpfers ihr eigenes Schicksal, indem sie auseinandergerissen, fragmentiert und aufgelöst und schließlich in alle Winde zerstreut werden. Ihre Erinnerungsfunktion wird schon dadurch erheblich in Mitleidenschaft gezogen, dass diese Notizen als Ganzes nicht mehr erinnerlich sind, ein Angriff auf das kulturelle Gedächtnis.

Schreiben Drucken Veröffentlichen

Nichts von dem, was Lionardo notiert hat, hat er jemals veröffentlicht. Er tat sich ja schon schwer damit, seine Gemälde der Öffentlichkeit preiszugeben. Seine wichtigsten Bilder, unter anderem die *Mona Lisa*, befanden sich bei seinem Tod noch in seinem Besitz, er hat sie von Florenz querweltein bis nach Frankreich mitgeschleppt. Umso schwerer tat er sich mit seinen Notizbüchern und Zetteln. Für seinen Renaissance-Biographen Vasari war Lionardo darum der Inbegriff des vergeudeten Talents, des Schludrians, des Nicht-fertig-Bringers, des buchstäblich Unvollendeten und Unvollendenden. So hebt seine Lionardo-Vita mit der Bemerkung an, »daß er viele Dinge unternahm und, begonnen, wieder liegen ließ«. Später stellt er fest: »Lionardo unternahm vielerlei zum Verständnis der Kunst, beendete aber nichts«, um dann noch die intrikate Interpretation hinterherzuschieben: »es schien ihm, die Hand könne der Vollkommenheit, die er mit den Gedanken erfaßte, nichts mehr hinzufügen, sintemal er sich in der Idee einige feine, wunderbare Schwierigkeiten zu schaffen pflegte, welche die geschicktesten Hände nicht auszuführen vermocht hätten«.[10]

Gerade aber auch diese Worte in eine abschließende Gestalt zu bringen, tat Lionardo da Vinci sich lebenslänglich schwer. Wer in und mit Zetteln arbeitet, der will eben nicht finalisieren, sondern sich verzetteln. Abschlüsse und Enden sind das Gegenteil von Zetteln. Dabei war es durchaus nicht so, dass Lionardo sich nicht hin und wieder mit dem Gedanken beschäftigt hätte, seine Aufzeichnungen zu publizieren oder doch wenigstens aus der enormen Menge des Materials Auswahlen zu destillieren und in Buchform zu veröffentlichen:

»Ob ich all diese Eigenschaften [die ein Erforscher des Körpers braucht] besessen habe oder nicht, werden die 120 Bücher, die ich verfasst habe, mit einem klaren ›Ja‹ oder ›Nein‹ entscheiden. Ich bin dabei weder durch Gewinnsucht noch durch Nachlässigkeit behindert worden, sondern nur durch Zeitmangel. Lebe wohl!«[11]

Auf einem anderen Notizzettel wird deutlich, dass Lionardo sich Mühe gab, Ordnung in seine Aufzeichnungen zu bringen, sich Rubriken überlegte und Einzelblätter zu Sammlungen binden lassen wollte:

»Das Buch über die Wissenschaft von den Maschinen geht dem Buch ›Von den Nutzanwendungen‹ voraus. Laß deine Anatomiebücher binden!«[12]

Im *Codex Windsor* findet sich eine Anmerkung zu seinen anatomischen Studien, die darauf hindeutet, dass er speziell diese Arbeiten als Buch gedruckt sehen wollte, und seinen Nachlassverwaltern auftrug: »Ich markiere hier, wie die Zeichnungen ordnungsgemäß nachgedruckt werden sollen, und bitte Euch Nachfolger, dass der Druck nicht aus Knausrigkeit …«[13] Hier bricht die Notiz mitten im Satz ab.

Mit der Orts- und Zeitangabe »Begonnen in Florenz, im Haus von Piero di Braccio Martelli, am 22. März 1508« gibt Lionardo einen Hinweis auf seine redaktionelle Tätigkeit, mit der er des Wusts der Notate Herr werden wollte. Allerdings scheint er in dieser späteren Lebensphase die Hoffnung auf inhaltliche Kohärenz schon aufgegeben zu haben und schreibt, leicht resignativ, von einer »Sammlung ohne Ordnung«:

»Dies soll eine Sammlung ohne Ordnung sein, ein Auszug aus vielen Schriften, die ich abgeschrieben habe in der Hoffnung, sie später an den gegebenen Stellen einzuordnen, je nach den Stoffen, die sie behandeln.«[14]

Lionardo hatte also durchaus Publikationsabsichten. Wenn es doch nicht dazu kam, kann man davon ausgehen, dass eine Strategie dahintersteckte. Man könnte Lionardo mit dieser Nicht-, Anti- oder Depublikationsstrategie in eine Reihe mit einigen anderen großen Menschheitsgestalten stellen. Auch ein Sokrates oder ein Jesus haben nichts Publiziertes hinterlassen. Doch das führt gerade aus medialen und medienwissenschaftlichen Gründen in die Irre: In Zeiten der Manuskriptkultur war der Vorgang des Veröffentlichens etwas ganz anderes als im zu Lionardos Zeiten anbrechenden Typozän. Es gehört auf einmal in den Möglichkeitsraum eines schöpferischen Menschen um 1500, überhaupt ein Buch drucken zu lassen und über die Möglichkeit einer Veröffentlichung nachzudenken, die auch eine nennenswerte Verbreitung findet. In der mediengeschichtlichen Epoche davor hieß Veröffentlichung nicht automatisch Verbreitung, und der Kreis derjenigen Menschen, die eine Öffentlichkeit als Adressatin der Ver-Öffentlichung ausmachten, war recht überschaubar. Schon das ist ein Epochenunterschied des Typozäns im Vergleich zum Manuzän.

Lionardo hat seine Notizen nicht nur nicht veröffentlicht, er hat auch einiges unternommen, um sie vor fremden Augen zu schützen. Seine Handschrift ist, wie gesagt, nicht rechts-, sondern linksläufig, das heißt, er hat spiegelverkehrt von rechts nach links geschrieben. Man kann immer wieder lesen, das habe damit dazu tun gehabt, dass Lionardo Linkshänder und die ungewöhnliche Schreibrichtung für ihn darum organischer gewesen sei. Doch recht zufriedenstellend ist diese Erklärung nicht. Mir ist kein anderer Linkshänder bekannt, der aufgrund seiner Linkshändigkeit linksläufig schreiben würde, genauso wenig wie ich je von einem Arabischschreiber gehört hätte, der das linksläufige Arabisch wegen seiner Linkshändigkeit rechtsläufig geschrieben hätte. Auch in seinem zeichnerischen und malerischen Werk scheint Lionardo, soweit man das beurteilen kann, nicht spiegelverkehrt gearbeitet zu haben. Im Gegenteil, er rät Malern

> »beim Malen einen Planspiegel zu benutzen und darin dein ganzes Werk oft zu betrachten. Es wird dort umgekehrt erscheinen und so aussehen, als sei es von eines andern Meisters Hand, und darum wirst du die Fehler besser beurteilen können als sonst.«[15]

Welchen Sinn sollte eine solche Vorgehensweise haben, wenn Lionardo ohnehin spiegelverkehrt gemalt hätte, da doch das Betrachten des Kunstwerks im Spiegel dann nur das Objekt oder Modell in seiner realen Ausrichtung gezeigt hätte? Es scheint sich also bei Lionardos Schreibrichtung in seinen Notizen um eine bewusste Codierung zu handeln. Zwar ist der Schlüssel zur Decodierung von Lionardos Notizen nicht sonderlich schwierig zu verstehen. Aber wer überhaupt schon einmal versucht hat, eine fremde Handschrift in größerem Umfang zu entziffern, kann sich vorstellen, wie schwierig das im Falle einer solchen Verschlüsselung ist. Außerdem hat Lionardo nahezu sein komplettes Leben lang diese Codierung verwendet, während sich seine Handschrift wie die jedes Menschen stark verändert hat. In seinen frühen Florentiner Jahren schrieb Lionardo ausladend und ornamental, später eher eng und konzis, was erheblich zur Datierung der Manuskripte beiträgt. Manche Notizen sind flüchtig und mit schneller Hand dahingeworfen, andere geruhsam und mit Überlegung ausgeführt und entsprechend kalligraphischer. Kurzum, der Unbefugten, Nicht-Eingeweihten oder der flüchtigen zufälligen Leserin erschließen sich die handschriftlichen Notizen Lionardo da Vincis nicht oder auf jeden Fall nicht unmittelbar. »Seine Schrift ist schwierig, fremd und (nach Ansicht vieler) ›finster‹«, bemerkt Charles Nicholl.[16]

Die eigenartige Handschrift ist nicht die einzige Form der

Verschlüsselung von Lionardos Notizen. Lionardo liebte es, sich in Rätseln, verrätselten Prophezeiungen und allegorischen Vexierspielen auszudrücken. Solche Rätsel, oft auch in Form von Scherzgedichten, waren eine beliebte Form der Unterhaltung in Hofkreisen und der »besseren Gesellschaft«, die große Zahl solcher Texte in seinen Aufzeichnungen deutet aber darauf hin, dass sie nicht ausschließlich zu solchen praktischen Zwecken verfasst wurden:

> »Da wird ein grosser Teil der Menschen, die noch am Leben sind, die aufbewahrten Lebensmittel aus den Häusern werfen und sie den Vögeln und Tieren der Erde zur Beute überlassen, ohne sich irgendwie darum zu kümmern [vom Säen].
> Viele werden sich ein Haus aus Därmen bauen und sogar in ihren eigenen Därmen wohnen [von den Würsten in den Därmen].
> Seelenlose Körper werden uns durch ihre Sprüche lehren, wie man im Guten stirbt [von den Büchern, die uns Lehren verkünden].«[17]

So wortreich Lionardo auch die Welt beschreibt, er selbst kommt in seinen Aufzeichnungen nahezu nicht vor, er machte sich als Person unkenntlich. Stefan Klein nennt ihn einen »Meister des Versteckens«, indem er »statt Menschen Tiere auftreten ließ und selbst die Rolle eines Fabelwesens einnahm« – auch das eine Form der Codierung.[18]

Es finden sich auch Notizen, die über die rechtsläufige Handschrift hinaus einen höheren Grad der Verschlüsselung aufweisen. Aus dem Jahr 1499 hat sich im *Codex Atlanticus* ein Blatt erhalten, das scheinbar in komplettem Kauderwelsch geschrieben ist: »Suche Ingil, sag ihm, dass du ihn Amorra erwartest und ihn Ilopanna begleitest.«[19] Es war die Zeit der Kriegswirren in Oberitalien, und Lionardo musste sich nach der Vertreibung seines

Dienstherren Ludovico Sforza aus Mailand einen neuen Arbeitgeber suchen. Offenbar wollte er sich heimlich dem Söldnerführer Ligny anschließen, der auf dem Weg von Rom nach Neapel war. Die Schlüsselwörter hat Lionardo in Palindrome verwandelt, man muss sie also von hinten nach vorne lesen und erfährt, dass »Ingil« Ligny ist, Amorra für »a Roma« und Ilopanna für »a Napoli« steht.

Lionardo da Vincis Notizzettel und Notizbücher sind das Protobeispiel für Kommunikanten ohne Kommunikate: Sie kommen wie Mitteilungen daher, teilen sich aber nicht mit, sondern tun alles, um den Mitteilungscharakter der Notizen zu desavouieren. Lionardos Art des Notierens ist offenkundig eine Medienpraxis, aber eine, die nicht der Kommunikation dient. Es handelt sich bei diesen Medien also um unkommunikative Medien.

Die Gründe, warum Lionardo seine Kommunikate lieber nicht kommunizieren wollte, sind vielfältig und lassen sich, teils offenkundig, teils ihrerseits verschlüsselt, seinem Zetteluniversum entnehmen. Einige Notizen hat Lionardo offenbar trotz der bereits vorhandenen Codierung physisch zu eliminieren versucht. Im *Codex Atlanticus* findet sich ein Blatt, das ungefähr aus dem Jahr 1505 stammen soll, auf dem der *maestro* eine Notiz hinterließ, die er später mit Durchstreichung unkenntlich machen wollte. Gelungen ist ihm dies nicht, so dass man lesen kann: »Als ich den Christus-Knaben machte, habt ihr mich ins Gefängnis gesteckt, und wenn ich ihn jetzt als Erwachsenen zeige, werdet ihr mir noch Schlimmeres antun.«[20] Lionardo hatte einiges zu verbergen, und das kann einer der guten Gründe sein, seine Aufzeichnungen vor der Umwelt nach Möglichkeit geheim zu halten. Zu jenen Umständen, die einer Öffentlichkeit im ausgehenden 15. Jahrhundert nicht mitgeteilt werden sollten, zählt in jedem Fall Lionardos Sexualität. Seine Notiz von 1505 weist zurück auf eine äußerst unangenehme

Episode aus Lionardos früher Phase, derentwegen er vermutlich sogar Florenz verlassen musste. Im Jahr 1474 wurde er bei den *ufficiali di notte*, den »Offizieren der Nacht«, die die Sittenwächter des Stadtstaats waren, denunziert, mit einer Gruppe anderer junger Florentiner Männer »Sodomie getrieben« zu haben, sprich: homosexuell zu sein und das auch ausgelebt zu haben. Im ausgehenden Mittelalter war homosexueller Verkehr als *vitium contra naturam*, als Sünde gegen die Natur, mit der Todesstrafe belegt, wenn auch im Florenz dieser Zeit die Strafe zumeist eher in einer Geldzahlung bestand. Immerhin reichte die *denuncia*, die Denunziationsanzeige des uns namentlich bekannten Denunzianten Giovanni Saltarelli bei den Nachtoffizieren (weswegen auch von einer »Saltarelli-Affäre« gesprochen wird), den Ruf des Künstlers nachhaltig und sogar durch die Jahrhunderte zu diskreditieren. Dessen Auftraggeber waren ja in der Regel Kirche und Klöster und deren bevorzugte Motive die Jungfrau Maria und andere Heilige. Nino Smiraglia Scognamiglio, der die *denuncia* erstmals 1896 publizierte, beeilte sich noch hinzuzufügen, Lionardo sei in dieser Angelegenheit »über jeden Verdacht erhaben«, da ihm »jede Form von Liebe, die gegen die Gesetze der Natur verstößt, fremd« gewesen sei.[21]

In ihrer verschlüsselten Form sprechen die Notizbücher Lionardos hier eine andere und vor allem sehr deutliche Sprache. Im *Codex Arundel* zum Beispiel findet sich eine wortreiche Liste von Varianten des italienischen Ausdrucks *cazzo*, der unflätigen Bezeichnung für den männlichen Penis. In den *Forster*-Notizbüchern gibt es eine Zeichnung, für die Carlo Pedretti die drastische Umschreibung »Il cazzo in corso« (der rennende Schwanz) gefunden hat. Und im *Codex Atlanticus* wurde kürzlich auf der Rückseite eines Fragments eine Illustration mit zwei Phalli auf Beinen gefunden, die, so Charles Nicholl, »wie Comicfiguren wirken«.[22] Eine dieser Phallusfiguren berührt einen Kreis oder ein Loch, über das der Name »Salai« gekritzelt ist – diese Kritzelei ist offenbar nicht von der Hand Lionardos (sie ist nicht spiegelverkehrt!) und kann als kleiner Seitenhieb oder Kommentar seiner Schüler oder Lehrlinge verstanden werden, denn Salai war der Spitzname von Lionardos Lieblingsschüler Giacomo Caprotti, der vermutlich sein Liebhaber war. Lionardo wird übrigens von allen Zeitgenossen selbst als ausnehmend gut aussehender Mann beschrieben. Für dieses Image tat er einiges: Anders als die anderen Künstler jener Zeit, die schlichte Handwerkerkleidung trugen, trat Lionardo mit einem knielangen, rosenfarbenen Mantel auf und trug mit Edelsteinen besetzte Ringe an seinen Fingern. Die Bildhauerei lehnte er für sich auch deswegen ab, weil man sich dabei schmutzig machte.

Auch in seinem malerischen Werk lässt sich Lionardos Homosexualität nur schwer verbergen. Charles Nicholl sieht eine »verhängnisvolle Nähe zwischen Homosexualität und Spiritualität in seiner Darstellung von Engeln und des jugendlichen Christus«, seine Modelle seien »sexuell begehrenswerte junge Männer« gewesen, und eine »gewisse Homoerotik strahlen alle seine Engel aus«.[23] Am berühmtesten in dieser Hinsicht ist vielleicht Lionardos Gemälde von *Johannes dem Täufer* mit dem zum Himmel weisenden ausgestreckten Zeigefinger. »Ja, da Vinci verspricht uns den Himmel: Schau auf diesen erhobenen Finger«, soll Pablo Picasso über das Bild gesagt haben.[24] Das Ölgemälde ist auch das beste Beispiel für den von Lionardo zur Meisterschaft gebrachten Stil des *sfumato*, bei dem durch farb- und deckungsarme Lasuren unzählige Schattenwerte entstehen, die die Übergänge zwischen hellen und dunklen Bildbereichen bis zur Unkenntlichkeit verschwimmen lassen. Es gibt zu dem Gemälde eine so rätselhafte wie umstrittene kleine Studie auf blauem Papier, die in der gleichen Zeit wie *Johannes der Täufer* zwischen 1513 und 1515 in Rom entstanden sein muss: Auch hier sehen wir einen lockenköpfigen Jüngling mit nach oben gerecktem Finger. Der Jüngling (ein Engel?) legt allerdings ein recht süffisantes Lächeln an den Tag, im Bildzentrum sticht eine betont weibliche Brustwarze ins Auge und etwas tiefer unter dem nichts verhüllenden Schleier der Figur prangt ein mächtiger erigierter Penis. Die Zeichnung trägt heute den Titel *Angelo incarnato*, also der fleischgewordene Engel. Es gibt eine Lesart, nach der Lionardo damit auf eine wenn auch häretische, um nicht zu sagen, blasphemische Interpretation der biblischen Verkündigungsgeschichte anspielt, der zufolge die Gottesmutter vom Erzengel Gabriel nicht nur gesegnet, sondern sehr manifest geschwängert worden sein soll. Was der Engel der Jungfrau mitzuteilen hatte, war demnach eine fleischgewordene Botschaft. Im Laufe der Überlieferungsgeschichte dieser Zeichnung muss jemand versucht haben, den Penis auszuradieren, was aber nur den Erfolg einer graubraunen Verfärbung ergab, die das Gemächt eher noch stärker betont: Was der reale Kommunikator Lionardo in seinen nicht veröffentlichten Skizzen und Notizen an dem imaginierten Kommunikator (»Himmelsbote«) stehen gelassen hat, das will offenbar später ein keuscher Bibliothekar oder ein verklemmter Sammler zum Kommunikanten ohne Kommunikat machen.

Es soll hier nicht so getan werden, als ob Lionardos Einstellung zur Sexualität der einzige oder auch nur der wichtigste Grund dafür gewesen wäre, aus seinen Notizbüchern unkommunikative Medien zu machen. Seine ganze Arbeitsweise und sein empiristisches Programm setzten ihn auch nach eigenem Bekunden in einen im Falle der Publikation unheilvollen Gegensatz zur herrschenden Meinung, sprich: zur Meinung der Herrschenden: »Ja, ich würde noch viel mehr erzählen, wenn es mir gestattet wäre, die volle Wahrheit zu sagen.«[25] Zu jenem Programm zählten beispielsweise seine anatomischen Studien, die er an Leichen in verschiedenen Hospitalen vornahm. Da die Kirche von der leiblichen Auferstehung der Gläubigen ausging, war die Sektion eines Leichnams eine schwere Sünde und bei

Strafe verboten. Jene Explosion in der Entwicklung der darstellenden Kunst in der Renaissance, deren Nutznießerin ja zuallererst die Kirche war, kam aber auch daher, dass die Künstler sich vermehrt mit Anatomie beschäftigten. Die anderen beließen es aber dabei, den Knochenbau zu studieren und daraus organische Körperhaltungen abzuleiten. Lionardo drang buchstäblich tiefer, er erforschte die Anatomie subkutan, bis auf die einzelne Faser, die Adern und Venen, ja, er führte Experimente mit Tierorganen durch, um auf die entsprechenden Funktionen im menschlichen Körper schließen zu können. Im *trattato della pittura* schreibt er:

> »Damit ein Maler bei den Stellungen und Gesten, die man im Nackten darstellen kann, sich als ein guter Gliedmaßenmacher und -zusammenordner erweisen könne, so ist es etwas sehr Notwendiges für ihn, daß er die Anatomie der Nerven (oder Sehnen), Knochen, Kurz- und Langmuskeln kenne, damit er bei den verschiedenen Bewegungen und Kraftäußerungen wisse, welcher Nerv oder Muskel der Veranlasser der Bewegung sei, und nur diese deutlich und angeschwollen mache, nicht aber alle übrigen, wie viele tun, die, um als große Zeichner zu erscheinen, ihre nackten Körper hölzern und anmutlos machen, so daß dieselben mehr wie ein Sack voll Nüsse als wie ein menschliches Äußeres anzuschauen sind, oder eher wie ein Bündel Rettiche als wie muskulöse nackte Körper.«[26]

So intensiv seine Studien des menschlichen Körperbaus waren, mit denen Lionardo echte Pionierarbeit geleistet hat, so skrupulös war er doch, was die Sektionen anging. An verschiedenen Stellen in seinen Notizbüchern finden sich Reflexionen, in denen er sich vor sich selbst rechtfertigt. In einer Notiz geht er darauf ein, dass kirchlicherseits nur Sektionen an Gehenkten vorgenommen werden dürfen, da deren Seelen ohnehin als verloren galten:

»Und solltest du, o Mensch, während du in diesem meinem Werk (d. h. der Anatomie) die wunderbaren Schöpfungen der Natur betrachtest, der Ansicht sein, dass es ein Verbrechen ist, sie zu zerstören – nun, so bedenke, dass es ein noch viel grösseres Verbrechen ist, dem Menschen das Leben zu nehmen!«[27]

Was sich hier zeigt, ist nicht weniger als ein Parallelismus der Methoden: Lionardos Arbeitsweise mit toten Körpern und seine Schreibweise entsprechen sich in auffälliger Art. Die Sektion als Zerlegung des menschlichen Körpers und seine Notierweise als Zerlegung des eigenen Denkens gleichen sich. Würde man nach einer solchen Leichensektion die Organe und Glieder eines Körpers nebeneinanderlegen, würden sie vermutlich ähnlich inkonsistent und dysfunktional wirken wie die einzelnen Bemerkungen, die Lionardo in seinen Notizbüchern festgehalten hat. Nur eine ganzheitliche und organische Sichtweise kann Sinn in den (Text-)Körper bringen. Die Welt soll aus ihren Einzelteilen heraus verstanden werden, aber das funktioniert nur in der Zusammenschau.

Auch mit einer anderen Notiz macht Lionardo die Gründe für Geheimschrift und Geheimhaltung deutlich. Es sind durchaus private Einsichten in die Gefühlswelt des Pathologen beim Sezieren, die allen gesellschaftlichen Gepflogenheiten seiner Zeit widersprochen hätten. Es geht darin um die Untersuchung der Blutgefäße, da Blut auch für den Künstler Lionardo ein ganz besonderer Saft war:

»So habe ich, um eine wahre und vollständige Kenntnis davon [sc. von den Blutgefäßen] zu gewinnen, mehr als zehn menschliche Körper zerlegt. Ich zerstörte dabei alle übrigen

Teile und entfernte alles Fleisch, das um diese Gefässe herum lag, bis auf die kleinsten Teilchen, ohne eine Blutung herbeizuführen, ausser der unmerklichen Blutung der Kapillargefässe. Und da ein einziger Körper sich nicht so lange hielt, wie nötig war, so musste ich an vielen Körpern nacheinander fortfahren, bis ich eine vollständige Kenntnis gewonnen hatte. […] Wenn du auch die nötige Liebe für diese Sachen haben magst, so wirst du vielleicht durch deinen Magen davon abgehalten werden, und wenn dieser dich nicht davon abhält, dann wird die Furcht, zur Nachtzeit in der Gesellschaft solcher gevierteilter und enthäuteteter und schrecklich aussehender Leichen zu verbringen, dich vielleicht abschrecken.«[28]

Hier geht durch den Magen nicht die Liebe, sondern der drastisch nachvollziehbare Ekel. Die Schilderung wirkt selbst auf uns Heutige noch befremdlich. Wie wäre sie wohl von seinen Zeitgenossen aufgenommen worden? Solche Einsichten vertraut Lionardo mit gutem Grund seinem Notizbuch, nicht aber einer Öffentlichkeit an: Kommunikant ohne Kommunikat.

Nicht nur die Methode, auch die Ergebnisse und Folgerungen der Studien hätten Lionardo in Konflikt mit Obrigkeit und Öffentlichkeit gebracht und haben ihn darum an einer Veröffentlichung seiner Notizen gehindert. Das lässt sich zum Beispiel an Lionardos Studien zum Anfang des Lebens illustrieren. Ein Blatt des *Codex Windsor* zeigt einen Embryo in der Gebärmutter inklusive Nabelschnur und Mutterkuchen. Die Zeichnung (und einige perspektivische Studien zum gleichen Objekt, die sich ebenfalls auf dem Blatt befinden) sind Ergebnis einer wissenschaftlichen Transferleistung. Anschauungsmaterial war, wie Details des Mutterkuchens verraten, nicht der Leichnam einer schwangeren Frau, sondern offenbar der einer Kuh. In die Gebärmutter der Kuh zeichnete Lionardo die eingerollte Gestalt eines menschlichen Embryos, wie er sie vielleicht von Präparaten kannte. In einer späteren Notiz macht er sich über die Symbiose von Mutter und Kind Gedanken. Da das ungeborene Kind im Fruchtwasser schwimme, könne es nicht atmen: »[A]ber es bedarf der Atmung nicht, weil es durch das Leben der Mutter belebt und durch ihre Nahrung ernährt wird. Diese Nahrung ernährt dieses Geschöpf genau so wie die übrigen Teile der Mutter.« Daraus zieht Lionardo da Vinci einen Schluss, der ihn nicht nur damals in Konflikt mit der kirchlichen Obrigkeit gebracht hätte: »Daraus folgt, dass eine und dieselbe Seele die beiden Körper beherrscht.«[29] Lionardo schließt damit an einen bereits antiken Materialismus an, wie man ihn etwa bei Aristoteles nachlesen kann, dem zufolge es keinen Körper-Seele-Dualismus gibt und die Seele notwendig mit dem Körper verbunden ist. Er entwickelt damit ein gefährliches Wissen, denn laut kirchlicher Lehrmeinung wird der Embryo mit der Befruchtung beseelt, und der gerade gewählte Papst Leo X. hatte noch im Jahr seiner Inthronisation eine Bulle erlassen, nach der alle Häretiker verdammt würden, die an der kirchlichen Seelenlehre Zweifel äußerten. Noch heute wird ja in Abtreibungsdebatten von sehr konservativen Leuten diese mittelalterliche Position vertreten und damit die Legalisierung des Schwangerschaftsabbruchs in Frage gestellt. Lionardo vertritt in dieser Frage eine ebenso prononciert emanzipatorische Sichtweise wie in den Notizen, die sich mit der Vererbung beschäftigen. Dort denkt er darüber nach, was passiert, wenn ein schwarzer Mann eine weiße Frau schwängert, und kommt zu dem Ergebnis, dass »die Rasse (*semenza*) der Mutter im Embryo die gleiche Stärke hat wie die Rasse des Vaters«.[30] Mehr als dreihundert Jahre vor Mendel und dessen Vererbungsexperimenten an den unterschiedlich blühenden Erbsenpflanzen kommt Lionardo darauf, dass beide Elternteile den genetischen Code ihrer Sprösslinge definieren. Die herrschende Meinung war dagegen noch bis ins 19. Jahrhundert, dass die Erbanlagen ausschließlich vom Vater stammten, während die Mutter lediglich das Gefäß für die Leibesfrucht sei. Empirie und Emanzipation hängen eben miteinander zusammen. Mit einer Veröffentlichung solcher Ansichten hätte sich Lionardo da Vinci mutmaßlich in erhebliche Schwierigkeiten gebracht.

Nur in ein einziges Buch hat es Lionardo zu Lebzeiten geschafft: Luca Paciolis *Divina Proportione* ist garniert mit den Illustrationen von Lionardo da Vinci. Pacioli soll auch gemeinsam mit Lionardo ein Buch über das Schachspiel geschrieben (*De ludo scacchorum*, 1500) sowie die erste Komplettdarstellung der doppelten Buchführung verfasst haben. Außerdem soll Pacioli in einem seiner Werke neben mathematischen Spielereien auch einige Zaubertricks aufgedeckt und damit das erste Buch über die Zauberkunst publiziert haben. Aber das notiere ich hier nur, weil ich gerade keinen Zettel zur Hand habe.

Der Philosoph Jürgen Mittelstraß hat die moderne Welt als »Leonardo-Welt« bezeichnet. Sie sei gekennzeichnet dadurch, dass ihr Motor der wissenschaftliche und technologische Fortschritt sei: »In ihrer technischen Form bildet die moderne Welt ein Können aus, dem ihre Rationalitäten folgen, aber auch ein Wissen, das in Wissenschaftsform diesem Können seine dauerhafte Überlegenheit verleiht.«[31] Mit dieser Klassifizierung über- und unterschätzt Mittelstraß Lionardo zugleich. Als Patron für ein Zeitalter technologischer, wenn nicht gar technokratischer Rationalität taugt Lionardo nur äußerst bedingt, da ihm ein wesentliches Moment des Techno-Rationalismus abgeht, nämlich die wirtschaftliche Umsetzung seiner Ideen, Einfälle und Pläne. Lionardo ist vieles, aber er ist nicht der Erfinder der Start-ups. Es gibt Stimmen, die seine technische Meisterschaft in Frage stellen und ihn mehr als genialen Amateur denn als umsetzungsstarken Profi sehen. Technikhistorikerinnen haben in der zweiten Hälfte des 20. Jahrhunderts die Konstruktionspläne anderer Erfinder der frühen Neuzeit ausfindig gemacht und dabei festgestellt, dass vieles, was der *maestro* in seinen Notizbüchern skizziert hatte, durchaus auch bei anderen zu finden war. Lionardo sah zwar die Mathematik als Mutter der Malerei, aber »in seinen Notizbüchern sieht man ihn schon an einfachen Divisionen scheitern«, wie Stefan Klein konstatiert. Und der deutsch-italienische Romanist Leonardo Olschki schreibt: »Sein wissenschaftliches und technologisches Werk ist kaum mehr als eine Ansammlung von geistreichen literarischen Fragmenten und realistischen Zeichnungen, von genialen Projekten, die jedoch einer Erprobung kaum standgehalten hätten.«[32]

Am Ende seines Lebens hat Lionardo da Vinci sich intensiver mit Anfang und Ende der Welt beschäftigt. Seine Beobachtungen der Natur, wie er sie zum Beispiel im *Codex Leicester* notiert, führten ihn zu der Auffassung, dass die Welt aufgrund natürlicher Prozesse entstanden sein muss: ein Angriff auf die biblische Offenbarung! Und im *Codex Windsor* finden sich unter der Überschrift »Sintflut und ihre Darstellung in der Malerei« Lionardos Vorstellungen vom Weltende, die erscheinen wie ein naturwissenschaftlicher Algorithmus, der beliebig reproduzierbar ist. Keine himmlischen Reiter oder Ungeheuer aus der Tiefe machen hier dem irdischen Treiben den Garaus, sondern durch und durch natürliche Prozesse:

»Unter der Last der Menschen zusammenbrechende Bäume. Zertrümmerte, an den Klippen gescheiterte Schiffe. Herden, Hagel, Blitze, Wirbelwinde. Menschen, die an Bäumen hängen und sich dort nicht halten können; Bäume und Felsen, Türme, Hügel voll von Menschen; Boote, Tische, Backtröge und andre Geräte zum Schwimmen; Höhen, überfüllt mit Männern, Frauen und Tieren, und Blitze aus den Wolken, die alles beleuchten.«[33]

Mehr Philosoph als Christ, schrieb Vasari, der »Kulturminister« der Medici und nach Meinung Volker Reinhardts »Denunziant aus Leidenschaft«,[34] über Lionardo: Grund genug, mit seinem gefährlichen Wissen hinter dem Berg zu halten. So sind die Notizbücher Lionardo da Vincis tatsächlich extensive Selbstgespräche oder Selbstaufzeichnungen oder Selbstschreibungen, Kommunikanten ohne Kommunikate, unkommunikative Medien. Sie beziehen sich nicht auf jemand anderen, besitzen keine direkte Botschaft, erwarten keine Antwort, treten nicht in Dialog mit irgendeinem Alter außer dem Ego. Sie lassen sich nicht auf jenes Wechselspiel ein, das wir üblicherweise menschliche Kommunikation nennen.

Der Vorteil der Depublikationsstrategie da Vincis ist, dass er auch und gerade solche Gedanken niedergeschrieben hat, die im Falle eines Publikationsvorhabens gnadenlos der Selbstzensur (wenn nicht der Fremdzensur) zum Opfer gefallen wären. Wir erhalten damit, wie Stefan Klein es ausdrückt, eine »Innenansicht von Leonardos Gehirn«.[35]

Hier findet sich ein ganz neuer Typ von Kommunikation, der zugegebenermaßen vorerst nur recht tentativ zu beschreiben ist. Es war meines Wissens der Semiotiker Juri Lotman, der als Erster den Begriff der Autokommunikation prägte. Er bezeichnet damit den kommunikativen Fall, dass »ein Individuum in der Funktion von zweien auftritt«.[36] Der Sender ist also gleichzeitig der Empfänger. Aber was soll das eigentlich bedeuten? Was hat man sich selbst mitzuteilen, was man nicht ohne die Mitteilung auch schon wüsste? Die Funktion einer Autokommunikation muss eine andere sein als die der Mitteilung. Die Sender-und-Empfänger-Funktion spielt dann dabei gar keine Rolle. Hier wartet noch ein bisschen (kommunikative) Arbeit.

Renaissance-Mensch Universalgenie

»Er glich [...] einem Menschen, der in der Finsternis zu früh erwacht war, während die anderen noch alle schliefen«, schrieb Sigmund Freud über Lionardo.[37] War Lionardo ein Mensch der Neuzeit, der der eigenen meilenweit voraus war, der Erfindungen gemacht hat, die erst nach Jahrhunderten realisiert werden konnten? Oder stak er noch tief im Mittelalter, ein Phantast, ein Scholastiker, der nur für die Schublade produzierte, in der alle nicht publizierten Notizzettel irgendwann mal landen werden?

Der Begriff des Universalgenies stammt aus einer Zeit, der das Universale längst abhandengekommen war. Die Vorstellung, dass ein einzelner Mensch alles könne, dass er in allen Lebens- und Arbeitsbereichen, in denen er tätig wäre, zu Höchstleistungen im Stande sei, war keine Möglichkeit mehr, als der Begriff des Universalgenies geboren wurde. Er kombiniert den Begriff des Universalgelehrten oder Polyhistors, der bis in die Aufklärungszeit hinein gebräuchlich war, aber sich zu dieser Zeit schon eher auf den gräulichen Stubengelehrten bezog, mit dem Geniebegriff, der in der Sturm-und-Drang-Zeit aufkam und eigentlich gerade das Gegenteil des Bücherwurms und Polyhistors bezeichnete. Die Universalität des Handwerkers und Künstlers spielt noch auf einer anderen Ebene, denn er gehört zur schaffenden Zunft, seine Pläne und Ideen, seine »Geniestreiche«, müssen sich an der Umsetzung oder, wenn wir den Maßstab etwas heruntersetzen wollen, an der Umsetzbarkeit messen lassen. Lionardos Universalität schließlich erschließt noch eine vierte Dimension, nämlich die der Universalität von Themen und Interessen: Kein *sujet* schien Lionardo zu klein oder zu trivial, vom Weltenbau bis zum einzelnen Gesichtsausdruck, von den kosmischen Zusammenhängen bis zum kleinsten capillaren Blutgefäß reichte seine Neugierde, und sein »obsessives Führen von Notizbüchern«, wie Emma Dickens es nennt, steht dafür stellvertretend.[38] »L'uomo universale« wird jemand wie Lionardo auf Italienisch genannt, der Universalmensch.

Der Universalmensch oder das Universalgenie sind die Gegenbegriffe zu unserer modernen arbeitsteiligen industriellen Gesellschaft, zu deren unwillkommener Erbschaft auch das Nicht-zuständig-Sein zählt. Für alles, was nicht in unseren eigenen minimalen Tätigkeits- oder Fertigkeitsbereich fällt, erklären wir uns von vornherein für nicht zuständig. Das Große und Ganze fällt damit automatisch aus dem Blick, oder man überlässt es direkt den Automaten oder Algorithmen. Das Nicht-zuständig-Sein ist darum auch der Zwilling der Entfremdung, jenes von Karl Marx in seinen philosophisch-ökonomischen Frühschriften entworfenen Begriffs, der neuerdings, vor allem durch die soziologischen Studien Hartmut Rosas, wieder in den Fokus geraten ist.[39] Wer nur den eigenen kleinen Vorgarten hegt und pflegt, der muss sich um den großen Acker nicht weiter scheren. Die große Welt gerät damit aus der Perspektive, sie wird dem Einzelnen fremd, mit der Zuständigkeit verliert er auch die Verantwortung, und mit der Verantwortung wiederum den Zugriff. Das Konzept des Privateigentums heißt ja, aus dieser Perspektive betrachtet, dass nur das noch uns gehört, was in unseren eigenen kleinen privaten Rahmen passt. Das Große und Ganze ist uns auch abhandengekommen, weil es nicht uns gehört, die Welt ist nicht Privatsache und damit nicht unseres. Für Lionardo sah das noch ganz anders aus: Er fühlte sich für alles zuständig, hatte, in seinen Notizzetteln, Zugriff auf die Welt und auf das Universum. Das Große und Ganze ergibt sich bei Lionardo aus der Summe seiner Zettel, ein universales Puzzlespiel, in das alles hineinpasste, dem sich kein Lebens-, Liebes- und Kunstbereich widersetzte. Für Giorgio Vasari war Lionardo da Vinci eher Universalversager als Universalgenie. Aber gerade das Nicht-fertig-Machen ist ein Prinzip, das fortwährenden Weltzugriff erlaubt, denn auch die Welt wird ja nie fertig. Einen

»Denker ohne Denksystem« nennt ihn darum der französische Kunsthistoriker Daniel Arasse.[40]

Lionardos Universalität zeigte sich paradoxerweise vielleicht auch darin, dass er mit den Universalitätsvorstellungen seiner Zeit brach und hierin vielleicht gerade kein Renaissance-Mensch, sondern in gewisser Weise das Gegenmodell zum Humanisten war. Damit weist Lionardo Sigmund Freuds Diktum bestätigend auf die Zeit weit nach Renaissance und Humanismus voraus. »Der Schriftgelehrte verachtete Handwerker und Bauern«, notiert Alessandro Conti in seiner Studie *Der Weg des Künstlers. Vom Handwerker zum Virtuosen*, und das, gerade weil »praktische Kenntnisse nicht schriftlich vermittelt wurden«.[41] Die Humanisten konnten sich auf ihre Idole berufen: Platon behauptete in der *Politeia*, es gehöre zu den Merkmalen eines Mannes von guter Herkunft, die Arbeit zu verachten. Und Aristoteles nannte in seiner *Politik* all jene Arbeiten gemein, die den Körper in einen hässlichen Zustand bringen, sowie all jene Tätigkeiten gegen Lohn, weil sie den Geist erniedrigten.[42]

Lionardo nahm den gewaltigen sozialen Unterschied zwischen seinesgleichen und der humanistischen Info-Elite seiner Zeit nur zu bewusst wahr. Er bezeichnete sich selbst als »omo sanza lettere«, als Mensch ohne Bildung und, vor allem, ohne Lateinkenntnisse. Erst mit 35 Jahren beschäftigt er sich mit der alten Sprache, legt in seinen Notizbüchern lateinische Wortlisten an. Über Grundkenntnisse wird er es aber nicht hinausbringen. Zwischen seinen Notizen finden sich auch Zettel mit Vokabeln in der italienischen Hochsprache, denn als Mann vom Lande sprach und schrieb Lionardo vor allem im dialektalen Volksidiom: Er, der Vielschreiber, tat sich ausgerechnet mit dem Schreiben schwer. Man kann hieraus auf eine tiefsitzende Kränkung Lionardos schließen, und viele seiner Notizen lassen sich als Auseinandersetzung mit und Rechtfertigung gegen diese neue Scholastik betrachten, die sich nun *studia humani-*

ora nannte. Er brachte in seinen Notizbüchern seine eigene Anschauung, die in der Kunst der Anschaulichkeit bestand, gegen die Büchergelehrsamkeit in Stellung und gab damit jenen Ton vor, der die Bildungsdiskussionen der nächsten Jahrhunderte beeinflussen würde:

> »Ich weiss wohl, dass so mancher eitle Fant, zumal ich kein Gelehrter bin, glauben wird, er könne mich mit Recht tadeln, indem er geltend macht, ich sei ein Mann ohne Gelehrsamkeit. […] Nun, wissen sie denn nicht, dass meine Lehren nicht so sehr aus den Worten anderer gezogen werden als aus der Erfahrung, die doch die Lehrmeisterin derer war, die gut geschrieben haben? So nehme ich sie zur Lehrerin und werde mich in allen Fällen auf sie berufen.«[43]

Entsprechend gibt Lionardo dem Sehsinn und dem Auge den Vorzug vor allen anderen Erkenntnisquellen. Er seziert es, er versucht, den visuellen Eindruck vom Objekt über das Auge ins Gehirn zu analysieren, er ist vom Sehen besessen (Abb. 3):

> »Das Auge, das man Fenster der Seele nennt, ist das Hauptmittel, durch welches der Verstand die unendlich vielen Werke der Natur in der vielfältigsten und grossartigsten Weise betrachten kann.«[44]

Die Schriftgelehrten und Bücherwissenschaftler, also die Humanisten, betreiben für Lionardo keine produktive Wissenschaft, die neue Erkenntnisse produziert. Insofern sie ausschließlich zwischen Buchdeckeln nachsehen, reproduzieren sie nur Wissen, betreiben also lediglich, mit dem berühmten Wort August Boeckhs, »Erkenntnis des Erkannten«.[45] Ihre Arbeitsweise, Exzerpte aus den antiken Schriften anzufertigen und daraus neue Bücher in Form von Kommentaren oder Exegesen zu generie-

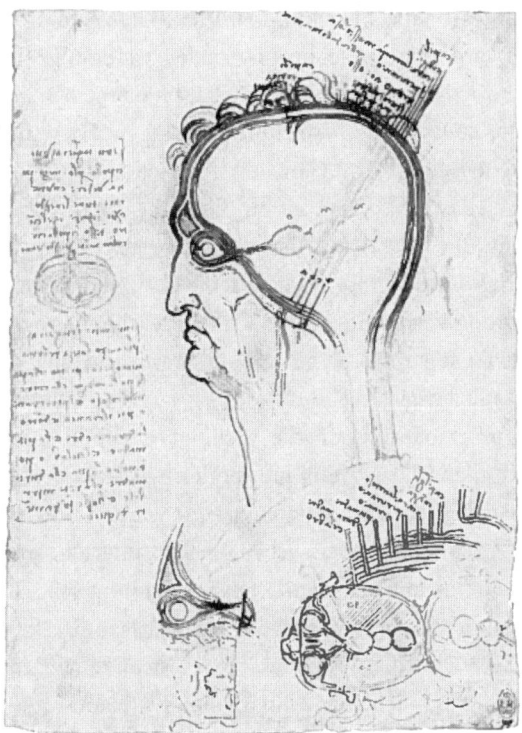

Abb. 3: Lionardo erforscht das Auge und den Sehnerv

ren, ist für Lionardo eine unbillige Verkürzung von Wissenschaft, und entsprechend nennt er diese Gelehrten die »Abkürzer«, die »Abbreviatoren«:

> »Die Abbreviatoren von Werken versündigen sich an der Erkenntnis und an der Liebe, denn die Liebe für irgendeine Sache erwächst aus der Erkenntnis, und die Liebe ist um so inniger, je sicherer die Erkenntnis ist. Diese Gewissheit aber entspringt aus der vollständigen Kenntnis aller jener Teile, die zusammen das Ganze jener Sache bilden, die man lieben sollte.«[46]

Wenn Lionardo hier eine Beziehung auf das »Ganze« einfordert, wirkt das vorderhand selbstironisch oder geradewegs deplatziert, hat er doch mit seiner Notizzetteltaktik offenbar selbst Schwierigkeiten, etwas Ganzes zu Ende zu bringen. Hier sind aber verschiedene Begriffe von Ganzheit im Spiel: Lionardo als Universalist hat »das große Ganze« im Blick, die Totalität der Welt, und genau das geht den »Abbreviatoren« ab. Mit etwas fertig zu werden – man könnte es »das kleine Ganze« nennen – ist nicht Lionardos vorrangiges Ziel. Vielleicht schließen sich diese Perspektiven sogar aus, denn mit »dem großen Ganzen« wird man eben nie fertig.

Lionardos Reflexionen über die Stellung der bildenden Künste und vor allem der Malerei im Vergleich zu den »freien Künsten«, wie sie an den Universitäten gelehrt wurden und die geschlossenen Zirkel der akademischen Welt formierten, sind selbst auch ein Reflex auf die geänderte sozioökonomische Situation. Sie reflektieren die neue Stellung, die der Handwerker-Künstler in der Epoche, die wir heute Renaissance nennen, innehat, gerade indem er sich vom lohnarbeitenden Handwerker zum selbständigen und selbstbewussten Künstler entwickelt. Diese neue gesellschaftliche Stellung manifestiert sich auch und gerade in den Notiz- und Skizzenbüchern dieser Handwerker-Künstler, denn gewürdigt wird nun nicht mehr das Hand-Anlegen, die echte Hand-Arbeit, die man stattdessen den Lehrlingen, Angestellten, der »Werkstatt« überlassen kann, sondern der Entwurf, die schöpferische Idee, die Phantasie: »Man bezahlt ihm nicht mehr die mühsame Handarbeit oder die reale Arbeitszeit, sondern den *disegno*, die Komposition und wenige direkte Eingriffe«, stellt Alessandro Conti fest.[47] Entsprechend verlegt Lionardo seine Energie auf die Notizbücher und entwirft ohne Unterlass, Maschinen und Geräte, Bauten und Kanäle, Kunst und Krempel. Das Notizbuch wird zur ingeniösen Schaffens- und Schaltzentrale, die Welt ist der Entwurf. In seiner Philosophie des Designs hat Daniel Martin Feige es ähnlich ausgedrückt: »Als Welterschließung gibt Design der Welt ein spezifisch menschliches Gesicht.«[48]

Mit dieser gesellschaftlichen Änderung geht eine auch mediale und kommunikative einher, die im renovierten Image der Handwerker-Künstler besteht, und diese kann, ganz im humanistischen Sinne, als Übergang von Merkur zu Saturn und von der schaffenden Lust zur Melancholie gesehen werden, wie es die drei berühmten Gelehrten der Warburg-Schule Raymond Klibansky, Erwin Panofsky und Fritz Saxl in ihrer Studie *Saturn und Melancholie* dargestellt haben. Merkur, der beflügelte und beflügelnde Götterbote, ist der Gott der Redner, der Reisenden, der Kaufleute und Diebe. Mit Saturn, dem Gott der Aussaat, sind Bedächtigkeit und Schwermut verknüpft. Wer etwas zu verkaufen hat wie ein Handwerker, der für Stücklohn arbeitet, der wird verkaufsfördernde *allegrezza*, Fröhlichkeit, an den Tag legen. Der neue Künstlertyp der Renaissance dagegen meint, das nicht mehr nötig zu haben. Michelangelo Buonarroti wird zitiert mit dem Satz: »La mia allegrez è la malinconia« – Meine Fröhlichkeit ist meine Traurigkeit.[49] Die Kunst verbindet sich mit dem Weltschmerz. Eine fröhliche Wissenschaft im Sinne Nietzsches? Vielleicht. Eine fröhliche Kunst? Niemals.

Über Saturn und Melancholie hat der Handwerker-Künstler nun auch Anteil an der »vita contemplativa«, die zuvor den Priestern, Mönchen und Philosophen vorbehalten war, und darf seine Einsichten in die ewigen Wahrheiten in der ihm eigenen Kunstform zu Papier, nämlich auf den Notizzettel bringen. Was Panofsky, Klibansky und Saxl am Humanisten diagnostizieren, könnte Wort für Wort für den Antihumanisten Lionardo stehen, der sich »zwischen den Extremen einer manchmal bis zur Hybris gesteigerten Selbstbejahung und eines manchmal bis zur Verzweiflung verschärften Selbstzweifels hin- und hergerissen« sieht. Doch gerade mit diesem Dualismus sei eine neue geistige

Form entstanden, die durch diesen tragisch-heroischen Zwiespalt definiert sei, nämlich das »moderne Genie«.[50] Und für dieses Genie hat bereits Petrarca, der selbst womöglich der erste Repräsentant des neuen Menschentyps gewesen ist, die gültige Definition gefunden: »Censuit ingenium, nisi sit dementia mixta« – er glaubte, Genialität gebe es nur gepaart mit Wahnsinn.[51] Mit dem Götterboten Merkur, dem griechischen Hermes, der auch die Patronage über die Hermeneutik innehat, bewegt sich das Kunst-Handwerk noch auf der Ebene der Mitteilung und der Kommunikation. Mit dem Übergang zum melancholischen Saturn und zur genialen Handwerkskunst bewegt sich das Kunstwerk von der Mitteilung weg, es wird hermetisch statt hermeneutisch, es wird zum Kommunikanten ohne Kommunikat. Vielleicht in diesem Lichte findet sich gerechtfertigt, dass Lionardo als »Hamlet der Kunstgeschichte« bezeichnet wird.[52]

Lionardo taugt auch deswegen so gut zum Prototyp des Renaissance-Menschen, des »uomo universale«, des »Universalgenies«, weil er in sich jene drei Attribute vereinigt, die nach Jacob Burckhardt den Kern jener Ära ausmachen, in der der moderne Mensch geformt wird. Der Individualismus der Renaissance setzt sich nämlich nach Burckhardt aus Freiheit, Witz und Subjektivität zusammen.[53] Lionardos Freiheit bestand nicht nur in seinem Lebenswandel, den freizügig zu nennen selbst den heutigen Konnotationen des Begriffs noch genügen würde, und seine Arbeitseinstellung, wie er sie auch in seinen Notizen skizziert, gereicht jenem italienischen Lebensstil zur Ehre, den wir Asketen aus dem kargen Raume nördlich der Alpen jedenfalls dem Vorurteile nach als *dolce far niente* identifizieren:

> »Es ist auch gut, öfters die Arbeit ruhen zu lassen und sich ein wenig Erholung zu gönnen; denn wenn du dann wieder an die Arbeit gehst, wirst du ein besseres Urteil haben als zu-

vor. Verbohrst du dich aber in die Arbeit, so wirst du dich arg täuschen.«[54]

Nicht nur die eigene Individualität, auch die seiner Mitmenschen wird von Lionardo in seinen Notizbüchern festgehalten. Vasari berichtet, dass Lionardo einen bestimmten Menschen einen ganzen Tag lang verfolgen konnte, wenn ein spezieller Zug ihn an ihm interessierte. Wer durch die Notizen Lionardos spaziert, der begegnet einem Kosmos menschlicher Individualität: Der trifft auf junge Frauen und alte Männer, aristokratische Profile und verschlagene Visagen, ausgearbeitete Porträts und hingeworfene Karikaturen. An einer Stelle hat Lionardo einen ganzen Katalog verschiedener Typen menschlicher Nasen aufgestellt: Adlernasen, Himmelfahrtsnasen, Kolbennasen, Hohlnasen und so weiter. Um in die Welt der individuellen Nasenerscheinungen Ordnung zu bringen, hat Lionardo eine eigene kleine Nasenwissenschaft entwickelt, eine Nasologie, der zufolge es erstens vier Grundtypen von Nasen wie knollig oder gerade gebe, zweitens sie danach zu unterscheiden seien, ob sie sich oberhalb und unterhalb ihres Zentrums konvex, konkav oder auch gar nicht wölbten. Bei seinen Sektionen von Leichen legte er auch die Gesichtsmuskulatur frei, um ihr Zusammenspiel mit dem Gehirn zu erforschen. Dabei entdeckte er Nerven, die die Bewegungen der Gesichtsmuskeln steuern und damit den Ausdruck von Gefühlen ermöglichen. Auch die Individualität der Natur wird von Lionardo unterstrichen und damit der vielleicht größtmögliche Bruch mit der vorangegangenen mittelalterlichen Kunst vollzogen. In deren Bildsprache waren die Elemente und ihre Bedeutungen vorgegeben und allegorisch überformt: Ein Berg stand für Golgatha, ein Baum für das Leben, der Apfel für die Sünde, eine Taube für den Heiligen Geist. Ganz anders bei Lionardo: Die Natur steht für ihn für die Natur, die Felsengrotte, die Landschaft hinter der Mona Lisa, all die

Wasserstrudel und Himmelserscheinungen, mit denen er Blätter über Blätter in seinen Notizbüchern füllte, waren das, was Lionardo sah, wenn er in die Welt blickte.

Für den Ausdruck seiner eigenen Individualität sind die Notizzettel und Notizbücher nicht ein, sondern das einzig mögliche Medium. Es steht eben gerade nicht für die Agenda, die der Einzelne öffentlich mit der Gesellschaft zu verhandeln hat, sondern für jene Gedanken, die er mit sich selbst ausmacht. Für den Universalmenschen ist das Notizbuch das Universal-

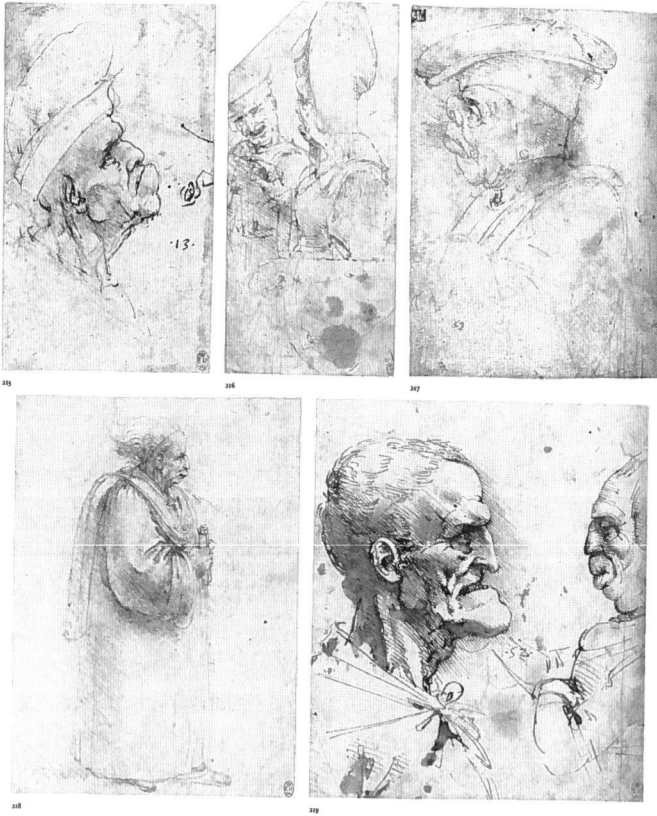

Abb. 4: Profilstudien von Lionardo: Ausdruck der Individualität

medium nicht nur wegen der Vielfalt, ja Arbitrarität der Beschreibstoffe, sondern auch wegen der Universalität der Themen, die es aufnimmt. Denn neben Planskizzen und Entwürfen, neben philosophischen Betrachtungen und egomanen Grübeleien findet selbst das Alltägliche seinen Platz auf den Notizzetteln des Meisters.

> »Bezeichnend für viele Blätter [Lionardos] ist die Mischung der verschiedensten [sic!] Themen: [...] ein Zitat aus einer Epistel von Luca Pulci [...], ein Zitat aus dem ›Trionfo d'Amore‹ [...] von Petrarca, darauf folgen Rezepte zum Mischen von Farben [...] dann Übersetzungsversuche der ›Metamorphosen‹ Ovids.«[55]

Kochrezepte, Bücher- und Wortlisten, Gehaltszahlungen an seine Mitarbeiter (»Arrigo hat 11 Golddukaten zu bekommen«),[56] Schulden, die seine Mitarbeiter bei ihm haben, Verzeichnisse seiner Haushaltungsgegenstände (»2 kleine Laken. 2 Tischtücher und ein halbes. 16 grobe Tischtücher. 8 Hemden«),[57] Einkaufszettel (»Am Dienstag soll morgens Wein eingekauft werden. Am Freitag, dem 4. September, desgleichen«).[58] Und vorgenannte sind nur solche Notizen, deren interne Kohärenz irgendwie noch zu erschließen ist. Daneben gibt es aber Notizzettel, die völlig Disparates vereinen und deren einzige semantische Übereinstimmung darin besteht, irgendwie offenbar gleichzeitig oder in naher zeitlicher Folge durch den Kopf des Lionardo da Vinci geschossen zu sein:

> »Buch von Pandolfino – Messerchen – Feder zum Linieren – Gewand färben – Bibliothek von Sankt Markus – Heiliggeist-Bibliothek – Lactantius von den Daldis – Antonio Covoni – Buch von Meister Paolo, dem Pfleger – Stiefel, Schuhe und Strümpfe – Lack – Geselle, der das Modell für mich machen

soll – Grammatik von Lorenzo de'Medici – Giovanni del Sodo – Sansovino – Lineal – Ein sehr feines Messer – Brille – Gebrechliche *(rotti fisici?)* – Das Labyrinth (l'abernucco?) ausbessern – Buch von Tommaso – Kettchen von Michelangelo – Lerne die Multiplikation der Wurzeln von Meister Luca – Meine Weltkarte, die Giovanni Benci hat – Socken – Gewand aus Kamelott – Rotes Korduanleder – Weltkarte von Giovanni Benci – Umgebung von Mailand in einem Stich – Handelsbücher – Bogen und Sehne – Tanaglino – Moncatto.«[59]

Man hat bei der Disparatheit all dieser Notizen tatsächlich das Gefühl, dem Autor beim Denken zuzusehen. Allerdings lernen wir dabei über das Denken, dass es offenbar wenig fokussiert ist, ständig von Abschweifungen bedroht wird, Nicht-Zusammengehörendes zusammendenkt. Stefan Klein bringt das auf die treffende Formel, die Notizzettel seien nicht weniger als eine »Innenansicht von Leonardos Gehirn«,[60] und André Chastel stellt fest:

> »Wie man weiß, bestehen [Lionardos] Manuskripte seitenweise aus dichten Geweben von Aufzeichnungen, Federstrichen und ineinander verschlungenen Skizzen. Das ›graphische Denken‹, das alles klar und deutlich ausdrücken muß, wird rätselhaft, weil sich die Themen ineinander verschachteln.«[61]

Die Art und Weise, wie und was Lionardo notiert und damit zusammendenkt, weist voraus in eine denkerische Zukunft, in der inkohärente Präsentationsmodi gerade die exakteste Form der Darstellung einer als inkohärent erfahrenen Welt sind. Lionardos Notizen erscheinen in dieser Perspektive als Vorboten von Hypermedien und Internet, wie Daniel Kupper feststellt:

»Die Geschichte der modernen Wissenschaft, die im Grunde erst nach Leonardos Auftauchen beginnt, ist, vereinfacht gesagt, durch eine lineare Strukturierung des Denkens geprägt. Erst ungefähr ab Mitte des 20. Jahrhunderts verändert sich diese Strukturierung, und es tritt daneben eine Organisation des Denkens in Netzstrukturen auf, in der das Assoziative und Unscharfe einbezogen werden kann, weil es dem tatsächlichen Denken des Menschen gerechter wird. Ohne diese Erweiterung des klassischen Logiksystems (durch die sogenannte Fuzzylogik) wäre beispielsweise die moderne Regelungstechnik nicht möglich. Auch das Internet, dessen Sprache der Hypertext ist, wäre nie erfunden worden. Man kann Leonardos Codices durchaus als einen ersten riesigen Hypertext bezeichnen. Schon André Chastel hat vor dem Zeitalter des Internets auf die netzartige Struktur der Manuskripte Leonardos hingewiesen.«[62]

Der Notizzettel als Universalmedium des Universalmenschen kann nur auf den Begriff gebracht werden, wenn man ein holistisches, also ein ganzheitliches Verständnis vom Denken und vom Schreiben hat. Holistisch in diesem Zusammenhang heißt, dass Schreib-, Darstellungs- und Denkweisen sich in der urwüchsigen Form der Notiz nicht trennen lassen und des hermeneutischen Zugriffs häufig sich erwehren: zu nah am Denken dran, um verstanden werden zu können. »Das ärgste Los ist, wenn deine Absichten deiner Arbeit voraus sind«, hat Lionardo irgendwo notiert.[63] Für ihn selbst scheint das aber der Normalfall gewesen zu sein.

Lionardo als Erfinder des Notizzettels?

Wenn ich zuvor geschrieben habe, dass Lionardo als Erfinder des Notizzettels angesehen werden kann, machte das vielleicht stutzig. Selbstverständlich wurde auch vor Lionardo schon notiert, und gerade diese Studie wird im weiteren Verlauf einen größeren kulturhistorischen Bogen schlagen und viele Beispiele fürs Notieren und Notizenmachen quer durch die Säkula und Millennien anführen.

Im Jahr der Geburt von Lionardo da Vinci und der Erfindung des Buchdrucks trennen sich zwei Hemisphären, wenn man so will, zwei Zeitalter, die zuvor noch eins waren: das Manuzän und das Typozän. Bis zu Zeiten Gutenbergs hieß, etwas zu schreiben, etwas zu schreiben. Im Zeitalter nach Gutenberg hieß, etwas zu schreiben, entweder, es für sich selbst zu schreiben, zu notieren, oder, es für andere zu schreiben und drucken zu lassen. Im Typozän verschwindet das Manuskript also nicht einfach: Im Gegenteil ist das Typozän die Geburtsstunde des Manuskripts als eigene Fertigungsstufe auf dem Weg vom Gedanken zum gedruckten Buch. Aber schon diese Verwendung des Begriffs Manuskript ist eine durch Gutenbergs Erfindung des »Typographeums« (Giesecke) geprägte und definierte. Danach wird das Manu-Skript, also wörtlich »das mit der Hand Geschriebene«, nur noch als Vorstufe des eigentlich medialen Akts der Drucklegung und der Verwandlung ins Typoskript verstanden. Dass es allerdings ein Universum von Handgeschriebenem, mit der Hand Skizziertem, händisch Gekritzeltem gibt, das nur dazu da ist, Handschrift zu bleiben, und das niemals in ein Druckwerk übergehen soll, ist in einem Zeitalter des Buches und in einer Wissenschaft, die durch und durch vom Buch geprägt ist, lange Zeit eine abwegige oder nicht weiter beachtenswerte Vorstellung gewesen. Die Erfindung des Buchdrucks bedeutet nicht, dass da ein neues Medium erfunden wurde und ein anderes,

Lionardo als Erfinder des Notizzettels? 67

älteres zurückgeblieben ist. Nein, es sind zwei neue Medien erfunden worden, nämlich das Typoskript oder die typographische Information und das Manuskript. Mit der Druckerpresse kam, wie auch Lothar Müller festgestellt hat, »nicht nur das Gedruckte in die Welt, sondern auch das Ungedruckte«.[64] Christian Benne definiert in seiner Studie *Die Erfindung des Manuskripts*:

> »Manuskripte sind keine Materialien, die mit Zeichen versehen werden, sondern jene Teilmenge typischerweise organischer, materialer Gegenstände, die durch Spuren nichttypographischer und nichtakzidentieller Schrift überhaupt erst bestimmt werden.«[65]

Das Mediale wechselt damit seine Funktion oder erfährt eine fundamentale Erweiterung seines Funktionsumfangs. Die Kontinuitäten und Diskontinuitäten des Medialen im Übergang vom Manuzän zum Typozän haben Ivan Illich für die mittelalterliche Schreibwerkstatt[66] und Michael Giesecke für das anbrechende Gutenberg-Zeitalter[67] vielleicht hinlänglich beschrieben. Lionardo da Vinci steht hier genau an der Bruchstelle dieses Übergangs und kann mit seiner spezifischen Arbeitsweise als Patron dieser neuen Art des Notierens gelten.

Für den Handwerker-Künstler Lionardo stand am Anfang jeden Schaffensprozesses die Zeichnung, der *disegno*. Von dem italienischen Wort leitet sich auch der franko-englische Begriff *Design* her. Allerdings meint letzterer eher einen abgeschlossenen Entwurf, während das italienische Wort noch mehr den tentativen Aspekt, den erprobenden Charakter herausstellt. Und umgekehrt war der Handwerker im ausgehenden Mittelalter und in der Renaissance für alles das zuständig, was »designt« werden konnte. Darum vereinte das Handwerk in der Werkstatt eines Verrocchio, des Lehrers Lionardos, eines Brunelleschi, der die Kuppel des Florentiner Doms gebaut hat, oder eben eines Lionardo selbst Gewerke und Werkstücke, die uns heute, in Zeiten rasant beschleunigter und ausdifferenzierter Arbeitsteilung, nur noch höchst disparat vorkommen können: Neben Gemälden und Fresken waren Bauwerke aller Art, Glocken, Maschinen, Waffensysteme, Musikinstrumente und alle Gerätschaften, die für deren Herstellung vonnöten waren, Teil des handwerklichen Portfolios. Gerade Lionardo war berühmt für seine Ausstattungen bei großen höfischen Festen. Als »il moro«, der Mailänder Herrscher Ludovico Sforza, die Hochzeit zwischen Isabella von Aragon und seinem Neffen Gian Galeazzo ausrichtete, ersann Lionardo eine Apparatur, mit deren Hilfe die sieben Planetengottheiten vom Himmel herniederschwebten, um die Braut zu begrüßen. Für großen Eindruck sorgte auch Lionardos mechanischer Löwe, der beim Einzug des französischen Königs in Lyon 1515 zum Einsatz kam: Der Löwe, so berichtet es Michelangelo Buonarroti der Jüngere, ein Großneffe des gleichnamigen Künstlers, sei ein paar Schritte gelaufen, habe sich dann auf die Hinterbeine gestellt und die Brust aufgerissen, wodurch ein Strauß Lilien zum Vorschein gekommen sei, das Wappenmotiv des französischen Königshauses.[68]

Wenn uns Heutigen Lionardo vor allem als Maler erinnerlich ist, spricht das für die immer noch herrschende Apotheose der Kunst und damit für einen Funktionswechsel von Kunst und Medien, während Lionardo selbst für eine Zeit steht, in der Hochkultur und Handwerk, Kunst und Karnevalismus, Minne und Mechanik noch nicht getrennt gedacht werden konnten. Das *tertium comparationis* der divergierenden Tätigkeitsfelder des Handwerker-Künstlers ist die Planung im *disegno*, und Lionardo und seine Berufskollegen (nur vereinzelt waren Kolleginnen darunter) stehen an der Wiege einer Wirtschaftsform, die Säkula später als Planwirtschaft bezeichnet werden soll, jedenfalls wenn man die Bedarfsprognose auf rationalen Kriterien als eine solche bezeichnen möchte. Alles, was im Wirtschaftsbetrieb des Handwerker-Künstler-Ateliers hergestellt werden soll, muss vorher geplant, »designt« werden.

Der *maestro* des Notizbuches ist auch der Meister der Planwirtschaft, und aus dieser Perspektive erscheint es schon weniger erstaunlich, dass auf den Notizzetteln Lionardos neben künstlerischen, mechanischen und anatomischen Aufzeichnungen auch Einkaufslisten, Gehaltsabrechnungen, Inventare häuslicher und haushalterischer Gegenständlichkeit sowie Speisepläne zu finden sind. Jede Planung ist eine Form von Algorithmus, und keiner hat in diesen Anfangstagen eines sich verzettelnden Zeitalters die Algorithmisierung seines Kunst- und Wirtschaftsbetriebs so weit getrieben wie Lionardo da Vinci. Sein formaler Tätigkeitsablauf, also der handwerkskünstlerische Algorithmus, der Projektplan sah ungefähr so aus:

a. Habe eine Idee für ein Werk
b. Skizziere das Werk in mindestens drei Perspektiven auf einen Zettel
c. Überlege dir die Geräte, die du für das Werk benötigst, und skizziere auch diese auf den gleichen oder einen anderen Zettel
d. Plane dein Personal und die Ressourcen, die du für das Werk benötigst
e. Besorge Personal und Ressourcen
f. Baue die Gerätschaften nach Anleitung 3
g. Stelle das Werk her

Man sieht an dieser Planskizze, dass sich Lionardos vielzitiertes Problem des Nicht-fertig-Werdens an einer ganzen Reihe von Programmpunkten effektuieren konnte. Die Hindernisse im Fertigstellen seiner Werkstücke, ob Gemälde oder Waffensystem, Maschine oder Gebäude, konnten an jedem einzelnen Punkt dieses Algorithmus auftreten. Ab Programmstelle d. kamen äußere Faktoren hinzu, die Dauer und Zeitpunkt der Fertigstellung negativ beeinflussen konnten und außerhalb der Verantwortlichkeit des ausführenden Handwerker-Künstlers standen. Die konkrete historische Situation war für Lionardo als Typus des freischaffenden Künstlers, der materiell stets von reichen Gönnern abhängig blieb und eher von Apanagen denn von den Lohnstückkosten seiner handwerkskünstlerischen Werke lebte, ziemlich ungünstig: Die Renaissance war nicht nur in kultureller Hinsicht eine Zeit des Umbruchs, sondern auch und vor allem unter politischen, theologischen und ökonomischen Aspekten. So wie man im 20. Jahrhundert vom militärisch-industriellen Komplex sprach, konnte im Oberitalien des 15. und des beginnenden 16. Jahrhunderts von einem militärisch-theologischen Komplex gesprochen werden. Mit seinen heilsgeschichtlich und auf theologischen Endzeitversprechen basierenden Militärinterventionen war dieser dem Vollendungsversprechen künstlerischer Inventionen nicht günstig. Das Sforza-Monument etwa, eine überdimensionale Reiterfigur, wurde als Plan bewundert, die Bronze für das gigantische Werk ging dann aber doch in die Waffenproduktion.

Was in Lionardos Planungsalgorithmus noch erwähnenswert ist, das ist Punkt 2: Lionardo hat nämlich nicht nur ohne Unterlass Pläne angefertigt, er hat auch vom Planen selbst einen Plan gehabt. Mit Aufriss, Explosionszeichnung und Isometrie hat er, wie Stefan Klein feststellt, das bis heute gültige Vokabular der technischen Zeichnung formuliert, das bis ins Zeitalter des computergestützten Entwerfens, des sogenannten *computer-aided design* (CAD), noch immer das wichtigste Werkzeug der Ingenieurin darstellt. Allerdings ist Klein nicht recht zu geben, wenn er meint, Lionardo habe die Sprache nicht genügt, um die immer raffinierteren Maschinen und Bauwerke zu beschreiben und deren Bauanleitung anzufertigen. Denn Ausgangspunkt für Lionardo war stets der *disegno*, und die Worte dienten in seinen

Notizzetteln grundsätzlich nur dazu, die Zeichnung oder Skizze zu erläutern. Mit dieser Schreibpraxis ist Lionardo ganz bei den mittelalterlichen Handwerker-Künstlern und Baumeistern. Der Kölner Dom wurde allein nach dem Fassadenriss gebaut, den vermutlich Meister Arnold, der Nachfolger des ersten Dombaumeisters, Gerhard, angefertigt hatte. Kein Wort trübt hier die zeichnerische Darstellung, und noch die Fertigstellung des gotischen Gebäudes in modernen Zeiten in der zweiten Hälfte des 19. Jahrhunderts folgt diesem wortlosen *disegno*.

Der Handwerker-Künstler ist für die Herstellung von all dem zuständig, was gezeichnet werden kann. Cennino Cennini schreibt in seinem um 1400 verfassten Lehrbuch *Libro dell'arte*: »Grundlage der Kunst und Anfang all dieser Händearbeit ist Zeichnen und Malen.«[69] Darum stehen das Zeichnen, Skizzieren und Notieren auch eigentlich im Zentrum der kreativen Arbeit, während die Ausführung der Werke und Kunstwerke in den großen Werkstätten nun den Schülern und Angestellten überlassen wurde. Kunst ist zu diesem Zeitpunkt längst kollaborativ und womöglich partizipativ. Als Notizmaterial wurde im Normalfall nicht Papier verwendet, das immer noch sehr teuer war, sondern beschichtete Holzplatten und Metallstifte. Hierzu empfiehlt Cennini in seinem Kunsthandbuch »ein Täflein von Buxbaum, jede Seite eine Handlänge, wohl geglättet und rein [...], mit Pulver von Sepiaknochen gerieben und glattgemacht, und zwar mit jenen, deren sich die Goldschmiede bedienen«. Diese Tafel solle dann mit Knochenmehl grundiert werden, das man zuvor mit Speichel angemischt hatte: Für das Knochenmehl »nimm den Knochen von den Rippen und den Flügeln der Henne oder des Kapauns. Je älter desto besser.«

Wenn Lionardo für seine Aufzeichnungen auf Papier zurückgriff und dies in Leder einband, war seine Absicht offenbar, eine relative Beständigkeit für ein sonst flüchtiges Medium herzustellen. Daraus spricht eine neue Wertschätzung dieser

Planungsunterlagen. Das zeigt sich beispielsweise auch im Sammlerverhalten. Denn deren Leidenschaft fokussiert nicht mehr nur das fertig ausgeführte Werk, sondern immer häufiger auch die Vorstufen, Studien, Skizzen und Notizen. »Mit dem Cinquecento [dem 16. Jahrhundert] beginnen Zeichnungen, Kartone, kleine Wachs- und Tonmodelle die Künstlerwerkstätten zu verlassen und Eingang in die Kammern der Kunstliebhaber zu finden«, stellt auch Alessandro Conti fest.[70] Es ist der (geniale) Plan, der zählt, und es ist der Plan, für den gezahlt wird. Lionardo etwa kassiert sein Honorar für das Altarbild *Die Anbetung der Heiligen Drei Könige*, stellt das Bild aber nie fertig. Das hindert jedoch Amerigo Benci und alle folgenden Besitzer nicht daran, die erhaltene Vorstufe aufzuheben und in hohem Maße wertzuschätzen.

Zwischen seinen Notizen hat sich eine kleine Fabel erhalten, in der Lionardo selbst über den Wert eines unscheinbaren Stückchens Papier nachdenkt:

»Ein Blatt Papier, das zusammen mit anderen, ihm ähnlichen Blättern auf einem Schreibtisch lag, sah sich eines Tages mit Zeichen bedeckt. Eine Feder, in schwärzester Tinte gebadet, hatte es mit vielen Wörtern und Zeichen übersät.

›Konntest du mir diese Erniedrigung nicht ersparen?‹ sagte das Blatt erzürnt zur Tinte. ›Du hast mich besudelt mit deiner höllischen Schwärze und für immer ruiniert!‹

›Warte ab‹, antwortete ihm die Tinte. ›Ich habe dich nicht besudelt, sondern dich mit Sinnbildern versehen. Jetzt bist du kein Blatt Papier mehr, sondern eine Botschaft. Du bewahrst den Gedanken des Menschen und bist somit ein kostbares Instrument geworden‹.

Und in der Tat: Bald darauf machte jemand Ordnung auf dem Schreibtisch, sah die verstreuten Blätter und wollte sie ins Feuer werfen. Unversehens kam ihm das ›besudelte‹ Blatt

in die Hand, und er schied es von den anderen und legte es
zurück auf seinen Platz, weil es unübersehbar die Botschaft
der menschlichen Intelligenz trug.«[71]

Erfindung des Überblicks

Kohärenz haben die Notizen, die sich auf den Tausenden Zetteln finden, nicht, wenn man Kohärenz im klassischen Sinne als inhaltlichen Zusammenhang im semantischen oder gar logischen Sinne versteht. Aber Notizzettel kennen vielleicht eine andere Kohärenz, eine solche, die sich schon daraus ergibt, dass Elemente gemeinsam auf dem Zettel stehen. Man könnte dies als lokale Kohärenz bezeichnen: Das Beieinander ergibt dann das Miteinander.

Ein Verständnis für *diese* Art der Kohärenz ergibt sich gerade nicht, wenn man in die Texte, Notizen und Skizzen eintaucht, wenn man in die Tiefe geht und den feinsten Verästelungen des textuellen Gewebes auf den Grund gehen möchte. Ein Sinn für diese andere Art der Kohärenz ergibt sich im Gegenteil und ganz in lionardesker Manier aus der Draufsicht. Für ihr Verständnis trete man vom Gegenstand zurück und betrachte ihn aus einiger Entfernung, gerade so wie ein Maler sein Modell aus einiger Entfernung zu mustern pflegt: »Distant reading« statt »close reading«. So lautet auch die Dichotomie, die in der aktuellen methodologischen Diskussion der Medienkulturwissenschaft und den *digital humanities* eine wichtige Rolle spielt. »Close reading« zielt auf Erkenntnisse am Einzeltext und hat seine Heimstatt im deutschsprachigen Raum und in philologischen Zusammenhängen in der Methode der textimmanenten Interpretation, im internationalen und vor allem angloamerikanischen Diskurs des *new criticism* und *new historicism*.

»Distant reading« wird vor allem in den *digital humanities* angewandt und zielt auf die Auswertung großer Textkonvolute als Datenmengen, ein Verfahren, das die Kommunikationswissenschaft schon lange, spätestens seit der sozialwissenschaftlichen Wende in den 1960er Jahren kennt und das, wiederum im anglo-amerikanischen Diskurs, auf Berelsons und Lazarsfelds methodologischen Vorarbeiten beruht. Hier ist dann von der quantitativen oder besser: integrierten Textanalyse die Rede. Doch die Dichotomie ist nur eine scheinbare, denn »close« und »distant reading« beziehen sich beide grundsätzlich auf den Einzeltext als Analyseobjekt. Im einen Fall ergibt sich das Verständnis einer Analyse aus dem Kontext der weiteren Texte (des »Werks«, des »Zeitgeschehens«, der »Zeitgenossen«, des »Mediums«), im anderen Fall basiert das Verständnis des Konvoluts auf dem je einzelnen Text, an dem es sich beweisen muss. Nötig wäre ein holistisches Verständnis von verstehender Medienanalyse, das sich zu einer heute nur in Ansätzen ausbuchstabierten Medienhermeneutik auswachsen kann. Was das »distant« dem »close reading« voraus hat, ist, dass manche Verbindungen, Verankerungen, Verflechtungen und Verzahnungen nicht aus der Nähe, sondern nur aus der Entfernung zu beobachten sind: Man muss sich dafür einen Überblick verschaffen. Mit der Renaissance beginnt das Zeitalter des Überblicks, und Lionardo war der *maestro* des Überblicks.

Es ist darum kein Wunder, dass vielleicht der Startschuss für die neue Ära, die wir heute die Renaissance nennen, die Ersteigung eines Berges war. Francesco Petrarca, der als Pionier der *studia humanitatis* und damit der Renaissance gilt (während der Begriff selbst 1369 vom »Humanisten« Coluccio Salutati geprägt wurde), kraxelte gemeinsam mit seinem Bruder in der Provence auf den Mont Ventoux. Der Überblick, den er sich dort verschafft und in einem berühmt gewordenen Brief vom 26. April 1336 an den Frühhumanisten Dionigi di Borgo San

Sepolcro beschreibt, macht den Blick vom Großen aufs Kleine frei und lässt Petrarca sich selbst durch die fabulöse Landschaft Südfrankreichs erkennen. Zur Besinnung auf das Ich führt ihn dabei ein Augustinus-Zitat aus dessen *Confessiones*:

>»Und die Menschen gehen hin und bewundern die Bergesgipfel, die gewaltigen Meeresfluten, die breit daherbrausenden Ströme, des Ozeans Umlauf und das Kreisen der Gestirne und vergessen darüber sich selbst.«[72]

Petrarca hingegen will sich nicht selbst vergessen, sondern will, im Gegenteil, durch das Naturerlebnis zu sich selbst finden. Der Natur wird damit ein völlig neuer Status zugebilligt. Nur der Überblick verschafft Einblick. Gelegentlich wird Petrarcas Erfahrung auf dem Mont Ventoux als Erweckungserlebnis geschildert und in eine Reihe mit ähnlichen persönlichen Ego-Transformationen, etwa bei Paulus oder eben Augustinus, gestellt. Der Unterschied ist, dass es sich bei Petrarca um ein der Welt hingewandtes, säkulares Erweckungserlebnis handelt und nicht, wie in der weltfeindlichen christlichen Ideologie, um ein weltabgewandtes. Es ist eine doch erhebliche Trivialisierung, dieses Petrarca-Moment auf einen Aspekt zu reduzieren, der den Humanisten als »Vater des Alpinismus« oder den Begründer der modernen Tourismusindustrie darstellt.[73] Schon eher wird Petrarca damit zu einem der Gründer des wissenschaftlichen Empirismus und der Ökologiebewegung.

Auch Lionardo da Vinci war Bergsteiger. Von Mailand in der Lombardei sind die Alpen schon zu sehen, in die Berge ist es nicht weit. Es finden sich einige Notizen unter Lionardos Papieren, die von Touren vor allem ins »Chiavennatal« berichten. Es handelt sich dabei um das Tal der Mera, heute Bergell genannt, die sich aus mehreren Bergflüssen aus den Seitentälern des Val Maroz speist und in den Comer See mündet. Lionardo ist auch noch tiefer ins Hochgebirge vorgedrungen, wie eine Notiz nahelegt, in der er feststellt, »dass das Blau, in welchem die Luft erscheint, nicht ihre eigene Farbe ist«, sondern auf atmosphärischen Effekten beruhe. Er fügt an: »Und das wird, so wie ich es gesehen habe, wohl jeder sehen, wenn er den Monboso besteigt.«[74] Mit dem Berg Monboso könnte Lionardo den Monte Rosa gemeint haben, denn einst soll das Massiv auch als »Monte Boso« bezeichnet worden sein, vom lateinischen »buscus« (bewaldet).

Der markante Satz in seiner Notiz der Monte-Rosa-Besteigung könnte auch das Motto der Empiristinnen sein: »… so wie ich es gesehen habe«. Für Lionardo zählt nur der eigene Augenschein, und all seine Notizzettel haben nur diesen Zweck, die eigene Betrachtung zu dokumentieren. Der Beginn der Gutenbergzeit markiert paradoxerweise womöglich das Ende des Buchzeitalters. Denn mit der Geburt des Notizzettels hat das gedruckte Buch als Verkünder und Sachwalter ewiger Wahrheiten kurz nach seiner Erfindung schon wieder ausgedient. Zu lesen ist nicht mehr im Buch, sondern vor allem im Buch der Natur, wie Hans Blumenberg in seiner Studie *Die Lesbarkeit der Welt* vielleicht hinreichend belegt hat.[75] Lionardo ist hier ein Bruder im Geiste des deutschen Arztes und Naturforschers Paracelsus, der in den 1530er Jahren notierte:

> »Dann das will ich bezeugen mit der Natur: der sie durchforschen will, der muß mit den Füßen ihre Bücher treten. Die Geschrift wird erforschet durch ihre Buchstaben, die Natur aber durch Land zu Land: als oft ein Land, als oft ein Blatt. Also ist codex naturae, also muß man ihre Blätter umkehren.«[76]

Lionardo bietet in seiner Bergnotiz nicht nur den eigenen Augenschein an, sondern noch etwas Zweites, das ihn zu einem

Vorläufer und Ahnen von Aufklärung und moderner Wissenschaft machen kann: die Überprüfbarkeit oder Reliabilität. Denn er ist der Auffassung, seine eigene Beobachtung würde »wohl jeder sehen, wenn er den Monboso besteigt«, sie wäre also intersubjektiv nachprüfbar, reliabel. Der Überblick ist für jeden da.

Auch in der bildenden Kunst hält die Natur jetzt Einzug, und zwar mit Lionardo. Vor seiner Zeit, in der mittelalterlichen Kunst, spielte die Landschaft keine Rolle. Hintergründe waren häufig aus Blattgold, was auch damit zu tun hatte, dass der Wert der künstlerischen oder kunsthandwerklichen Arbeit sich am Wert der verwendeten Materialien bemaß. Wenn doch einmal die Natur in ein mittelalterliches Bild Eingang fand, dann weil sie, wie ein Requisit auf der Bühne, für etwas anderes stand: Ein Berg stand für Golgatha, ein Fluss für die Taufe Christi, ein Apfel für die angebliche Ursünde, ein Garten für die Fruchtbarkeit der Jungfrau Maria. Lionardo bricht schon in ganz jungen Jahren mit solchem Symbolismus. Seine allererste Zeichnung, die bis heute erhalten ist, trägt das Datum des 5. August 1473 und zeigt eine Flusslandschaft. Das Wasser des Stroms nimmt den meisten Raum in der Skizze ein. Es handelt sich um nicht weniger als die erste Landschaftszeichnung der europäischen Kunstgeschichte und zeigt das Arnotal am Tag von Santa Maria Schnee. Zugleich rückt es eines der Elemente ins Zentrum, mit denen Lionardo sich zeit seines Lebens intensiv auseinandersetzen wird, das Wasser. Seine Notizbücher sind voll mit Skizzen von Strudeln, Wirbeln, Wolken, Schauern, Stürmen. In seiner Zeichnung vom Arnotal quillt im Vordergrund ein Bach aus einer Höhle, die Kaskade hat sich tief in den Fels gekerbt, stürzt dann in die Tiefe, unten im Tal hat das Wasser eine Schlucht ausgewaschen.

Lionardo kann von Landschaft gar nicht genug kriegen: Zur Rätselhaftigkeit seines berühmtesten Gemäldes, der Mona Lisa, trägt sicherlich bei, dass im Hintergrund der geheimnisvoll lächelnden Dame zwei ganz verschiedene Landschaften zu sehen sind, die sich hinter dem Rücken der Abgebildeten verkreuzen, ohne so recht aneinander anzuschließen.

Exzeptionelles Interesse verspürte Lionardo daran, sich einen Überblick über den menschlichen Körper zu verschaffen. Der vermutlich berühmteste Notizzettel da Vincis illustriert jenes Wissen um die menschlichen Proportionen, das für einen Maler und Handwerker-Künstler beruflich unabdingbar war: der sogenannte Vitruvmann. Exemplarisch war seit der Antike die Maßgabe des vollkommenen menschlichen Körpers, die der römische Architekt und Ingenieur Vitruv im dritten Buch seiner Schrift über die Architektur gegeben hatte. Vitruv behauptete dort, ein Mensch könne mit gespreizten Armen und Beinen gleichzeitig perfekt in die geometrischen Formen des Kreises und des Quadrats eingeschrieben werden. Die beiden Figuren werden lateinisch »homo ad circulum« und »homo ad quadratum« genannt, der Bauchnabel solle laut Vitruv den Mittelpunkt sowohl des Kreises wie des Quadrats bilden. Die geniale Idee Lionardos, wie diese Figur darzustellen sei, wird erst richtig fassbar, wenn man sie mit weniger gelungenen Beispielen vergleicht.

Lionardo löste mit seiner eigenen Darstellung nicht weniger als das Problem der Quadratur des Kreises, und das auf Basis seiner eigenen anthropometrischen Messungen. Seit 1489 hatte er in seinen Notizbüchern systematisch die Körpermaße junger Männer aufgezeichnet. Zwei dieser Jünglinge kennen wir sogar mit Namen, Caravaggio und Trezzo, die er buchstäblich von Kopf bis Fuß in Schrift und Bild festgehalten hat. Weniger exakt arbeitende oder weniger begabte Künstler-Handwerker nahmen Vitruv zu wörtlich und konstruierten das Quadrat erst einmal in den Kreis hinein, um sodann die menschliche Figur mit allerhand Quetschungen und Dehnungen der Geometrie anzupassen. Lionardo tat genau das Gegenteil: Für ihn muss-

Erfindung des Überblicks 79

ten sich die geometrischen Formen an den von ihm ermittelten Körpermaßen orientieren. Er schob das Quadrat aus dem Kreis heraus, bis die Kreislinie auf der Grundlinie des Rechtecks stand, während die oberen Ecken etwas aus dem Kreis herausragen. »Homo ad circulum« und »homo ad quadratum« sind auch nicht deckungsgleich, sondern überlagern sich mit unterschiedlichen Arm- und Beinstellungen, wobei nur der Zirkelmensch den Mittelpunkt im Nabel hat, während der Quadratmensch seinen Mittelpunkt eher im Bereich der Scham haben dürfte. Wie Frank Zöllner feststellt, markiert diese Zeichnung den »Triumph der Empirie über den damals verbreiteten Glauben an die Autorität antiker Schriftsteller«.[77]

Manchmal beschleicht die Sehnsucht nach dem Überblick einen auch, wenn man die krude Realität hienieden hinter sich lassen möchte. So mag es Lionardo ergangen sein, als er in seiner schwierigsten Lebensphase in den Wirren diverser oberitalienischer Kriege Anfang des 16. Jahrhunderts in die Dienste von Cesare Borgia gelangt ist. Dieser Borgia war der uneheliche Sohn des Borgia-Papstes Alexander VI. und schickte sich an, mit seiner skrupellosen und brutalen Art zum weltlichen Herrscher über halb Italien zu werden. Der Florentiner Gelehrte Machiavelli war zur gleichen Zeit wie Lionardo als Gesandter seiner Heimatstadt am Hofe dieses Cesare Borgia, war aber vom Machtwillen des Usurpators so fasziniert, dass er über ihn sein Buch *Il principe* (Der Fürst) verfasst hat, in dem er zum ersten Mal in der Neuzeit die Regeln und Strategien des Machtgewinns und Machterhalts darstellt, ein *Do-it-yourself*-Leitfaden für Potentaten und Diktatoren bis heute. Lionardo wird mit einer Urkunde vom 18. August 1502 von Borgia zum »Architekten und Generalingenieur« ernannt. Lionardo schien sein neues Amt als Chefingenieur ernst zu nehmen: Als Erster Techniker am Hofe war Lionardo, aber das kannte er schon vom Hofe der Sforza in Mailand, vor allem für Kriegsgerät und Verteidigungseinrichtungen zuständig. In Eilritten durchmaß er innerhalb weniger Wochen das Herrschaftsgebiet von Cesare Borgia und inspizierte die Festungsanlagen in Piombino, Urbino, Pesaro, Rimini und Cesena. In Imola bezog der Borgia mit seiner beinahe uneinnehmbaren *Rocca Sforzesca* 1502 sein Winterquartier. Und hier leistete Lionardo etwas, was man den Anschluss der Mediengeschichte an die Militärgeschichte nennen könnte. Er vermaß nämlich auf präzise Weise die ganze Stadt und schuf anschließend einen Plan der gesamten Anlage – aus der Vogelperspektive. Damit hat Lionardo nichts Geringeres geschaffen als den ersten Stadtplan der Welt. Um dieses Kunststück vollführen zu können, hat Lionardo mit bis heute gebräuchlichen mathematischen Verfahren Maß an die Stadt gelegt. Hierfür ist er nicht nur mit seinen Assistenten Straße für Straße und Haus für Haus abgeschritten, sondern hat sich, ganz Ingenieur, ein Hilfsmittel gebastelt. Eine Zeichnung im *Codex Atlanticus* zeigt zwei Schubwagen, auf deren Achsen Zahnradgetriebe die Umdrehungen zählen und solcherart die Entfernung messen.[78]

Mit Sinneswahrnehmung hat der Stadtplan von Imola nur noch mittelbar zu tun. Der Plan ergibt sich als Konstrukt der vorhergehenden mathematischen Messungen und weist damit weit in die wissenschaftliche Zukunft voraus. Was heute beispielsweise in der Teilchenphysik oder der Molekularbiologie vor sich geht, steht der empirischen Anschauung auch nicht mehr zu Gebote und ergibt sich nur aus mathematischen Modellen. Die Messdaten, aus denen diese Modelle errechnet werden, sind den Wissenschaftlerinnen heute nur noch über Medien zugänglich, also über Monitore, Oszillographen oder andere technische Vermittlungsinstanzen. Der größte Teil der heutigen avancierten Wissenschaft ist, könnte man sagen, Medien-Wissenschaft. Überprüfbarkeit und damit Reliabilität ergibt sich nur noch aus der Prüfung der Messdaten, wie Medien sie ausgeben, und ihrer Vereinbarkeit mit den Modellen. So ist

Erfindung des Überblicks

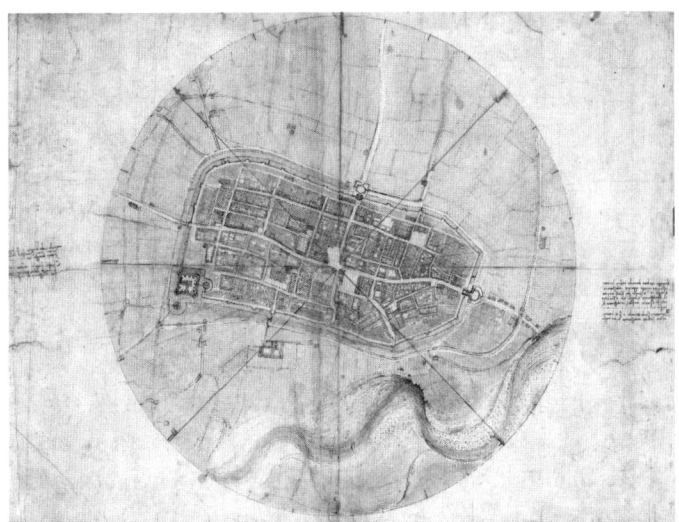

Abb. 5: Lionardos Stadtplan von Imola

es auch mit dem Stadtplan, den Lionardo von Imola angefertigt hat: Er ist so präzise, dass einzelne Hauseingänge und Innenhöfe lokalisierbar sind. Die Hausdächer schimmern in rötlicher Wasserfarbe, die Hauptstraßen und Wege heben sich weiß von den gelbgrün gehaltenen Gärten und den weizengelben Feldern außerhalb der Stadt ab. Die Exaktheit von Lionardos Plan ergibt sich aber nicht durch subjektiven Augenschein, sondern durch Nachmessen. Stadtansichten vor Lionardo, aber auch noch die berühmten Stiche, die ein Merian im 17. Jahrhundert von deutschen Städten angefertigt hat, zeigen die Orte, wie ein Wanderer sie wahrnahm: Als Silhouette oder, wie man heute sagen würde, Skyline aus der Perspektive desjenigen, der aus einiger Entfernung auf sie zuläuft oder von einem gegenüberliegenden Hügel auf das Stadtpanorama blickt. Um Maßstabsgenauigkeit oder einen Überblick ging es bei solchen Ansichten nicht, sie hatten repräsentative Zwecke. Lionardos Ansicht vom Städtchen Imola verfolgt einen gänzlich anderen Sinn: Sie will die Stadt nicht zeigen, sondern ein Werkzeug in die Hand geben, um sich in ihr zu orientieren. Diese Form der Übersicht stellt eine Totalität her, ohne kohärent zu sein oder ein endgültig fertiges Abbild der Stadt zu liefern – der Plan soll einfach nur funktionieren. So denkt jemand, der ausschließlich mit Zetteln arbeitet. Die neue Form des Stadtplans hat eminent strategische Bedeutung, entsprechend soll Lionardo auch ähnliche Pläne zumindest von zwei weiteren Städten, nämlich Cesena und Urbino, hergestellt haben. Zudem kartographierte er in seinen Notizbüchern ganze Landstriche wie die Gegend um Arezzo. Der Perspektivenwechsel, den Lionardo vornimmt, ist gewaltig. Erstmals in der Kunst- und Kulturgeschichte wird nicht mehr ein mittelgroßer Gegenstand in mittlerer Entfernung dargestellt, sondern ein Standpunkt bezogen, der vom unmittelbaren Beobachterstandpunkt abstrahiert und stattdessen die Datenverarbeitung zur Darstellung nutzt. Lionardo wird damit, wenn man so will, zum Vordenker von Google Maps und Google Street View.

Wie viel von dem Wissen, das Lionardo in seinen Notizen festhielt, er tatsächlich an Cesare Borgia weitergab, wissen wir nicht. Wir kennen aber die militärischen Erfolge, die Borgia in Mittelitalien errungen hat, und wissen, dass er einen Ingenieur und Künstler in seinen Reihen hatte, der den Überblick hatte. Der Überblick ist damit zu einer Waffe in der Militärhistorie geworden, und bis heute ist eine Kriegsführung, die nicht die Ziele und Schlachtfelder von oben inspiziert, undenkbar oder von vornherein verloren. Lionardo wird damit unfreiwillig auch zum Paten des Luftkriegs.

Der beste Überblick ist aus der Luft zu haben, deswegen wird er auch Vogelperspektive genannt. Diese Vogelperspektive beschäftigte Lionardo zeit seines Lebens: der Traum vom Fliegen. Von circa 1485 bis 1515, also wenige Jahre vor seinem Tod, existieren Notizen und Zeichnungen von Lionardo zum Vogelflug und

Erfindung des Überblicks 83

zu Flugmaschinen verschiedener Art. Lionardo ist damit nicht singulär, auch andere Renaissance-Menschen haben denselben Traum geträumt und womöglich sogar versucht, ihn in die Tat umzusetzen. So soll der als »Daedalus von Perugia« bekannt gewordene Giovanni Battista Danti über den Trasimenischen See geflogen sein, sich bei einem späteren Versuch über festerem Gelände aber die Knochen gebrochen haben. Ähnliches scheint Lionardo erspart geblieben zu sein, auch wenn es in Girolamo Caranos Traktat *De subtilitate* von 1550 heißt, Lionardo sei ein »außergewöhnlicher Mann« gewesen, der »versuchte zu fliegen und scheiterte« (»tentavit et frustra«).[79] Und im *Codex Turin* kann man Notizen Lionardos entdecken, die sich mit der Frage beschäftigen, wie man der Gefahr eines Absturzes entgehe (»Per fugire il pericolo della ruina«).[80] Man kann allerdings, wie Frank Zöllner konstatiert, ausschließen, dass er selbst je zur Tat geschritten sei: »Tatsächlich zeugen seine Notizen und Zeichnungen zum Vogelflug und zu Flugapparaten von Erkenntnissen, die er mit beiden Beinen sicher auf der Erde stehend gewinnen konnte.«[81]

Ähnlich wie Otto Lilienthal & Co. in der zweiten Hälfte des 19. Jahrhunderts rechnet auch Lionardo sich aus, dass der Pilot einer Flugmaschine wenigstens teilweise unterhalb der Flügelhöhe zu positionieren sei, um einen möglichst tiefen Schwerpunkt der gesamten Apparatur zu erreichen und damit Stabilität während des Flugs zu gewährleisten. Des Weiteren sinniert Lionardo im Turiner Codex über das aerodynamische Verhalten von Flügeln, die Wirkung des Windes auf bestimmte Flügelstellungen, Möglichkeiten der Flugsteuerung sowie Reflexionen über Steig-, Sink- und Sturzflüge. Zum Sturzflug oder gar zum Absturz kam es jedenfalls zu Lionardos Lebzeiten nicht, das aber um den Preis, dass Lionardo den Überblick zwar erfunden hat, ihn aber selbst nie aus der Vogelperspektive auskosten konnte. Alles, was bleibt, sind seine Notizen.

Notieren Erinnern Vergessen
(Theorie des Notizzettels I)

Wenn man intensiv durch die diversen Notizbücher Lionardo da Vincis blättert, ist auffällig, wie häufig sich Einträge thematisch und auch inhaltlich wiederholen, und das nicht nur einmal, sondern oft auch mehrere Male. Es ist dies allerdings eine Redundanz, die Lionardo zwar bewusst vorgenommen hat, nicht aber aus Gründen, derentwegen heutzutage in der Kommunikationstheorie wie in der Medienpraxis Redundanz empfohlen wird. Der auffällige Umstand der Wiederholung von Notizen verdient nähere Betrachtung, denn er führt zu einem der Kernprobleme des Notierens, des Schreibens und damit auch des Denkens.

In Shannon und Weavers Kommunikationsmodell dient die Redundanz des Signals der unvermeidlichen Übertönung des *noise*, also der vielfältigen Störungen in der Signalübertragung. Bei der Herstellung von Beiträgen für zeitbasierte Medien, zum Beispiel Radioreportagen, wird empfohlen, Kernbegriffe und Namen redundant zu verwenden, das heißt zu wiederholen, statt Synonyme anzuwenden, um der Flüchtigkeit des Mediums entgegenzuwirken. Und beim Texten für Onlinemedien wird die beinahe gebetsmühlenartige Wiederholung von *keywords* gepredigt, um auf diese Weise den Erfordernissen von Internetsuchmaschinen Genüge zu tun und *search engine optimization* zu betreiben. All diese Formen der Redundanz sind kanal- oder rezipientenbedingt. Lionardos Notizenredundanz ist von einem anderen Typ, sie ist kommunikatorenbedingt. »Ich glaube, dass ich, ehe ich damit fertig bin, dasselbe wohl mehrere Male wiederholen werde«, schreibt Lionardo selbst, die Notiz findet sich im *Codex Atlanticus*:

»Also, Leser, tadle mich nicht, denn der Gegenstände sind viele, und das Gedächtnis kann sie nicht alle behalten und sagen: ›Das will ich nicht niederschreiben, weil ich es schon früher niedergeschrieben habe‹. Wollte ich nicht in diesen Fehler verfallen, so müßte ich jedesmal, wenn ich etwas abschreiben will, alles Vorausgegangene noch einmal durchlesen, um nichts zu wiederholen.«[82]

Lionardo thematisiert hier eines der typischsten Probleme im Umgang mit Notizzetteln, das man als Revisionsproblem bezeichnen kann und das zugleich die Frage nach der Erinnerungsfunktion von Medien insgesamt aufwirft. Das eine ist ja, sich einen Gedanken als Erinnerungsstütze auf einen Notizzettel zu notieren, das andere ist, diesen Notizzettel dann wiederzufinden. Das Erinnerungsproblem wird also durchs Notieren gar nicht gelöst, sondern nur delegiert. Aus einer semantischen Problemlage wird eine formale, die mit Memorabilität und Komplexität, mit Suchstrategien und Erinnerungstaktiken zu tun hat: Wie ich einen Gedanken finde, ist zweitrangig. Erst einmal muss ich ihn wiederfinden. Einer Studie der Brother International Corporation zufolge sollen Mitarbeiter im Schnitt rund 76 Stunden pro Jahr nach verlegten Notizen, Gegenständen oder Akten suchen. Das soll allein in den USA einen volkswirtschaftlichen Schaden in Höhe von 177 Milliarden Dollar erzeugen – mehr Geld, als das Staatsbudget Finnlands beträgt.[83] Im Lionardo-Fall ist notierenswert, dass auch der Meister des Überblicks mehr als nur gelegentlich ebenjenen verliert. Deutlicher ist nicht auf die prozedurale Funktion von Medien hinzuweisen, der gegenüber die Erinnerungsfunktion offenbar völlig in den Hintergrund rückt. Lionardos Form des Notierens ist seine Form des Denkens.

Wenn diese grundsätzliche Schwierigkeit bei der Arbeit mit Notizzetteln hier als Revisionsproblem bezeichnet wird, dann wird auch mit der Doppelbedeutung des Begriffs Revision gearbeitet. Versteht man einerseits unter Revision eine inhaltliche Neubewertung oder Umarbeitung, so steckt andererseits etymologisch die Re-Vision, also das Wieder-Anschauen in dem Terminus, und beides scheint sich zu bedingen: Um einen Gedanken zu revidieren, müsste ich ihn erst revisitieren, also mir wieder in Erinnerung rufen. Diese Revision wird problematisch, wenn die Menge der Notizen und Gedanken unüberschaubar geworden oder unsystematisch und überkomplex ist, wie es bei Lionardo wegen der schieren Menge der Notizen wie auch der unterschiedlichen Beschreibmaterialien und Aufbewahrungsorte, also der Speichermedien und deren Adressierung, der Fall ist. Lionardos Ad-hoc-Lösung für das Revisionsproblem ist, einen Gedanken neu zu denken und aufzuschreiben, anstatt ihn im Wust seiner Aufzeichnungen zu suchen.

Friedrich Kittler hat darauf hingewiesen, dass technische Medien drei Funktionen aufweisen, nämlich Übertragung, Speicherung und Verarbeitung von Information.[84] Das ist im Falle des Mediums Computer offensichtlich, wo ein »Prozessor« am Werk ist, der »Operationen« ausführt. Aber auch nicht-digitale Medien dienen neben der raumzeitlichen Dislozierung von Information, also der räumlichen Weitergabe in der Transmission und der temporalen Weitergabe im Speicher, offenbar auch und vor allem ihrer Verarbeitung. Im Internet definiert die *Value Creation Group* den Prozess-Begriff so:

> »Prozess oder Prozessieren (als allgemeiner Begriff) beschreibt typischerweise den Vorgang, etwas durch ein etabliertes und gewohntes Routine-Set von Prozeduren zu schicken, um es von einem Zustand in den anderen zu konvertieren, zum Beispiel Milch in Käse zu verwandeln oder Papierkram in ein Hypothekendarlehen oder um Computerdaten von einer Form in eine andere zu konvertieren.«[85]

Das Notieren als generelle und universelle Form der Manifestation des Denkens in der Welt dient nicht nur der räumlichen oder zeitlich-historischen Weitergabe dieser Gedanken, sondern auch oder womöglich in erster Linie der Durcharbeitung, Verarbeitung und Erarbeitung des Denkens. Medien, deren vorherrschende Funktion die Erarbeitung oder Durcharbeitung von Gedanken im Prozess ist, wären dann keine kommunikativen, sondern un-kommunikative Medien. Entsprechend weist Hartmut Winkler, der eine Monographie zum Prozessieren als »dritte, vernachlässigte Medienfunktion« veröffentlicht hat, darauf hin, dass der Begriff der Arbeit für diese Form der Medialisierung einschlägig sein sollte. Arbeit als Konzept spielt im Medien(wissenschafts)diskurs bislang kaum eine Rolle. Das kann, wie auch Winkler räsoniert, daran liegen, dass der Begriff der Arbeit »zusammen mit anderen sozialwissenschaftlichen Kategorien aussortiert wurde, als die Medienwissenschaft in den 1980er Jahren von den ideologiekritischen Ansätzen Abstand nahm«.[86] Dabei evoziert bereits der Begriff des Operativen oder der Operation (von lat. »opera«) etymologisch die Arbeit und sprechen wir wie selbstverständlich im unvermeidlichen Medien-Denglish von »Workflow«, »Task« oder auch vom »Arbeitsspeicher«.

Der Handwerker-Künstler der Renaissance, wie Lionardo da Vinci ihn verkörpert, ist vielleicht der sinnbildliche Vertreter eines Medien-»Arbeiters«, der Hand anlegt ans eigene Werk und in seiner Arbeit Konzept und Durchführung vereint. An der Schaltstelle zwischen Denken und Welt steht das *Projekt*, denn wie schon Gaston Bachelard feststellt, nimmt im konzeptionellen Denken »das Denken des Objekts durch das Subjekt stets die Form des Projekts an«.[87] Winkler unterscheidet verschiedene Typen von Medienprozessen, nämlich Transformation, Transkription, Übersetzung, Metamorphose und Performanz. Für meine Überlegung ist eher die medienhistorische Perspektive wichtig. Kulturgeschichtlich lässt sich feststellen, dass das Denken ab einem bestimmten Komplexitätsgrad externalisiert, und das heißt: medialisiert wird. Zum Beispiel wird das Rechnen ab einer bestimmten Größe der Zahlen zum *schriftlichen* Addieren, Subtrahieren oder Multiplizieren, und daraus ergeben sich dann die noch weit komplexeren Rechenfunktionen. Ivan Illich hat festgestellt, dass schon in den mittelalterlichen Skriptorien die Textsysteme eine solche Komplexität erreicht hatten, dass sie sich überhaupt nur noch schriftlich verständlich machen konnten: »Die scholastische Argumentation ist inzwischen so durchgliedert und differenziert, daß man visuelle Hilfen braucht, um ihr folgen zu können.«[88] Im Bau oder in der technischen Konstruktion geschieht Ähnliches. Erst durch die Verschriftlichung ergeben sich eine ganz neue Formsprache und neue gestalterische Möglichkeiten in der Formung und Umformung der dinglichen Welt. Die Kuppel des Florentiner Doms, im Jahr 1434 durch Brunelleschi fertiggestellt, ist der erste Kuppelbau seiner Art seit der Antike. Im Vergleich zur Kuppel des römischen Pantheons aus dem ersten nachchristlichen Jahrhundert ist die Florentiner Konstruktion nicht nur wesentlich größer, sondern architektonisch auch deutlich komplexer und anspruchsvoller. Ohne klare Projektierung auf Papier wäre diese Leistung nicht möglich gewesen. Es kann sogar zum Konflikt zwischen den Notizen kommen: Schon Brunelleschis Vorgänger als Dombaumeister hatten eine Kuppel geplant, doch in deutlich bescheideneren Dimensionen. Ihre Skizzen und Notizen wurden vernichtet, damit nicht die Möglichkeit bestand, zu diesen kleiner dimensionierten Plänen zurückzukehren, war der Kuppelbau doch Träger der Florentiner Staatsidee und sollte Macht und Einfluss der oberitalienischen Republik repräsentieren.

Im Medium, also zum Beispiel auf Papier oder auf den beschreibbaren Oberflächen unserer digitalen Endgeräte, wird das Denken verarbeitet zur Notiz. Die Notiz ist die erste dingliche und externalisierte Manifestation des Gedankens in der Welt. Notizen können weiterverarbeitet werden zu Texten oder Plänen, und im Akt iterierender, also sich ständig wiederholender Relektüre, Relokation und Reformation werden aus Texten und Plänen Projekte, deren Realisierung in Fluggeräten oder Werkzeugen, in Bauten oder in Kunstwerken münden. Mit dieser Verarbeitung oder Materialisierung des Denkens ist nicht ausgedrückt, dass der Gedanke vollständig in Notizen transformiert wird. Es gibt Formen des Notierens, die offensichtlich keine Planungsintention besitzen und darum nicht in Projekten münden können. Auch die Medienlinguisten Daniel Perrin und Geert Jacobs betrachten »writing as materializing and stimulating thoughts«.[89] Für jene Form des Notierens, die nicht intentional und nicht projektbasiert ist, hat Perrin den Ausdruck »beiläufiges Schreiben« (»writing-by-the-way«) geprägt, das er dem fokussierten Schreiben (»focussed writing«) gegenüberstellt.[90] Wie es zum kreativen Prozess und damit zur Produktion eines neuen, eines schöpferischen Gedankens kommt, ist nicht ganz klar. Man muss das Gehirn als zentralen Denkort nicht als »black box« auffassen, um anzuerkennen, dass kreativem Denken ein stochastischer Faktor innewohnt. Ernst Mach hat das wissenschaftliche oder künstlerische Entwurfsgeschehen als »Gedankenexperiment« oder »Experimentieren in Gedanken« angesehen:

»Der Projektenmacher, der Erbauer von Luftschlössern, der Dichter socialer oder technischer Utopien experimentiert in Gedanken. Aber auch der solide Kaufmann, der ernste Erfinder oder Forscher thut dasselbe. Alle stellen sich Umstände vor, und knüpfen an diese die Vorstellung, Erwartung, Vermutung gewisser Folgen, sie machen eine Gedankenerfahrung.«[91]

Karin Krauthausen bringt das, gerade auch das stochastische Moment betonend, in ihren Überlegungen zum »Nutzen des Notierens« auf folgenden Nenner: »Der Entwurf neuen Wissens (wie der Entwurf künstlerischer Werke oder technischer Objekte) wird so als geleiteter Findeprozess gefasst, der auf einen günstigen ›psychischen Zufall‹ zielt.«[92]

Das Notieren ist aber nicht nur die erste externalisierte Manifestation des Gedankens in der Welt, es prägt und schafft den Gedanken auch mit. Niklas Luhmann geht, jedenfalls bei komplexen Denkaufgaben, von der Schrift- oder Mediengebundenheit des Denkprozesses aus: »Ohne zu schreiben, kann man nicht denken; jedenfalls nicht in anspruchsvoller, anschlußfähiger Weise.«[93] Ähnlich drückt es Hans-Georg Gadamer aus: »In der Schriftlichkeit gewinnt die Sprache ihre wahre Geistigkeit.«[94] Als den Urvater dieser Überlegung kann man den britischen Philosophen Francis Bacon bezeichnen, der nicht zufällig sein philosophisches Hauptwerk *Novum Organum*, also »das neue Werkzeug«, genannt und damit die neuzeitliche Prozessphilosophie begründet hat. Dieses Buch ist auch, ebenso wenig zufällig, eines der ersten philosophischen Werke, die ihren Gedanken nicht systematisch durcharbeiten und das Buch entsprechend als Monographie komponieren, sondern ein Werk, das im aphoristischen Stil gehalten ist, den später all jene Autorinnen adaptieren, die den kürzesten Weg vom Gedanken zum Text nehmen wollen: Philosophie im Notizzettelformat. Und gleich in den ersten Aphorismen überkreuzt Bacon die Begriffe Denken, Natur, Werkzeug und Hand. Der Mensch, so Bacon, will die Natur sowohl »schaffen« als auch »begreifen« (»facit et intelligit«), und entsprechend bezeichnet er als die Hervorbringungen des Geistes und der Hand (»generationes mentis et manus«) einerseits Bücher und andererseits Werkstücke (»libris et opificiis«). Beide müssen miteinander operieren, also arbeiten, um zu zielgerichteten Ergebnissen zu kommen:

»Weder die bloße Hand noch der sich selbst überlassene Verstand vermögen Nennenswertes; durch unterstützende Werkzeuge wird die Sache vollendet; man bedarf ihrer nicht weniger für den Verstand als für die Hand.«[95]

Das erste Werkzeug dieser Art ist der Notizzettel, und er dient dazu, denkend in die Welt einzugreifen. Diese Philosophie setzt sich gerade in der Aufklärung durch den rasanten Fortschritt der Naturwissenschaften fort und findet einen gedanklichen Höhepunkt im deutschen Idealismus. Bei Schelling etwa, der Prozesse vom Subjekt löst und keinen Operateur mehr für nötig befindet, weil die Natur selbst im Naturprozess als Agens auftritt. Dieser Gedanke mündet schließlich in der Evolutionstheorie und den Theorien der Selbstorganisation. In Hegels Geschichtsphilosophie ist der Prozessbegriff prägend, Welt und Denken verschmelzen bei ihm zum »Weltgeist«, während die Komplexität von Hegels Gedanken selbst anders als schriftlich gar nicht darstellbar oder kommunizierbar ist. Bei keinem Denker stärker als beim Hegel-Schüler Karl Marx werden schließlich Prozess- und Arbeitsbegriff miteinander in Beziehung gesetzt. Die Welt erscheint darin als Material, das keine Prästabilisierung mehr kennt und jeglicher Transformation zur Verfügung steht.

Auch die Schreibforschung hat sich mit dem Zusammenhang von Schreiben und Denken auseinandergesetzt. Ausgangspunkt hier ist die »writing crisis«, die Schreibkrise, die nicht etwa wegen der globalen Durchdringung mit vernetzten digitalen Maschinen einsetzte, sondern viel früher schon seit den 1950er und 1960er Jahren konstatiert werden konnte. Seit dieser Zeit konnte nämlich ein radikaler Rückgang der Schreibfähigkeit in Industrienationen festgestellt werden. Auch in Deutschland ist ein »sekundärer Analphabetismus« zu konstatieren. Gemeint ist damit, dass eine einst im Kinder- und Jugendalter erworbene

Lese- und Schreibfähigkeit im Laufe des (Berufs-)Lebens wieder zurückgeht. Auch dieser Rückgang ist nicht durch das Aufkommen des Internets begründet, sondern wirft vielmehr gerade seinetwegen große Probleme auf. Denn das Internet ist vor allem ein Textmedium, wie ja auch die Sprache des World Wide Web »hyper-*text* markup *language* (html)« heißt. Wer hier aufgrund fehlender Lese- und Schreibfähigkeit ausgeschlossen ist, der oder die ist in zunehmendem Maße von gesellschaftlicher Teilhabe ausgeschlossen. Vielleicht aufgrund dieser Problematik hat die Entwicklungspsychologie das sogenannte Problemlösemodell in die Lese- und Schreibforschung integriert. Danach sollen Schreiber ihre Schreibprojekte vornehmlich als zu lösendes Problem verstehen und dieses

> »über verschiedene Teilprozesse zielgerichtet, zweckentsprechend, unter Einsatz der jeweils adäquaten Strategien und unter Einschluß der antizipierten Erwartungen des Adressaten gedanklich planen, sprachlich formulieren und in allen Schreibphasen jeweils überarbeiten, um es so progressiv dem Produkt ›Text‹ zuzuführen.«[96]

Wer Schreibprojekte als Problemlösung versteht, der kann den komplexen Akt des Schreibens in Teilprozesse zerlegen, die ihrerseits durch kognitive Prozesse gesteuert werden. Dahinter steht der noch weiter gehende Gedanke, den Karl Popper griffig formulierte: »Alles Leben ist Problemlösen.«[97] Das, womit die Schreiberin sich nicht auskennt, ist im Falle der »writing crisis« das Schreiben selbst. Das Problem, das durch und im Schreiben gelöst wird, ist also das des Schreibens selbst, das heißt der Verschriftlichung der eigenen Gedanken. Es ist damit aber noch kein Problem in der Welt berührt. Wer also mit dem Schreiben und Notieren ein materielles Problem in der Welt (und das bedeutet: ein Problem mit dem Material) lösen will, der unternimmt eine doppelte Problemlösung: Im Schreiben als Problemfall wird die Welt als Problemfall behandelt, und das zweite Problem kann nur und erst gelöst werden, wenn das erste Problem gelöst ist. In dem einen Projekt stecken also zwei unterschiedliche Problemlösungen mit je eigenen kognitiven Fragestellungen, wobei die eine Problemlösung zum Prozess der anderen gehört. Wer also sehr viel kognitiven Aufwand schon für das Schreibproblem aufwenden muss, wird entsprechend weniger kognitive Energie ins Weltproblem stecken können. Idealerweise zielt der problemlösende Schreiber darum, wie der Schreibforscher und Entwicklungspsychologe Carl Bereiter festgestellt hat, auf eine »Automatisierung der meisten Teilprozesse« des Schreibens und Notierens sowie auf eine »hochentwickelte Zeitorganisation«. Entsprechend müssen laut Bereiter sechs Fähigkeiten unterschieden und entwickelt werden, nämlich die

»Flüssigkeit im geschriebenen Ausdruck, Leichtigkeit in der Entwicklung von Ideen, Beherrschung der Schreibkonventionen, soziale Kompetenz (verstanden als Fähigkeit, Leseerwartungen zu berücksichtigen), literarisches Unterscheidungsvermögen, schließlich die Fähigkeit zur Reflexion.«[98]

Bereiter entwickelt hieraus ein hierarchisches Konzept von fünf Stufen, die unterschiedliche Phasen und Fertigkeitsstadien im Schreibprozess darstellen sollen:

Assoziatives Schreiben: Einfache Kombination der beiden Fähigkeiten »Flüssigkeit im schriftlichen Ausdruck« und »Leichtigkeit in der Entwicklung von Ideen«.
Performatives Schreiben: Kombination des assoziativen Schreibens mit der Einsicht in die sprachlichen Konventionen.

Kommunikatives Schreiben: Performatives Schreiben, das soziale Kompetenz integriert, also darauf ausgerichtet ist, beim Publikum eine bestimmte Wirkung zu erzielen.
Kritisches Schreiben: Durch Integration von Feedback-Schleifen wird der eigene Schreib-Prozess reflektiert.
Epistemisches Schreiben: Es entsteht, wenn die Schreiberin ihre Fähigkeit zu reflexivem Denken in ihre Fähigkeit zu kritischem Schreiben integriert. Dem Schreiben komme dabei, so Bereiter, stets eine epistemische Funktion zu, da »unser Wissen sich modifiziert, sobald es niedergeschrieben wird.«

Wo in dieser Hierarchie würde man, sofern man es als eigene Schreibform anerkennen wollte, das Notieren eingruppieren? Auf den ersten Blick scheint die Sache klar und das Notieren am ehesten auf der basalen und scheinbar einfachsten Stufe des »assoziativen Schreibens« angesiedelt zu sein. Performatives und kommunikatives Schreiben spielen schon dann keine Rolle beim Notieren, wenn man es, wie in den Notizen Lionardo da Vincis, als hauptsächlich funktionales und prozessorientiertes Schreiben versteht. Dagegen kann das Notieren, gerade in Form elaborierter Tagebücher, hochgradig reflexiv sein und damit das Erfordernis des »kritischen Schreibens« idealtypisch erfüllen, auch wenn Lionardo da Vinci selbst in meinem Beispiel das Drehen von Feedback-Schleifen für seinen Schreibprozess gerade ablehnt. Dafür schlagen Lionardos Notizen den Bogen vom assoziativen zum epistemischen Schreiben. Hierin ist er dann allerdings auch hoch reflexiv und lässt methodologisches Denken in seine Projektarbeit einfließen. In einer Notiz im *Codex Atlanticus* (206 v. a) parallelisiert Lionardo die praktische Arbeit und das schreiberische Projekt auf interessante Weise. Die Schrift ist das Werkzeug des Ausdrucks, und im Schreibprojekt wie im handwerklich-künstlerischen Werk ist zu hohe Komplexität zu vermeiden:

»Wenn du eine Wirkung durch ein Werkzeug ausüben willst, dann gehe nicht umständlich zu Werke mit vielen Teilen, sondern suche das kürzeste Verfahren. Und mache es nicht wie diejenigen, die, wenn sie etwas mit ihrem eigenen Wortschatz nicht recht ausdrücken können, zu einer weitschweifigen, umständlichen Umschreibung greifen.«[99]

Lawrence Kohlberg hat, in Auseinandersetzung mit der Entwicklungspsychologie Jean Piagets, ein Stufenmodell der moralischen Entwicklung ausgearbeitet. Die vieldiskutierte 6. Stufe ist die postkonventionelle, auf der die Akteure nach selbstgewählten moralischen Prinzipien urteilen und handeln.[100] Vielleicht muss man Carl Bereiters fünf Fertigkeitsstufen des Schreibprozesses ebenfalls um eine sechste, eine postkonventionelle Stufe ergänzen. Diese Stufe der Schreibfertigkeit wäre gerade die Notizstufe, die sich von allen performativen und kommunikativen Zwängen frei macht und rein prozess- und problemorientiert zur wirklichen Selbst-Schreibung wird, in der die Autonomie der Schreibenden den höchsten Grad erreicht. Selbst die kritische Schreibfunktion, also die Selbstverpflichtung zu Feedback-Schleifen und kritischer Re-Lektüre der eigenen Notizen, entfällt auf dieser Stufe wie im Falle Lionardos. Darum sind Notizenkonvolute oder die Texte solcher Autorinnen, die sich eher aphoristisch als bündig und systematisch äußern, häufig voller Selbstwidersprüche.

Das bündige und systematische, sprich: kohärente Schreiben, das bedächtig Argumente entwickelt, erweist sich in dieser Perspektive als eine rhetorische Strategie, die nur da vonnöten ist, wo schreibend mit anderen kommuniziert werden soll. Argumentieren ist persuasive Kommunikation. Wer dagegen nur funktional und nicht adressatenbezogen schreibt, der muss nicht argumentieren. Denn seine eigenen Gedanken bedürfen keiner inneren Rechtfertigung, man geht ja im Normalfall davon aus, dass man recht mit dem hat, was man denkt und also auch notiert. Darum stellen Texte im funktionalen Stil, die zwar kommunikatorenorientiert, aber nicht kommunikationsorientiert sind, also Notizzettel, häufig auch deutlich stärkere Verstehensprobleme. Das Problem, das sie lösen, ist nicht das, sich verständlich zu machen.

Welche Rolle spielt nun aber bei diesem postkonventionellen, prozess- und problemorientierten, unsystematischen und notizhaften Schreiben das Erinnern? Bewusstseinsinhalte lassen sich ja schlechterdings nicht anders denn als Gedächtnisinhalte vorstellen. Die Neuropsychologie unterscheidet seit den ersten experimentellen psychologischen Untersuchungen des Gedächtnisses durch Hermann Ebbinghaus das Ultrakurzzeitgedächtnis vom Kurzzeitgedächtnis und vom Langzeitgedächtnis. Ebbinghaus war, als er in den 1880er Jahren seine Vergessensexperimente machte, selbst überrascht über die »anfängliche Schnelligkeit« des Vergessens.[101] Im Ultrakurzzeitgedächtnis verbleiben Gedächtnisinhalte für etwa 20 Sekunden, im Kurzzeitgedächtnis verbleiben sie für etwa 20 Minuten. Nur die mentalen Inhalte, die diese Schwelle passieren, haben eine Chance, ins Langzeitgedächtnis aufgenommen zu werden. Inhalte des Ultrakurz- und des Kurzzeitgedächtnisses lassen sich auch durch äußere Einwirkung, zum Beispiel einen Schock, beeinflussen, nämlich restlos löschen. Inhalte des Langzeitgedächtnisses dagegen sind, einmal gespeichert, nur schwer zu beeindrucken. Auch »Elektroschocks, die alle Ströme durcheinander bringen, oder auch Tiefkühlung, also Einfrieren des Gehirns, wobei die elektrischen Schwingungen auf null zusammenfallen, oder auch das Zerschneiden von Nervenfasern und damit von Stromnetzen« können diese Erinnerungen nicht für immer auslöschen.[102] Das führt die Neurologinnen zu der Annahme, dass »die Erinnerung nach der Aufnahme der elektrischen Wahrnehmungsimpulse, also anschließend an das Ultrakurzzeitgedächtnis durch

Codifizierung und Verarbeitung einzelner Moleküle, über das ganze Gehirn verteilt« sei und also auf eine »stoffliche Speicherung für etwas Geistiges« hinweise.[103] Auch Lionardo da Vinci hat über das Erinnerungsvermögen nachgedacht und ihm eine besondere Stellung eingeräumt:

> »Es gibt vier wirksame Kräfte: Erinnerungsvermögen und Begriffsvermögen, Widerwillen und Begierde. Die zwei ersten kommen von der Vernunft, die andern von den Sinnen.«[104]

Der Hirnforscher Wolf Singer weist darauf hin, dass die Einschreibungen unserer Wahrnehmungen ins Gedächtnis, die sogenannten Engramme, »holistischen Charakter« haben: »[W]as in zeitlicher Abfolge erfahren wurde, liegt meist als gebündelter Gesamteindruck vor, dessen verschiedene Komponenten aufs innigste assoziativ miteinander verknüpft sind.«[105] Auch wenn Singer feststellt, dass wir »nur fragmentarische Vorstellungen darüber, wie Wissen, wie Erinnerungen im Gehirn repräsentiert sind«, haben, ist doch auffällig, dass Notizzettel wie diejenigen Lionardo da Vincis einen ähnlich holistischen, also ganzheitlichen Gesamteindruck machen: Diachron Notiertes erscheint bei aller Heterogenität synchron auf den Blättern, Nichtzusammenhängendes hängt auf dem Zettel eben doch zusammen. Es ist vielleicht nicht zu viel gesagt, dass wir bei der Analyse der Inhalte von solchen holistischen Notizzetteln ein Abbild oder eine Repräsentation von dem erfahren können, was sich im Denken abspielt. Wenn Lionardo da Vinci in seiner Notiz bemerkt, dass er sich wiederholen müsse und sich an das eigene Geschriebene nicht mehr erinnern könne, dann kann das bedeuten, dass seine mentalen Inhalte, seine Gedanken, beim Schreiben und durch das Schreiben ihren Weg nicht vom Ultrakurz- und vom Kurzzeitgedächtnis ins Langzeitgedächtnis geschafft haben. Es kann aber auch bedeuten, dass sich einzelne Engramme aus dem holistischen Gesamteindruck nicht mehr rekonstruieren lassen. Vergessen heißt in diesem Fall Holismus ohne Wiederkehr. Die stoffliche Speicherung geschieht in beiden Fällen auf dem Notizzettel und nicht in den Neuronen des Gehirns. Wir schreiben nicht, um uns zu erinnern: Wir schreiben, um zu vergessen.

Diese Feststellung schließt an eine der ältesten und berühmtesten Schriftkritiken der Sprachphilosophiegeschichte an. In seinem Dialog *Phaidros* lässt Platon seinen Lehrer Sokrates eine Geschichte erzählen. Einmal habe, so Sokrates, der ägyptische Gott Theut oder Ammon, der griechische Hermes und römische Merkur, der als Erfinder des Würfels, des Brettspiels, der Zahlen, der Geometrie, der Astronomie und nicht zuletzt der Schrift galt, den ägyptischen König Thamus besucht und ihm seine Erfindungen angeboten, damit er sie seinem Volk weitergebe. Das Für und Wider der einzelnen Erfindungen wird erwogen und endlich die Gottesgabe der Schrift zur Diskussion gestellt. »Dies ist eine Art des Lernens, die das Gedächtnis deines Volkes verbessern wird«, so der Gott Theut. »Meine Entdeckung dient dem Erinnern, aber auch der Weisheit.« Doch der ägyptische König ist skeptisch und antwortet:

>»Wer schreiben gelernt haben wird, in dessen Seele wird zusammen mit der Schrift viel Vergesslichkeit Einzug halten, denn er wird das Gedächtnis vernachlässigen. Im Vertrauen auf die Schrift werden sich von nun an die Menschen an fremde Zeichen und nicht mehr aus sich selbst heraus erinnern. Theut, du hast kein Mittel zur Stärkung, sondern zur Schwächung des Gedächtnisses erfunden. Theut, du bringst deinen Schülern nur eine große Scheinweisheit und nicht die Wahrheit. Deine Menschen werden jetzt sehr viel lernen, aber alles ohne zugleich darüber eigentlich belehrt zu werden; die Menschen werden dir jetzt viel zu wissen meinen, während sie nichts, nichts wissen. Theut, und du beschwörst uns da-

mit ein lästiges, geschwätziges Geschlecht, ein Geschlecht von Scheinwissen, ein Geschlecht, das kein wahres Wissen mehr hat.«[106]

Lange Zeit, nämlich ungefähr so lange, wie die Schreibkultur im Typozän eine Selbstverständlichkeit war, las man diese Stelle wie eine Kuriosität der Philosophiegeschichte oder eine platonische Idiosynkrasie. Mittlerweile sind aber Erscheinungen wie die *oral history* oder *performances* wie die *poetry slams* oder auch die *science slams* in die Domänen des geschriebenen und gedruckten Wortes eingebrochen und lenken den Blick darauf, dass die Schriftkultur und auch ihre Funktion für die Erinnerungskultur sich nachhaltig in Frage gestellt sieht, auch wenn vermutlich nur noch hartgesottene Idealisten Platons Theorie der *Anamnesis* teilen, der zufolge alles Weltwissen im Menschen immer schon vorhanden ist und nur wiedererinnert werden muss. Lionardos empiristische und naturalistische Philosophie des Augenscheins ist jedenfalls näher bei der Position des schriftkritischen ägyptischen Königs Thamus als beim Schrifterfinder Theut. Er empfiehlt, die Sache selbst anzuschauen, statt Bücherwissen anzuhäufen. »Denn wer zur Quelle gehen kann, der gehe nicht zum Krug!«,[107] notiert Lionardo an einer Stelle, und an einer anderen führt er aus, dass man sich am wahren, alltäglichen Leben orientieren und so viele Notizen und Skizzen wie möglich davon machen solle: Man »komponiere Historien, deren Studium auf natürlichen, durch zufällige Ereignisse bedingten Vorgängen beruhen soll, und man achte darauf in den Straßen, auf den Marktplätzen und Feldern und zeichne sie mit flüchtigen Umrissen auf«.[108]

Dass das Aufschreiben die Erinnerungsfunktion nicht stärkt, sondern schwächt, zeigen auch empirische Belege aus der Medienpsychologie. Die kanadischen Medienpsychologinnen Michelle Eskritt und Sierra Ma ließen zwei Gruppen das Erinnerungsspiel mit dem sprechenden Namen *Memory* spielen (das im Englischen ebenso markant *Concentration* heißt). Bevor das Spiel begann, durfte die eine Gruppe sich die zu merkenden Bildkärtchen nur ansehen, den Teilnehmern der anderen Gruppe wurde erlaubt, sich Notizen zur Position der einzelnen Kärtchen zu machen, die ihnen dann aber überraschend weggenommen wurden. Die Kontrollgruppe konnte sich an signifikant mehr Positionsinformationen der Bildkärtchen erinnern als die Notizengruppe, und das galt sogar bei Wiederholung des Experiments mit denselben Teilnehmerinnen. Die Forscherinnen nennen das »intentionales Vergessen« (intentional forgetting): Wir notieren, um zu vergessen.[109]

Geist Körper Zettel (Theorie des Notizzettels II)

Das Notieren in Notizbüchern spielt auch eine wesentliche Rolle in einer mit Furor geführten Diskussion innerhalb der Philosophie des Geistes und der Kognitionswissenschaft, in der es um den *extended mind* oder zu Deutsch: den erweiterten Geist oder Verstand geht. Nun wissen die Nachdenklicheren unter uns schon lange, dass nicht alles geistreich ist, was gedacht wird. Die Schule des mentalen Externalismus dagegen stellt eher die Frage, ob alles, was denkt, Geist sein muss. Sind die Grenzen unseres Denkens wirklich durch unseren Körper, durch Haut und Schädeldecke (»skin and skull«) begrenzt, möchten Andy Clark und David Chalmers wissen.[110] Der Internalismus geht genau davon aus und behauptet, Geist und Kognition fänden ausschließlich im Gehirn statt. Clark und Chalmers wollen mit einem Gedankenexperiment das Gegenteil nachweisen. Man stelle sich dazu einen Mann namens Otto vor, der an Alzheimer leidet. Dieser Otto trägt tagein, tagaus ein Notizbuch mit sich, und sobald er eine neue Information erhält, notiert er sie in diesem Buch. Wenn er auf eine alte Information zurückgreifen muss, schaut er in dem Notizbuch nach. Für Otto, so Clark und Chalmers, spielt das Notizbuch die Rolle, die normalerweise das biologische Gedächtnis spielt, nur außerhalb des Körpers. Das Notizbuch ist immer verfügbar, und seine Inhalte entsprechen den Überzeugungen Ottos in jeder Hinsicht. Die Verbindung Ottos zu seinem Notizbuch nennen Clark und Chalmers ein »gekoppeltes System«. Das Notizbuch hat die vollkommen analoge Funktion, die für nicht an Alzheimer erkrankte Menschen das natürliche Gedächtnis hat: *extended mind*. Es ist auch nicht so, dass die Notizen in dem Buch dem vergesslichen Otto irgendwelche neuen Informationen bieten würden, denn Otto hat alle Notizen ja selbst in das Buch hineingeschrieben, sie entsprechen also zu hundert Prozent dem, was Otto schon wusste, aber vergessen hat. Der Vorgang der Re-Aktualisierung von Information durch den Alzheimerpatienten, den Clark und Chalmers »cognitive loop« nennen, entspricht damit am ehesten der platonischen *Anamnesis*, der Wiedererinnerung, oder wie ich sagen würde, der Revision. Mit dem Akt des Schreibens kann die Information vergessen werden, es handelt sich also eigentlich um einen »cognitive write-forget-get-it-again-loop«. Evolutionsbiologisch scheinen solche Anlagen im Vorteil gewesen zu sein, die mit ihren kognitiven Ressourcen die lokale Umwelt zu parasitieren verstanden. Das löst das *information-overload*-Problem ebenso, wie es die Natur nicht nur mathematischer Problemlösungen selbst verändert. Die Sprache spielt dabei eine besondere Rolle, da sie offensichtlich besonders gut dazu geeignet ist, kognitive Prozesse in die Umwelt zu externalisieren: »Es kann sein, dass sich die Sprache teilweise entwickelt hat, um solche Erweiterungen unserer kognitiven Ressourcen in aktiv gekoppelten Systemen zu ermöglichen.«[111] Ein anderes kognitionswissenschaftliches Experiment will zeigen, dass Denkprozesse nicht im Gehirn stattfinden müssen, sondern externalisiert werden können: Beim Computerspiel *Tetris* müssen drehbare geometrische Figuren unter Zeitdruck in die passenden Leerstellen einer immer weiter anwachsenden Struktur eingefügt werden. Um die passenden Leerstellen zu finden, müssen die Spielerinnen in Gedanken die Figuren drehen. Sie können aber auch einen Rotationsschalter benutzen, die Drehung also tatsächlich am Bildschirm vollziehen. David Kirsh und Paul Maglio haben errechnet, dass die physische Drehung eines solchen Objekts um 90 Grad etwa 100 Millisekunden dauert, plus 200 Millisekunden, um den Rotationsschalter zu bedienen. Um dasselbe Ergebnis rein gedanklich zu erzielen, sind aber 1000 Millisekunden nötig. Kirsh und Maglio konnten experimentell bestätigen, dass der Rotationsschalter nicht nur verwendet wird, um ein Objekt in eine Leerstelle einzufügen, sondern schon, um herauszufinden, ob es überhaupt hineinpassen würde, was sie eine »epistemische Handlung« nennen.[112] Die Vertreter des aktiven Externalismus machen daraus eine Regel, die auch als Paritätsprinzip bezeichnet wird:

> »Wenn wir mit einem Problem konfrontiert werden und dabei ein Ausschnitt der Welt als ein Prozess funktioniert, den wir, wenn er im Kopf vor sich gehen würde, ohne Zögern als Teil eines kognitiven Prozesses ansehen würden, dann ist dieser Ausschnitt der Welt Teil eines kognitiven Prozesses.«[113]

In einem weiteren Kontext steht die *extended-mind*-Theorie im Zusammenhang mit der sogenannten *embodied cognitive science*. Diese sieht das Denken nicht wie in der Computermetapher des Geistes als einseitigen Prozess an, bei dem die Psyche allein die Richtung vorgibt und in algorithmischen Befehlsketten kognitiv Problemlösungen durchexerziert, sondern als holistischen Prozess, bei dem Denken, Körper und Umwelt in umfassenden Austauschbeziehungen stehen. Vorläufer einer solchen holistischen Auffassung des Denkens ist etwa der Biologe und Philosoph Jakob Johann von Uexküll, der bereits Anfang des 20. Jahrhunderts seine »Umweltlehre« entwickelt hat, der zufolge Wahrnehmung auf einen Funktionskreis angewiesen ist, für den Sinnesorgane ebenso konstitutiv sind wie »Wirkorgane«, zum Beispiel der Bewegungsapparat.[114] In der Leibphänomenologie Maurice Merleau-Pontys ist der »Leib« das *missing link* zwischen Körper und Geist, er fundiert den Menschen erst in der Welt, und ohne »Leiblichkeit« sind kein Denken, Erinnern oder auch Vergessen möglich.[115] Bernhard Waldenfels plädiert für ein Konzept von »Körpersprache« und »Körpergespräch«.[116] Auch die klinische Psychologie geht heute nicht mehr davon aus, dass ausschließlich psychische Zustände sich im Körper manifestieren, sondern umgekehrt auch Körperzustände die Psyche beeinflussen, ja, es ist sogar schon von einem »corporeal turn« die Rede.[117] Dass Körperhaltungen und Körperreaktionen evidenten Einfluss auf das Denken haben können und nicht nur von ihm verursacht werden, zeigt sich nicht nur bei primären Emotionen, sondern auch bei solcherart diskursiven Inhalten, denen vorderhand die Körperlichkeit, das *embodiment*, abzugehen scheint. Ein klinisches Experiment hat gezeigt, dass, wenn man Versuchspersonen unter einem Vorwand dazu bringt, den Kopf zu schütteln oder mit dem Kopf zu nicken, sie eine anschließend gestellte Frage analog verneinen oder bejahen.[118]

Es gibt gewichtige Einwände gegen das *extended-mind*-Konzept. Zum Beispiel wäre zu fragen, ob Geist oder Verstand nicht unabdingbar mit Bewusstsein zusammenhängt, eine Eigenschaft, die einem Notizbuch nur schwerlich zugeschrieben werden könnte. Andere wenden ein, dass Geist wesentlich mit dem zentralen Nervensystem verbunden wäre, eine Position, die andererseits Markus Gabriel als »Neurozentrismus« bezeichnet.[119]

Immerhin hat schon der Nestor der Medienkulturwissenschaft, Marshall McLuhan, die weltumspannenden elektronischen Netzwerke als Ausweitung des Zentralnervensystems bezeichnet.[120] Es wäre auch zu fragen, wer das *Agens* des Denkprozesses ist, denn in jeder kausalen Hinsicht beginnt und endet der Vorgang dann doch wieder unter Ottos Schädeldecke, während das Notizbuch hier eine rein passive Rolle spielt. Die Implikationen, die damit verknüpft sind, führen direkt zur Rolle des Mediums im Prozessdenken.

Noch interessanter finde ich einen Punkt, den auch Clark und Chalmers selbst ansprechen und der auch wieder mit Notizzetteln zu tun hat: Im Roman *Hundert Jahre Einsamkeit* beschreibt Gabriel García Márquez ein Dorf, dessen Bewohner an einer rätselhaften Amnesie leiden und die Wörter für alltägliche Gegenstände vergessen haben. Ihre Problemlösung besteht darin, Zettel mit den Namen an die Gegenstände zu heften. Lassen sich aber diese Notizzettel als eigene Erinnerungen der Dorfbewohner, als ihr *extended mind* bezeichnen? Und was ist mit dem Fall, dass das Notizbuch des Alzheimerpatienten von einem Fremden manipuliert und mit neuen Einträgen versehen wurde? Der Patient muss ja davon ausgehen, dass die Inhalte des Notizbuches seinen eigenen Überzeugungen und Erinnerungen entsprechen. Mit fremden und neuartigen Informationen würde aus dem Konzept des erweiterten Geistes eines der erweiterten Überzeugungen oder Erinnerungen (»extended beliefs«), und das führt direkt in die kommunikative und mediale Gegenwart: Das Smartphone erscheint dann als *extended mind*, das mit seiner ubiquitären Verfügbarkeit die moderne Variante des Notizbuchs nicht nur für Alzheimerpatienten, sondern für Otto Normalmedienverbraucher geworden ist. Es schwächt womöglich nicht nur das Erinnerungsvermögen und die Gedächtnisleistung seiner Nutzerinnen, sondern beeinträchtigt unter Umständen, wie etwas Nicholas Carr mit viel Verve in seinem Bestseller *Wer bin ich, wenn ich online bin, und was macht mein Gehirn so lange?* vertreten hat, unsere kognitive Leistung insgesamt. Andererseits wäre zu fragen, worin die Beeinträchtigung eigentlich besteht, wenn es sich bei der Internetnutzung nur um einen »cognitive loop« aus Auslagerung und Wiederaneignung handelt, der im Fall neuartiger Information sogar zu einer Erweiterung oder Bereicherung unserer Wissensressourcen führen könnte, die wir als digitales Lernen bezeichnen können. Gerade mit einer dezentralen weltweiten Netzwerkstruktur wie dem Internet könnten mentale Inhalte der diversen und dispersen Nutzer und Denkerinnen dergestalt synchronisiert werden, dass auch Clark und Chalmers von »socially extended cognition« sprechen. Dass diesem Umstand, wie den meisten anderen, eine Dialektik innewohnt, die neben dem Lern- und Wissenspotential auch die Manipulationsmöglichkeiten beinhaltet, wird nicht erst seit den Einflussversuchen in politischen Wahlkämpfen über die *social-media*-Kanäle und die extensive Verbreitung von *fake news* im Internet überdeutlich.

Diese wenigen Andeutungen machen schon klar, dass *embodiment* eine der Grundfragen der Medien- und Kommunikationswissenschaft berührt, nämlich wie die vermittelnden technischen Gegenstände unserer Lebenswelt, also die Medien, nicht so sehr an unserer Kommunikation, sondern an unserem Denken »mitwirken« oder »teilhaben«. Diese Frage geht sowohl über die in den herkömmlichen Kommunikationsmodellen postulierten Feedback-Schleifen in einer ansonsten monodirektional organisierten Kommunikation als auch über jener im Zusammenhang mit Friedrich Kittler immer wieder apostrophierte »medientechnische Apriori« weit hinaus, das, einem alten Nietzsche-Diktum folgend, präsupponiert, unser Schreibzeug arbeite mit an unseren Gedanken.[121] Eher schon stoßen wir hier auf eine soziale Erscheinung, die der Soziologe Hartmut Rosa – dabei Anklänge an die Esoterik nicht wirklich ausschließend – als Resonanz bezeichnet hat. Subjekt-Objekt-Beziehungen werden nach diesem Ansatz als schwingende Systeme bezeichnet, bei denen »die Schwingung des einen Körpers die ›Eigentätigkeit‹ (beziehungsweise die *Eigenschwingung*) des anderen anregt«.[122]

Die mentale Gedächtnis- und Erinnerungsfunktion von Notizen und Schrift allgemein kann über den Resonanzpfad auch zu einem medien- und kommunikationswissenschaftlichen Konzept von sozialem Gedächtnis führen. Die ersten Ansätze hierzu und auch der Begriff »kollektives Gedächtnis« gehen auf den französischen Soziologen Maurice Halbwachs zurück.[123] Er hat auch als Erster auf die Paradoxien dieser Konstruktion hingewiesen, denn wenn das Gedächtnis eines Einzelnen durch das Gedächtnis der anderen im Kollektiv erklärt würde, ist die Gefahr einer zirkulären Erklärung nicht nur eine theoretische. Erinnern ist als mentaler Prozess erst einmal ein individueller. Aber, so fragte schon Halbwachs, was soll es eigentlich heißen, den Menschen und sein Gedächtnis als »isoliertes Wesen« zu sehen? Jede mentale Operation ist eine Interaktion mit der Umwelt, und darum ist jede Gedächtnisleistung immer auch eine soziale Aktion. Um ein soziales oder kollektives Gedächtnis zu formen, müssen die mentalen Prozesse auf irgendeine Weise miteinander verschaltet werden. Hier kommen die Medien ins Spiel, denn sie sind die einzige Möglichkeit, mentale Inhalte zu transportieren, sei es auf einem Zettel, sei es im Notizbuch, über elektronische Medien, Computernetzwerke oder Smartphones. Die Verschaltung kann man, vielleicht unter Zuhilfenahme der Resonanztheorie, als mediale Synchronisation verstehen. Der mentale Gehalt, sprich: der Gedanke von Ego wird instantan über ein Medium zum Gedanken des Alter. Über die raumzeitliche Dislozierung von Medieninhalten kann die Synchronisation auch über weite lokale oder temporale Distanzen erfolgen.

Wenn ich nun sage, dass die Funktion von Medien nicht das

Erinnern, sondern das Vergessen ist, dann müssten wir ganz analog von einem kollektiven Vergessen ausgehen können, das medieninduziert ist. Und in der Tat, auf der individuellen Ebene dient das Notieren, das Verschriftlichen, das Materialisieren in einem Medium der Freisetzung mentaler Ressourcen, sprich: Was notiert wurde, kann vergessen werden. Dass dieses Vergessen aber auch ein kollektiver Akt ist, darauf hat, sich auf Niklas Luhmann beziehend, zuerst die italienische Soziologin Elena Esposito mit ihrem Buch über das *Soziale Vergessen* hingewiesen, wo sie etwas paradox formuliert:

»Das Gedächtnis überprüft Kohärenz und dient eben nicht der Aufbewahrung irgendwelcher Inhalte. [...] Letztlich ist das Gedächtnis eher für den Verlust von Inhalten denn für deren Aufbewahrung zuständig, eher für das Vergessen denn für die Erinnerung.«[124]

Entsprechend müssen Medien in immer komplexeren sozialen Strukturen als Organe des kollektiven Gedächtnisses das Vergessen nicht nur zulassen, sondern befördern, wollen sie systemstabilisierend sein. Hans Magnus Enzensberger hat es, im Gedicht, besonders prägnant formuliert: »Gespeichert, d. h. vergessen«.[125] Für das mediale Vergessen gibt es zwei unterschiedliche Operationen: Das Vergessen kann durch Löschung des Speichers erfolgen, das wäre die radikale Variante. Die mindestens ebenso effiziente, aber einfachere Operation ist, nur die Adressierung des Inhalts zu löschen und damit die Lokalisierung der Information im Speicher zu verhindern. Die Daten bleiben erhalten, sind aber nicht mehr erreichbar. Für beide Operationen kennen wir Beispiele aus der ganzen Mediengeschichte. Bekannt ist jene Gepflogenheit des römischen Altertums, in Misskredit geratene Kaiser der *damnatio memoriae* oder auch *abolitio nominis* zu unterziehen. Der Name des Diskreditierten wurde aus den Annalen und anderem Schrifttum getilgt, es wurde vermieden, ihn im öffentlichen Diskurs zu erwähnen, und sogar sein Antlitz wurde aus Bildern und von Statuen eliminiert. Auch die Bücher- und Bilderstürmer der diversen Weltreligionen und Sekten waren darauf bedacht, kulturelles Erinnern auszuradieren und dem kollektiven Vergessen anheimzugeben. Schließlich gibt es gerade in Deutschland das Paradebeispiel kollektiven Vergessens mit jenem Lamento, das eben gerade kein Memento ist, dass es, wie selbst ein ehemaliger Bundeskanzler verordnete, mit der »Nazi-Schnüffelei« ein Ende haben müsse. »Die Unfähigkeit zu trauern« ist die Formel, auf die die Sozialpsychologen Alexander und Margarete Mitscherlich dieses Verhalten gebracht haben, das als »kollektives Verhalten« eben ein »kollektives Vergessen« ist. Die stärkste Form kollektiven Vergessens hat Siegmund Freud beschrieben, es ist das Tabu. Das Tabu ist dadurch gekennzeichnet, dass selbst die Gründe für die Tabuisierung vergessen worden sind, also ein klassisches Beispiel für die Löschung der Adressierung. Für Freud stellt es die zwanghafte Verkehrung des Kant'schen kategorischen Imperativs dar und hat viel mit der Zwangsneurose gemein.[126] In der modernen Public-Relation-Industrie wird soziales Vergessen als aktives Agenda-Cutting betrieben und in den entsprechenden Lehr- und Forschungsrichtungen deutscher Universitäts- und Fachschuleinrichtungen sogar gelehrt, etwa wenn in einem Lehrbuch das »Spinning«, explizite »Falschmeldungen«, die Reduzierung von Information auf Pflichtauskünfte bis hin zur Informations- und Interviewverweigerung als Instrumentarium der Öffentlichkeitsarbeit ausgegeben werden.[127] Aleida Assmann, die zusammen mit ihrem Ehemann Jan Assmann sehr stark dazu beigetragen hat, dass die Erinnerungsforschung in den Kulturwissenschaften seit den 1990er Jahren eine dominante Stellung einnimmt, hat in einer ihrer jüngeren Arbeiten das Vergessen in Erinnerung gerufen und festgestellt, dass

Geist Körper Zettel (Theorie des Notizzettels II) 109

»nicht Erinnern, sondern Vergessen [...] der Grundmodus menschlichen und gesellschaftlichen Lebens« ist.[128] Assmann stellt eine Systematik des Vergessens auf und unterscheidet sieben unterschiedliche Typen, nämlich das automatische, das selektive und das Verwahrensvergessen, außerdem das destruktive und das defensive Vergessen und ferner das konstruktive und das therapeutische Vergessen. Gerade die ungeheuren Speicheroptionen der Computernetzwerke machen das Vergessen zum Streitfall. Ein »Recht auf Vergessen« ist mittlerweile eine einklagbare Option, um von den Erinnerungsresiduen des Internets und seiner Suchroutinen nicht lebenslänglich verfolgt zu werden. Der Medienethiker Luciano Floridi drückt es so aus: »In der Hypergeschichte ist das Sichern die Standardoption. Zum Problem entwickelt sich die Frage, was gelöscht wird.«[129]

Schon die Traktate zur Gedächtniskunst, die seit dem 15. Jahrhundert Mode werden, haben häufig ein Kapitel zur *arte dell'oblio*, zur Kunst des Vergessens. Es will Antwort auf die damals schon virulente Frage geben, wie sich die Gedächtnisinhalte, die mnemotechnisch in den kognitiven Apparat eingeschrieben wurden, wieder löschen lassen. Denn in der Zeit Lionardos, Luthers und Gutenbergs beginnt der *information overload* als Problem sichtbar und spürbar zu werden. Die Erfindung des Buchdrucks mit beweglichen Lettern ist ja kein Auslöser dafür, sondern vielmehr eine Reaktion darauf. Werden in der Mnemotechnik Raummetaphern verwendet, um Erinnerungsbilder zu erzeugen, so werden in der *arte dell'oblio* destruktive Phantasien eingesetzt, um diese Erinnerungen wieder auszulöschen. Die italienische Romanistin Lina Bolzoni hat in ihrer Studie *La stanza della memoria* ein ganzes Arsenal von Zerstörungstechniken aufgezählt, mit denen seit der Renaissance dem Gedächtnis zu Leibe gerückt wird: Ein als Statue imaginiertes Erinnerungsbild kann vom Hellen ins Dunkle gezogen oder mit einem Tuch verhüllt werden, Wachsbilder können zum Schmelzen gebracht, Tonfiguren auf den Boden fallen gelassen oder andere Gegenstände direkten Wegs gedanklich aus dem Fenster geworfen werden.[130] In der Traumatherapie werden solche Vergessenstechniken auch heutzutage eingesetzt. Traumatisierende Erlebnisse werden wie in der *arte dell'oblio* der Renaissance gedanklich in einen »Tresor« gesteckt und solcherart weggeschlossen und der Re-Aktualisierung entzogen:

> »Stellen Sie sich bitte einen Aufbewahrungsort für unangenehme oder gefährliche Erinnerungen, Bilder oder Empfindungen vor. Das kann ein Behältnis verschiedenster [sic!] Art sein, z. B. ein Tresor, ein Safe, eine sichere Kiste, eine große Truhe, eine Kammer oder auch ein magisches Verlies. […] Fixieren Sie zunächst Ihre Vorstellung oder Erinnerungen als Bild auf einem Foto, Filmstreifen oder einer Videokassette … Verpacken Sie dies nun und schließen Sie alles sicher in den Tresor ein. Vereinbaren Sie jetzt mit sich selbst zusätzlich ein körperlich gut spürbares Signal wie das Anspannen irgendwelcher Muskeln, z. B. Faustschluss, Händedruck, Anspannen der Fußmuskulatur, das Sie immer benutzen können, um sich daran zu erinnern, wie sich etwas im Tresor einschließen lässt und Sie Abstand dazu bekommen und sich vielleicht ein wenig entlastet fühlen.«[131]

Symptomatisch ist, dass die hier angesprochenen Vergessensinhalte in einem ausgereiften medientechnischen Szenario erst wieder medialisiert werden sollen, nämlich auf Foto, Filmstreifen oder Videokassette gebannt – so werden sie durch Verkörperung oder *embodiment* in einem ersten Schritt externalisiert, um im zweiten Schritt der Extinktion durch Wegschluss im Tresor anheimzufallen: Medien sind zum Vergessen da. Anschließend wird dieses *embodiment* durch Körpererinnerungen re-aktualisiert, nämlich durch Muskelanspannungen verschie-

Geist Körper Zettel (Theorie des Notizzettels II) 111

dener Art, um den Vorgang des Vergessens erinnerlich zu halten, denn nichts ist fragiler als die Erinnerung an das Vergessen. Elena Esposito stellt fest:

»Gerade weil das Vergessen von grundlegender Bedeutung ist, muss seine Existenz latent gehalten werden. Man kann sich dran erinnern, dass man erinnert, aber man muss vergessen, dass man vergessen hat.«[132]

Deswegen brauchen wir für das Vergessen Medien. Es gibt auch ein berühmtes historisches Beispiel für das Notieren, das nur dem Vergessen dient. Immanuel Kant beschäftigte mehr als dreißig Jahre einen gewissen Martin Lampe als seinen persönlichen Diener, bis er ihn wegen angeblicher Trunksucht aus seinen Diensten entließ. Der Philosoph hatte sich aber so an den alten Diener gewöhnt, dass er auch dessen Nachfolger Johann Kaufmann fortwährend mit »Lampe« anredete. Um den echten Lampe endlich vergessen zu können, notierte er es sich in sein Notizbuch: »Der Name Lampe muß nun völlig vergessen werden«, was seinen zeitgenössischen Biographen etwas fassungslos feststellen lässt, dass doch Notizbücher normalerweise dazu dienten, sich an etwas zu erinnern, es sich beim Königsberger Philosophen aber offenbar genau umgekehrt verhalte und er notiere, um zu vergessen.[133] Elvis Presley hat es in einem seiner ersten Hits auf den Punkt gebracht: »I Forgot to Remember to Forget.«[134]

Dass Lionardo den größeren Teil seiner Notizen dennoch aufhob, bei seinen Odysseen durch Italien und Frankreich stets mit sich führte und offenbar hütete wie seinen Augapfel, verdient besondere Aufmerksamkeit. Denn wenn er die Hoffnung hatte fahrenlassen, bestimmte Notizen und Gedanken in dem immer weiter wachsenden Berg aus Zetteln wiederzufinden, also die Re-Lektüre nicht im Mittelpunkt des Interesses stand, dann muss das Notizenkonglomerat eine andere Funktion gehabt haben. Zwei Hypothesen bieten sich hier an. Die eine ist, dass Lionardo für eine nie völlig ausgeschlossene, wenn auch zunehmend unwahrscheinliche Druckpublikation die Sammlung für eine systematische Neuerschließung aufhob. Die andere ist, dass es sehr wohl zu Re-Lektüren kam, diese aber stochastisch erfolgten, dem wahllosen, postkonventionellen Schreiben also ein ebenso wahlloses und postkonventionelles, der Zufallsauswahl überlassenes Lesen gegenüberstand. Lionardo da Vinci ist dabei nicht nur am allgemeinen, sondern auch an seinem persönlichen *information overload* gescheitert und im Meer seiner Zehntausenden Aufzeichnungen, Zettel und Notate versunken. Das zeigt, dass Informationsüberfrachtung neben einem gesellschaftlichen auch ein ganz individuelles Problem sein kann, wenn man, wie Lionardo, die eigenen Aufzeichnungen nicht mehr überblickt. Dieses Problem stellt allerdings einen Typ dar, dem nicht mehr mit Schreibproblemlösungsstrategien beizukommen ist, da die Problemlösung gleichzeitig das Problem vergrößern würde. Dabei hat gerade Lionardo gezeigt, dass die »neue Unübersichtlichkeit« keine Frage der Datenmenge, sondern eine Frage der Position ist. Denn gegen die Unübersichtlichkeit steht die Kunst, sich den Überblick zu verschaffen. Kein Aktenberg, keine Datenmenge und kein Problem kann so groß sein, dass es nicht aus sicherer Entfernung klein und beherrschbar erscheint. Man müsste halt fliegen können.

»Das kann man noch gebrauchen«

In seiner kleinen Betrachtung »Das kann man noch gebrauchen« räsoniert Kurt Tucholsky über das Bewahren und Aufheben und kommt zu einem drastischen Schluss:

»In neunundneunzig Fällen von hundert lohnt es sich nicht, ein Ding aufzubewahren. Es nimmt nur Raum fort, belastet dich; hast du schon gemerkt, dass du nicht die Sachen besitzt, sondern dass sie dich besitzen? Ja, so ist das.«[135]

Er hat auch Gründe für den radikalen Schnitt des Nicht-Aufhebens. Er sieht nämlich, dass die Dingwelt sich selbst unnötig gemacht hat, und zwar durch ihre Produktionsmethode:

»Es ist eine atavistische Hochachtung vor dem Ding, stammend aus der Zeit, wo ein Gegenstand noch mit der Hand hergestellt wurde ... Heute speien ihn die Maschinen aus – wirf ihn weg! wirf ihn weg!«

Irgendwie scheint Tucholsky auch von Notizzetteln zu schreiben. Warum all die Notizen, das Gekritzel und Geschreibsel aufheben, wenn es eh nicht mehr der eigenen oder fremden Revision und Relektüre unterzogen wird, wenn es nur den *information overload* weiter vergrößert? Die Philosophie des Notizzettels ist aber eine andere, sie besagt, dass nichts weggeschmissen werden dürfe. Und der Grund dafür liegt darin, dass sich die Dingwelt und die Welt der in Notizen materialisierten oder verkörperlichten Gedanken in einem wesentlichen Punkt unterscheiden. Für Tucholsky ist der Respekt vor der Welt der materiellen Gegenstände verschwunden: »Die Basis jeder gesunden Ordnung ist ein großer Papierkorb.« Doch Tucholsky redet eben auch bloß von den Dingen, von jener verschwenderischen, bunten, schrillen, überbordenden, reizenden, marktschreierischen, illustren, kurz: langweiligen materiellen Welt, in der man sich neu kaufen kann, was eben noch in besagten Papierkorb gewandert ist: *material overload*. Was für Geld zu kaufen ist, ist anschließend nichts mehr wert. Mit Ideen, Gedanken und Einfällen, kurz: mit Notizzetteln verhält es sich fundamental anders. Denn der originale Gedanke, der fort ist, ist unwiederbringlich verloren. Er ist – und von wie wenigen Bereichen der menschlichen Existenz lässt sich das im 21. Jahrhundert noch sagen! – nicht maschinell herstellbar, nicht reproduzierbar, allen Unkenrufen von Roboterjournalismus, künstlicher Intelligenz und *automatic writing* zum Trotz. Er ist einmalig, eine Rarität, ein Unikum. Und darum gibt es den Notizzettel und seine große Schwester, das Notizbuch. Darum wird der Mensch, was er auch sonst in der Zukunft für eigenartige Entwicklungen und Volten machen wird, immer etwas zu schreiben dabeihaben, eher als Schmierpapier denn als Notebook, eher analog als digital, und sei es für einen randomisierten Zugriff: Das kann man noch gebrauchen … Die *conditio humana* des französischen Philosophen René Descartes »Ich denke, also bin ich«, sie erfährt ihre Erweiterung im *embodiment* jenes Mediums, in dem jeder Gedanke sich zuallererst materialisiert, dem Notizzettel. »Cogito ergo Notebook«, darauf wird auch auf absehbare Zeit menschliches Streben hinauslaufen. »Ich bin, also mache ich mir Notizen.« Wie Descartes dem Skeptiker, so wird auch das Notizbuch seinen Verächtern immer Paroli bieten. Denn egal, wie ausgeklügelt ihre Gegenargumente auch sein werden, eines wird auch die ärgste Kritikerin aller Verzettelungen und Notizschmiereien tun, bevor sie ihre kritischen Gedanken zu Gehör bringt: Sie wird sie aufschreiben. Wohin? Auf einen Notizzettel, wohin sonst.

In der Handschriftenabteilung der British Library hat sich darum auch ein Blatt Lionardo da Vincis mit geometrischen Notizen erhalten. Es stammt wahrscheinlich aus dem Jahr 1518 und zählt zu seinen spätesten schriftlichen Hinterlassenschaften. Das Papier ist gräulich, die Schrift mit der Tinte bei aller Verschlüsselung aber noch gut lesbar. Nach drei Vierteln des Blatts nehmen die Aufzeichnungen eine unerwartete Wendung, der Text bricht mit einem lakonischen »etc.« einfach ab. Eine einzige Zeile folgt noch. Dort steht: »perche la minesstra si fredda« – weil die Suppe kalt wird. Erst kommt das Essen, dann kommt das Schreiben. Doch zum Schreiben kehrte Lionardo nicht mehr zurück. Er stirbt am 2. Mai 1519 in Clos-Lucé und hat der Welt vor allem eine gigantische Sammlung von Notizzetteln hinterlassen.

Verzettelt denken

Ich bin in einem Wirrwarr.
(Ludwig Wittgenstein)

Ludwig Wittgenstein bittet zum Diktat

Einen der vermutlich eigenartigsten Besuche der Philosophiegeschichte erhielt der junge Philosophiestudent Ludwig Wittgenstein am 26. März 1914 im norwegischen Dörfchen Skjolden am Sogne-Fjord nördlich von Bergen. Sein eigener Philosophieprofessor George Edward Moore war extra aus Cambridge angereist, um den hageren österreichischen Industriellensohn zu treffen. Wittgenstein hatte sich nach Norwegen zurückgezogen, nur um über einige philosophische Probleme nachzudenken, die sein anderer akademischer Lehrer, Bertrand Russell, im Zusammenhang mit der Entwicklung der modernen Logik aufgeworfen hatte. Nun war es nicht etwa so, dass sich der vierundzwanzigjährige Wittgenstein vom berühmten Professor Unterweisung erwartet hätte, ihm Reverenz erweisen würde oder pflichtschuldigst dem gelehrten Wort des gescheiten Manns, der eigens angereist war, gelauscht hätte. Nein, Wittgenstein war es, der seine Gedanken mündlich zum Besten gab, und G. E. Moore, der Autor der berühmten *Principia Ethica* und anderer einflussreicher Schriften, lauschte und ließ sich von dem Studenten diktieren. Das Diktat ist sogar später in die gesammelten Werke Ludwig Wittgensteins aufgenommen worden als *Aufzeichnungen, die G. E. Moore in Norwegen nach Diktat niedergeschrieben hat, April 1914*.

Es war nicht so, dass sich die akademischen Zustände seit den Zeiten, in denen etwa Goethe den Besuch des Studenten bei Mephisto in der Studierstube Fausts beschrieben hatte, sonderlich geändert hätte. Ein Professor, gerade einer der britischen Eliteuniversitäten Cambridge oder Oxford, war vielleicht nicht gottgleich, kam aber doch nahe an diesen Vergleich heran. Bis ins späte 19. Jahrhundert lebten die »Dons«, also die Professoren, in Oxford und Cambridge zölibatär wie die Priester. Man nahm an, dass Geschlechtsverkehr die Denkfähigkeit des Menschen beeinträchtige,[1] auch wenn ausgerechnet Wittgensteins Vorbild Bertrand Russell letztere Annahme sehr eindrucksvoll widerlegte, war er doch berüchtigt für sein ausschweifendes Liebesleben. Wenn also in der Schreibszenerie am norwegischen Fjord zwischen Schüler und Lehrer die Rollen diametral vertauscht waren, musste das am Schüler liegen, an Ludwig Wittgenstein, der heute als Mitbegründer der modernen Sprachphilosophie und als einer der wichtigsten, wenn nicht *der* wichtigste Philosoph des 20. Jahrhunderts angesehen wird.

Ludwig Wittgenstein, Sohn eines der reichsten Österreicher seiner Zeit, kam im Jahr 1909 nach Manchester in England, ursprünglich, um dort die damals noch völlig neue Disziplin des Flugzeugbaus zu studieren. Für seine »Verbesserungsvorschläge für Flugzeugpropeller« erhielt Wittgenstein 1911 sogar ein Patent erteilt. Während seiner Studien in Manchester kam er aber mit Grundlagenfragen der Mathematik in Berührung, die ihn sehr faszinierten und zur Philosophie führten.

Diese Grundlagenfragen, an denen so bedeutende Mathematiker und Philosophen wie Gottlob Frege, Bertrand Russell, Alfred North Whitehead und andere arbeiteten, stürzten Mathematik und Wissenschaft in eine veritable Krise. Was nottat, war, die Mathematik auf eine neue Basis zu stellen, um sie auch fit für die Errungenschaften der modernen Naturwissenschaften zu machen. Frege, Russell & Co., die heute als Begründer der analytischen Philosophie gelten, sahen die Grundlagen der Mathematik in der Logik. Was aber war die Grundlage der Logik? Mit dieser bohrenden Frage brachte schon der junge Wittgenstein als Student seine philosophischen Lehrer zur Verzweiflung, nachdem er sich bei Russell in Cambridge für Philosophie immatrikuliert hatte. Russell notierte über seinen Studenten anerkennend:

> »Wittgenstein ist ein großes Ereignis in meinem Leben – wie es sich auch weiterentwickeln mag. ... Ich liebe ihn & spüre, daß er die Probleme lösen wird, für deren Lösung ich zu alt bin – all jene Probleme, die sich aus meinem Werk ergeben, sich aber nur einem frischen Geist und jugendlicher Kraft erschließen. Er ist der junge Mann, auf den man hoffen kann.«[2]

Wittgensteins Ruhm als Philosoph steht in einem krassen Gegensatz zur Zahl seiner Veröffentlichungen, er hat nämlich zeit seines Lebens nahezu nichts publiziert. Das ist schon deswegen bemerkenswert, weil Wittgenstein später in den 1930er Jahren als Nachfolger von G. E. Moore zum Philosophieprofessor in Cambridge berufen wurde, was nicht erst im heutigen akademischen Betrieb im Regelfall nur durch exzeptionelle Forschungsergebnisse, die im Typozän durch eine ebenso exzeptionelle Liste von gedruckten Veröffentlichungen nachgewiesen wurden, zu erreichen gewesen wäre. Die Universität Cambridge verlässt Wittgenstein 1914 erst einmal ohne Abschluss und meldet sich mit dem beginnenden Ersten Weltkrieg freiwillig zum Kriegseinsatz in der österreichischen Armee. Hier dient er anfangs an der Ostfront in Galizien und schließlich an der österreichischen Westfront in Italien, wo er nach dem für Österreich verlorenen Krieg in Gefangenschaft gerät. Das einzige philosophische Buch, das er zu Lebzeiten veröffentlicht, entsteht in dieser Kriegszeit, buchstäblich unter dem Geschützdonner der Schützengräben. Hierin ähnelt die philosophische Arbeit oder das Zustandekommen eines philosophischen Werks dem jenes anderen Philosophen, zu dem Wittgenstein, zumal was die Logik betrifft, in denkbar größtem Widerspruch sich befindet, nämlich Georg Wilhelm Friedrich Hegel, dessen Hauptwerk *Phänomenologie des Geistes* »unter dem Kanonendonner der Schlacht von Jena und Auerstedt« fertiggestellt worden sein soll.[3] Wittgensteins Buch wird später den Titel *Tractatus logico-philosophicus* erhalten und seinen Verfasser unsterblich machen. Während er daran arbeitet, fühlt sich Wittgenstein mehr als sterblich, kämpft an vorderster Front und denkt über Selbstmord nach. Mit diesem Gedanken ist er erblich vorbelastet: Drei seiner fünf Brüder begehen Suizid, sein Biograph Ray Monk nennt die Familie Wittgenstein ein »Labor der Selbstzerstörung«.[4]

Wittgenstein führte zeit seines Lebens Notizbuch, und auch bei seinem fünfjährigen Kriegseinsatz hatte er stets etwas zu schreiben bei sich. Sieben solcher Notizbücher soll der Philosoph allein während des Weltkriegs vollgeschrieben haben. Von diesen sind nur drei erhalten, weil Wittgenstein viele Manuskripte, darunter die Kriegstagebücher, vernichtet sehen wollte und wohl auch selbst einige verbrannt hat. Der Ökonom Friedrich August von Hayek war ein Vetter Ludwig Wittgensteins und trug sich nach dessen Ableben mit dem Gedanken, eine Biographie über ihn zu verfassen. Im Rahmen seiner Recherchen tauchten in der Villa von Wittgensteins Schwester Margarethe, die den reichen amerikanischen Industriellen Jerome Stonborough geheiratet hatte, drei dieser Notizbücher aus der Zeit des Ersten Weltkriegs überraschend wieder auf. Margarethe war selbst eine Ikone des Jugendstils, und das schon deswegen, weil der Maler Gustav Klimt sie im Jahr ihrer Hochzeit 1905 in einem Porträt verewigt hatte. Margarethes Sohn John J. Stonborough übergab die Notizbücher den Nachlassverwaltern von Wittgenstein, die sie viele Jahrzehnte unter Verschluss hielten.

Der Titel von Wittgensteins einflussreichem Buch lautete ursprünglich etwas simpler *Logisch-philosophische Abhand-*

lung und fand erst einmal keinen Verleger. Trotz Fürsprache durch seinen berühmten Freund Bertrand Russell bleibt das Manuskript jahrelang ungedruckt liegen, und das hat durchaus Gründe, die auch Wittgenstein selbst benennt: Es handelt sich um die äußerst gedrängte systematische Darstellung einer neuen Art zu philosophieren, die auf gerade mal 60 Seiten das leistet, was andere große Philosophen auf 1000 Seiten ausbreiten. »Die Arbeit ist streng philosophisch und zugleich literarisch, es wird aber doch nicht darin geschwafelt«, schreibt Wittgenstein an Ludwig von Ficker, einen der ablehnenden Verleger. Im Begleitbrief, den er dem Manuskript beilegt, benennt Wittgenstein eine kommunikative Schwierigkeit, die ihn in seiner späteren Philosophie noch intensiver beschäftigen wird: Einen Gedanken haben und einem anderen diesen Gedanken mitteilen und verständlich machen, das können zwei sehr unterschiedliche und manchmal nicht zu vereinende Vorgänge sein. Wie soll ein Verleger auch reagieren, wenn ein Autor ihm über seinen Text mitteilt: »Von seiner Lektüre werden Sie nämlich – wie ich bestimmt glaube – nicht allzuviel haben. Denn Sie werden es nicht verstehen; der Stoff wird Ihnen ganz fremd erscheinen.«[5]

Erst drei Jahre nach Fertigstellung erschien die Abhandlung erstmals 1921 in der von Wilhelm Ostwald herausgegebenen Zeitschrift *Annalen der Naturphilosophie* in einer ziemlich entstellten Version, die Wittgenstein nicht gegengelesen oder autorisiert hatte. Dem Herausgeber Ostwald war auch mehr an dem von Bertrand Russell beigefügten Vorwort gelegen als am schwerverständlichen Wittgenstein'schen Text. Erst 1922 erschien das Werk in einer korrigierten zweisprachigen Version in einem Londoner Verlag unter dem heute berühmten Titel *Tractatus logico-philosophicus*. Diese Titelversion ging auf einen Vorschlag G. E. Moores zurück, mit der er auf den berühmten *Tractatus theologico-politicus* des aufgeklärten jüdischen Philosophen Baruch Spinoza verweisen wollte. Der Verweis kommt nicht ganz von ungefähr, denn auch wenn die Begriffe Theologie, Politik oder Ethik im Wittgenstein'schen *Tractatus* explizit praktisch keine Rolle spielen, handelt das Buch nach dem Bekunden seines Verfassers doch auf eine besonders intensive Weise von Gemeinsinn und Ethik.

Wittgenstein hat sich die Sätze des *Tractatus* während des Krieges in seinen Notizbüchern buchstäblich abgerungen. Er notierte sie in Mannschaftsunterkünften und Kasematten in einer weitgehend geistfreien, aber dafür ungezieferreichen Umgebung. Zwischen seine logischen Deduktionen notierte Wittgenstein auch private Eindrücke, die die Situation des philosophischen Denkers und Sohns aus reichstem Hause unter der Soldateska widerspiegelten: »Die Bemannung ist eine Saubande! Keine Begeisterung, unglaubliche Rohheit, Dummheit und Bosheit!«[6]

Wittgensteins Notierpraxis ähnelt, vierhundert Jahre Mediengeschichte später, durchaus der von Lionardo da Vinci. Auch Wittgenstein vereint in seinen Notizbüchern Disparates, mengt Gedanken auf höchster Abstraktionsebene mit Schilderungen alltäglicher Begebenheiten, zwischenmenschlicher Beziehungen und auch intimster Impressionen. Und ähnlich wie Lionardo adressiert auch Wittgenstein eine »unklare Öffentlichkeit«, was sich schon darin ausdrückt, dass auch Wittgenstein jedenfalls Teile seiner Aufzeichnungen in Code verfasst, sprich: verschlüsselt. Er benutzt dabei einen sehr einfachen, aber effektiven Ersetzungscode, den sogenannten Caesar-Code, indem er den ersten Buchstaben des Alphabets durch den letzten, den zweiten durch den vorletzten und so weiter ersetzt. Er schreibt also ein »z« für ein »a«, ein »y« für ein »b« und so fort. Diese Chiffrierung soll auf den römischen Feldherrn Gaius Julius Caesar zurückgehen. Dass Wittgenstein diesen Code sehr flüssig handschriftlich zu Papier bringt, bezeugt, dass er lange Übung darin haben musste. Es handelt sich um eine jener Geheimschriften, die schon Schüler häufig benutzen, um sich unverstanden von Lehrer- oder Elternaugen Botschaften zu übermitteln. »Die Kunst der Gauner und Rätselfreunde« nennt Daniel Heller-Roazen solche Geheimsprachen.[7] Nun war Wittgenstein mit großer Sicherheit kein Gauner (wobei er selbst fragen würde, woher wir diese Gewissheit nehmen), vermutlich allerdings sehr wohl ein Rätselfreund. Doch das war nicht der Antrieb für die Codierung seiner Aufzeichnungen. Eher war es schon so, dass Wittgenstein Intimitäten vor fremden Augen schützen wollte, zeichnete er doch penibel sowohl sexuelle und autoerotische Praktiken auf als auch deren Ausbleiben.

Wittgenstein war – auch hier eine Parallele zu Lionardo da Vinci – homosexuell, und in der rechtlichen Stellung und der drakonischen Bestrafung homosexueller Praktiken hatte sich in den vierhundert Jahren seit dem ausgehenden Mittelalter in Mitteleuropa nicht viel geändert. Ein anderes Jahrhundertgenie, der Mathematiker Alan Turing, einer der Vordenker der Informationsgesellschaft, der ausgerechnet als Kryptologe entscheidend zum Sieg der Alliierten über Nazideutschland beigetragen hatte, wurde 1952 wegen seiner Homosexualität gerichtlich zu einer chemischen Kastration gezwungen, an deren Folgen er starb. Heller-Roazen weist darauf hin, dass das Wort Geheimnis oder das englische Wort »secret« ambivalent sind. Auf der einen Seite sagt das Geheimnis etwas über den, der etwas verbergen möchte. Auf der anderen Seite drückt es etwas über diejenigen aus, vor denen etwas geheim gehalten werden soll. Die Gesellschaft, die ein Geheimnis als Geheimnis bewahrt oder weitergibt, macht durch das Stillschweigen deutlich, wie sehr sie »mit sich selbst uneins« ist.[8]

Wittgenstein machte die Ambivalenz auch handschriftlich deutlich, indem er in seinen Notizbüchern immer *recto*, also auf den rechten Seiten, unverschlüsselt schrieb. Hier finden sich seine logischen und philosophischen Bemerkungen. *Verso* dagegen, also immer auf den linken Seiten, schrieb er in Geheimschrift. Dort finden sich – häufig nicht sehr höfliche – Notizen zu seinen Kriegskameraden, zu seinen Lektüren, zu seinem seelischen Befinden und, wie gesagt, die Buchhaltung seiner erotischen Vita. Letztere wurde von Wittgenstein noch zusätzlich bis zur Unkenntlichkeit hervorgehoben, indem er für das landläufige Wort für Selbstbefriedigung nur den ersten Buchstaben und folgende Pünktchen schrieb (»o...«) – Wittgenstein war offenbar, was die Ausdrucksfähigkeit über sein eigenes Sexualleben anging, an die Grenzen seiner Sprache vorgestoßen. Seine Nachlassverwalter und Herausgeber haben die penible Recto-Verso-Trennung in der Werkausgabe nachvollzogen und editorisches Mood-Management betrieben, indem sie konsequent die linken Seiten außen vor gelassen und damit den gesellschaftlichen Dissenz über bestimmte Fragen der Sexualmoral, aber auch über die Einordnung von Wittgensteins Denken in seinen emotionalen Haushalt eher noch unterstrichen haben. Die rechten Seiten sind wie die rechte Hand oder die rechte Gesinnung die einzig rechten für die Kommunikation in der philosophischen *community*, während die linken Seiten die linkischen sind, die verfemten, tabuisierten, entsorgten, die den Herausgebern nicht der Mitteilung wert erscheinen. Ja, sie codieren den Code noch einmal zusätzlich, indem sie in der Erstausgabe von Wittgensteins Schriften, die auch die »Tagebücher 1914–1916« enthalten, in einer editorischen Notiz unzutreffenderweise bemerken (und selbst diese Notiz in späteren Ausgaben weglassen, ohne die weggelassenen Passagen nun ergänzt zu haben):

»Wir haben sehr wenig aus dem Inhalt der Tagebücher fortgelassen; bei den Auslassungen handelt es sich fast nur um Entwürfe zur Symbolik, die nicht interpretiert werden konnten oder sonst uninteressant waren.«[9]

Der *Tractatus logico-philosophicus* ist ein eigenartiges Buch, nicht nur was seinen Inhalt, sondern auch was seine Form und seinen Anspruch angeht. Es hat nicht weniger vor, als alle philosophischen Probleme auf einmal zu lösen, indem es, wie Wittgenstein im Vorwort schreibt, zeigt, »daß die Fragestellung dieser Probleme auf dem Mißverständnis der Logik unserer Sprache beruht«.[10] Die Logik war als Grundlage der Mathematik identifiziert worden. Wittgenstein identifiziert als Grundlage der Logik die Sprache. Was ist die Sprache? Wie funktioniert sie, welche Regeln liegen ihr zugrunde? Logik ist für Wittgenstein das Regelsystem, das unser Denken formt: »Das logische Bild der Tatsachen ist der Gedanke« (TLP 17). Die Grenzen dieses Denkens werden durch die Grenzen der Sprache bestimmt: »Das Buch will also dem Denken eine Grenze ziehen, oder vielmehr – nicht dem Denken, sondern dem Ausdruck der Gedanken […]. Die Grenze wird also nur in der Sprache gezogen werden können und was jenseits der Grenze liegt, wird einfach Unsinn sein« (TLP 9).

Eine kritische Betrachtung der Sprache kam nicht von ungefähr, sie lag Anfang des 20. Jahrhunderts in der Luft. Das hat vor allem auch mit den Erschütterungen des wissenschaftlichen Weltbilds zu tun, die eine veritable Sprachkrise auslösten. Die umwälzenden Entdeckungen vor allem der Physik als Leitwissenschaft führten vielleicht nicht zu Nietzsches Umwertung der Werte, aber doch zur Umwertung der Worte: Neue Begriffe braucht das Land! Auch grundlegende Konzepte in Philosophie und Weltanschauung ändern in diesen Jahren der wissenschaftlichen Revolutionen ihre Bedeutung. Raum, Zeit, Ursache, Atom, Universum – all diese Konzepte wechseln die Besitzer und bekommen einen neuen Horizont. Verschiebungen im Bedeutungshaushalt unseres Lexikons verursachen Verstauchungen im Gefühlshaushalt, was kollektive Schmerzen verursacht. Die Schmerzbekundungen, die dabei entweichen, sind in der

Literatur der Zeit festgehalten. Der Dichter Rainer Maria Rilke bindet seinen Schmerzensausdruck in ein Gedicht mit dem Titel »Ich fürchte mich so vor der Menschen Wort«, in dem er drastisch darstellt, wie die Wörter und die Dinge ihre einst innige Beziehung zueinander verloren haben.

Etwas prosaischer beschreibt ein anderer Untertan der k.u. k. Monarchie, Hugo von Hofmannsthal, die Sprachkrise der Zeit. In seinem fiktiven Brief des Lord Chandos an den britischen Renaissance-Gelehrten Francis Bacon wird das Geständnis eines Mannes wiedergegeben, der nicht mehr mitreden kann, weil ihm die Sprache dafür abhandengekommen ist: »Mein Fall ist, in Kürze, dieser: Es ist mir völlig die Fähigkeit abhanden gekommen, über irgend etwas zusammenhängend zu denken oder zu sprechen.«[11]

Der Wiener Journalist und Publizist Karl Kraus, einer der berüchtigtsten Sprachkritiker seiner Zeit, der sich auch Gerichtsprozesse um ein simples Komma leistete, bringt es in einem Epigramm auf den Punkt: »Es genügt nicht, keinen Gedanken zu haben: man muß ihn auch ausdrücken können.«[12] Wissenschaftlich ist es der Prager Ernst-Mach-Schüler Fritz Mauthner, der mit seinen 2-bändigen *Beiträgen zu einer Kritik der Sprache* die Verknüpfung von *les mots et les choses*, den Wörtern und den Dingen, in Zweifel zieht. Schon im Jahrhundert vor Derrida schreibt Mauthner von einer »Logokratie« als einer Herrschaft der Sprache über das Denken, die den Zugang zur Erkenntnis verstelle:

»Mit dem Worte stehen die Menschen am Anfang der Welterkenntnis und sie bleiben stehen, wenn sie beim Wort bleiben. Wer weiter schreiten will, auch nur um den kleinwinzigen Schritt, um welchen die Denkarbeit eines ganzen Lebens weiter bringen kann, der muß sich vom Worte befreien und vom Wortaberglauben, der muß seine Welt von der Tyrannei der Sprache zu erlösen versuchen.«[13]

Für Mauthner gibt es keine kausale Beziehung zwischen den Gegenständen und ihren Benennungen. Entsprechend folgert er: »Kritik der Vernunft muß Kritik der Sprache werden. Alle kritische Philosophie ist Kritik der Sprache.«

Wittgenstein selbst nimmt im *Tractatus* Bezug auf Fritz Mauthner, wenn auch auf ambivalente Weise: »Alle Philosophie ist ›Sprachkritik‹. (Allerdings nicht im Sinne Mauthners)« (TLP 26). Wittgenstein übernimmt also explizit Mauthners Begriff der Sprachkritik für sein philosophisches Programm, nicht aber die radikale Idee, die dahintersteht. Für Wittgenstein ist die Sprache nicht grundsätzlich das falsche Werkzeug, um Denken und Welt zu verknüpfen. Er möchte vielmehr die sinnvollen und damit für ihn einzig möglichen Sätze von den unsinnigen und damit unmöglichen Sätzen scheiden: »Was sich überhaupt sagen läßt, läßt sich klar sagen; und wovon man nicht reden kann, darüber muß man schweigen« (TLP 9).

Der Bereich der sagbaren und damit kommunizierbaren Sätze fällt für Wittgenstein im *Tractatus* relativ klein aus. Es sind die Sätze der Naturwissenschaften. Damit schließt Wittgenstein bewusst auch die philosophische Tätigkeit aus der sprachlichen Hemisphäre mitteilbarer Sätze aus. Diese sind für ihn und später dann auch für die Philosophen des Wiener Kreises in einem negativen Sinne Meta-Physik, also etwas, was über die Grenzen der physikalischen, sprich: der naturwissenschaftlichen Sprache hinausgeht: Kommunikanten ohne Kommunikat. Die sind aber für Wittgenstein eine Unmöglichkeit: »Die Grenzen meiner Sprache bedeuten die Grenzen meiner Welt« (TLP 67).

Konsequenterweise macht Wittgenstein das auch für sein eigenes Schreiben und Philosophieren geltend. Das ist die überraschende Volte am Ende seines einzigen selbstpublizierten philosophischen Buches, wenn die Leserin sich durch den stellenweise dunklen Inhalt des Textes durchgearbeitet hat:

»Meine Sätze erläutern dadurch, daß sie der, welcher mich versteht, am Ende als unsinnig erkennt, wenn er durch sie – auf ihnen – über sie hinausgestiegen ist. (Er muß sozusagen die Leiter wegwerfen, nachdem er auf ihr hinaufgestiegen ist.) Er muß die Sätze überwinden, dann sieht er die Welt richtig« (TLP 85).

Der *Tractatus* gilt als schwierig. Vor allem war Wittgenstein selbst zeit seines Lebens überzeugt, sich nicht verständlich machen zu können. Und das lag für ihn gerade daran, dass man seiner einzigen Publikation immer noch das Notizzettelhafte anmerke. Als er Russell das Manuskript des *Tractatus* schickt, schreibt er im Begleitbrief: »Ja, Du würdest es ohne vorangehende Erklärung nicht verstehen, da es in ziemlich kurzen Bemerkungen geschrieben ist. (Dies bedeutet natürlich, daß *keiner* es verstehen wird, obwohl ich glaube, daß alles kristallklar ist …).«[14]

Norman Malcolm hat die Schwierigkeiten mit Wittgensteins Texten und seinem Denken in einem sehr plastischen Bild dargestellt:

»Wittgenstein zog seine Gedanken so sehr zusammen, daß eine weitere Zusammenziehung unmöglich ist. Notwendig ist, sie auseinanderzufalten und die Verbindungen zwischen ihnen aufzuzeigen.«[15]

Wittgenstein hat eine kleine Notiz mit einer Bemerkung hinterlassen, die das Bild der Zusammenziehung und ihrer notwendigen Entfaltung bestätigt: »Ich glaube meine Stellung zur Philosophie dadurch zusammengefaßt zu haben, indem ich sagte: Philosophie dürfte man eigentlich nur *dichten*.« Das Dichten changiert hier in seiner Doppelbedeutung, nämlich einmal als literarische Ausdrucksform, zum anderen als dichte Beschreibung, als Verdichtung. Diese Verdichtung macht Wittgenstein auch durch den außergewöhnlichen Auftritt seiner Sätze in seinem Buch deutlich: Die einzelnen Sätze des *Tractatus* kommen wie gedrechselt daher, thesenhaft und abrupt, wenig mehr als durch die berühmte Durchnummerierung wie *pro forma* verbunden, kaum ein kohärenter Text, eigentlich kein zusammenhängender Gedanke. In ihrer Untereinanderkonstellation wirken die Satzbausteine bei aller Abstraktion der Gedanken wie konkrete Poesie, also tatsächlich eher literarisch als philosophisch:

»1   Die Welt ist alles, was der Fall ist.
1.1 Die Welt ist die Gesamtheit der Tatsachen, nicht der Dinge.
1.11 Die Welt ist durch die Tatsachen bestimmt und dadurch, daß es *alle* Tatsachen sind« (TLP 11).

Auffällig ist, dass der *Tractatus* zwar als philosophisches Werk daherkommt, aber nahezu kein Argument enthält. »Der Mangel an expliziten Argumenten im *Tractatus* ist für ein philosophisches Buch, das alles vom Standpunkt der Logik aus betrachtet, fast paradox«, bemerkt dazu Holm Tetens.[16] Die Zusammenziehung oder Verdichtung geschieht dabei aus den Vorstufen und Notizen, die Wittgenstein im allgemeinen Menschenschlachten des Ersten Weltkrieges aufgeschrieben hat. Schreiben heißt Notizen bearbeiten. Aus den Kriegstagebüchern generiert Wittgenstein verschiedene Vorfassungen, von denen eine als sogenannter *Proto-Tractatus* erhalten ist. Es muss aber auch eine Version gegeben haben, in der Wittgenstein zu seinen kryptischen Thesen viele ergänzende Bemerkungen hinzunotiert hat. So findet sich in der deutschen Erstausgabe in den *Annalen der Naturphilosophie* bei Satz 4.0141 die Parenthese: »(siehe Ergänzung Nr. 72).« Entweder hat der Herausgeber Ostwald diese Version oder Liste mit Ergänzungen nie erhalten, oder er befand, dass die Formulierung auch mit der Ergänzung nicht erhellt worden wäre. Jedenfalls findet auch der Herausgeber der englischen Version des *Tractatus*, Charles K. Ogden, den Hinweis auf die Ergänzung und wendet sich brieflich an Wittgenstein, ob er denn für seine Ausgabe diese und mögliche weitere Ergänzungen und Erklärungen des dunklen Textes bekommen könne. Wittgenstein aber rückt seine Notizen nicht heraus. »Sie dürfen unter keinen Umständen gedruckt werden. Übrigens KLÄREN SIE ÜBERHAUPT NICHTS, sondern sind noch unklarer als die übrigen Sätze«, antwortet er recht barsch:

> »*Es tut mir schrecklich leid*, daß der Text so kurz ist, *aber was soll ich tun*? Auch wenn Sie mich auspressen wie eine Zitrone, würden Sie nichts mehr aus mir herausbekommen. Ließe ich Sie die Ergänzungen drucken, wäre damit auch nichts gewonnen. Es wäre so, als hätten Sie bei einem Schreiner einen Tisch bestellt, und da dieser zu kurz geraten ist, verkauft er Ihnen nun auch noch die Sägespäne, das Sägemehl und den anderen Abfall, damit Sie den Tisch selbst verlängern können.«[17]

Notizen als Abfall, Sägespäne aus der Denkwerkstatt. An anderer Stelle hat der Philosoph es so beschrieben: »An meinem Denken [...] hängen die verdorrten Reste meiner früheren (abgestorbenen) Gedanken.«[18] Im Brief an Ogden fügt Wittgenstein noch eine Bemerkung an, die man im Slang der hochaktuellen Medienproduktion als »call to action« bezeichnen würde. Er macht nämlich den Vorschlag, statt seiner eigenen Elaborate die Notizenfabrikation aufseiten der Rezipientinnen anzuregen:

> »Statt die Ergänzungen zu drucken, um das Buch aufzublähen, sollten Sie lieber ein Dutzend Seiten für den Leser frei

lassen, damit er seine Flüche aufschreiben kann, wenn er das Buch gekauft hat und es nicht versteht.«

Mittlerweile sind uns jedenfalls Teile der Notizen, Vorstufen und Ergänzungen in Form der *Geheimen Tagebücher* bekannt, und es ist darum, wie Joachim Schulte schreibt, möglich, »dem Verfasser beim Denken zuzuschauen«.[19] Zwei Quellen für den endgültigen *Tractatus* lassen sich darum mindestens dingfest machen. Auf die erste hat insbesondere der Herausgeber der *Geheimen Tagebücher*, Wilhelm Braun, aufmerksam gemacht. Es ist das angeblich theologische Fundament des *Tractatus*. Braun bezeichnet Wittgenstein als »positivistischen Kirchenvater« und Vertreter der »reinste[n] negative[n] Theologie«, bei dem »die christliche Lebensform und Religion die Matrix« bilde, »aus der heraus das Werk des Philosophen zu interpretieren« sei.[20] Auch Holm Tetens behauptet, der »*Tractatus* ist ein im religiösen Geist geschriebenes Buch«.[21]

Nun ist es einerseits wahr, dass Wittgenstein als Tagebuch führender Soldat in seinen verschlüsselten Aufzeichnungen zahlreiche Verweise, ja Anrufungen Gottes notiert hat und als intellektuelles Referenzwerk in dieser Zeit auf Tolstois *Darlegungen des Evangeliums* verweist (»Trage die ›Darlegungen des / Evangeliums‹ von Tolstoi *immer* mit mir herum, wie einen Talisman«, 11. 10. 14).[22] Allerdings ist Braun Theologe und verfolgt darum womöglich eine eigene, auf Verkündigung und Missionierung basierende Agenda. Und Tetens hat vielleicht zum Ende seiner akademischen Karriere ein eigenes Erweckungserlebnis gehabt, jedenfalls hat er auch einen »Versuch über rationale Theologie« unter dem Titel *Gott denken* veröffentlicht, und sein Blick auf Wittgenstein könnte einer gewissen *déformation professionnelle* unterliegen. Man könnte ja auch – und damit komme ich zu der anderen und vielleicht näher liegenden Quelle des *Tractatus* – mutmaßen, dass der Autor unter den besonderen

Bedingungen des Krieges gewisse regressive Tendenzen an den Tag legt, die ihn unter diesen besonderen Umständen den lieben Gott seiner Kindheit anrufen lassen (»Nachmittags bei den Aufklärern. Wurden beschossen. Dachte an Gott. *Dein* Wille geschehe! Gott sei mit mir«, 29.04.16). Das rechtfertigt aber vielleicht noch nicht, den *Tractatus* zu einem theologischen Werk zu verklären. Denn an anderen Stellen der *Geheimen Tagebücher* ruft Wittgenstein seine »Mama« an (z. B. 03.01.14), ohne dass man den *Tractatus* zum Werk eines Muttersöhnchens ernennen wollte. Manifester scheint da die Genese dieses philosophischen Werkes aus Notizbüchern *sub specie belli*, in der exzeptionellen Situation eines Weltkrieges, handelt es sich doch offensichtlich um einen philosophierenden Soldaten, der hier denkt, notiert und schreibt. Die besondere Einsatzsituation Wittgensteins schlägt direkt auf seine Metaphorik durch. »Ich belagere jetzt mein Problem«, schreibt er an einer Stelle (24.10.14). Und in einer etwas längeren Notiz vergleicht er seine kriegsbedingte philosophische Arbeit mit der Erstürmung einer Festung:

»Habe das Problem *ver*[...] gestürmt! Aber ich will eher mein Blut vor dieser Festung lassen, ehe ich unverrichteter Dinge abziehe. Eine größte Schwierigkeit ist, die einmal eroberte Festung zu halten, bis man ruhig in ihr sitzen kann« (31.10.14).

Mit Logik gegen Kanonen! Der staccatohafte Stil des *Tractatus* ist ganz offensichtlich auch der Notier- und Schreibsituation im Felde geschuldet, in der der Autor nicht nur mit dem äußeren Feind, sondern ständig auch mit Schreibschwierigkeiten und -blockaden kämpft (»Fast nicht gearbeitet. Fühlte mich ganz matt und ohne jeden animo«, 18.01.15), er ringt sich die Wörter und Gedanken förmlich ab (»Nur sich selbst besiegen!« 23.01.15). Der *Tractatus logico-philosophicus* ist ein Buch, das in

Todesangst geschrieben wurde: »Werden beschossen. Und bei jedem Schuß zuckt meine Seele zusammen. Ich möchte so gerne noch weiter leben!« (24.07.16). Einige manchmal als mystisch verschriene Formulierungen vor allem im hinteren Teil des *Tractatus* erklären sich aus den unmittelbaren Lebensbedingungen des Soldaten Wittgenstein, die eben auch Sterbensbedingungen sind. Die Grenzen, die Ludwig Wittgenstein im Krieg erfährt, sind nicht solche der Sprache, sondern es sind existenzielle. Der kämpfende Philosoph denkt letztlich auch nicht über andere Sujets nach als der unphilosophische Kämpfer, er tut es vielleicht nur auf andere Weise:

> »Der Tod ist kein Ereignis des Lebens. Den Tod erlebt man nicht.
> Wenn man unter Ewigkeit nicht unendliche Zeitdauer, sondern Unzeitlichkeit versteht, dann lebt der ewig, der in der Gegenwart lebt.
> Unser Leben ist ebenso endlos, wie unser Gesichtsfeld grenzenlos ist.« (TLP 84).

Ludwig Wittgenstein lotet die Grenzen der Sprache und des Denkens aus, die Grenzen zwischen dem Sagbaren und dem Unsinnigen, gerade so, wie im Krieg jede Verschiebung des Frontverlaufs auch eine Verschiebung des Grenzverlaufs ist. Der *coup de force* im *Tractatus* ist, dass er deutlich macht, wie klein dieser Bereich des Sagbaren, sprich: wissenschaftlich Erforschbaren und Mitteilbaren, ist. All die Fragen, auf die der Mensch für die eigene Lebensführung Antworten sucht, liegen gerade *nicht* innerhalb dieser Grenzen, sondern außerhalb, sie stehen der Philosophie nicht zur Verfügung:

> »Wir fühlen, daß, selbst wenn alle *möglichen* wissenschaftlichen Fragen beantwortet sind, unsere Lebensprobleme noch

gar nicht berührt sind. Freilich bleibt dann eben keine Frage
mehr; und eben dies ist die Antwort« (TLP 85).

Die Kriegsmetaphorik und ihre Wichtigkeit für die Entstehung
des *Tractatus logico-philosophicus* soll hier nicht überdehnt werden, denn eine Reduktion eines so vielschichtigen Werks auf
nur eine einzige Entstehensbedingung, die *eine* letzte Wurzel,
den *einen* elementaren Quell, wäre doch eine *reductio ad ab-
surdum*. Es ist andererseits aber auch nicht dem Philosophen
Arthur Schopenhauer zuzustimmen, der Philosophie, Wissenschaft und Kunst jeden Einflusses von Zeitgeist und Zeitge-
schehen enthebt, wenn er in seinen *Parerga und Paralipomena*
schreibt, »neben der Weltgeschichte geht schuldlos und nicht
blutbefleckt die Geschichte der Philosophie, der Wissenschaften und der Künste«.[23] Der *Tractatus* ist blutbefleckt. Wenn man
sich den denkenden und notierenden Ludwig Wittgenstein unter Weltkriegsbedingungen vorstellt, dann scheint der Gedanke
an das Leben und seine Grenzen, die Frage nach dem Sinn und
nach dem Ethischen naheliegend und, vielleicht, auch notwendig zu sein. Der *Tractatus* ist das Buch eines Überlebenden,
dessen Bewegungsspielraum und dessen Notier-, Schreib- und
Handlungsoptionen kriegsbedingt äußerst limitiert waren und
der diesen Limits eine logische Form gegeben hat. »[D]er Sinn
des Buches ist ein Ethischer«, schreibt Wittgenstein in einem
Brief seinem potenziellen Verleger Ludwig von Ficker:

»Ich wollte einmal in das Vorwort einen Satz geben, der
nun tatsächlich nicht darin steht, den ich Ihnen aber jetzt
schreibe, weil er Ihnen vielleicht ein Schlüssel sein wird: Ich
wollte nämlich schreiben, mein Werk bestehe aus zwei Teilen: aus dem, der hier vorliegt, und aus alledem, was ich *nicht*
geschrieben habe. Und gerade dieser zweite Teil ist der Wichtige. Es wird nämlich das Ethische durch mein Buch gleich-

sam von Innen her begrenzt; und ich bin überzeugt, daß es, *streng*, NUR so zu begrenzen ist. Kurz, ich glaube: Alles das, was *viele* heute *schwefeln*, habe ich in meinem Buch festgelegt, indem ich darüber schweige.«[24]

Kein Kommunikant *und* kein Kommunikat? Nicht ganz, denn dieser zweite Teil des Werkes ist mitnichten nicht geschrieben: Er steht in den Notizbüchern und Tagebüchern des Soldaten Ludwig Wittgenstein. Den Krieg hat Österreich verloren, seine philosophische Schlacht meint Ludwig Wittgenstein gewonnen zu haben. Im Vorwort zum *Tractatus* verkündet er nicht ganz unbescheiden: »Ich bin also der Meinung, die Probleme im Wesentlichen endgültig gelöst zu haben« (TLP 10). Wittgenstein hält mit seinem Buch nicht nur alle philosophischen Probleme für gelöst, sondern er erachtet philosophische Sätze und damit auch die philosophische Tätigkeit insgesamt für unsinnig. Er hat seine eigenen Sätze überwunden. Folgerichtig retiriert er nicht nur vom Kriegsdienst, sondern auch von der Philosophie und wird Volksschullehrer in der Provinz. Die kommenden Jahre wird er nichts mehr notieren.

Notizen Manuskripte Typoskripte

Erst mehr als zehn Jahre nach Ende des Ersten Weltkriegs, 1929, kehrt Ludwig Wittgenstein nach vielem guten Zureden seiner englischen Freunde nach Cambridge zurück. Die Welt hatte sich mittlerweile weitergedreht, und das in einer von Wittgenstein vermutlich nicht erahnten Weise, er war nämlich, während er als Volksschullehrer der niederösterreichischen Dorfjugend das Abc und das Einmaleins beibrachte, zu einer philosophischen Berühmtheit geworden. »Gott ist angekommen, ich traf ihn im

Fünf-Uhr-Fünfzehn-Zug«, vermeldet John Maynard Keynes, selbst zu diesem Zeitpunkt wohl »der bedeutendste Ökonom der Welt«, in einem Brief vom 18. Januar 1929.[25]

Kaum zurück in England, beginnt Wittgenstein wieder zu schreiben und Notizbuch um Notizbuch zu füllen. Er setzt dabei seine recto / verso-Technik fort und schreibt die linken Seiten verschlüsselt mit eher privaten Bemerkungen, die rechten mit philosophischen Notizen in planem Text auf Deutsch. Am Ende seines Lebens – er stirbt im Jahr 1951 – wird er über 30 000 Manuskriptseiten vollgeschrieben haben, von denen nach seinem Tod bis heute gerade mal etwa ein Drittel in Buchform publiziert worden sind. Es darf als forschungspolitisches Desaster angesehen werden, dass es bis heute keine der Stellung Wittgensteins für die Philosophie, die Sprachwissenschaft und die Entwicklung des Denkens angemessene Edition seiner Schriften gibt. Das hat einerseits mit den (vielleicht falschen) Rücksichtnahmen seiner Nachlassverwalter und Herausgeberinnen der existierenden, aber eben doch nach idiosynkratischen Gesichtspunkten zusammengestellten achtbändigen Werkausgabe zu tun. Es mag aber andererseits auch an Menge und Zustand dieses schriftlichen Nachlasses liegen, der in den medienhistorisch überlieferten und für einen Wittgenstein womöglich zu engen und rigiden Darstellungsformen und Denkschablonen des ausgehenden Typozäns nur schwer abzubilden ist: Notizen lassen sich nicht veröffentlichen.

Die Zahl der Wittgenstein'schen Publikationen in Buchform ist äußerst überschaubar. Als österreichischer Volksschullehrer hat er, der Sprachphilosoph, ein *Wörterbuch für Volksschulen* zusammengestellt, das 1926 erschienen ist. Das Zustandekommen dieses Buches erinnert sehr an die mediale Praxis in den Renaissance-Werkstätten im Umgang mit Notizzetteln und Skizzen zu Beginn des Typozäns: Weil die existierenden Wörterbücher für die Landbevölkerung zu teuer waren, ließ der Lehrer Wittgenstein seine Schulkinder Wörter von der Tafel in Vokabelhefte abschreiben. Diese Hefte sammelte er, ließ sie zusammennähen und mit einem festen Einband versehen, damit ein richtiges Buch, ein Codex, entsteht. Aus dieser Sammlung fertigte Wittgenstein ein Manuskript, das mit ministerieller Genehmigung und der Empfehlung für den Gebrauch in allgemeinbildenden Schulen im Wiener Verlag Hölder-Pichler-Tempsky veröffentlicht wurde. Für einen Vortrag vor der *Aristotelian Society* fertigte er einen Text mit dem Titel »Some Remarks on Logical Form« an, der in den Tagungsunterlagen 1929 veröffentlicht wurde. Zur allgemeinen Überraschung hielt sich Wittgenstein dann aber bei seinem Auftritt vor der Gesellschaft nicht an das Thema, sondern sprach stattdessen über Ethik. Immerhin ist auch dieser Vortrag erhalten. Es handelt sich um den einzigen Vortrag, den Wittgenstein je vor einer wissenschaftlichen Gesellschaft gehalten hat, und er gilt so ziemlich als das Allgemeinverständlichste, was Wittgenstein je zu Papier gebracht hat. Es hat sich auch noch eine Buchbesprechung erhalten, die Wittgenstein als junger Mann über ein philosophisches Lehrbuch verfasst hat. Diese Rezension gilt als die erste Veröffentlichung Wittgensteins überhaupt, und sie ist so vernichtend, dass der Philosoph anschließend offenbar nicht mehr um weitere Kritiken gebeten wurde (»Die Logik des Autors ist die der Philosophie der Scholastik, und er macht auch die gleichen Fehler wie sie.«)[26]

Die komplette weitere schriftliche Gedankenproduktion Wittgensteins erfolgt ausschließlich für die Schublade. Dabei schreibt Wittgenstein wie ein Besessener, die Zahl der vollgeschriebenen Blätter und Notizbücher ist exorbitant. Schon ein Jahr nach seiner Rückkehr nach Cambridge hat Wittgenstein 1000 Seiten vollgeschrieben. Zu diesem Zeitpunkt geht er noch davon aus, dass seine Notizen die Vorarbeiten für ein nächstes gedrucktes Buch sind. Manchmal treibt er ein Schreibprojekt so weit, dass er mit einem Verlag in Verhandlungen tritt. Tatsächlich wird er aber nie mehr ein Buch veröffentlichen und verlegen lassen.

Wittgensteins Schreib- und Notierpraxis ist durchaus komplex. Ständig führt er ein kleines kartoniertes Notizbüchlein mit sich, um Gedankensplitter aufschreiben zu können. In der Regel noch selbigen Tags oder Abends setzt sich Wittgenstein hin und überträgt diese Notizen vom kleinen kartonierten in ein großes gebundenes Buch. F. R. Leavis, ein Englischlektor aus Cambridge, verbrachte häufiger seine Freizeit mit Wittgenstein und berichtet in einem Erinnerungsbild von dessen Notierpraxis. Nach einem langen, ermüdenden Spaziergang brachte Leavis den Philosophen bis zu seiner Haustür und sagte dann:

> »›Jetzt gehen Sie aber sofort zu Bett, nicht wahr?‹ Er antwortete, schwerfällig vor Erschöpfung: ›Sie verstehen das nicht. Wenn ich richtig arbeite, fürchte ich stets zu sterben, ehe ich damit fertig bin. Daher mache ich eine Abschrift des täglich Erreichten und gebe sie Frank Ramsey [einem Studenten und Freund; HH] zur Aufbewahrung. Heute habe ich meine Abschrift noch nicht gemacht‹.«[27]

Von den Manuskripten, also den handschriftlichen Notizen, lässt Wittgenstein unter den medialen Bedingungen der ersten Hälfte des 20. Jahrhunderts Typoskripte, also mit der Schreibmaschine abgetippte Notizsammlungen, herstellen. Er zeichnet damit unbewusst den vierhundertjährigen Weg vom Manuzän zum Typozän nach und landet bei der Schreibmaschine, jenem ursprünglich von einem österreichischen Landsmann erfundenen System, das als *frontend* noch unserer digitalen Maschinen dient und somit als deren Vorgänger betrachtet werden kann. Solange er in den Ferien von Cambridge nach Österreich fährt, kann Wittgenstein auf geschwisterliche Ressourcen zurückgreifen und einem Sekretär der Familie diktieren. Nach dem

»Anschluss« Österreichs an Nazideutschland vermeidet Wittgenstein Besuche in Wien und wird schließlich britischer Staatsbürger. Da Wittgenstein nach wie vor auf Deutsch schreibt (und denkt), muss er sich in Cambridge nach einer Schreibkraft in den Kreisen der Emigranten umsehen und wird schließlich im Schreibbüro einer Miss Pate fündig, in dem er einige der späteren Arbeiten diktiert. Auch die Typoskripte werden häufig eher wieder wie Steinbrüche behandelt, werden neuerlich in Streifen geschnitten und neu zusammengestellt oder kommentiert. Nachlassverwalter Rhush Rees schildert das Verfahren:

> »An zahlreichen Stellen fügte er dem Typoskript Zusätze hinzu oder änderte es ab, wobei er mit Bleistift oder Tinte auf die Rückseite der getippten Seiten, zwischen die Zeilen oder an den Rand schrieb. An einigen Stellen nahm er auch Seiten aus seiner Kopie heraus, schnitt Teile heraus und klebte sie in Manuskriptbücher oder heftete sie mit Streifen aus anderen Typoskripten zusammen.«[28]

Man könnte auch Wittgensteins Schreibpraxis des Notierens und Überarbeitens in Form eines Algorithmus darstellen. Der sähe dann ungefähr so aus:

    a. Führe stets ein kleines Notizbuch bei dir und notiere spontane Gedanken
    b. Übertrage die Gedanken vom kleinen Notizbuch in ein großes Notizbuch
    c. Sichte regelmäßig die Notizen im großen Notizbuch, schneide sie aus oder schreibe sie auf neuen Zetteln ab
    d. Stelle wiederum neue Notizbücher auf Basis der ausgeschnittenen oder abgeschriebenen Schnipsel und Zettel her
    e. Lasse diese Notizsammlungen abtippen und dadurch zu Typoskripten vereinigen

f. Schneide aus den Typoskripten Abschnitte aus oder schreibe sie ab und gehe zurück zu [d], sonst fahre fort bei [g]
g. Schreibe ein Vorwort zu dem Typoskript, gib ihm einen Titel und bereite es für die Publikation vor
h. Publiziere das Typoskript *nicht* und gehe zurück zu [a]

Wittgenstein hat auch eine eigene Notation für die Bewertung seiner Gedankensplitter und Notizen entwickelt. Ein Schrägstrich am Rand einer Notiz drückt Billigung aus, ein S-förmiges Zeichen bedeutet »schlecht«. Sein Schreibstil ist bei alledem von solcher Klarheit, dass Georg Henrik von Wright, sein Cambridger Nachfolger und Mitherausgeber, meint, man werde Wittgenstein »eines Tages zu den klassischen deutschen Prosaautoren zählen«. Der Stil sei einfach und übersichtlich, die Satzkonstruktionen seien sicher und frei, »der Rhythmus strömt ohne Schwere«: Auffällig sei »das Fehlen aller poetischen Schnörkel, jeglichen Fachjargons oder technischer Terminologie«.[29] Von Fachjargon ist Wittgenstein auch deswegen weitgehend frei, weil er die philosophischen Klassiker nur sehr sporadisch rezipiert hat. Aus Spinoza, Hume oder Kant soll er sich, wie er selbst bekundet hat, »nur hin und wieder eine Einsicht verständlich« gemacht haben können.[30] In einem Manuskript bekundet Wittgenstein auch selbst (und diese Bemerkung notiert er in seinem Code):

»So wenig Philosophie ich gelesen habe: ich habe gewiß nicht zu wenig gelesen, eher zu viel. Das sehe ich, wenn ich in einem philosophischen Buch lese: es verbessert meine Gedanken nicht, es verschlechtert sie« (Ms 135,51v[3]).[31]

Schon eher und mit größerem Gefallen und Gewinn las Wittgenstein Platon, Pascal, Schopenhauer und Lichtenberg. Es ist kein Zufall, dass gerade diese Philosophen keine Autoren sind, die unbedingt bündige systematische Texte hinterlassen haben, sondern vor allem für ihre Aperçus, Aphorismen, Dialoge und kurzen Essays berühmt sind. Auch Wittgenstein schreibt keine langen philosophischen Ausführungen, sondern belässt es bei philosophischen Bemerkungen, in sich abgeschlossen wirkenden Fragmenten, wie Joachim Schulte feststellt:

> »Ähnlich wie Gedichte könnte man sie auf separaten Seiten abdrucken und erwarten, dass der Leser mit diesen Einzelgebilden etwas anzufangen weiß. […] Jedenfalls sind Wittgensteins durchgearbeitete Schriften samt und sonders von einer aus dem Bemerkungen-Stil resultierenden Spannung geprägt: Viele Bemerkungen behaupten ihre Einzelstellung als in sich abgerundete, quasi aphoristische Gebilde, und zugleich ist die Deutung der Bemerkungen durch ihre Stellung im Gesamtgefüge größerer, in argumentativer Hinsicht manchmal überaus fein gegliederter Textpartien weitgehend bestimmt. Dieses Spannungsverhältnis sorgt für eine dialektische Unruhe der Texte, die es schwer macht, von eindeutig feststehenden Gedankengängen zu reden.«[32]

Wittgensteins Arbeits-, Denk- und Schreibweise (wobei diese drei Kategorien bei ihm vielleicht nicht zu trennen sind) offenbaren ein ganz eigenes Ordnungsprinzip: »Ich weiß, daß meine Methode die richtige ist. Mein Vater war ein Geschäftsmann, und ich bin auch einer. Ich möchte, daß meine Philosophie geschäftsmäßig ist, daß etwas erledigt und in Ordnung gebracht wird.«[33] Die Philosophie als Geschäftsbetrieb: Dazu passt, dass er für seine großen gebundenen Manuskriptbände häufig Kassa-Bücher verwendete und seine recto / verso-Schreibweise einer doppelten

Buchführung mit philosophischer Einnahme-/Überschussrechnung gleicht. Dass Wittgenstein zeit seines Lebens keine Buchveröffentlichung philosophischer Art mehr fertigbringen sollte, hängt anders als bei Lionardo vielleicht nicht mit unbefriedigtem Perfektionismus oder mit einer allgemeinen Schwäche, Arbeiten fertig zu machen, zusammen, sondern mit einer anderen, neuartigen Vorstellung davon, was es bedeuten soll, etwas zu Ende zu bringen, die weit vorausweist ins Denken des 21. Jahrhunderts. Entsprechend sind seine philosophischen Fragmente eben doch keine, denn der Begriff Fragment impliziert das von Theodor W. Adorno apostrophierte »Abgebrochensein«, das der modernen Kunst und dem modernen Schreiben ihren Rätselcharakter verleihe.[34] Wittgenstein dagegen bricht in seinen Miniaturen nicht ab, auch wenn er einmal äußerte, dass sein Werk nicht »mehr wäre als nur ein kleines Bruchstück der Philosophie«.[35] Stattdessen bietet er das Ganze eines einzelnen Gedankens. Dieser Gedanke ist auch nicht à la Adorno rätselhaft, des Rätsels Lösung besteht indes einzig darin, gerade nicht abgebrochen zu sein. Wittgenstein selbst drückt es, auf einem Zettel, so aus:

»Hier stoßen wir auf eine merkwürdige und charakteristische Erscheinung in philosophischen Untersuchungen: Die Schwierigkeit – könnte ich sagen – ist nicht, die Lösung zu finden, sondern, etwas als die Lösung anzuerkennen, was aussieht, als wäre es erst eine Vorstufe zu ihr. ›Wir haben schon alles gesagt. – Nicht etwas, was daraus folgt, sondern eben das ist die Lösung!‹
Das hängt, glaube ich, damit zusammen, daß wir fälschlich eine Erklärung erwarten; während eine Beschreibung die Lösung der Schwierigkeit ist, wenn wir sie richtig in unsere Betrachtung einordnen. Wenn wir bei ihr verweilen, nicht versuchen, über sie hinauszukommen.
Die Schwierigkeit ist hier: Halt zu machen.«[36]

Dies ist ein typisches Beispiel für Wittgenstein'sches Philosophieren: Die Vorstufe ist schon die Lösung, die Notiz ist schon der vollständige Gedanke. Ein Problem löst sich dadurch, dass man es als Problem identifiziert. Wenn man sich im Problem auskennt, wenn man durchschaut hat, was das Problem zum Problem macht, dann ist es kein Problem mehr. Entsprechend hat Wittgenstein in einer anderen Schrift, die heute als *Philosophische Untersuchungen* bekannt ist und als sein zweites Haupt-»Werk« gilt, geschrieben: »Ein philosophisches Problem hat die Form: ›Ich kenne mich nicht aus‹.«[37] Es ist, wie wenn man sich in einer fremden Stadt befindet: Sobald man weiß, *wo* man sich nicht auskennt, kennt man sich aus. Mit dem Schreibakt verhält es sich ähnlich: Die Tausenden von Zetteln, Notizen, Blättern, Buchhaltungen und Typoskripten warten nicht darauf, zu einem Text zu werden, sondern sie sind schon der Text. Dieser Typ Text bringt eine dahinterstehende Denkart zum Vorschein, die Friedrich Waismann, der Protokollant des Wiener Kreises, sehr treffend beschrieben hat. Weismann plante selbst eine gemeinsame Buchveröffentlichung mit Wittgenstein, doch die Zusammenarbeit erwies sich als schwierig. Denn immer wenn die beiden sich wieder trafen, verwarf Wittgenstein das bisher schon Erarbeitete und Aufgeschriebene. Waismann beschrieb dies so:

> »Er hat ja die wunderbare Gabe, die Dinge immer wieder wie zum erstenmal zu sehen. Aber es zeigt sich doch, meine ich, wie schwer eine gemeinsame Arbeit ist, da er eben immer wieder der Eingebung des Augenblicks folgt und das niederreißt, was er vorher entworfen hat.«[38]

Was bei dieser Art der Schreibarbeit auf der Strecke bleibt, ist die Mitteilung. In Opposition treten dabei ein Denken, das ständig um Probleme kreist, sprich: kreist, eine Kreisbahn zieht, immer wieder zum Ursprungspunkt zurückkehrt, und eine in über fünfhundert Jahren habitualisierte Publikationspraxis, die auf einer Vorwärtsmentalität basiert, deren finalisierender Prozess nämlich unwiderbringlich auf die Herstellung einer Ausgabe »letzter Hand«, des »letzten Worts«, basiert. Man könnte das als den Absolutismus des gedruckten Buchs bezeichnen. Wittgensteins Schreiben ist kein Veröffentlichen, sondern ein Problemlösen. Der Philosoph erzeugt Kommunikanten ohne Kommunikat. Seine Arbeitsweise ist vielleicht ein ganz gutes Beispiel für die Philosophie der Verkörperung, des *embodiment*. Wittgensteins Gedanken externalisieren sich ständig auf Zetteln und in Notizbüchern, werden rekonfiguriert, inkorporiert, neu durchdacht, wieder ausgespielt, sein Denkprozess ist mehr ein Basteln und seine Philosophie eine Art mental externalisierendes Origami.

Schon ein Jahr nach seiner Rückkehr nach Cambridge hat Wittgenstein weit über tausend Seiten in seinen großen Notizbüchern vollgeschrieben. Er fertigt aus den ersten vier Notizbüchern mit der Schreibmaschine ein Typoskript an, dem er die Überschrift *Philosophische Bemerkungen* gibt. Heute stellt es Band zwei der deutschsprachigen Werkausgabe dar. Dieses Typoskript hatte damals eine Funktion, denn das Forschungsstipendium musste verlängert werden. Wittgenstein übergibt es darum Russell, der es zusammen mit einem Gutachten an das Council des Trinity College weiterleitet. Offenbar hat Wittgenstein mehrere Tage mit seinem alten Freund Russell über das Typoskript diskutiert, denn in dem Gutachten heißt es: »Das Typoskript, das nur aus skizzenhaften Bemerkungen besteht, wäre ohne die Hilfe dieser Gespräche sehr schwer verständlich gewesen.«[39] Für die Logik und die Philosophie stößt Wittgenstein mit diesen *Bemerkungen* ein Fenster auf, und die Luft, die daraufhin einströmt, gibt Wittgenstein für den Rest seiner philosophischen Schaffenszeit Atem: Im *Tractatus* hatte er sich noch, seinen philosophischen Lehrern folgend, mit einer

»idealen«, nämlich formalen Sprache beschäftigt, die die Unzulänglichkeiten der normalen Sprache beseitigen sollte. Zehn Jahre später und in den Friedenszeiten der *Golden Twenties* hat Wittgenstein auch mit der Umgangssprache seinen Frieden geschlossen. Die Philosophie, die sich hier andeutet, ist eine unierte oder vielleicht auch holistische, denn Wittgenstein geht nun davon aus, dass es nur eine einzige Sprache gibt, und wer sich an die philosophische Analyse macht, muss sich mit dieser einen und einzigen auseinandersetzen:

> »Wie seltsam, wenn sich die Logik mit einer ›idealen‹ Sprache befaßte, und nicht mit *unserer*. Denn was sollte diese ideale Sprache ausdrücken? [...] Die logische Analyse ist die Analyse von etwas, was wir haben, nicht von etwas, was wir nicht haben. Sie ist also die Analyse der Sätze[,] *wie sie sind.*«[40]

Wittgenstein hatte offensichtlich wenigstens eine Zeitlang die Veröffentlichung der *Philosophischen Bemerkungen* im Sinn. Jedenfalls hat er dem Typoskript sogar ein Vorwort vorangestellt. Er offenbart darin ein Denken, das mit seiner elitär kulturkritischen Attitüde eher dem bürgerlich-konservativen Geist der Zeit entspricht, vor allem wenn er den »Geist« seines Buches demjenigen der »europäischen und amerikanischen Zivilisation« entgegenstellen zu müssen meint.*

> »Dieser äußert sich in einem Fortschritt, in einem Bauen immer größerer und komplizierterer Strukturen, jener andere in einem Streben nach Klarheit und Durchsichtigkeit welcher

---

* Auf eine bestimmte Weise beschreibt er mit diesem Gegensatz aber auch die Ambiguität seiner eigenen, dem Manuzän verhafteten Denk- und Schreibweise und der auf Vorwärtskommen und Finalisierung basierenden Publikationsstrategie des Typozäns:

Strukturen immer. [...] Daher reiht dieser ein Gebilde an das andere, steigt quasi von Stufe zu Stufe immer weiter, während jener dort bleibt, wo er ist, und immer dasselbe erfassen will.«[41]

Auch dieses Typoskript bleibt, wo es ist, und wird schließlich von Wittgenstein doch nicht publiziert. G. E. Moore verwahrt es stattdessen an keinem anderen Ort als in einer Schreibtischschublade und übergibt es nach Wittgensteins Tod seinen Nachlassverwaltern.

Wittgenstein bleibt bei seiner Arbeits- und Denkweise und füllt weiter Notizbücher über Notizbücher. Einer seiner Nachlassverwalter, Georg Henrik von Wright, hat die Sisyphosarbeit übernommen, die Zettel, Notizbücher, Manuskripte und Typoskripte Wittgensteins zu katalogisieren. Er kommt auf 82 handgeschriebene Notizbücher, 45 Typoskripte und 11 Bände mit Diktaten, wobei die Zählung schon deswegen mit Vorsicht zu genießen ist, weil Wittgenstein wie geschildert seine Notizbücher und Typoskripte ständig auseinandergenommen und neu zusammengewürfelt hat. Im Jahr 1933 stellt der Philosoph aus seinen Notizen ein 776 Seiten dickes Typoskript zusammen, das schon wegen seines schieren Umfangs auch als *the big typescript* bezeichnet wird. Ein anderer der insgesamt drei Nachlassverwalter, Rush Rhees, hat aus diesem Material die Teile über die Philosophie der Mathematik sowie zwei Kapitel über Logik praktisch unverändert für den Band *Philosophische Grammatik* aus der Werkausgabe übernommen, während er aber vier andere Kapitel des Typoskripts völlig ausgelassen hat und die übrigen in einer revidierten Form ausgewählt hat, wie Wittgenstein sie in späteren Notizbüchern neu zusammengestellt hatte. Der Herausgeber macht die enormen Schwierigkeiten bei der Herausgabe Wittgenstein'scher Schriften für eine gedruckte Buchausgabe in seinem Nachwort zu diesem Band deutlich. Er weist darauf hin, dass man bei vielen Kapiteln und Abschnitten den

Eindruck hat, »daß mit dieser Abschrift die Arbeit nicht fertig war«. Oft habe Wittgenstein zum Beispiel zwischen die Zeilen oder am Rande notiert: »Gehört nicht hierher« oder »Gehört auf Seite ... oben«. Außerdem seien

> »ungefähr 350 Seiten – etwa die erste Hälfte des Maschinenskripts – so mit Änderungen, Zusätzen, Ausstreichungen, Fragen und neuen Fassungen übersät, daß es nicht möglich wäre, den ›richtigen‹ Text abzuschreiben.«[42]

Der Titel *Philosophische Grammatik* geht auf Wittgenstein selbst zurück und macht die Weiterentwicklung seines sprachphilosophischen Standpunkts deutlich: Nicht mehr die rigide Logik mit ihren wenigen, axiomatischen Grundannahmen, sondern die Grammatik und damit das komplexe Regelwerk der natürlichen Sprache interessiert ihn. Dieses Regelwerk dient dazu, Ordnung in das wilde Netzwerk aus Bedeutungen, Handlungen und Bezügen zu bringen, und entsprechend schlägt beim Sohn des Geschäftsmanns mit seiner doppelten Buch- und Notizenführung angelegentlich die Metaphorik des Soll und Habens durch: Grammatiken seien »die Geschäftsbücher der Sprache«, schreibt er im *big typescript*, und in einer anderen Notiz bemerkt er: »Ich will immer zeigen, daß alles, was an der Logik ›business‹ ist, in der Grammatik gesagt werden muß«.[43]

Die Bände, die heute als Werkausgabe vorliegen, gehen nicht alle auf Manuskripte und Typoskripte aus Wittgensteins Hand zurück. Es finden sich auch Bücher, die ursprünglich aus der Hand von Schülerinnen oder Kollegen stammen. Häufig handelt es sich dabei um Vorlesungsmitschriften. Wittgenstein hatte eine ganz eigene Form des Unterrichts entwickelt. Das fing schon damit an, dass er sie vom Hörsaal in seine privaten Räume im Cambridger Trinity College verlegt hatte. Da er sehr asketisch lebte und entsprechend spartanisch eingerichtet war, mussten die Hörer sich Sitzgelegenheiten selbst mitbringen. Norman Malcolm schilderte eine solche Session sehr eindringlich:

»Wittgenstein saß auf einem einfachen Holzstuhl in der Mitte des Zimmers. Hier kämpfte er sichtbar mit seinen Gedanken. Oft war es ihm bewußt, daß er verwirrt war, und er sprach es aus. […] Es ist nicht ganz richtig, diese Sitzungen Vorlesungen zu nennen, obgleich Wittgenstein es tat. Denn zum einen stellte er dabei ganz neue Untersuchungen an. Er dachte über gewisse Probleme nach, als ob er allein wäre. Zum anderen wurde dabei viel diskutiert. […] Manchmal aber, wenn er versuchte, einen Gedanken aus sich herauszupressen, verbat er sich mit einer entschiedenen Handbewegung jede Frage oder Bemerkung. Oft entstanden lange Pausen, in denen man nur Wittgenstein gelegentlich murmeln hörte, während die andern aufmerksam schwiegen.«[44]

Weil diese Vorlesungen zu »Kultveranstaltungen« zu werden drohten und Wittgensteins Zimmer die große Zahl an Teilnehmerinnen und Teilnehmern nicht mehr fasste, diktierte er den Inhalt seiner Vorlesungen und seiner Gedanken ausnahmsweise auf Englisch einer kleinen Zahl von Schülern. Diese Notizen ließ er, der Medienpraxis seiner Zeit entsprechend, auf Matrizen schreiben und vervielfältigen. Da diese Kopien in blauen Karton gebunden waren, etablierte sich für sie die Bezeichnung *Blue Book*. Vermutlich gab es nicht mehr als dreißig Exemplare des *Blauen Buchs*, doch wurden wohl eine ganze Reihe von »illegalen« weiteren Kopien hergestellt. Wenig später diktierte er wiederum einigen Studierenden seine Gedanken, die aber wohl nicht für Vorlesungszwecke bestimmt waren. Er ließ dieses Diktat auf die gleiche Weise produzieren, allerdings dieses Mal nur in drei Schreibmaschinenkopien vervielfältigen und in braunen

Karton binden, weswegen es *Brown Book* genannt wird. Andere Vorlesungsmitschriften aus den 1930er Jahren sind wohl eher unautorisiert entstanden.

Ab Mitte der 1930er Jahre macht sich Wittgenstein an die Formulierung eines neuen Buchprojekts, wobei er in bewährter Manier auf den inzwischen schon enorm großen Fundus seiner Notizen und Manuskripte sowie die nie veröffentlichten Typoskripte zurückgreifen kann. Mehr als zehn Jahre arbeitet er an diesem Werk, das er selbst mehrfach als »mein Buch« bezeichnet hat und dem er den Titel *Philosophische Untersuchungen* gab. Das Buch sollte eine wirkliche *Summa Philosophiae* werden und all die Fragen behandeln, die Wittgenstein philosophisch umgetrieben hatten, also der »Begriff der Bedeutung, des Verstehens, des Satzes, der Logik, die Grundlagen der Mathematik, die Bewußtseinszustände und Anderes«.[45]

Es trieb ihn offenbar auch tatsächlich die Absicht der Veröffentlichung an, mehrfach kündigte er in Briefen die unmittelbar bevorstehende Publikation an, verhandelte konkret mit der Cambridge University Press über das Buchprojekt, und er verfasste auch ein Vorwort, in dem er der unvorbereiteten Leserin seine notizenbasierte schriftstellerische Methode darstellte:

»Meine Absicht war es von Anfang, alles dies einmal in einem Buche zusammenzufassen, von dessen Form ich mir zu verschiedenen Zeiten verschiedene Vorstellungen machte. […] Nach manchen mißglückten Versuchen, meine Ergebnisse zu einem solchen Ganzen zusammenzuschweißen, sah ich ein, daß mir dies nie gelingen würde. Daß das beste, was ich schreiben konnte, immer nur philosophische Bemerkungen bleiben würden; daß meine Gedanken bald erlahmten, wenn ich versuchte, sie, gegen ihre natürliche Neigung, in *einer* Richtung weiterzuzwingen. – Und dies hing freilich mit der Natur der Untersuchung selbst zusammen. Sie nämlich zwingt uns, ein weites Gedankengebiet, kreuz und quer, nach allen Richtungen hin zu durchreisen. – Die philosophischen Bemerkungen dieses Buches sind gleichsam eine Menge von Landschaftsskizzen, die auf diesen langen und verwickelten Fahrten entstanden sind.«[46]

Wittgenstein ist also an dem Punkt angelangt, an dem er selbst merkt, dass sein Denken in Notizen und Bemerkungen wesentlich mit dem Inhalt des Denkens zusammenhängt. Mit dem Bild von der Landschaftsmalerei gibt er dabei einen Hinweis auf seine mediale Praxis: Eine Monographie zu verfassen, die einem klaren Ziel folgte und die einzelnen Argumente dafür durchdeklinierte, entspräche der Fahrt auf einer langen, wenn auch vielleicht kurvigen Straße, die klar einen Anfangs- mit einem Endpunkt verbindet. Wittgenstein ist aber gar nicht nur auf *einer* Straße unterwegs, er biegt ab, dreht sich manchmal im Kreis und verlässt auch hin und wieder ganz die Route, um sich gedanklich querfeldein zu bewegen: »Wenn ich für mich denke ohne ein Buch schreiben zu wollen«, notiert Wittgenstein in einem Manuskriptband, »so springe ich um das Thema herum; das ist die einzige mir natürliche Denkweise. In einer Reihe gezwungen fortzudenken ist mir eine Qual. Soll ich es nun überhaupt probieren?« (Ms. 118:94v)[47] Die *Philosophischen Untersuchungen* sind kein Straßenatlas, sondern bieten die ganze Landschaft mitsamt den Wiesen, Wäldern, Stolperpfaden und Holzwegen. Allein der umfangreichere erste Teil der Untersuchungen bietet 693 einzelne unverbundene Paragraphen, deren Zusammenhang auf den ersten Blick nicht einleuchtet, schon allein weil der Paratext fehlt, der den einzelnen Abschnitt einem Themen- oder Gedankenkreis zuordnen würde. Das Verfahren hat Wittgenstein aber mit Absicht gewählt, weil er ein holistisches Programm verfolgt und darum akzeptieren muss, dass alles mit allem zusammenhängt: »Was aber wird nun aus der Logik? Ihre Strenge scheint hier aus dem Leim zu gehen« (PU 108). In einem ersten Entwurf für ein Vorwort zu den *Philosophischen Untersuchungen* macht er seine in den Begriffen des Typozäns problematische Arbeits- und Denkweise transparent, wenn es darum geht, Stringenz in seine einzelnen Bemerkungen und Aphorismen zu bringen: »Ich habe oft vergebens versucht sie in eine befriedigende Ordnung zu bringen oder am Faden eines Gedankenganges aufzureihen. Das Ergebnis war künstlich und unbefriedigend, und meine Kraft erwies sich als viel zu gering es zu Ende zu führen.« Allerdings hatte er offenbar ursprünglich vor, seine einzelnen Gedanken und Splitter durch einen eigens kreierten Zahlencode miteinander zu verbinden und so, wenn nicht Kohärenz, dann doch ein Netzwerk aus Bezügen und Relationen herzustellen: »Die einzige Darstellung, deren ich noch fähig bin, ist die, diese Bemerkungen durch ein Netz von Zahlen so zu verbinden, daß ihr, äußerst komplizierter, Zusammenhang sichtbar wird. Möge dies statt eines Besseren hingenommen werden, – was ich gerne geliefert hätte« (Ms. 118:95v). Diese Notation, die wie eine Landkarte durch die Notizen seiner *Untersuchungen* geführt hätte, ist leider nicht erhalten. Sie hat aber Jos de Mul dazu gebracht, Wittgensteins Schreibweise als eine »prefiguration of hypertext« und den Sprachphilosophen als einen Prätendenten des Internets und des WWW zu interpretieren: »Wittgenstein Wide Web«.[48]

Gleichzeitig formuliert Wittgenstein in dem letztendlichen Vorwort aber auch schon die Gründe für das letztliche Scheitern auch dieses Publikationsprojekts:

> »Ich übergebe sie mit zweifelhaften Gefühlen der Öffentlichkeit. Daß es dieser Arbeit in ihrer Dürftigkeit und der Finsternis dieser Zeit beschieden sein sollte, Licht in ein oder das andere Gehirn zu werfen, ist nicht unmöglich; aber freilich nicht wahrscheinlich.

Ich möchte nicht mit meiner Schrift Andern das Denken ersparen. Sondern, wenn es möglich wäre, jemand zu eigenen Gedanken anregen.
Ich hätte gerne ein gutes Buch hervorgebracht. Es ist nicht so ausgefallen; aber die Zeit ist vorbei, in der es von mir verbessert werden könnte.«[49]

Die Finsternis der Zeit beschreibt den neuerlichen Weltkrieg, der zum Zeitpunkt der Abfassung dieses Vorworts, das mit »Cambridge, im Januar 1945« unterschrieben ist, in seine fürchterlichste Phase eintritt. Wittgenstein als britischer Staatsangehöriger hatte sich zu Beginn auch dieses Zweiten Weltkriegs freiwillig zum Dienst in einem Hospital gemeldet und später in einer militärischen Forschungseinrichtung gearbeitet. Die *Philosophischen Untersuchungen* sind also ganz ähnlich wie der *Tractatus* unter den ganz frischen Eindrücken der mörderischen Gewalt eines Krieges entstanden. Die Zweifel, die Wittgenstein mit der Publikation verbindet, sind dreigestaltig und hindern ihn schließlich an der Buchveröffentlichung. Zum einen zweifelt Wittgenstein an der Wirkung seines Werks, und das in einer doppelten Weise. Individuell hat er wenig Hoffnung, dass seine Gedanken den einzelnen Leser erreichen, dazu hat er während seiner Lehrjahre an der Universität Cambridge zu viele in seinen Augen niederschmetternde Erfahrungen mit seinen Studierenden machen müssen. Wenn schon auf der individuellen Ebene keine Verständigung und damit keine gelungene Kommunikation möglich ist, wie viel weniger ist es dann auf der gesellschaftlichen Ebene möglich? Mit der Formulierung von der »Finsternis der Zeit« spielt Wittgenstein nicht von ungefähr auf das »siècle des lumières«, das Zeitalter des Lichts, also die europäische Aufklärung an. Er teilt hier die Zeitdiagnose mit anderen Intellektuellen aus ganz anderen Denkschulen, dass philosophische oder überhaupt wissenschaftliche Kommunikate nicht mehr tauglich erscheinen, um in Zeiten von Faschismus und Militarismus zum Projekt der Aufklärung beizutragen. Zum anderen steht einer Publikation Wittgensteins grundsätzliche Skepsis entgegen, überhaupt in der Lage zu sein, ein »gutes Buch« zu schreiben und sich mitteilen zu können.

Neben diesen eher extrinsischen Hinderungsgründen für eine Publikation, die Wittgensteins Denken zu seinen Lebzeiten in den Strom der wissenschaftlichen Kommunikationen hätte einfließen lassen, treten intrinsische Hinderungsgründe. Die *Philosophischen Untersuchungen* werden oft als Abkehr Wittgensteins von seiner sogenannten Früh-Philosophie bezeichnet, ja, es wird sogar von einem Wittgenstein 2 im Kontrast zum früheren Wittgenstein 1 des *Tractatus* geschrieben (wiewohl in der Zwischenzeit sogar noch ein Wittgenstein 3 hinzugekommen sein soll und ein Wittgenstein 4 vermutlich nicht lange auf sich warten lassen wird: »How many Wittgensteins?«, fragt etwas verzweifelt David G. Stern in einem Aufsatz).[50] Wittgenstein selbst ist daran nicht ganz unschuldig, wenn er im Vorwort zu den *Untersuchungen* schreibt, dass er »schwere Irrtümer in dem erkennen« habe müssen, »was ich in jenem ersten Buche niedergelegt hatte«. Die Einschätzung verkennt aber die genuine Art des Denkens und des Philosophierens Ludwig Wittgensteins (dass er selbst dies im gerade angeführten Zitat offenbar auch verkennt, belegt paradoxerweise sogar noch die These). In einer Notiz- und Gedankensammlung von solch immensem Umfang, die auch dadurch exponentiell anwächst, dass jede Notiz ständiger Revisitation unterzogen werden kann und der Denkprozess sich gerade daraus speist, aus dem Widerspruch zur vorhergehenden Notiz wieder eine neue Notiz zu generieren, die gleichzeitig (auch materiell!) Teile des alten Gedankens enthält, ist das gesamte Verfahren auf Selbstwiderspruch und Inkohärenz angelegt. Das Anwachsen des Papierbergs erzeugt noch ein weiteres Problem, das ähnlich schon in den Notizkonvoluten Lionardo da Vincis begegnet ist: das Problem des verlorenen Überblicks, das Revisionsproblem. Wittgenstein hat in seinen Notizbüchern Textmengen erzeugt, die er als Autor nicht mehr überschauen konnte, er hat die eigene Speicherkapazität überschritten. Bei Wittgenstein resultierte der Verlust des Überblicks aber nicht allein aus der Speicherbegrenzung, sondern auch aus lebenspraktischen Gründen: Mit dem Ende seiner Professur hat Wittgenstein auch seinen festen Wohnsitz aufgegeben und seinen asketischen Lebensstil durch Reduzierung aufs materielle Minimum perfektioniert. Er pendelte nun zwischen Irland und England und wohnte mal in Hotelzimmern, mal in den Gästezimmern seiner ehemaligen Schüler, am Ende seines Lebens wohnte er bei seinem Arzt. Entsprechend verteilte er seine Manuskripte, die er nicht ständig transportieren konnte, in ganz Europa, und seine Nachlassverwalter haben für die Werkausgabe Teile seiner Schriften in Wien und anderen Orten in Österreich, an den Hochschulen seiner früheren Schülerinnen und Kollegen im Vereinigten Königreich und sogar in den USA zusammengesammelt. Bei Lionardo resultierte aus der Enzensberger'schen Formel »gespeichert = vergessen« eine Redundanz, die Botschaften ständig wiederholte. Bei Wittgenstein, der ungern den gleichen Gedanken zweimal dachte, folgte aus der Vergessensproblematik die ihm eigene Inkohärenz, die man eigentlich nicht einmal als Selbstwiderspruch bezeichnen kann: Denn für einen Widerspruch müssten die Aussagen miteinander in Beziehung gesetzt werden, was Wittgenstein gar nicht tut. Vielmehr zieht er den Begriff des inhaltlichen Zusammenhangs und der Bezugnahme von Gedanken in Zweifel:

> »›Dieser Gedanke knüpft an Gedanken an, die ich früher einmal gehabt habe‹. – Wie tut er das? Durch ein *Gefühl* der Anknüpfung? Aber wie kann das Gefühl die Gedanken wirklich verknüpfen? – Das Wort ›Gefühl‹ ist hier sehr irrelei-

tend. Aber es ist manchmal möglich, mit Sicherheit zu sagen ›Dieser Gedanke hängt mit jenen früheren zusammen‹, ohne daß man doch im Stande ist, den Zusammenhang zu zeigen« (PU 640).

In der Medienpraxis der großen Notierer wie in der Buchpraxis vergangener Jahrhunderte ist zu sehen, wie inhaltlich Nicht-Zusammenhängendes zwischen Buchdeckel oder Pappkarton gebunden wird. Die »Bindung« eines Buches, der »Leim«, der dafür verwendet wird, oder der »Faden«, mit dem geheftet wird, sind über das Metaphorische hinaus materiale Zeugen für die künstliche Herstellung eines »Zusammenhangs«, den wir ohne das womöglich nicht im Stande wären zu zeigen. In Wahrheit stehen vielleicht unsere Gedanken, wenn wir sie in Schrift materialisieren, immer unverbunden nebeneinander. Vielleicht ist schon ein »Satz« eine Form der Bindung, die eher künstlich eine Verbindung zwischen Begriffen herstellt, die auch keinen Zusammenhang haben. Die Philosophie, die mit Russell und Wittgenstein ihren Anfang nahm, wird manchmal als logischer Atomismus bezeichnet. Wenn wir die Analyse so weit treiben, dass wir die einzelnen Bestandteile unseres Denkens und Schreibens als unverbundene Entitäten wahrnehmen, könnte man das vielleicht als »unlogischen Atomismus« bezeichnen.

Das Geschriebene wird nicht durch den Akt der Aufzeichnung autorisiert, es erlangt keine Gültigkeit durch den medialen Prozess: Medien sind zum Vergessen da. Und Wittgenstein ist Logiker genug, um zu wissen, dass auch aus Falschem Gültiges geschlossen werden kann. Diese spezifische Form von Inkohärenz ist darum kein Problem. Denn die Inkohärenz zu erkennen ist, ganz wittgensteinianisch gedacht, schon die Lösung. Vom Manuzän zum Typozän führt dabei kein Weg: Es gibt keine Mitteilung, die kommuniziert werden könnte, sondern nur ein Verfahren, das gelernt werden kann. Das Verfahren perpetuiert sich selbst, ein logisch-philosophisches Perpetuum mobile. Es kann niemandem das Denken ersparen, indem es eine fertige Weisheit, ein abgeschlossenes Buch vorlegt. Es kann nur zu eigenen Gedanken anregen.

Entsprechend ist mit dem Abbruch der *Philosophischen Untersuchungen* nicht Schluss mit dem Denken und dem Philosophieren, sondern im Gegenteil steigert sich Wittgenstein noch einmal in höchste Produktivität. Begünstigt wird dies dadurch, dass Wittgenstein Ende 1947 seine Professur niederlegt. Sein Widerwille gegen den akademischen Betrieb war zu groß geworden, und der Abwurf der Atombombe hatte ihn, wie viele andere Intellektuelle, prinzipiell an der Wissenschaft zweifeln lassen: Es sei »nicht unsinnig, zu glauben, daß das wissenschaftliche und technische Zeitalter der Anfang vom Ende der Menschheit ist«.[51] Die *Bemerkungen über die Philosophie der Psychologie* sind heute eine Schrift von knapp 600 eng beschriebenen Seiten, die gedanklich noch ins Umfeld der *Philosophischen Untersuchungen* zählen. *Bemerkungen über die Farben* und *Über Gewißheit* sind in sich relativ abgeschlossene Notizsammlungen zu etwas enger umrissenen Themenfeldern, die Ende der 1940er und Anfang der 1950er Jahre entstanden sind und zu den zugänglicheren unter den Wittgenstein'schen Texten zählen. Diese letzten Schriften sind nicht mehr in Typoskripte überführt worden und haben darum diesen in Wittgensteins Denken wesentlichen prozeduralen Schritt nicht durchlaufen. Seine Nachlassverwalter haben aus dem gigantischen Fundus noch weitere Bücher generiert wie zum Beispiel die *Vermischten Bemerkungen*, ein zweifelhaftes »Werk« aus Textschnipseln, die angeblich, wie der Herausgeber schreibt, »nicht unmittelbar zu den philosophischen Werken gehören« und aus Notizen des Zeitraums von 1914 bis unmittelbar vor Wittgensteins Tod 1951 zusammenklamüsert sind.[52] Joseph Rothhaupt hat auf der Basis der Korrekturzeichen, die Wittgenstein in seinen Notizbüchern vorgenommen hat, auf die Existenz eines weiteren vom Philosophen beabsichtigten Buches geschlossen: Das langgezogene S in Kombination mit einer Art Kringel, das neben vielen Absätzen in den Manuskripten steht, wäre demnach kein Zeichen für Aussortierung, kein Ausschlusskriterium, sondern im Gegenteil ein Code für zusammengehörige Textpassagen, die Rothhaupt entsprechend als »Wittgensteins KRINGEL-BUCH« bezeichnet.[53] Arthur Gibson aus Cambridge hat bislang unbekannte Aufzeichnungen Wittgensteins aus den 1930er Jahren aufgespürt, die sich im Nachlass seines Vertrauten und Geliebten Francis Skinner befanden und die gerade in Buchform erschienen sind.[54] Der größere Teil der Notizen und Manuskripte Wittgensteins ist bis heute nicht publiziert und vielleicht auch nicht publizierbar. Es sind und bleiben Kommunikanten ohne Kommunikat.

Die Entstehung und die Eigenarten der Wittgenstein'schen Notizen und Bemerkungen haben wir bis zu dieser Stelle nachgezeichnet. Gibt es aber vielleicht einen Begriff, unter dem das Sammelsurium der Gedankensplitter Wittgensteins bei aller Disparatheit vereint werden kann? Lässt sich die Praxis des Notierens von Notizen theoretisch fassen? Hier scheint es ein gangbarer Weg, einen Terminus aufzugreifen, den Ludwig Wittgenstein selbst in seiner Sprachphilosophie stark gemacht hat. Diesem Gedanken folge ich im nächsten Abschnitt.

Die Geburt des Zettels aus dem Geiste des Fußballs (Theorie des Notizzettels III)

Eines der bekanntesten Konzepte aus Wittgensteins *Philosophischen Untersuchungen* ist das der Sprachspiele. Mit dem Gedanken, dass Sprache sich wie ein Spiel verhält, ging Wittgenstein schon lange schwanger. In vielen seiner Notizbücher und Typoskripte der 1930er Jahre findet sich der Begriff bereits. Norman Malcolm beschreibt in einer Anekdote, wie Wittgenstein auf den Ausdruck Sprachspiel gekommen sein soll. Er wurde nämlich aus dem Geiste des Fußballs geboren:

>»Als Wittgenstein eines Tages an einem Platz vorbeikam, auf dem gerade Fußball gespielt wurde, sei ihm zum ersten Mal der Gedanke gekommen, daß wir in der Sprache Spiele mit Wörtern spielen.«[55]

Das Konzept hängt mit Wittgensteins neuem Gedanken zusammen, dass nicht die Bedeutung der Wörter ihren Gebrauch festlegt, sondern im Gegenteil der Gebrauch der Wörter ihre Bedeutung definiert: »Die Bedeutung eines Wortes ist sein Gebrauch in der Sprache« (PU 43). Entsprechend besitzen Bedeutungen auch keine irgendwie naturmäßige Verbindung mit den Wörtern, sie sind nicht prinzipiell festgelegt, in Stein gemeißelt oder in Erz gegossen. Wenn wir miteinander sprechen, werfen wir uns Wörter zu, so wie wir uns im Spiel Bälle zuwerfen. Wittgenstein öffnet damit die sprachliche Kommunikation für die Theorie des sozialen Handelns, die bis zur sogenannten Universalpragmatik führt, wie sie etwa Jürgen Habermas in seiner Theorie des kommunikativen Handelns entworfen hat. Es ist damit der Startschuss für das gesetzt, was *ordinary language philosophy* genannt wird. Wittgenstein selbst exerziert in seinen Notizzetteln und -büchern ja vor, wie ein Spiel mit Sprache, Sätzen und Wörtern aussehen kann. Er würfelt mit ihnen, er jongliert mit ihnen, und er rennt manchmal mit ihnen um die Wette.

Sprache als Spiel ist ein soziales Phänomen. Ein Spiel, das man alleine spielt, ist eben nicht so richtig ein Spiel, sondern eher die Simulation eines Spiels. Auch Hans-Georg Gadamer hat notiert, dass »es in einem letzten Sinne überhaupt kein Für-sich-allein-

Spielen gibt«.[56] Wenn Wittgenstein mit seinem Spielbegriff das Tor zur sozialen Welt weit aufreißt, gibt es in seinen Notizzetteln eine auffällige Leerstelle. Über soziale und politische Fragen nämlich denkt Wittgenstein schreibend und notierend nahezu nicht nach, auch wenn solche Fragen ihn persönlich und privat nicht nur interessiert, sondern auch stark umgetrieben haben. Mitte der 1930er Jahre denkt er ernsthaft darüber nach, in die Sowjetunion umzusiedeln, und lernt auch Russisch (nach einer Russlandreise nimmt er allerdings von diesen Plänen wieder Abschied). Große Teile des Familienvermögens muss er dafür aufwenden, seine während des Zweiten Weltkriegs in Wien verbliebenen Schwestern von Verfolgung durch die Nazis freizukaufen. Er wird britischer Staatsbürger, um seinen Beitrag im Kampf gegen die Nationalsozialisten leisten zu können. Auch seine private Lebensführung ist stark von seinen philosophischen, und das heißt: ethischen Idealen geprägt. Ja, Sprachphilosophie und Ethik lassen sich für Wittgenstein gar nicht trennen, denn »eine Sprache vorstellen heißt, sich eine Lebensform vorstellen« (PU 19). Auch die Wittgenstein philosophisch verbundene Gelehrtenrunde des Wiener Kreises war politisch und gesellschaftlich sehr progressiv, auch wenn sie sich in ihrem Zirkel eher mit Wissenschaftstheorie, Logik und dem Konzept der Einheitswissenschaft beschäftigte (was aber natürlich unter Umständen auch sehr progressiv sein kann). Der Nationalökonom Otto Neurath gilt als einer der Erfinder der Planwirtschaft, der Logiker Rudolph Carnap trat explizit für sozialistische Ideen ein, andere Mitglieder des Kreises waren im Wiener Volksbildungsverein aktiv. Bertrand Russell schließlich geriet beinahe zum *enfant terrible* der westlichen Philosophie, so sehr mischte er sich in politische und gesellschaftliche Fragen ein: Sein allererstes Buch schrieb er nicht etwa über mathematische Logik, sondern über die (damals noch) revolutionäre deutsche Sozialdemokratie. Er kandidierte in England für die Labour Party, setzte sich für das Frauenwahlrecht, den Pazifismus (für den er sogar ins Gefängnis ging) und gegen die atomare Rüstung ein. Die Tribunale zu den US-Kriegsverbrechen in Vietnam trugen seinen Namen, die Russell-Tribunale.

Das Soziale am Spiel mit der Sprache fängt für Wittgenstein früh an. In den *Philosophischen Untersuchungen* erscheint etwa die Art und Weise, wie Kinder spielerisch und eben auch unterhaltsam ihre Muttersprache lernen, entsprechend als Sprachspiel. Darüber hinaus wird aber auch jeder Vorgang, bei dem wir Gegenstände mit Wörtern verbinden, als Sprachspiel bezeichnet. Und schließlich wird das große Ganze, die Sprache selbst, so genannt: »Ich werde auch das Ganze: der Sprache und der Tätigkeiten, mit denen sie verwoben ist, das ›Sprachspiel‹ nennen« (PU 7). In Selbstanwendung des Konzepts nennt Wittgenstein aber auch seine einzelnen Absätze, die er vormals als »Bemerkungen« bezeichnet hatte, nun »Sprachspiele«, etwa wenn er in § 38 auf eine Aussage aus § 8 rekurriert: »Was benennt aber z. B. das Wort ›dieses‹ im Sprachspiel (8) ...?« Manchmal nennt er diese Sprachspiele dann aber auch einfach »Notiz«: »Was macht diese Notiz zu einer Zusammenfassung dieses Gedankens?« (PU 319) Die *Philosophischen Untersuchungen* als Notizenspiel?

Eine »Mitteilung«, also eine Äußerung in kommunikativer Absicht, ist auch nur *eine* Form von Sprachspiel. Das Mitteilen ist auch keine Hintergrundbedingung für alle Typen von Sprachspielen, so dass neben jedem Äußerungstyp ein »und im übrigen möchte ich das mitteilen« mitgedacht werden müsste. Schon Austin als Begründer der Sprechakttheorie hatte zwischen konstativen und performativen Äußerungen unterschieden und damit die Frage aufgeworfen, ob auch solche kommunikativen Handlungen, die gar keine Informationshandlungen sind, nicht in irgendeiner Weise doch etwas mitteilten. Diese Frage kann man mit Georg Meggle bejahen, wenn die Kommunikationshandlungen gleichzeitig »intentionale Interaktionshandlungen« sind, also der Handelnde »gegenüber dem Adressaten seiner Handlung eine gewisse Absicht verfolgt«.[57] Aber auch das gilt offensichtlich nicht für alle Sprachspiele. Wenn ich einen fremdsprachigen Ausdruck oder Satz zehnmal wiederhole, weil ich die Sprache lernen will, steckt darin ebenso wenig eine Mitteilung wie im schriftlichen Addieren oder Multiplizieren, wie man es vielleicht auf einem Einkaufszettel macht, um seine Haushaltsausgaben zu überschlagen. Auch Wittgenstein zählt Sprachspiele auf, die eher auf die Praxis des Für-sich-selbst-Notierens hindeuten als auf kommunikative Absichten, zum Beispiel das »Herstellen eines Gegenstands nach einer Beschreibung (Zeichnung)«. Das ist zufällig genau der Fall, den wir als eine wesentliche Funktion der Notizbücher etwa bei Lionardo da Vinci feststellen konnten: Es handelt sich um Kommunikanten ohne Kommunikat, und die Medien, die dabei verwendet werden, sind unkommunikative Medien.

In der Sprechakttheorie werden die einzelnen Sprechakte aufgrund eher linguistischer Kriterien analysiert und typologisiert, wenn danach gefragt wird, wie geäußert wird (»lokutionärer Akt«), welcher Typ Handlung damit ausgeführt wird (»illokutionärer Akt«) und welche Wirkung damit erzielt werden soll (»perlokutionärer Akt«). Wenn man weniger von der Handlung als vom Spiel her denkt, könnte sich aber auch eine Typologie anbieten, die sich eher an Arten und Weisen des Spielens orientiert. Nun hat sich in der Philosophie eine bestimmte Spielart der Spieltheorie durchaus im Denken durchgesetzt. Diese Spieltheorie ist aber eher den Wirtschaftswissenschaften entlehnt und versucht mit mathematischen Methoden, Entscheidungssituationen zu modellieren, in denen mehrere Beteiligte nach bestimmten Wahrscheinlichkeiten miteinander interagieren. Diese Spieltheorie setzt einen »homo oeconomicus« voraus, der ständig rational kalkuliert und seine Entscheidungen ausschließlich

Die Geburt des Zettels aus dem Geiste des Fußballs 161

nach vernünftigen Kriterien fällt. Das ist eine schon etwas eigenartige Annahme, denn gerade der Mensch, der spielt, ist ja oft gerade nicht so. Neben dieser mathematischen Spieltheorie gibt es darum auch eine eher sozial- oder kulturwissenschaftliche Auseinandersetzung mit dem Spiel, die man in Abgrenzung vielleicht Spieletheorie (Ludologie) nennen könnte. Sie fragt danach, wie Menschen spielen, welche Typen von Spielen es gibt und welche Ziele Spiele verfolgen. Diese Form des Nachdenkens übers Spielen geht ursprünglich auf Johan Huizinga und seine Abhandlung *Homo Ludens. Vom Ursprung der Kultur im Spiel* zurück. Allerdings taugt Huizingas Ludologie nicht recht für eine Typologie, da er überhaupt nur einen Typ von Spiel kennt, nämlich den Wettkampf: »Man kämpft oder spielt ›um‹ etwas. In erster und letzter Instanz ist es der Sieg selbst, um den man kämpft und spielt.«[58] Diese Bewertung ist vielleicht auch wieder zeitabhängig, immerhin hat Huizinga seinen Essay 1938 am Vorabend des Zweiten Weltkriegs veröffentlicht und die Welt vielleicht nicht anders als durch eine bellizistische Brille sehen können. Schon auf den ersten Blick fallen einem auch Formen des Spielens ein, die nicht wettkampfbetont sind, zum Beispiel wenn Kinder sich an Karneval verkleiden oder wenn man in Gemeinschaft joggend ein paar Runden im Wald dreht, ohne gegen die Zeit oder um die Wette zu laufen.[59]

Was es bräuchte, wäre eine Theorie oder Typologie, die die, um einen anderen wichtigen Wittgenstein'schen Begriff zu verwenden, »Familienähnlichkeiten« zwischen verschiedenen Typen von Spielen verdeutlicht. Eine solche wesentlich friedfertigere ludologische Typologie hat Roger Caillois erarbeitet. Sie geht von vier verschiedenen Typen des Spiels aus, die er mit lateinisch-griechischen Begriffen *Agôn*, *Alea*, *Mimicry* und *Ilinx* nennt.[60] *Agôn* ist am ehesten der Wettkampftyp, hier messen die Spieler unter idealen Bedingungen ihre Kräfte, am Ende stehe ein ausgezeichneter und definierter Sieg. *Alea* ist der Glücksspieltyp, hier wird nicht eine Gegnerin besiegt, sondern das Schicksal bezwungen. *Mimicry* verkörpert als Spiel die Illusion eines, wie Wolfgang Iser es nennt, »fiktiven Universums«.[61] *Ilinx* bezeichnet alle Formen von Subversion oder Karnevalisierung, mit denen die Stabilität der Wahrnehmung gestört wird. Wie Wittgensteins Sprachspiele haben auch diese ludologischen Typen von Spielen keine festen Grenzen, sondern erfahren vielfältige Entgrenzungen, können sich mischen oder ineinander übergehen. Ergebnis der Philosophie, so Wittgenstein, seien »Beulen, die sich der Verstand beim Anrennen an die Grenze der Sprache geholt hat« (PU 119): Mimikry kann agonal werden, etwa bei einem Kostümwettbewerb, eine schicksalhafte Niederlage in einem Wettbewerb kann als Ilinx karnevalisiert oder ironisiert werden.

Kann man diese Spieletypen auf Sprachspiele anwenden, also auf Gelegenheiten, bei denen wir sprechen, schreiben oder notieren? Man kann es und deckt dabei vielleicht nicht alle überhaupt nur denkbaren, aber doch eine gehörige Zahl von Sprachspielen ab. Agonale Sprachspiele sind alle, mit denen etwas bezweckt wird. Das kann im simplen Fall die Absicht sein, beim Kommunikationspartner ein bestimmtes Verständnis zu erzielen, so wie Meggle feststellt, dass Verstehen in aller Regel »das primäre Kommunikationsziel« ist.[62] Aber auch eine Taufe, ein Versprechen oder eine Kriegserklärung sind finale Sprachhandlungen, sie können gelingen oder misslingen, man kann also mit ihnen, jedenfalls im übertragenen Sinne, »gewinnen« oder »verlieren« und entsprechend sie dem agonalen Spieletyp zurechnen. Gerade in der professionellen Kommunikationsarbeit, also zum Beispiel im Journalismus, wird der Wettbewerbscharakter der dort üblichen Sprachspiele oft sehr deutlich. In der Berichterstattung über politische Themen wird allzu häufig der konfrontative oder Wettbewerbscharakter der Auseinandersetzung betont. Thomas B. Littlewood hat das als

Die Geburt des Zettels aus dem Geiste des Fußballs 163

»horse-race journalism« bezeichnet, weil sehr häufig Metaphern und Redewendungen aus der Sportberichterstattung dafür verwendet werden wie das »Kopf-an-Kopf-Rennen« bei Wahlen.[63] Wo solche Sprachspiele zu Frames werden, also zu festgefügten gedanklichen Konzepten, ist die Wirkung besonders stark, weil dann die ganze globalisierte Welt nur noch wie ein Spiel- und Schlachtfeld aussieht, bei dem es um Gewinnen und Verlieren ginge, eine Welt, in der nichtagonale, zum Beispiel kooperative Spiele gar nicht mehr in Betracht gezogen werden.

Jedoch nicht für alle Sprachspiele lassen sich Gelingensbedingungen angeben, nicht jedes Sprachspiel schildert ein »horse race«. Wer Botschaften »kostümiert«, also versteckt oder codiert, nimmt seine Mitteilung aus dem Verstehens-Sprachspiel und damit auch aus dem Wettbewerb um das »richtige« Verstehen heraus. Die Mimikry, die dabei betrieben wird, verweigert sich dem Kampf um Deutungshoheiten. Aleatorische Sprachspiele sind solche, die nur zufällig gelingen, und entsprechend stehen sie dem agonalen Prinzip auch nur nach den Gesetzen der Wahrscheinlichkeit zur Verfügung. Dort, wo beim aleatorischen Sprachspiel die Gelingenswahrscheinlichkeit gegen null geht, ist auch der Wettbewerbscharakter zu vernachlässigen. Ilinktische Sprachspiele gehen noch weiter und wollen, wie Caillois geschrieben hat, durch Ironisierung oder Ekstase »die Stabilität der Wahrnehmung stören und dem klaren Bewußtsein eine Art wollüstiger Panik einflößen«.[64] Die Kommunikanten, die einen Wahrheitswert besitzen, sind nur ein kleiner Teil jener Menge von Kommunikanten, die die agonalen Sprachspiele darstellen und für die irgendwelche Gelingensbedingungen angegeben werden können. Diese agonalen Sprachspiele aber sind wiederum nur eine Teilmenge aller Sprachspiele, deren anderer Teil sich den sprachlichen Gelingensbedingungen von vornherein verwehrt.

Das Notizenmachen als Beitrag zu jener unklaren Öffentlichkeit, die Formen der Mitteilung zwar imitiert, aber nicht vollzieht, zählt offenbar eher zu letzterer Teilmenge. Wo die letzte Hand noch nicht angelegt und das letzte Wort noch nicht gesprochen ist, wo die Botschaft unfertig, revidierbar oder bereits revidiert ist, wo also Kommunikation nur simuliert wird, da werden auch deren Gelingensbedingungen nur simuliert. Im Nachdenken über eine Äußerung W. James' wird noch einmal der ganze Wittgenstein sichtbar, der sich der Finalität und der Finalisierbarkeit seiner Botschaften widersetzt, wenn er schreibt, »der Gedanke sei schon am Anfang des Satzes fertig. Wie kann man das wissen?«[65] Das Notieren als Sprachspiel entzieht sich dem Wettbewerb der Botschaften, dem agonalen Treiben der Kommunikate, es findet in einem geschützten Raum statt, der keine Gewinner und keine Verliererinnen kennt.

Den besonderen Bedingungen des Schreibens und Notierens unter Spielbedingungen gehe ich im Folgenden nach.

Im Kino mit Wittgenstein
(Theorie des Notizzettels IV)

Handelt es sich denn, aus der Sicht der Medien- und Kommunikationswissenschaft gefragt, beim Notieren überhaupt um ein *Sprach*spiel? Rundheraus: Ist das Schreib- oder Notierspiel nicht ein ganz anderes als das (gesprochene) Sprachspiel? Ist doch offenbar die mediale Situation des Kommunikationsprozesses bei dieser Prozessform der Gedankenproduktion nicht ganz unentscheidend, was heißt, dass womöglich die *conditio medialis* den Unterschied darstellt, der den Unterschied macht.

Ludwig Wittgenstein war ein routinierter und wohl auch leidenschaftlicher Mediennutzer. Das zeigt sich nicht nur in seinem souveränen und postkonventionellen Umgang mit Sprache und Schreiben in seinen Notizbüchern. Nach seinen Vorlesungen lud er seine Studenten ein, mit ihm ins Kino zu gehen. Dabei bevorzugte er leichte filmische Kost, die B-Ware aus Hollywood. Eine seiner Lieblingsschauspielerinnen war Carmen Miranda, die auch als »Brazilian bombshell« und wegen ihrer extravaganten Kostüme als »Lady in the Tutti Frutti Hat« bezeichnet wurde. Ihr Habitus brachte ihr, wie Alan Berube schreibt, auch den Ruf ein, »the idol of gay drag queens« zu sein.[66]

Die andere von Wittgenstein bevorzugte Filmdiva war Betty Hutton, die sich mit Filmen wie »Pauline, lass das Küssen sein« (orig. »The Perils of Pauline«) eher nicht in die Filmgeschichte eingeschrieben hat. Jedenfalls urteilte der Filmkritiker der *New York Times* nach der Premiere, dass ein »dümmlich sentimentaler Höhepunkt das Ganze fast auf die Nase fallen lässt«.[67] Was Wittgenstein suchte, war die totale Immersion, für die das Kino mit seinem hyperrezeptiven Raum wie geschaffen ist. Wittgenstein tat alles dafür, die immersive Wirkung durch Platzwahl und Verhalten noch zu steigern. Norman Malcolm beschreibt einen solchen Kinobesuch mit seinem philosophischen Lehrer:

> »Er legte Wert darauf, in der allerersten Reihe zu sitzen, so daß die Leinwand sein ganzes Gesichtsfeld einnahm und seine Gedanken von der Erinnerung an die Vorlesung und seinen Gefühlen des Ekels abgelenkt wurden. Einmal flüsterte er mir zu: ›Das ist wie eine Dusche!‹ Seine Art zuzusehen war nicht etwa entspannt oder gelöst. Er beugte sich gespannt vor und wandte kaum die Augen von dem Film. Nur selten äußerte er irgendwelche Bemerkungen zu den Vorgängen auf der Leinwand, auch hatte er es nicht gern, wenn sein Begleiter etwas sagte. Er wollte ganz in dem Film aufgehen, wie trivial oder gekünstelt der auch sein mochte, um sich wenigstens zeitweise von den philosophischen Gedanken zu befreien, die ihn quälten und erschöpften.«[68]

Zum Celluloid hatte Wittgenstein auch eine ganz praktische Beziehung. Im Woolworth-Warenhaus erstand er Mitte der 1930er Jahre eine Kamera zum Selbstzusammenbauen und wurde zum begeisterten Hobbyfotografen. Bildmedien prägten Wittgenstein im Leben wie in der Philosophie. Die Künstler der Wiener Secession gingen im elterlichen Hause Wittgenstein ein und aus. Wittgensteins Bedeutungstheorie, die er im *Tractatus* skizziert, ist nicht von ungefähr eine Bildtheorie: »Das Bild stellt die Sachlage im logischen Raume, das Bestehen und Nichtbestehen von Sachverhalten, vor« (TLP 2.11). Auf diese Theorie der Abbildung kam Wittgenstein der Anekdote nach durch einen Zeitungsartikel, der davon berichtete, wie ein Verkehrsunfall vor einem Pariser Gericht mit Puppen und Spielzeugautos rekonstruiert wurde. In seinen Kriegstagebüchern notierte er: »Im Satz wird eine Welt probeweise zusammengestellt. (Wie wenn im Pariser Gerichtssaal ein Automobilunglück mit Puppen etc. dargestellt wird.)« (29.09.1914).[69] Die Sprache und vor allem das Schreiben erscheinen hier als Probehandeln. Der Begriff geht auf Sigmund Freud zurück, der in seinen *Vorlesungen zur Einführung in die Psychoanalyse* das Träumen oder auch allgemein das Denken als »Probehandeln« bezeichnet: »Das Denken ist ein probeweises Handeln mit kleinen Energiemengen.«[70] Unsere mentalen Repräsentationen dienen auch dazu, uns eine Welt vorzustellen, ohne sie gleich bauen zu müssen. Schriftlichkeit ist dabei offenbar ein wichtiges Hilfsmittel. Darum ist Schreiben als Probehandeln nicht nur eine in der Schriftforschung wichtige Annahme, sondern als Verfahren trifft diese Annahme vor allem auf Wittgensteins eigenes Schreiben exemplarisch zu, werden doch in seinen Notizbüchern Texte probeweise zusammengestellt. So wie die Rekonstruktionen vor dem Gericht Modelle der Wirklichkeit sind, so sind Wittgensteins Notizbücher Modelle von Texten (»Der Satz ist ein Modell der Wirklichkeit, so wie wir sie uns denken«, TLP 4.01). Hier ergeben sich in Wittgensteins

Denken Ansätze einer Medienphilosophie, wenn Wittgenstein im *Tractatus* über das gesprochene Wort als Referenzmedium hinausgeht. Um nämlich zu zeigen, wie das Abbildungsverhältnis von Satz und Wirklichkeit funktioniert, weicht er auf einen Vergleich mit den Unterhaltungsmedien seiner Zeit aus:

> »Die Grammophonplatte, der musikalische Gedanke, die Notenschrift, die Schallwellen, stehen alle in jener abbildenden internen Beziehung zu einander, die zwischen Sprache und Welt besteht« (TLP 4.014).

Man könnte das die Wittgenstein'sche These von der Komplementarität der Medien mit der Sprache nennen. Die Sprache ist nicht das einzige, und vielleicht nicht einmal ein ausgezeichnetes Mittel, um Gedanken mit der Wirklichkeit zu verbinden. Wenn alle Philosophie Sprachkritik ist, dann ist sie eigentlich Medienkritik. Die Grenzen von Wittgensteins eigener Sprache sind dabei eng gezogen, weil er eine eher traditionelle Auffassung vom Bild hat. Eine Bildtheorie der Sprache, die den Kunstströmungen der ersten Hälfte des 20. Jahrhunderts vom Kubismus über die Abstraktion bis zum Action Painting Rechnung tragen würde, würde jedenfalls im gleichen Zug die Grenzen der Sprache weit nach außen verschieben.

Wittgenstein als Abbildner, nämlich als Fotograf, hatte ganz eigene medienpraktische Angewohnheiten. Die Fotografien, die nach dem Entwickeln der Filme auf Fotopapier gebannt wurden, waren für Wittgenstein ebenso wenig Endprodukte wie seine Notizzettel und Notizbücher. Wie sein Freund und Lebensgefährte Francis Skinner berichtet, verwandte Wittgenstein mit einer gewissen Zwanghaftigkeit Stunden darauf, von den Fotos winzige Stückchen abzuschneiden, »ehe er mit dem irgendwie erzielten Gleichgewicht zufrieden war«.[71] Häufig blieben am Ende dieses medialen Beschneidungsrituals nur noch Fotos in der Größe von zwei Quadratzentimetern übrig. Wittgensteins Arbeit an seinen Fotos entspricht auf auffällige Weise auch seinem sezierenden Umgang mit seinen Notizen, denn auch diese werden auseinandergeschnitten und auf diese Weise miniaturisiert, verdichtet. Hier zeigt sich der Mitbegründer der analytischen Philosophie in einem sehr medienpraktischen Sinne bei der Analyse, sprich: Zerlegung, Aufgliederung oder auch Demontage, und weist zugleich auf eines der größeren Probleme dieser Denkungsart hin. Denn eine immer weiter gehende Analyse lässt am Ende vom Analyseobjekt nichts mehr übrig als eine Nullmenge, nur noch verschwindende Miniaturen der Gedanken oder der Realität, was dagegen fehlt, ist die Synthese. Eine synthetische oder holistische Philosophie wäre diejenige, die in der Neuzusammensetzung auch disparater Einzelteile am Ende ein neues Ganzes schafft. Dazu war Wittgenstein offensichtlich nicht in der Lage.

Die Hinweise auf Wittgensteins Mediengebrauch und die Überlegung zu einer Philosophie als Medienkritik führen zurück auf ein grundsätzliches Problem innerhalb der analytischen oder Sprachphilosophie: dass Sprache nämlich vor allem als Spreche, als phonetisches System begriffen wird, und ihre Repräsentationen in Medien, ob als Schrift, als Vertonung oder als Audioaufzeichnung, nur als abgeleitete Phänomene erscheinen, die in allem den Regeln der Sprechsprache zu folgen haben. Dass ein Philosoph die Sprache nicht im sokratischen Dialog verwendet, sondern ihr mit Schere und Klebstoff zu Leibe rückt, ist nicht vorgesehen. Die Bevorzugung der Oralität hat noch eine gewichtige weitere Folge, nämlich die implizite Annahme eines Gegenübers, eines Kommunikationspartners. Die Medienphilosophin Sybille Krämer geht zwar in ihrer Untersuchung *Medium, Bote, Übertragung* davon aus, dass »ein Guttteil unserer Kommunikation […] nicht dialogisch« sei.[72] Mit ihrem »Botenmodell« oder der »Botenperspektive« nimmt sie dann aber offenbar doch an, dass selbst in »Abwesenheitskommunikation« eine oral formulierbare Botschaft mitgeteilt werde. Am weitesten geht der Sprachphilosoph Donald Davidson, der auf ganz grundsätzliche Art Sprache und Schrift, Sprache und Literatur voneinander trennt. Nicht einmal die Sprache ist für ihn entscheidend im Prozess der Verständigung, sondern die Annahme von »Intentionen« und »Überzeugungen« des Gegenübers. Literale Ausdrucksformen, die sich nicht restlos in Bedeutungen auflösen lassen, spielen darum für Davidson keine Rolle, sind degradiert bestenfalls zu einem Sonderfall indirekter Kommunikation und damit Stellvertreter für Sprachformen, die wie die Ironie als nicht aufrichtig oder wahrheitsgemäß angesehen werden.[73] Die Auseinandersetzung mit den Intentionen des anderen kann nur dann restlos funktionieren, wenn der andere ein anwesendes Gegenüber ist. Ein Selbstgespräch ist nach diesem Sprachmodell schon fast ein Ding der Unmöglichkeit, die Praxis einer Ver-Rückten, eine Psychopathologie des Alltagslebens. Aber auch literale Formen der Kommunikation, die über lange Zeiträume, Distanzen oder gar Kulturgrenzen hinweg realisiert werden sollen, wären demnach dysfunktional.[74]

Florian Coulmas hat auch der Linguistik attestiert, dass sie »entweder den Unterschied zwischen Sprache und Schrift nicht genau genug beachtet hat, oder die Schrift allenfalls als Stiefkind ansah«. Dies sei aber ein Fehler, denn »als geschriebene gewinnt jede Sprache eine neue Qualität, neben der gesprochenen Norm entwickelt sich eine geschriebene, die von jener systematisch verschiedene Eigenschaften aufweist«. Dies gehe sogar so weit, dass »sich die historische Priorität der Sprache über die Schrift vielfach umkehrt in eine soziale Priorität der geschriebenen über die gesprochene Norm einer Sprache«.[75] Gerald Posselt diagnostiziert Gleiches in der Philosophie, wenn er feststellt, gerade »ihre textuelle Verfasstheit, ihr Gegebensein in Texten und durch Texte« werde »systematisch ausgeblendet«.[76] Wo es zum Sprechen die Sprache als systemischen Ausdruck gibt, hat das

Schreiben mit der »Schreibe« nur einen Begriff, der allenfalls auf Stilistisches abhebt. Analog müsste eigentlich zum Sprechen der Oberbegriff »Spreche« gebildet werden, und die »Sprache« als System diese beiden mindestens gleichberechtigten Ausprägungen haben. Dies bestätigt auch Christian Stetter, wenn er schreibt, das »Jahrtausende dauernde Nebeneinander von Sprache und Schrift ist [...] mit dem Begriff der Repräsentation denkbar schlecht erfaßt«. Stetter macht den Vorschlag, stattdessen von »Kohabitation« zu sprechen, also »von interagierendem Neben- und Miteinander leben«, was eine »relative Autonomie beider ›Repertoires‹ voneinander implizierte, die logisch doch vorauszusetzen ist, wenn man von Rückkopplung zwischen beiden sprechen will«.[77]

Die Wittgenstein'schen Sprachspiele, so sie denn von der gesprochenen Sprache ausgehen, sind eigentlich Sprechspiele, so wie die Sprachphilosophie keine Schreibphilosophie ist, während als sprachnormierender Normalfall jedenfalls in jedem komplexeren intellektuellen Zusammenhang die schriftliche Kommunikation gelten muss, deren Akte dementsprechend als Schreibspiele identifiziert werden können, mit eigenem Regelsystem, eigener Grammatik und, ja, auch unterschiedlichen Spielerinnen. Typische Sprechspiele, die am oralen Akt hängen, wären zum Beispiel eine Taufe, ein Eheversprechen, eine Versteigerung. Dagegen gibt es aber auch genuine Schreibspiele, die wesentlich an der graphischen Präsentation hängen, dazu zählt zum Beispiel eine Unterschrift leisten, ein Grundbucheintrag, einen Roman verfassen und, ja, insbesondere auch das Notieren. Ein mündliches, ein gesprochenes Notieren ist schlechterdings nicht denkbar. Etwas notieren meint etwas auf einen Notizzettel schreiben, und das ist unabdingbar mit einem graphemischen Akt verbunden. Ein interessanter Fall ist die Audionotiz, wie man sie sich heute in sein Smartphone sprechen kann oder wie Leute sie in kommunikativer Absicht für andere in Short-Message-Diensten hinterlassen können. Auch diese Spiele sind vermutlich eher als Schreibspiele zu klassifizieren, wobei die Einschreibung nicht mehr mit Tinte auf Papier, sondern mit Elektronen in Siliziumplatten erfolgt: Wo gespeichert wird, wird in irgendeiner Form geschrieben und werden also Schreibspiele gespielt.

An vielen Stellen in seinen Schriften und Notizen finden sich Hinweise, dass Wittgenstein Sprechen und Schreiben für zwei durchaus sehr verschiedene Tätigkeiten hielt. »Die Hand schreibt; sie schreibt nicht, weil man will, sondern man will, was sie schreibt.«[78] Zwar bemerkt er in den *Philosophischen Untersuchungen*: »Eine Schrift kann man auffassen als eine Sprache zur Beschreibung von Lautbildern« (PU 4). Dies scheint aber keine ausschließliche, sondern eine inkludente Definition zu sein, die auch andere Funktionen von Schrift zulässt. Ein wichtiger Begriff in der Wittgenstein'schen Sprachphilosophie ist der Begriff der Beschreibung: »Denke daran, wieviel Verschiedenartiges ›Beschreibung‹ genannt wird: Beschreibung der Lage eines Körpers durch seine Koordinaten; Beschreibung eines Gesichtsausdrucks; Beschreibung einer Tastempfindung; einer Stimmung« (PU 24). Die Be-Schreibung jedenfalls ist offensichtlich mehr als nur etymologisch dem Schreibspiel näher als dem Sprechspiel. Auch Wittgensteins eigener etwas voluntaristischer Katalog von Sprachspielen in den *Philosophischen Untersuchungen* enthält einige »Sprachspiele«, die von Natur aus Schreibspiele sein müssen, zum Beispiel: »Beschreiben eines Gegenstands nach Messungen« oder explizit das schon zitierte: »Herstellen eines Gegenstands nach einer Beschreibung (Zeichnung)« (PU 23). Wenn Wittgenstein über den Zusammenhang von Sprache und Denken nachdenkt, bezieht er immer wieder auch Schreibspiele ausdrücklich mit in seine Überlegungen ein, etwa wo er feststellt, dass »wir denkend sprechen, oder auch schreiben« (PU 318). Die Praxis des Notierens ist für Wittgenstein ganz klar auch eine Form der Gedankenproduktion: »Ich kann in demselben Sinn blitzartig einen Gedanken ganz vor mir sehen, oder verstehen, wie ich ihn mit wenigen Worten oder Strichen notieren kann. / Was macht diese Notiz zu einer Zusammenfassung dieses Gedankens?« (ebd.) Ein etwas komplizierteres Gedankenexperiment hat Wittgenstein an anderer Stelle ausgeführt. Dabei überlegt er sich einen Fall, in dem jemand sich einen Text merken soll, den man ihm vorspricht, indem er ihn mit Bleistift auf Papier notiert.

>»Und während ich spreche, schreibt er Striche, Zeichen auf das Papier; soll er später den Text reproduzieren, so folgt er jenen Strichen mit den Augen und sagt den Text her. Ich nehme aber an, seine Aufzeichnung sei keine *Schrift*, sie hängt nicht durch Regeln mit den Worten des Textes zusammen; und doch kann er ohne diese Aufzeichnung den Text nicht reproduzieren; und wird an ihr etwas geändert, wird sie zum Teil zerstört, so bleibt er beim ›Lesen‹ stecken, oder spricht den Text unsicher, oder unzuverlässig, oder kann die Worte überhaupt nicht finden. – Das ließe sich doch denken! – Was ich die ›Aufzeichnung‹ nannte, wäre dann keine *Wiedergabe* des Textes, nicht eine Übersetzung sozusagen in einen anderen Symbolismus. Der Text wäre nicht in der Aufzeichnung *niedergelegt*.«[79]

Wittgenstein drückt mit dieser Notiz aus, dass Sprechen und Schreiben zwei unabhängige Systeme sein könnten. Die schriftlichen Aufzeichnungen wären zwar Gedächtnisstützen, wie es sonst vielleicht ein Knoten im Taschentuch ist, aber keine Repräsentationen des gesprochenen Worts. Sprechspiele und Schreibspiele können also aufeinander bezogen sein, ohne dass das eine das andere darstellen oder repräsentieren muss.

Wittgenstein unterscheidet im *Tractatus* das Sagbare vom Unsagbaren. Unter der *media condition* müsste das Schreibbare vom Unschreibbaren getrennt werden. Aber wie hängt das Unsagbare mit dem Unschreibbaren zusammen? Könnte nicht vielleicht das, was nicht gesagt werden kann, immer noch geschrieben werden oder umgekehrt? Das sind Fragen, die sich stellen, wenn man sich mit Kommunikanten ohne Kommunikat beschäftigt. Um sie zu klären, müssen wir die Grenzen des Sagbaren und des Schreibbaren noch weiter ausloten. Dabei kann vielleicht ein anderer notorischer Notierer aus Wittgensteins Epoche helfen, nämlich der Schweizer Schriftsteller Robert Walser.

Privatheit Veröffentlichkeit Wahnsinn

Mit Robert Walser ging es abwärts, sehr tief, und er landete am Ende in einem Bleibergwerk. In jungen Jahren war er mit Romanen wie *Geschwister Tanner* oder *Der Gehülfe* zu frühem Ruhm vor allem in den Berliner Literaturkreisen am Beginn des 20. Jahrhunderts gekommen. Doch in der Zeit nach dem Ersten Weltkrieg konnte er von seiner Arbeit als freier Schriftsteller kaum mehr existieren, veröffentlichte nur noch hier und da in Zeitungen, wohnte als möblierter Herr zur Untermiete in ständig wechselnden Unterkünften und wies sich im Jahr 1929, geplagt von Halluzinationen und Angstzuständen, selbst in die Heilanstalt Waldau bei Bern ein. Schon vor der Einweisung in die Irrenanstalt hatte Walser, der in seiner Jugend wegen seiner exquisiten Schönschrift als Musterschüler galt, begonnen, statt mit der Feder in Tinte nur noch mit Bleistift in einer zunehmend mikroskopisch kleinen, kryptischen Schrift mit Zeichengrößen von maximal 0,5 bis 3 Millimeter Zettel vollzuschreiben. Sein Betreuer und Nachlassverwalter Carl Seelig bekam nach dem Tod des Schriftstellers 1956 einen Schuhkarton mit 526 solcher mit Bleistift vollgekritzelter Mikrogramme. Beschrieben waren mit Bleistift nicht nur Kunstdruckbögen und Blätter aus Jahreskalendern, sondern auch Telegramme, Honorarquittungen, Drucksachen, Streifbandumschläge, die Ränder von Korrekturfahnen, Postkarten, Briefumschläge aus Walsers Korrespondenz und viele andere Papiere unterschiedlicher Provenienz. Die Größe der vollgeschriebenen Notizzettel variierte von Telegrammpapier mit einem Format von 18 × 23 Zentimetern bis hin zu Zettelchen, die vielleicht die Ausmaße von Zigarettenpapier hatten. Der Nachlassverwalter, der auch zum ersten Herausgeber von Walsers nachgelassenen Schriften wurde, mutmaßte:

> »Die selbsterfundene, nicht entzifferbare Geheimschrift, die der Dichter in den 1920er Jahren und später zu Beginn seiner Gemütskrankheit anwandte, muß wohl als scheue Flucht vor den Augen der Oeffentlichkeit und als kalligraphisch bezauberndes Tarnungsmittel, um seine Gedanken vor ihr zu verbergen, gedeutet werden.«[80]

Codierung, Verrätselung, Schutz vor der Öffentlichkeit, antikommunikative Tendenz: Die Bleistiftmikrogramme Robert Walsers in der Lesart (oder: Nicht-Lesart) Seeligs würden alle Kriterien, die bisher für Notizzettelkonvolute ausgemacht wurden, bestätigen. Doch die Sachlage ist, wie häufig bei Zetteleien und Verzettelungen, komplizierter. Denn nach der ersten faksimilierten Veröffentlichung bemerkten Schriftgelehrte, dass es sich beim Bleistiftsammelsurium Walsers um eine extrem kleine und teilweise stark verschliffene Form der deutschen Kurrent- oder Sütterlinhandschrift handelte. Die über 500 Zettel enthielten zum Teil Privates, vor allem aber Literarisches, Lyrik und Prosaminiaturen in Miniaturschrift, auch das Manuskript eines vollständigen Romans und Szenen eines nicht fertiggestellten Dramoletts, die zusammen das bis dahin edierte Werk Robert Walsers um über 2000 Druckseiten erweitert haben. In einem Brief an den Journalisten Max Rychner begründet Walser sein Abtauchen ins Bleistiftgebirge mit einer veritablen Schreibkrise:

»Für den Schreiber dieser Zeilen gab es nämlich einen Zeitpunkt, wo er die Feder schrecklich, fürchterlich haßte, wo er ihrer müde war, wie ich es Ihnen kaum zu schildern imstand bin, wo er ganz dumm wurde, so wie er sich ihrer nur ein bißchen zu bedienen begann, und um sich von diesem Schreibfederüberdruß zu befreien, fing er an, zu bleistifteln, zu zeichnelen, zu gfätterlen. Für mich ließ es sich mit Hülfe des Bleistiftes wieder besser spielen, dichten; es schien mir, die Schriftstellerlust lebe dadurch von neuem auf. Ich darf Sie versichern, daß ich [...] mit der Feder einen wahren Zusammenbruch mit meiner Hand erlebte, eine Art Krampf, aus dessen Klammern ich mich auf dem Bleistiftweg mühsam, langsam befreite. Eine Ohnmacht, ein Krampf, eine Dumpfheit sind immer etwas körperliches und zugleich seelisches. Es gab also für mich eine Zeit der Zerrüttung, die sich gleichsam in der Handschrift, im Auflösen derselben, abspiegelte und beim Abschreiben aus dem Bleistiftauftrag lernte ich knabenhaft wieder – schreiben.«[81]

Mit dem Bleistift lässt es sich besser spielen: Nicht nur die Materialität des Bleistifts, jener in einem Holzschaft aus Virginischem Wacholder steckenden Mine aus Graphit und Ton, die mit Wachs oder Palmöl veredelt wird, steht für das Spiel, sondern der Vorgang des Schreibens selbst, die sprachgrenzüberschreitende Miniaturisierung von Schrift prägt das Schreibspiel. Dieses Spiel entwirft auch seine eigenen Spielregeln, zum Beispiel achtet Walser darauf, den beschränkten Raum des jeweiligen Blattes optimal auszunutzen, damit auch ja keine weißen Stellen übrig bleiben. Einer der Herausgeber dieser Blätter *Aus dem Bleistiftgebiet* bemerkt in seinem editorischen Nachwort:

»Keine sich zufällig ergebende Lücke war zu klein, als daß sich nicht noch ein Gedicht hineinschmiegen konnte. Walser

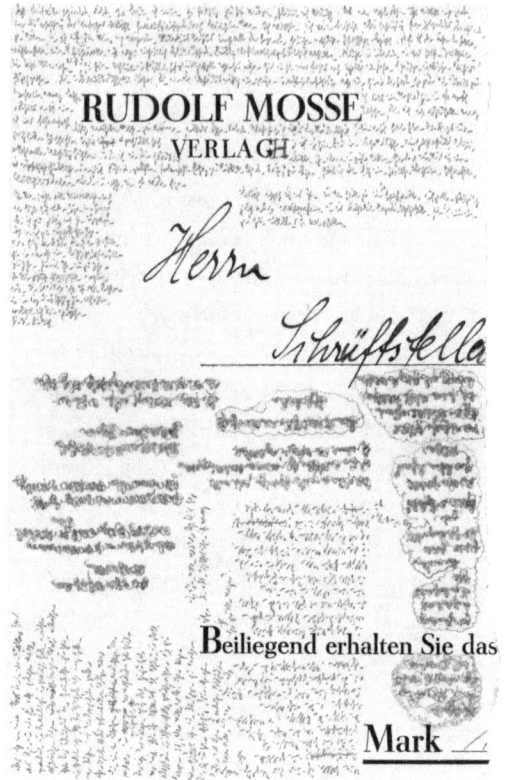

Abb. 6: Mikrogramm von Robert Walser

hatte manchmal mehrere ›aktuelle‹ Blätter in Arbeit, deren Lücken er je nach seinen augenblicklichen Intentionen allmählich auffüllte.«[82]

Die Verschriftung in Mikrographemen bringt eine ganz eigene Verschlüsselung mit sich, die dazu führt, dass nicht alle Mikrogramme des »Bleistiftsystems«, das Walser wahlweise auch »Bleistiftmethode« oder einfach »Bleistifterei« nannte, entzifferbar sind. Das hängt beispielsweise damit zusammen, dass Walser verschiedene Texte auf ein und denselben Zettel schreibt, wobei die Texte sich verschränken. Die Übersichtlichkeit geht in der Miniaturisierung verloren. Die Distinktheit und Diskretheit der Buchstaben, die in der Sütterlinschrift ohnehin schon reduziert sind, verringern sich bei fortschreitender Verkleinerung oder verschwinden ganz. Unregelmäßigkeiten der Handschrift und deren Schreibfluss beeinträchtigen die Kenntlichkeit der Buchstaben umso mehr, je kleiner die Schrift wird. Der Zustand des Bleistifts tut sein Übriges, seine Härte und Spitzigkeit haben für Lesbarkeit und Entzifferbarkeit besondere Bedeutung: Wird der Stift im Zuge der Niederschrift stumpfer und breiter, so wird das Geschriebene unspezifischer und schließlich ununterscheidbar. Schließlich erschwert noch eine Schreibpraxis Walsers die Lesbarkeit, denn er hat die Angewohnheit, einzelne Wörter dadurch zu korrigieren, dass er die neue Formulierung in die alte hineinschreibt. Dem daraus hervorgehenden »Schreibgeknäuel«, wie der andere Herausgeber der Mikrogramme es nennt, eine verbindliche Lesart abzutrotzen wird verunmöglicht.[83] Auch wenn es sich also nicht um eine selbsterfundene und unentzifferbare Geheimschrift handelt, sehen doch auch die Herausgeber einen »offensichtlichen Hang zur Kommunikationsverweigerung«.[84]

In Walsers Romanen und Prosastücken werden die Umbrüche im Arbeits- und Berufsleben zu Beginn des 20. Jahrhunderts gespiegelt, seine Protagonisten sind Diener und Gehilfen, Büroleute und Angestellte. Nicht nur schildert er die niederen Sphären der Gesellschaft, er verbindet diese Darstellung auch mit einem sozialen und moralischen Ideal des »Kleinseins«, zu dem sich auch noch das ökonomische Argument asketischer Sparsamkeit geselle, wie es Jochen Greven ausdrückt.[85] Zur Apotheose der Kleinheit zählt neben der Miniaturisierung der Schrift auch die Wahl jener nichtigen und vielleicht verächtlichen, mit Gebrauchsspuren versehenen und in einem literalen Sinn marginalisierten Beschreibmaterialien, jene bereits benutzten und befleckten Zettel, die man als die Diener unter den Aufschreibeoberflächen ansehen könnte und die in einem nicht anders denn als palimpsestuös zu nennenden Verfahren von der medialen Ersatzbank ins Bleistiftspiel eingewechselt werden.

Walser lotet die Grenzen der Sprache und der Schrift auf ganz eigene Weise aus, indem er durch Miniaturisierung die Sprache und die Schrift fast zum Verschwinden bringt. Er führt damit jenes Programm dichterisch und schriftstellerisch aus, das Ludwig Wittgenstein zwar logisch deduziert hatte, zu dessen Ausführung er sich aber nach eigenem Bekennen nicht in der Lage sah, auch wenn Philosophieren eigentlich Dichten hieße, »[d]enn ich habe mich damit auch als einen bekannt, der nicht ganz kann, was er zu können wünscht«.[86]

Eines der berühmtesten Gedankenexperimente Wittgensteins in den *Philosophischen Untersuchungen* ist das sogenannte Privatsprachenargument. Es handelt sich dabei, wie meist bei Wittgenstein, gar nicht um *ein* Argument, sondern um ein Krypto-Argument, um eine Kette von Gedanken und Bemerkungen, die die verschiedenen Pros und Contras beleuchtet, wobei Wittgenstein eher dem Contra zuzuneigen scheint. Der Sprachphilosoph umkreist mit diesem Thema einige der wesentlichen philosophischen Fragestellungen wie den Solipsismus und den Skeptizismus, die Philosophie des Geistes, das Problem des Fremdpsychischen und das Leib-Seele-Problem sowie die in der Medien- und Kommunikationswissenschaft leider immer noch mit Leidenschaft geführte Debatte um einen erkenntnistheoretischen Konstruktivismus. Dass im Begriff der »privaten Sprache« die Privatheit steckt, deutet schon auf die Relevanz des Arguments für die Medien- und Kommunikationswissenschaft hin, für die die Antinomie von Öffentlichkeit und Privatheit schon deswegen eine entscheidende Rolle spielt, weil deren Grenze im Zuge der Digitalisierung der Lebenswelt neu justiert wird.

Wittgenstein hat mit seinem Privatsprachengedankenspiel gerade den Notizbuchschreiber, die Tagebuchführerin im Blick. Eine nähere Betrachtung des Arguments könnte also auch ein Beitrag zu einer Theorie des Notizzettels sein. Die doppelte Aufteilung der sprachlichen und der schriftlichen Kommunikation in Kommunikant und Kommunikat könnte dabei gerade die verschärfte Variante des Privatsprachenarguments aus medien- und kommunikationswissenschaftlicher Sicht darstellen. Denn wenn schon ein Kommunikant nicht als Kommunikat dient, also zur Mitteilung nicht gedacht ist, müsste er ja auf kommunikative Gepflogenheiten auch keine Rücksichten mehr nehmen. Das Notizenspiel ist dasjenige Schreibspiel, das als postkonventionelles von Spielregeln besonders wenig eingegrenzt wird. Was und wie, wo und warum ich etwas notiere, scheint schließlich auf den ersten Blick vollständig meiner Freiheit überlassen zu sein. Könnte man also sagen, das Notizenspiel sei als Form des postkonventionellen Schreibens ein Spiel ohne Regeln, sozusagen das Wrestling unter den Schreibspielen?

Das Argument hebt in § 243 der *Philosophischen Untersuchungen* an mit der Überlegung, ob man sich einen Menschen vorstellen könne, der ausschließlich monologisch spräche. Für einen solchen Menschen müsste sich dann doch auch eine Sprache denken lassen, mit der er seine inneren Erlebnisse, seine Gefühle, Stimmungen etc. aufschreiben oder aussprechen könnte: »Die Wörter dieser Sprache sollen sich auf das beziehen, wovon nur der Sprechende wissen kann; auf seine unmittelbaren, privaten, Empfindungen«. Eine solche »private Sprache« hätte vor allem eine Eigenschaft: »ein Anderer kann diese Sprache also nicht verstehen« (PU 243). Mit den Überlegungen zu einer Empfindungssprache und dem Ausdruck von Gefühlen, Stimmungen oder Schmerzen ist der Kern dessen ausgedrückt, was wir »Privatheit« nennen können. Gerade in einem Zeitalter der Mediatisierung, in dem alle und auch die intimsten Lebensvorgänge von medialer Selbst- und Fremddarstellung durchdrungen zu sein scheinen und von einigen schon die »Post-Privacy«-Ära ausgerufen wurde,[87] hat die Frage eine gewisse Dringlichkeit, wie der Bereich jener Privatsphäre aussieht, der aus grundsätzlichen Erwägungen der Öffentlichkeit verschlossen bleibt, das Residuum des Nicht-Kommunizierbaren. In der Philosophie ist hierfür eine berühmte Kandidatin die Empfindungssprache. Ich kann zwar jemand anderem erzählen, wie ich mich fühle, welche Ängste ich habe, welcher Schmerz mich bedrückt. Aber wie es sich wirklich anfühlt, wie exakt der Schmerz sich in meinem Inneren bemerkbar macht, was meine Ängste in meinem Innern auslösen, kurzum: wie es ist, ich zu sein, das scheint nicht genau kommunizierbar zu sein. Man kann dies das Privileg der Introspektion nennen, und der Philosoph Thomas Nagel hat das mit einem anderen berühmt gewordenen Gedankenexperiment zu belegen versucht, in welchem er die Frage stellte, wie es sich wohl anfühle, eine Fledermaus zu sein.[88] Aber könnte ich mir dann eine Sprache überlegen, die nur für meine Empfindungen da ist und die nur ich verstehe?

Wittgenstein hat, nach der Lesart Saul Kripkes, eine mögliche Antwort darauf schon weiter vorne in seinen *Philosophischen Untersuchungen* gegeben, als er über das Befolgen von Regeln geschrieben hat.[89] Wenn eine Sprache etwas ist, was einer inneren Struktur, also einer Grammatik, folgt, dann muss auch die private Sprache ihren eigenen, privaten Regeln folgen, die der Sprachverwender eben selbst festlegt. Er hat dann allerdings kein Kriterium dafür, dass er seine eigene Sprache richtig verwendet, denn die Regel, die er heute verwendet, könnte ja eine andere sein als die gestrige, und entsprechend hätte er keine Gewissheit, dass die Benennung des heutigen Schmerzes mit der des gestrigen übereinstimmte. In den Worten Wittgensteins: »Und der Regel zu folgen *glauben* ist nicht: der Regel folgen. Und darum kann man nicht der Regel ›privatim‹ folgen, weil sonst der

Regel zu folgen glauben dasselbe wäre, wie der Regel folgen« (PU 202).

Sprache ist eine soziale Praxis, die nur in Interaktion mit anderen, mit der Gesellschaft funktionieren kann. Das gilt selbst für unsere innersten Empfindungen. Michael Pauen schreibt hier von den »Grenzen der Introspektion«,[90] denn die Grenzen der Sprache werden offenbar nicht entlang der Demarkationslinie von Öffentlichem und Privatem gezogen. Die Psychologen Richard Nisbett und Timothy DeCamp Wilson haben mit Experimenten eine große Zahl von Belegen dafür erbracht, dass Menschen sich in introspektiven Berichten, wie sie sie vielleicht in ihrem Notiz- oder Tagebuch notieren, fundamental täuschen können.[91] Der Phantomschmerz wäre ein Beispiel für eine solche Täuschung, weil wir einen Schmerz empfinden, für den es in Wahrheit gar keine (physische) Ursache gibt. Umgekehrt gibt es eine psychische Erkrankung namens Alexithymie, bei der Patientinnen Emotionen zwar erfahren, sie introspektiv aber nicht erkennen. Es ist schließlich auch der gar nicht so seltene Fall denkbar, dass ich mich in einer Empfindung täusche und ein Fremder mich über die richtige Empfindung aufklärt, zum Beispiel wenn mich scheinbar die Milz schmerzt, aber mein Arzt mir erklärt, dass in Wahrheit die Leber zwickt.

Wittgenstein, der Notizbuchschreiber, notiert, womöglich in Selbstanwendungsabsicht, für sein Privatsprachenargument auch einen Anwendungsfall, der sich direkt auf das Führen von Notiz- oder Tagebüchern bezieht. In dem Gedankenexperiment stellt er einen Tagebuchschreiber vor, der über eine bestimmte wiederkehrende Empfindung in sein Tagebuch das Zeichen »E« notiert. Der Schreiber hat zwar für die Empfindung keine Definition, denn wenn es eine Definition gäbe, dann wäre sie auch kommunizierbar und damit keine private Empfindung mehr. Allerdings entwickelt sich das immer wiederkehrende E-Aufschreiben in das E-Tagebuch zu einem »Zeremoniell«, das gerade in der Wiederholung eine feste Verbindung zwischen der Empfindung und dem Zeichen herstellen soll, »denn dadurch präge ich mir die Verbindung des Zeichens mit der Empfindung ein. – ›Ich präge sie mir ein‹ kann doch nur heißen: dieser Vorgang bewirkt, daß ich mich in Zukunft *richtig* an die Verbindung erinnere« (PU 258). Für Wittgenstein ist dieser Schluss falsch, es gibt kein Kriterium für die Richtigkeit, denn »richtig ist, was immer mir als richtig erscheinen wird. Und das heißt nur, daß hier von ›richtig‹ nicht geredet werden kann« (ebd.).

Hier rächt es sich, dass Wittgenstein nicht wirklich zwischen Sprachspielen und Schreibspielen unterscheidet, die gerade bei der Betrachtung von Notizzetteln sehr wichtig ist. In die auch bei Wittgenstein dominierende Priorität der Spreche vor der Schreibe fügt sich das E-Tagebuch-Beispiel nicht recht ein. Denn unter Schrift- und damit Medienbedingungen gelten, gerade was das Erinnern von Bedeutungen angeht, Sonderbedingungen. Im Ernstfall des E-Falls als Schreibfall gilt: Bedeutung ist Erinnern, während in Wittgensteins Sprachphilosophie als *Sprech*philosophie die Bedeutung der Gebrauch ist. Nur der Sprechfall ist ein sozialer Akt, in dessen Vollzug sich die Bedeutungen instantan aktualisieren, während der Schreibfall ein, wenn man so will, asozialer Akt ist, der die je aktualisierende Kraft der Sozialität nicht benötigt. Der Philosoph Christian Nyiri geht so weit zu schreiben, dass »die treibende Kraft hinter Wittgensteins Privatsprachenargument eben seine Vorliebe für die gesprochene Sprache war – im Gegensatz zur geschriebenen« und dass er »geradezu ahnungslos in Bezug auf die philosophische Bedeutung der Kluft zwischen Sprechen und Schreiben war«. Nyiri zieht daraus den Schluss, dass

»die scheinbare Tiefe und offenbare Dunkelheit in Wittgensteins Texten zu einem großen Teil eben daher rührt, daß er keine ausdrückliche Unterscheidung machte zwischen einerseits den gesprochenen-gehörten und andererseits den visuellen Dimensionen der Kommunikation.«[92]

Dabei hätte Wittgenstein Gelegenheit gehabt, sich mit den medialen Unterschieden von gesprochener Sprache und Schriftsprache auseinanderzusetzen und damit vielleicht auch den Geheimnissen seiner eigenen Notierpraxis auf die Spur zu kommen. Der englische Herausgeber des *Tractatus*, Charles K. Ogden, hatte zusammen mit I. A. Richards in den 1920er Jahren das Buch *The Meaning of Meaning* veröffentlicht, in dem er die von Wittgenstein im *Tractatus* angesprochenen Probleme des Bedeutungsbegriffs gelöst zu haben meinte. Darin befindet sich auch ein Essay des Anthropologen Bronislaw Malinowski, der als eine der ersten wissenschaftlichen Auseinandersetzungen mit der Dichotomie von Oralität und Literalität gelten kann. Die »primitive lebende Sprache« wird von Malinowski den »toten, erhaltenen Sprachen« gegenübergestellt. Orale Sprache sei »als *Aktionsmodus* zu betrachten, nicht als *Gegenzeichen des Gedankens*«. In ihr hänge die Bedeutung jedes einzelnen Wortes in sehr hohem Grad von seinem Kontext ab, und damit meint er insbesondere den »Situationskontext«, also die außersprachliche Umwelt. Geschriebene Dokumente seien demgegenüber »natürlicherweise isoliert« und mit der Absicht niedergelegt, dass sie »in sich geschlossen und aus sich selber verständlich seien«. Unter Oralitätsbedingungen seien Wortbedeutungen »mit dem Ablauf der Tätigkeit, in die die Äußerungen eingebettet sind, untentwirrbar vermischt und von ihm abhängig«. Die Sprache präliteraler Kulturen seien darum niemals »bloßer Spiegel reflektierten Denkens«. Unter Literalitätsbedingungen dagegen würde »die Sprache zu einem verdichteten Stück Reflexion« und der Leser folgere, reflektiere, erinnere sich und stelle sich vor. Dies sind gerade die Bedingungen einer Gesellschaft, die Notizbücher führt und in der der Notizzettel das Universalmedium darstellt. Wittgenstein kannte jenes Buch, da der Verfasser und Herausgeber Ogden es ihm geschickt hatte. Wir wissen auch, was Wittgenstein davon hielt, nämlich nicht viel, wie er Bertrand Russell in einem Brief schrieb: »Ist das nicht ein miserables Buch?! Nein, so leicht ist die Philosophie doch nicht! Dafür sieht man aber, wie leicht es ist, ein dickes Buch zu schreiben.«[93] Womöglich hat Wittgenstein seine »Bedeutung-ist-Gebrauch«-These allerdings trotz seiner Kritik von Malinowski entlehnt, jedoch hätte er dann folgenschwererweise die einschränkende Oralitätsbedingung stillschweigend unter den Tisch fallen gelassen.

Christian Nyiri legt Wert auf die Feststellung, dass die Funktion von Sprache eine gänzlich andere ist »unter den Verhältnissen einer mündlichen Kultur einerseits und unter jenen einer voll entwickelten Schriftlichkeit andererseits«. Er möchte zur Beantwortung der Frage nach der Möglichkeit von Privatsprachen die Sprach- und Schreibspiele differenzieren in A) Zu-sich-selbst-Sprechen, B) »innere Sprache«, C) die gesprochene Sprache einer rein oralen Gesellschaft und D) die gesprochene und geschriebenen Sprache »einer literarisch gebildeten – belesenen – Person«.[94] Das »Zu-sich-selbst-Sprechen« ist, wenn man Wilfrid Sellars folgen will, die Sphäre der »Wortvorstellungen«, die überhaupt ein »uns selber denken hören« möglich machen soll.[95] Dazu würden dann Sprachspiele zählen wie, sich Worte zurechtzulegen oder Worte im Geist zu wiederholen. Davon zu unterscheiden wäre aber die »innere Sprache«. Diese wirft etwas komplexere Probleme auf, denen wir nachgehen müssen, wenn wir die Frage beantworten wollen, ob die Sprache von Notizzetteln und Notizbüchern vielleicht ein Anwärter auf eine Privatsprache wäre.

Die »innere Sprache« ist ein Phänomen, das besonders intensiv vom russischen Psychologen Lew Vygotskij untersucht wurde. Vygotskij hat sich parallel zu Wittgenstein, aber nicht aus philosophischer, sondern aus psychologischer Perspektive, mit dem Zusammenhang von Sprache und Denken beschäftigt, dabei aber den Unterschied von Sprechspielen und Schreibspielen nicht aus dem Blick verloren. Er stellt fest, dass man »das innere Sprechen nicht als Sprechen minus Laut, sondern als eine ganz besondere und ihrer Struktur und Funktionsweise nach eigenartige Sprechfunktion betrachten muss«.[96] Die Genese der »inneren Sprache« hängt eng mit den Vorstellungen von der Sprachentwicklung beim Kind zusammen, wie sie Vygotskij sich in Auseinandersetzung mit und Reinterpretation der Entwicklungspsychologie Jean Piagets vorstellt. Ursprünglich, so Vygotskij, sind Denken und Sprechen sozial, dienen also dem *inter*psychischen Austausch. Aus dem »sozialen Denken« entwickelt sich das individuelle »autistische Denken« und aus der »sozialen« die »egozentrische Sprache«, die beide *intra*psychische Funktionen haben: »Auf der Basis des egozentrischen, vom sozialen abgetrennten Sprechens entsteht dann beim Kind das innere Sprechen, das die Grundlage seines Denkens bildet.«[97] Dieses innere Sprechen ist »maximal verdichtetes, verkürztes, stenografisches Sprechen«, es strotzt vor Ellipsen, bedient sich einer »willkürlichen Semantik« sowie Syntax und besteht fast nur aus bestimmten Worttypen, was nach Vygotskij einen simplen kommunikativen Grund hat: »Uns selbst müssen wir nie mitteilen, um was es geht.« Selbst wenn das innere Sprechen für andere hörbar gemacht werden könnte, wäre es niemandem als dem Sprecher selbst verständlich, »da niemand das psychische Feld kennt, in dem es stattfindet«.[98] Das sei auch der Grund dafür, dass das innere Sprechen voller »Idiotismen« sei. Die Reduktion des phonetischen Aspekts der Sprache, die Zusammenziehungen und Auslassungen könnten so weit führen, dass ein »innerer Dialekt« entstünde. Das sei aber kein Schlag ins Kontor der Sprachfunktionalität, sondern im Gegenteil Ausdruck der besonderen Funktion des inneren Sprechens:

»Seiner Funktion nach ist dieses Sprechen nicht auf Mitteilung gerichtet, es ist Sprechen für sich selbst, es verläuft unter anderen inneren Bedingungen als das äußere und erfüllt völlig andere Funktionen. Man sollte sich deshalb nicht darüber wundern, dass dieses Sprechen unverständlich ist, sondern eher darüber, dass man seine Verständlichkeit erwartet.«[99]

Jerry A. Fodor ist in seiner Theorie einer »language of thought« besonders weit gegangen, was die Interpretation des inneren Sprechens angeht. Er konstruiert ein eigenes angeborenes mentales Repräsentationssystem, eine »Sprache des Denkens«, die er »Mentalese« nennt und die sich grundsätzlich von der Syntax und Grammatik natürlicher Sprachen unterscheide. Fodor ist der Meinung, dass diese »geistige Sprache« ein Kandidat für eine Privatsprache sei, die vielleicht auch die Sprache von Notizzetteln ist. Ja, er behauptet sogar die Notwendigkeit der Existenz einer solchen mentalen Privatsprache.[100] Andererseits ist auch das Mentalese Fodor'scher Prägung ein repräsentatives System, in dem Ausdrücke also für etwas anderes stehen, und das bedeutet, dass es in eine natürliche Sprache übersetzbar ist. Fodor betont auch selbst, »dass die geistige Sprache einer natürlichen Sprache ziemlich ähnlich sieht«, und der Grund, warum wir Fremdsprachen so gut lernen könnten, läge gerade darin, dass »die Sprachen, die wir lernen können, sich nicht so sehr von unserer angeborenen Sprache unterscheiden«.[101] Damit wäre das Mentalese *per definitionem* gerade keine Privatsprache, denn die ist ja dadurch definiert, dass rein private, also für andere nicht nachvollziehbare und damit auch nicht in ihre Sprache übersetzbare Empfindungen mental versprachlicht werden.

Die Einwände gegen eine Privatsprache gelten für das innere Sprechen als orales Sprechspiel. Zu prüfen wäre, wie es sich mit dem Privatsprachenargument verhält, wenn es sich beim inneren Sprechen um ein Schreibspiel handelt, also sozusagen ein

»inneres Schreiben«. Dieser Fall ist bei Vygotskij mit angelegt, wo er darauf verweist, dass »das schriftliche der Schlüssel zum inneren Sprechen ist«.[102] Vygotskij weist allerdings auch auf die seiner Ansicht nach erheblichen Unterschiede zwischen innerer und schriftlicher Sprache hin, denn »[i]nneres Sprechen ist maximal verdichtetes, verkürztes, stenografisches Sprechen. Schriftliches Sprechen ist maximal entfaltet und sogar formal vollendeter als mündliches«.[103] Die Unterschiede haben auch wieder mit dem Mitteilungscharakter zu tun: Schreiben sei

»ein Sprechen, das auf maximale Verständlichkeit für einen anderen orientiert ist. Man muss alles voll aussprechen. Der Übergang vom maximal verdichteten inneren Sprechen, dem Sprechen für sich selbst, zum maximal entfalteten Sprechen für einen anderen, erfordert [...] sehr komplizierte Operationen des willkürlichen Aufbaus von Sinnzusammenhängen.«[104]

Wie nun aber, wenn es analog zum inneren Sprechen auch ein »inneres Schreiben« gäbe, eines, das nicht auf Mitteilung und Verständlichkeit setzt, sondern auf Verdichtung und Abkürzung, kein Ausdruck, sondern ein Ausfluss des Denkens? Ein solches »inneres Schreiben« könnte in der Tat ein Schreibspiel sein, das wie die schriftliche Version des inneren Sprechens daherkäme und sich in einem privaten Medium, also als »Privatsprache« konstituiert. Der paradigmatische Fall wäre dann gerade das Notieren, das Bekritzeln von Notizzetteln, das Führen von Notiz-, Sudel- und Tagebüchern, Kladden, Heften, Kalendern und was der Beschreibmaterialien mehr sind. Und hier kommt das »Bleistiftgebiet« Robert Walsers wieder ins Spiel, weil es vielleicht gerade so ein Fall sein könnte, also ein Schreibspiel, das auf Mitteilung nicht bedacht ist, das stattdessen Inneres, Privates zum Ausdruck bringt.

Eine Kontraindikation jener Hypothese, nach der Walsers

»Bleistiftgebiet« privatsprachlich sei, ist der Umstand, dass sich in dem Konvolut ja solche Texteinheiten finden, die literarischen Konventionen folgen. So ließen sich ein Roman und viele Erzählungen aus den Mikrogrammen extrahieren, Darstellungsformen mithin, die die Texte im Sozialsystem der Literatur verorten und wenn schon nicht zur Mitteilung und Veröffentlichung drängten, dann doch jedenfalls mitteil*bar* sind. Eine Privatsprache dürfte aber gerade nicht im Sozialsystem lokalisierbar sein, sie müsste asozial sein. Für diese Asozialität Robert Walsers und seiner mikrographischen Aufzeichnungen gibt es Hinweise. Wenn Schreiben Problemlösen ist, dann hat der nichts zu schreiben, der ohne Probleme ist. Und Walser hatte offensichtlich Probleme, schon seine Selbsteinweisung in die Heil- und Pflegeanstalt weist überdeutlich darauf hin. Seine früheren Texte beschreiben bereits Affektveränderungen, Denkstörungen mit illusionären Verkennungen und halluzinatorische Wahrnehmungen. In der Prosaerzählung *Das Zimmerstück* etwa geht es um einen Schriftsteller, der sich über Wochen vergeblich um einen geeigneten Stoff bemüht hat. Dann fällt sein Blick auf einen Regenschirm, der an einem alten rostigen Nagel in der Wand hängt, und dieser Eindruck formt sein Schreibspiel:

> »Gedankenvoll stand ich im Zimmer. Plötzlich sah ich an etwas Lebensüberdrüssigem etwas Lebensmüdes hängen. […] Zu sehen, wie etwas Schwaches in seiner Schwachheit anderes Schwaches noch stützte, bevor es selber völlig in die Kraftlosigkeit zusammenbrach, und wie das Erbärmliche in seiner bejammernswürdigen Erbärmlichkeit dem andern Erbärmlichen wenigstens noch so lange geringfügigen Halt bot, als bis es endlich selber gänzlich abgewirtschaftet haben würde: rührte und erschütterte mich tief, und ich habe nicht zögern mögen, es hier aufzuzeichnen.«[105]

Walsers Ideal des »Kleinseins« auch hier: Erbärmliche Gegenstände wie der rostige Nagel werden zum Ausdruck des eigenen Schreibproblems, das in Lebensüberdruss mündet. Die Suche nach Schreibthemen im eigenen Zimmer spricht auch für den Schriftsteller, der aus der Gesellschaft sich bereits zurückgezogen hat, wie auch Walser selbst der weltlichen Sphäre mit der Flucht in die Irrenanstalt sein Lebewohl entboten hat und asozial geworden ist. Schon bei Vygotskij und Piaget deutet manche Begriffswahl wie der »Autismus« oder die »Egozentrik« auf eine gewisse Psychopathologie des inneren Monologs hin, der sich vielleicht als Schreibspiel noch eher äußern kann denn als Sprechspiel. Während Walser selbst der Ansicht war, »meine Krankheit ist eine Kopfkrankheit, die schwer zu definieren ist«,[106] haben die Psychiater Partl, Pfuhlmann, Jabs und Stöber für die Zeitschrift *Nervenarzt* neben den Werken und Mikrogrammen Robert Walsers auch seine Krankenakten studiert und sind zu dem Ergebnis gekommen, dass der Schweizer Schriftsteller an einer schizophrenen Psychose nach ICD-10, der *International Statistical Classification of Diseases and Related Health Problems*, und an einer sprachträge-manierierten Katatonie gemäß der Aufteilung der endogenen Psychosen und ihrer differenzierten Äthiologie nach Karl Leonhard gelitten hat.[107] Auch die Psychiater Ulrike Anderssen-Reuster und Thomas Reuster kommen zu dem Schluss, dass Robert Walser seit Mitte der 1920er Jahre »manifest krank« gewesen sei.[108] Schon seinen Zeitgenossen galt Walser als »ruppig und merkwürdig«.[109] Seine Schreibweise und sein *modus operandi* trugen offenbar zwanghafte Züge: So hält er sich rigide an einmal aufgestellte formale Ordnungsprinzipien, sein Sprachgebrauch wird zunehmend artifiziell überladen, während die Kohärenz seiner Texte immer mehr in den Hintergrund tritt. In einem Mikrogramm unter der Überschrift »Ein Problem will ich hier behandeln« erkennt er den fehlenden Textzusammenhang als Problem auch selbst, während die Problemlösung nur in einer Auratisierung der eigenen Inkohärenz zu bestehen scheint: »Zusammenhänge leiten in Risse, wohingegen Zerwürfnisse zu Anschlüssen, ich möchte sagen, in höheren Sinn führen.«[110] Schreiben als Problemlösen heißt ja nicht, dass mit dem Schreiben das Problem gelöst ist, sondern nur, dass mit dem Schreiben eine Problemlösung intendiert ist. Als doppelte Problemlösung identifiziert, kann dennoch die Lösung beider Probleme oder Problemaspekte im Schreibspiel scheitern. Tatsächlich werden Robert Walsers Probleme eher noch größer. Während die Schriftgröße seiner Mikrogramme immer weiter abnimmt, entwickelt Walser andererseits eine Neigung zur monströsen Übertreibung von Satzkonstruktionen. Seine Gedanken kommen beim Schreiben immer seltener zum Abschluss, er »reiht Gedankenverbindung an Gedankenverbindung und flicht wenig passende Zwischengedanken ein«.[111] Dazu gesellen sich in Walsers Schreibspiel ein ausgedehnter Gebrauch sprachlicher und inhaltlicher Stereotypen, Klang- und Wortassoziationen bis hin zu Neologismen. In einem mikrographischen Text, der mit dem Satz »Leserinnen sollten, was hier entsteht, lieber nicht beachten« beginnt, schreibt er beispielsweise:

> »Kellnerinnen, die vielleicht Keller usw. gelesen hatten, der, wie ja bekannt ist, mit keinem Geringeren als Storm freundschaftlich korrespondierte, schwebte mit unverkennbarer Grazie hin und her. Ich finde es interessant, in einer Stadt zu sein und inmitten dieser Tatsächlichkeit an die Möglichkeit zu glauben, es gebe noch andere Städte. Ich dachte flüchtig an Genf, als die Bratwurst herbeigetragen wurde, die mir zu beordern eingefallen war, weil ich mich der Überzeugung nicht geglaubt hatte erwehren zu können, ich hätte Appetit nach ihr. Über ihre Knusprigkeit erlaube man mir wohldurchdacht zu schweigen. Um so mehr wird mir gestattet sein zu sagen, daß

die Saaltochter, die sie mir darbrachte, über die Bedienung, der sie sich widmen durfte, glücklich war, daß jetzt eine Frau vom Land mit allerhand Gesanglichem aufwartete, worüber ein Weltmann berechtigt zu sein meinte, auf ungebührliche Art zu lachen, was ihm von einer anwesenden Städterin aufrichtig verübelt wurde, indem sie ihn wissen ließ, sie werde vierzehn Tage lang nicht mehr mit ihm sprechen.«[112]

Wohldurchdacht schweigen: In den späten Mikrogrammen nimmt die Lesbarkeit ab, bis zuletzt die Zeichenhaftigkeit fast vollständig verlorengeht und Walser seine Schriftgebilde auch selbst kaum mehr entziffern kann: Kein Kommunikant und kein Kommunikat mehr. Walsers Schreiben wird mechanisch, wie er selbst bemerkt: »Das Mechanische daran war das Schöne. Ich schrieb dies Prosastück, wie ich gestehen muß, auch ganz mechanisch, und hoffentlich gefällt es dir darum.«[113] Seine Selbstdiagnosen und Selbstreflexionen über seinen getrübten Geisteszustand könnten Teil einer persönlichen Coping-Strategie sein, mit der der Kranke seine Krankheit bewältigen oder verarbeiten will. Bei einer systematischen Katatonie ist die Willenskraft der Abschaltung gestört, was zu einer Unfähigkeit zur Entschlussbildung, zu verarmtem Ausdrucksspiel und der wachsenden Unfähigkeit, gedanklich zu einem Abschluss zu gelangen, führt, gleichzeitig treten durch Klang- und Wortassoziationen manierierte Wortneuschöpfungen hervor. Bei Walser klingt das so: »Freilich hatte sie Grund, ihm zu zürnen, der da so verantichambret und verboudoirt, man möchte beinah sagen verboulevardt einherhandschuhelte. War das [der] Einfältige von Ehemals, der Schlichte von Dazumalien?«[114] Mit dem Wechsel der Pflegeanstalt 1933 fühlt Walser sich in seinem ritualisierten Schreiben offenbar so irritiert, dass er das Verfassen seiner Mikrogramme schlagartig beendet. Diese Unterbrechung im Schreibfluss verwandelt sich in eine dauerhafte Unterlassungsmanier. Auch andere Kommunikation stellt er nahezu ein. Seine Stimme wird so leise, dass sie kaum zu verstehen ist. Laut Krankenakte »redet er meist für sich selbst, halblaut. Die Lippen bewegte er dazu kaum, und das Gerede bleibt wie im Hals drinnen zurück.«[115] Bis zu seinem Tod im Jahr 1956, also 23 Jahre lang, schreibt der Schriftsteller Robert Walser nicht mehr.

Von literaturwissenschaftlicher Seite sind die psychiatrischen Diagnosen Walsers immer wieder bezweifelt worden. Martin Jürgens behauptet aufgrund seiner eigenen Visitation der Krankenakte, dass die Diagnose in medizinischer Hinsicht zweifelhaft und die Internierung des Schweizer Schriftstellers in der Anstalt eher eine »Reaktion auf Symptome seines sozial abweichenden Verhaltens« gewesen sei.[116] Bernhard Echte hat das Walser'sche Stimmenhören als psychopathologisches Symptom in Frage gestellt,[117] und Elias Canetti hat die Flucht hinter Anstaltsmauern als Rollenspiel und Rückzug ins »Kloster der Moderne« mystifiziert.[118]

Neologismen, Metaphern und Metonymien, Verschachtelungen, Komplexität des Satzbaus, Reihungen und dialektische Gegenüberstellungen: Was hier als Ausdruck der Geisteskrankheit Walsers diagnostiziert wird, zählt andererseits zum klassischen Arsenal von Poetik und Rhetorik. Der Wahn und der Sinn, sie lassen sich vielleicht, gerade in jenem Schreibspiel, das wir schöne Literatur nennen (aber was heißt schon schön?), aber auch in anderen Schreibspielen gar nicht so leicht voneinander trennen, und die Unterschiede sind vielleicht nur gradueller Art. Man könnte auch sagen: Wer psychisch gesund ist, schreibt nicht. Dem Schreiben haftet vielleicht im Allgemeinen, dem Notieren im privaten Notizbuch unbedingt im Speziellen, also der Produktion von Kommunikanten ohne Kommunikat, eine je eigene Psychopathologie an. Es ist jene Psychopathologie des Alltagslebens, von der zuerst Sigmund Freud geschrieben hat. Wie im Traum und wie im Witz treten im poetischen (Selbst-)

Schreiben Abweichungen vom Normalfall auf, die aus der Sozialität der gesprochenen Sprache die Asozialität und damit den Autismus der Schrift machen und gerade im Abweichenden den Sinn und den Wahn zum Wahnsinn wiedervereinen. Der Begriff des Wahns, der hier zur Geltung kommt, ist, in seltener Übereinstimmung mit Ludwig Wittgenstein und der Tradition der analytischen Sprachphilosophie, derjenige, den Michel Foucault in *Wahnsinn und Gesellschaft* entwickelt hat und der die Schwelle zwischen Wahnsinn und Vernunft als die Grenze der Sprache markiert. Foucault nämlich sieht den Wahnsinn vorklinisch als Phänomen gesellschaftlicher »Grenzerfahrungen«, und diese Grenzen werden gerade durch die Sprache gezogen.[119] Die »Freiheit des Irren«, die Foucault konstatiert, verläuft gerade an »den Grenzen des Gesagten, Gedachten und hinsichtlich des Irren Getanen«, kann sich bis zu einer »genauen Logik des Deliriums« steigern und den Betroffenen gestatten, »selbst die Sprache ihres eigenen Wahnsinns zu sprechen und sich als Irrer zu konstituieren.«[120]

Auch bei Ludwig Wittgenstein ist Wahnsinn eine wichtige Bezugsgröße im Nachdenken über das Denken und die Sprache. Im Manuskriptband 127 findet sich eine Einlassung, die auch in der tentativen Wortwahl mit immer neuen Versionen hinter ihren Durchstreichungen merken lässt, wie Wittgenstein die Gedanken über den Wahnsinn kreisen lässt:

»Wenn wir im Leben vom Tod umfangen sind, so auch ~~im gesunden Verstand~~ in der Gesundheit des Verstandes vom Wahn-sinn. || ~~so auch im ruhigen, normalen Verstand vom Wahnsinn.~~ || so auch im alltäglichen Verstand vom Wahnsinn« (Ms-127,22 [1]).

Auch im »alltäglichen Verstand« sind wir vom Wahnsinn umfangen. Die Philosophie, sofern sie als »ordinary language philosophy« selbst zum »alltäglichen Verstand« zählt, ist vom Wahnsinn selbst nicht weit entfernt, soll aber andererseits auch das Heilmittel darstellen: »Der Philosoph behandelt eine Frage; wie eine Krankheit« (PU 255). Für Wittgenstein zählen »Denkkrankheiten« mit zu den Alltagsphänomenen, für die es keine vorschnelle Remedur gibt, sondern nur das gemächliche Ausheilen durch Zulassen:

»In der Philosophie darf man keine Denkkrankheit abschneiden. Sie muß ihren natürlichen Lauf gehen, und die langsame Heilung ist das Wichtigste. (Daher die Mathematiker so schlechte Philosophen sind.)«[121]

Und in den *Vermischten Bemerkungen* findet sich folgende Notiz Wittgensteins: »Nur wenn man noch viel verrückter denkt, als die Philosophen, kann man ihre Probleme lösen.«[122]

Die Denkkrankheit, an der die Notierende, der Mikrogramme Verfassende, die Tagebuch Schreibende laboriert, ist an dieser Stelle leicht zu diagnostizieren: Kommunikanten ohne Kommunikate aneinanderzureihen ist typischer Ausdruck jenes Wahnsinns, der in seinen Sprach- und Schreibspielen nichts mitzuteilen hat. Es ist der Mensch im Selbstdialog, der ein Monolog ist. Auch Wittgenstein, wo er sein Privatsprachenargument exploriert, geht von einem Menschen aus, der offenbar in Selbstgesprächen versinkt, wie es Robert Walser zum Ende seines Lebens hin tat: »Man könnte sich also auch Menschen denken, die nur monologisch sprächen. Ihre Tätigkeiten mit Selbstgesprächen begleiteten« (PU 243). Wer Stimmen hört, die nicht da sind, hört in Wahrheit nur die eigene Stimme. Wer mit sich selbst spricht, der hört Stimmen. Monologisches Sprechen als Ausdruck oder Form des »inneren Sprechens« hat darum immer seine schizophrene Komponente. Wittgenstein scheint sogar noch weiter zu gehen, wenn er in einer seiner Notizen den

Vorgang der Semiose selbst, also die Zuordnung der Zeichen zu ihren Bedeutungen und damit jede Art graphemischer Kommunikation, als Form von Wahnsinn und Verrücktheit einordnet:

> »Könnte man es nicht für Wahnsinn halten, wenn ein Mensch eine Zeichnung als Porträt des N. N. erkennt und ausruft ›Das ist Herr N. N.!‹ – ›Er muß verrückt sein‹, sagt man von ihm, ›Er sieht ein Stück Papier mit schwarzen Strichen darauf und hält das für einen Menschen!‹« (Ts-229,414[1])

Wo der nicht kommunizierende Mensch dennoch Kommunikate erzeugt, handelt es sich um gerade die Asozialität, die jeder Autokommunikation eignet. Dieser speziellen Form der Kommunikation (wenn es denn eine ist) ist Jurij Lotman in seinem Buch *Die Innenwelt des Denkens* nachgegangen. Er erweitert darin das strukturalistische Kommunikationsmodell Roman Jakobsons (aber man könnte an seine Stelle auch die Modelle von Lasswell, Shannon und Weaver oder andere setzen), bei dem eine Nachricht über einen Kanal oder ein Medium von einem Sender (»ICH«) an einen Empfänger (»ER«) gesendet wird. Kommunikationen mit der Richtung »ICH – ER«, so Lotman, seien der vorherrschende Fall in unserer Kultur:

> »Kommunikation dieses Typs überwiegt in der Kultur, die wir kennen, und verdeckt daher eine andere Richtung der Übermittlung von Mitteilungen, die sich schematisch als die Richtung ICH – ICH beschreiben ließe.«[123]

Den zweiten Typ bezeichnet Lotman, wie schon im vorangegangenen Lionardo-Kapitel dargestellt, mit seinem etwas widersinnigen Begriff als »Autokommunikation«, weist aber zugleich auch selbst auf diese Widersinnigkeit hin, dass es eine Autokommunikation streng genommen nicht geben kann: »Dass ein

Subjekt eine Mitteilung an sich selbst übermittelt, das heißt an jemanden, dem sie ohnehin schon bekannt ist, erscheint paradox.« Sich selbst hat man nichts mitzuteilen. Lotman schließt auch explizit eine mnemotechnische Funktion, also die Aufzeichnung als Erinnerung, aus: Medien sind zum Vergessen da. Er sieht stattdessen eine andere kulturelle Funktion der Autokommunikation: Zur Übermittlung einer schon bekannten Information an sich selbst komme es vor allem dann, wenn sich dadurch der Status der Mitteilung erhöhe. Als Beispiel dienen Lotman explizit Notiz- und Tagebücher, die er ebenfalls als codierte Information betrachtet, die durch einen zweiten Code den Mitteilungscharakter der Kommunikation überformen:

> »Das sind die Fälle, wo sich jemand an sich selbst wendet, insbesondere solche Tagebuchaufzeichnungen, die nicht der Einprägung bestimmter Informationen dienen sollen, sondern zum Beispiel der Klärung der inneren Verfassung des Schreibenden, einer Klärung, zu der es ohne die Aufzeichnung nicht käme.«

Lotman verweist darauf, dass solche Formen der Autokommunikation nicht nur kulturell, sondern auch psychologisch und damit auch psychopathologisch kein Sonderfall, sondern ein Regelfall sind: »Dass sich jemand in Texten, Reden und Grübeleien an sich selbst wendet, ist ein wesentliches Faktum nicht nur der Psychologie, sondern auch der Kulturgeschichte.«

Ein anderer Begriff, der vielleicht für das Notierspiel nutzbar gemacht werden kann und der konzeptuell an Autokommunikation erinnert, aber kommunikativ etwas anderes meint, ist das von Manuel Castells ins Spiel gebrachte Prinzip der »mass self-communication«.[124] Die ist gerade durch ihren unklaren Öffentlichkeitsbezug definiert und beschreibt eine Form der Kommunikation, wie sie sich heute in Netzwerken und Social-

Media-Plattformen wie YouTube, Facebook oder Instagram abspielt, die zwischen Massenkommunikation auf der einen Seite und personaler *face-to-face*-Kommunikation auf der anderen Seite lokalisiert ist. Es handelt sich um eine Art der »Selbst«-Kommunikation, weil nicht professionelle Kommunikatorinnen am Werk sind, und es passiert massenhaft, weil jedermann und jedefrau Inhalte publizieren und sich damit an ein weltweites Publikum wenden kann: Massen-Selbst-Kommunikation. Einschränkend muss man sagen, dass es sich hier häufig um Kommunikanten *mit* Kommunikat handelt, die für die Lotman'sche Autokommunikation und damit als ein potenzielles Beispiel einer Privatsprache nicht einschlägig sind. Allerdings, in dem Maße, in dem die *many-to-many-communication* des Internets sich in eine *many-to-one-* oder gar *many-to-zero-communication* verwandelt, bei der zwar jeder etwas posten kann, aber kaum einer oder gar niemand es mehr rezipiert, kann diese Form der Onlinekommunikation sich relativ schnell in eine zutiefst selbstbezügliche, adressatenlose, häufig stark codierte und damit eben in Autokommunikation verwandeln. Was wir online über soziale Netzwerke mitteilen, das teilen wir *uns* mit und nicht anderen, es sind egozentrische und oftmals autistische Kommunikanten, es sind Akte und Schreibspiele zur Lotman'schen »Klärung der inneren Verfassung«, bei denen der Mitteilungscharakter ganz weit nach hinten tritt: Kommunikanten eben doch ohne Kommunikat. Die Kommunikationsintention als kommunikative Implikation etabliert eben noch keine Kommunikation, so wie eine Problemlösungsintention das Problem noch nicht löst. Ohne Empfänger besteht die intendierte Kommunikation aus Kommunikanten ohne Kommunikat.

In einer oralen Kultur und bei rein mündlicher Kommunikation sind Kommunikanten ohne Kommunikate vielleicht theoretisch denkbar oder konstruierbar, aber praktisch nur schwer vorstellbar. Deswegen ist für solche oralen Gesellschaften, die

die Hintergrundbedingung einer literalen Kultur vermissen lassen, Wittgensteins Gebrauchstheorie der Bedeutung einleuchtend und sind entsprechend auch die Argumente gegen eine Privatsprache triftig. Wo Sprache nur mündlich von Angesicht zu Angesicht sich effektuiert, da lebt das einzelne Mitglied einer solchen Gesellschaft »in einem überwältigenden, ständigen kognitiven Geräusch, auf das er hört und zu dem er beiträgt; er widerhallt die Wörter der anderen, statt auf sie zu ›reflektieren‹, sie zu ›erklären‹, ›Einsichten‹ auf sie zu gründen«, wie Christian Nyiri schreibt.[125] Entsprechend ist das kulturelle Gedächtnis und damit die Frage nach der *richtigen Erinnerung* eine Frage des Konsenses, unabhängig von der Qualität dieses Gedächtnisses, das gerade in oralen Gesellschaften ziemlich exakt die Verlässlichkeit des Stille-Post-Prinzips aufweist. Eine Ausnahme bildet hier das formelhafte, ritualisierte Sprechen, das sich, wie wir seit den Forschungen von Parry und anderen wissen, gerade deswegen in oralen Kulturen ausgebildet hat, weil die Erinnerungsfunktion der Kommunikation in solchen Gesellschaften äußerst fragil ist. Die Privatheit von Sprachspielen ist in ebendiesen Gesellschaften nicht denkbar. Wittgensteins Präferenz der Mündlichkeit, wie sie sich gerade auch in seinem Privatsprachenargument zeigt, offenbart eine erkenntnistheoretische Vorliebe für eine gewisse Art von Kultur, vielleicht auch, wie Nyiri annimmt, für eine bestimmte Lebensweise. Wenn Merrill und Jaakko Hintikka in ihrem Wittgenstein-Buch den Sprachphilosophen als »verkappten Tolstojaner« hinstellen[126] oder Nyiri vom »Konservativismus« Wittgensteins spricht, finden sich damit neben seiner Vorliebe für Mündlichkeit auch »sein Interesse an primitiven Gesellschaften, seine autoritären Ansichten über die Erziehung, sein Traditionalismus, seine Gebrauchstheorie der Bedeutung und seine Argumente gegen die Möglichkeit einer Privatsprache« abgebildet, was nicht nur nach Nyiris Einschätzung ein insgesamt kohärentes Bild ergibt.[127]

Für eine literale Kultur und damit beispielsweise für die Bleistiftgewitter Robert Walsers und andere Schreib- und Notierspiele muss das dagegen nicht gelten. Denn anders als in der Mündlichkeit fallen in der Schriftlichkeit Kommunikat und Kommunikant auseinander. Wo Kommunikation der »Gebrauch« von Kommunikanten ist, kann eine Gebrauchstheorie der Bedeutung erst greifen, wo das Kommunikat den Schritt in die »Veröffentlichkeit« macht, um einen von Kurt Imhof geprägten Begriff zu verwenden.[128] Die Bedeutung des geschriebenen Worts kann dann nicht in ihrem Gebrauch liegen, weil das Schreiben nicht ihr Gebrauch ist. Die Bezugnahmen und Repräsentationen, die in der gesprochenen Sprache durch die sozialen Akte der Kommunikation ständig ausgehandelt werden, funktionieren in Schreibspielen auch deswegen fundamental anders, weil Bezugnahmen und Repräsentationen schriftlich komplexer sind und auf anderen Ebenen spielen. Geschriebene Ausdrücke – und sei es in Form flüchtiger Notizen – nehmen nämlich nicht nur Bezug auf die Gegenstände, die sie ausdrücken, sondern auch auf die Wörter der gesprochenen Sprache, für die sie stehen, und zu allem Überfluss auch noch auf andere geschriebene Wörter – Letzteres ist womöglich sogar der häufigste Fall. Es können sich dadurch völlig neue Bedeutungshorizonte ergeben, die im Falle der Selbst-Schreibung, in der also eine wahnhafte Notizbuchschreiberin oder ein manischer Mikrogrammekritzler Grapheme aneinanderreihen, für Außenstehende unübersetzbar werden, weil die internen Bezugnahmen nicht entschlüsselbar und also privat bleiben. Noch ein weiteres Argument für eine private Schriftsprache führt Christian Nyiri aus. In § 242 der *Philosophischen Untersuchungen* schreibt Wittgenstein: »Zur Verständigung durch die Sprache gehört nicht nur eine Übereinstimmung in den Definitionen, sondern (so seltsam das klingen mag) eine Übereinstimmung in den Urteilen.« Für eine orale Gesellschaft mag das zutreffen: Wenn

Bedeutung nichts anderes als Gebrauch wäre, dann wären alle Definitionen hauptsächlich impliziter Art, das heißt, Definitionen begründeten Bedeutungen, indem sie ihre Bezugnahmen aussprächen. In diesen Fällen würden aber abweichende Urteile nicht bloß zu abweichenden Bedeutungen führen, sondern zu einem Verlust der Bedeutung. Bei Schreibspielen verhält sich dies aber anders: »Schrift ist das Medium, in welchem divergente Bedeutungen und Urteile gebildet und erhalten werden können.«[129] Warum sollen solche divergenten Bedeutungen im Falle von Selbst-Schreibungen oder Autokommunikation nicht privat sein und bleiben? Literale Gesellschaften offerieren ihren Mitgliedern Freiheit von (mündlich) überlieferten und kollektiv anerkannten Auffassungen, Schriftlichkeit bietet kognitive Freiheit.

Wittgenstein hat, trotz aller seiner Invektiven gegen die Introspektion, also die Innen- oder Selbstschau, in vielen Notizen und Bemerkungen seine eigene philosophische und schreibspielerische Tätigkeit mit einem Selbstgespräch verglichen. In den *Vermischten Bemerkungen* kann man in einem gleich mehrfach paradoxen Schreibspiel lesen: »Ich schreibe beinahe immer Selbstgespräche mit mir selbst. Sachen, die ich mir unter vier Augen sage.«[130] Im *Big Typescript* tippt er in die Schreibmaschine: »Die Arbeit in der Philosophie ist […] eigentlich mehr die // eine // Arbeit an Einem selbst. An der eignen Auffassung. Daran, wie man die Dinge sieht. (Und was man von ihnen verlangt)« (Ts-213, 407). Und im zweiten Teil *der Philosophischen Untersuchungen* schreibt er:

> »Daß, was ein Anderer innerlich redet, mir verborgen ist, liegt im Begriff ›innerlich reden‹. Nur ist ›verborgen‹ hier das falsche Wort; denn ist es mir verborgen, so sollte es ihm selbst offenbar sein, er müßte es wissen. Aber er ›weiß‹ es nicht, nur den Zweifel, den es für mich gibt, gibt es für ihn nicht.«[131]

Vielleicht ist aber »verborgen sein« hier doch nicht das falsche Wort. Wenn Schreiben ein innerer Vorgang wäre, also analog zum »inneren Sprechen« eine Art »inneres Schreiben« denkbar (und wenn denkbar, dann auch machbar) wäre, dann wäre das Notizbuchfüllen, Tagebuchführen und Zettelbekritzeln eine egozentrische und autistische Tätigkeit, die sehr wohl »im Verborgenen« stattfinden könnte. In poststrukturalistisch angehauchten Medientheorien war der Begriff der Einschreibung oder Inskription wichtig. Die Notiz dagegen ist dann keine Ein-Schreibung, sondern buchstäblich eine Aus-Schreibung, eine Exskription, ein Ausfluss des Denkens. Der Wittgenstein-Schüler Norman Malcolm hat den Unterschied zwischen ursprünglichen Empfindungsausdrücken (zum Beispiel einem Stöhnen, einem Schmerzensschrei oder einem Lachen) und Empfindungswörtern (und Sätzen über Empfindungen) darauf zurückgeführt, dass Wörter und Sätze dazu verwendet werden, über etwas zu berichten, also etwas zu kommunizieren. Im Gegensatz dazu werden natürliche Äußerungen in der Regel nicht dazu verwendet, anderen etwas mitzuteilen: »sie sind ohne Absicht, haben keine Funktion; sie entfahren einem«.[132] Die Notiz auf dem Zettel ist als Exskription oder Ausfluss des Denkens vielleicht etwas Ähnliches wie eine Empfindungsäußerung, nämlich eine Denkäußerung. Auch eine solche Denkäußerung entfährt einem, rasch, häufig und wie aus einem Guss, der berühmte Geistesblitz, der notiert werden will. Wittgenstein notiert dazu Bedenkenswertes, auch wenn er wieder die Sphären der Mündlichkeit und der Schriftlichkeit übereinwirft:

»Wenn wir denkend sprechen, oder auch schreiben – ich meine, wie wir es gewöhnlich tun – so werden wir, im allgemeinen, nicht sagen, wir dächten schneller, als wir sprechen; sondern der Gedanke erscheint hier vom Ausdruck *nicht abgelöst*« (PU 318).

Der Gedanke und seine auch schriftliche Formulierung lassen sich im Falle, den wir als »inneres Schreiben« angenommen haben, auch für Wittgenstein nicht trennen, nicht voneinander »ablösen«. Gleich in der nächsten Notiz schreibt er darum auch: »Ich kann in demselben Sinn blitzartig einen Gedanken ganz vor mir sehen, oder verstehen, wie ich ihn mit wenigen Worten oder Strichen notieren kann« (PU 319). Es ist dies genau der Vorgang vom »Gedankenknäuel« unserer holistischen Vorstellungen, Ideen und Einfälle zu jener »Auseinanderfaltung«, die schon Norman Malcolm angesichts der auf Notizzetteln und in Notizbüchern geschriebenen Gedankenblitze Wittgensteins empfohlen hatte. Durchgearbeitet und redigiert, von Re-Lektüren und Re-Skripturen gezeichnet und geformt, kann später manchmal aus dem notierten Gedanken, der einem entfahren ist, auch eine Mitteilung, ein Kommunikat, werden: ein Buch zum Beispiel, ein Artikel oder ein Aufsatz, eine Erzählung oder ein Gedicht. Die Notiz selbst aber als vorgängiges Medium ist und bleibt ein Kommunikant ohne Kommunikat.

Ein letztes Argument für eine private Schriftsprache, wie man sie auf Notizzetteln oder in Notizbüchern festhalten könnte, liefert wiederum Wittgenstein selbst, wiewohl er ja eigentlich gegen eine Privatsprache argumentieren möchte – aber das ist bei inkohärenten Zettelsammlungen eben nicht ganz unwahrscheinlich. Dieses Argument hat auch mit der Semantik des Notierens zu tun. Wenn oben festgestellt wurde, dass die Bedeutung des geschriebenen Worts nicht in ihrem Gebrauch liegt, dann fragt sich, ob eine Notiz überhaupt eine Bedeutung haben muss. Ein Kommunikant muss kein Kommunikat sein, aber muss ein Kommunikant ein Signifikant sein? Um diese Frage zu klären, können wir ein berühmtes Bild oder Sprachspiel aus den *Philosophischen Untersuchungen* heranziehen, nämlich das vom Käfer in der Schachtel:

»Angenommen, es hätte Jeder eine Schachtel, darin wäre etwas, was wir ›Käfer‹ nennen. Niemand kann je in die Schachtel des Andern schaun; und Jeder sagt, er wisse nur vom Anblick *seines* Käfers, was ein Käfer ist. – Da könnte es ja sein, daß Jeder ein anderes Ding in seiner Schachtel hätte. Ja, man könnte sich vorstellen, daß sich ein solches Ding fortwährend veränderte. – Aber wenn nun das Wort ›Käfer‹ dieser Leute doch einen Gebrauch hätte? – So wäre er nicht der der Bezeichnung eines Dings. Das Ding in der Schachtel gehört überhaupt nicht zum Sprachspiel; auch nicht einmal als ein Etwas: denn die Schachtel könnte auch leer sein. – Nein, durch dieses Ding in der Schachtel kann ›gekürzt werden‹; es hebt sich weg, was immer es ist« (PU 293).

Das Ding in der Schachtel gehört überhaupt nicht zum Sprachspiel: Im Gesamt seiner Argumentation gegen eine Privatsprache will Wittgenstein damit ausdrücken, dass wir sinnvoll über Empfindungen und Gefühle sprechen können, ohne davon ausgehen zu müssen, dass es sich um private Phänomene handelte. Er drückt aber mit der kleinen Erzählung noch etwas anderes aus: dass es eine Kommunikation gibt, bei der der Inhalt als Signifikant keine Rolle spielt, weil die Kommunikation eine andere Funktion hat als die, Signifikanten zu kommunizieren. Ein bewegendes Beispiel für eine solche andere Art des Sprach- und Schriftgebrauchs bietet der Ethnologe Claude Lévi-Strauss in seinem berühmten Buch *Traurige Tropen*, in dem er seine Expeditionen zu den indigenen Völkern im Inneren Brasiliens beschreibt und in dem Notizzettel eine wichtige Rolle spielen. Der Häuptling des Volkes der Caduveo bittet Lévi-Strauss um Bleistift und Notizblock, wiewohl niemand vom Volk der Caduveo, die der Ethnologe besucht, lesen und schreiben kann. Der Häuptling hat aber beobachtet, wie der europäische Wissenschaftler bei allen Gesprächen stets Notizen in sein Notizbuch macht, und er will es ihm gleichtun, »und wenn wir nun zusammen arbeiten, sind wir gleichartig ausgerüstet«.[133] Der Häuptling führt ein Schreibspiel aus, ohne schreiben zu können, und entsprechend kann Bedeutungszuschreibung nicht die Funktion dieses Spiels sein, das dennoch mit großer Akribie gespielt wird:

»Er gibt mir die Informationen, um die ich ihn bitte, nicht mündlich, sondern zeichnet Wellenlinien auf sein Papier, die er mir dann vorzeigt, so als fordere er mich auf, seine Antwort zu lesen. Halb fällt er selbst auf seine Komödie herein; jedesmal, wenn seine Hand eine Linie zu Ende zieht, prüft er sie ängstlich, als müsse ihre Bedeutung sofort daraus hervorspringen, und auf seinem Gesicht malt sich immer wieder die gleiche Enttäuschung. Aber das will er nicht wahrhaben, und zwischen uns besteht die stille Übereinkunft, daß seine Kritzeleien einen Sinn haben, den zu entziffern ich vortäusche; der mündliche Kommentar folgt immer so prompt, daß ich nicht um nähere Erläuterungen zu bitten brauche.«

Dass der Häuptling schreibt, bedeutet etwas, aber es bedeutet nicht das, was er schreibt. Der Häuptling weiß die Kunst jener Schrift, die keine Bedeutung kennt, auch sofort praktisch einzusetzen, indem er bei der Verteilung der Geschenke mit Hilfe seiner Aufzeichnungen seine eigenen Stammesmitglieder übervorteilt. Lévi-Strauss denkt selbst darüber nach, welchen Vorteil der Häuptling wohl aus dem Schreibmanöver gezogen haben könnte:

»Vielleicht wollte er sich selbst täuschen; wahrscheinlicher aber seinen Gefährten imponieren, sie davon überzeugen, daß er den Austausch der Waren vermittelte, daß er bei dem Weißen gut angeschrieben und in seine Geheimnisse eingeweiht war.«

Die Aneignung oder Imitation des Schreibspiels hat für den Häuptling eher eine soziale oder politische Funktion als eine intellektuelle, auf jeden Fall aber keine signifikante. Er hebt mit seinen Notizen sein Prestige und vielleicht auch seine Macht, ohne irgendetwas zu bedeuten. Für Lévi-Strauss knüpfen sich daran äußerst kulturpessimistische Folgerungen, die letztlich darin münden, »daß die primäre Funktion der schriftlichen Kommunikation darin besteht, die Versklavung zu erleichtern«. Die Verwendung zu uneigennützigen Zwecken, das heißt im Dienst intellektueller oder ästhetischer Befriedigung, sei bestenfalls ein sekundäres Ergebnis, wenn nicht gar nur ein Mittel, um das andere zu verstärken, zu rechtfertigen oder zu verschleiern: »Im Neolithikum hat die Menschheit *ohne* die Hilfe der Schrift ungeheure Fortschritte gemacht; und *mit* ihrer Hilfe haben die historischen Kulturen des Westens lange Zeit stagniert.«

Der brasilianische Häuptling hat sich mit seiner Notierpraxis eine Wittgenstein'sche Schachtel geschaffen, die alle Erfordernisse des Schreibspiels erfüllt, ohne dass überhaupt ein Käfer in der Schachtel ist. Das »Ding in der Schachtel« kann noch nicht einmal »gekürzt werden«: Hier verfällt Wittgenstein, sich selbst in die Parade fahrend, in die mathematische Metaphorik, als zählten die Sprach- und Schreibspiele zu den zu größter Exaktheit verpflichteten Mathematikaufgaben und als würde es nicht um die »normale«, sondern um die »ideale Sprache« handeln. Das Schreibspiel, das darin besteht, etwas zu bedeuten, ist ein mögliches Schreibspiel, aber kein notwendiges. Deswegen kann Robert Walser in seinem Wahn auch weiterschreiben, als seine mikrographischen Texte längst nichts mehr bedeuten. Er hat sich mit seinem »Bleistiftgebiet« ein privates Medium geschaffen, mit dem er die Grenze der Sprache überschritten, aber die Grenze der Schrift noch nicht erreicht hat. Das »innere Schreiben«, das im Notieren sich realisiert, muss noch nicht einmal jene Lotman'sche »Klärung der inneren Verfassung« darstellen, sondern kann im Gegenteil ein Anzeichen der Verunklarung der inneren Verfassung sein, ein Hinweis auf ihre Schizophrenie, das Symptom ihres Autismus. So notiert Robert Walser selbst: »Der Roman, woran ich weiter und weiter schreibe, bleibt immer derselbe und dürfte als ein mannigfaltig zerschnittenes oder zertrenntes Ich-Buch bezeichnet werden können.«[134]

Wir wandeln durchs eigene Schneckenhaus und malen dort die Wände voll, ein privates Medium, das wir ständig mit uns schleppen, ein Notizbuch. Jürgen Habermas hat einst den Strukturwandel der Öffentlichkeit konstatiert. Wir können auch einen Strukturwandel der Privatheit feststellen, denn unser Mediengebrauch wird im 21. Jahrhundert ein immer privaterer, und damit geht die Asozialität und der Autismus einher, der zur Psychopathologie der digitalen Gesellschaft gehört.

Letzte Zettel

Eine besonders merkwürdige Sammlung von Texten und Zetteln fanden die Nachlassverwalter Ludwig Wittgensteins nach seinem Tod. Sie befand sich in einer Schachtel (ohne Käfer!), und diese Schachtel war mit einem einzigen Wort beschriftet: »Zettel«. In dieser Schachtel befanden sich Bögen, auf die der Philosoph wiederum kleinere Zettel geklebt hatte, die er zuvor aus anderen Typoskripten ausgeschnitten hatte. Einige dieser Maschinenschriften sind in Durchschlägen erhalten, so dass sich die Herkunft der Ausschnitte dingfest machen lassen kann. Andere Originale sind nicht mehr erhalten und offenbar von ihrem Urheber vernichtet worden. In der Zettelschachtel lagen aber auch handgeschriebene Seiten. Zettel, die ein und denselben Gegenstand berührten, waren oft zusammengeklammert.

Der überwiegende Teil der Zettel lag einfach lose im Karton. In diesen Zetteln hat Wittgenstein offenbar noch weitergearbeitet, es finden sich weitere Randbemerkungen, Durchstreichungen und Überschreibungen. So diese Zettel und Bemerkungen Nummern haben, handelt es sich nicht um eine durchgehende Nummerierung, die Wittgenstein zur Ordnung ebendieser Zettel vorgenommen hätte, sondern um die Ziffern aus den ursprünglichen Typoskripten. Das erste Blatt beginnt darum mit Nr. 574, gefolgt von Nr. 12, Nr. 427, Nr. 106 und Nr. 258. Der Philosoph Peter Geach, der auch der Ehemann von Elizabeth Anscombe und damit von einer der Nachlassverwalterinnen Wittgensteins war, unterzog sich der Mühe, dieses Zettelkonvolut zu sortieren und in thematische Gruppen einzuteilen. In dieser Form wurde es 1967 von den Nachlassverwaltern als Buch in einer zweisprachigen Ausgabe, nun durchgehend nummeriert, erstmals herausgegeben. Die Herausgeber hatten ihre liebe Not mit diesem Sammelsurium:

»Zunächst konnten wir uns natürlich nicht erklären, was es mit dieser Schachtel auf sich hatte: Enthielt sie überschüssiges Material von anderen Arbeiten? War sie ein Behälter für gelegentlich aufgezeichnete Einfälle?«[135]

Nach einem editorischen Vergleich mit den ursprünglichen Typoskripten zeigte sich, dass Wittgenstein diese Zettel nicht nur aufbewahrte, sondern an den Fragmenten weiterarbeitete, dass er sie änderte, an ihnen feilte und das Ganze darum »einen völlig anderen Charakter als die verschiedenen Bündel mehr oder weniger ›loser‹ Papiere [hatte], welche sich sonst in seinem Nachlaß befanden«.

Wer schreibt, hat ein Problem. Wittgenstein hatte Probleme, und zwar allem Anschein nach nicht nur philosophische. Diese »Dialektik von Spiel und Zwang«, wie sie Stephan Kammer beim wahnsinnigen Robert Walser diagnostizierte,[136] sie scheint auch Wittgensteins Schaffen zu prägen. Zwanghaft erscheint die Manier, die eigenen Schriften und damit auch die eigenen Gedanken ständig zu sezieren und neu und anders wieder zusammenzusetzen, ohne ein Ende zu finden. Zwanghaft, ständig neue Versionen in unterschiedlichen Medien herzustellen, als Zettel, als Manuskript, als Typoskript, nur um immer wieder

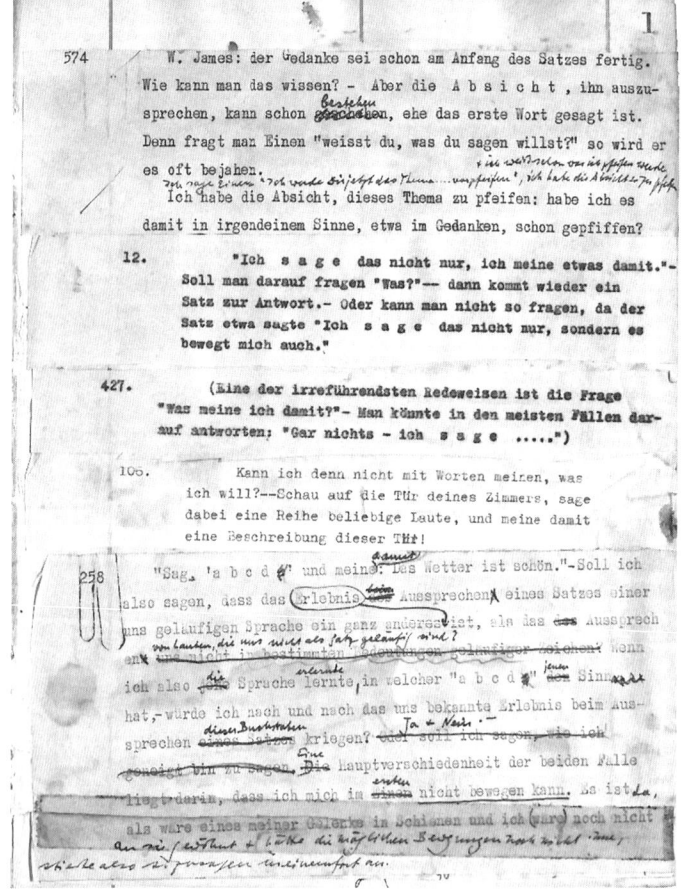

Abb. 7: Erstes Blatt der Zettel mit originaler Nummerierung

von vorne anzufangen. Zwanghaft auch die Massenhaftigkeit der Verschriftlichung ohne Ziel, das Schreiben- und Zu-Papier-bringen-Müssen, die manische Produktion von Kommunikanten ohne Kommunikat.

»Eine Art von Wahnsinn ist ein in Ohnmacht fallen des Verstandes, weil er einen Schmerz nicht länger aushält«, hat Ludwig Wittgenstein selbst dazu auf einem Notizzettel notiert (Ms-153a, 122v[3]). Diesen Schmerz Ludwig Wittgensteins haben viele seiner Zeitgenossen an ihm wahrgenommen. Seine Russischlehrerin Fania Pascal, die auch seine Vertraute wurde, weiß zu berichten, wie überaus schwierig und »qualvoll« die fremdsprachigen Konversationsstunden mit Ludwig Wittgenstein waren, denn

> »mit äußerster Unduldsamkeit lehnte er jedes Thema, das ich vorschlug, ab, alle sprachlichen Wendungen, die ein Reisender oder gewöhnlicher Sterblicher irgendwo brauchen könnte. Ihm kamen diese Themen alle absurd vor, sie existierten für ihn nicht.«[137]

F. R. Leavis bemerkt: »Wittgenstein war ein in tiefster Seele verstörter Mensch«, und notiert beim Philosophen eine nicht verhohlene Agoraphobie: »Seine Platzangst gab er mehr oder weniger offen zu.«[138] John King deutet bei Wittgenstein vielleicht eine Art Waschzwang an, der gerade nach seinen Notizen-Schreibspielen ausbricht, denn immer wenn er ihn zu Kino- oder Restaurantbesuchen abholte, »war er jedesmal damit beschäftigt, etwas in das großformatige Kassabuch zu schreiben, in dem er seine Aufzeichnungen oder Einfälle notierte, und bei dieser Arbeit ließ er sich nicht stören, bis er fertig war; sodann wusch er sich stets die Hände, und wir machten uns auf den Weg«.[139] Auch seine Schwester Hermine Wittgenstein spricht von einer »ungeheuren geistigen Gesteigertheit und Angespanntheit, die einem krankhaften Zustand sehr nahe kam«.[140] Der Freund und

Schüler Norman Malcolm schildert seinen Lehrer Wittgenstein und sein Leiden am Leben, das stark auf eine depressive Ader hindeutet:

»Wenn ich an seinen tiefen Pessimismus denke, die Intensität seines geistigen und seelischen Leidens, die unnachgiebige Weise, in der er seinen Intellekt anspornte, sein Bedürfnis nach Liebe sowie seine Härte, welche Liebe zurückstieß, bin ich geneigt zu glauben, daß sein Leben äußerst unglücklich war.«[141]

Auch Wittgenstein selbst hielt seinen Geisteszustand für instabil und notiert in seiner Geheimschrift: »Fühle mich unwohl. Nicht körperlich, aber geistig. Fürchte den Ausbruch eines Wahnsinns« (Ms-137,4b[3]). Im Brief an Georg von Wright schreibt er: »Ich glaube oft, daß ich auf den besten Weg zum Wahnsinn bin. Ich kann mir kaum vorstellen, daß mein Gehirn diese Belastung noch sehr lange aushält.«[142] Resignativ notiert er: »Und wie wenn das alles Wahnsinn wäre?!« (Ms-135,3v[2]) Und ebenfalls in Code betet er: »Gott bewahre mich vorm Wahnsinn!« (Ms-136,60a[2])

Die Psychiatrie hat sich Ludwig Wittgensteins Seelenzustands ebenfalls angenommen und ist zu einem klinischen Ergebnis gekommen: Demnach erfüllte Wittgenstein alle Kriterien für einen ausgewachsenen Autismus in Verbindung mit jenem Syndrom, das Hans Asperger erstmals 1943 in seiner Wiener Habilitationsschrift definiert hat.[143] In der Zeitschrift für *European Child & Adolescent Psychiatry* führt Michael Fitzgerald sechs Kriterien an, die Wittgenstein erfüllt, um die Asperger-Diagnose zu bestätigen.[144] Dazu zählen eine schwere Beeinträchtigung wechselseitiger sozialer Interaktion, ein alles absorbierendes Interesse für ein eng umrissenes Themenfeld, eine gewisse Zwanghaftigkeit, Sprachprobleme (Wittgenstein soll leicht gestottert haben),

Schwierigkeiten mit nonverbaler Kommunikation sowie eine gewisse motorische Ungeschicklichkeit. Zu Letzterer könnte man bei Wittgenstein eine gewisse Asperger-konforme Aggressivität zählen. Als Volksschullehrer in Oberösterreich soll er mehrmals körperliche Gewalt gegen seine Schüler ausgeübt haben, die auch zur Anzeige gebracht wurde und ihn schließlich diesen Job kostete. Berühmt-berüchtigt ist die Anekdote, dass Wittgenstein bei einer philosophischen Diskussion im »Moral Club« der Universität Cambridge mit dem Schürhaken auf den Vortragenden, keinen Geringeren als den Philosophen Sir Karl Popper, losgegangen sein soll. Die BBC-Journalisten David Edmonds und John Eidinow sind in einer bedenkenswerten Studie dieser Legende nachgegangen, von der es so viele Versionen wie Anwesende bei jenem Diskussionsabend gab. Dass das Leben Sir Poppers nur durch das energische Einschreiten Bertrand Russells gerettet worden sein soll, ist eine der extremeren Darstellungen dieses für den weiteren Gang der modernen Philosophie nicht unentscheidenden Abends.[145]

Nicht nur im persönlichen Verhalten Wittgensteins sieht der Psychiater Michael Fitzgerald aber Symptome für seinen Autismus und das damit verbundene Asperger-Syndrom. Seine Schwierigkeiten im persönlichen und emotionalen Umgang mit Menschen »had a major impact on his philosophical writing and indeed on the course of philosophy in the 20th century«.[146] Seine Bildtheorie der Bedeutung im *Tractatus* und seine Auffassung, nur objektive naturwissenschaftliche Tatsachen ließen sich überhaupt aussprechen, deuten darauf hin, dass der Philosoph auf jener Stufe der kindlichen Entwicklung stehen geblieben sei, auf der die unmittelbare, unreflektierte konkrete Wahrnehmung der Umwelt noch nicht überwunden sei. Seine Sprachphilosophie sei im »autistischen Modus« steckengeblieben. Seine spätere Sprachspieltheorie wiederum sei ein Indiz für seine Entwicklungsverzögerung, da er erst im Alter von vierzig Jahren von einem exklusiven Fokus auf sich selbst zu einer Ansicht von sozialem Kontext und wachsender Komplexität sozialer Beziehungen gekommen sei. Die Neurowissenschaftlerin Uta Frith weist darauf hin, dass Autisten große Defizite in der Herstellung von Kohärenz hätten.[147] Da die eigene Identität fragmentiert sei, sei auch der Blick auf die Welt in lauter einzelne Segmente aufgeteilt. In seinen *Vorlesungen über die Grundlagen der Mathematik* weist Wittgenstein zum Beispiel darauf hin, dass er seinen Studierenden ein äußerst schlechter Führer sei, weil er leicht durch interessante Örtlichkeiten vom Weg abgelenkt würde und dazu neige, Nebenstraßen einzuschlagen, statt wie ein guter Führer »den Leuten zuerst die Hauptstraßen [zu] zeigen«.[148]

Wittgenstein reflektiert selbst an vielen Stellen in seinen Notizen das Fehlen von Kohärenz und deutet es als Mangel in der Ordnungsvorstellung. In den *Zetteln* findet sich aber eine Bemerkung, die darauf hindeutet, dass der herkömmliche Ordnungsbegriff selbst mangelhaft sein könnte, weil die Vorstellung einer »anderen« Ordnung durchaus produktiver sein könnte:

»Den Schwachsinnigen stellt man sich unter dem Bild des Degenerierten, wesentlich Unvollständigen, gleichsam Zerlumpten vor. Also unter dem der Unordnung statt der primitiven Ordnung (welches eine weit produktivere Anschauungsart wäre).«[149]

Wittgensteins eigene Notizen- und Manuskriptesammlung, aber auch Robert Walsers »Bleistiftgebiet« oder andere Konvolute vermischter und versprengter Zettel, Notizen, Sudelbücher oder Schmierblätter könnten Beispiele dafür sein, dass der Verwirrte oder geistig »Unnormale«, der den etablierten, regelgeleiteten und üblichen Denkmustern und Denkrichtungen nicht mehr folgt, deswegen nicht außerhalb von Regeln oder Mustern operiert und denkt, sondern in anders verzweigten. Der Gegensatz zur Ordnung muss eben nicht die Unordnung, sondern kann eine andere Ordnung, ein Ordnungsprinzip zweiter Stufe sein. Dieser Gedanke beschäftigte Wittgenstein schon früh. Bereits in einer Tagebuchnotiz vom 19. 09.1916 schreibt er:

»Es kann nicht eine ordentliche oder eine unordentliche Welt geben, so daß man sagen könnte, unsere Welt ist ordentlich. Sondern in jeder möglichen Welt ist eine, wenn auch komplizierte, Ordnung, geradeso, wie es im Raum auch nicht unordentliche und ordentliche Punktverteilungen gibt, sondern jede Punktverteilung ist ordentlich.«

Und er schiebt dieser Notiz noch ein Addendum in Parenthese hinterher:

»(Diese Bemerkung ist nur Material für einen Gedanken.)«[150]

Wer Menschen allein anhand ihrer Notizzettel beurteilen würde, der würde vermutlich eine gesamtgesellschaftliche Psychopathogenese betreiben. Wenn Irresein, Wahnsinn, Schizophrenie oder Depression deswegen zu den Psychopathologien der Gesellschaft gezählt werden, weil den Leidenden und Gebeutelten ihre Welt in Unordnung geraten ist, dann zeigt sich der notierende Mensch als psychopathologisch, weil seine Gedanken und seine Aufzeichnungen nicht in Ordnung sind.

Was aber heißt Ordnung der Gedanken? In welcher Form sind denn unsere Gedanken *richtig* angeordnet? Die Wissenschaft von der Ordnung der Gedanken ist bei Wittgenstein die Logik. Die Logik ist aber offenbar nicht die einzige Art der Verknüpfung mentaler Inhalte, Repräsentationen, Gedanken. Die Anordnung von Schreib- und Malbausteinen auf Notizzetteln ist offenkundig auch eine Verknüpfung mentaler Inhalte. Sie hat aber entweder keine Logik, ist dann also etwas anderes als

Logik, oder wir müssen den Logikbegriff erheblich ausweiten und auch solche Verknüpfungen als logisch bezeichnen, die offensichtlich inkohärent, nicht zusammenpassend, weit entfernt liegend oder rundheraus inkommensurabel sind. Es ist die Logik des Sammelsuriums, die Logik des Unlogischen. Die Anordnung und Verknüpfung von Elementen auf Notizzetteln malt jenseits der intrinsischen Logik der einzelnen Elemente oder Schreib- und Malbausteine auch ein Bild von der Welt, ist eine Repräsentation von Mentalem, nämlich der Art und Weise, wie wir selbst die Bausteine zusammendenken und zusammenschreiben können.

Wittgenstein denkt über diese Frage in einer Reihe von Paragraphen in den *Philosophischen Untersuchungen* nach, die mit der Frage beginnt: »Inwiefern ist die Logik etwas Sublimes?« (PU § 89) Er setzt darin die Begriffe Satz, Sprache, Denken und Welt in Beziehung, wobei die Logik als das Wesen des Denkens bezeichnet wird, das als Ordnungsschema für das Denken und damit für die Welt dient:

> »Das Denken ist mit einem Nimbus umgeben. – Sein Wesen, die Logik, stellt eine Ordnung dar, und zwar die Ordnung a priori der Welt, d. i. die Ordnung der *Möglichkeiten*, die Welt und Denken gemeinsam sein muss« (PU § 97).

Diese Ordnung müsse einerseits »höchst einfach« sein, andererseits müsse sie aber auch, wie er sich etwas poetisch ausdrückt, »vom reinsten Kristall sein«. Diese Ordnungsvorstellung ist für Wittgenstein aber eine Fehleinschätzung, die mit der Apotheose der Sprache als Ausdruck des Guten, Wahren, Schönen zu tun hat. Als Verfechter, ja Begründer einer *ordinary language philosophy* geht es Wittgenstein aber um den ganz alltäglichen Gebrauch von Wörtern, Sätzen und Gedanken: mehr Küche als Kirche, weniger Goethe, mehr Notizzettel. Entsprechend muss seiner Meinung nach auch die Logik einen ausgeweiteten Ordnungsbegriff aufweisen:

> »Wir sind in der Täuschung, das Besondere, Tiefe, das uns Wesentliche unserer Untersuchung liege darin, daß sie das unvergleichliche Wesen der Sprache zu begreifen trachtet. D.i., die Ordnung, die zwischen den Begriffen des Satzes, Wortes, Schließens, der Wahrheit, der Erfahrung, usw. besteht. Diese Ordnung ist eine *Über*-Ordnung zwischen – sozusagen – *Über*-Begriffen. Während doch die Worte ›Sprache‹, ›Erfahrung‹, ›Welt‹, wenn sie eine Verwendung haben, eine so niedrige haben müssen, wie die Worte ›Tisch‹, ›Lampe‹, ›Tür‹« (ebd.).

Wittgenstein folgert darum, dass »jeder Satz unserer Sprache ›in Ordnung ist, wie er ist‹. D.h. daß wir nicht ein Ideal anstreben« (PU § 98). Auch die »gewöhnlichen, vagen Sätze«, wie wir sie im Alltag gebrauchen oder auf Zetteln als ursprünglichstem Ausdruck unseres Denkens, als »inneres Schreiben« notieren, haben einen »untadelhaften Sinn«. Entsprechend muss unsere Ordnungsvorstellung so konstruiert sein, dass sie auch das Verzettelte, Inkohärente, Verwirrte einschließt: »Wo Sinn ist, muß vollkommene Ordnung sein. – Also muß die vollkommene Ordnung auch im vagsten Satze stecken« (ebd.). Der Disparatheit im Diskursuniversum der verzettelten Gedanken entspricht eine Disparatheit von Ordnungsbegriffen, die sich vielleicht nicht einmal mehr auf einen Begriff bringen lassen. Es handelt sich dann um »eine von vielen möglichen Ordnungen; nicht *die* Ordnung« (PU § 132).

Als Philosoph, der sich mit dem Denken selbst beschäftigt, interessiert sich Wittgenstein für die Verwirrungen, und sein Ordnungsschema muss entsprechend die Ordnung in der Verwirrung sichten oder gar eine Ordnung der Verwirrung herstellen: »Die Verwirrungen, die uns beschäftigen, entstehen gleichsam, wenn die Sprache leerläuft, nicht wenn sie arbeitet« (ebd.). Entsprechend fängt auch die Notizensammlung, auf die Wittgenstein den Titel *Zettel* geschrieben hat, mit Überlegungen zu der Frage an, wann eigentlich ein Gedanke »fertig« genannt werden dürfe. Im *Tractatus logico-philosophicus* hat Wittgenstein die Logik als Grundlage der Mathematik beschrieben. In den *Philosophischen Untersuchungen* hat er die Sprache als die Grundlage der Logik analysiert. In den *Zetteln* untersucht er das Denken als Basis der Sprache, die »Grenzlinie zwischen ›denken‹ und ›nicht denken‹«,[151] und er stellt fest: »›Denken‹, ein weit verzweigter Begriff. Ein Begriff, der viele Lebensäußerungen in sich verbindet. Die Denk*phänomene* liegen weit auseinander«.[152] Die *Zettel* sind ein »inneres Schreiben« über das Denken, was so viel heißt wie: ein Denken über das Denken, bei dem Wittgenstein selbst an jene Grenzen stößt, die er schon immer ausloten wollte:

> »Wir sind auf die Aufgabe gar nicht *gefaßt,* den Gebrauch des Wortes ›denken‹, z. B., zu beschreiben. (Und warum sollten wir's sein? Wozu ist so eine Beschreibung nütze?)
> Und die naive Vorstellung, die man sich von ihm macht, entspricht gar nicht der Wirklichkeit. Wir erwarten uns eine glatte, regelmäßige Kontur, und kriegen eine zerfetzte zu sehen. Hier könnte man wirklich sagen, wir hätten uns ein falsches Bild gemacht. [Randbemerkung: Bemerkung über Fragment.]«[153]

Kohärenzvorstellung als Ordnungsvorstellung? So wie es nicht *eine* Ordnung gibt, gibt es auch nicht *eine* Kohärenz, sondern nur die zitierte »zerfetzte Kontur«. Ein zusammenhängender Sinn ist *eine* Möglichkeit in der Logik des Schreibens und des Denkens, aber doch nur ein Sonderfall. Dass die Kohärenz des

Inkohärenten Verstehensprobleme aufwirft, wurde schon im vorangegangenen Kapitel am Beispiel Lionardo da Vincis ausgeführt. Im »Werk« Ludwig Wittgensteins, das ja vor allem ein gigantischer Zettelberg ist, lassen sich die Verstehensprobleme, wie in den Textsammlungen der meisten vorwiegend aphoristisch schreibenden Autorinnen, gut exemplifizieren. Es finden sich in den verschiedenen Notizen, Halbfabrikaten, Fertigungsstufen und Werken Bemerkungen, die sich gegenseitig auszuschließen scheinen. Das Faktum der Disparatheit oder Widersprüchlichkeit (gerade bei einem Logiker!) kann aber auch in der besonderen Form des Wittgenstein'schen Schreibprozesses (und demjenigen der anderen Notizenschreiberinnen) begründet sein: Das Denken verpflichtet nicht zu Widerspruchsfreiheit, die Logik ist gerade keine »normative Wissenschaft«. Das Denken als Projektmaschinerie produziert fortwährend Entwürfe, Ideen, Skizzen auch von sich ausschließender Art. Wittgenstein selbst nahm den Selbstwiderspruch wahr, wo er notierte, ihm sei erst später aufgegangen, »daß wir nämlich in der Philosophie den Gebrauch der Wörter oft mit Spielen, Kalkülen nach festen Regeln, *vergleichen*, aber nicht sagen können, wer die Sprache gebraucht, *müsse* ein solches Spiel spielen« (PU § 81). Die »festen Regeln« der Sprache und des Denkens sind also offenbar deutlich weniger fest, sie sind flexibel und variabel, und der Notizzettel ist das Medium dieser Flexibilität oder Variabilität.

Hier berühren sich Logik und Ethik. Ein Spiel zu spielen, sei es ein Sprachspiel oder ein Schreibspiel, verpflichtet zu nichts, und das ist gerade das Spielerische daran. »Logik und Ethik aber sind im Grunde ein und dasselbe – Pflicht gegen sich selbst«, schrieb der von Wittgenstein verehrte Otto Weininger.[154] Man muss hinzufügen: Eine »Pflicht gegen sich selbst« ist ein nur geringer Anspruch an die Kraft des Normativen! An vielen Stellen in seinen Manuskripten und Zetteln denkt Wittgenstein, der Zwanghafte, über den »logischen Zwang« und das »mathematische Muß«

nach: »›Aber bin ich also in einer Schlußkette nicht gezwungen, zu gehen, wie ich gehe?‹ – Gezwungen? Ich kann doch wohl gehen, wie ich will!«[155] Und an anderer Stelle notiert er: »Das mathematische Muß ist nur ein andrer Ausdruck dafür, daß die Mathematik Begriffe bildet«, und etwas später: »Die Mathematik bildet ein Netz von Normen.«[156] Der Verpflichtungscharakter logischer oder mathematischer Sätze firmiert auf derselben Ebene wie derjenige ethischer Sätze – ohne Sanktionsmöglichkeiten, ohne Machtmittel, ohne konkrete Gewalt über die Umstände lässt sich ihr Geltungsbereich nicht festlegen. Wer darüber nachdenkt, was die soziale Welt im Inneren zusammenhält, wird darum auf die eine oder andere Weise immer auf den Begriff der Macht kommen, wie es beispielsweise im Feld der analytischen Philosophie John Searle (»Hintergrundmacht«)[157] oder im Feld der kontinentalen Philosophie vor allem Michel Foucault getan hat, wo er formuliert, »daß es keine Machtbeziehung gibt, ohne daß sich ein entsprechendes Wissensfeld konstituiert, und kein Wissen, das nicht gleichzeitig Machtbeziehungen voraussetzt und konstituiert«.[158] Jenseits solcher Machtbeziehungen besteht keine zwingende Verpflichtung, beispielsweise den Sätzen sowohl der Ethik als auch der Logik zu folgen, eben weil niemand einen dazu zwingen kann. Wittgenstein gibt, verstreut in seinen Zetteln und Notizen, auch einige Anwendungsbeispiele, mit denen er zeigen will, was es bedeutet, zur Annahme bestimmter Argumente, Schlüsse oder Normen nicht gezwungen zu sein. In den *Philosophischen Untersuchungen* etwa fragt er sich: »Wozu denkt der Mensch? wozu ist es nütze?« (PU § 466) Hier ist sein Beispiel die Berechnung der Wandstärke einer Dampfmaschine. In der Regel wird man bei der Konstruktion von Dampfmaschinen der Berechnung folgen, aber auch Dampfkessel, die nach dieser Regel gebaut wurden, können manchmal explodieren. Wittgenstein folgert daraus: »*Manchmal* also denkt man, weil es sich bewährt hat« (PU § 470).

Auch Kohärenz ist so eine Ordnung oder Regel oder Norm, zu der keine Macht einen zwingen kann (jedenfalls in demokratischen Gesellschaften). »Die Art, wie jemand Sprache aufzeichnet, scheint das Lebenselixier des Denkprozesses zu sein«, schreibt George A. Miller.[159] Aber dieser Denkprozess ist nicht immer und vielleicht sogar nur in Ausnahmefällen ein finalisierender, stringenter und kohärenter Denkprozess. In vielen und vielleicht den meisten Fällen sind unsere Denkprozesse, wie wir sie an den manischen Notizbuchschreibern wie Ludwig Wittgenstein nachexerzieren können, wirre und unordentliche, inkohärente und wahnhafte Denkprozesse.

Was dann aber der Wahnsinn an Wittgensteins Methode und in seinen Notizbüchern und -zetteln sein soll, wäre neu zu hinterfragen. Denn sein textuelles und gedankliches Ordnungsprinzip befindet sich offensichtlich noch innerhalb des Möglichkeitsbereichs denkprozessualer Darstellung. Man müsste bei zwei konkurrierenden Ordnungssystemen, in Anlehnung an einen bekannten Filmtitel, schon fragen dürfen: Ist der Schreibende wahnsinnig oder die Gesellschaft, in der er lebt? Seine Vertraute Fania Pascal befindet denn auch, Wittgenstein sei »alles andere als neurotisch« gewesen. Im Gegenteil konstatiert sie: »Alle Dinge, in denen psychische Sorgen und Komplexe entstehen und gedeihen können, gab er einfach auf: Reichtum, Familie, Gemeinschaftszugehörigkeit und engere Heimatbindungen.« Und sie zieht daraus den Schluss: »Er wurde der freieste aller Menschen.«[160] Wittgensteins postkonventionelle Lebensführung ermöglichte damit überhaupt erst sein postkonventionelles Schreiben, vielleicht aber bedingt auch seine Art zu schreiben sein unkonventionelles Leben.

Wittgensteins Notizzettel sind Texte *sui generis*, und das liegt daran, dass es sich um private Medien handelt. Allerdings muss man an die Privatheit dieser Kommunikanten vielleicht nicht die strengen Kriterien des Logikers Wittgenstein anlegen. Vielleicht gibt es eine Privatheit von Sprache, von Texten und Kommunikanten, die nicht ihre vollständige Unübersetzbarkeit und Unverständlichkeit meint, sondern nur die relative. Es wurde schon auf das Konzept der unklaren Öffentlichkeit hingewiesen. Vielleicht gibt es auch eine unklare Privatheit, und vielleicht finden wir genau diese in Notizbüchern wie denen von Ludwig Wittgenstein. Mit der Unklarheit der Begriffe Öffentlichkeit und Privatheit setzte er sich auch selbst auseinander, das Changieren zwischen diesen Konzepten bringt er auf den Punkt:

»Ich habe kein Recht, der Öffentlichkeit ein Buch zu geben, worin einfach die Schwierigkeiten, die ich empfinde, ausgedrückt und durchgekaut sind. Denn diese Schwierigkeiten sind zwar für mich interessant, der in ihnen steckt, aber nicht notwendigerweise für die Menschheit. / Andern. / Denn sie sind Eigentümlichkeiten meines Denkens, bedingt durch meinen Werdegang. Sie gehören, sozusagen, in ein Tagebuch, nicht in ein Buch. Und wenn dies Tagebuch auch einmal für jemand interessant sein könnte, so kann ich's doch nicht veröffentlichen. Nicht meine Magenbeschwerden sind interessant, sondern die Mittel – if any – die ich gegen sie gefunden habe.« (24.1.1948; Ms-136, 144a)

Ludwig Wittgenstein nimmt sich die Freiheit, Privatheit und Öffentlichkeit nach eigenem Gusto neu zu definieren.

Das handgeschriebene Buch

Leserlichkeit ist die Höflichkeit der Handschriften.
(Friedrich Dürrenmatt)

Meditation und Maulwurfsfell

»Zwanghafte Ordnungsliebe«, »obsessive neatness«, ist es auch, die die Schreibspiele des britischen Reiseschriftstellers Bruce Chatwin begleitet hat. In seinem Buch *The Songlines*, in dem er seine Reise durch das Innere Australiens beschrieben hat, skizziert er eine solche Schreibsession, die auch einem Algorithmus folgen könnte:

a. Fahre mit dem Wohnwagen ins Outback;
b. klappe ein Sperrholzbrett über die Schlafstatt;
c. rücke einen Stuhl heran;
d. stelle in ein leeres Trinkglas deine Schreibstifte und ein Schweizer Taschenmesser;
e. bilde drei ordentliche Stapel aus deinen Kladden;
f. fange an, die Kladden mit allem vollzuschreiben, was dir auf- und einfällt.

Die Kladden nannte Chatwin auch »meine Pariser Notizbücher«. Angeblich, so erzählt der Schriftsteller weiter, geht er bei jedem Parisaufenthalt in ein bestimmtes Schreibwarengeschäft in der Rue d l'Ancienne Comédie und kauft dort jene »carnets moleskines«, die er stets auf seinen Reisen mitführt, um jene Gedanken zu notieren, aus denen später seine preisgekrönten Reisereportagen werden sollen.[1]

Moleskin, auch Englischleder genannt, ist, wie man im *Textil-*

Fachwörterbuch von Alois Kiessling und Max Matthes nachlesen kann, kein Leder, sondern ein einfarbiger Baumwollstoff, der nach dem Weben linksseitig aufgeraut wird, was ihm eine weiche Oberfläche verleiht.[2] Ein bisschen erinnert das aufgeraute Material vielleicht wirklich an das »samtige Stoppelfell von Maulwürfen«, wie es Sascha Lobo einmal formuliert hat,[3] und deswegen auch der Name Moleskin oder Maulwurfsfell. Als strapazierfähiger Überzug diente es in französischen Kneipen als Sitzbezug, in England als Stoff für Arbeitsbekleidung, und eben auch als Einbandmaterial für billige Kladden. Bruce Chatwin nutzt die Bücher aus kariertem Papier, der Umschlag mit einem elastischen Band umgeben. Er nummeriert die einzelnen Bücher und schreibt Namen und Adresse aufs Titelblatt. Dem Finder verspricht er eine hohe Belohnung, denn: »Meinen Reisepass zu verlieren war meine geringste Sorge – ein Notizbuch zu verlieren wäre eine Katastrophe.«[4] In zwanzig Jahren Reisetätigkeit habe er genau zwei verloren. Eines verschwand aus einem Bus in Afghanistan. Das andere wurde vom brasilianischen Geheimdienst konfisziert: Recht scharfsinnig hätten sie aus einigen Zeilen über die Wunden Christi an einer Barockstatue auf die verschlüsselte (!) Darstellung der Passion politischer Häftlinge in Brasilien geschlossen. Vor der Abreise nach Australien habe der Besitzer der Papeterie ihm erzählt, das »vrai moleskine«, das wahre Moleskine-Heft, sei immer schwerer zu bekommen, weil es nur noch einen einzigen Hersteller gebe, ein kleines Familienunternehmen in Tours, und die würden sehr langsam liefern. Kurzentschlossen bestellt Chatwin gleich hundert Notizbücher auf einmal, denn so viele würden für den Rest seines Lebens reichen. Doch beim nächsten Besuch die Ernüchterung: Der Hersteller sei verstorben, seine Erben hätten das Familienunternehmen verhökert: »Le vrai moleskine n'est plus« – das wahre Moleskine ist von uns gegangen.

Da diese Anekdote sich Mitte der 1980er Jahre abgespielt ha-

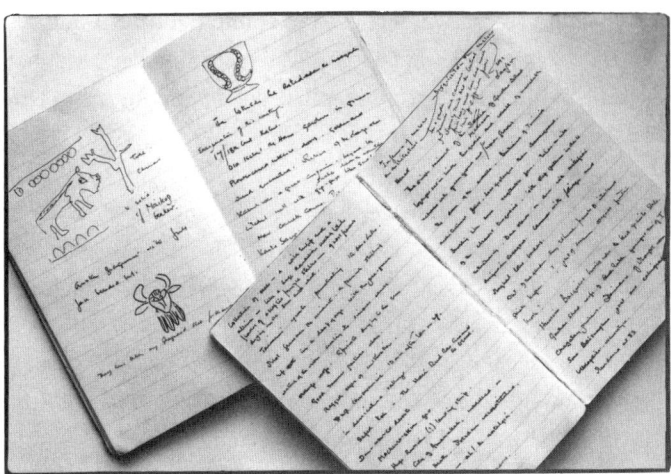

Abb. 8: Notizbücher von Bruce Chatwin

ben müsste, taugte sie ganz gut als Metapher für den Medienwandel, der sich seitdem und parallel ereignet hat. Die Schrift hätte sich demnach verflüchtigt, verpflanzt, neu verortet, weg vom Buch und damit auch weg von den Kladden und Zetteln, Notizbüchern und Moleskine-Bänden hin in eine schöne neue Welt, in der wir uns ganz neu verzetteln, ganz anders schreiben und damit auch denken, die digitale Welt. Das Digizän, das das Typozän ablöst, wäre also ein buchloses Zeitalter, dessen gedruckte Wissensressourcen erbarmungslos dem Reißwolf überantwortet werden, wie es der amerikanische Schriftsteller Nicholson Baker am Beispiel der Vernichtung alter Zeitungsarchive in US-Bibliotheken dargestellt hat,[5] und auch dessen handgeschriebene Ressourcen sind so nutzlos wie schutzlos. »Wie wir alle wissen und nur nicht sagen, schreibt kein Mensch mehr«, schrieb, paradoxerweise, Friedrich Kittler.[6] Das Ende des Notizzettels, wirklich? Sind sie wirklich ausgestorben, die »schreibenden Protokollanten des Alltagslebens«, wie der

Schriftsteller Hilmar Klute die Besitzer und Benutzerinnen von Notizbüchern in der *Süddeutschen Zeitung* einmal genannt hat, »ständig notierende Seismographen der Spätmoderne«? Und auch Klute muss feststellen:

> »Dabei schreibt doch heute kaum noch jemand etwas mit der Hand irgendwo hin, oder? Das Wort Notizbuch ist vom Notebook abgelöst worden – alle tippen irgendetwas in ihre Dinger. Oder stimmt das gar nicht? Gibt es eine zugegeben noch recht stille Sehnsucht nach dem Handschriftlichen, die aber wachsen kann und irgendwann mächtig und selbstbewusst neben dem digitalen Plastikgetippe zu stehen kommen wird?«[7]

Die Gegenanzeige für diese Diagnose ist, dass Notizbücher als Luxusgüter gerade der digitalen Boheme fast ubiquitär sind. In Leder gebunden, mit Lesebändchen, die eigenen Initialen in den Umschlag gestanzt, oder in Gestalt bekannter Buchreihen: Notizbüchlein als Reclam-Heftchen, als Band der Suhrkamp-Taschenbuch-Wissenschaft-Reihe oder, für die Philosophen, à la Meiners Philosophische Bibliothek.

Und nicht nur das: Online finden sich unzählige Anleitungen zum richtigen Führen von Notizlisten und Notizbüchern. »15 essential rules how to manage your notebook« hat der Blogger Christian Mähler aufgestellt (um sie später auf 25 zu erweitern).[8] Als »Denken mit dem Stift« wird das Führen visueller Notizen, der sogenannten sketchnotes, bezeichnet, es existiert dafür eine ganze Riege an Ratgebern.[9] Und der Schriftsteller Hanns-Josef Ortheil hat sogar ein Buch über das Führen von Notizbüchern geschrieben, in dem er wertvolle Tipps für das »Schreiben dicht am Leben gibt« und »elementares Notieren« vom »bildlichen Notieren«, vom »Emotionen [N]otieren« und vom »klassischen Notieren« als Exzerpieren in »Sudelbüchern« unterscheidet.[10]

Auch die Moleskine-Notizbücher gibt es wieder, vielleicht fing mit ihnen sogar der neue Hype an. Die Italienerin Maria Sebregondi und ihre kleine Mailänder Firma Modo & Modo entdeckten 1997 die kleine Geschichte aus Chatwins *Songlines* und sicherten sich die Markenrechte am Begriff Moleskine. Die heute unter diesem Namen erhältlichen Notizbücher sind allerdings gar nicht aus dem Maulwurfsfell genannten Stoff, sondern in noch billigeres chinesisches Kunstleder gebunden, und in China werden die Notizbücher mit dem Charme der Pariser Mandarine auch von Anfang an hergestellt. Dafür gibt sich das Modell nobel, und jedes Exemplar prahlt in einem in sechs Sprachen verfassten Beipackzettel mit großen Namen und noch größeren Werken:

»Moleskine ist das legendäre Notizbuch der Künstler und Intellektuellen der vergangenen zwei Jahrhunderte: von van Gogh bis Picasso und von Ernest Hemingway bis Bruce Chatwin. Ein handlicher, zuverlässiger Reisegefährte für Skizzen, Notizen, Geschichten und Eindrücke, bevor sie zu berühmten Bildern oder zu Seiten von geliebten Büchern werden sollten.«[11]

Auch der Name der Straße, in der die Pariser Papeterie lag, nämlich die »Straße der Alten Komödie«, hätte die Leserin bereits stutzig machen können: Bei der Recherche eines Reporters der *Süddeutschen Zeitung* konnte sich keiner der Anwohner der Rue d l'Ancienne Comédie daran erinnern, dass es dort jemals ein Schreibwarengeschäft gegeben habe.[12]

Dass das Geschäft mit leeren Büchern einträglicher sein kann als dasjenige mit schon bedruckten Büchern, zeigt auch der Erfolg des »Nonbook«-Bereichs im deutschen Buchhandel. Die größte deutsche Buchhandelskette hat schon 2012 angekündigt, den Anteil von Nicht-Buch-Artikeln am Umsatz auf 30 bis

40 Prozent zu steigern.[13] Die eleganten Notizbücher machen keinen ganz kleinen Teil dabei aus. Auf 174 Millionen Euro belief sich laut dem Datenportal Statista der Umsatz der Marke Moleskine im Jahr 2018. Dass der Marketing-Coup der Firma Modo & Modo ins Jahr 1997 und damit nur wenige Jahre nach der Entscheidung des Europäischen Forschungszentrums *Cern* fiel, die Erfindung ihres Programmierers Tim Berners-Lee kostenlos der Öffentlichkeit zu übergeben, ist ein weiterer jener Zufälle, die man unbedingt in einem Notizbuch notieren sollte. Berners-Lee hatte das World Wide Web (WWW) als Hypertextsystem entwickelt, das ursprünglich vor allem dazu dienen sollte, den Datenaustausch der über 2000 Forscherinnen am Genfer Teilchenbeschleuniger mit ihren zig verschiedenen Computersystemen, Softwareversionen und Sprachoptionen zu vereinfachen. Doch schon die Bezeichnung WWW, die von Berners-Lee selbst stammt, deutet darauf hin, dass er um die Bedeutung und die mögliche Dimension des von ihm entwickelten Systems wusste. Sein Hypertextsystem zerlegt Informationen in Infohäppchen, die über Knoten oder Links miteinander verknüpft werden, eine digitale Zettelwirtschaft, die mittlerweile hinlänglich und oft genug beschrieben wurde. Ende dieser Entwicklung ist, dass der Inhalt gar nicht mehr relevant ist, sondern hinter die Verknüpfung oder den Link als eigentlich entscheidender Größe zurücktritt: Kommunikant ohne Kommunikat. Der Internet-Evangelist Jeff Jarvis drückte es in seinem Buch *Was würde Google tun?* so aus: »Do what you do best and link to the rest.«[14]

Die Renaissance des handschriftlichen Notierens in Buchform ist vielleicht die Gegenbewegung. Der Gedanke soll zu Papier kommen. Die Gedanken sollen aber auch zum Buch werden, auch wenn es kein öffentliches Buch und erst recht kein veröffentlichtes Buch ist, nicht teilhat an der Veröffentlichkeit, sondern ein privates Medium bleibt und in jener unklaren Privatheit verharrt, die den privaten Gedanken nur hin und wieder an die Luft lässt, die dann auch eine digitale Luft sein kann. Man kann an diesem Trend oder Hype ablesen, dass die Auratisierung des Mediums Buch bei weitem noch nicht an ihr Ende gekommen ist. Das Buch der Bücher ist aber nicht mehr die überlieferte Heilige Schrift. Im Gegenteil, diese Form religiöser Überlieferung ist im Laufe der Mediengeschichte, die von religiösem Schrifttum nicht unwesentlich geprägt wurde, irgendwie schal geworden und nur noch eine Farce ihrer selbst. Das Buch der Bücher ist heute das private Medium, ein Buch mit lauter leeren Seiten, ein Buch mit den sieben Siegeln privatsprachlicher Verschlüsselung, eine handschriftliche Selbst-Schreibung, das Buch der Bücher ist heute ein Notizbuch. Ein religiöses, oder vielleicht besser: spirituelles Moment erhält das Schreibspiel durch einen irgendwie kathartischen Effekt, der sich vielleicht gerade durch die Abkehr vom digitalen Instrumentarium einstellt. Es ist wohl nicht zu viel gesagt, dem Notierspiel auch eine meditative Note zu unterstellen, die auch Michel Foucault betont, wenn er die Praktiken des Notierens zu den »Künsten des Selbst« oder auch der »Sorge um das Selbst« (»le souci de soi«) zählt.[15] An anderer Stelle wurde die Rückkehr zum Handgeschriebenen schon als »das neue Yoga« bezeichnet.[16] Zeitgeistig wird diese Form des Schreibens und Notierens, wenn und sofern das Schreibspiel öffentlich geschieht, wiewohl der Inhalt selbst nicht öffentlich, privat bleibt – der Wittgenstein'sche Käfer in der Schachtel. Tobias Kniebe beschreibt das in einem Magazin:

>»Es spielt nicht die geringste Rolle, was Sie in ein Moleskine hineinschreiben. Entscheidend ist, dass Sie es im richtigen Moment aus der Tasche ziehen, dass Sie es souverän zu handhaben wissen und dass Sie den simplen Vorgang, das Ergebnis einer Hirntätigkeit zu notieren, auffällig und vor Publikum erledigen.«[17]

Von einer Renaissance kann gesprochen werden, nicht nur weil ein totgesagtes Medium als unbeschriebenes Blatt fröhliche Urständ' feiern darf, sondern weil diese Form des Notierens an die Anfänge des Schriftsystems und der Schreibspiele zurückkehrt. Als Meditations-, wenn nicht als Bußübung stellt Kirchenvater Athanasius der Große im 4. Jahrhundert das Notierspiel dar. In seiner *Vita Antonii*, der Lebensbeschreibung von Antonius, dem Einsiedler, wird die Selbst-Schreibung, also die tägliche schriftliche Aufzeichnung der eigenen Gedanken und Handlungen als notwendiger Beitrag zum asketischen Leben beschrieben:

»[E]in Jeder von uns merke sich seine Handlungen und die Regungen seiner Seele an und verzeichne sie, als wollten wir sie (dann) einander berichten; und seid versichert, daß wir jedenfalls – wenigstens aus Scham, als würden wir so erkannt werden – vom Sündigen, ja selbst vom Sinnen nach etwas Bösen ablassen werden; denn wer will auf einer Sünde betroffen werden? [...] Wie wir also, wenn wir uns einander zu Augenzeugen hätten, wohl nichts Unzüchtiges tun möchten, ebenso werden wir, wenn wir unsere Gedanken notieren, als hätten wir sie dann einander anzugeben, uns leichter vor schmutzigen Gedanken bewahren, eben weil wir uns schämen würden, erkannt zu werden. Es diene uns also diese Aufzeichnung anstatt der Augen unserer Mitgenossen im ascetischen Streben, auf daß, indem wir dann ebenso erröten würden, aufzuzeichnen, wie gesehen zu werden, wir uns das Böse nicht einmal beifallen lassen.«[18]

Schreiben nicht für die anderen, sondern für einen selbst als asketische Übung im asozialen Bezugssystem des Eremiten: Der heilige Athanasius führt schon im 3. Jahrhundert n. Chr. aus, dass Medien nicht der Kommunikation dienen. Er führt auch die Paradoxie der Autokommunikation vor: Die Aufzeichnung der eigenen Gedanken soll, so es sich um »schmutzige Gedanken« handelt, zu Selbstscham führen, die dazu führen soll, solche inkriminierten Gedanken gar nicht erst zu hegen. Dass dies eine schwierige, wenn nicht unmögliche reziproke Denkübung ist, das ist dem Kirchenvater selbst beim Aufschreiben offenbar nicht aufgefallen. Auch die andere Paradoxie, nämlich die der Askese durch Schreiben, erscheint dem Heiligen offenbar nicht unselig, dass nämlich der Konsumverzicht gerade durch überbordende Medienproduktion herbeigeführt werden soll. Vielleicht löst die Paradoxie sich dadurch auf, dass das asketische Schreiben gar nicht als mediale Produktion wahrgenommen wird, sondern als innerer Vorgang, als »inneres Schreiben«, als Fortsetzung des Denkens mit anderen Mitteln. Athanasius kann sich dabei auf ältere Gewährsleute berufen.

Im klassischen Altertum gab es zwei Formen des privaten Schreibens, nämlich die Korrespondenz und die Hypomnēmata. Die Korrespondenz in Form von Episteln richtete sich an andere, war eine Art der Kommunikation. Die Hypomnēmata waren Selbst-Schreibungen. Es handelte sich dabei nicht um Tagebücher im modernen Sinne des Begriffs. Denn die Hypomnēmata berichten von nichts und kennen in der Regel auch keine Orientierung am Datum. Es konnte sich dabei um Rechnungsbücher öffentlicher wie privater Art ebenso handeln wie um Merkbücher. Daher auch das Wort der »niedergeschriebenen Erinnerungen«. Im Schreibspiel festgehalten wurden hingegen nicht so sehr die *eigenen* Gedanken als die anderer Autoren. Notiert wurden Sentenzen und Sinnsprüche, Auszüge und Zitate, Reflexionen und Gedankensplitter bekannter oder auch nicht so bekannter lateinischer oder griechischer Schriftstellerinnen. Wie Foucault anmerkt, bildeten sie »gleichsam ein materielles Gedächtnis des Gelesenen, Gehörten und Gedachten, einen zur neuerlichen Lektüre und weiterer Reflexion bestimmten Schatz an Wissen und Gedanken«,[19] man könnte also auch sagen: das

»extended mind« der Antike. Die Hypomnēmata perpetuierten damit einen Schriftverkehr, der schon mit dem Schreibenlernen anfing, denn auch die Vermittlung dieser Technik geschah durch Abschreiben der kanonischen Texte des klassischen Altertums. Umgekehrt kommen viele Werke genau dieses lateinischen und griechischen Altertums wie eine »reine Kompilation aus Sekundärquellen« daher, wie die Altphilologinnen Charlotte Schubert und Alexander Weiß festgestellt haben.[20] Für die Nachgeborenen ist das ein philologisches Glück, weil viele verschollene Werke wenigstens auszugsweise oder in ihren Kernsätzen in solchen Kompilationen oder Hypomnēmata erhalten sind. Als Exzerpte- oder Zettelsammlungen lieferten die Hypomnēmata ihren Beitrag zur guten Lebensführung, waren Lebenshilfe und auch Verhaltensnorm, die in der gesamten gehobenen Bildungsschicht des Altertums verbreitet waren. Als Fundgrube und Bergwerk für die Kreation neuer Werke waren die Hypomnēmata schon deswegen besonders wichtig und fruchtbar, weil Textproduktion in der Antike insgesamt vor allem in der Auseinandersetzung mit anderen Texten bestand, also die Kunst der Verknüpfung oder Verlinkung pflegte und damit die Buchkultur bis weit in die Neuzeit prägte – die unter anderem auch deswegen Neuzeit hieß, weil sie die alten Texte immer häufiger links liegen ließ. Der griechische Schriftsteller Plutarch hat ein prägnantes Beispiel für die besondere Konstruktionsweise der Hypomnēmata hinterlassen: Als sein Freund Fundanus ihn um Rat in der Frage nach den Erregungen der Seele bat, hatte Plutarch wohl gerade nicht die richtige Abhandlung zum Thema zu bieten. Der griechische Schriftsteller schickte dem Fundanus darum, wie er selbst in der Einleitung schreibt, seine Hypomnēmata, die er selbst zu diesem Thema geschrieben hatte, die unter dem Titel *Peri Euthymias* bis auf uns gekommen ist und deren Titel man klassizistisch mit *Von der Heiterkeit der Seele* ebenso übersetzen kann wie etwas aktueller und eigentlich auch exakter mit *Über die gute Laune* (nur der etablierte lateinische Titel *De tranquilitate* scheint so gar nicht zu passen). Michel Foucault beklagt entsprechend den »etwas zusammenhanglosen Aufbau des Textes«,[21] doch genau der weist natürlich auf die Praxis des postkonventionellen Schreibens hin, die symptomatisch auch für den Inhalt der Plutarch'schen Schrift sein kann, weil gerade das Postkonventionelle auch gute Laune machen kann und das entsprechende Schreibspiel ins Ensemble einer »fröhlichen Wissenschaft« integriert.

Die Hypomnēmata sind, anders als das Wort glauben machen kann, keine Übung in Mnemotechnik. Sie sind eben »hypo« und damit unter, neben oder auch jenseits der »mnēmata«, der Erinnerungsinhalte. Dass dieses Format und dieses Schreibspiel die Mnemotechnik übersteigt, wird schon daran deutlich, dass die Hypomnēmata immer wieder neu gelesen, hervorgeholt, weitergegeben und neuerlich überdacht werden sollten. Die Erinnerungsfunktion wird damit klar transzendiert. Sie sollten nicht nur eine Hilfe für die gute Lebensführung sein, sondern waren selbst Teil dieser guten Lebensführung, des *logos bioèthikos*. In seinen *Briefen über Ethik*, die er an seinen Schüler Lucilius adressierte, empfahl der römische Philosoph Seneca, zur guten Lebensführung gehöre das Lesen, aber auch das Schreiben. Senecas Briefe führen auch selbst vor, was sie meinen, denn sie kommen zwar als Briefe daher, in Wahrheit aber sind die *epistulae morales*, wie auch Christian Moser bestätigt, schriftliche Selbstgespräche. Der epistolare Diskurs sei gar nicht unmittelbar an Lucilius adressiert, vielmehr werde dieser aufgefordert, »die Überlegungen seines Lehrers in einem gesonderten Akt der Applikation auf seine eigene Person zu übertragen (›ex alio in se transferre‹)«.[22] Lucilius soll gar nicht in Dialog mit seinem Lehrer Seneca treten, sondern ausgehend von den Episteln in ein meditatives Zwiegespräch mit sich selbst gelangen. Und auch die Antwortbriefe des Lucilius sind wiederum nicht als Bezugnahmen auf die ursprünglichen Schreiben Senecas zu interpretieren, sondern als »Denkanstöße, die ihn seinerseits zu meditativer Einkehr veranlassen«.[23] Der Briefwechsel ist also im Grunde keiner, sondern ein dialektisches Schreibspiel, bei dem Kommunikate keine »Anschlusskommunikationen« auslösen, wie Niklas Luhmann das formulieren würde,[24] sondern Autokommunikationen nur andere Autokommunikationen initiieren: Kommunikanten ohne Kommunikate, die neue Kommunikanten ohne Kommunikate bedingen.

Der stoische Philosoph Epiktet, der selbst keine Schriften hinterlassen und sich ganz der dialogischen mündlichen Lehre verschrieben hat, empfiehlt dennoch das Schreiben als bestimmte Form des Nachdenkens über sich selbst. Man solle meditieren (»meletan«), schreiben (»graphein«) und üben (»gymnazein«): »Dies beherzigend, dieses schreibend, dieses lesend möge mich der Tod überraschen!«[25] Schreiben ist bei Epiktet stets mit Meditation verknüpft, jener Denkübung oder jenem Denkspiel, das nur auf sich selbst gerichtet ist, den inneren Punkt sucht, bevor irgendein äußerer Punkt anvisiert wird. Dabei kennt dieses Denken zwei verschiedene Richtungen: In seiner finalisierenden oder »linearen« Form, die man auch als agonales Denkspiel bezeichnen könnte, führt die Meditation über das Schreiben zum *gymnazein*, also zur probeweisen Übung realer Situation. Schreiben erscheint hier wiederum als Probehandeln oder wenigstens als Vorstufe dazu. Die andere Richtung des Denkens ist kreisförmig: Die Meditation führt zur schriftlichen Aufzeichnung des Gedankens, der rekapituliert werden und damit zu neuerlicher Meditation führen kann und so weiter.

Die antiken Hypomnēmata stehen in einem Kontext, der zwar aus unserer heutigen Sicht den relativen Anfang der Schrift- und Buchkultur bildet, der aber aus Sicht der damaligen Schreiberinnen und Notierer eine ganz andere Position einnimmt. Aus antiker Sicht war nämlich das Wesentliche bereits

Meditation und Maulwurfsfell

gesagt und geschrieben. Das hat für die Praxis des Notierens zwei unterschiedliche Folgen. Die erste Folge ist, dass man sich beim Notieren stets am Beispiel der berühmten Schriftsteller zu orientieren habe: »Probatos itaque semper lege«, schreibt Seneca, »lies daher stets die probaten, die anerkannten Autoren!«[26] Da die wesentlichen Erkenntnisse und Gedanken bereits geschrieben vorliegen, ist das Notieren eine Form der medialen Diätetik. Denn auch die Antike kannte bereits das Phänomen des *information overload*. Seneca schreibt – durchaus im Bewusstsein, besagten *overload* damit noch weiter zu vergrößern:

»Nur Verwirrung kommt aus einer Überzahl von Büchern. Da Du nicht alles zu lesen vermagst, was Du hast, genügt es, soviel zu haben, wie Du [sic!] lesen kannst. ›Aber‹, wendest Du ein, ›ich möchte bald dieses Buch aufschlagen, bald jenes!‹ Es verrät einen übersättigten Magen, wenn man von vielem nur kostet. Sobald es viele verschiedene Speisen sind, machen sie nur Beschwerden.«[27]

Wer schreibt, kann nicht lesen: Das Notieren und Exzerpieren nötigt also dazu, im Medienkonsum innezuhalten. Man muss darum »abwechselnd beides tun« und »das eine mit Hilfe des anderen zügeln«. Damit geht die zweite Folge dieser unterschiedlichen Positionierung innerhalb der Buchkultur einher: die Apotheose des Disparaten. Die Leserin, die eine Notiererin ist, liest wahllos und nicht ordentlich. Sie erhebt nicht den Anspruch, sich ein vollständiges Werk einzuverleiben, sich systematisch eine Denkschule zu erschließen. Sie liest vielmehr so, wie es Seneca im berühmten Bienengleichnis formuliert hat (das so oder ähnlich aber auch schon bei Lukrez und Horaz zu finden ist): Sie fliegt von Blüte zu Blüte, entnimmt daraus etwas Nektar und bildet daraus später den Honig. Die Philologie hat daraus die Figur oder Theorie des Schreibens als *imitatio*, also

Nachahmung, gemacht. Verkannt wird in dieser Theorie, dass sich aus dem Eklektizismus der Biene kaum ein neues einheitliches Werk machen lässt, sondern bestenfalls ein Sammelsurium, ein textliches Tohuwabohu. Und genau so kommen die antiken Hypomnēmata daher, als willkürliche Auswahl äußerst heterogener Elemente. Epiktet hat vielleicht die älteste Notizbuchregel aufgestellt, als er diesen eklektizistischen Umgang mit Quellen reflektiert hat. Es sei nicht wichtig, ob man Zenon oder Chrysipp gelesen habe, so Epiktet, und es sei auch nicht wichtig, ob man so genau verstanden habe, was sie eigentlich sagen wollten: »Denn wir brauchen auch den Chrysippos nicht seiner selbst wegen.«[28] Fremde Texte sind also nur wichtig, sofern sie einem selbst etwas sagen, sofern man selbst etwas aus ihnen machen kann. Eine solche Auffassung würde letzten Endes vom eigentlichen Inhalt weitgehend abstrahieren und den fremden Text zu einem privaten Text machen. Für Michel Foucault folgen aus dieser Behauptung zwei Prinzipien, die er die »lokale Wahrheit des Satzes« und »dessen von den Umständen abhängenden Gebrauchswert« nennt. Entscheidend für den Wahrheitswert einer Aussage ist, dass man in dem dialektischen Prozess aus Meditieren, Lesen und Schreiben eine Sentenz sich selbst zu eigen gemacht hat:

> »Das Schreiben als eigene, für sich selbst unternommene Übung ist eine Kunst der disparaten Wahrheit oder genauer eine reflektierte Form, die überlieferte Autorität des bereits Gesagten mit dem singulären Charakter der darin behaupteten Wahrheit und den besonderen Umständen zu verknüpfen, die deren Verwendung bestimmen.«[29]

Seneca als medialer Diätberater für Notizbuchschreiber rät dazu, die Sentenzen und Gedanken der berühmten Autorinnen nicht nur zu lesen, sondern in einem ganz realen Sinne zu inkorporieren, in den eigenen Körper aufzunehmen, sich körperlich zu eigen zu machen, wobei er gerade die Erinnerungsfunktion der Medien ausscheidet:

> »Dasselbe wollen wir bei dem leisten, womit unser Geist genährt wird – was immer wir aufgenommen haben, nicht unverändert zu lassen, damit es nicht fremd bleibt. ›Verdauen‹ wir es: sonst geht es *nur* in unser Gedächtnis über, nicht in unser Wesen [in memoriam non in ingenium].«[30]

Durch das Notieren wird das Gelesene zum »corpus«, zum Körper. Und damit ist nicht etwa metaphorisch ein Corpus aus Büchern oder Lehren gemeint, sondern ganz plastisch der Körper desjenigen, der sich die Lesefrüchte inkorporiert hat. »Das Schreiben«, so Michel Foucault, »verwandelt das Gesehene und Gehörte in ›Kräfte und Blut‹ (in vires, in sanguinem)«, und daraus entstehe im Schreibenden selbst ein Prinzip rationalen Handelns.[31]

Mit dem *embodiment* des guten Gedankens im Schreibenden korrespondiert die Materialität des Geschriebenen. Die Notizen, die in den Hypomnēmata notiert werden, müssen festgehalten werden. Das Medium der flüchtigen Notiz, die Wachstafel, ist das Prozessmedium der Antike. Für die Hypomnēmata ist aber ein Speichermedium vonnöten, und deswegen wird auf Papyrus notiert. Es entwickelt sich auch, in Rom etwa ab dem 4. Jahrhundert n. Chr., eine Minuskelschrift, die jüngere römische Kursive, die vor allem für das beschleunigte alltägliche Schreiben gedacht war, wie es sich bei der Entfaltung des Gedankens in Schrift als notwendig erwies. Denn wir denken schneller, als wir schreiben können. Gerade für das Notieren als Materialisierung des Gedankens ist eine Schrift vonnöten, deren Schreibtempo sich dem Denktempo oder dem Entfaltungstempo annähert. In einem nächsten Schritt wird diese Kursivschrift als Handschrift individualisiert. Das kann erst in einem Zeitalter geschehen, das den Wert des Individuums erkennt und zu schätzen weiß. Mit der Renaissance als Geburtsstunde des Notizzettels in unserem Sinne individualisiert sich auch die Handschrift. Beide Prozesse bedingen sich gegenseitig. Damit erst kann das Notieren zum wirklichen Ausweis des Selbst, zur Selbst-Schreibung werden. Diesem Gedanken werde ich noch weiter nachgehen.

Hand Schrift Selbst

Der größte Presseskandal der Bundesrepublik Deutschland ereignete sich im Jahr 1983. Im Mittelpunkt standen die angeblichen privaten Aufzeichnungen Adolf Hitlers, die von der Illustrierten *Stern* ab dem 28. April des Jahres veröffentlicht wurden. Für die Erstpublikation erhöhte das Magazin die Auflage von 400 000 auf 2,2 Millionen, der Verkaufspreis wurde um 50 Pfennig auf 3,50 DM angehoben. Der Verlag Gruner + Jahr als Herausgeber des *Stern* musste allerdings mit dieser Veröffentlichung auch dringend Geld einspielen, denn man hatte sich die 62 Kladden, die als »Hitler-Tagebücher« berühmt geworden sind, 9,3 Mio. DM kosten lassen. Das erste dieser angeblichen Tagebücher begann im Jahr vor der Machtergreifung mit den Worten: »Ich werde ab sofort meine politischen Unternehmungen und Gedanken in Notizen festhalten[,] um wie jeder Politiker sie für die Nachwelt zu erhalten.«[32] Diese privaten handschriftlichen Notizen des »Führers« entpuppten sich allerdings bereits am 6. Mai 1983 als Fälschung. Der Stuttgarter Maler Konrad Kujau hatte schon seit den 1970er Jahren handschriftliche Hitler-Devotionalien für NS-besessene Sammler hergestellt und sich damit ein Zubrot verdient. Mit dem Großauftrag, über 60 Kladden in der Handschrift Hitlers herzustellen, wollten

Kujau und der *Stern*-Reporter Gerd Heidemann ihre privaten Finanzen aufbessern und kamen stattdessen für Jahre wegen Betrugs ins Gefängnis. Der Betrug fiel allerdings nicht wegen der gefälschten Handschrift auf. Diese hielten vielmehr viele renommierte Historikerinnen und Hitler-Experten für echt. Die Fälschung konnte vielmehr nachgewiesen werden, weil Gutachten des Bundeskriminalamts und der Bundesanstalt für Materialprüfung zweifelsfrei ergeben hatten, dass das Papier, auf dem Hitlers angebliche Notizen standen, optische Aufheller enthielt, die erst seit den 1950er Jahren bei der Papierherstellung verwendet wurden.[33]

Die persönliche Handschrift gilt als besonderer Ausweis des Selbst, sie versichert Authentizität und Originalität. Diese Bewertung des Handschriftlichen ist aber eine moderne Erscheinung, die vor allem zeigt, dass das Manuzän und das Typozän sich in einer länger währenden Entwicklung auseinanderdividiert haben. Die Kunst der Imitation bezog sich im Manuzän nicht nur auf die *Inhalte* von Schriften, sondern auch auf das *Schriftliche* an den Schriften. In einer Zeit, in der das Schrifttum überhaupt nur in handschriftlicher Form als Manuskript seinen Weg in die Öffentlichkeit fand, wäre es kontraproduktiv gewesen, das Schriftbild zu stark zu individualisieren, da dies die Herstellung von Öffentlichkeit gerade erschwert hätte. Schreiben hieß Schönschreiben, und das hieß vor allem, entzifferbar, decodierbar, verstehbar zu schreiben. Zur Kalligraphie gehörte auch, verschiedene Schriftstile zu beherrschen. Wenn man so will, ist der Fälscher der Hitler-Tagebücher, Konrad Kujau, ein später Vertreter des Manuzäns, da seine Handschrift nicht Ausdruck der eigenen Individualität, sondern die Nachahmung einer Referenzhandschrift ist. Noch nach Erfindung des Buchdrucks hielt sich lange auch das handgeschriebene Buch, das für die Öffentlichkeit bestimmt war. Der Druck war, wie auch Christian Benne feststellt, »ursprünglich nicht so sehr als Verbesserung denn als Erleichterung der Schreibarbeit gedacht«.[34] In der Frühzeit des Drucks waren ja Handschriften und Druckwerke, die sogenannten Wiegedrucke oder Inkunabeln, oft kaum auseinanderzuhalten. Noch bis ins 18. Jahrhundert hinein ließen Autoren ihre Werke häufig lieber handschriftlich vervielfältigen als drucken – immerhin war es nicht von ungefähr wirtschaftlich das Zeitalter der Manufaktur. Schriftstellerinnen hatten häufig gar kein Interesse an einem Druck, von dem ökonomisch bis ins 19. Jahrhundert fast ausschließlich der Drucker profitierte. Der Buchhistoriker Henry R. Woudhuysen hat das am Beispiel des adligen englischen Schriftstellers Philip Sidney untersucht. Für die Zeit des 16. und 17. Jahrhunderts konnte demnach geradezu von einem »Stigma des Drucks« gesprochen werden.[35] Sir Philip hat sein weitläufiges Schrifttum, darunter Schäferromane, Sonette und auch poetologische Schriften, nahezu ausschließlich handschriftlich verbreiten lassen. Für ihn hatte das vor allem den Vorteil der Kontrolle über die Verbreitung der eigenen Werke. Es handelt sich bei diesem Publikationsweg nicht um eine unklare, aber um eine eingeschränkte Öffentlichkeit, während der Autor beim Druck die Kontrolle über die Verbreitung weitgehend aus der Hand gibt. Neben Poesie wurden aber auch Staatspapiere, Parlamentsprotokolle, politisch-polemische Traktate und sogar heute kanonische Werke der Literatur wie Alexander Popes *Windsor Forest* (1704–1713) handschriftlich unter die Leute gebracht. Auch Harold Love geht davon aus, dass zu Zeiten der professionellen Abschreiber die Trennung von privat und öffentlich nicht notwendig mit dem Druck zusammenhängt und die Herstellung von Text noch weitgehend in der Hand von Handschreibern gewesen sei.[36] Für Harold Love hängt damit auch zusammen, dass das handgeschriebene Manuskript keinen Anspruch auf Perfektheit habe, während ein Drucker oder Verleger stets eine gültige Fassung anstrebe. Anders als der autorisierte Text einer »ersten Auflage«

kann der handschriftliche Autor-Herausgeber seinen Text unbegrenzt verbessern und auch personalisieren, um textlich auf die Wünsche spezieller Rezipientinnen einzugehen. Eine neue Abschrift oder Kopie stellt keine neue Fassung des Textes dar, sondern eine Variation, eine Exploration oder eine Weiterentwicklung, was grundsätzlich in den Möglichkeitsbereich des Manuskripts gehört. Diese skripturale Tradition steht, wenn man so sagen darf, Pate für die neueste Entwicklung in der heutigen digitalen Publikation, in der Texte wiederum »permanent beta« sind, also wie in der Softwareentwicklung nur noch Beta-Versionen von Erzeugnissen, die in der ständigen Weiterentwicklung sich befinden. In diesem Sinne steht das Digizän dem Manuzän viel näher als dem Typozän.

Auch wenn Jacob Burckhardt den neuzeitlichen Individualismus mit der Renaissance beginnen ließ, hat die Individualisierung der Schrift in der Handschrift erst geschehen können, nachdem die Individuen in vermehrtem Maße des Lesens und Schreibens kundig waren. Entsprechend konnte dieser Individualisierungsprozess nur parallel mit dem Volksbildungsprozess starten. Erst nach Durchsetzung der allgemeinen Schulpflicht (Preußen 1717, Österreich 1764, England und Wales 1880, Frankreich 1882) konnte darum überhaupt in nennenswertem Umfang darüber nachgedacht werden, ob und wie individuell Schrift werden durfte. Hier stand, entsprechend dem klassizistischen Ideal und der humanistischen Bildungsideologie, vorerst ebenfalls die *imitatio* im Mittelpunkt aller schulpädagogischen Bemühungen: Die Orientierung an den Schriften der alten Meister korrespondierte mit der Orientierung an alten Schreibformen. Erst 1759 wendet sich Edward Young in seinen in Deutschland enthusiastisch aufgenommenen *Conjectures on Original Composition* (»Gedanken über die Original-Werke«) gegen Nachahmung der Alten und das Kontinuum der Lesefrüchte analog zum Seneca'schen Bienengleichnis: »Die gelehrte Welt besteht nicht mehr aus schönen Theilen, sie ist ein Gemische, eine Masse, und hundert Bücher sind im Grund nur Eins«.[37] Young erklärt in seiner Programmschrift das Imitieren für kindisch und unreif. Carl Gottlieb Horstig, Schaumburg-Lippischer Konsistorialrat und zuständig für die öffentlichen Schulen, setzt sich entsprechend 1796 in seiner *Anweisung für die Lehrer in den Bürgerschulen* dafür ein, statt des stupiden Abschreibens von Texten im Schreibunterricht ihre eigenen individuellen Interessen und Anliegen zu formulieren und damit das Schreiben zu üben:

»Die Schüler müssen selbst schreiben lernen. [...] Dadurch wird ihnen der wahre Nutzen des Schreibens begreiflich gemacht, und das Schreiben selbst aus einer mechanischen, geistlosen Beschäftigung in eine Verstandesübung verwandelt. Die künftigen Bürger lernen ja nicht deswegen schreiben, um künftig einmal nach Vorschriften schreiben zu können; sie lernen vielmehr darum schreiben, um einmal in der Folge ihre Gedanken schriftlich auszudrücken und andern mitzutheilen.«[38]

Selbst-Schreiben heißt, Gedanken schriftlich auszudrücken: Die erkennbar von der europäischen Aufklärung der Französischen Revolution beeinflusste Lehrerunterweisung findet ihr Echo in Schreibanleitungen und Fibeln, die aus den vorschriftengläubigen Untertanen jene mündigen, selbstschreibenden Bürger machen wollen, die es, mit Immanuel Kant, wagen wollen, sich ihres »Verstandes ohne Leitung eines anderen zu bedienen«. Nur Selbst-Schreiber sind auch Selbst-Denker. Und der Vorschriftenglaube hat im Schreibunterricht sein Pendant im Vorgeschriebenen, das zugunsten des Selbstgeschriebenen zurückgedrängt werden soll. Johann Heinrich Pestalozzi urteilt darum knapp, dass ein Kind, das sein Buchstabierbuch auswendig wisse, »zu seinem weitern Schreibenlernen keine eigentlichen Vorschriften mehr« brauche.[39] Von der Vor-Schrift emanzipieren sich der Schüler und die Schülerin auch derart, dass sie eine eigene, eine individuelle Handschrift entwickeln. Im ersten Lehrplan für Volksschulen in Bayern von 1804 ist darum zu lesen:

> »Unsere Schüler sollen auf eine selbstthätige und besonnene Weise anfänglich die einfachen Gestalten unserer Buchstaben bloß richtig bilden lernen, und hierauf sich selbst jeder seine eigenthümliche Handschrift bilden lernen.«[40]

Ein Unterricht, der zur Individualität erziehen solle, brächte die Schülerinnen und Schüler dazu, »daß sie bald zu einer eigenen Handschrift gelangen, die ihren individuellen Karakter ausspricht«.[41] Ignaz Demeter, ein Pfarrer und späterer Freiburger Erzbischof, geht sogar noch weiter, wenn er die strafrechtlichen Implikationen einer individualisierten Charakterschrift betont und darum von Schülerinnen und Schülern wünscht, dass sie

> »in fortgesetzten Schreibübungen ihrer Schrift entweder durch Selbsterfindung oder Nachbildung ausgewählter Muster eine ganz eigene karakteristische Form geben, welche den Namen einer eigenen Handschrift verdient und Betrügereien bei Schuld- und Bürgscheinen verhütet.«[42]

Während die private Schrift, jener Ausdruck von Charakter und Individualität, als »gelungene Abweichung von der Norm« paradoxerweise zur neuen Norm in den Lehrplänen des 19. Jahrhunderts wird, verliert umgekehrt die Fertigkeit, mehrere Schriften schreiben zu können, jedes Ansehen.[43] Unter der »Zweischriftenherrschaft«[44] mussten zuvor sowohl die lateinischen als auch die deutschen Schriftzeichen gemeistert werden, und letztere wiederum dreifach, nämlich neben der einfachen Kurrentschrift auch noch als stattliche Kanzleischrift sowie in den stattlichen Zierbuchstaben der Fraktur. Unter den neuen Vorzeichen einer vorschriftlosen, postkonventionellen privaten Handschrift werden private Aufzeichnungen und private Medien überhaupt erst möglich. Auffällig ist, dass die Handschrift sowohl die Tätigkeit als auch das Ergebnis der Tätigkeit meint. Im metaphorischen Sinn wird die »Handschrift« nun aber auch zum Ausweis eines jeden individualisierten Tuns. Die »Handschrift« einer Komponistin im Klangbild, eines Handwerkers bei seinem Meisterstück oder des Gentleman-Ganoven beim Diamantendiebstahl oder Postraub wird sprichwörtlich oder besser: schreibschriftlich.

Erst von der privaten, individualisierten Handschrift aus kann sich eine Selbst-Schreibung entwickeln, die im privaten Medium, dem handschriftlichen Buch, mündet. Es gibt allerdings einen »entscheidenden kategorialen Unterschied von Manuskriptklassen«, wie auch Christian Benne hervorhebt,[45] nämlich den zwischen der *einsamen* und der *zirkulierenden* Handschrift. Die zirkulierende Handschrift kann verschiedene Funktionen haben. Neben der Herstellung einer eingeschränkten Öffentlichkeit können auch die Herstellung von Feedback-Schleifen oder sogar kollaborative Schreibformen der Sinn zirkulierender Handschriften sein, wie wir sie heute wieder in der digitalen Kommunikation zum Beispiel aus der Blogosphäre kennen (allerdings dort nicht mehr handschriftlich). Auch an eine spezielle Form der Leserbindung wäre zu denken. In der Epoche der Aufklärung etwa war der Dichter Johann Wilhelm Ludwig Gleim Prätendent auf dem Feld eines kurzlebigen Genres, das sich *Manuskripte für Freunde* nannte und um das Jahr 1790 gehäuft auf der Bildfläche erschien. Unter Literaturliebhaberinnen vielleicht noch am bekanntesten ist vielleicht die Sammlung unter dem Titel *Zeitgedichte vom alten Gleim. Als Handschrift für Freunde*, die 1792 erschienen ist. Paradoxerweise handelt es sich gar nicht um eine Handschrift, sondern um einen Privatdruck in Kleinstauflage, der aber viele Eigenschaften hat, die sonst nur die Handschrift trägt. Im Vorwort zu diesem Werk kann man einen der möglichen Gründe für diese spezielle Publikationsform lesen, werden doch »die Freunde, welche von diesen Zeitgedichten ein Exemplar erhalten möchten«, ersucht, »dasselbe keinem Nachdrucker in die Hände gerathen zu lassen«.[46] Johann Caspar Lavater, bekannt für seine physiognomischen Studien, mit denen er die Charakteristika und Individualismen einer Person aus ihrem Profil zu ergründen versuchte, war auch in Sachen Handschrift umtriebig. In den Archiven der Züricher Universitätsbibliothek finden sich riesige handschriftliche Sammlungen mit Sinnsprüchen und Sentenzen, die als Reinschriften offenbar im privaten Kreis von Familie und Freunden zirkulierten. Am bemerkenswertesten ist dabei Lavaters gigantische *Bibliothek von Gedanken*. Es handelt sich um eine fast nicht zu überschauende Sammlung handschriftlich niedergeschriebener Sprüche auf Zetteln, die in Miniaturbücher gebunden wurden, die wiederum in hölzernen Kästen stecken, die kleine Bücherregale nachahmen und zusammen eine Bibliothek ergeben sollen. Die handschriftliche Notiz rückt hier ins Zentrum der Buchkultur, wo es im Typozän eigentlich nicht mehr hingehörte: »Andererseits wird genau diese Buchkultur dadurch verändert, als Annäherung an die Ästhetik und Exklusivität der Handschrift, an ihren individuellen Wert und ihre Geste der Authentizität.«[47]

Die zirkulierende Handschrift hat eine deutlich kommunikative Intention, es handelt sich um einen Kommunikanten *mit* Kommunikat. Bei der einsamen Handschrift verhält sich das anders. Sie ist Kommunikant *ohne* Kommunikat, dient nicht der Mitteilung, sondern erfüllt ganz andere Zwecke. »Ich bin der Autor der Einsamkeit«, notiert entsprechend Jean Paul Richter,[48] der einerseits der vielleicht »meistgelesene Schriftsteller«

seiner Zeit war,[49] andererseits unveröffentlichte Notizen fast ohne Zahl produziert hat, die den größten Teil seines literarischen Nachlasses ausmachen. In diesen einsamen Handschriften reflektiert Jean Paul auch den Sinn des Notierens ohne Publizieren. In einem Text über den »Vorzug des Schreibens vor Denken und Lesen« hält er fest, das Schreiben sei letztlich ein Denken des Denkens, »die zweite Potenz«, durch die sich das Schreiben selbst beobachtet.[50] Nach seinem Ableben schrieb seine Ehefrau, Caroline Richter, an den Verleger Cotta: »Fast könnte man behaupten: der Verewigte hätte nichts gedacht, was er nicht niedergeschrieben hätte.«[51] Auch Georg Christoph Lichtenberg, vielleicht einer der Ahnherren aller Notiz- und Sudelbuch-Schreiber, auf den deshalb natürlich noch zurückzukommen sein wird, notiert in einem Schmierheft:

»Zu Aufweckung des in jedem Menschen schlafenden Systems ist das Schreiben vortrefflich, und jeder der je geschrieben hat, wird gefunden haben, daß Schreiben immer etwas erweckt was man vorher nicht deutlich erkannte, ob es gleich in uns lag.«[52]

Mit der Einsamkeit der Handschrift korrespondiert die Einsamkeit der Schreibsituation. Wie Albrecht Koschorke gezeigt hat, werden seit Ende des 18. Jahrhunderts bei der Innenaufteilung von Wohnräumen zunehmend gesonderte Räume für das Schreiben berücksichtigt – der Abwesenheit von Adressatinnen im Kommunikationsprozess entspricht die Abwesenheit von irgendjemandem in der Schreibsituation.[53] Selbst-Schreiben und Selbst-Denken sind Tätigkeiten, die nur alleine gehen, in der vielfach von Dichtern besungenen Einsamkeit, der Klausur, der Abgeschiedenheit, und wo es die Wittgenstein'sche Waldhütte in Norwegen oder der Petrarca'sche Berggipfel nicht ist, tut es nach den Maßgaben bürgerlicher Wohnkultur und moderner Innenarchitektur auch die Schreibstube, das Arbeitszimmer oder, wie weiland bei Spitzweg, des Poeten Dachkammer.

Die Asozialität der einsamen Handschrift und des einsamen Schreibens kann nur schlecht in den Dienst von Aufklärung und gesellschaftlicher Emanzipation genommen werden, denn diese benötigen – hierin ist Habermas und seinem *Strukturwandel der Öffentlichkeit* zu folgen – eine kommunikative Kommunikation, eine bürgerliche Öffentlichkeit mit einem freien Austausch von Meinungen und Positionen. Eine gesellschaftliche Indienstnahme von Schrift und von Denken kann eben nur erfolgen, wenn die gesellschaftlichen Funktionen von Schrift und Denken ausgeführt werden. Der Doppelcharakter der Schrift, wie er sich in der scheinbaren Opposition von »Einsam« und »Gemeinsam« zeigt (wobei schon »Gemeinsam« das Wort »Einsam« enthält), zeigt sich gerade auch im Status der Handschrift. Kein Wunder darum, dass in der Zeit, in der die Selbst-Schreibungen ihren eigenen Rang erhalten und zu einem gesellschaftlichen Phänomen werden, ausgerechnet die Literaturrevolution der Empfindsamkeit sich ereignet. Die handschriftliche Kommunikation oder ihre Simulation oder Fiktionalisierung in der Literatur der Zeit dient zur Darstellung eines Seelenhaushaltes, der von Konzepten wie Freundschaft, Zärtlichkeit, Tugend und Liebe bewirtschaftet wird. Entsprechend sind wesentliche Darstellungsformen solche, die sonst als Medien der Selbst-Schreibung dienen, wie Tagebücher oder Briefwechsel. Wenn die sich aus der Empfindsamkeit entwickelnde Romantik gesellschaftlich regressive oder gar repressive Tendenzen an den Tag legt, ist die Feststellung angebracht, dass das Repressive und das Progressive vielleicht ebenso nur zwei Seiten derselben Medaille sind wie die Einsamkeit der Handschrift einerseits und ihr Beitrag zur *sharing economy* des freien deliberativen Diskurses andererseits. Nur so ist auch zu erklären, dass selbst als unkommunikativ gedachte Medien irgendwann kommunikativ werden können, etwa wenn Tagebücher veröffentlicht oder Notizen ins Netz gestellt werden.

Im positivistischen 19. Jahrhundert wird die Handschrift nicht nur als Ausdruck des Innenlebens empfunden, sondern auch als pathologisches Symptom für das Seelenleben verstanden. Das Schreiben als Ausdrucksbewegung wird gerade für die Psychiatrie als Zugang zum ansonsten unzugänglichen Inneren des Menschen gesehen. Die Analyse der Handschrift scheint dabei ein gangbarer Weg, um an die privaten Empfindungen heranzukommen. Allerdings ist die Handschrift ein Symptom von vieldeutiger Qualität. Die Grapheme sind nicht als Träger von Bedeutungen für die Psychiatrie interessant, sondern als Ausdruck spezifischer Bewegungen, ähnlich wie die Augenbewegungen im Schlaf Symptome für bestimmte Traumphasen sind. Entsprechend beginnt der Psychiater Emil Kraepelin seit der Mitte der 1880er Jahre, experimentell die Handschrift zu untersuchen. Er betrachtet das Schriftbild als Zeichen zweiter Ordnung, das ein Symptom einer psychischen Erkrankung darstellt:

>»Das erkrankte Gehirn stört die Bewegungen, so dass die Motorik ein spezifisches Gepräge erhält; die gestörten Bewegungen des Patienten produzieren Zeichen, die dem Schriftzeichen aufgepfropft sind; die graphologische Deutung entziffert in den Schriftzeichen die Symptome einer Erkrankung.«[54]

Schreiben ist Problemlösen. Wenn Schreiben außerdem Ausdruck des Denkens ist, dann wird der zum Schreiber, dessen Denken Probleme macht. Die Schrift wird dann zum Ausdruck der pathologischen Probleme des Denkorgans. In seinem *Lehrbuch der Psychiatrie* von 1889 schreibt Kraepelin entsprechend:

>»Von besonderer Wichtigkeit sind noch die Veränderungen in *Sprache* und *Schrift*, welche durch die Geistesstörung be-

dingt werden. Abgesehen von dem Inhalt derselben, der natürlich meist die Wahnideen oder Stimmungen der Patienten erkennen lässt, prägt sich auch in der *Form* oft schon der Grundzug der Psychose aus.«[55]

Der Inhalt des Geschriebenen kann also für den Psychiater durchaus auch ein Symptom der Erkrankung sein, er ist aber vernachlässigenswert, weil das Schriftbild als vorgängiges Phänomen schon genügend Auskunft über die Psychopathologie gibt. Dabei sind simple 1:1-Übereinstimmungen, wie die populärwissenschaftliche Graphologie sie gerne kolportiert, für den Experimentalwissenschaftler wertlos.

Dass der manisch Kranke flüchtig schreibe, »ohne besondere Rücksicht auf den zur Verfügung stehenden Raum, zum Schlusse auch auf die Ränder oder querüber«, dass dagegen der deprimierte Patient »nur mit größter Mühe und vielem Stocken einige Zeilen auf das Papier« bringe, dass »Größenwahn zu großen Ideen in großen Buchstaben« oder dass »Depressionen zum Verstummen und Verlöschen der Schrift führe«,[56] ist wissenschaftlich so haltlos wie unergiebig. Kraepelin nennt dies die »abenteuerlichen Deutungskünste der ›Graphologen‹«, Letztere schon ironisierend in Anführungszeichen gesetzt.[57] Stattdessen konstruiert Kraepelin eine Schriftwaage, die das »Gewicht, mit welchem die Hand bei jeder einzelnen Schriftbewegung auf die Unterlage drückt«, und »die rein mechanische Schreibegeschwindigkeit ohne Beziehung auf die Umsetzung von Sinnesreizen oder Vorstellungen in schriftliche Ausdrucksbewegungen« aufzeichnen soll.[58] Er folgt damit Überlegungen des Mediziners Alfred Goldschneider, der in seinem Aufsatz »Zur Physiologie und Pathologie der Handschrift« von 1891 eine eigene Theorie des Schreibens entworfen hatte, in der die Verknüpfung des Zentralnervensystems mit dem Gehirn und dem Bewegungsapparat eine besondere Rolle spielten und der Druck während des Schreibvorgangs ein wesentlicher Indikator für nervliche Prozesse sein sollte. Allerdings könnte Kraepelin bei seinen Experimenten selbst einem Denkfehler unterlegen sein, der letztlich nur den Fehler der von ihm ironisierten »Graphologen« auf einer höheren Ebene wiederholt. Um nämlich die äußeren Umstände einer Handschrift als Abweichungen und damit als pathologisch zu identifizieren, muss er erst einmal einen Normalzustand definieren, den er für »psychisch Gesunde« annehmen kann. Und tatsächlich macht Kraepelin seine Experimente mit der Schriftwaage nicht nur mit psychisch Kranken, sondern auch mit einer Kontrollgruppe von Menschen, die er für psychiatrisch nicht auffällig hält. Aus den Parametern Druck, Schreibweg und Schreibzeit müssten sich nun aber Korrelationen bilden lassen, die die komplizierten Mischungsverhältnisse von psychischen und physiologischen Vorgängen abbilden und Rückschlüsse auf Differenzen in den Schriftbildern der gesunden und der pathologischen Probandinnen zulassen. Nun zeigten sich aber bei den Experimenten mit den vermeintlich gesunden Schreibern und deren Druckkurven schon, dass ihre Schriftbilder höchst individuell ausfallen. Entsprechend enden die Diagnosen Kraepelins in einem Vokabular, das eher der Ästhetik als der Medizin zu entstammen scheint und wieder in verdächtige Nähe zur Graphologie rutscht, wenn er etwa dem Schriftbild von Schreiberinnen mit Verdacht auf Dementia praecox »Verschnörkelungen und Entgleisungen, die ihnen den Stempel der Geziertheit und Verschrobenheit [aufdrücken]« attestiert[59] oder wenn er den »gesunden« Schreibbewegungsvorgang mit Begriffen wie »Anmut« oder »Grazie« beschreibt. Tatsächlich lässt sich der Schreibvorgang – und zu dem Ergebnis kommt schließlich auch Kraepelin – nicht als Endpunkt einer simplen Kausalkette darstellen, sondern ist ein systemischer oder holistischer Vorgang, bei dem mannigfache Rückkopplungseffekte zwischen Gehirn, Steuerung und Bewegungsapparat

Hand Schrift Selbst

herrschen. Auch mögliche pathologische Einschränkungen der Schreibbewegungen können vom Gehirn ausgeglichen werden. Der Arzt Alfred Goldschneider hatte darauf bereits in seinem Aufsatz hingewiesen, wo er auf die Komplexität des Schreibvorgangs und seiner psychischen Steuerung verwies:

> »Das Schreiben ist nächst der Sprache eine der complicirtesten Bewegungsäusserungen des menschlichen Geistes. Dem Laien scheint beim Schreiben der Wille in der Hand zu sitzen; aber die Hand schreibt nicht, sondern wird geschrieben. Denn die Gliedmaßen sind für die Seele Fremdkörper, welche sie nach ihren Intentionen nur mittels eines fein und sicher functionierenden Meldeapparats leiten kann. Vorstellung und Wille genügen nicht zur zweckmässigen Ausführung, wenn nicht als Drittes dieses sensible Nachrichtensystem functionirt.«[60]

Ferdinand de Saussure hat in seinem *Cours de linguistique generale* als Gründungsdokument der modernen Linguistik darauf hingewiesen, dass der Wert des Schriftbilds eines einzelnen Buchstabens als sprachlichen Zeichens sich lediglich »negativ und differentiell« beschreiben lasse. So könne jeder Mensch den Buchstaben t mit diversen Abweichungen und Variationen schreiben, ausschlaggebend sei aber lediglich, dass dieses Zeichen in der Handschrift nicht mit denjenigen Zeichen für l, d etc. konfligiere. Entsprechend lässt ein »richtiger« Sprachgebrauch sich nicht normieren. Wenn die Abweichung von der Norm ein Symptom für die Psychopathologie der Schreibenden ist, dann ist die Individualität und Postkonventionalität der Handschrift ein Symptom für die Psychopathologie jeder literalen Gesellschaft. Die Handschrift als privates Medium der Selbst-Schreibung ist vielleicht Ausdruck des Inneren, des Seelenlebens, des Denkens, sie ist dies aber nicht als Kurve, Form oder Bewegungsablauf, sondern sie ist es systemisch und holistisch als Ausdruck diverser Rückkopplungsprozesse, die das Denken und das Schreiben unauflösbar zusammenfassen. Diese Feststellung ist auch wichtig für jenen Teil der Kommunikationswissenschaft, der sich als dezidiert empirische Wissenschaft betrachtet und die Ergebnisse seiner Analysen gerne als »Befunde« oder »empirische Ergebnisse« verkauft. Denn empirisch greifbar, messbar, darstellbar sind an Kommunikanten lediglich ihre formalen Eigenschaften, also etwa Schrift- oder Bildgrößen, Schwärzegrad und Farbauftrag oder eben vielleicht der physische Druck der Handschrift. Dem Ganzen des medialen Kommunikationsprozesses lässt sich aber nur holistisch beikommen, indem gerade die Verschränkungen von Form und Inhalt, die Kommunikation und ihre Medialität, in den Blick genommen und beschrieben werden. Das wäre die Aufgabe einer noch zu entwickelnden Medienhermeneutik, die Kommunikat *und* Kommunikant gleichermaßen gerecht wird.

Im aktuellen Übergang vom Typozän zum Digizän erlebt die Handschrift eine Renaissance. Das kann auch mit empirischen Studien untermauert werden. Vor allem in der US-amerikanischen Forschungsliteratur gibt es fast schon einen akademischen Topos, der unter der Rubrik firmiert: »The pen is mightier than the keyboard« – der Stift ist mächtiger als die Tastatur. Pam A. Mueller und Daniel M. Oppenheimer haben in ihrer Studie unter dieser Überschrift ermittelt, dass Studierende, die ihre Notizen digital am Laptop erfassen, bei konzeptionellen Fragen schlechter abschneiden als solche Studierenden, die ihre Notizen handschriftlich machen.[61] Jackie Andrade hat Experimente mit Leuten gemacht, die während Gesprächen auf Zetteln herumkritzelten, und hat festgestellt, dass die Kritzler 29 Prozent mehr Informationen aufgenommen haben als diejenigen, die nicht kritzelten.[62] Die Firma Microsoft hat eine Broschüre über »modern note taking« vorgelegt – aus vielleicht nicht völlig uneigennützigen Gründen, vermarktet man doch selbst *smart pens* und die dazu passenden Tabletcomputer. In dieser Broschüre werden die Vorteile handschriftlichen Notierens am Gehirnhälftenmodell verdeutlicht: »Die rechte Gehirnhälfte ist Disney World, die linke Gehirnhälfte ist die Staatsbibliothek.«[63] Wer eine Tastatur verwende, beanspruche vor allem die linke Gehirnhälfte und verlagere darum den Schreibprozess vom Erstellen auf das Erkennen von Symbolen. Das Schreiben von Hand rege dagegen die Kreativität der rechten Gehirnhälfte an.

Kraepelins Schriftwaage hat als diagnostisches Hilfsmittel vor allem im klinischen Einsatz bis in die 1950er Jahre Verwendung gefunden und war auch in der Kriminalistik als Methode der Schriftvergleichung beliebt. Konrad Kujau, dem Fälscher der Hitler-Tagebücher, konnte damit dennoch nicht auf die Schliche gekommen werden, dazu waren letztlich andere, biochemische Verfahren nötig. Man hätte die angeblichen Selbst-Schreibungen des Adolf Hitler in der Kujau'schen Fassung natürlich auch einfach lesen können, dann hätte man ohne jede Symptomatik vielleicht Anhaltspunkte gefunden, die auf die Fälschung hinweisen. Der geschichtsrevisionistische Inhalt wäre jedenfalls auch aus den wenigen Abschnitten, die die Illustrierte *Stern* publiziert hat, durchaus ablesbar gewesen. Rudolf Augstein, der Herausgeber des Nachrichtenmagazins *Der Spiegel*, schrieb jedenfalls bereits am 2. Mai 1983, also vier Tage bevor das Bundeskriminalamt die Fälschung nachwies: »Müssen wir uns diesen Quatsch gefallen lassen?« und »Ja, das alles sollen wir glauben«.[64]

Immer dieser Michel: Haushalts-, Schmier- und Sudelbücher

Was der kleine blonde Junge aus Lönneberga alles anstellte, ging wirklich auf keine Kuhhaut! Mal steckte er seinen Lausbubenkopf in die Suppenschüssel und musste sich fast vom Herrn Doktor wieder herausoperieren lassen; mal zog er seine kleine Schwester die Fahnenstange hoch, damit sie das Nachbardorf Mariannelund sehen konnte; auf Auktionen tätigte der Bengel Wahnsinnsgeschäfte, auf dem Hof dressierte er das Mastvieh, und zu allem Überfluss sperrte er den eigenen Vater im Klohäuschen ein. Nein, das geht auf keine Kuhhaut …

Muss es auch nicht, es reicht ein kleines blaues Schreibheft. In das schreibt Mutter Svensson alle Streiche auf, die ihr Sohn Michel, der im schwedischen Original Emil heißt, auf dem Katthult-Hof verübt. In dem weitgehend illiteraten bäuerlichen Umfeld der schwedischen Landgemeinde Lönneberga zählt Frau Svensson mit ihrer Schreibpraxis zu den Privilegierten, und wenn sie damit auf Unverständnis oder offene Ablehnung stößt, muss sie ihr Aufschreiben auf eine bestimmte Art legitimieren: Sie deckt ihre eigene Schreibmotivation auf, die den Prozess der Herstellung einer unklaren Öffentlichkeit recht zielsicher beschreibt. Potenzieller Adressat soll nämlich der eigene Sohn selbst sein, aber in der Zukunft. So rechtfertigt Mutter Svensson ihre Selbstschreibung etwa, als es selbst der Magd Lina zu viel wird und sie den Michel nach Amerika schicken möchte:

> »Damit nahm Lina den Mund ein bißchen zu voll. Sie wäre gerade die richtige gewesen, nach Amerika zu schreiben, sie, die nicht einmal so schreiben könnte, daß man es daheim in Smaland lesen konnte. Nein, wenn jemand nach Amerika hätte schreiben können, dann wäre es nur Michels Mutter gewesen. Die war tüchtig im Schreiben. Sie schrieb allen Unfug,

den Michel machte, in ein blaues Schreibheft, das sie in einer Kommodenschublade aufbewahrte.
›Welchen Nutzen soll das haben?‹ fragte Michels Vater. ›Bei all dem Unfug, den der Bengel anstellt! Du nutzt nur unseren Bleistift ab. Hast du daran gedacht?‹
Die Mutter kümmerte sich nicht darum. Treulich schrieb sie allen Unfug auf. Michel sollte eines Tages, wenn er groß war, erfahren, was er gemacht hatte, als er klein war. Ja, dann würde er verstehen, warum seine Mutter grauhaarig geworden war, und würde sie vielleicht lieben trotz all ihrer grauen Haare, die sie durch seine Schuld bekommen hatte.«[65]

Die uns das alles erzählt, ist die Kinderbuchautorin Astrid Lindgren. Damit hat die Nobelpreisträgerin bereits vor mehr als fünfzig Jahren von belletristischer Seite aus einen plausiblen Einblick in eine populare Schreibpraxis gegeben, die vor allem in der Geschichtswissenschaft als »Selbstzeugnisse«,[66] »Ego-Dokumente«[67] oder »populare Autobiographik«[68] in der jüngeren Zeit ins Blickfeld geriet. Der Begriff der Selbstzeugnisse, wie er beispielsweise auch in der Bibliothekswissenschaft zur Eingruppierung bestimmter Texte verwendet wird, wird allerdings neben Notiz- und Tagebüchern auch für Autobiographien und Briefe verwendet, obwohl diese Äußerungsformen in sehr unterschiedlicher kommunikativer Absicht erstellt werden. Der Begriff der Ego-Dokumente geht auf den niederländischen Historiker Jacques Presser zurück, schließt dort aber, vor allem in der Erweiterung von Winfried Schulze, auch noch unfreiwillige Aufzeichnungen aus »Befragungen oder Willensäußerungen im Rahmen administrativer, jurisdiktioneller oder wirtschaftlicher Vorgänge« mit ein.[69] Vorteil dieser Definition ist, dass auch Äußerungsakte schriftunkundiger Gesellschaftsschichten oder unterrepräsentierter Gruppen mit in die Betrachtung gezogen werden können. Einen Vorschlag für eine Ordnung und

Gliederung der unterschiedlichen Begriffe hat Benigna von Krusenstjern gemacht. Ihr zufolge sind die Selbstzeugnisse eine Unterklasse der Ego-Dokumente mit dem wesentlichen Merkmal der »Selbstthematisierung durch ein explizites Selbst«.[70] Für die hier bei uns zur Diskussion stehenden Dokumente würde innerhalb dieser Gruppe der Begriff der Selbst-Schreibung reserviert, wenn das Schreiben der Lotman'schen »Klärung der inneren Verfassung des Schreibenden« dient und offensichtlich vorerst nicht in kommunikativer Absicht erfolgte.

Der Status solcherart Ego-Dokumente in der Wissenschaft ist nach wie vor eher ein unterrepräsentierter. In den Literaturwissenschaften spielen sie bislang bis auf wenige Ausnahmen nahezu keine Rolle, vielleicht weil ihnen (fälschlicherweise?) kein künstlerischer Rang zugesprochen werden könne. Auch in der Medien- und Kommunikationswissenschaft finden solche Aufzeichnungen wenig Beachtung, vielleicht weil sie als unkommunikative Medien mit ihrer Stellung innerhalb einer unklaren Öffentlichkeit durchs Raster fallen. Sie kommen aber vielleicht künftig verstärkt in den Blick, weil die neuen Formen der Onlinekommunikation das Sender-Empfänger-Verhältnis stark in Frage gestellt haben und mediale Äußerungen heute im Internet auch von solchen Akteurinnen getan werden, die bislang keinen Zugang zu einer potenziell globalen Öffentlichkeit hatten. Auch die Geschichtswissenschaft tat sich lange schwer mit solchen popularen Selbstschreibungen und Selbstzeugnissen. Damit sie überhaupt in den Fokus kamen, bedurfte es, wie Jan Peters festgestellt hat, erst »eines distanzierteren Verhältnisses zur Staats- und Herrschaftsgeschichtsschreibung nicht nur um neue (historisch-anthropologische, alltags- und mikrogeschichtliche) Zugänge zur Historie zu gewinnen, sondern auch um eine damit notwendig verbundene quellenkundliche Umorientierung einzuleiten«.[71] Mit Blick auf das 17. Jahrhundert konstatiert auch Rudolf Schenda, dass angesichts der Kommunikationsformen der Unterschichten »die Barockforschung sowohl literaturwissenschaftlicher wie historiographischer Provenienz zur Beantwortung solcher Fragen kaum einiges Gestammel, geschweige denn eine Unterredung anbietet«, wiewohl Schenda selbst Zweifel an der Literarizität, ja Kommunikationsfähigkeit unterer Volksschichten anmeldet:

> »Das Sich-Einander-Mitteilen vollzieht sich im dörflich-landwirtschaftlichen Bereich zumeist auf körperliche Weise, die ›facons de faire‹ überwiegen die ›facons de dire‹. Die Produktion der materiellen Ressourcen kann sich wortlos vollziehen; zur Organisation gemeinsamer Arbeiten genügen knappe Zurufe. Im landwirtschaftlichen Betrieb gibt es wortlose Tage, ohne daß die Arbeitsverrichtungen gestört würden.«[72]

Unter dem mehr volkstümlichen als volkskundlichen Motto *Volk ohne Buch* kommt Schenda konsequenterweise zu der These: »Das Gedruckte, diese Realität aus zweiter Hand, ist dem Landmann völlig fremd.«[73] Diese Ansicht, urteilt Hans Medick, korrespondiert mit einer Modernisierungstheorie, der zufolge die zunehmende allgemeine Lese- und Schreibfähigkeit ein Indikator des Modernisierungs- und Säkularisierungsprozesses und Literarisierung darum erst fürs ausgehende 18. bis ins 19. Jahrhundert anzunehmen sei. Sie paart sich zugleich mit dem Vorurteil des Stadtbürgers vom ungebildeten »rusticus« und setzt damit undifferenziert einen Bildungs- und damit auch Schreib- und Kommunikationsrückstand der ländlichen Gebiete gegenüber der Stadt voraus.[74] Der Linguist Utz Maas hat dem in verschiedenen Arbeiten seinen Begriff von der »Demotisierung der Schrift« entgegengehalten, worunter Maas den Übergang der Schriftsysteme »von dem hochkomplizierten Geheimwissen weniger Spezialisten (den professionellen Schreibern des Altertums) zu einem kulturellen Instrument, das in der

Reichweite jedes kompetenten Sprechers einer Sprachgemeinschaft ist«, versteht.[75] Sprich: Notizen machen kann jetzt jeder. Andernorts wurde dieser Vorgang auch als »Demokratisierung« oder »Sozialisierung« der Schrift bezeichnet.[76] Maas zeigt, dass im »Kampf um die Aneignung eines kulturellen Produktionsmittels« die Schriftlichkeit von den unteren und gerade bäuerlichen Schichten zur Alltagsbewältigung herangezogen wird.[77] Dabei macht Maas insbesondere klar, dass die Gründe für die Flucht der Nichtintellektuellen in die Schriftlichkeit gerade in der Funktionsweise des Schriftsystems ruhen können. Denn Schrift ist, wie auch Maas unterstreicht, eben nicht eine wenn auch unvollkommene Transkription des Gesprochenen, sondern eine Ausdrucksform *sui generis*, die im Extremfall sogar der mündlichen Rede ihren Stempel aufdrückt.[78] So stellte auch Ferdinand de Saussure schon fest, das geschriebene Wort sei »so eng mit dem gesprochenen, dessen Bild es ist, verbunden, daß es mehr und mehr die Hauptrolle für sich in Anspruch nimmt«.[79]

Für die Autorinnen und Autoren populärer Selbstschreibungen, vor allem in der Umbruchphase des Übergangs vom Manuzän zum Typozän, muss es darum spezifische Schreibgründe geben, die mit den verschiedenen Funktionen der Schrift zu tun haben. Der Psycholinguist Wolfgang Klein sieht insbesondere drei Leistungen, die die Schrift vom gesprochenen Wort abheben: Erstens biete die Schrift eine gewisse Loslösung vom *hic et nunc* der Rede; zweitens erlaube es die Schrift, kulturelles und soziales Wissen zu externalisieren, das heißt, das »menschliche Gedächtnis ist nicht mehr die einzige Möglichkeit, das Wissen einer Gemeinschaft aufzubewahren«; drittens ermögliche es Schrift, kognitive Prozesse auszulagern und damit einen höheren Komplexitätsgrad zu erreichen.[80] Diese drei Komponenten fasst Klein unter dem Terminus »Objektivierung« zusammen: »Die Schrift objektiviert das Ausgedrückte in zweierlei Weise: sie macht es zu einem Gegenstand, und sie befreit es von seiner

Bindung an den Einzelnen.«[81] Das habe weitreichende Folgen in Hinsicht auf »die Tauglichkeit der Sprache für bestimmte kommunikative Funktionen, etwa den Ausdruck von Emotionen, Distanzierung vom Ausgedrückten, Aufbau und Zerstörung sozialer Beziehungen usw.«.[82] Die Wahl der Schrift als Medium könnte demnach dadurch motiviert sein, dass das Be-Schriebene sprecherunabhängig im kollektiven Bewusstsein verarbeitet werden kann oder die kognitive Verarbeitung durch die Objektivierung respektive: Distanzierung des Schreibakts erst ermöglicht wird.

Ähnliche Schlussfolgerungen ziehen die Schriftlichkeitsforscher Jack Goody und Ian Watt. Goody sieht, dabei allerdings ausschließlich auf den kommunikativen Aspekt abhebend, die wesentliche Funktion der Schrift in der Objektivierung der Sprache: »Dank der Schrift kann der Bereich menschlichen Verkehrs – zeitlich wie räumlich – erheblich erweitert werden. Die Möglichkeiten dieses neuen Instrumentes der Kommunikation verändern die Skala menschlicher Aktivität – politischer, ökonomischer, rechtlicher wie religiöser.«[83] Man müsste vielleicht anfügen, dass auch jenseits der kommunikativen Funktion die Schrift das menschliche Handlungsspektrum erweitert. Eine dieser Potenzialerweiterungen ist die Möglichkeit von Geschichtsschreibung selbst, die ja nicht nur fürs fragile »kulturelle Gedächtnis« betrieben wird, sondern gerade auch für die persönliche Auseinandersetzung mit der »eigenen Geschichte« oder dem eigenen Anteil an der großen, der Weltgeschichte. Nach Goody und Watt entsteht Geschichte überhaupt erst durchs Aufschreiben, da »das Individuum in einer nicht-literalen Gesellschaft die Vergangenheit fast ausschließlich unter dem Gesichtspunkt der Gegenwart sieht«.[84] Mit anderen Worten, die

> »Vergangenheit des Vergangenen hängt also von einem historischen Empfindungsvermögen ab, das sich ohne dauerhafte

schriftliche Aufzeichnungen kaum zu entwickeln vermag. Eine Schrift aber bewirkt ihrerseits Veränderungen in der Überlieferung anderer Elemente des kulturellen Erbes.«[85]

Zwar stellt auch Goody fest, dass Literalität in vielen Kulturen – und so auch in der »westeuropäische[n] Kultur bis zur Erfindung der Druckerpresse« – Herrschaftswissen war und Schrift darum eher eine »konservative Funktion« erfülle.[86] Doch sehen Goody und Watt mit Pearson gerade die Anfänge der Geschichtsschreibung in den lokalen Geschichten, in denen schriftliche Aufzeichnungen, die zuvor nur im Tempel aufbewahrt wurden, einem breiten Publikum zugänglich wurden.[87] Geschichtenschreiben, Geschichte aufschreiben kann als Motiv für die Demotisierung der Schrift gesehen werden. Auch Goody und Watt stellen fest, dass die Fertigkeit, »die alphabetische Schrift zu schreiben und zu lesen, wahrscheinlich ein bedeutsamer Faktor in der Entwicklung der politischen Demokratie gewesen« sei, wie auch »Demokratie in unserem Verständnis […] von Anfang an mit allgemeinem Alphabetismus, der allgemeinen Fähigkeit zu lesen und zu schreiben, verknüpft« ist.[88]

Aber stellen solcherlei Erwägungen die Motive dafür dar, dass die »kleinen Leute« zur Feder griffen? Das tun sie schon deswegen nicht, weil solcherlei Theoriebildung *ex post* geschieht und weil die historischen Akteurinnen, auch wenn die Feststellung vielleicht trivial anmutet, nicht erst die Linguistik oder die Schriftforschung befragt haben, bevor sie sich ans Schreibwerk gemacht haben. Zweifelsohne benennen die linguistischen und die ethnologischen Schriftuntersuchungen allgemeine Ursachen für den popularen Schreibfall und den Übergang von der Oralität zur Literalität, sozusagen: »ewige« Schreibgründe. Über die konkreten Gründe der konkreten historisch und narrativ Handelnden erfahren wir aber auf diese Weise nichts. Hier ist die genealogische oder auch narrative Methode angesagt: Man muss die

Geschichte erzählen, warum Menschen anfangen, Geschichte(n) zu erzählen und in Notizbüchern aufzuschreiben. Im Folgenden werden darum Selbst-Schreibungen aus der Umbruchzeit vom Manuzän zum Typozän im 17. und 18. Jahrhundert vor allem nach ihren autoreflexiven Erzählelementen befragt. Das sind jene Textpassagen, in denen Autoren ihren eigenen Text zum Gegenstand des Be-Schreibens machen. Da, wie Umberto Eco festgestellt hat, jeder im weiteren Sinn erzählende Text »autoreflexiv« ist, kann mit einer signifikanten Zahl von Belegstellen gerechnet werden.[89] Und so unterschiedlich die Autorinnen sind, so heterogen werden die Gründe sein, aus denen sie sich ans Schreiben gemacht haben. Davon gibt ja auch Astrid Lindgren im Kinderbuch einen Vorgeschmack: Michels Mutter hat ihre ganz speziellen Gründe, die Streiche ihres Sohnes wie den mit der Suppenschüssel aufzuschreiben – der Nachkomme soll die Ursache kennenlernen, warum seine Mutter »grauhaarig« geworden war. Machen wir uns also gemeinsam auf die Suche nach Nachrichten über das graue Haar in der Suppe.

Barocke Selbstschreibungen

Ein Sudel-, Schmier- oder Haushaltsbuch besonderer Art stellt das *Zeytregister* des Ulmer Schuhmachers Johannes Heberle aus der Zeit des Dreißigjährigen Kriegs dar, das mit folgenden Worten beginnt:

> »Achtbare, ehrenhafte, in sonders viel geliebte Freunde, es ist ein gemeines Gedächtnis und Sprichwort in der Welt, dass wenn einer redet oder von einem Ding sagt, das er seiner Tage Leben nie gesehen oder gehört, so will er dennoch viel davon sagen oder reden. Und wenn dann einer von solchem Ding

sagt, dass es einer Lüge gleicht, so sagt man zu einem solchen, er soll von weiten und fremden Ländern erzählen, denn in die kommt sowieso niemand. Oder wenn sonst einer von alten Geschichten erzählt, so sagen die Leute auch, er habe ein besseres Gedächtnis als er alt sei.«[90]

Heberle war ein ungewöhnlicher Mensch: Geboren am 28. Mai 1597, war er das einzige Kind unter 15 Geschwistern und Halbgeschwistern, das die Schule besuchen durfte. Zwischen 1604 und 1610 wurde Heberle vermutlich von Pfarrer Ulrich Gerthofer in Lesen, Schreiben und Katechismuslehre unterrichtet – nur des Winters, versteht sich, da er im Sommer wie alle Kinder bei der Feldarbeit helfen musste. Wie die meisten Menschen auf dem Land war Heberle der Leibeigenschaft und damit einem dichten

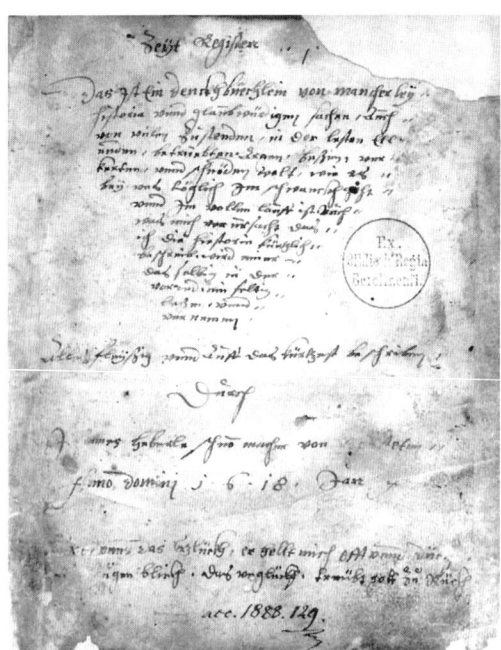

Abb. 9: Hans Heberles Zeytregister, Titelblatt

Netz rechtlicher Verpflichtungen und Abhängigkeiten unterworfen.[91] Schon als Schulkind war der junge Johannes Heberle also ein Außenseiter, umso stärker müssen die Widerstände gewesen sein, die er von seiner Umwelt erfahren haben muss, als er sich anheischig machte, selbst zu *schreiben*. So kolportiert uns Heberle die gängigen skeptischen Vorurteile gegen Schrift und Schreiber, dass sie sich nämlich der Kontrolle und damit der Zuverlässigkeit durch die Wahl ihrer Gegenstände entzögen: »… dass es einer Lüge gleicht«.

Es ist darum eine strategisch wie rhetorisch verständliche Entscheidung Heberles, diese Widerstände eingangs seiner Schrift als *captatio benevolentiae* in seiner Anrede an die »achtbare[n], ehrenhafte[n], in sonders viel geliebte[n] Freunde« zu zitieren, um sie im gleichen Atemzug zu widerlegen. Heberle beginnt seine Schrift also mit einem Metatext, einem Text-Text, der Auskunft über seine eigenen Gedanken zu seinem Schreibspiel liefert:

»Weil dann ein solcher Mensch von solchen langwürdigen Dingen berichtet und sich dafür vor manchen Menschen rechtfertigen muss, so will ich nicht viel Umstände machen, sondern nur ein wenig aufsummieren und verzeichnen, was ich gewiss und wahrhaftig gehört und auch selbst mit meinen Augen und Ohren gesehen und gehört habe.«

Die besondere Berufung auf Augen- und Ohrenzeugenschaft haben wir bereits als besondere Qualität von Notizzetteln und Notizbüchern kennengelernt – in den Notizen Lionardo da Vincis hieß die Formel dafür »oculatamente«! Sie lässt zu Heberles Zeiten Rückschlüsse auf die Vorbehalte popularer Schichten gegenüber den damals neuen Medien beziehungsweise deren tatsächliche Qualität zu, was uns Heutigen irgendwie bekannt vorkommt. Ein Hauch des »fake-news«-Vorwurfs scheint die

Medien schon in ihrer Frühzeit umweht zu haben. Zu den damals verbreiteten populären Schriften zählten propagandistische Flugblätter, aber auch die Anfang des 17. Jahrhunderts erstmals erschienenen »Zeytungen«, »Relationen«, »Historien« oder »Erzehlungen«, die für sich reklamierten, der Leserschaft ein Bild von der Welt zu vermitteln. Die erste periodisch erscheinende Zeitung erschien 1605 in Straßburg, und in schneller Folge entstanden reichsweit weitere Blätter. Die erste echte Tageszeitung, die sechsmal wöchentlich erschien, war seit 1650 die Leipziger *Einkommende Zeitung*. Und auch das kommt aus der heutigen Medienperspektive bekannt vor: So kritisch, wie Heberle explizit tut, ist er implizit gegenüber »den Medien« gar nicht. Im Gegenteil zitiert er aus solchen Quellen gerne und seitenweise, und zwar, wie sein moderner Herausgeber anmerkt, »zumeist kritik- und kommentarlos«.[92] Entsprechend tauchen in Heberles Selbstschreibung immer wieder Formulierungen auf wie »Bis hierher aus der Kriegshistorie« oder »Geschrieben aus der Kriegshistorie« oder auch »Dies habe ich aus der Relation geschrieben«. Ja, ungeachtet seiner eigenen Medienschelte schickt Heberle bei schriftstellerischen Ermüdungserscheinungen seine Leserinnen vorbehaltlos zur publizistischen Konkurrenz: »Also will ich dies trübselige Jahr beschließen, da ich nur ein wenig beschrieben habe, was ich selbst gesehen und gehört habe. In anderen Büchern wirst du mehr und weitläufigeres finden und lesen.« Allerdings hat die Leichtgläubigkeit gegenüber allem Gedruckten auch ihren Preis, was die Episode von einer übereilten Flucht illustrieren mag, bei der Heberle sich eine Woche unnötig in der fernen Stadt aufhielt, »weil es mit dem Feind blinder Lärm war«. Gerade die Unglaubwürdigkeit seiner gedruckten Quellen macht die Arbeit Heberles aus heutiger Sicht so wertvoll, denn wo er minutiös die aus Fremdquellen zitierten Passagen in seiner Schrift auszeichnet, werden die aus seiner eigenen Feder stammenden Erzählteile zu einer Geschichtsquelle erster Güte.

Heberles *Zeytregister* ist eine echte Selbst-Schreibung, auch wenn sie mit der Adressierung eines Publikums und der Übernahme einiger Erzähl- und Darstellungskonventionen wie zum Beispiel des überbordenden barocken Trichtertitels wie ein kommunikatives Stück Publizistik daherkommt. Tatsächlich stellt Heberles handschriftliches Elaborat aber bestenfalls eine unklare Öffentlichkeit her, der Adressatenkreis seiner Notizen dürfte denkbar klein gewesen sein, wenn er es überhaupt zu Lebzeiten anderen zu lesen gegeben hat. Es handelt sich um ein unkommunikatives, privates Medium eines Schreibers, der nur seine eigenen Gedanken aufzeichnen will, der aber immerhin schon so in einer Mediengesellschaft sozialisiert wurde, dass er die bereits etablierten Formen in seinen privaten Aufzeichnungen simulieren kann. Diese Ambivalenz macht Heberle im barocken Titel deutlich, wo er sein Werk ein »Denkbüchlein« nennt. Das Notizbuch notiert Heberles eigene Gedanken, die er sich über die Zeitläufte gemacht hat:

> »Das ist ein Denkbüchlein von mancherlei
> Historia und glaubwürdigen Sachen, auch
> von vielen Zuständen in der lezten elen-
> den, betrübten, argen, bößen, ver-
> kehrten und schnöden Welt, wie es
> bei uns täglich im Schwange
> und im vollen Lauf ist. Auch
> was mich verursacht, das
> ich die Historie in Kürze
> beschreibe, wird einer
> dasselbsten in der
> Vorrede einfach
> lesen und
> vernehmen.«

Vanitas – Vergeblichkeit, das ist das Motto einer gewalttätigen Epoche, die auch Johannes Heberle aus Ulm so wahrgenommen hat in der »letzten elenden, betrübten, argen, bößen, verkehrten und schnöden Welt«. Ein reziprokes Vanitas-Motiv zeichnet aber sein Schreiben und Notieren aus, denn selbst wenn der Ulmer Schuhmacher keine Öffentlichkeit herstellt, scheint motivational sein Schreiben ihm nicht völlig vergeblich vorgekommen zu sein, denn sonst hätte er es ja einfach unterlassen können.

Als Anlass für seine privaten Notizen nennt Heberle die Kometenerscheinung des Jahres 1618, die für viele Menschen damals ein böses Omen war. Heberle reflektiert dieses Wunderzeichen und schafft damit ein Zeichensystem zweiter Ordnung, denn auch selbst notiert er ja bedeutsame Zeichen in seine Kladde, in denen er über die Bedeutung und Folgen der Himmelserscheinung reflektiert. Für den privaten Schreiber des 17. Jahrhunderts gilt das Gleiche, was auch im Informations- und Medienzeitalter der Gegenwart gilt: Man muss auch und gerade den Medienkritikern gegenüber medienkritisch sein. Die Gründe, die Heberle für sein Notizenmachen nennt, sind indes andere oder doch mehr, als er selbst explizit am Anfang seiner Selbst-Schreibung zugibt. Aus dem Zustand des Manuskripts jedenfalls lässt sich schließen, dass der Text der Vorrede und damit auch die Schilderung des vermeintlichen Schreibanlasses erst nachträglich hinzugefügt wurde, vielleicht erst 1628, also zehn Jahre nach dem Erscheinen des Kometen. Grundstock des »Zeytregisters« bilden wohl lose Blätter mit familiären Aufzeichnungen, die im Jahr 1628 zu einem handschriftlichen Buch zusammengebunden wurden. Nach der Erzählung der Familiengeschichte hebt Heberle darum noch einmal von neuem an, um von hier aus seiner Schreibarbeit in Jahrgängen nachzugehen, und er reflektiert noch einmal von neuem seinen Schreibanlass:

»Anno 1618 ist ein großer Komet erschienen in Gestalt einer grossen und schrecklichen Rute, welcher uns von und durch Gott heftig trifft, von wegen unseres sündigen Lebens, die wir vielfältig verdient und noch täglich verdienen, der selbig ist gesehen worden vom Herbst an bis in den Frühling. Was er bedeutet, was auch darauf folgen wird, das ist mit heißen Tränen zu beweinen, wie wir leider dasselbige wohl erfahren und erfahren haben, anno 20 bis anno 30, welches nicht genugsam zu beschreiben ist, wie solches dies Büchlein fleißig aufweiset.«

Es ist deutlich, dass es sich hier um eine Interpolation handelt, wie überhaupt Heberle besonders Erzählungen vom allgemeinen Verlauf des Dreißigjährigen Krieges gerne nachträglich und oft Jahre später in seinen Text einfügt. Das sogar mit System, lässt er doch am Ende eines Jahreseintrags immer einige Seiten leer. Der Eindruck, dass Heberle letztlich von dem Himmelskörper gar nicht so beeindruckt war, wird noch durch die Tatsache verstärkt, dass der Selbstschreiber eine »Kurze Erzählung etlicher Kometen, wie sie sich gestaltet und wir sie gesehen haben«, zwar ankündigt, dann aber zugunsten der Geschichte seiner Großeltern väterlicherseits streicht. Die Redundanz, die hinter der Erzählung der Kometenerscheinung und vielen anderen Erzählelementen steckt, ist uns schon in Lionardo da Vincis Notizbüchern begegnet: Da nicht planmäßig ein kohärenter Text verfasst wird, muss das eigene Konvolut, die Notizensammlung, auch nicht ständiger Revision unterzogen werden, um Dopplungen und Wiederholungen zu vermeiden. Im Leben des Menschen vom Lande jener Zeit mit einem eher zyklischen Zeitverständnis ist Wiederholung im Übrigen ein Wesens- und Lebensmerkmal, das im Notizbuch abzubilden nur zu seiner Authentizität beiträgt. Persönliche und familiäre Daten, Zusammenfassungen des Kriegsgeschehens und wirtschaftliche Bilanzierungen wechseln sich ab und bilden sich im Laufe der Schreibarbeit als Gerüst, als Check-Liste für den Autor heraus, mit der jeder Jahrgang abgeglichen werden kann: Zu Beginn werden die Familiarien abgehandelt, dann werden – mit den Jahren im zunehmenden Maße – erst die persönlichen Kriegserlebnisse, hierauf die den »Relationen« entnommenen Nachrichten dargestellt (besonders seit der Nördlinger Schlacht und deren Folgen 1634 nimmt die Kriegsdarstellung den Löwenanteil ein), und schließlich wird am Ende des Jahres buchstäblich aufsummiert:

> »Was sonst dieses Jahr angeht, so ist es ein fruchtbares Jahr an allen Sachen und eine wohlfeile Zeit, denn das Korn kostet allgemein dieses Jahr nicht mehr als 2 fl, der Roggen 20 Batzen, der Hafer 10 Batzen.«
> [zu den Münzeinheiten: 1 Gulden (fl.) = 60 Kreuzer (kr) = 15 Batzen]

Ausgehend von den wirtschaftlichen Ausführungen in historischen Selbstzeugnissen oder Ego-Dokumenten hat man deren Entstehung auf die sogenannten Anschreibbücher oder Wirtschaftsbücher zurückgeführt: Durch das rapide Anwachsen des »Bedürfnis[ses] nach ökonomischer Kalkulationsfähigkeit, nach Kommunikation und fachlicher Schulung« seien auch »neue Formen der Selbstwahrnehmung an die Stelle der alten« getreten.[93] Auf die Herkunft aus dem ökonomischen Bereich könnte auch Heberles Titelwahl, *Zeytregister*, hindeuten. So stellt die Herausgeberin eines anderen barocken Ego-Dokuments, *Verzaichnus und Beschreibung* der Eichstätter Priorin Klara Staiger, fest: »›Register‹ gehören zum Schriftverkehr. Sie stehen im Dienste der Rechts-, Verwaltungs- und Wirtschaftsgeschäfte.«[94] Im Register werden Titel in einer bestimmten Reihenfolge aufgeführt, wird buchstäblich »Buchführung« betrieben. Allerdings lässt sich bei Johannes Heberle diese Buchführung nur schwerlich auf ökonomische Bilanzierung reduzieren, und wo die Familie ein zugleich rechtlicher, sozialer und wirtschaftlicher Personenverband ist, lassen sich die einzelnen, oft ineinander verzahnten Posten des Registers nicht mehr trennen. Das postkonventionelle Schreiben verzichtet auf Kohärenz und inhärente Logik, stellt Items nebeneinander, lässt das gleichzeitige Denken von Widersprüchlichem zu:

»Anno 1620 sind viele Münzhäuser aufgerichtet und erbaut worden, und ist viel unnützes Geld gemüntzet worden; dadurch sind viele Laster in Schwang gekomen. In diesem Jahr ist meine Schwester Anna eines schmerzlichen Todes gestorben in großen und schweren Kindsbanden, wie die heilige Erzmutter Rachel, den 6. Tag Christmonat. Gott der Allmächtige wolle ihr geben am jüngsten Tag eine friedliche Auferstehung und das ewige Leben. Es ist auch in diesem Jahr die Frucht in ein Aufschlag gekomen [...] der Roggen kommt auf 9 fl.«

Heberles Selbstschreibung lässt sich nicht auf eine bestimmte Gattung reduzieren, zu vielfältig sind die Darstellungsformen und Erzählarten, die nicht einmal alle gleichermaßen als historische Quelle taugen. Das *Zeytregister* ist eher der Prototyp derjenigen Textart, die Michel Foucault »gemischter Diskurs« getauft hat,[95] den der Autor mit zum Teil überraschender Souveränität meistert. Heberle verfasst beispielsweise auch Gedichte und kleidet sie in die durchaus anspruchsvolle barocke Form des Akrostichons, also so, dass die Anfangsbuchstaben der Verse wieder eine Bedeutung tragen. Doch auch wenn Heberle mit solchen Textteilen der leichten Muse frönt, kann nicht übersehen werden, dass entgegen seinem selbstformulierten Programm, »von guten und besseren Jahren von theuren und wohlfeilen Zeiten« zu künden, die Darstellung von Unglückszeiten in seinem Register deutlich die Überhand gewinnt und der Text sich zu einer Art »Aufzeichnungen aus einem Totenhaus« entwickelt. Sieben seiner Kinder und die meisten seiner Geschwister hat Heberle im Dreißigjährigen Krieg verloren. Sein »Denkbüchlein« ist eher ein Gedenkbüchlein, ein Totenbuch, das Heberle zwar »allen meinen lieben Nachkommen« zueignet, aber nicht so sehr als Leserinnen, sondern als den zu Gedenkenden. Ein unkommunikatives Medium ist das *Zeytregister* auch deswegen, weil die möglichen Adressaten vor dem Autor dahinscheiden. Die Kriegs- und Unglücksjahre von 1618 bis 1650 nehmen in Heberles Notizen 293 Seiten ein, den relativ friedlichen Jahren von 1651 bis zur letzten Eintragung von 1672 sind nur noch 45 Seiten gewidmet. Ja, der Autor, der so gewissenhaft seiner kalenderhaften Buchführung nachgegangen ist, macht im ersten Friedensjahr gar keinen Eintrag, als wollte er sein Projekt schon beenden, um hinfort auch 1656 und 1669 das (schriftliche) Schweigen vorzuziehen. Er gesteht sich auch selbst ein, dass er in friedlichen Zeiten seiner Schreibarbeitspflicht enthoben ist:

> »Dieses Jahr kann ich nicht gar von viel Unglück sagen bei uns und um uns herum, denn Gott Lob und Dank haben wir ein guten, ziemlichen Frieden, wiewohl es im Frühling ziemlich hergangen. Aber im Sommer, Herbst und Winter haben wir wohl auskommen können, von wegen Kriegsvolks.«

Man wird einen barocken Selbstschreiber kaum eines modernen medientypischen Negativismus zeihen, wenn die Zeiten, die er registriert, nun einmal durch und durch negativ sind. Heberles Grund, Notizen zu machen, ist sein eigenes Unglück in und mit seiner Zeit. Sein Gefühl von Einmaligkeit im Unglück läuft unserem heutigen Gebrauch des Begriffs Einmaligkeit, wie er zumal in der Sprache der Werbung und der Public Relations geprägt wird, ziemlich zuwider, treibt ihn aber zum Schreiben in sein Wirtschafts- und Sudelbuch, sein Register. Die Kometenerscheinung von 1618 ist vielleicht die Metapher für dieses Gefühl von Einmaligkeit und wird vielleicht deswegen von Heberle als Schreibanlass genannt. Einmaligkeit von Geschichte ist freilich auch heute ein Thema, über das, die Grenzen des guten Geschmacks transzendierend, in unserer Gesellschaft debattiert wird, sei es im Historikerstreit der 1980er Jahre oder sei es, wenn ein Mitglied des Deutschen Bundestags die verheerendste Epoche der deutschen Geschichte als einmaligen »Fliegenschiss« hinstellt. Davon und von unserem heutigen Konzept von »Geschichte« wusste Johannes Heberle wenig, seine Ordnung der Dinge war noch eine andere, in der viele disparate Gegenstände unter der Sigle »Unglück« nebeneinanderstanden, »dass es nie solcher Jammer geworden, desgleichen von Aufgang bis zum Niedergang, vom Anfang der Welt, bis zum Ende der Welt nie gewesen, auch nicht sein wird«. Kaiserkrönungen und Hungersnöte, Seuchen und Falschmünzereien, Missernten und immer wieder Fluchten werden als einmaliges und doch sich ständig wiederholendes Unglück und als aufschreibenswert, als notabel betrachtet. Das Unglück wird nicht nur als Jammer empfunden, sondern als einmaliger Jammer, als »Jammer über Jammer«:

> »Soll das nicht ein Jammer gewesen sein. Ja, ich glaube wohl, es sei ein Jammer über alle Jammer gewesen, denn ich habe es nicht nur hören sagen, sondern ich hab es selber gesehen und gehört mit meinen Augen und Ohren.«

Johannes Heberle spiegelt hier einen Begriff von Geschichte wider, den in einem späteren Jahrhundert Walter Benjamin fordern wird, wenn er schreibt: »Die Tradition der Unterdrückten belehrt uns darüber, daß der ›Ausnahmezustand‹, in dem wir leben, die Regel ist. Wir müssen zu einem Begriff von Geschichte kommen, der dem entspricht.«[96] Das Schreiben und Notieren kann aufgrund seiner objektivierenden Funktion vielleicht so etwas wie Linderung schaffen und erhält damit fast rituelle Züge. So stellt auch Peters fest, dass »illiterates Schreiben« ein »fortwirkendes Bedürfnis nach Verfügung über kulturell-magische Mittel« reflektiert,[97] und Medick urteilt, dass die Wertschätzung von Büchern auch »auf ihr Ansehen als Gegenstände des gehobenen symbolisch-repräsentativen Konsums oder als Objekte mit magischen Qualitäten« zurückzuführen sei.[98]

Mediengebrauch hat unter anderem die Funktion, Kommunikanten räumlich und zeitlich dislozierbar zu machen, das heißt, seine Inhalte an anderen, mitunter weit entfernten Orten und für spätere Zeiten verfügbar zu machen. Die Dislokation stellt aber auch selbst einen Grund für Schreibspiele dar, insofern als Ortsveränderungen in der allerlängsten Phase unserer Vergangenheit hochproblematisch waren und das Schreibspiel zur Problemlösung beitragen sollte. Das ist auch der tiefere Sinn jener Alltagsweisheit, dass einer was zu erzählen habe, sobald er sich auf Reisen mache. So wie Hans Heberle »29 oder ungefähr 30 und noch mehr« Fluchten erlebte, »die er einer Not halber nicht alle beschrieben hat«, wie er von Ulm bis nach Augsburg wanderte, um dort billiger Brot und Getreide zu kaufen, wie er und sein Sohn als Handwerker auf Wanderschaft gehen mussten, so war auf den Landstraßen überhaupt und zumal in Kriegszeiten mordsmäßig was los. Der Rechtsgrundsatz »Die Heimat trägt man an seinen Füßen mit« war zugleich das Motto einer damals bereits mobilen Gesellschaft, der die Mobilität zum Problem gereichte. In die Frühphase des Typozäns fallen mit den großen »Entdeckungen« deren Beschreibungen, die immer auch Problematisierungen sind und sich auch deswegen zu einer der beliebtesten populären Gattungen im neu entstehenden Druckwesen entwickeln sollten. Daneben entsteht im schreiblustigen ausgehenden 16. Jahrhundert auch die Methodisierung der Reisebeschreibung, etwa mit Hieronymus Turlers *De peregrinatione et agro Neapolitano libri II* (Straßburg 1574), Hilarius Pyrckmairs *Commentariolus de arte apodemica seu vera peregrinandi ratione* (Ingolstadt 1577) oder Theodor Zwingers *Methodus apodemica in eorum gratiam, qui cum fructu in quocunque tandem vitae genere peregrinari puiunt* (Basel 1577). Unter den humanistisch gesinnten Gelehrten wurde rege die moralische Frage nach der richtigen Art zu leben diskutiert, und zu »diesem Problemkreis gehörte auch die Frage nach der richtigen Erziehung und der besten Art zu reisen«.[99]

Die subtilen Überlegungen der gelehrten Köpfe ihrer Zeit mussten ihren Reflex auch in den populären Schichten hervorbringen. Und hierzu steht ein bemerkenswertes handgeschriebenes Dokument zur Verfügung, nämlich die von Jan Peters aufgespürte Selbst-Schreibung eines Söldners aus dem Dreißigjährigen Krieg.[100] Der Kontrast zum Ego-Dokument Heberles könnte kaum größer sein, und auch methodisch macht das Söldner-Notizbuch es einem nicht leicht, sind doch von den 192 Blättern des Buchs nur 176 erhalten, ausgerechnet vom ersten Bogen fehlen dreizehn und vom letzten drei Blätter. Und gerade die Textpassagen, in denen der Schreiber uns mutmaßlich Auskunft über sich und seine Herkunft, sein Schreibspiel und seine Schreibmotivation gegeben haben könnte, sind nicht erhalten. Nicht einmal seinen Namen erwähnt der soldateske Selbst-Schreiber, der Name fehlt, ausgerechnet der Name! Bei einer Selbst-Schreibung, einem Ego-Dokument schon eine blamable Fehlstelle! Erst in jüngerer Zeit konnte seine Identität als Peter Hagendorf geklärt werden – bemerkenswerterweise in einer kollektiven Recherche, die unter anderem über die Online-Enzyklopädie Wikipedia lief.[101] Peter Hagendorf kam wohl aus der Gegend um Magdeburg, wiewohl die Regionalismen seiner Sprache eher auf den rheinischen Raum zwischen

Köln und Kleve hindeuten. Dennoch gibt sein Text einige Hinweise darauf, warum er entstanden sein könnte. Der erhaltene Teil des Notizbuchs hebt an wie eine klassische Reisebeschreibung:

> »Alhier läuft der Rhein durch den Bodensee, von Lindau nach Bregenz, Richtung Meifeld, über die Stege, nach Graubünden, auf Chur, die Hauptstadt von Graubünden, reden schon welsch. Ist lauter Berg und Tal.
> Auf den Bergen kommt den ganzen Sommer der Schnee nicht weg, es gibt Viehzucht. Aber keinen Ackerbau, auch keinen Weinanbau, ein gar rauhes Land, bei Chur gibt es ein schönes warmes Bad gar heilsam.«

Wir begegnen dem Schreiber erstmals 1625 auf seiner Wanderschaft über die Alpen nach Italien, wo er wahrscheinlich als Handwerksbursche unterwegs war, kurz bevor er sich, wohl aus finanziellen Gründen, in venezianische Dienste begab und damit seine fünfundzwanzigjährige Söldnerkarriere begann. Besonders zu Beginn hat der lange Marsch – der Söldner wird bis zum Kriegsende 25 000 Kilometer zu Fuß zurückgelegt haben! – geradezu das Gepräge einer Bildungsreise. So versieht sich dieser junge deutsche Wanderarbeiter und Söldner für einen buchstäblich gesegneten, einen Martins-Preis mit einem Wörterbuch: »Allhier kaufte ich mir ein Buch halb welsch und halb deutsch und verkaufte meinen Mantel für 3 Taler.«

Theodor Zwinger gibt in seinem *Methodus apodemica* vor, dass die »Beschreibung konkreter Lebenskreise nach den drei Kategorien ›locus‹, ›locatum‹ und ›actio‹« erfolgen solle.[102] An den Reisenotizen des Söldners, der vielleicht Hagendorf hieß, hätte Zwinger sicherlich seine Freude gehabt, folgen sie doch peinlich genau dieser Anweisung. Darstellungen von Ortschaften (locus) und den dortigen sehenswerten Objekten (locatus) sind oft so eng ineinander verzahnt wie die Laufwerke von Mühlen, denen der mutmaßliche Müllerssohn besondere Aufmerksamkeit schenkt:

»Auf Würzburg in Franken. Alhier ist das rechte Weinland, eine schöne Stadt mit einen schönen festen Schloss, der Main läuft zwischen dem Schloss und der Stadt durch, das Schloss liegt auf einen hohen Berg.
Zu Würzburg unter den Brücken hat es eine schöne Mühle mit 8 Gängen, nur 4 Wasserräder, aber mit Mühlgetriebe gebaut, diese Mühle geht so stark, dass sie das ganze Land versorgen kann, denn der Main ist eingefasst, damit das Wasser alles auf die Mühle laufen muss, eine schöne Mühle, wohl zu sehen.«

Der Darstellung von Taten und Handlungsweisen (actio) gehört besonderer Raum in dem Text, könnten diese doch, wie in folgender Passage, auch besonders handlungsrelevant für jene Leserinnen werden, die wir als nur potenzielle annehmen müssen, da es sich bei den Notizen als Selbst-Schreibungen um Kommunikanten ohne Kommunikat handelt:

»In Lippstadt hat es gutes Altbier, und hat auch böse Leute darin, dass ich habe ihrer 7 verbrennen gesehen, darunter ist so gar ein schönes Mädchen gewesen von 18 Jahren. Aber sie ist doch verbrannt worden.
In diesen Land tut man Brote backen, die so groß sind wie ein großer Schleifstein. Es ist viereckig, muss 24 Stunden im Ofen stehen, man heisst es Pumpernickel, aber es ist ein gutes schmackhaftes Brot, das ganz schwarz ist.«

Dabei vermittelt der Schreibende selbst den Eindruck, als folge er einer Anweisung oder Schreibverpflichtung, was es zu notieren gilt und was nicht: »Ich muss etwas hier melden, wie dies Land bebaut wird.«

Daneben fungiert der Autor auch als Chronist, insbesondere wo er Familiendaten aufzeichnet, und kommt an diesen Stellen etwa dem *Zeytregister* nahe. Vielleicht ist das Schreibspiel an einen echten Adressaten gerichtet, nämlich den Sohn Melchior Christoff, dem Hagendorf Nachrichten über seine zumeist verstorbenen Angehörigen kommunizieren will. Allerdings bleibt dieser Adressat in dem Text fiktional, und der Schreiber fiktionalisiert ihn noch zusätzlich und beinahe absichtsvoll, wenn er ihm beispielsweise väterliche Sorgfalt und Liebe wie in der Heiligen Familie angedeihen lassen will (»Also habe ich meinen Sohn aus Ägypten geholt«). Familiennachrichten sind auch die einzigen Notizen, die er registriert, ohne selbst Augen- und Ohrenzeuge gewesen zu sein, zum Beispiel wenn es um seine kurz nach der Geburt gestorbene Tochter geht, die er offenbar niemals zu Gesicht bekommen hat:

> »Dieses Mal, während ich auswärts unterwegs war, ist meine Frau wieder mit einer jungen Tochter erfreut worden. Sie ist auch In meiner Abwesenheit getauft worden, Anna Maria ist auch gestorben, während ich abwesend war + 2. Gott verleihe ihnen eine fröhliche Auferstehung.«

Im Vergleich mit anderen Notizbüchern und Selbst-Schreibungen jener Zeit wie denen des Ulmer Schusters Hans Heberle muss der schreibende Söldner, wie sein moderner Herausgeber notiert, als »nur wenig fähig« erscheinen, »das Dasein nach seinem tieferen Sinn zu befragen«.[103] Nach dem Wortlaut des Söldner-Notizbuchs muss dem Schreiber »nichts unbeständiger als moralische Normen« erscheinen, ein »im Leben und Denken verengter Kriegshandwerker«, dessen »Gefühlswelt […] verschwiegen oder nur angedeutet« bleibt.[104] Fragen wir allerdings nach den Gründen für das Schreibspiel dieses Söldners im Dreißigjährigen Krieg, stoßen wir bei dem Soldaten auf durchaus differenzierte Intentionen und Motivationen. Mit einem moderneren, von der Vorstellungswelt des 18. Jahrhunderts geprägten Begriff von »autobiographischem Schrifttum« werden sich populare Texte aus der Frühzeit des Typozäns im 16. und 17. Jahrhundert und vielleicht überhaupt Notizbücher als Selbst-Schreibungen nicht erschließen lassen. Denn Autobiographik hat eine kommunikative Intention und verfolgt darum ganz andere Ziele. Die Disparatheit der Textbeispiele hat viel mit dem Notizenspiel zu tun, dessen postkonventionelle Art auch das Abgebrochene, Fragmentarische ausdrücklich integriert, weil es vielleicht für die gebrochenen Leben und ein entsprechend gebrochenes Denken steht, das im Notizbuch repräsentiert wird.

So lässt sich auch ein letztes Beispiel von handgeschriebenem Notizbuch aus der Frühzeit des Typozäns lesen. Es ist die *Stausenbacher Chronik des Kaspar Preis*. Dieser Kommunikant ohne Kommunikat wurde uns anno 1902 vom Postsekretär Ruhl aus Marburg mitgeteilt, der dieses Notizenspiel für »von besonderem Interesse« hielt, »weil der Schreiber ein schlichter Bauersmann ist, der neben seinem Berufe und trotz der vielen Kriegsunruhen und Verheerungen seines Grund und Bodens noch Zeit gefunden hat, seine selbst erlebten Ereignisse der Nachwelt zu hinterlassen und zwar in einfacher, schlichter Art«.[105] In der Tat scheint Preis' Schrift einerseits viel etwa mit Heberles *Zeytregister* zu tun zu haben. Preis beschreibt zwar nicht den genauen Anlass seines Schreibspiels. Er hebt stattdessen lakonisch an mit der Bemerkung:

»In diesem Buch ist verzeichnet, wie es mir, Kaspar Preiß, ergangen ist in Stausenbach samt meiner Hausfrau in der Zeit, die wir dort gewohnt haben. Ich Kaspar Preis gebürtig aus Leidenhofen, mein angetrautes Weib gebürtig von Witelsberg.

Haben mit Schmerzen etliche Zeit hingebracht in dem blutigen Krieg, der wie aus folgendem zu ersehen ist, im Jahr 1636 In Stausenbach angefangen hat.«

Und etwas später notiert er:

»Ich will ein wenig Bericht tun wegen des blutigen Kriegs nach meinem bäuerischen Verstand. Und was ich selbst mit meinen Augen habe gesehen und in der Tat mit Schmerzen erfahren habe.«

Aus dem Text ergeben sich viele Elemente des Registers, Fakten werden zusammengetragen und aufgezählt, etwa wo Preis erzählt, wie oft im Jahr sein Dorf von Soldaten besetzt wurde. Bei ihm wird aber nur noch Elend und Schrecken registriert. Die Adressatenansprache am Ende dieses Abschnitts wendet sich an einen fiktionalen Adressaten (»nun gedenke doch ein Christenmensch«), denn von einem realen Leser konnte der Bauer Kaspar Preis nicht ausgehen:

»Es ging in diesem 1644. Jahr gar schlecht ab. Wir in Stausenbach hatten von Volk in diesem Jahr erstlich ein Regiment samt den Artilleriepferden; 2. den Oberst Krott mit einem Regiment zu Pferd; 3. eine Weimarische Partei, 4. ein Fahnenfußvolk, 5. wieder eine Kompanie zu Fuß von Ziegenhain, zum 6. ein Regiment des Oberst Major Hundt, 7. die weimarische Armee hielt ein Rendezvous bei unserm Dorf, 8. Danach 3 Regimenter Quartier Im Dorf auch der weimarischen Völker über 14 Tag, 9. abermal über einen Monat lang wieder das weimarische Rendezvous bei unserm Dorf, 10. und wie die Kaiserlichen vor dem Kirchhain waren, da hat allzeit ein Regiment zu Pferd die Wacht bei unserm Dorf, und zum 11. wie die Hessen mit ihrer Armee herauskamen, da hatten sie ihr ganzes Lager in und um das Dorf her. Nun gedenke doch ein Christenmensch, was wir doch haben behalten könen bei solchem Wesen und so großem Unglück.«

Auch vom »Anschreibe- oder Wirtschafts-Buch« haben die Aufzeichnungen von Kaspar Preis etwas. Sein erster Herausgeber in Druckform notiert: »Für eine große Anzahl Jahre theilt er mit, wie die Früchte gerathen sind; desgleichen berichtet er für viele Jahre über die jeweiligen Vieh- und Fruchtpreise, so daß wir uns auch über diese Verhältnisse in jener Zeit nach dieser Chronik ein ziemlich getreues Bild machen können.«[106]

Andererseits macht eine Betrachtung der Schreibgründe dieses hessischen Bauern die Unterschiede zu den Notizen Heberles deutlich: Insofern sich Preis mit seinem Schreiben selbst übernommen hat, werden seine Schreibgründe zu Schweigegründen und machen sein Buch damit erst zu dem beeindruckenden Dokument, das es in der Tat darstellt: zum Zeugnis eines Krieges, in dem es dem Schreibenden die Sprache verschlägt. Kein Kommunikat, nirgends. Aber auch der Kommunikant wird blasser und blasser, denn wovon man nicht sprechen (und schreiben!) kann, davon muss man (schreibend) schweigen.

Entgegen der Behauptung, einen Kriegsbericht zu liefern, beginnt Preis sein Schreibspiel erst im Jahr 1636, der Krieg währt da schon achtzehn Jahre. Sein Anlass war nämlich nicht der Krieg, sondern sein Umzug vom ehemaligen Anwesen in Schrickt (Schröck) zu dem von seinem Schwager erworbenen Bauernhof in Stausebach. Für Preis bedeutet das sozialen Aufstieg (»So war der Hof zu Stausenbach gar ein berühmter Hof«), der nur ratsam schien, wenn der Risikofaktor Krieg minimiert war. Und genau das glaubte Preis 1636: »Und war es mal ein wenig still in diesem Land und es ging das Gerücht um, dass es mal würde Frieden geben.« Der Bauer beginnt sein Schreibspiel gerade in dem Augenblick, in dem er sich auf dem Erfolgstreppchen wähnt. Man könnte folgern, hier wolle einer seine persönliche »Erfolgsstory« in Form eines Ego-Dokuments dokumentieren. Für diese Story hätte er, vielleicht, auch die passenden Worte gefunden. Hingegen haben sich die Vorzeichen noch im gleichen Jahr, im ersten Schreibjahr, geändert:

> »Aber es war vielleicht unserem Herrgott noch nicht gefällig. In dem oben erzählten Jahr kam nicht ein einziger Sicheling Korn in dieses Dorf, denn es war alles abgemäht und verfuttert von dem Kriegsvolk, da es nach Hanau zog und wiederkam.«

Preis schreibt weiter: trotz alledem oder jetzt erst recht. Schreiben ist Problemlösen, und die Probleme wurden größer und größer. Das Schreibspiel wird zur Schreibfrohn, der Ton wird beschwörend, immer wieder wird ein fiktionaler Leser angerufen, als ob Hilfe oder Rettung eben nur noch von außen kommen könnten – auch das eine Form rituell-magischer Praxis:

> »O gedenket doch, ihr christlichen Herzen, den armseligen Zustand im Jahr 1640. Es war Jammer, Not und Herzenleid wegen des blutigen Kriegs im Land.«
>
> »Nun bitte ich alle diejenigen, die diese Geschichte lesen oder hören, lauter und flehentlich um Gottes willen, dass ihr doch wollet ein wenig still halten und euch bedenken und besinnen, was doch wir armen Leute erlitten haben. Es war Jammer, Angst, Not und Herzenleid mit den armen Leuten in der Zeit. Wir waren so gar geängstigt und verzagt, dass uns auch ein rauschendes Blatt verjagt hätte.«
>
> »Ach, ach, gedenkt doch um Gottes willen den armseligen Zustand, den wir in diesen Zeiten erlitten haben. Ach du edler Frieden, wie bist du ein edles Kleinod.«

Kann der Ulmer Schuster Heberle mit seinen Notizen schreibend sich seiner Zeit bemächtigen und erfüllt damit sein Notizspiel die von der Linguistik apostrophierte Funktion der »Objektivierung«, die sich unter anderem in der speziellen Heberle'schen Rhetorik und Ironie zeigt, so versagt die gleiche Objektivierung bei Kaspar Preis vollständig. Es verschlägt dem Bauern in seinen Notizen die Sprache, was sein Schreibspiel zu einem Schreibernst und zu einem der vielleicht eindrucksvollsten Dokumente aus der Zeit des Dreißigjährigen Kriegs macht. Die fehlende Objektivierung führt zu einer spontanen Unmittelbarkeit, in der Schreibspiel und Geschichte zusammenzufallen scheinen und die einen selbst im fernen Echo heutiger Lektüre noch umweht. Selbst das Schweigespiel wird so zum Sprachspiel, mit dem Geschichte zu uns spricht. Formulierungen wie »nicht zu erzählen« oder »davon ist nichts zu sagen« werden zum Refrain dieser Notizen, mit der Objektivierungsfunktion ist auch die Mitteilungsfunktion von Sprache und Schrift in Mitleidenschaft gezogen:

> »Es zerbrach zu Marburg die Kupfermühle, es war eine Flut aus Wasser, dass der Schaden, den es tat, nicht zu erzählen ist.«
> »Da kam der Wolf und wollte mit Gewalt an den Knecht und die Magd; er begehrte des Viehs nicht. Da hub der Knecht und die Magd an zu rufen und zu kreischen, und zwar so schrecklich, das nicht davon zu sagen ist.«

An der eigenen Sprachlosigkeit laborierend, reflektiert Preis durchaus sein kommunikatives Unvermögen. Einerseits sieht er die Unglaubwürdigkeit, die am Aussprechen des Unglücks haftet:

> »Es ist doch nicht zu sagen, noch zu erzählen all den Jammer, die Trübsal und das Herzeleid, das wir armen Leute haben

müssen leiden und ausstehen in achtzehn Jahren. Es glaubt es kein Mensch, außer denen, die es erfahren haben mit großen Schmerzen und Herzeleid.«

Andererseits konstatiert Preis aber auch handfest materielle Gründe für sein Versagen, die über das heute noch gebräuchliche »da fehlen mir die Worte« hinaus auf die Schweigegründe einer arbeitsamen Bauernwelt rekurrieren:

>»Alles Unglück und alle Trübsal zu erzählen ist in meinem Vermögen nicht, auch was ich schon weiß und gesehen habe, so kann ich es doch nicht wegen meiner Arbeit. Denn wenn ich schon jetzt so viel Hände hätte als Gliedmaßen an meinem ganzen Leib, so hätten sie alle genugsam zu tun.«

Jammer, Trübsal und Herzeleid: Probleme sind genug da, um ein Notizbuch zu führen. Doch das Schreiben und Notieren müsste eben als *doppelte* Problemlösung fungieren, während es aber nur eine einfache Problemlösung bietet. Nur das Schreibproblem selbst wird nämlich durch die Selbst-Schreibung gelöst, während das Weltproblem, das im gegebenen Fall nichts Geringeres als die Frage nach Krieg und Frieden, Leben und Tod darstellt, auch durchs Notieren nicht gelöst werden kann. Das Notizbuch von Kaspar Preis wird schon darum zum Kommunikanten ohne Kommunikat, weil es ständig eine Frage aufwirft, auf die durch das Notieren und durch Autokommunikation keine Antwort zu finden ist. Dass auch Schweigen eine Kommunikationsform sein kann und darin wie ein Sprechakt zu untersuchen ist, darauf haben verschiedentlich etwa systemtheoretische[107] oder neostrukturalistische[108] Arbeiten hingewiesen. Das Schweigen als Schreibspiel dagegen oder gar als spezifische Form der Geschichtsschreibung wurde noch nicht so recht in den Fokus genommen. Dabei beschreibt das »beredte Schweigen« des hessischen Bauern Kaspar Preis in seinem Notizbuch womöglich gerade jene Geschichte der »Ausnahmezustände«, von der Walter Benjamin schrieb und für die es vielleicht einfach keine Worte gibt. Die Dramen, die in den barocken handgeschriebenen Notizbüchern notiert werden, sind die Dramen des Schreibens selbst, der Ent-Äußerung durch Schrift, der gescheiterten Kommunikation.

Eselei Faselei Hudelei Klügelei Sudelei Witzelei

Nicht nur die popularen Schichten griffen in der Barock- und der Aufklärungszeit zur Feder. Auch unter den Begüterten, den adlig Bevorteilten und den wirtschaftlichen und geistigen Eliten fanden sich in dieser Epoche Vielschreiber, die Notizbuch über Notizbuch füllten, ohne an eine Veröffentlichung für ein größeres Publikum gedacht zu haben. Vom Prager Kardinal Ernst Adalbert von Harrach etwa sind heute im Wiener Allgemeinen Verwaltungsarchiv 26 Jahrgänge handschriftlicher »Diarien« in italienischer sowie 22 Jahrgänge von ihm so bezeichnete »Tagzettel« in deutscher Sprache aus den Jahren 1630 bis 1667 erhalten, in denen er für einen bestenfalls sehr kleinen Empfängerkreis, also eine unklare Öffentlichkeit, Ereignisse und Gedanken festgehalten hat.[109] Und der Frankfurter Arzt und Naturforscher Johann Christian Senckenberg hinterließ von 1730 an handschriftlich verfasste »Observationes physicae et medicae in me ipso factae«, also Beobachtungen physischer und medizinischer Art, die er an und *in* sich selbst gemacht hat, kurz: Selbst-Schreibungen. Diese Beobachtungen trug er zuerst als Tagebücher in Hefte in Quartformat ein, ab 1743 schrieb er sie nur noch auf lose Notizzettel. 53 solcher Tagebücher sowie mehr als 20 000 datierte Zettel sind erhalten, wobei die Handschrift

Senckenbergs so verschliffen und unleserlich ist, dass auch vom »Senckenberg-Code« die Rede ist.[110] Der Frankfurter Mediziner schrieb, wie uns das mittlerweile aus Notizbüchern ja vertraut ist, über eine große Zahl verschiedener und inkohärenter Themen: Neben den physiologischen Selbstbeobachtungen finden sich Notizen zur Torfgewinnung, Rezepte für Siegellack oder Futtermischungen für Kanarienvögel.

Senckenbergs allererster Notizbucheintrag aus dem Mai 1730 befasst sich mit der gepuderten Lockenperücke des Verfassers, die auf einer Reise in der Postkutsche arg gelitten hatte. Es ist dies eine schöne Koinzidenz der Notizen des begüterten Frankfurter Bürgers zu den Aufzeichnungen jener Bauersfrau aus Lönneberga in Schweden. Denn die Mutter von Michel aus dem Kinderroman führte ihre Notizbücher ja wegen ihrer grauen Haare. Was Haare angeht, ist auch der nächste Notierkandidat einschlägig, der vermutlich als der exemplarische Fall des Notizbuchschreibers gelten darf, da seine Sammlungen von Notizen es zu großer Berühmtheit gebracht haben. Dieser Autor darf mit Fug und Recht als verzopft bezeichnet werden. Georg Christoph Lichtenberg, Experimentalphysiker und Philosophieprofessor in Göttingen, ist, wie es Ende des 18. Jahrhunderts noch üblich war, auf den bekannten Abbildungen mit Perücke abgebildet: mit Mehl weiß gepudert, vorne mit waagrecht angeordneten Locken, hinten zum Zopf gebunden. Und Lichtenberg wäre nicht Lichtenberg, wenn er nicht in seinen Notizbüchern sich zum Thema ebenfalls, jedoch in seiner ganz eigenen Art geäußert hätte: »Vergleichung zwischen Philosophie und Frisur; sie hängen beide von der Mode ab.«[111] Auch würden die »alten Philosophen«, so fährt er in seinem Notizbuch fort, ähnlich umherschleichen wie die »alten Perückiers«. Am Ende dieses Eintrags, auch das ist typisch Lichtenberg, kommt er mit einer überraschenden Wendung, einem Dreh, und folgert: »Daß sich beide mit modischer Auszierung der Köpfe beschäftigen, darf nicht übergangen werden.«

Georg Christoph Lichtenberg wurde 1742 als protestantisches Pfarrerskind in der Nähe von Darmstadt geboren. Im Jahr 1763 bezog er, ausgestattet mit einem landgräflichen Stipendium, die Universität Göttingen, wo er Mathematik, Physik, zivile und militärische Baukunst, Ästhetik, englische Sprache und Literatur, Staatengeschichte Europas, Diplomatik und Philosophie studierte. In Göttingen blieb er dann auch, abgesehen von zwei längeren Englandaufenthalten, zeit seines Lebens. Offenbar während seiner Studentenzeit begann er mit dem Führen von Notizheften. Später wollte er das Notierspiel zur Maxime des allgemeinen Handelns machen und notierte: »Man soll alle Menschen gewöhnen von Kindheit an in *große* Bücher zu schreiben, alle ihre Exercitia, in hartes Schweinsleder gebunden« (J 26). Das älteste erhaltene Heft stammt aus dem Jahr 1765. Lichtenberg hat selbst seine Notizhefte und später die Notizbücher durchbuchstabiert, anfangs mit griechischen, beginnend mit Notizsammlung »C«, dann mit lateinischen Buchstaben. Sehr groß waren diese handgeschriebenen Bücher zu Beginn nicht, und in Schweinsleder gebunden waren sie auch noch nicht: Die fünf ältesten Hefte sind allesamt im kleinen und handlichen Oktavformat ohne Umschläge, von denen das erste den Buchstaben Gamma, also den dritten Buchstaben des griechischen Alphabets trägt. Das deutet darauf hin, dass es noch ältere Hefte geben muss, nämlich Alpha und Beta, die nicht erhalten sind. Lichtenberg hat sich diese frühen Hefte selbst hergestellt aus Schreibbögen von Kanzleipapier der Größe 33 × 21 cm oder Handschriftenquart der Größe 28 × 19 cm, die er so lange gefaltet und gefalzt hat, bis sie die für ihn passende Größe hatten. Notizheft C ist ein Quartheft mit blauem Papierumschlag. Ab Sammlung D stellt Lichtenberg seine Notizhefte nicht mehr selbst her, sondern greift auf vom Buchbinder vorgefertigte Bände mit leeren Seiten zurück, und zwar Foliobände in starker Pappe mit Lederrücken. Dabei ging es ihm offenbar um die

Haltbarkeit seiner Aufzeichnungen, denen er selbst mehr als nur ephemeren Charakter zuschrieb: »Nachricht an den Buchbinder wegen der Ewigkeit des Buches« (D 372).

Diesem Anspruch stehen die ironischen Bezeichnungen gegenüber, die Lichtenberg für seine eigenen Notizen gewählt hat. Von »Klitterbuch« schreibt er (E 46), »Schmierbuch« (F 1209), »Exzerpten-Buch Sparbüchse« (J 471) oder eben von »Sudelbuch«, ein Begriff, der sich nicht nur deswegen etabliert hat, weil einige aktuellere Druckeditionen ihn verwenden, sondern weil Lichtenberg selbst ihn als Überschrift auf den Deckel von Notizbuch F geschrieben hat. Schon bevor er diese Überschrift auf einer Kladde wählt, gibt er in Notizbuch E Auskunft über sein Notierverfahren, das sich freilich über die Jahrzehnte auch verändert und entwickelt. Er schreibt:

> »Die Kaufleute haben ihr Waste book (Sudelbuch, Klitterbuch glaube ich im deutschen), darin tragen sie von Tag zu Tag alles ein was sie verkaufen und kaufen, alles durch einander ohne Ordnung, aus diesem wird es in das Journal getragen, wo alles mehr systematisch steht, und endlich kommt es in den Leidger at double entrance nach der italiänischen Art Buchzuhalten. […] Dieses verdient von den Gelehrten nachgeahmt zu werden. Erst ein Buch worin ich alles einschreibe, so wie ich es sehe oder wie es mir meine Gedancken eingeben, alsdann kan dieses wieder in ein anderes getragen werden, wo die Materien mehr abgesondert und geordnet sind, und der Leidger könte dann die Verbindung und die daraus fließende Erläuterung der Sache in einem ordentlichen Ausdruck enthalten« (E 46).

Als ironisch muss man solche Selbstbezichtigungen einschätzen, weil die Notizbücher Lichtenbergs alles andere als »gesudelt« sind, sondern im Gegenteil sehr akurat geschrieben. Selbst Durchstreichungen, die allesamt Sofortkorrekturen sind, sind nicht etwa »geschmiert«, sondern sehr sauber ausgeführt. Mit der englischen Terminologie und dem Verweis auf die »italiänische[] Art« gibt Lichtenberg einen Hinweis auf die Herkunft dieser Art der Notizbuchhaltung in der wirtschaftlichen Haushaltung und dem Kaufmannsbuch, in das alle ökonomischen Aktivitäten umgehend mit Soll und Haben eingetragen werden, bevor sie dann im Hauptbuch ordentlich bilanziert werden. Hier wiederholt sich Schriftgeschichte, denn am Anfang allen Schreibens in Babylonien und Ägypten standen ja auch wirtschaftliche Notwendigkeiten. Wer, mit einer gewissen intellektuellen Nostalgie, wirtschaftliche Erwägungen für das Basisphänomen und feingeistigere Betätigungen für den Überbau hält, der muss doch konstatieren, dass Schreiben und Notieren zu den Basisphänomenen zu zählen sind. Mit einer eher holistischen Sicht auf die Dinge würde man einen so strikten Unterschied zwischen Basis und Überbau allerdings vermutlich nicht mehr machen, sondern die Sphären gleichberechtigt nebeneinander stehen (und schreiben) lassen. Die englische Terminologie in Lichtenbergs Notiz über die »waste books« könnte ein Hinweis darauf sein, so die Mutmaßung des Lichtenberg-Forschers Ulrich Joost, dass der Göttinger Wissenschaftler das Verfahren bei seinem Englandaufenthalt kennengelernt hat.[112] Unter Umständen kam Lichtenberg auch erst über seine Englischstudien auf den Begriff für sein Verfahren, jedenfalls deuten Wörterbucheinträge jener Zeit darauf hin. Womöglich hat er das Wort »waste book« nachgeschlagen und ist dabei auf einen Eintrag wie dem in Johann Christoph Adelungs *Versuch eines vollständigen grammatisch-kritischen Wörterbuches der Hochdeutschen Mundart* von 1774 gestoßen:

»Das Sudelbuch [...], die -bücher, ein Buch, worein man die täglichen Vorfallenheiten ohne Ordnung und Reinlichkeit verzeichnet, um sie daraus hernach in das Reine zu schreiben; bey den Kaufleuten auch die Kladde, das Klitterbuch, und mit einem italienischen Kunstworte die Stratze, von Straccio, Straccia.«[113]

Auch der »leidger at double entrance« deutet auf die englische Herkunft des speziellen Lichtenberg'schen Verfahrens hin. Der »leidger« ist die atavistische Form des englischen Worts für ein Notizbuch, Tagebuch oder Register. Bezeichnenderweise kann das Wort aber auch für »Grabstein« stehen. Der »doppelte Eintrag« ist erneut ein Verweis auf die Herkunft aus dem Kaufmannswesen. In Lichtenbergs Buchführung ist der haushalterische Basisaspekt weit nach hinten gerückt, ohne allerdings ganz verschwunden zu sein. Lichtenberg notiert in seinen »Sudelbüchern« durchaus auch materielle Zu- und Abgänge, vor allem die inneren Umschlagseiten seiner Notizbücher dienen gerne für ganze Listen von zu erwerbenden Büchern oder auch für zusammenhanglose Notizen. Das mit »Sudelbuch« überschriebene Notizbuch F beginnt tatsächlich mit einem solchen »Gesudel« (Abb. 10): Unter der Zeile »to read« stehen unverbunden untereinander »La Metromanie (de Piron)«, »Lavaters moralischer Charakter von Freunden und Feinden entworfen und von ihm selbst. 5 Groschen« oder »Einleitung zur math[ematischen]. Bücherkenntnis (kaufen)«, ferner ein Hinweis »Im 2ten Band der Werlhofischen Schriften zu lesen *de limitandis morborum vituperiis ac laudibus*« oder auch die minimalistische Buchkritik »Jacobsons Schauplatz der Zeug-Manufakturen vier Teile ein vortreffliches Buch«. Unter dem Wort »Sudel-Buch« notiert Lichtenberg »Göttingen am grünen Donnerstag. 1776. Den 4ten April«, vermutlich das Anfangsdatum dieses neuen Notizbuchs. Neben dem Titelwort steht: »Lucii Sectani Satyra. Der noch lebende Pater Cordara in Rom ist der Verfasser. Vid Björnstahl T.II.p.77«. Es handelt sich dabei nicht um eine, sondern um zwei irgendwie ineinandergeschachtelte Literaturangaben. Bei der ersten geht es um die Entschlüsselung der bibliographischen Angabe einer 1738 in Lucca gedruckten Entgegnung auf eine literarische Fehde von Giulio Cesare Cordara, einem italienischen Jesuiten und satirischen Schriftsteller, der unter dem Pseudonym Lucius Sectanus firmierte. Bei der zweiten bezieht sich Lichtenbergs Notiz auf die »Briefe auf seinen ausländischen Reisen an C. C. Gjörwell in Stockholm« des schwedischen Diplomaten Jacob Jonas Björnstahl, die 1777 bis 1783 in immerhin sechs Bänden im Druck erschienen sind. Darunter stehen noch zwei isolierte Wörter, »Fabroni« und »Tongatabou«. Mit dem ersten Namen könnte sich Lichtenberg auf den italienischen Gelehrten Angelo Fabroni beziehen, der von 1771 bis 1796 die Zeitschrift *Giornale dei letterati* herausgegeben hat. Mit »Tongatabou« könnte die Hauptinsel des insgesamt 182 Inseln zählenden Tonga-Archipels gemeint sein,

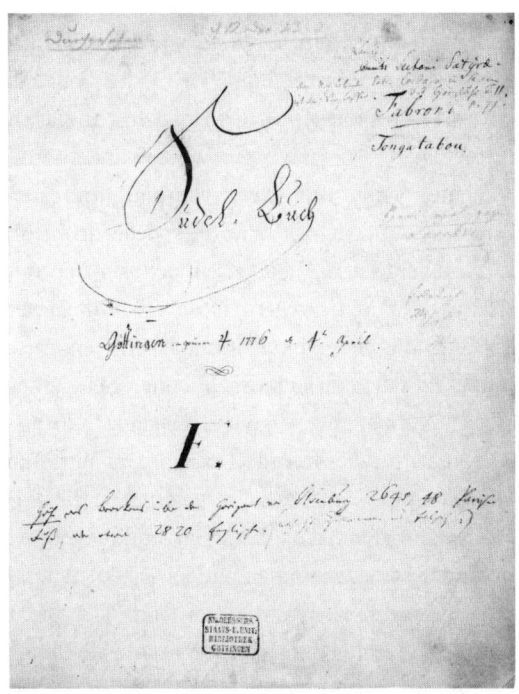

Abb. 10: Lichtenbergs Sudelbuch F

die vom Seefahrer James Cook wegen der freundlichen Aufnahme als »Freundschaftsinseln« bezeichnet worden waren. Unter dem groß und schwungvoll geschriebenen Buchstaben »F« hat Lichtenberg noch die vermeintliche geographische Lage des Brockens, also der höchsten Erhebung des nahe Göttingen gelegenen Harzes, notiert: »Höhe des Brockens über den Horizont von Ilsenburg 2645,48 Pariser Fuß, oder etwa 2820 Englische. (nach Herrn Zimmermann und falsch.)«.

Was wollte der Dichter uns damit sagen? Die Frage klingt immer etwas abgegriffen, nach verquerem Deutschunterricht und zerlesenen Reclamheftchen. An dieser Stelle stellt sich die Frage allerdings dringlich, jedoch die Antwort ist enttäuschend. Er wollte uns nämlich gar nichts sagen. Er wollte sich bestenfalls selbst etwas sagen, seine Sudelbücher sind Selbst-Schreibungen, sie sind Kommunikanten ohne Kommunikate. Warum um Himmels willen Pater Cordara, der vermeintliche Literat Fabroni, eine Freundschaftsinsel und die Höhe des Brockens, die auch noch falsch berechnet ist, neben- und untereinander auf ein und demselben Blatt gelandet sind, weiß, wenn überhaupt, nur der, der das alles notiert hat – und selbst der weiß es vielleicht nicht. Vielleicht stehen die divergenten Angaben einfach nur da, weil Platz war und sie irgendwo notiert werden wollten. Mit dieser kleinen Übersicht über die äußerst vermischten Notizen einer einzigen, wenn auch als Titelblatt herausgehobenen Seite eines der Lichtenberg'schen Notizbücher zeigt sich das ganze Grundproblem des Notizbuchs für die fremde Leserin: Der einzelne Eintrag mag einen Sinn haben, aber zusammen ergeben die Notizen keinen Sinn. Das Notizbuch enthält kürzere und manchmal auch etwas längere Texte, aber zusammen bilden sie keinen Text. Entsprechend kann der Sinn einer einzelnen Notiz sich auch nicht aus dem Kontext erschließen, denn dass Notizen räumlich beieinanderstehen, konstituiert noch keinen Kontext. Damit sieht sich auch eine editionsphilologische Praxis konfrontiert, die

Texte wie diese mit ausführlichen, gar zeilenweisen Kommentaren versieht. Natürlich kann man, wie es Wolfgang Promies in seiner verdienstvollen Lichtenberg-Edition gemacht hat, etwa die einzelnen auf der Titelseite von Notizheft F notierten Namen nachrecherchieren und nach bestem Wissen und Gewissen entschlüsseln. Doch in Wahrheit ist damit nicht viel erreicht, weil solche Kommentare eine Antwort auf Fragen geben, die sich gar nicht stellen. Und entsprechend gibt es auch keine Instanz, die gewährleisten könnte, dass die im Kommentar angebotenen Entschlüsselungen die »richtigen« sind. Schon das Wort »richtig« scheint an dieser Stelle eigentlich unpassend. Das Notierspiel ist ein Spiel, dessen Regeln man nicht kennen kann, weil es ein privates und postkonventionelles Schreibspiel ist. Aus diesem Grund hat der Lyriker Helmut Heißenbüttel bewusst anachronistisch Lichtenberg zum »ersten Autor des 20. Jahrhunderts« ernannt und die Sudelbücher, fortlaufend gelesen, zum ersten modernen Roman.[114] Der Sinn der Notizen erschließt sich entweder von selbst oder liegt im Notierenden, der letztlich die einzige Referenz fürs Notierte ist. Der Philologe Franz H. Mautner (der nicht mit dem von Wittgenstein erwähnten Sprachkritiker identisch ist) hat entsprechend seine Auswahl aus Lichtenberg'schen Textsplittern mit einem von Lichtenberg auch selbst verwendeten Begriff als »Gedankenbücher« bezeichnet.[115] Wo Lichtenberg selbst davon schreibt, skizziert er auch den Prozess der Entfremdung von der eigenen Selbst-Schreibung im Akt der historisierenden Relektüre. Die einzelnen Gedanken, isoliert betrachtet, ergeben keinen gemeinsamen Sinn, kein kohärentes Gedankengebäude:

> »Wenn ich zuweilen in einem meiner alten Gedankenbücher einen guten Gedanken von mir lese, so wundere ich mich, wie er mir und meinem System so fremd hat werden können, und freue mich nun so darüber, wie über einen Gedanken eines meiner Vorfahren« (K 44).

Das Wörtchen »zuweilen« deutet darauf hin, dass ähnlich wie bei Lionardo da Vinci die Relektüre des Selbst-Geschriebenen kein regelmäßiger, gar ritualisierter Akt ist, sondern das (Neu-)Notieren doch meistens den Vorzug vor dem Studieren (der alten Texte) erhält. Lichtenberg hat also auch keine originelle Antwort auf das alte Revisionsproblem gefunden. An wiederholten Textstellen weist Lichtenberg darauf hin, dass er ein klares Bewusstsein davon hat, dass seine Einträge in die »Sudelbücher« eine Form der Externalisierung des eigenen Denkens ist oder gar selbst eine Form des »schriftlichen Denkens«:

> »Es ist sehr gut alles was man denkt, rechnet und dergleichen in besondere Bücher zu schreiben, de[re]n Wachstum anzusehen unterhält den Fleiß, und gibt einen Neben-Bewegungsgrund ab aufmerksam zu sein« (D 366).

Lichtenberg formuliert ebenso eine frühe Vorstellung davon, dass der schriftliche, nicht aber der mündliche Diskurs Ausdruck des Denkens ist, wenn er notiert, »doch ist der Mensch das was denkt und nicht das was sagt« (D 89). Das Schreibspiel nimmt er als produktiven Faktor beim Denken wahr, es ist externalisiertes Denken, »extended mind«:

> »Zur Aufweckung des in jedem Menschen schlafenden Systems ist das Schreiben vortrefflich und jeder der je geschrieben hat, wird gefunden haben, daß Schreiben immer etwas erweckt was man vorher nicht deutlich erkannte, ob es gleich in uns lag« (J 19).

Man findet in Lichtenbergs Notizbüchern sogar Bemerkungen, die darauf hindeuten, dass Lichtenberg dem damals noch weit verbreiteten Leib-Seele-Dualismus recht skeptisch gegenübersteht. Hier scheint er fast schon einen Materialismus vorzubereiten, der dann erst im 19. und frühen 20. Jahrhundert so scheinbar gegensätzliche Denkrichtungen wie den Marxismus und den logischen Empirismus auszeichnet: »Kann uns nicht das Denken in unserer materiellen Substanz eben so außerordentlich vorkommen, weil wir dieses selbst sind?« (E 31) Und nur eine Notiz weiter deutet Lichtenbergs Denken auf einen erkenntnistheoretischen Holismus hin, der Menschsein, Denken und Schreiben zusammenfallen lässt: »[D]er Mensch fühlt sich in allem ganz« (E 32).

Man könnte an dieser Stelle bezüglich des Notizenproblems den Vorschlag machen, dass bei der fehlenden Kontextualisierung und den damit einhergehenden Verständnisproblemen die Lösung gerade darin bestehen könnte, dass Lichtenberg als Notierender gar nicht auf eine außertextuelle Welt rekurriere, sondern sein »Schreibdenken« einzig die eigenen Gedanken als Referenzobjekt habe, also wie er in Notizbuch E 46 notiert hat, »wie es mir meine Gedanken eingeben«. Doch das ist ein schwerer Denkfehler. Wer Notizbuch führt, der zeichnet nicht seine Gedanken auf, sondern seine *Gedanken über etwas*. »Reine« Gedanken werden heute mit Hilfe der bildgebenden Verfahren von der Medizin oder der Neurowissenschaft aufgezeichnet, elektrische Ströme im Denkorgan. Wer dagegen sein eigenes Denken selbst notieren will, der zeichnet das auf, was er oder sie *über etwas* denkt. Das Notieren ist darum eine Form der doppelten Repräsentation, ähnlich wie Schreiben ein doppeltes Problemlösen ist: Es repräsentiert sowohl die Gegenstände des Denkens wie das Denken über diese Gegenstände. Das eine ist im Notizbuch als »Gedankenbuch« nicht ohne das andere zu haben. Wer Notizbücher anderer Menschen zu Gesicht bekommt, kann ihnen vielleicht beim Denken zusehen, aber das ist immer noch ein äußerer Vorgang. Was solche Notizbücher, auch wenn sie ans Licht gezerrt, veröffentlicht und medial vervielfältigt werden, nicht leisten, ist, dass wir uns in die Notierenden hineinversetzen, dass wir quasi in ihre Gedanken hineinkriechen können. Auch Lichtenberg hat das mit allen auch erkenntnistheoretischen Konsequenzen geahnt, wenn er in sein Sudelbuch schreibt:

> »Einen Menschen recht zu verstehen müßte man zuweilen der nämliche Mensch sein, den man verstehen will. Wer versteht, was Gedanken-System ist, wird mir Beifall geben. Öfters allein zu sein, und über sich selbst zu denken, und seine Welt aus sich zu machen kann uns großen Vergnügen gewähren, aber wir arbeiten auf diese Art unvermerkt an einer Philosophie, nach welcher der Selbst-Mord billig und erlaubt ist, es ist daher gut sich durch ein Mädgen oder einen Freund wieder an die Welt anzuhaken, um nicht ganz abzufallen« (B 262).

Der häufig fehlende Kontext, der weitgehende Verzicht auf die Herstellung von Kohärenz und die oft starke Verknappung im Ausdruck, die daran liegt, dass die Notiz die erste Entfaltung des Gedankens mit allen damit zusammenhängenden Verdichtungen ist, führt bei der Lektüre zu dem Gefühl, dass einem am Kommunikanten für eine gelungene Kommunikation doch irgendwie Wesentliches fehlt oder abhandengekommen ist: »Denn dieses ist bloß der Plan. Hier schließt sich an die Zusammensetzung eines zerrissenen Zettels. Dieser Gedanke ist neu« (L 169), formuliert Lichtenberg in seinem letzten Notizbuch kryptisch und gibt mit der Notiz zugleich die Antwort auf das Kryptikproblem, nämlich dass die Notizen immer »zerrissen« wirken müssen, die »Zusammensetzung« regelmäßig ausbleibt und sich ständig neue Gedanken aneinanderreihen. Wir erfahren den Plan, nicht aber die Umsetzung.

Die Dichte im Ausdruck, die äußerste Knappheit in der Formulierung und die damit verbundene Zuspitzung des Gedankens sind der Grund, warum Lichtenberg für den Meister oder gar, wie Ulrich Joost schreibt, »den Begründer des modernen deutschen Aphorismus« gehalten wurde.[116] Allerdings ist dies, wie auch Joost feststellt, nur bedingt richtig. Wahr ist, dass in Lichtenbergs Sudelbüchern sich einige so prägnante Formulierungen finden, dass sie in den Hausschatz der verbreiteten Gemeinsprüche, wenn nicht gar Sprichwörter eingegangen sind:

»Der Amerikaner, der den Kolumbus zuerst entdeckte, machte eine böse Entdeckung« (G 183).
»Es ist wahr, alle Menschen schieben auf, und bereuen den Aufschub« (G 78).
»Ich kann freilich nicht sagen, ob es besser werden wird wenn es anders wird; aber so viel kann ich sagen, es muß anders werden, wenn es gut werden soll« (K 293).

»Pfennigs Wahrheiten« hat etwas despektierlich und selbstironisch Lichtenberg persönlich solche Formulierungen genannt (F 1219). Auffällig ist bei diesem Übergang vom Kommunikanten ohne Kommunikat zum weithin verbreiteten und publizierten Sinnspruch, mit dem heute öffentliche Reden aufgepimpt oder das intellektuelle Niveau von Managerseminaren angehoben werden kann, eine bemerkenswerte Umkehrung, ist doch nicht das Sudelbuch wie die antiken Hypomnēmata oder die barocken Exzerptbücher und Florilegien dazu da, die Sinnsprüche etablierter Autoren zu verzeichnen, sondern im Gegenteil werden die Sinnsprüche im Notizbuch überhaupt erst produziert, um hernach ins kollektive Gedächtnis überzugehen. Medien sind nicht zum Erinnern da, aber sie können erinnernswerte Inhalte erzeugen. Einen »Selbstbedienungsladen für Politikerreden und Kalenderrückseiten« hat Ulrich Joost das genannt.[117] Ist Lichtenberg also hauptsächlich ein aphoristischer Schriftsteller? Nicht erst Friedrich Nietzsche hat 1871 Lichtenbergs Notizen als »Aphorismen« bezeichnet. Als Erste scheint bereits Rahel von Varnhagen 1825 im Brief zur Lektüre von Lichtenbergs »Aphorismen« geraten zu haben. Auch Heinrich Laube sprach 1839 vom »Aphoristischen« dieser Notizen, Friedrich Hebbel 1849 von den »Aphorismen« des Göttinger Professors.[118] Harald Fricke hat in seiner Definition des Aphorismus als notwendige Bedingungen für diese Gattung die kontextuelle Isolierung plus Prosaform plus Nicht-Fiktionalität genannt, als alternative Merkmale nennt er Einzelsatz und/oder Konzision und/oder sprachliche und/oder sachliche Pointe.[119] Lichtenbergs Sudelbücher enthalten vielleicht Texteinheiten, Elemente, Sätze, auf die diese Definition zutrifft. Ebenso gut finden sich aber auch ganz andere Schreibelemente, die alles andere als aphoristisch sind. Dazu zählen insbesondere viele naturwissenschaftliche Notizen, für die der Physikprofessor ebenfalls seine Sudelbücher verwendet hat. Dass Lichtenberg vor allem mit den als »Aphorismen« identifizierten Textsprengseln bekannt geworden ist, liegt auch an der Editionspraxis der ersten Herausgeber. Als Lichtenbergs Bruder und dessen Söhne die Sudelbücher im Nachlass fanden, konzentrierten sie sich bei ihren Druckpublikationen auf Auswahlen, die vor allem aus dem eingängigeren und mutmaßlich populäreren aphoristischen Material schöpften. Die erste Ausgabe mit wissenschaftlichem Anspruch stammte fast hundert Jahre später von Albert Leitzmann. Auch Leitzmann fokussierte sich aber auf die leichter konsumierbaren und memorierbaren aphoristischen Inhalte, Bemerkungen »aus dem Gebiete der reinen und angewandten Mathematik, der Physik und Meteorologie, der Astronomie und der übrigen Naturwissenschaften, ferner alle Zitate und Exzerpte sowie einige ganz uninteressante Notizen« hat er beim Abdruck weggelassen.[120] Vielleicht ist Lichtenberg selbst nicht ganz unschuldig an dieser Aufspaltung seiner Sudelbücher: Beginnend mit Heft E hat Lichtenberg nämlich tatsächlich jene doppelte Buchführung betrieben, von der er selbst in der Beschreibung seines »waste books« spricht. Während seines längeren zweiten Englandaufenthalts hat er nämlich von vorne seine »Reise-Anmerkungen« zu seinem Inselbesuch notiert, von hinten aber hat er seine philosophisch-literarischen Bemerkungen festgehalten. Den vorderen Textteil hat Lichtenberg mit arabischen Ziffern (54 Seiten) und den hinteren mit römischen (123 Seiten) durchnummeriert. Dieses Schreibspiel hat er sich womöglich von jenen »Gelehrten« abgeschaut, denen er das Verfahren anschließend zur Nachahmung empfiehlt. In englischen Sternwarten war die Protokollierung und nachfolgende Verarbeitung von Beobachtungsdaten nach der »italiänischen Art«, also in einem doppelläufigen Prozess oder einer »doppelten Buchführung«, verbreitet.[121] Später, nach seiner Rückkehr nach Göttingen, übernimmt Lichtenberg diese Arbeitsweise dann auch für seine neu begonnenen Sudelbücher. Die Notizbücher J, K und L, vermutlich auch G und H (die nicht erhalten sind), sind gleichzeitig von vorne und hinten beschrieben. Diese Buchführung erinnert nicht von ungefähr an die Arbeitsweise Ludwig Wittgensteins mit seiner recto / verso-Aufteilung. Spiegeln die Sudelbücher in ihrer ganzen Unordnung die Universalität der Wissensgebiete, in denen Lichtenberg sich auskennt und in denen er produktiv seine Gedanken kreisen lassen kann, so repräsentiert diese doppelte Buchführung, wie auch Ulrich Joost feststellt, »dessen Scheitern«.[122] Der notierende Philosoph trennt nämlich die schöngeistig-philosophischen Bemerkungen, die er von vorne nach hinten aufschreibt und arabisch nummeriert, von den physikalisch-naturwissenschaftlichen Bemerkungen, die er von hinten nach vorne notiert und mit römischen Zahlen beziffert. Damit wird jene Spaltung nachvollzogen, die sich eben in der Zeit Lichtenbergs an den Universitäten vollzieht. Bis dahin zählten die Naturwissenschaften zur philosophischen Fakultät, so wie ja der Physiker Lichtenberg nominell auch als Philosophieprofessor firmierte. Mit wachsender Bedeutung wuchs auch Selbstbewusstsein und Ansehen der wissenschaftlichen Fachgebiete, die heute nach einigen weiteren Bildungsrevolutionen als MINT-Fächer bezeichnet werden, und sie bildeten eigene Fakultäten und Institute. Der Philosophie als zurückgelassenem Rumpffach blieb das Große und Ganze um den Preis, mit der Empirie und der Wirklichkeit nicht mehr viel zu tun zu haben. Deswegen vielleicht herrscht spätestens seit dem Lichtenberg-Zeitgenossen Kant jene Vorliebe der theoretischen Philosophie für antirealistische und konstruktivistische Positionen, die freilich bereits Lichtenberg in seinen Notizbüchern kritisierte: »die Kantische Philosophie mag ein Reich aufrichten was für eines sie will, so wird sie doch, wenn sie nicht zu alten, bekannten Lappereien herabsinken will, zugeben müssen, daß unseren Vorstellungen etwas in der Welt korrespondiert« (J 28).

Nicht nur wegen der naturwissenschaftlichen Bemerkungen, die nicht recht ins Schema passen, sind Lichtenbergs Bemerkungen mit »Aphorismus« bestenfalls ungenau beschrieben. Mit den fragmentarischen Schriften der Romantiker, mit den *Maximen und Reflexionen* Goethes, mit Karl Gustav Jochmanns *Erfahrungsfrüchten* oder Johann Gottfried Seumes *Apokryphen* haben die Lichtenberg'schen Notizen kaum etwas zu tun. Vor allem aber hatte Lichtenberg selbst einen anderen Begriff von Aphorismus. Viermal kommt das Wort in den Sudelbüchern vor, weitere dreimal findet man es als schlichte Titelangabe beim Exzerpieren. Nie findet man den Begriff auf jene Art Texte angewandt, auf die sie heute angewendet werden – die eigenen Bemerkungen in den Sudelbüchern nämlich. Im Gegenteil war für Lichtenberg der Aphorismus ein kurzer, meistens naturwissenschaftlicher oder medizinischer Lehrsatz (J 1647), einmal hat er eine »fragmentarisch-stichworthafte Bemerkung« (H 175) so umschrieben. Es finden sich stattdessen andere Begriffe in den Sudelbüchern, mit denen Lichtenberg seine eigenen Bemerkungen, Beobachtungen und Denkminiaturen umschreibt, das Pasquill zum Beispiel (»Ist denn ein Pasquill auf das menschliche Geschlecht besser als eines auf einen Dummkopf?« F 329) oder das Epigramm (»Da regnete blitzte und hagelte es Epigramme«, E 111). Der Begriff aber, der vielleicht tauglich wie kein zweiter als Selbst- wie als Fremdbeschreibung scheint, ist einer, der in den Sudelbüchern von Lichtenberg herauf- und heruntergedekliniert wird, es ist der Witz. Witz freilich nicht als Kalauer oder Schenkelklopfer, wie er im Digizän wohlfeil als leicht verdaubarer Endorphin-Trigger zwischen den TV-Werbeblöcken oder nach dem Vorschaltwerbespot auf YouTube zu konsumieren ist (und für den bereits Lichtenberg eine »Diätetik« für »die Gesundheit des Verstandes« anempfohlen hatte, D 251), sondern als Ausdruck gerade des *Denkens*, der Lebensklugheit. Schon etymologisch hängen ja Witz und Wissen zusammen, das lateinische *videre*, das englische *wit*, worauf Lichtenberg auch selbst explizit hinweist (»wa[s] wir und die Engländer unter Witz und Wit verstehen«, E 335). In der Aufklärungszeit wird Witz zum Synonym für intellektuelle Satisfaktionsfähigkeit, eben: Schlagfertigkeit, geistige Beweglichkeit und kognitive Kombinationsfähigkeit, also gerade das, was Lichtenberg in seinen Sudelbüchern *in extremis* ausführt: »Höre ich mich nicht gerne mit meinem Witz?« (E 442) Die nur auf die schnelle Pointe ausgerichtete Bemerkung hätte Lichtenberg als »Posse« abgetan (»Das Prädikat: Possen kommt keinem Werk des menschlichen Witzes vorzüglich vor andern zu, allein ein armer Tropf schreibt Possen in allen Klassen der Wissenschaft«, E 260), während andererseits Witz im Lichtenberg'schen Sinne eine Form der Gedankenproduktion, ein Schreib- oder Denkspiel ist, das ohne Wissenschaft nicht zu haben ist:

»Solcher Witz ist ohne Wissenschaft nicht möglich. Wenn die Wissenschaft auch nicht immer die Materialien des Gedankens hergibt, so gibt doch die Erlernung derselben Aufmerksamkeit und Fertigkeit« (F 263).

Die Pointe ist nicht die notwendige Bedingung, die *conditio sine qua non* des Witzes, so wie es ja in den Sudelbüchern eine erkleckliche Zahl, ja, die überwiegende Mehrheit der Einträge gibt, die nicht zielgerichtet auf die *eine* Pointe hinauslaufen. Andererseits lässt Lichtenberg einen witzigen Witz, eine überraschende Wendung als Pointe auch nicht links liegen, wenn sie sich am Wegesrand des Schreibens und Denkens darbietet: »Übrigens habe ich es nie für eine Schande gehalten mit Witz zu wetterkühlen« (E 189). Die Kürze des Lichtenberg'schen Witzes entspricht der Kürze des Gedankens, der auch aufgefaltet in geschriebene Worte und geschriebenen Text eine gewisse Länge nicht übersteigt. Von Einzelwörtern und witzigen Wortkombinationen, gerne als Neologismen (»Blitztrunkene Wolken, spottrunken«, F 65; »Die barbarische Gnauigkeit; winselnde Demut«, F 273; »Selbst-Besserung mit Selbst-Klistierung«, F 411) über einzelne Sätze (»Es gibt Leute, die glauben, alles wäre vernünftig, was man mit einem ernsthaften Gesicht tut«, E 286), zusammenhängenden Textabschnitten von vielleicht etwa sieben bis acht Druckzeilen bis hin zu solchen Bemerkungen, die maximal anderthalb Druckseiten einnehmen, reicht der Umfang. Die Länge eines Witzes, die Länge eines in Worte aufgefalteten Gedankens lässt sich damit vielleicht ungefähr bemessen. Auch die anderen großen Notierer und ihre Aphorismen, Bemerkungen, Notizen und Sudeleien bewegen sich etwa in diesem Maß. Lorraine Daston hat in ihrem Aufsatz »Warum sind Tatsachen kurz?« eine wissenschaftstheoretische Begründung für diesen Umstand geliefert. Wissenschaftshistorisch kontrastiert sie die knappe Darstellung von Tatsachen, Daten und Fakten mit der ausführlichen Schilderung in »Historien«. Das eine findet in kurzen wissenschaftlichen Aufsätzen, das andere in dickleibigen Büchern statt. Daston sieht für die empirischen Wissenschaften im »riesigen Wald der Erfahrung« die Notwendigkeit eines »willkürlichen« Auswahlakts, denn nur die knappe Erfassung von Einzeldingen mache es möglich, sie in ihren Details zu erfassen. Die Aufmerksamkeit werde fokussiert, und so werde es auch die Beschreibung. Nur »knappe, fragmentierte Fakten« erscheinen als praktikabler Ausweg, um die Welt überhaupt begreifbar zu machen. Selbst im Digizän, in dem sich die Mess- und Beobachtungspraktiken im Vergleich zur Entstehungszeit der empirischen Wissenschaften massiv verändert haben, bleibt die Darstellung der Tatsachen als Artefakte kurz und knapp:

»Die Fakten jedoch sind fragmentarisch geblieben. Sie bleiben widerspenstig gegen jede Interpretation, Erklärung und Einordnung. Wie Notizen, Exzerpte und Zitate zerschneiden Tatsachen Ganzheiten in Teile und erlauben endlose Rekombinationen der Teile zu neuen Ganzheiten, die ihrerseits wieder in Teile aufgelöst werden können.«[123]

Was Daston vielleicht nicht gesehen hat, ist, dass die Kürze der Darstellung wissenschaftlicher Fakten mit dem Denkvermögen zu tun haben könnte, also dem Produkt aus Speicherkapazität, Aufmerksamkeitsspanne und Erinnerungsvermögen, das dem Denken und dem Notizzettel Grenzen setzt. Wittgenstein hat im *Tractatus* für seine Formel »Die Welt zerfällt in Tatsachen« (TLP 1.2) das Verbum mit Bedacht gewählt.

Dass der witzige Gedanke eine kleine Form darstellt, zur Kürze tendiert, dafür hat Lichtenberg eine selbstredend witzige Begründung: »Scharfsinn ist ein Vergrößerungs-Glas, Witz ein Verkleinerungs-Glas« (F 700). Der Mensch kann sehr wohl *nicht* kommunizieren, aber er kann nicht *nicht denken*. Es gibt Kommunikanten ohne Kommunikate, aber es gibt wohl keine

Kommunikanten ohne Signifikanten. Ist das Sudel- oder Notizbuch Ausdruck und Ausfluss des Denkens, dann ist der im Notizbuch zum Ausdruck gebrachte Witz eine *conditio humana*: »Ohne Witz wäre eigentlich der Mensch gar nichts« (J 959).

Gattungstheoretisch gibt es noch einen Problembereich, in dem das Notizbuch sich unter Umständen von einem anderen Schreibspiel, einer anderen Form des privaten Mediums abheben muss, nämlich dem Tagebuch. Das im Falle Lichtenbergs umso mehr, als der Göttinger Wissenschaftler nicht nur Sudelbücher vollgeschrieben hat, sondern daneben auch noch, jedenfalls zeitweise, Tagebuch geführt hat. Gibt es also einen Unterschied zwischen Notizbuch und Tagebuch? Schreiben ist Problemlösen. Welches Problem will Lichtenberg mit seinem Schreibspiel lösen? Sind verschiedene Schreibspiele für verschiedene Typen von Problemen zuständig? Unterscheiden sich also das Medium Notizbuch und das Medium Tagebuch in ihrem Problemzuständigkeitsbereich? Die Frage lohnt näherer Betrachtung.

Man kann sagen: Lichtenberg hatte allerhand Probleme. Von Kindheit an litt er unter einer zunehmenden Kyphoskoliose, also Wirbelsäulenverkrümmung, die zu einem ausgeprägten Buckel und geringer Körpergröße führte und noch dazu das Atmen erschwerte. Am Tagebuch, das er neben den Sudelbüchern führte, schrieb er nicht zeitlebens, sondern begann es zu einem bestimmten Zeitpunkt, in einer Phase der Lebenskrise. Ein Tagebuch hat die offensichtliche formale Eigenschaft, dass die Einträge sich an einem kalendarischen Datum orientieren – auch wenn diese Zuschreibung ausgesprochen kontigent sein kann. Zwar hat Lichtenberg auch in den Sudelbüchern immer wieder Beiträge mit Datum markiert, und über seine Reisen hat er bereits in und neben seinen Sudelbüchern Reisetagebücher geführt, doch ein Tagebuch im eigentlichen Sinne beginnt er erst im Jahr 1789. In diesem Jahr hat sich sein Gesundheitszustand so rapide verschlechtert, dass die klinischen Schübe seines chronischen Asthmas ihn erstmals an den Rand des Grabs führten. Das Tagebuch, das er nun beginnt, verzeichnet entsprechend vor allem seine körperlichen Probleme, wie er es bereits im Sudelbuch angekündigt hatte: »Ich habe schon lange an einer Geschichte meines Geistes so wohl als elenden Körpers geschrieben, und das mit einer Aufrichtigkeit die vielleicht manchem eine Art von Mitscham erwecken [wird]« (F 811). Der Unterschied zwischen Sudelbuch und Tagebuch ist also gar nicht das fehlende oder das vorhandene kalendarische Datum, vielmehr ist Ersteres das »Denkbuch«, während Letzteres das »Körperbuch« darstellt. Penibel wird, wie Ulrich Joost feststellt, der wechselnde Gesundheitszustand notiert, »die größeren und kleineren körperlichen Malaisen und das, was er für deren Ausdruck hielt – das Aussehen seines Urins und manchmal auch den Zustand seines Stuhls, seine Diät und das persönliche psychische Befinden«.[124] Unter Montag, dem 4. Juli 1791, etwa kann man lesen: »[S]ehr elend und empfindlich ärger als seit sehr langer Zeit!! gantz eigne Schuld, nun fester Entschluß besser Diät zu halten [...] Unterleib sehr bedencklich!!«[125] Buch geführt wird auch über die eigene Sexualität, die eingehend protokolliert wird: eheliche Kopulationen und die folgende angstvolle Erwartung der Monatsblutung oder auch bei deren Ausbleiben die Schwangerschaften seiner Frau, ferner Selbstbefriedigungen und handgreifliche Übergriffe auf die weiblichen Dienstboten. Auch seine Ehefrau, Margarethe Elisabeth Kellner, mit der er zwei Kinder hatte, war ursprünglich seine Haushälterin, das eheähnliche Verhältnis wurde später in eine förmliche Ehe verwandelt, um die Kinder zu legalisieren. Gerade der Sexualdiskurs dieses körperbehinderten Mannes deutet auf das Geschlechterverhältnis als Macht-, Abhängigkeits- und auch Gewaltverhältnis in dieser angeblich aufgeklärten Zeit hin. Besonders die Darstellung sexueller Angelegenheiten in Lichtenbergs Tagebuch wird auf vielfältige Weise verschlüsselt, sei es durch allegorische oder symbolistische Wortwahl, sei es durch den Wechsel ins Lateinische oder in die damals noch nicht so verbreitete englische Sprache, sei es durch Umcodierungen mit griechischen Buchstaben. Als er einer offenbar blutjungen Hausangestellten bis in die Schlafkammer nachstellt, wird das gleich doppelt verschlüsselt, nämlich auf Englisch mit griechischen Lettern vermerkt: »βεφορε δε βεδ [= before the bed]«.

Auch Aktenkürzel und alchimistische Zeichen nutzt Lichtenberg, um seine Tagebücher vor unberufenen Augen zu schützen. Geschlechtsverkehrähnliche Handlungen und Selbstbefriedigung vermerkt der Physikprofessor mit einem Ø, dem Aktenkürzel für das lateinische »obiit = er ist gestorben«: Der Orgasmus als *la petite mort* – der kleine Tod, wie er im Französischen umschrieben wird. Hier sind, naheliegenderweise, die Tagebuchaufzeichnungen am privatesten und das Tagebuch als privates Medium am offensichtlichsten. Über das Verfahren der Verschlüsselung und deren Funktion als Privatsprache ist sich Lichtenberg klar bewusst: »[S]o will ich einmal sehen wer mir wehren will ein Buch zu schreiben, das kein Mensch lesen kann« (F 10). Zwei komplette Notizbücher Lichtenbergs, die bei den ersten Auswahleditionen Anfang des 19. Jahrhunderts noch vorlagen, sowie die allerersten Notizhefte sind im Laufe der Zeit verschwunden, nämlich die Sudelbücher G und H. Es wurde gemutmaßt, ob sie aufgrund missliebiger oder womöglich zu intimer Einblicke ins Seelen-, Geschlechts- und Familienleben aussortiert worden sind, immerhin sprach Lichtenbergs Enkel von den »libri prohibiti«, den »verbotenen Büchern«.

Kommunikationstheoretisch haben Sudelbuch und Tagebuch etwas gemeinsam, was Ulrich Joost die »Paradoxie des Tagebuchschreibers« genannt hat.[126] An diesem Paradox ist nicht so interessant (auch wenn Joost vor allem darauf abhebt), dass (realer) Schreiber und (gedachter) Leser in der sogenannten Autokommunikation zusammenfallen. Viel interessanter ist das kommunikative Problem, das jedes private Medium aufweist, nämlich dass durch die raumzeitliche Dislozierung des Mediums die Kontrolle über Kommunikation oder Nicht-Kommunikation dem Autor (zum Beispiel durch Ableben) entgleitet und dadurch die Möglichkeit erwächst, dass aus der nur gedachten Leserin eine echte Leserin wird. Wer also felsenfest beabsichtigt, dass ein Kommunikant nicht doch noch zum Kommunikat wird, der sollte ihn nicht medial repräsentieren, oder kürzer: Wer keine Leser will, sollte nicht schreiben. Wer dennoch schreibt, der schließt eine wenn auch nachgeholte, eingeschränkte oder unklare Kommunikation jedenfalls nicht völlig aus. Lichtenberg reflektiert dieses Paradox in einem aufschlussreichen Sudelbucheintrag, in dem er es noch um den Aspekt einer möglichen Rücknahme von Kommunikation ergänzt:

»Was mich allein angeht denke ich nur, was meine guten Freunde angeht sage ich Ihnen, was nur ein kleines Publikum bekümmern kann schreibe ich, und was die Welt wissen soll wird gedruckt. Von einem Gedanken der mich angeht brauche [ich] nur ein Exemplar, eben so für den Freund und das kleine Publikum eben so viel, jedes auf eine Art gedruckt wie es sich für sie am besten schickt und am bequemsten ist, die Welt muß mehrere Exemplare haben, und so lassen wir drucken. Wäre es möglich auf irgend eine andere Art mit ihr zu sprechen, daß das Zurücknehmen noch mehr statt fände, so wäre es gewiß dem Druck vorzuziehen« (B 272).

Sind Lichtenbergs Notate nun Aphorismen? Ja, einige sind es. Andere sind es aber auch nicht. Es ist mehr als nur ein Indiz für das postkonventionelle Schreiben, das sich in Notizbüchern findet, dass sich die darin enthaltenen Textelemente eben nicht eindeutig einer einzigen Gattung, einem einzigen Typ zuordnen lassen. Als Protogattung finden sich schließlich einige Textelemente oder Textauszüge später in anderen, konventionelleren Schreibspielen wieder, vielleicht als Teil eines Romans, eines Zeitungsartikels oder im Falle Lichtenbergs am ehesten in Form einer wissenschaftlichen Abhandlung. Gerade Lichtenbergs Schreibspiele sind ein Beleg dafür, dass die Selbst-Schreibung sich oft selbst genug ist. Seine Notizen dienen nur in den seltensten Fällen als Vorarbeiten oder Pläne für folgende Arbeiten und Veröffentlichungen. »Überhaupt gibt es wenige Beispiele für Ausarbeitungsprozesse in den Sudelbüchern, wenn man dabei an Entwürfe oder erste Fassungen für spätere Aufsätze denkt«, stellt Rüdiger Campe fest.[127] In einer anderen Notiz über sein Verfahren, das er auch als »Eselei / Faselei / Hudelei, Hümpelei / Klügelei / Sudelei / Witzelei«-Verfahren bezeichnet (D 668), stellt er das Sudelbuch gerade als Vorstufe dar, deren Kommunikanten noch der Weiterverarbeitung, Durcharbeitung, Endbearbeitung harren:

> »In dem Sudelbuch können die Einfälle die man hat, mit all der Umständlichkeit ausgeführt werden, in die man gewöhnlich verfällt so lang einem die Sache noch neu ist. Nachdem man bekannter mit der Sache wird, so sieht man das Unnötige ein und faßt es kürzer« (E 150).

Indes, die Notizen Lichtenbergs sind eben nicht gehudelt, sie sind schon konzise. Dass er an bereits notierte Textelemente noch einmal Hand anlegte, um sie »kürzer zu fassen«, kommt zwar innerhalb des Sudelbuchs mal vor, aber sehr selten. Selbst dort, wo eine weiterführende Ausarbeitung erwartbar oder wünschenswert gewesen wäre, erfolgt sie häufig nicht. So etwa bei der von Lichtenberg als falsch notierten Höhenberechnung des Brockens durch Eberhard August Wilhelm von Zimmermann, die Lichtenberg auf dem Titelblatt von Sudelbuch F feststellt. Er schrieb offenbar, wie einem Brief zu entnehmen ist, eine Richtigstellung, die auch im *Deutschen Museum* veröffentlicht werden sollte, forderte das Manuskript aber vor Drucklegung vom Verleger Weygand zurück, was bei Lichtenberg häufiger vorkam.[128]

Ist der Aphorismus dann kein Aphorismus mehr, wenn er aus dem inkohärenten Sammelsurium des Sudelbuchs in die Kohärenz herstellende oder fingierende Totalität einer definierten Textsorte sich eingefügt findet? Lichtenberg hatte dazu seine eigene Meinung. Seine Ausführungen zur Nomenklatur klingen ausgesprochen modern und würden zweifellos in den sprachphilosophischen Diskurs des Wiener Kreises passen, wenn er im Sudelbuch K beinahe im Wittgenstein-Ton über den Zusammenhang von Sprache, Denken und Definitionen sinniert:

»Man schreibt sehr viel jetzt über Nomenklatur und richtige Benennungen, es ist auch ganz recht, es muß alles bearbeitet und auf das Beste gebracht werden. Nur glaube ich, daß man sich zu viel davon verspricht, und zu ängstlich ist den Dingen Namen zu geben die ihre Beschaffenheit ausdrücken. Der unermeßliche Vorteil den die Sprache dem Denken bringt besteht dünkt mich mehr darin, daß sie überhaupt Zeichen für die Sache, als daß sie Definitionen sind. Ja ich glaube daß grade dadurch der Nutzen den die Sprachen haben wieder zum Teil aufgehoben wird« (K 19).

Es ist eine müßige Frage, ob Lichtenberg die Veröffentlichung seiner Sudelbücher plante. Zwar finden sich Leseranreden und sogar explizite Hinweise auf eine mögliche Buchpublikation. Aber Lichtenberg selbst kann im Ernst nie davon ausgegangen sein, all das Gesudel, die Notizen, die abgebrochenen Passagen, Wörter- und Einkaufslisten *in toto* zu publizieren. Das gesamte postkonventionelle Verfahren, das er zeit seines Lebens ausgeübt hat, läuft auf anderes als die Veröffentlichung in einem literarischen oder wissenschaftlichen Werk hinaus. Lichtenbergs Sudelbücher, »die kein Mensch lesen kann«, sind klassische Selbst-Schreibungen, sie sind Extensionen und vielleicht auch Prothesen seines Denkens, deren Zweck nicht ist, veröffentlicht, sondern angestellt zu werden. Ob das Denken zum gedruckten und publizierten Buch gerinnt, ist dabei eine zweitrangige Frage: »Wenn wir mehr selbst dächten, so würden wir sehr viel mehr schlechte und sehr viel mehr gute Bücher haben« (D 425).

Lichtenberg ist in diesem Sinne ein unsystematischer und wahrscheinlich ein antisystematischer Denker. Die einzelne Beobachtung, die isolierte Einsicht ist ihm wichtiger als die Summe aller Einsichten, die künstlich in das Korsett eines Buchs und eines Systems gepresst wird. Seine Skepsis gegen in Bücher gepresste Systeme leuchtet aus vielen Bemerkungen in den Sudelbüchern heraus. Deutlich sieht Lichtenberg die Gefahr, dass Leser ein philosophisches System schon deswegen für wahr halten, weil sie das Buch verstanden haben (»Ich glaube daß die meisten über der Freude ein sehr abstraktes und dunkel abgefaßtes System zu verstehn zugleich geglaubt haben es sei demonstriert«; J 472). Dass systematisches Denken eine Funktion der Textproduktion ist, konnte Lichtenberg beim Aufklärer Christian Wolff nachlesen, den er in den Sudelbüchern mit Wertschätzung erwähnt (F 252). Wolff schrieb in seiner Abhandlung *Über den Unterschied zwischen einem systematischen und einem nicht-systematischen Verstand*:

> »[…] so ist ein nicht-systematischer Verstand derjenige, der allgemeine Sätze nicht verknüpft, sondern die einzelnen Sätze so betrachtet, als hätten sie nichts mit den übrigen Sätzen gemeinsam. Sätze werden nämlich dann nicht verknüpft, wenn sie nicht so angeordnet werden, dass die Wahrheit des einen Satzes aus der Wahrheit der übrigen Sätze, die wir unabhän-

gig von jenem Satz erkannt haben, beständig hervorgeht. Wer Bücher durchliest, die auf die übliche Art verfasst sind, der begreift voll und ganz, was es heißt, Sätze nicht zu verknüpfen, sondern die einzelnen Sätze gleichsam als von den übrigen abgetrennt vorzutragen.«[129]

Bemerkenswert an dieser Darstellung ist, dass Wolff davon ausgeht, dass seine Leserin eine Ahnung von dem, was er über den nicht systematischen Verstand sagen will, schon durch ihre eigenen Lektüreerlebnisse hat. Denn Kohärenz, nicht nur in der Wolff'schen Lesart, ist ein sehr hartes Kriterium, das im normalen und alltäglichen Schreiben, Lesen und Denken nicht mal eben so zu haben ist. Hier lugt bereits eine Sprachskepsis hervor, die dann bei Lichtenberg zum Tragen kommt. Er ist vielleicht der erste Denker, der die Dialektik von Denken und Sprache voll erfasst hat. Einerseits hilft das Schreiben beim Entwickeln seiner Gedanken, andererseits macht Lichtenberg, wie es der Philosoph Günther Patzig formuliert hat, »auf die Gefahr der Verformung des Gedankens durch jede sprachliche Formulierung aufmerksam«.[130] Lichtenbergs sprachkritische Notizen in den Sudelbüchern klingen überraschend modern und muten, auch wenn Johannes Roggenhofer das in seiner Monographie *Zum Sprachdenken Georg Christoph Lichtenbergs* weit von sich gewiesen hat,[131] wie die organische Vorlage der Sprachphilosophie jenes Wittgensteins an, der von der »Verhexung unseres Verstandes durch die Mittel unserer Sprache« (PU 109) schrieb. Bei Lichtenberg klingt das so:

»Die Erfindung der Sprache ist vor der Philosophie hergegangen, und das ist es, was die Philosophie erschwert, zumal, wenn man sie anderen verständlich machen will, die nicht viel selbst denken. Die Philosophie ist, wenn sie spricht, immer genötigt, die Sprache der Unphilosophie zu reden« (H 151).

Und noch etwas schärfer formuliert Lichtenberg seine Sprachskepsis hier:

»Unsere falsche Philosophie ist der ganzen Sprache einverleibt; wir können so zu sagen nicht räsonieren, ohne falsch zu räsonieren. Man bedenkt nicht, daß Sprechen, ohne Rücksicht von was, eine Philosophie ist. […] Unsere ganze Philosophie ist Berichtigung des Sprachgebrauchs, also, die Berichtigung einer Philosophie, und zwar der allgemeinsten« (H 146).

Auch als akademischer Lehrer an der Göttinger Universität war Lichtenberg nicht dem Buch zugewandt. Seine Vorlesungen waren gar keine Lesungen mehr, sondern Vorführungen. Schon sein Vorgänger auf dem Göttinger Lehrstuhl, Professor Johann Christian Polycarp Erxleben, hatte seine Vorlesungen über Naturlehre »gelegentlich mit der Demonstration von Geräten aufgelockert«.[132] Doch erst Lichtenberg baute dieses hochschuldidaktische Konzept zur Experimentalvorlesung aus und musste die Geräte dafür auch noch aus eigener Tasche bezahlen, weil es der Hochschuletat nicht hergab. Für Lichtenberg ist diese akademische Praxis aber nicht nur eine Frage der Vermittlung, sondern rührt an die Wahrheitsfindung selbst: Die Wahrheit findet sich nämlich nicht in Büchern und kann entsprechend auch nicht in einer »Vorlesung« vorgelesen werden, sondern – und das wirkt *avant la lettre* wie ein Zitat aus Wittgensteins *Tractatus* – die Wahrheit *zeigt sich*. Wer so denkt, der schreibt zwar noch Bücher, aber nur handschriftliche, die nicht zur Veröffentlichung bestimmt sind, private Medien.

Wenn Lichtenbergs Schreiben keines war, das in ein gedrucktes und veröffentlichtes Buch münden sollte, dann hatte es eine andere Funktion, und diese Funktion war kein Zweck, sondern ein Grund. Sein Schreiben sollte, darin ein echter Holist, sein Denken und seinen maladen Körper versöhnen. Darum litt

Lichtenberg unter einem »nachgerade zwanghaften Schreibbedürfnis«, wie Ulrich Joost es ausdrückt: »Lichtenberg hat einen permanenten, sich im Laufe seines Lebens sogar allmählich steigernden Trieb zur schriftlichen Äußerung gehabt.«[133] Allein die uns erhaltenen Sudelbücher füllen heute anderthalbtausend Druckseiten mit annähernd 10 000 Notizen. Hinzu kommen rund 350 erhaltene Briefe, viele Tausende Handschriftenseiten und Notizzettel aus den Vorlesungen, Fragmente und Vorstudien. Nicht zu vergessen die Tagebücher, die Lichtenberg in seinem *Staats-Calender* geführt hat. Selbst auf dem Nachttisch hatte der Gelehrte stets ein kleines Taschennotizbuch liegen, um seine Nachtgedanken notieren zu können. Hinzu kommt schließlich, was man gerne fast schon vergisst, ein weitläufiges Schrifttum, das gerade nicht aus Ego-Dokumenten besteht, nämlich Lehrbücher, wissenschaftliche Aufsätze oder die Artikel, die er als Herausgeber des *Göttinger Taschencalenders* selbst verfasst hat. Der Eindruck kommt nicht von ungefähr, dass hier jemand um sein Leben geschrieben hat. Aus dem »Cogito ergo Notebook« wird bei Lichtenberg: »Notebook ergo exsisto«. Nahm er das Tagebuchschreiben beim ersten lebensbedrohenden Asthma-Anfall auf, so ebbt die Zahl der Einträge in den *Staats-Calender* mit der Zeit und dem sich bessernden Gesundheitszustand wieder ab. Dann jedoch, acht Wochen vor seinem tatsächlichen Tod, nimmt Lichtenberg zum Jahreswechsel 1799 die täglichen Eintragungen wieder auf. Prophetisch notiert er: »Es geht ans Leben dieses Jahr.«[134] Auch die Sudelbücher führt er bis zu seinem Tod. Das letzte Notizbuch, an dem er schreibt, trägt den Buchtstaben L. L wie Lichtenberg. Da soll noch einer behaupten, dass so etwas Zufall sei.

Von der Liste zum Buch
(Theorie des Notizzettels V)

Stellen schon die unverbunden nebeneinanderstehenden Sudelbucheinträge eines Lichtenbergs (oder eines Lionardos, eines Wittgensteins, eines Robert Walsers et cetera) einen vor große Kohärenzprobleme, so umso mehr jener Typ von Einträgen, der sich in den Notizbüchern Lichtenbergs gerne und ausführlich findet: Listen von Wörtern oder Redewendungen. In Sudelbuch D etwa stellt er, naturgemäß ohne jeden Zusammenhang, eine Liste mit »Schönen Frauenzimmern« auf (»Anatis Xerxes Schwester / Zenobia / Kleopatra / Aspasia / Timosa / Jane Shore / Phryne / Atalanta [...]«; D 642). Die Liste ist offensichtlich schwer bildungsbürgerlich geprägt und versammelt eher Idole denn Frauenzimmer aus Fleisch und Blut, mit deren womöglich weniger idealisierten Realisationen in Gestalt von Zimmermädchen und Hausbediensteten Lichtenberg den ebenso wenig idealisierbaren patriarchalen und chauvinistischen Alltag pflegte. Gefolgt wird diese Liste immerhin von einer ebensolchen »Schöne[r] Männer« (»Parthenopäus / Tenidates / Antinous / Paris / Ganymed [...]«), an die als Idole der bucklige Göttinger Gelehrte vermutlich auch in der Selbstwahrnehmung alles andere als heranreichte. Im gleichen Notizbuch findet sich auch eine Liste »Schimpfwörter und dergleichen«, gefolgt von einer Liste, in der solche Schimpfwörter in Redewendungen vorkommen. Auf der durchaus respektablen Liste mit Schimpfwörtern stehen unter anderem:

»alter Krachwedel
alter Hosenhuster
Schandbalg
alte Hure
Affengesicht

Lausewenzel
Flöhbeutel
Sauwedel
Hundsfott
Klotzkopf
Drecksau
Schlampe
Scheißmatz
Knasterbart.«

Auf der aus heutiger Sicht eher rührend anmutenden Liste pejorativer Redewendungen findet man etwa:

»daß dich tausend Teufel zerreißen
daß du die Kränke hättest
Blitz, Hagel, und alle Wetter
Himmel Sakrament!
Potz Donner, und der Teufel.«

Hier wird man vielleicht einwenden, dass die Überschrift und damit das Thema der Liste doch für Kohärenz sorgen würde. Warum allerdings gerade jene Begriffe und Namen äußerst verschiedener Herkunft und (Wort-)Geschichte Aufnahme gefunden haben und andere nicht, bleibt unbeantwortet und hält das Kohärenzproblem virulent. Die Gegenprobe bestünde darin, wie man die Listeneinträge kategorisieren würde, wenn man die vom Urheber gewählte Überschrift nicht kennen würde. Das Problem der Liste, mit dem auch Michel Foucault sich im Falle der Liste von Tieren aus jener humorigen angeblich chinesischen Enzyklopädie konfrontiert sah, ist ja nicht, dass man die einzelnen Lemmata einer Liste deplatziert fände, sondern dass man selbst vielleicht eine andere, bessere Kategorisierung im Sinn hätte.

Das Gedicht, das sich von einem Notizzettel kaum unterscheiden lässt, ist Günter Eichs »Inventur«, und ein Notizbuch kommt sogar *expressis verbis* darin vor. Eich hat es in der unmittelbaren Nachkriegszeit, vielleicht noch während seiner Kriegsgefangenschaft 1945 im Lager Goldene Meile bei Sinzig und Remagen, geschrieben. Das Gedicht stellt, in hochartifizieller und konventionalisierter Form, auch eine Liste dar.

»Dies ist meine Mütze,
dies ist mein Mantel,
hier mein Rasierzeug
im Beutel aus Leinen.
Konservenbüchse:
Mein Teller, mein Becher,
ich hab in das Weißblech
den Namen geritzt.
Geritzt hier mit diesem
kostbaren Nagel,
den vor begehrlichen
Augen ich berge.
[…]
Die Bleistiftmine
lieb ich am meisten:
Tags schreibt sie mir Verse,
die nachts ich erdacht.
Dies ist mein Notizbuch,
dies meine Zeltbahn,
dies ist mein Handtuch,
dies ist mein Zwirn.«[135]

Der reimlose Text tut, was der Titel verspricht, hält Inventur und greift damit auf die älteste Schriftfunktion zurück: Buchführung und Auflistung verfügbarer Wirtschaftsgüter. Inventurlisten sind gute Beispiele für Kommunikanten mit unklarem Öffentlichkeitsbezug, denn sie dienen in der Regel ja nicht der Publikation, sondern einer Form ökonomischer Selbstvergewisserung oder Selbst-Schreibung (auch wenn solche Listen in manchen Wirtschaftssystemen beispielsweise Finanzämtern kommuniziert werden müssen). Als eine ganz spezielle Form einer solchen Inventarliste ist ein bestimmter Notizzettel sogar in die höchsten Höhen der Hochkultur aufgestiegen. Der Frauenverführer Don Giovanni nämlich lässt in Mozarts gleichnamiger Oper seinen Diener auf Notizzetteln Inventur halten und seine Eroberungen festhalten. Deren Zahl war so groß, dass der Zettel mit einer ganz bestimmten Technik gefaltet werden musste, um alle Frauennamen unterzubringen. Der Name des Dieners gab dieser bestimmten Art von Zettel seinen Namen, nämlich Leporello: »Madamina, il catalogo è questo«, singt der arme Diener, der von seinem Chef in mehr als einem Sinne zusammengefaltet wird.

Die Liste Günter Eichs ist, muss man konstatieren, nicht sehr lang. Einem deutschen Lyriker, der in der unmittelbaren Nachkriegszeit Inventur hielt, stand nicht mehr viel zur Verfügung. Der Literaturkritiker Gerhard Kaiser hat den Eich'schen Text als »das einzige mir bekannte deutsche Gedicht, das einen Punkt Null markiert«, bezeichnet.[136] Die deutsche Nachkriegsliteratur ist ja, wie die ganze historische Phase, unter der Sigle »Stunde Null« subsumiert worden. Das unterstellt irgendwie, dass alle Nazis, die Deutschland und die Welt in eine bis dahin schwer vorstellbare moralische Katastrophe geführt haben, mit einem Schlag vom Erdboden verschwunden wären, was sich schon dadurch als irreführend erweist, dass ehemalige NSDAP-Mitglieder in der neuen Bundesrepublik Bundeskanzler und Wirtschaftsführer werden konnten und präsumtiv auch heute noch oder wieder Nazis in deutschen Parlamenten sitzen.

Entsprechend ist an Günter Eichs Text mindestens so interessant, wovon er nicht spricht, wie das, was er am Ende, der vielleicht ein neuer Anfang war, aufzählt. Auffälligerweise zählt zu den wenigen Habseligkeiten, die der deutsche Dichter beim Durchgang durchs moralisch-politische Wurmloch der Geschichte mit sich führt, der Bleistift und das Notizbuch. Dies ist auch der auffälligste Unterschied zu jenem Gedicht des tschechischen Schriftstellers Richard Weiner über den französischen Stillebenmaler Jean-Baptiste Chardin, das als Vorlage für Eichs Text gedient haben mag (»Dies ist mein Tisch / Dies mein Hausschuh / Dies ist mein Glas / Dies ist mein Kännchen […]«).[137] Wem nahezu nichts mehr bleibt, dem bleibt immer noch das Denken und das Notieren. Die Selbst-Schreibung hält einen selbst immerhin am Leben. Vom Denken übers Notizbuch zum fertigen (literarischen) Text, das ist die Trias, die als kommunikatives Ergebnis von Günter Eichs Inventur am Beispiel seines Bleistifts festgehalten werden kann (»Tags schreibt sie mir Verse, die nachts ich erdacht / Dies ist mein Notizbuch«).

Dass im Falle des listenführenden Lyrikers dieses Ergebnis ein Gedicht ist, hat einen Doppelsinn, der den bisherigen Interpretinnen der Eich'schen »Inventur« so noch nicht ins Auge gesprungen ist: Gedichte selbst sind ja formal sehr nahe an der Liste dran, und je moderner, desto listiger, könnte man sagen. Die Strategie der Sukzession, also das fließende Nach- und Nebeneinander von Sinnelementen auf dem von links nach rechts stille mäandernden Band der in Mittel- und Südeuropa etablierten Schreibrichtung, ist nur *eine* und auch noch, das weltweite Kommunikationsaufkommen betrachtend, eher rar gesäte. Neben idiosynkratischen Strategien des Schreibens, Notierens, Kritzelns und Sudelns ist es vor allem *eine* Konstellation, die dem Notizzettel mehr als anderen Schreibsystemen eignet: die Untereinanderkonstellation. Vom Einkaufszettel über Rechnungsbelege bis zu ausgefeilten Kalkulationen, Programmcode-Listings oder Romanentwürfen werden Wörter und Wortruinen, Halb-, Dreiviertel- und ganze Sätze wie auf dem Notizzettel nicht nebeneinander, sondern untereinander geschrieben. »Graue Säulen ohne Fuß«, von denen Gottfried Benn auf einem Rezeptblock schreibt, als er *Dorische Welt* konzipiert,[138] sind auch die Notizen, die auf dem Zettel landen. Das macht, dass mancher Zettel auf den ersten Blick kunstwilliger aussieht, als er in Wahrheit gemeint ist. Die Nähe dieser Textstrategie zur modernen Lyrik ist frappant. In der Dichtung zählt die Untereinanderkonstellation von (freien) Versen, nicht erst seit Goethes »Prometheus«, Textelemente auf, wie sonst die Buchhaltung es mit Kontopositionen tut. Aber auch die Textorganisation der klassischen Tageszeitung, die heute von vielen News-Seiten im Internet imitiert wird, ist eine in Spalten und erweckt damit, auch wenn der Fließtext natürlich der konventionellen Lese- und Schreibrichtung folgt, den Eindruck, dass das Weltgeschehen einem eher untereinander denn nebeneinander präsentiert wird. Walter Benjamin hat in einer der Miniaturen seines Buchs *Einbahnstraße* über diesen Wechsel der Leserichtung philosophiert, den er als »diktatorisch« empfunden hat: »Bereits die Zeitung wird mehr in der Senkrechten als in der Horizontalen gelesen, Film und Reklame drängen die Schrift vollends in die diktatorische Vertikale«.[139] Und das Screendesign des Internets, das schon seit seiner Erfindung durch Tim Berners-Lee Webelemente vor allem von oben nach unten organisiert, ist durch die Anpassung an mobile Endgeräte mit seinen One-Pagern mehr denn je der Untereinanderkonstellation verpflichtet, so dass selbst Webvideos statt in blickergonomischer Horizontale lieber in handergonomischer Vertikale präsentiert werden. Die Liste als vielleicht elementarste Form des Notierens gerade in ihrer Funktion als Vorstufe, Basis oder Grundfunktion von Texten, die in ihrer komplexesten Form einmal zu literarischen, wissenschaftlichen oder auch völlig trivialen Büchern werden (Letzteres, wie üblich, vermutlich der Löwenanteil), verdient nähere Betrachtung.

Die Bedeutung der Liste für die gesamte Schriftkultur hat der Schriftlichkeitsforscher Jack Goody untersucht. Er geht dabei zurück zu den Anfängen der Schriftkultur im Zweistromland und auch in Ägypten, denn gerade das Erstellen von Listen sei für die frühen Schriftsysteme kennzeichnend gewesen. Die ersten anderthalbtausend Jahre der jungen Schriftkultur dienten Aufzeichnungen fast ausschließlich ökonomischen Zwecken und erfolgten in Listenform: »Drei Viertel aller existenten Keilschriften, alles in allem also etwa 150 000 an der Zahl, gehören zu dieser Gruppe.«[140] Die einfachsten und frühesten Formen von Schreib- oder Notierspielen fanden mittels Plaketten oder Schildern statt, in die Besitzmarkierungen geritzt wurden. Der Nachteil dieses frühen Schreibspiels war, dass ein einmal vom Objekt abgelöstes Schild nicht mehr ohne weiteres mit dem Gegenstand in Verbindung gebracht werden konnte. Das machte es offenbar nötig, für spezifische Objekte auch spezifische Zeichen zu entwickeln und diese in Hauptbücher einzutragen, die alle Geschäftsbewegungen verzeichnen sollten. Aus einer Reihe von Wörtern in Verbindung mit jeweils einem bestimmten Zahlzeichen ließ sich durch Addition die Gesamtsumme eines Warenbestands kalkulieren. Wie der Schriftforscher Ignace J. Gelb feststellt, bestand im mesopotamischen Uruk die Schriftsprache in diesem frühen Stadium des Schreibspiels ausschließlich aus Zeichen, die Zahlen, Objekte und Namen wiederzugeben hatten. Es handelte sich demnach um ein elementares Schreibspiel, das ganz »den Bedürfnissen des öffentlichen Handels und der Verwaltung entspringt«.[141]

Die frühen Schriften sehen also einem Notizzettel viel ähnlicher als verschriftlichter gebundener Rede. Goody ist darum die Feststellung wichtig, dass gerade diese frühen Formen des Schreibens und Notierens nicht die Verschriftlichung des gesprochenen Worts darstellen können, weil in der gesprochenen Rede, vielleicht mit Ausnahme hochritualisierten Sprechens,

Listen gar nicht vorkommen. Auch die Vorteile der alphabetischen Schrift gegenüber den frühen ideographischen Systemen der Keilschrift und der Hieroglyphen spielen für diese Form des Schreibens keine Rolle, denn wer hauptsächlich in Listen notiert, für den ist ein graphisches System, das eher Objekte (in Form von Piktogrammen) als Wörter (in Form von Logogrammen) symbolisiert, viel passender. Die frühen Schreiber Mesopotamiens haben sich für ihr Notierspiel das ideale Aufzeichnungssystem ersonnen. Die Möglichkeit, solche Listen und Inventare erstellen zu können, setzte schon erhebliche kognitive Veränderungen voraus. Das Denken, das Notizen machen und in Listen festhalten wollte, musste erst erfunden werden. Deswegen kann Goody konstatieren, dass

»die Verschiebung von der bloßen Äußerung zur Textform ›Liste‹ einen bedeutenden Entwicklungsschritt mit sich brachte, den man annäherungsweise als eine Veränderung im Bewußtsein bezeichnen könnte, eine Veränderung, die zumindest in Teilen durch die große Verbreitung formaler Verfahren graphischer Art möglich wurde.«[142]

Diese Schreibspiele sind also nicht einfach Nebenprodukte der Interaktion zwischen den Schreibenden und ihrer Ökonomie, sondern sie repräsentieren einen bedeutsamen Wechsel in der Denkungsart. Das Erstellen von Listen ermöglicht ganz neue formale, kognitive und linguistische Operationen. Listen beruhen eher auf Diskontinuität denn auf Kontinuität. Entscheidend ist, wie Goody festhält, beim Notieren in Listen die Platzierung, also die Verortung auf der Fläche:

»Die Liste kann in unterschiedlichen Richtungen gelesen werden, waagrecht und senkrecht, von links oder von rechts, von oben oder von unten her. Die Liste hat einen klar umrissenen

Anfang und ein ebenso klares Ende, also eine Begrenzung, eine Art Saum wie bei einem Kleidungsstück.«[143]

Wie Werner Kogge in seinem Aufsatz »Über die Materialität der Schrift und wie Materialität überhaupt zu denken ist« gezeigt hat, haben Listen dies mit Noten, Skizzen, Vortragsmanuskript oder Korrekturfahnen gemein: Zeichen sind nicht allein linear angeordnet, die angebliche und vielzitierte »Linearität« der Schrift ist vielmehr nur ein Sonderfall der Darstellung im Schreibspiel und ergibt in einigen nichtalphabetischen Zeichensystemen, beispielsweise ideographischer Art, häufig gar keinen Sinn.[144] Schreiben ist ein Verfahren, das räumliche Ordnungen schaffen kann, indem Schrift im Raum verteilt wird. Wichtig sei aber vor allem, so Jack Goody, dass die Liste dazu anhalte, die einzelnen Elemente zu ordnen, nach Anzahl, nach Anlaut, nach Kategorie etc. Listen enthalten immer das Moment der Hierarchie. Zudem bringt die Tatsache der externen und internen Begrenzung eine größere Sichtbarkeit der Ordnungskriterien mit sich, die durch die Liste zugleich eine abstraktere Form annimmt. Wer Objekte als Elemente oder Lemmata in Listen aufnimmt, der nimmt Definitionen vor und beweist damit auch Definitionsmacht. Dass die Schreiber hohe Beamte, gar Priester waren, ergibt sich aus dieser Funktion der Schrift.

Erste Wortlisten tauchen bereits um 3000 v. Chr. auf, vermutlich für Studium und Übung. Sie werden auch als Onomastika bezeichnet und können, wie Alan H. Gardiner schreibt, als »erste Schritte in Richtung einer Enzyklopädie« oder jener Art systematischer Erforschung der Natur verstanden werden, wie sie schließlich an Schulen und noch später an Hochschulen institutionalisiert worden sind.[145] Noch heute findet Lernen ja in vielen Fällen in Form von Listen statt. Jedes Wörterbuch und jedes Vokabelheft, Formelsammlungen und Grammatiken stellen Listen dar, die unser eigenes Inventar des Wissens und der

Wissensobjekte ständig – und zwar untereinander – erweitern. Die Betonung liegt dabei nicht so sehr auf der Erforschung, sondern vielmehr auf dem Prozess der Formalisierung und Systematisierung. In Tell Harmal, dem antiken Shaduppum in der Nähe von Bagdad, sind Schriften aus dem zweiten vorchristlichen Jahrtausend gefunden worden, die Samuel N. Kramer als »Lehrbuch der Botanik und Zoologie« bezeichnet hat: »Es enthält hunderte von Namen von Bäumen, Riedsorten, Holzobjekten und Vögeln. Die bereits über hundert Vogelnamen sind in den letzten drei Spalten rechts aufgeführt.«[146] Diese Namen sind alle mit dem Zeichen für die gesamte Art versehen, nämlich »mushem« (Vogel). Das heißt, dass im Schreibspiel, anders als im Sprachspiel, ein Determinativ hinzugefügt werden kann, das jeden Eintrag einer bestimmten lexikalischen Kategorie zuweist. Goody spricht in dem Zusammenhang von der »revolutionäre[n] Bedeutung von Listen im Hinblick auf Konzeptbildungsprozesse«.[147]

Von der einfachen Liste führt ein gerader Weg zu komplexeren Formen der Text- und Datenverarbeitung. Indem Listen sortiert und Listeneinträge gruppiert und neu gruppiert werden, entstehen beinahe naturwüchsig und organisch komplexe Listen, die sich zu Tabellen und letztlich durch die Sortierung nach parallel aufgeführten Kriterien zu kompletten Matrixstrukturen entwickeln können. Die moderne Datenverarbeitung ist damit bereits in urtümlichen Schreibspielen wie zum Beispiel im mesopotamischen Ugarit angelegt. Ugarit-Text Nr. 2068 aus der Sammlung von Cyrus Herzl Gordon führt beispielsweise solche Männer an,

> »die in zwei Listen aufgeteilt werden. Die erste Liste führt den Namen eines jeden Mannes auf. Angegeben wird, ob er Frau und Kind hat. Bei Männern ohne Frauen wird der Aufenthaltsort oder, in der letzten Spalte, sein Gewerbe mit angege-

ben. Die zweite Liste dagegen führt das königliche Personal auf. Sie gibt Auskunft über jeden Mann – ob er Frau und Kind hat. Trifft letzteres nicht zu, wird sein Gewerbe angegeben.«[148]

Solche komplexen Listen scheinen, wie auch Jack Goody findet, jene Art »doppelter Buchführung« vorwegzunehmen,[149] wie man sie auch bereits in Tausenden in Babylonien aufgefundenen Buchführungstafeln nachgewiesen hat, wie sie sehr viel später in der Renaissance in Oberitalien neu erfunden wird und wie sie schließlich der Göttinger Philosoph Georg Christoph Lichtenberg als Methode für die Sudelbücher anempfiehlt.

Notieren heißt schreibdenken,[150] und das Denken entwickelt sich im Notierspiel. »Schreiben schärft das Denken, und Denken schärft das Schreiben«, schreibt die finnische Psychologin Kirsti Lonka.[151] Das übertrifft jenes kognitive Potenzial, das als mnemotechnische Funktion von Schrift beschrieben wird, bei weitem. Medien sind nicht zum Erinnern dar, bemerkt auch Goody explizit: »Benötigt werden intellektuelle Fähigkeiten, die mit dem Stichwort ›Gedächtnis‹ oder ›Erinnerung‹ nur unzureichend zusammengefaßt sind.«[152] In Listen und Tabellen können Informationen neu organisiert oder in alternativen Formen präsentiert werden. Nicht immer folgen solche Organisations- oder Präsentationsformen Kriterien, die einem praktischen Zweck zugeordnet werden können. Cyrus Gordon erwähnt einen ugaritischen Text mit einer Liste von Wörtern, die mit einem »y« beginnen. Ein anderer Text verzeichnet nur Namen von Männern, die mit dem Buchstaben »i« beginnen. Möglicherweise handelt es sich, wie Gordon meint, um Schreibübungen oder um den bereits »rudimentären Gebrauch der Alphabetisierung in der Personalverwaltung«.[153] Womöglich folgen solche Schreibungen aber auch gar keinem praktischen Zweck, sondern nur dem zwecklosen Müßiggang, »fast als handelte es sich um ein Spiel«: ein Schreibspiel eben.[154] Solche komplexen Listen festigten nicht nur einen einmal erreichten Wissensstand, sondern dienten auch dazu, »Probleme der Klassifizierung durchzuspielen und dadurch die Grenzen dessen, was gewußt werden kann, zu erweitern«.[155]

Vor allem in schulischen Zusammenhängen scheinen Listen dieser Art vorgekommen zu sein, wo sie vermutlich zur spielerischen Übung des Sprach- und Schreibschatzes eingesetzt wurden. Sie stehen aber, so Goody, auch für eine Abstraktion, eine »Bewegung der Dekontextualisierung, ein Spiel – manchmal auch ein konzeptuelles Gefängnis«.[156] Gefängnis deswegen, weil erst die Liste zum Beispiel aller Begrifflichkeiten eines spezifischen Umfelds die Grenzen des Sagbaren drastisch vor Augen führt. Es sind gerade die Wittgenstein'schen »Grenzen der Sprache«, die in Gestalt von Wörterlisten am Anfang der Schriftgeschichte auftauchen und jenes kognitive Abenteuer beginnen lassen, das darin besteht, diese Grenzen immer weiter nach außen zu schieben. Der Altertumswissenschaftler Benno Landsberger spricht hier von einer »Inflation [...] des Vokabulars«.[157] Das ließ den Paläontologen Wolfram von Soden von »Listenwissenschaft« sprechen, die »den wesentlichen Teil der antiken Schulbildung und Gelehrsamkeit« beschreibt.[158] Auch wenn solche Wörterlisten im Schulunterricht eingesetzt wurden, handelte es sich nicht so sehr um Orthographielehrbücher, ihre Bedeutung weist vielmehr in eine konzeptionelle, wissenschaftliche Richtung. Die Ordnung durch Hierarchisierung, Vergleichung, De- und Rekontextualisierung diente eher der Ordnung der Dinge, nicht der Ordnung der Wörter, man hat es, wie Gardiner notiert, »eher mit Listen von sachlichen Einheiten als mit bloßen Wortlisten« zu tun.[159]

In einer solchen Liste aus Ägypten, dem sogenannten Ramesseum-Onomastikon aus dem Mittleren Reich (13. bis 14. Dynastie), findet man Wortlisten verschiedenen Typs zusammengefasst. Am nur schwer entzifferbaren Anfang geht es offenbar um

Pflanzennamen und Flüssigkeiten. Dann geht es um Vögel und Fische. Nach den Fischen kommen noch einmal Vögel, hierauf Vierfüßler. Dann wechselt das Thema völlig, und es folgt eine Liste mit südlichen Festungen, dann eine mit neunundzwanzig Städten, gefolgt von einer Liste mit Brotlaiben und Kuchen.

> »Von den Backwaren kommen wir zu den Getreiden, und nach ein paar obskuren Einträgen gelangt man zu einundvierzig Körperteilen eines Ochsen, danach zu Gewürzen und Früchten und schließlich zu einer Serie von zwanzig Viehnamen in der Art von ›Ein dreckiger roter Bulle mit weißen Flecken im Gesicht‹.«[160]

Fehlende Kohärenz, wie sie uns schon in Notizbüchern ganz verschiedener Herkunft aufgefallen ist, bedeutet hier nicht, dass nicht die Wortlisten irgendeinen gemeinsamen Sinn oder ein gemeinsames Ordnungsprinzip haben, sondern, dass uns dieser Sinn oder das dahinterliegende Prinzip abhandengekommen ist. Wenn es einen zugrundeliegenden Gedanken hinter dieser Liste aus Listen gegeben hat, dann hat er sich privatisiert und ist nicht mehr mitteilbar, ein Kommunikant ohne Kommunikat.

Dass hinter solchen Listenlisten ein Gedanke stand, das bezeugt der ägyptische Schreiber eines berühmten Dokuments, des Onomastikons des Amenopē. Am Anfang seines Textes aus der Zeit der 20. Dynastie heißt es: »Anfang des Unterrichts zur *Klärung des Denkens*, zur Belehrung der Unwissenden und um von all den existierenden Dingen zu erfahren.«[161] Der Schreiber dieser Liste hat nicht weniger im Sinn als einen »Katalog des Universums«, wie Stephen R. K. Glanville bemerkte.[162] Und er macht gleich mit der ersten Formulierung darauf aufmerksam, dass sein Schreiben nichts Geringerem als der »Klärung des Denkens« dient und dass ihm selbst das auch sehr klar ist. Das Denken hat bei diesem Schreiber eine Doppelfunktion, denn seine Schrift ist ja bereits Ausfluss oder Ausfaltung seines eigenen Denkens. Im Schreiben klärt sich also sein eigenes Denken über die behandelten Gegenstände, und im Lesen soll das Denken seiner Leserinnen mit seinem eigenen synchronisiert, in eine entsprechende konzeptuelle Ordnung gebracht werden. Dem ägyptischen Schreiber kann man zwar nicht buchstäblich, da er noch kein Alphabet kannte, aber doch fast leibhaftig beim Denken beiwohnen. Denn er muss nicht nur seine Kategorien schärfen, sondern auch ständig Entscheidungen treffen, etwa ob »Regen« oder »Tau« eher zu »Himmel« oder zu »Erde« zählen. Oder wie verhält sich die binäre Aufteilung von Mann und Frau zur triadischen Aufteilung in Jüngling, Mann und älterer Mann? Die Eingruppierung einzelner Entitäten unter einen Oberbegriff lässt sich in einer Tabelle noch relativ formell bewerkstelligen, jedenfalls wenn man halbwegs entscheidungsfreudig ist. Doch die Konstruktion simpler Tabellen aus senkrechten Kolumnen und waagrechten Zeilen lässt irgendwann die Frage aufkommen, wie Gegensätze, Kontraste, Analogien oder Widersprüche zu denken und zu konzeptionalisieren sind. Schon scheinbar einfache Listen mit Begriffen können also den »gesunden Menschenverstand« transzendieren und, wie auch Jack Goody vermerkt, »die Grundlagen zur Etablierung einer formalen Logik« schaffen.[163] Wer einmal anfängt zu notieren und damit seinen Gedanken Raum gibt, sich zu entfalten, der wird schnell bei den Denkgesetzen der Logik landen und bei der Frage, wie die einzelnen, untereinander inventarisierten Gedanken denn zusammengehören. Das mag bereits zeigen, dass die Frage nach dem inneren Zusammenhang von Sätzen und Textelementen weit über die Frage nach der textlichen Kohärenz hinausgeht. Und andererseits ist dann Logik nicht nur eine semantische Kategorie, sondern auch eine räumliche, die also danach fragt, wo und wie Äußerungen und die schriftlichen Repräsentationen unserer Gedanken sich auf Zetteln, Bögen, Blättern, Noten, Sudelbüchern zueinander verhalten. Entsprechend müsste man von einer Logik des Notizzettels, einer Logik des Konzeptpapiers, einer Logik des Sudelbuchs sprechen und vor allem schreiben: »[D]ie Art, wie Wörter (oder ›Dinge‹) in einer Liste angeordnet werden, ist selbst eine Art der Klassifikation oder der Eingrenzung eines ›semantischen Feldes‹, denn der Vorgang impliziert, daß einzelne Elemente ein- und andere ausgeschlossen werden«.[164]

Goody unterscheidet drei Typen von Listen:

1 »Retrospektive Listen«: Das sind Aufzeichnungen von Ereignissen, Funktionen, Situationen, Personen (z. B. Königslisten), also eine Art Inventar von Personen, Objekten oder Ereignissen. Hierunter würden beispielsweise auch Tagebücher und Chroniken fallen und vermutlich auch alle Formen der persönlichen Rückbesinnung, also die meisten Formen von Selbst-Schreibungen.

2 »Prospektive Listen«: Sie sind eine Art Führer oder Plan für die Zukunft, dazu zählen alle Formen von Konzeptpapieren (wie zum Beispiel die Projekte und Baupläne eines Lionardo da Vinci) oder auf der eher trivialen Ebene Einkaufszettel. »Die einzelnen Eintragungen«, stellt Goody fest, »werden mental oder physisch durchgestrichen, sobald sie sich erledigt haben«.[165]

3 »Lexikalische Listen«: Sie sind die Grundlage der »Listenwissenschaft« und münden am komplexen Ausbauende der kognitiven Entwicklung in den wissenschaftlichen Großprojekten von Wörterbüchern oder Enzyklopädien.

Die im modernen Alltag vermutlich am meisten verbreitete und am häufigsten verwendete Art von Notizzettel als prospektiver

Liste ist der Einkaufszettel. Von wissenschaftlichem Interesse ist er nicht nur in betriebswirtschaftlicher oder wirtschaftspsychologischer Hinsicht (auf diesem Feld spielen die meisten wissenschaftlichen Untersuchungen zu dieser Medienform), sondern auch unter medienphilosophischer und kommunikationswissenschaftlicher Perspektive, wo er bislang eher selten im Einkaufswagen des Empirie-Supermarkts oder des Theorie-Geschäfts gelandet ist. Denn wenn Notieren die erste Materialisierung des Denkens ist, dann ist das Schreiben eines Einkaufszettels ein direkter Link zu den noch unterhalb des Denkens situierten mentalen Funktionen, nämlich unseren primären körperlichen Bedürfnissen, worauf auch Vygotskij schon hingewiesen hat. Von der Materialisierung des Denkens zum Materialismus Ludwig Feuerbachs ist es da nur noch ein kleiner Schritt. Hatte doch jener posthegelianische Denker in seiner Schrift, in der er die Theologie mit der Gastrologie widerlegen wollte, den berühmten Ausspruch »Der Mensch ist, was er isst« getan und damit prophetisch Freuds späteres Ich/Es-Schema in einer fast schon schelmischen Volte zu einem Ich/Iss- oder Ich/Ess-Schema transsubstanziiert.[166]

Der Einkaufszettel als vielleicht später »Ur«-Enkel mesopotamischer Warenlisten hat die technischen Medienwechsel über die Zeit problemlos überstanden. Von Hand geschriebene Notizen in diversen Formaten und Materialien existieren heute schiedlich-friedlich neben digitalen Verwandten, die den Einkauf von Waren und auch Dienstleistungen heute mit Computer und Smartphone organisieren lassen. Heinrichs, Schreiber und Schöning entwerfen in ihrer Studie zu Einkaufszetteln sogar das Projekt eines hybriden Einkaufszettels, der die »paper&pencil«-Methode mit einer digitalen Anwendung verknüpft.[167] Es gibt Menschen, die an Supermarktkassen oder in Einkaufswägen zurückgelassene Zettel sammeln und uns dadurch in den Stand setzen, die Begehrlichkeiten der Konsumentinnen in der Marktwirtschaft nachzuvollziehen. Die Kölner Kommunikationsdesignerin Steffi Krohmann hat über 1300 solcher schriftlichen Residuen des alltäglichen ökonomischen Begehrens gesammelt und unter der sprechenden Domain mimanca.de (»mi manca« ital. für »mir fehlt«) ins Internet gestellt. Die Vielfalt der Beschreibmaterialien und Schreibgeräte, die Mannigfaltigkeit der Handschriften und die Diversität der Textausrichtungen, Textkonstellationen, der Textorganisation und der Autokorrekturen macht auf den ersten Blick deutlich, wie wenig diese Zettel zur Kommunikation gedacht sind. Heinrichs, Schreiber und Schöning weisen aufgrund ihrer empirischen Untersuchung (einer Befragung von Supermarktkunden) darauf hin, dass Einkaufszettel prinzipiell auch kollaborativ produziert werden können, dass also in der Familie oder der Wohngemeinschaft verschiedene Schreiberinnen gleichzeitig am Text des Zettels arbeiten. Unter den ausgestellten Textobjekten von Mimanca finden sich dafür allerdings nur sehr wenige Belege. Immerhin stellt Abbildung 11b ein Beispiel dar, bei dem zwei, wenn nicht sogar drei verschiedene Handschriften erkennbar sind: Hand 1 möchte »Kassetten (Saturn), Körnerkissen, Weihnachtsbaum, Schlafanzug (Rita)«, Hand 2 »Servietten (blau)« und »Untersetzer«, Hand 3 (eventuell nur mit anderem Stift geschrieben) fügt noch »Glückw. f. Weihn.« an. Gerade der Variantenreichtum der handschriftlichen Notizen (vulgo: »Sauklaue«) erschwert die textliche Kollaboration am Einkaufszettel, wie vermutlich an jeder Form basaler handschriftlicher Notizen, enorm. Der Einkaufszettel nähert sich damit, wenn nicht durch den Rekurs auf private Bedürfnisse, schon durch die Chiffrierung mittels unleserlicher Handschrift einem privaten Medium an. Lauren Block und Vicki Morwitz unterscheiden in ihrer Untersuchung zu Einkaufszetteln eine »list writing stage« und eine »list fullfillment stage«.[168] Die zeitliche Dauer der Zettel-Schreib-Stufe als Planungsphase überwiegt die der Zettel-Ausführungs-Stufe bei weitem – ein Einkaufszettel kann tagelang am Kühlschrank hängen, während der Wochenendeinkauf nur vielleicht eine Stunde dauert. Am Beispiel Lionardo da Vincis war bereits deutlich zu sehen, dass Planungsphasen auch nicht zwangsläufig in Ausführungsphasen übergehen müssen. Für Einkaufszettel dürfte das analog gelten, schon weil die Menge der menschlichen Bedürfnisse unabschätzbar, die wirtschaftlichen Ressourcen dagegen endlich sind – ein Effekt, den man alljährlich an Wunschlisten von Kindern zu Geburtstagen oder an Weihnachten beobachten kann. Block und Morwitz haben außerdem herausgefunden, dass Einkaufszettel nicht nur bedürfnisorientiert sein müssen, sondern sich auch an finanziellen Erwägungen orientieren. Unter den Mimanca-Zetteln im Internet gib es einige beredte Beispiele, die nicht nur die (Schätz-)Preise neben die gewünschten Posten schreiben, sondern sogar schon die Addition vornehmen, um das finanzielle Einkaufsvolumen im Blick zu haben. Abbildung 11e weist eine Zettelschreiberin aus, die es bis auf die Kommastelle genau nimmt mit der Kostenkalkulation: »Käse Guada [sic!] a 2,00 × 3 = 6,00«.

In den Einkaufszetteln kann man den Notierenden beim Denken und beim Begehren zusehen. So wäre es in der Schreib- und Planungsphase eine gute Idee, sich vor dem geistigen Auge den regelmäßig besuchten Supermarkt vorzustellen und die Einträge nach der entsprechenden Markteinrichtung zu gruppieren, um den Einkauf möglichst rational zu gestalten, also zum Beispiel Obst und Gemüse zusammen, dann trockene verpackte Lebensmittel, dann die Waren aus der Frischetheke et cetera. Aber so denken Zettelschreiber nicht, was im Übrigen den gerade eben verwendeten Begriff von Rationalität in Frage stellen sollte. Nach einer allerdings theoretisch nicht fundierten theoretischen Studie Jan Teichmüllers ordnen nur 10 Prozent der Notierenden ihre Einkaufszettel nach der Warenordnung des Supermarkts.[169] Die Notierenden sind nicht effizienzori-

328 Das handgeschriebene Buch

Abb. 11a–h: Einkaufszettel als Lotsen durch die eigenen Bedürfnisse

entiert (wenn der gewünschte Effekt wäre, möglichst effizient, sprich: schnell durch den Supermarkt zu kommen, ohne Wege mehrfach gehen zu müssen), sondern bedürfnisorientiert: Nicht Homo oeconomicus, sondern Homo cupiens, der dem Ich / Iss-Schema folgt. An vielen Einkaufszetteln lässt sich schon das geplante Abendmenü inklusive Speisefolge ablesen, denn wer notiert, der plant nicht die Möblierung eines Supermarkts, sondern er plant seine Bedürfnisbefriedigung, die beispielsweise in einem Drei-Gänge-Menü bestehen kann (auch wenn man dann manche Gänge im Supermarkt dreimal machen muss). Der Notierer des Einkaufzettels 11h hat offenbar ein Chili con Carne im Sinn, für das er untereinander »Tomatenmark, geschälte Tomaten, 2 x dunkle Bohnen, 1 x Mais, Gehacktes« notiert. Nachdem er damit an der Fleischtheke fertig ist, muss er noch mal zur Obst-und-Gemüse-Abteilung zurück, denn offenbar fürs Frühstück am nächsten Morgen wurden »Bananen, Aufschnitt, Haferflocken, Dosenobst« notiert – offensichtlich wird hier mindestens zu zweit gefrühstückt, wobei Person 1 lieber belegtes Brot, Person 2 aber ein Müsli mag. Das kleine romantische Dramolett, das diesen Einkaufszettel zur Grundlage haben könnte, tritt einem da fast automatisch vor Augen: Wie ein junger Mann mit gering ausgeprägten Kochkünsten eine junge Frau abends zum Essen einlädt, um, wenn das Dinner denn glücklich verlaufen ist, die Angebetete das Chili überlebt hat und über Nacht geblieben ist, ihr fürsorglich am nächsten Morgen neben der von ihm bevorzugten Wurststulle noch ein frisches Müsli zu servieren – während spätestens das Dosenobst aus der beginnenden Romanze einen One-Night-Stand gemacht haben dürfte.

Geplant werden nicht nur die Einkäufe: Einkaufszettel sind in mehrfacher Hinsicht paradigmatisch für den »gemischten Diskurs« und erweisen sich darin als postkonventionelle Schreibungen *par excellence*. Da unsere Bedürfnisse unser ganzes Leben durchwirken, sind die Zettel die Lotsen durch diesen unerschöpflichen Quell an Wünschen, Begierden und Neigungen, ausgeführten und unausführbaren Planungen, Visionen und Desillusionen. Der Einkaufszettel wird damit, so klein und vielleicht unscheinbar, wie er ist, zum universellen Medium der Lebensgestaltung. Abbildung 11f führt das deutlich vor Augen: mit dem zuoberst stehenden Eintrag »= Küchenrollen, = Zwiebeln (klein)« scheint der Primärzweck der Einkaufshilfe eröffnet zu sein. Dann aber kommt der Notiererin in den Sinn, dass im gegebenen Wirtschaftssystem kein Einkauf ohne Geld zu machen ist. Nach einem Querstrich notiert sie darum etwas später mit anderem Stift jene vollkommen paradoxe Selbst-Botschaft, die auf unlösbare Konflikte in der Kontogestaltung hinweisen (ferner das Einkaufserlebnis ruinieren und damit in der Planungsphase stecken bleiben lassen können):

»Geld abholen   Karte   mitnehmen
Einzahlen!«

Darunter ist ein Vermerk »18.10.09 Bahnhof« mehrfach durchgestrichen (hoffentlich ist da jemand angereist, der Geld mitgebracht hat), um dann erst in der Einkaufsplanung fortzufahren: »Mundspülung / Flüssig Color«. Auch Teichmüller hat in seiner empirischen Studie herausgefunden, dass »nicht wenige Einkaufszettel auch weitere Notizen und Positionen enthielten, die über den Einkauf von Nahrungsmitteln hinausgingen«, und folgert daraus, der Zettel sei eher ein »Instrument der Alltagsstrukturierung«.[170]

Ein anderes Beispiel für einen gemischten Diskurs ist der Einkaufszettel, den eine Schreiberin mit deutlicher Migrationserfahrung und multiplen Sprachkenntnissen auf einen Zettel von einem Abreißblock der Marke »Express Backofen-Spray« notiert hat (Abb. 11d). Hier fand so viel zweckrationale Planung statt, dass die Einkaufsliste von vornherein nach den anzusteuernden Kaufgelegenheiten sortiert ist (»Market / Aldi / Lidl / Plus«), säuberlich mit einer gestrichelten Linie voneinander getrennt.

Drei der vier Planungskapitel enden mit einem Komma, lassen die Liste also ergebnisoffen für weitere Planspiele, das vierte bietet mit viel Weißraum unter dem letzten Eintrag ebenfalls Platz für zusätzliche Einträge. In Zeiten der Globalisierung gehört es zum gemischten Diskurs jedenfalls der multikulturellen Metropolen, dass Einkaufszettel mehrsprachig sind und die muttersprachlich ausgedrückten Bedürfnisse mit den Anforderungen internationaler Markenbildung und sprachlichen Einsprengseln der Gastgebergesellschaft vermengt werden: »Ekmek [Brot], Kinder Joy, Içecek elde minik [kleines Getränk für die Hand?], Kirsche, …«.

Die Studie von Heinrichs, Schreiber und Schöning hat ergeben, dass 47 Prozent der Befragten zum Einkauf mit einem Einkaufszettel gewappnet sind. Bei Untersuchungen in Nordamerika waren es bis zu 70 Prozent,[171] in den Niederlanden lag die Quote bei einer entsprechenden Befragung sogar bei bis zu 76 Prozent.[172] Hingegen machen, wie Block und Morwitz herausgefunden haben, die auf dem Zettel gelisteten Wirtschaftsgüter dann nur rund 40 Prozent der tatsächlichen Einkäufe aus. Der Einkaufszettel ist eben so postkonventionell, dass er den Notierenden zu nichts verpflichtet, vor allem nicht dazu, sich an die einmal aufgestellte Liste zu halten. Autosuggestion ist ja ein vielbehandeltes Thema, Autosubversion dagegen wurde als Gegenstand noch nicht so recht der wissenschaftlichen Betrachtung unterzogen. Vielleicht ist aber gerade das ein gutes Beispiel für Autosubversion, dass man sich beim Einkauf über den im Vorhinein aufgestellten Plan in Form eines Einkaufszettels autonom hinwegsetzt, und vielleicht kommt der Flow und das Glücksgefühl, das viele beim Einkaufen empfinden, auch von dem guten Gefühl, das Subversion bei uns auslösen kann. Das Konsumverhalten unterscheidet sich deutlich, je nachdem, ob man einen Einkaufszettel dabeihat oder nicht: Wer einen Einkaufszettel hat, gibt im Durchschnitt deutlich weniger Geld für den Einkauf aus, selbst dann, wenn er Dinge kauft, die nicht auf der Liste stehen.[173] William M. Beneke und Charles H. Davis haben in einer schon etwas älteren Studie mit dem Titel »Relationship of hunger, use of a shopping list and obesity to food purchases« den Zusammenhang zwischen Fettleibigkeit und dem Einkaufen mit Hilfe von Einkaufszetteln untersucht, sind aber nicht zu eindeutigen Ergebnissen gekommen.[174] Schuldenratgeber geben derweil den Tipp, nie ohne Einkaufszettel in den Supermarkt zu gehen.[175]

Von Günter Eichs modernem Gedicht »Inventur« über historische Wörterlisten des babylonischen Altertums bis zu modernen Einkaufszetteln führt ein vielleicht mäandernder, aber nicht allzu weiter Weg zu solchen prospektiven Zetteln oder Listen, mit denen auch weltgeschichtlich bedeutende Reden, wissenschaftliche Schriften und Vorträge oder die komplexesten schriftstellerischen Großwerke geplant werden. Wer ein Buch schreiben will, das nicht im handschriftlichen Zustand und auch nicht als Kommunikant ohne Kommunikat verbleibt, wer also textuelle Kommunikationsintention pflegt und echte anstatt nur unklare Öffentlichkeit in Buchform herstellen will, der wird – bei aller Unterbestimmtheit des Buchbegriffs[176] – erst einmal einen Plan machen, und dieser Plan wird vermutlich in egal wie komplexer Ausbaustufe eine Liste sein. Der Notizzettel ist gerade jene ominöse »Büchermaschin«, die Ludwig van Beethoven auf seinem Einkaufszettel notierte. Diese Einschätzung widerspricht jener vielleicht immer noch landläufigen Meinung, nach der vor allem Intuition und Genie, ja, schöner Wahnsinn die Grundlage der großen Werke des menschlichen Geistes sei. Der Wahnsinn, der sich womöglich tatsächlich in solchen Elaboraten findet, der ist jedenfalls dann schon in der Planungsphase aktiv, ohne die komplexe Ausführungen nicht möglich sind. Mit der Frage nach dem handwerklichen Aspekt des Schreibens hat sich bereits Edgar Allan Poe in seiner *Philosophy of Composition* auseinandergesetzt:

»Die meisten Schreiber [writer] – vor allem die Dichter – bevorzugen es, so verstanden zu werden, als würden ihre Kompositionen aus einer Art hübschen Wahnsinns [fine frenzy] hervorgehen – einer ekstatischen Intuition – und sie würden sicherlich davor zurückschrecken, ihr Publikum einen Blick hinter die Kulissen werfen zu lassen, auf die komplexen und schwankenden Rohzustände des Denkens [elaborate and vacillating crudities of thought] – auf die wahren Absichten, die sich erst im letzten Moment ergaben – auf die unzähligen Gedankenblitze, die nicht das Stadium voller Reife erreichten – auf die ausgereiften Ideen, die verzweifelt aussortiert wurden, weil sie nicht handhabbar waren – auf die skrupulösen Entscheidungen und Ablehnungen – auf die schmerzlichen Streichungen und Einfügungen – mit einem Wort: auf das Räderwerk – das Takelwerk beim Kulissenschieben – die Strickleitern und Dämonenfallen – die Hahnenfedern, die rote Farbe und die schwarzen Flicken – wie sie in neunundneunzig von hundert Fällen den Charakter des literarischen Effekthaschers [histrio] bilden.«[177]

Poe betreibt hier, wie auch Christian Benne findet, »illusionslose Offenlegung dichterischer Schreibarbeit«.[178] Die Vorstellung einer rauschhaften schriftstellerischen Intuition als nur nach außen gekehrter Teil des Schreibspiels für ein Publikum, das daran Gefallen findet. In Wirklichkeit aber ist Schreiben für Poe ein arbeitsreicher Redaktionsprozess, bei dem aus den »Rohzuständen des Denkens« in immer neuen Revisionsstufen das Gedankenmaterial sortiert und aussortiert, auf Brauchbarkeit geprüft und schließlich zum Text zusammengebaut wird. Schreiben ist also viel mehr ein Basteln, eine Architektur, ein Legospiel, das nur jemand wie Charles Baudelaire in seiner Selbst-Apotheose als genialer und originärer Poet nicht goutieren kann, wenn er seinem Landsmann Balzac vorwirft, dessen Romane würden eine solche Vielzahl von Korrekturen, neuerlichen Reinschriften, Anmerkungen und Zusätzen erfahren, dass am Ende das Werk verlorengehe: »Zweifellos ist es diese schlechte Methode«, schreibt Baudelaire in seinem *Ratschlag an junge Literaten*, »die dem Stil oft diesen schwer zu bestimmenden Eindruck von etwas Diffusem, Gehetztem, Kladdenhaftem [de brouillon] verleiht – der einzige Fehler dieses großen Historikers.«[179] Der Hinweis auf das »Kladdenhafte«, das »brouillon«, steht dafür, dass noch im ausgefeiltesten Werk, wenn man nur etwas textliche Archäologie betreibt, die Spuren des Notizzettels, auf dem entworfen, geplant, gesudelt wurde, noch nachweisbar sind.

Man kann vielleicht vier Formen von solchen prospektiven, Planungs- oder Entwurfszetteln unterscheiden. Die erste Art lässt sich ganz gut am ersten Entwurf Theodor Fontanes für seinen Roman *Effi Briest* verdeutlichen. Fontane war Journalist und Schriftsteller. Und er war, wie viele seiner Berufskollegen, ein großer Notizbuchschreiber. Von ungefähr 1860 bis Ende der 1880er Jahre hat er mindestens 67 Hefte gefüllt, jedes zwischen 44 und 176 Seiten stark, in unterschiedlichen Formaten und aus verschiedenen Materialien. Gabriele Radecke, die die Sisyphusarbeit auf sich genommen hat, diese Notizbücher zu editieren, schreibt über Fontanes Notierspiel:

> »Er hielt darin Eindrücke von Kunstausstellungen und Theateraufführungen fest, schrieb während der Lektüre von Büchern und bei Vorträgen mit oder konzipierte eigene Texte. Außerdem sind Briefkonzepte und To-do-Listen sowie Übersichten über Zug-Abfahrtszeiten und Honorare überliefert, die Einblicke in den beruflichen und privaten Alltag geben.«[180]

So weit, so disparat, könnte man sagen – typische Notizbücher, wie sie uns nun schon mehrfach begegnet sind. Umso auffälli-

Von der Liste zum Buch (Theorie des Notizzettels V) 335

ger allerdings, dass Fontanes Konzept zu seinem bekanntesten Roman so gar nicht disparat, verschlungen, unübersichtlich ist. Dieser Entwurf hat am ehesten noch die ganz ursprüngliche Form der Liste und hat in seiner schlichten Untereinanderkonstellation etwas Zweidimensionales, weswegen man es auch als *zweidimensionalen Zettel* bezeichnen könnte.

Als professioneller Schreiber war Fontane es gewohnt »zu liefern«. Er wusste, wie man Texte fertig schreibt. *Effi Briest*

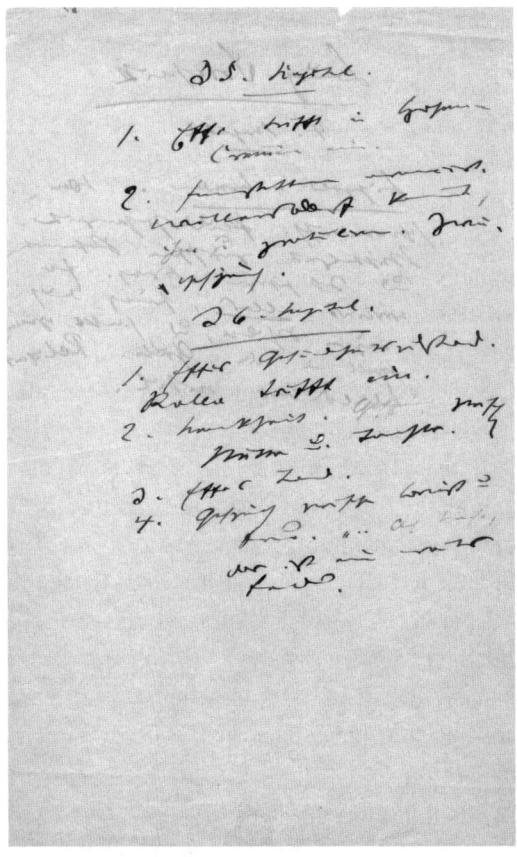

Abb. 12: Theodor Fontane plant *Effi Briest*

ist, wenn man so will, auch ein Dokument des Fertigmachens. Die Klarheit im Planungszettel zu dem Roman spricht für die Schreibökonomie des Autors, der von vornherein weiß, wo er textlich und narrativ hinwill. Die Zweidimensionalität solcher Zettel bedeutet auch Verzicht: Das Primat der Fertigstellung wird erfüllt um den Preis einer gewissen Unterkomplexität der Planung (die man ja schließlich auch Fontanes Romanen nachsagen kann).

Selten begegnen einem zweidimensionale Zettel in dieser Reinform. Den zweiten Typ von prospektivem Notizzettel könnte man als *erweiterten zweidimensionalen Zettel* bezeichnen. Hier mag als Beispiel ein ganz anderer Autor aus einer ganz anderen Zeit mit einem, wie man gleich sehen wird, ganz anderen Literaturverständnis dienen. Der Plan zu Hubert Fichtes Roman *Versuch über die Pubertät* von 1974 erweist seinen Autor, wie die Herausgeberinnen eines Ausstellungskatalogs im Marbacher Literaturarchiv schreiben, als einen »Meister des groß angelegten, an Schnittmusterbögen erinnernden Werkplans«.[181] Bei aller Komplexität des Dokuments ist doch eine ursprüngliche Listenkomposition noch deutlich auf der linken Blatthälfte ersichtlich. Sie bildet auch den Plan für den erzählerischen Hauptstrang, von einigen Durchstreichungen und Interpolationen, farbigen Randmarkierungen und -zeichnungen unterbrochen. In der oberen Blatthälfte mittig findet sich noch eine weitere, kürzere Liste: Sie hat eine eigene, durch Unterstreichung gekennzeichnete Überschrift, nämlich »Eine erotische Entwicklung«. Rechts und oben befinden sich noch Einschübe zu anderen *dramatis personae* sowie Hinweise auf andere Schriftsteller (u. a. Sartre, Artaud, Rilke, Genet), auch sie jeweils als Binnenlisten organisiert.

Nicht alle graphischen und visuellen Elemente dieses prospektiven Zettels von Hubert Fichte erschließen sich dem späteren Betrachter, sie bleiben privatsprachlich und machen Zettel

Von der Liste zum Buch (Theorie des Notizzettels V) 337

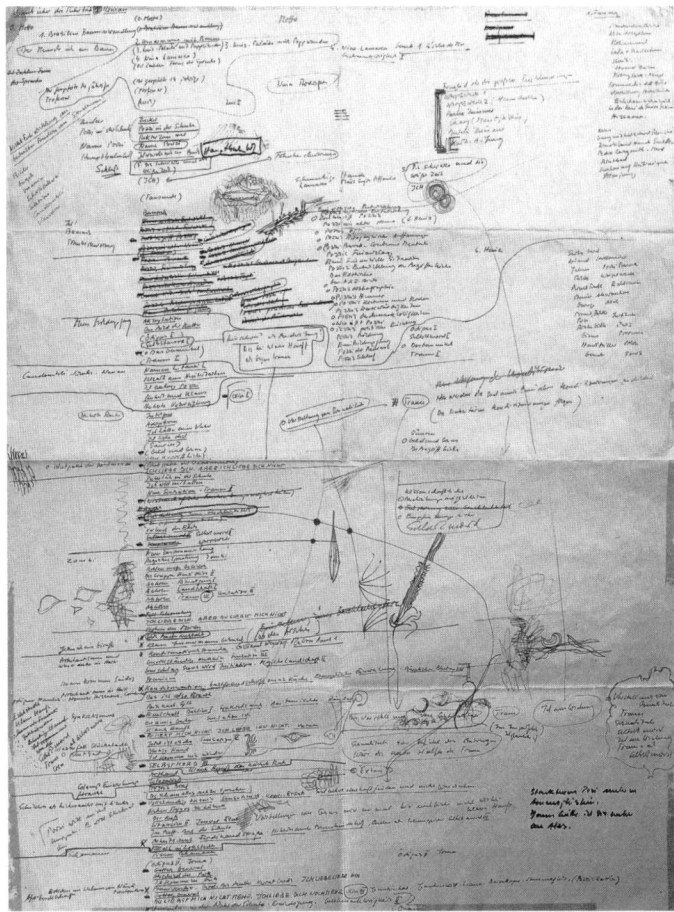

Abb. 13: Hubert Fichte: Plan zum Roman *Versuch über die Pubertät* (1974)

wie diese zu partiellen privaten Medien. Die Marbacher Ausstellungsmacherinnen verleitet das zu einem nahezu poetischen Schreibspiel eigener Art: »Zahlreiche Kritzeleien vermitteln die Anmutung eines Biotops, in dem Schlingpflanzen emporwachsen und kleine schnappende Tiere und Skelette sich herumtreiben«.¹⁸² Welchen Typ von Zettelgestaltung oder Zettellogik eine Schreiberin wählt, ist abhängig von ihrem mentalen *modus operandi*. Der eine klärt Begriffe, Abläufe und Zusammenhänge im Kopf und entfaltet sie nach dieser mentalen Klärung und Durcharbeitung relativ sauber auf den Zettel. Die Fähigkeit hierzu hat stark mit der kognitiven Leistungsfähigkeit zu tun, mit Erinnerungsvermögen, Verarbeitungsgeschwindigkeit und visueller Vorstellungskraft, so wie es Personen gibt, die sich mehrdimensionale Körper gut im Kopf vorstellen können, während andere dafür Papier oder andere Hilfsmittel verwenden müssen. Die andere Schreiberin erarbeitet ihren Plan entsprechend auf dem Notizzettel, was vor allem eine Reihe von Revisionen und Korrekturen zur Folge hat, die mit Durchstreichungen und Umstellungen durch graphische Zeichen (Pfeile et cetera) visualisiert werden. Beim ersten Typ stößt die Komplexität von Planung und Ausführung auf natürliche Grenzen, während beim zweiten Typ die mögliche Zahl von Verknüpfungen der einzelnen Elemente nahezu unendlich ist.

Der dritte Typ prospektiven Notizzettels erhöht die Komplexität noch einmal deutlich, wiewohl er wirklich häufig zu finden ist. Man könnte ihn als *dreidimensionalen Zettel* bezeichnen, weil er in Form von Collagen oder anderen Anreichungen mit Fremdmaterial nicht nur die eigene Schreiboberfläche transzendiert, sondern auch die Entfaltung eigener Denkleistungen um die Aneignung fremder Denkleistungen ergänzt. In Lichtenbergs Reisetagebüchern finden sich bereits Einklebungen von Tageszeitungsausschnitten. Anke te Heesen hat eine umfangreiche Studie über den Zeitungsausschnitt als Papierobjekt der Moderne verfasst, in der sie insbesondere darauf hinweist, dass das Ausschneiden und Sammeln von Zeitungsausschnitten auch eine mentale Operation ist, die eine Form von *embodiment* darstellen kann:

»Schneiden kann zugleich durcharbeiten bedeuten, ein physischer Akt, der einen mentalen Akt in Gang setzt und damit Informationen memorierbar hält, sie sich gewissermaßen einverleibt.«[183]

Fast zu einer Kunstform hat der Münchener Journalist und Verleger Ernst Heimeran das Collagieren auf Notizzetteln entwickelt. Heimeran schrieb für die *Münchner Neuesten Nachrichten* und gründete mit dem dort und durch einige Buchveröffentlichungen verdienten Geld den nach ihm benannten Heimeran-Verlag, mit dem er beispielsweise die heute berühmte

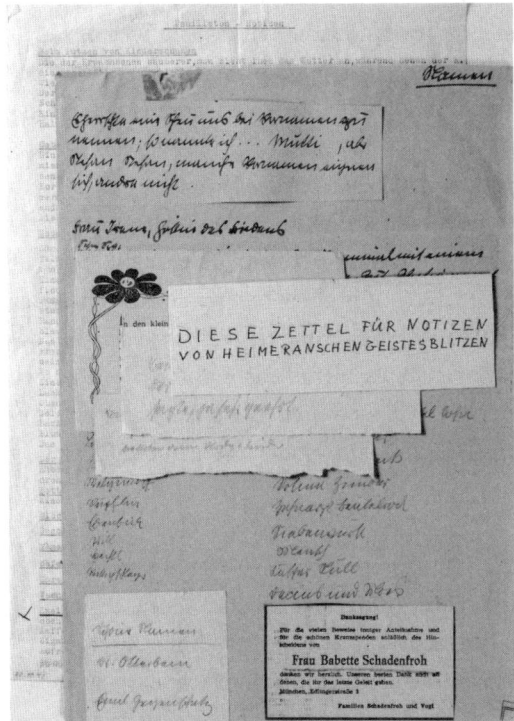

Abb. 14: Dreidimensionaler Notizzettel E. Heimerans mit verschiedenen Textschichten

Sammlung Tusculum mit zweisprachigen Ausgaben antiker Autoren etablierte. Wenn er nicht selbst neue Bücher schrieb, denn seine Produktivität war enorm, sammelte er »Geistesblitze« auf Zetteln, aber das in mehrfachen Überlagerungen: »Diese Zettel für Notizen von Heimeranschen Geistesblitzen.«

Ein anderes interessantes Beispiel für solche dreidimensionale Zettelgestaltung sind die Typoskripte Ludwig Wittgensteins. Kurios sind sie, weil Wittgenstein sich selbst collagiert, also Textcollagen aus den auseinandergeschnittenen und neu zusammengeklebten Versatzstücken seiner eigenen älteren Notizen herstellt.

Der *komplexe Zettel* ist der, der nicht nur Überschreibungen und Überklebungen vornimmt, sondern der die Idee der Liste dahingehend transzendiert, dass er eine neue und eigene Geometrie der Aufzeichnung an die Stelle der Untereinanderkonstellation setzt. Ein Beispiel für einen solchen komplexen Zettel könnten die Vorlesungsmanuskripte des Stuttgarter Kybernetikers Max Bense sein. Bense wollte die Spaltung von Natur- und Geisteswissenschaften aufheben, verband Mathematik, Sprache und Ästhetik miteinander, war einer der Vordenker und auch Mitmacher der Konkreten Poesie und schließlich auch einer der ersten Theoretiker von Bildschirmmedien. Seine Vorlesungen an der Stuttgarter Universität waren Ereignisse und entsprechend publikumswirksam. Ein ehemaliger Student erinnert sich:

> »Noch auf dem Gymnasium war mir zu Ohren gekommen, es gebe an der hiesigen Universität etwas zu sehen, das man so schnell nicht wieder vergesse: einen Philosophieprofessor, der 90 Minuten aus dem Stegreif philosophieren könne und bisweilen so sehr in Rage gerate, dass er öffentlich zu explodieren drohe, falls jemand den Auslöseknopf finde.«[184]

Das Notier- und Planspiel, das Benses Vorlesungen vorangig, fand seine Fortsetzung im Hörsaal, kurz bevor der eigentliche Vortrag startete, bei dem eben auch sein Notizbuch eine Rolle spielte:

»Etwas zu früh in der betreffenden Veranstaltung angekommen, fiel mir zunächst auf, dass der Professor schon da war. Mit einem kleinen quadratischen Notizbuch bewaffnet, schien er sich vor der großen Wandtafel warmzulaufen und irgendwelche geistigen Dehnübungen auszuführen.«[185]

Was Bense da als Planungsdatei für seine Vorlesung ins Notizbuch gekritzelt, geschrieben und gemalt hat, erfüllt die Voraussetzungen nicht nur für einen komplexen Zettel, sondern auch für ein privates Medium. Die Komplexität der Zeichen und ihrer Bezüge, in verschiedenen Schriftfarben, mit Umrahmungen, Pfeilen und Diagrammen ist hier so groß, dass die Botschaft hermetisch wird und ein möglicher Vortragstext von einem Dritten unmöglich aus dem Nebel der Kommunikanten extrapoliert werden könnte.

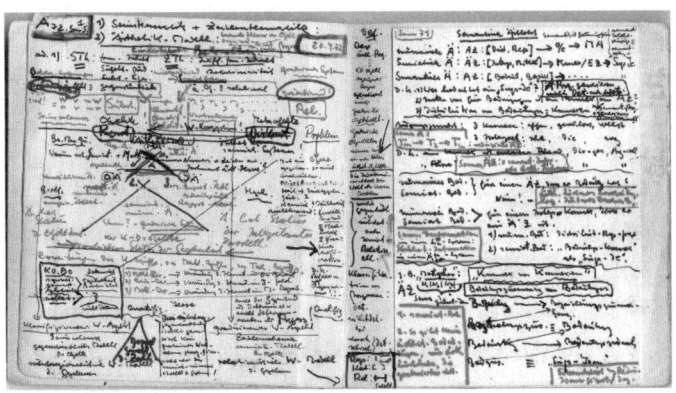

Abb. 15: Max Benses Vorlesungsmanuskript im Notizbuch: Nebel der Zeichen

Der Kunststudent Jonnie Döbele hat eine dieser Vorlesungen im Jahr 1976 auch fotografisch festgehalten und beschreibt in seinen schriftlichen Anmerkungen zu diesen Fotos, wie

> »dieser Mann das gesamte, hörsaalbreite Podium nutzte, von rechts nach links, und vielmals zurück, und nebenbei, fast unvermeidlich, jedes Mal zwei riesige Tafeln bis auf den letzten Fleck mit Kreide und Sinnverknüpfungen überzog«.[186]

Das Überraschende ist, dass Bense seine eigenen privaten Notizen (Döbele hat das fotografisch dokumentiert) über den Umweg seines Vortrags auf die Hörsaaltafel reproduziert hat, ohne dass die mentale Operation sowohl von der Notiz zum Vortrag als auch vom Vortrag zum Tafelbild für Leserinnen oder Hörer nachvollziehbar wäre. Das Tafelbild wird damit zu einer Art Privatvisualisierung, und im Nachvollzug ihrer Entstehung konnten jedenfalls die Vorlesungsbesucher dabei zusehen und erleben, wie Denken sich erst entfaltet und dann graphisch wieder verdichtet, auch wenn die Botschaft dadurch nicht kommunikativer und auch nicht signifikanter wurde, sondern eben privat blieb. Der schon zitierte Vorlesungsbesucher musste eingestehen, dass er die Grenzen des Verstehens erreicht habe und der Theatralik des Ereignisses den Vorzug gab vor der Signifikanz der Botschaft:

> »Da ich als Neu- und Quereinsteiger natürlich nicht über die nötige Bildung und geistige Spannweite verfügte, um beispielsweise Gödels Unentscheidbarkeitstheorem so auf die Schnelle mit Kafkas Tagebüchern und Kurt Georg Kiesinger in Verbindung bringen zu können, musste ich dem rein dramaturgischen Aspekt des Geschehens zwangsläufig mehr Bedeutung zumessen als es in sachlicher Hinsicht wohl erlaubt ist.«[187]

Von der Liste zum Buch (Theorie des Notizzettels V) 343

Abb. 16: Max Benses Tafelbild: Beim Denken zusehen

Philosophie dürfte man eigentlich nur dichten, hatte Ludwig Wittgenstein gesagt. Max Bense hat neben seinem wissenschaftlichen Werk auch Gedichte verfasst. Auch Lichtenberg hat sich nebenbei, in seinen Sudelbüchern, als Poet betätigt. Vielleicht kein Zufall, dass die großen Notierer eine Nähe zur Dichtkunst verspürten. Denn die Nähe des Notizzettels zum Gedicht ist frappant. Das wird besonders deutlich in den Notizen des Dichters, wenn man sich beispielsweise die Konvolute von Notizzetteln ansieht, die sich in Günter Eichs nichtediertem Nachlass befinden. Auf der Rückseite von schwerem vergilbtem Schreibmaschinenpapier, dessen Vorderseiten Manuskripte, Pressemitteilungen und Briefe darstellen, hat Eich weiter Inventur geführt. Manchmal sind die Vorstufen von Gedichten erkennbar, etwa wenn die Wortlisten eine Überschrift tragen (durch Unterstreichung gekennzeichnet). Häufiger sind aber schlicht Wörter und (Halb-)Sätze untereinanderkonstelliert, vielleicht als Material für künftige Dichtungsprojekte:

»Letzte (Hingabe, Weißenberg)
der Götze (Forderung des Opfers und der Liebe trotz reiner unverständlicher Handlungen)
Duell
Columbus hat Amerika nicht entdeckt (Napoleon?) [mit Bleistift]
 wie geht die Welt weiter [mit Bleistift]
Die Klapper des Aussätzigen
Dr. Eisenbart
Glaube, daß man alles kaufen kann
Motivlose Entscheidungen
der zum Tode Verurteilte
Mann geht auf Markt um zwei Kilo Äpfel zu kaufen
Die Melodie, die wiederkehrt und bestimmte Ereignisse auslöst
Cookreisender tritt in Negerkral
Die Marmorkugel (Erinnerung an Unbestimmbares)
Ehepaar, das unentdeckten Mord begangen hat.«[188]

Notiz oder Gedicht? Gedankenverlorene (oder: gedankenreiche?) Zusammenstellung von einzelnen Ausdrücken oder willentlich und mit künstlerischer und kommunikativer Absicht komponiertes Werk (oder Werkfragment)? Das ist nicht zu unterscheiden, es bleibt privat, weil es nur dem privaten Medium anvertraut wurde. Das gilt, im Falle des Dichters, der »Inventur« geschrieben hat, selbst für die Auflistung simpler Einzelwörter:

 »Küste
 Straße
 Fische
 Freund
 Dieb
 Roggerbank (?)

Wellen
Wind.«

Im Bestand findet sich auch ein einzelnes, stark vergilbtes Blatt, das als Entwurf für ein Dramolett daherkommt und doch wieder inventarisierend lyrisch klingt:

»Vegetarisches Theater
Wurstwaren, portugiesisch.
Alte Regensburger.
Konserven.
Wild.
Etüden für eine Familie
fünfköpfige
fünf- bis siebenköpfige
Meter [Mehr?] Wasser
Spiele für Marionetten.«

Die Lyrik, vor allem jene, die sich selbst freie nennt, ist womöglich ähnlich postkonventionell, wie es der Notizzettel ist – daher ihre Verwandtschaft. Vielleicht ist das Gedicht auch ähnlich nah am Denken dran, darüber könnte man einmal nachdenken.

Am Buch laborieren

Der 9. September 1947 ist mit einem kleinen Notizbucheintrag in die Informations- und Kommunikationsgeschichte eingegangen. An der Universität Harvard stand zu dieser Zeit einer der ersten Computer, der Mark II Aiken Relay Calculator, ein fast hausgroßes Monstrum, das noch nicht aus Transistoren oder gar

Microchips bestand, sondern aus elektromechanischen Relais und 23 Tonnen wog. Die Maschine machte bei ihrer Rechnerarbeit ziemlichen Krach und war sehr störanfällig. So auch am besagten Tag, als der gesamte Rechner abstürzte, weil das Relais Nr. 70 im Panel F stehengeblieben war. Man fand in besagtem Relais eine Motte, die sich dort verheddert hatte und damit vielleicht zum ersten tödlichen Opfer der Digitaltechnik wurde. Die diensthabende Programmiererin war die Mathematikerin Grace Murray Hopper. Die Computerpionierin klebte das Tier mit einem Stück Klebeband ins Computerlogbuch und schrieb daneben den berühmt gewordenen Satz: »First actual case of bug being found«, der erste wirkliche Fall eines »Käfers«, der gefunden wurde. Es handelt sich dabei nicht ganz um das erste Vorkommen des englischen Worts »bug« (Käfer oder Wanze) für technische Fehler in elektrischen Geräten. Bereits Thomas Alva Edison schreibt in einem Brief an seinen Freund Tivadar Puskás, den Erfinder der Telefonzentrale:

> »So war es bei all meinen Erfindungen. Der erste Schritt ist Intuition, die kommt mit Gewalt, dann tauchen Schwierigkeiten auf – das Ding gibt nach und dann zeigen sich die ›Bugs‹ – so werden kleine Fehler und Schwierigkeiten genannt – und Monate intensiver Beobachtungen, Studien und Laborarbeit sind erforderlich, bevor der wirtschaftliche Erfolg oder Misserfolg sicher erreicht wird.«[189]

Grace Hopper kannte diese Redeweise von Ingenieuren und übertrug sie in den Computerbereich. Sie wurde dann aber auch selbst wortschöpferisch tätig, denn wenn ihr Chef, Howard Aiken, den Kopf durch die Tür steckte und sich nach dem Gang der Arbeit erkundigte, pflegte Hopper zu antworten, sie sei beim »Entwanzen« (debugging). Seitdem wird das Kontrollieren von Computerprogrammen auf Fehler eben Debugging genannt. Das Notizbuch mit der eingeklebten Motte ist bis heute im Smithsonian Museum zu sehen.

Die kleine Anekdote zeigt schon, dass die Praxis des Notierens auch im Feld der angewandten oder allgemeiner der Naturwissenschaften eine wichtige Rolle spielt. Vor allem als Laborbuch ist das Notieren eine wesentliche wissenschaftliche Praxis, die unabdingbar für jedes Experimentalsystem ist. Es bildet damit gerade die Schnittstelle zwischen der materiellen Seite der Wissenschaft, also dem Experiment, und der begrifflichen oder narrativen Seite, auf der die wissenschaftliche Veröffentlichung zu Buche schlägt – wobei gerade im naturwissenschaftlichen Feld die Veröffentlichung nicht mehr in Buchform, sondern in aller Regel als Aufsatz oder neudeutsch: als »paper« erfolgt, was wiederum eine irritierende Begrifflichkeit ist, weil in Zeiten von Online-Public-Access-Veröffentlichungen gerade kein »Papier« mehr erzeugt wird. Das Buch, das die (Natur-)Wissenschaft heute herstellt, sofern sie überhaupt noch Buchwissenschaft ist, das ist ein handgeschriebenes Buch, das Labor- oder Notizbuch. Was bei der wissenschaftlichen Arbeit notiert wird, ist Durchgangsware, muss nicht in die spätere Veröffentlichung eingehen und tut es in der Regel auch nicht, sondern dient der Protokollierung als Primärverschriftlichung des Experimentalgeschehens, der Durcharbeitung, Klärung und Folgerung. Das sind, wie Hans-Jörg Rheinberger es nennt, »Funktionen des experimentellen Engagements«, die zum »Regime des Labors gehören«, und dazu zählen für ihn:

> »Exzerpte aus der Forschungsliteratur, Notizen zu Grundideen, Gedankenfetzen oder auffälligen Überschneidungen, Skizzen experimenteller Anordnungen, Datenstreifen, die ein einzelner Experimentalverlauf geliefert hat, versuchsweise Interpretationen experimenteller Ergebnisse, Korrekturen dieser Interpretationen, vorläufige Berechnungen, Kalibrierun-

gen einzusetzender Apparate, Entwürfe neuer Vorrichtungen«.[190]

Wissenschaftshistorikerinnen haben sich in den letzten Jahrzehnten durchaus mit dem Thema des Schreibens und Publizierens in der Wissenschaft befasst. Unter diesen Studien finden sich auch solche, die sich, vor allem in Form mikrohistorischer Rekonstruktionen, mit Labortagebüchern und anderen Schreibspielen der experimentellen Forschung befasst haben. Zu erwähnen wäre hier insbesondere Bruno Latours und Steve Woolgars *Laboratory Life*, das Resultat von Feldstudien im Labor des späteren Nobelpreisträgers Roger Guillemin. Latour und Woolgar wollen damit zeigen, welche Rollen rhetorische Strategien und technische Artefakte bei der »Konstruktion wissenschaftlicher Tatsachen« spielen.[191] Nicht so sehr in den Blick kommt bei solchen Studien die produktive Funktion von Notizbüchern bei der Wissenserzeugung.

Diese Funktion wird vor allem durch jene Technik oder jenes wissenschaftliche Schreibspiel erfüllt, das Rheinberger die »›Redimensionalisierung‹ des experimentellen Arrangements« nennt.[192] Gemeint ist damit, dass die raumzeitliche Anordnung des Experiments auf den zweidimensionalen Rahmen der Schreiboberfläche gezogen wird. Dadurch werde das Labor und die Experimentiersituation nicht nur in eine handhabbare und transportable Form gebracht. Die Reduktion auf die Fläche fördere auch die Erkundung neuer Ordnungs- und Anordnungsmöglichkeiten. Reihenereignisse könnten simultan dargestellt werden, temporale Beziehungen als räumliche Relationen:

> »Die Umwandlung des Labors in eine Schreibfläche beziehungsweise die Umwandlung des Erinnerungsraums von einer Chronologie in ein Zeichen-Flickwerk aus Ikonen, Symbolen und Indizes hat also deutlich mehr als nur ver-

knappende Funktionen. Labornotizen und -protokolle erzeugen im Gegenteil neue Ressourcen und Materialien, die der Forschung erst ihre charakteristischen Konturen verleihen und ihre vorzeitige Schließung verhindern.«[193]

Im Gegensatz zu den hochgradig konventionalisierten Formen wissenschaftlicher Publikationen erlaubt das Notierspiel im Labor auch individuelle Stile in der Hervorbringung wissenschaftlicher Gedanken. Die Postkonventionalität des Schreibens im Notizbuch bildet hier geradezu den Möglichkeitsraum für die unkonventionelle wissenschaftliche Entdeckung und damit für die Aufstellung neuer wissenschaftlicher Paradigmata. Der Molekularbiologe und Medizin-Nobelpreisträger François Jacob hat die herrschende Publikationspraxis mit ihren Konventionen und ihrer streng logischen Ordnung als »Tagwissenschaft« bezeichnet, der die »Nachtwissenschaft« gegenübersteht, wie sie sich in Forschungsnotizen zeigt:

»Die Nachtwissenschaft [...] ist blindes Irren. Sie zögert, stolpert, weicht zurück, gerät ins Schwitzen, schreckt auf. An allem zweifelnd, sucht sie sich, hinterfragt sich, setzt immer wieder neu an. Sie ist eine Art Werkstatt des Möglichen, in der das künftige Material der Wissenschaft ausgearbeitet wird. Hier bleiben die Hypothesen vage Ahnungen, undeutliche Empfindungen. Hier sind die Phänomene noch Einzelerscheinungen ohne Zusammenhang, sind die Pläne für Versuchsreihen noch nicht ausgereift. Hier arbeitet sich das Denken über verschlungene Wege vor, über verwinkelte Gässchen, die sich meist als Sackgassen erweisen.«[194]

Die Art und Weise, wie in wissenschaftliche Notizbücher hineinzuschreiben ist, hat in der ersten Hälfte des 20. Jahrhunderts zu erheblichen wissenschaftstheoretischen Diskussionen geführt. Die Sprachphilosophie ging in ihrer ursprünglichen Form des logischen Atomismus davon aus, dass die Basis wissenschaftlicher Erkenntnis einfachste Beschreibungssätze, die sogenannten Atomsätze oder Protokollsätze, seien. Es sind sprachliche Feststellungen der Art »das ist ein Körper« oder »Feuer ist heiß«. Heißdiskutierte Frage war zum Beispiel, ob in solchen Formulierungen die Beobachterposition stets mitzunennen sei (also: »Die Person X hat zur Zeit t am Ort O das und das wahrgenommen«). In gesprochener Form sind solcherart Feststellungen so oder so aber wenig erkenntnisfördernd. Hinzukommen muss jedenfalls im Falle eines wissenschaftlichen Forschungszusammenhangs die schriftliche Aufzeichnung, es handelt sich auch bei den Protokollsätzen nicht um ein Sprechspiel, sondern um ein Schreibspiel. Die Protokollsätze sind darum im eigentlichen Sinne gerade Teil jener Protokollnotizen, wie sie in Labornotizbüchern landen (»first actual case of bug being found«). Viele solcher Labornotizbücher sind weniger ephemer, als man meinen möchte. Sie sind häufig auf uns gekommen und in einigen Fällen sogar zum Zwecke weiterer wissenschaftlicher Forschung (und sei es philologischer) ediert, wie insbesondere die Notizbücher Ernst Machs zu seinen Schallexperimenten – jener Ernst Mach, der uns schon als Erfinder des Begriffs »Gedankenexperiment« begegnete und der auch als Namensgeber für den offiziell als »Verein Ernst Mach« firmierenden Wiener Kreis fungierte.

Im Nachlass von Ernst Mach haben sich fünfzig Notizbücher im Format etwa von 14 × 20 cm gefunden, jedes zwischen 50 und 180 Blatt stark. Mach hat in diesen Büchern nicht etwa nur seine Laborexperimente festgehalten. Seine Notizbücher sind vielmehr ein weiteres gutes Beispiel für den »gemischten Diskurs«, denn neben Protokollsätzen von Experimenten, Berechnungen, Analysen und Hypothesen finden sich auch Einträge ganz anderer Art, wie sie ein Institutsleiter und zwischenzeitlicher Universitätsrektor auch anzustellen hat, Bestellungen, Anweisungen, Briefentwürfe, Kommentare. Es handelt sich, wie die Herausgeber der Notizbücher zu den Schallexperimenten schreiben, um

> »Schriften, die sich an keinen Adressaten wenden, aber auch nicht dem Regime der technischen Datenerhebung zugehören, Schriften, die ganz persönlich sind und zugleich teilhaben an der Entstehung wissenschaftlicher Tatsachen, Geschmier, das zurückbleibt auf losen Blättern, in kleinen Büchlein«.[195]

In Notizbuch 25 hält Ernst Mach, unter anderem, die Experimente fest, die er in den 1880er Jahren zusammen mit seinem Mitarbeiter Peter Salcher unternommen hat. In diesen spektakulären Versuchen ist es den beiden Forschern gelungen, mit Überschallgeschwindigkeit fliegende Gewehrgeschosse samt den sie umgebenden Luftströmungen zu fotografieren. Ein solches Gewehrprojektil unterhält ein System mitlaufender Wellen in der Luft, das kegelförmig Kopf und Körper des Projektils einhüllt. Was Mach und Salcher aufgrund der Fotografien herausgefunden haben, ist, dass die Sinusfunktion des Winkels zwischen der Geschossachse und den Grenzstreifen der Wellenkegel sich genauso verhalten wie die Division aus Schallgeschwindigkeit und Projektilgeschwindigkeit. Der Schweizer Physiker Jakob Ackeret wird im Jahr 1929 in einer Vorlesung über die Gesetze des Luftwiderstandes bei sehr großen Geschwindigkeiten umgekehrt das Verhältnis der Geschwindigkeit eines Luftstroms oder in Luft bewegten Körpers zur Schallgeschwindigkeit a in der Maßeinheit M festschreiben: der Mach'schen Zahl. Seitdem wird in Physik und Flugzeugcockpits, Formel-1-Autos und Weltraumraketen in *Mach* gerechnet.

Machs und Salchers Versuche waren Medienereignisse erster

Güte: Grundlage der Mach'- / Salcher'schen Experimente war ein Medienkonglomerat auf Höhe der Experimentalwissenschaften des späten 19. Jahrhunderts, in dem Wellenoptik, Funkenelektrizität, Fotografie und Waffentechnik miteinander verdrahtet werden. Die Beschreibung des Experiments liest sich spannend wie ein Krimi oder wie ein Krimi im Labormilieu eben sein kann:

»Das Experiment beginnt mit der Verdunkelung des Versuchslokals. Hierauf wird die fotografische Platte in die Kamera eingesetzt. Das Objektiv der Kamera ist schon geöffnet, ein Verschluß nicht vorhanden. Es folgt in zwei bis vier Meter Abstand von der Versuchsanordnung die Auslösung des Gewehrs und der Schuß. Das Projektil bewegt sich je nach Gewehrtyp und Ladung der Patrone mit einer Geschwindigkeit zwischen 340 und 520 m/sek durch die Versuchsanordnung. An der Unterbrechungsstelle I durchschlägt es die zwei durch Glas gegeneinander isolierten Drahtenden (Elektroden) und schließt auf diese Weise den Stromkreis zwischen der Flaschenbatterie, der Unterbrechungstelle I und der Unterbrechungstelle II. Die Batterie entlädt sich, an der Unterbrechungsstelle II tritt unmittelbar darauf der Belichtungsfunke über und beleuchtet das Projektil vor der Sammellinse. Diese entwirft ein Bild des Projektils und des umgebenden Raums an einem Sammelpunkt vor der Öffnung der Kamera. Die nicht abgeblendeten Lichtstrahlen treten in die Kamera ein und werden durch das Objektiv auf der fotografischen Platte gesammelt. Neben der gesuchten Erscheinung wird ein Bild des Projektils sowie der zwei Elektroden an der Unterbrechungsstelle I aufgezeichnet. Gleichzeitig schreitet das Projektil durch den Raum fort und schlägt in einen Kugelfang oder ein ballistisches Pendel zur Bestimmung der Geschoßgeschwindigkeit ein. Seit der Auslösung der Waffe sind kaum mehr als zwei Hundertstel Sekunden vergangen. Die fotografische Kamera wird hierauf manuell verschlossen, die Verdunkelung des Versuchslokals beendet.«[196]

Auf Seite 90 des Notizbuchs 25 beginnen Machs Notizen zu den Experimenten. Daten und Beobachtungen aus den Versuchen werden mit Theorien und Modellen unterschiedlicher Provenienz verknüpft, von der Akustik über die Aerodynamik bis zur Elektrizitätslehre. Es ist seine Form des »internen Prozessierens«, wie die Herausgeber der Druckedition des Notizbuchs, Christoph Hoffmann und Peter Berz, es nennen.[197] Mach bleibt allerdings nicht durchgehend beim Thema: Parallel werden im selben Notizbuch Einträge zu anderen Forschungsvorhaben vorgenommen, organisatorische Dinge vermerkt oder neue Experimentalplanungen aufgeschrieben. Schriftliche Notizen, Berechnungen und Zeichnungen stehen unsystematisch unter- und nebeneinander, die Notate können sich auch gegenseitig ablösen, unterbrechen oder kontaminieren. Dazu vermerken die Herausgeber: »Das Gemenge von Hinterlassenschaften in Machs Notizbüchern gleicht in vielem einer archäologischen Fundlage, in der Zusammenhang und Bedeutung der Artefakte nicht unmittelbar erkennbar sind, sondern erst nach und nach rekonstruiert werden müssen.«[198]

Besonders typisch für die Notizen Ernst Machs zu seinen Experimenten ist die Gleichrangigkeit von Schrift und anderen graphischen Darstellungsformen, und zwar sowohl quantitativ als auch argumentativ. Viele der Skizzen in dem Notizbuch sind nicht so sehr Abbildungen als vielmehr Medien der Vermittlung. Im Einklang mit den sie begleitenden Kommentaren passen sie die experimentellen Befunde in eine Architektonik aus Bezügen ein, die auf den Zetteln dieses Notizbuches zuallererst entsteht. Eine andere kognitive Technik, die Mach in seinen Experimentalnotizen einsetzt, ist die Analogiebildung. In einer seiner Notizen kommt er von Erscheinungen in der Luft um das abgefeuerte Projektil zu Erscheinungen im Wasser rund um einen Schiffskörper. Eine solche Art der Bildung von Analogien nennt Ernst Mach selbst in seinen wissenschaftstheoretischen Arbeiten ein »Leitmotiv der Forschung«.[199]

Man kann bei wissenschaftlichen Notizbüchern numerische Techniken (Rheinberger nennt sie »Zähltechniken«) und literale Techniken unterscheiden. Zu ersteren zählen die Berechnungen, aber auch alle Formen von Listen, Tabellen und dem, was man »wissenschaftliche Buchhaltung« nennen kann.[200] Sie stellen die aktuellen Primärdatenbanken dar, in die die neuesten Forschungsergebnisse fortwährend eingeschrieben werden. Zu letzterem, den literalen Techniken, können alle Arten von Aufzeichnungen gezählt werden, die das Forschungsgeschehen bereits in einem Narrativ festhalten. Dies setzt voraus, dass es bereits verbalisierbare Routinen, einen *modus dicendi* gibt. Solche literalen Techniken können Laborpraktiken tradieren, die sich als erfolgreich erwiesen haben, ohne schon verallgemeinerbar zu sein. Das sollen sie auch gar nicht, denn sie wenden sich nicht an die *scientific community*, sondern konfigurieren eine spezifische »Laboridentität«, in die auch Neuankömmlinge (zum Beispiel Studierende) integriert und in der sie wissenschaftlich sozialisiert werden können. Der Mikrobiologe und Wissenschaftstheoretiker Ludwik Fleck nannte eine solche *community* ein »Denkkollektiv«, das »Träger geschichtlicher Entwicklung eines Denkgebiets, eines bestimmten Wissensbestandes und Kulturstandes, also eines besonderen Denkstils« sei.[201]

Damit kommen wir zu einem Spezifikum der Labornotizbücher: Neben den individuellen und idiosynkratischen Exemplaren gibt es offensichtlich auch kollaborative, die dann augenscheinlich auch eine andere kommunikative Valenz haben. Sie sind nicht für die Öffentlichkeit bestimmt, aber doch müssen sie sich verständlich machen, um bei Forschung im Verbund funktional zu bleiben. Der Status unklarer Öffentlichkeit bleibt damit bestehen, man kann solche kollaborativen Notizbücher aber nur dann als private Medien bezeichnen, wenn man hier von einer Art kollektiver Privatheit ausginge, also beispielsweise einem ausgeprägten Gruppenslang, der nach außen hermetisch ist. Vermutlich ist bei solchen kollaborativen Schreibspielen auch die Postkonventionalität eingeschränkt, da darunter die Funktionalität des Laborbuchs leiden würde. Anderseits setzt der Anspruch der Wissenschaft auf Innovation, wie oben bemerkt, eine gewisse Postkonventionalität gerade auch in diesen Schreibspielen voraus. Das macht gerade das Spannungsfeld aus, an dem Wissenschaft grundsätzlich laboriert. Wenn heute Laborbücher durch digitale Programme ersetzt werden, die per se eine gewisse Standardisierung voraussetzen, wird dieses Spannungsfeld zuungunsten der Postkonventionalität des Schreibspiels verschoben. Mögen die forschungsökonomischen Vorteile solcher digitaler Notierspiele auch auf der Hand liegen, könnte doch andererseits durch den Verzicht auf *paper&pencil* einiges verlorengehen.

Das leere Notizbuch

Aber was ist, wenn der bereits zitierte Tobias Kniebe recht hätte, dass es nicht die geringste Rolle spiele, was man in sein schickes und zeitgeistiges Notizbuch hineinschreibe, und entscheidend nur sei, im richtigen Augenblick in der Öffentlichkeit das Büchlein zu zücken und Hirntätigkeit vorzutäuschen? Wenn das Schreibspiel des handgeschriebenen Buchs so atavistisch wäre, dass es nur noch als Zitat, als Simulation taugte, um gerade in der Verweigerung des Schreibakts die eigene Zugehörigkeit zu einer neuen, einer »digitalen Boheme« unter Beweis zu stellen?

Vielleicht ist ja gerade *das* im 21. Jahrhundert das private Medium: Dasjenige nämlich, das keinen Inhalt mehr hat, das leere Notizbuch, das weiße Papier. Und der Gedanke, den man nicht aufschreibt, bleibt in jedem Falle ein privater Gedanke, denn Nicht-Schreiben stellt die maximale Verschlüsselung des Selbst dar. Nicolas Carr hat in seinem Bestseller *Wer bin ich, wenn ich online bin, und was macht mein Gehirn so lange* dargestellt, wie wir nur noch immer kürzere Informations-Bytes zu uns nehmen und mutmaßlich nicht mehr in der Lage sind, längere zusammenhängende Texte zu lesen und zu verstehen.[202] Der Verkürzung der Aufmerksamkeit bei der Rezeption steht vielleicht auch eine Verknappung bei der Produktion von Texten gegenüber. Vom Buch zum Aufsatz, vom Blogging zum Microblogging, vom Epos zur Short Story: Es scheint eine unseren Medien oder unserem Gebrauch dieser Medien, kurz: unseren Medienspielen, inhärente Tendenz zur Verkürzung zu geben. Schreiben heißt Denken: Mit der Verkürzung unserer Aufzeichnungspraktiken und Schreibspiele geht dann also eine Verkürzung unserer Gedanken einher. Wenn Schreiben Problemlösen ist, dann werden die Probleme größer, wenn die Texte kürzer werden. Im Übrigen wird unser Denken mit dieser Verkürzung nicht weniger komplex, sondern im Gegenteil: Die Tendenz zur Verkürzung beinhaltet auch den Trend zur Verkomplizierung oder Überkomplexität. Denn aus den wenigen langen, aber in sich kohärenten Schreibspielen werden die vielen kurzen und in sich nicht kohärenten Schreibspiele, die mit einer Vielzahl von Knoten und Links miteinander verknüpft werden müssen. Die Zahl der potenziellen Verknüpfungen steigt dabei exponentiell mit der Zahl der Elemente.

In der Medien- und Kommunikationswissenschaft erfreut sich der Begriff der Komplexität ja außerordentlicher Beliebtheit, vor allem bei denjenigen Vertreterinnen der Disziplin, die Fans oder Anhänger der Systemtheorie Niklas Luhmann'scher

Prägung sind. Man darf dabei aber andererseits nicht verkennen, dass, gerade was die neue Praxis des Notizzettels im Digizän angeht, vielleicht auch eine Tendenz zur Unterkomplexität vorliegt. Das weiße, gelbliche oder gräuliche Blatt, das unbeschrieben bleibt, weil einem gerade eigentlich gar nichts einfällt, ist das extremste Beispiel für Unterkomplexität. Man muss außerdem die Komplexität des Verfahrens von der Komplexität des Inhalts unterscheiden (auch wenn es hier von Fall zu Fall einen engen Zusammenhang gibt). Und schließlich ist durch den Übergang der Notierpraxis in die digitale Welt die Wahrscheinlichkeit der Unterkomplexität sogar noch gestiegen, gerade was jene Geräte angeht, die heute wie Platzhalter unserer guten alten Notizhefte als Notebooks bezeichnet werden. Was ist schließlich ein einzelnes leeres weißes Blatt gegen eine leere Festplatte im Giga- und Terabyte-Bereich!?

Darüber könnte man mal etwas schreiben ...

Der Zettel im Kasten

Die Basis einer gesunden Ordnung ist ein großer Papierkorb.
(Kurt Tucholsky)

Zettel's Albtraum

Am 7. September 1955 bekommt der Essener Verleger Ernst Krawehl per Post ein Paket zugesandt. Darin findet sich ein Zettelkasten, den Krawehls Autor Arno Schmidt selbst gebastelt hatte. Neun Zentimeter hoch, 10,8 Zentimeter breit, 9,7 Zentimeter tief ist die Pappkiste, darin befinden sich 620 kleine Zettel im Format 5,2 mal 7,5 Zentimeter sowie 18 etwas größere gefalzte Zettel, die ungefähr Din-A5-Größe haben. Es handelt sich um den Zettelkasten mit den Vorarbeiten zu Arno Schmidts Kurzroman *Seelandschaft mit Pocahontas*. Die nicht sehr umfangreiche Geschichte um eine Landpartie an den Dümmer See im norddeutschen Tiefland inklusive erotischer Kapriolen geht auf eine reale Reise Schmidts mit seiner Frau Alice zurück, die das Ehepaar auch fotografisch dokumentiert hat. Insbesondere die erotische Komponente des Texts soll zu Unstimmigkeiten mit dem Rowohlt Verlag und seinem Verleger, Heinrich Maria Ledig-Rowohlt, und letztlich zur Vertragsauflösung geführt haben. So landeten der Autor und sein Manuskript beim Stahlberg Verlag von Ernst Krawehl, der den in mehrfacher Hinsicht schwierigen Schriftsteller von diesem Zeitpunkt an auch als Lektor betreuen sollte.

Seelandschaft mit Pocahontas ist der erste Roman von Arno Schmidt, von dem der Zettelkasten mit den kleinen Notizzetteln vollständig erhalten ist. Das Verfahren, seine literarischen Texte

Zettel's Albtraum

Abb. 17: Zettelkasten zu *Seelandschaft mit Pocahontas* aus dem Nachlass Ernst Krawehls

aus Karteikarten und Zettelkästen zu generieren, hatte Arno Schmidt freilich schon vorher entwickelt. Schon die Romane *Kosmas*, *Das Steinerne Herz* und *Tina oder Über die Unsterblichkeit* wurden aus dem Zettelkasten geboren, was an jenen Zetteln zu sehen ist, die Schmidt während der Niederschrift direkt ins Manuskript geklebt hatte. Mit der Klebetechnik wollte sich Schmidt vor allem die Mühe des Abschreibens ersparen. So erklärt sich auch seine Äußerung, die Niederschrift eines Romans sei »eine langweilige Arbeit«, denn er kenne seine Bücher schon vor der Niederschrift.[1] Diejenigen Zettel, die Schmidt nicht mittels Einkleben ins Manuskript erhalten hat, sind von ihm offenbar weggeschmissen worden.

Am Umgang mit Zetteln und Zettelkästen lässt sich viel über die schriftstellerische Arbeit Arno Schmidts, sein spezifisches Schreibspiel, erfahren: *Goethe und einer seiner Bewunderer* ist der erste erzählerische Text, den der Autor, wie dann in der

Folgezeit auch alle weiteren, nicht mehr mit der Hand geschrieben, sondern direkt in die Schreibmaschine getippt hat. Auch auf solche Typoskriptblätter hat er Zettel geklebt, aber nicht in den Textverlauf, sondern an den Seitenrand. Handschriftliche Zettel auf maschinengeschriebene Blätter zu kleben war aber offenbar nicht sehr praktikabel. Im Typoskript der ersten Niederschrift von *Gelehrtenrepublik* finden sich darum lediglich vier Zettel, in dem von *Kaff auch Mare Crisium* fünf, in dem der Erzählungen unter dem Titel *Kühe in Halbtrauer* gar keine. Das Typoskript von *Wasserstraße* trägt den handschriftlichen Vermerk »450 Zettel!«.[2] Das Ausrufezeichen soll wohl zum Ausdruck bringen, dass Schmidt diese Zahl angesichts einer nur fünfundzwanzigseitigen Reinschrift sehr hoch erschien. Keiner der Zettel hat sich erhalten. Auch die Zettel zu *Caliban über Setebos* hatte Arno Schmidt nach ihrer Auswertung zerknüllt und dem Papierkorb überantwortet. Seine Frau jedoch rettete die Zettel, immerhin 1034 Stück, und hob den gesamten Bestand in einer prall gefüllten durchsichtigen Plastiktüte auf. Wegen ihres Aussehens wurde diese Archivalie im Schmidt'schen Familienjargon fortan »das Gehirn« genannt.[3] Beim Typoskript zu *Caliban* fand sich außerdem ein Pappstreifen, der durch eine Plastikhülle geschützt war und auf den Schmidt jene Ordnungskarten geklebt hat, die im Zettelkasten das Zettelmaterial trennten. Auf die Reiter dieser Ordnungskarten sind stichwortartig die auf sie folgenden Szenen getippt. Dieser Vorgang des Ordnens stellte offenbar nach dem Verzetteln den nächsten Arbeitsschritt dar. Man kann aus den Aufschriften dieser Karten ablesen, dass der Autor auch noch zu relativ spätem Zeitpunkt wichtige Veränderungen am Handlungsablauf der Erzählung vorgenommen hat. Bei den Zetteln zu *Seelandschaft mit Pocahontas* finden sich längere ausformulierte Textpassagen. Nicht so bei den Zetteln zu der 1964 erschienenen Erzählung *Caliban*, hier wurden nur noch Einzelbeobachtungen, knappe Redewendungen, Stichworte, Satzteile und Zitate auf die Zettel notiert. Bernd Rauschenbach nennt den einen Typ »Text-Zettel« und den anderen »Notiz-Zettel«, wobei es auch Zettelsammlungen von Schmidt gibt, die beide Typen enthalten.[4]

Seelandschaft mit Pocahontas ist als literarischer Text in mehrfacher Hinsicht ein Medienverbund. Nicht nur dass er aus unterschiedlichen Textschichten und Schreibmaterialien buchstäblich zusammengebastelt worden ist. Die Erzählung ist auch als »Fotoalbum« konzipiert. Auch wenn sich tatsächlich Fotos vom Dümmer-Urlaub der Schmidts erhalten haben, sind aber nicht diese gemeint. Ein »Foto« ist für Arno Schmidt ein sprachliches Erinnerungsbild, das jedem der 18 Kapitel vorangestellt ist, wobei diese Fotos nicht nur optisch codiert sind, sondern auch akustische Erinnerungen in schriftlicher Form enthalten können. An diese Fotos schließt sich dann die eigentliche Handlung des Kurzromans in Form eines inneren Monologs des Ich-Erzählers oder auch kurzer Dialoge an, und dies in Schmidts ganz eigener, idiosynkratischer Diktion, die von den Regeln der damals herrschenden Duden-Rechtschreibung weitgehend abstrahiert und ihm von seinem Rowohlt-Lektor Wolfang Weyrauch als »radikale Onanie« ausgelegt wurde.[5] Die »Fotoalbum«-Technik hängt aber auch mit dem spezifischen Notierspiel Schmidts zusammen. Die Entwürfe für diese »Fotos« schrieb der Autor nämlich auf größere Zettel, die er jeweils in der Mitte einmal faltete und die dann als Umschläge für jene kleineren Notizzettel dienten, aus denen Schmidt den eigentlichen Text zusammenpuzzelte. Für den ersten Entwurf des Textes tippte Schmidt sodann die »Fotos« auf das obere Drittel eines Blatts, die handschriftliche Reinschrift des aus den Zetteln generierten Fließtexts klebte er darunter, erzeugte also ein »Typo-Manuskript«.

In seinem Aufsatz »Berechnungen 1« hat Arno Schmidt dieses Verfahren reflektiert. Schmidt unterstreicht darin, dass die

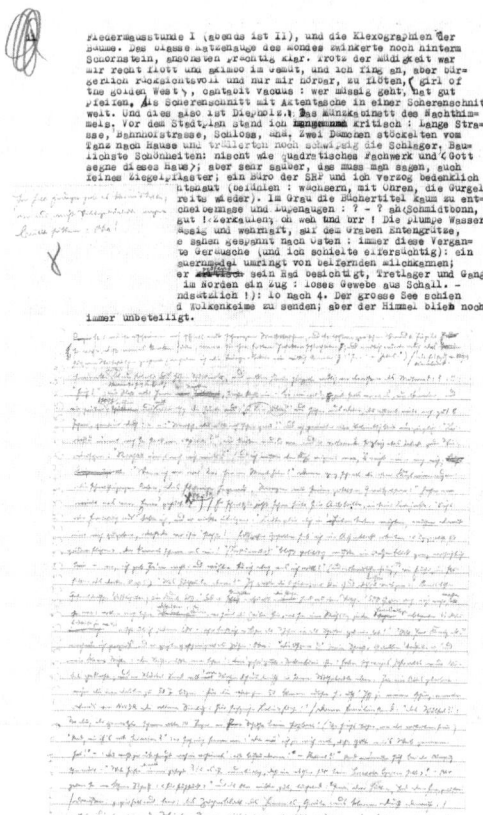

Abb. 18: Typoskript mit dem aus Zetteln generierten
Manuskript zu *Seelandschaft mit Pocahontas*

literarische Arbeit und seine spezielle Arbeitsweise des Notierspiels ein Ausdruck seiner »Gehirnstruktur« sei und dass dieses besondere Verfahren, im Schreibspiel fotografische und diskursive Erinnerungen hervorzurufen, sein eigenes Denken mit dem der Leserinnen synchronisieren solle:

»Ausgangspunkt für die Berechnung der ersten dieser neuen Prosaformen war die Besinnung auf den Prozeß des ›Sich= Erinnerns‹: man erinnere sich eines beliebigen kleineren Erlebniskomplexes, sei es ›Volksschule‹, ›alte Sommerreise‹ – immer erscheinen zunächst, zeitrafferisch, einzelne sehr helle Bilder (meine Kurzbezeichnung: ›Fotos‹), um die herum sich dann im weiteren Verlauf der ›Erinnerung‹ ergänzend erläuternde Kleinbruchstücke (›Texte‹) stellen: ein solches Gemisch von ›Foto=Text=Einheiten‹ ist schließlich das Endergebnis jedes bewußten Erinnerungsversuches. [...]
Dieser Erinnerungsprozeß, eine der anhaftenden Eigentümlichkeiten unserer Gehirnstruktur [...] wurde bewußt zum Ausgangspunkt einer ersten praktischen Versuchsreihe gemacht, die einerseits das Kristallgitter der betreffenden ›Erinnerung‹ sichtbar lassen, zugleich aber auch ungeschwächt die Bildintensität ›von damals‹ vermitteln sollte: im Leser würde theoretisch solchermaßen zwangsweise die Illusion eigener Erinnerung suggestiv erzeugt werden!«[6]

Das Schreibspiel, das Texte aus Zettelkästen generiert, scheint auch zur Beschleunigung der schriftstellerischen Arbeit Arno Schmidts beigetragen zu haben. Von den ersten Erwähnungen der Arbeit im Tagebuch seiner Ehefrau Alice Schmidt (»Sonnabend, 13.6.[1953]: A. hat im Morgengrauen schon Notizen gemacht: ›Die werden ja immer wunderbarer.‹ sagt er mir nur [sic!]. Nun hat er [...] schon 2 Umschläge mit Notizen gemacht«)[7] bis zur Fertigstellung »im 1. Guß« am 18.8.1953 sind gerade mal etwa zwei Monate vergangen. Schmidt selbst muss das neue Verfahren so bemerkenswert vorgekommen sein, dass er beschließt, erstmals die Notizzettel aufzuheben, und Alice Schmidt muss dies eigens im Tagebuch erwähnen: »A. hebt diesmal mal das ganze Zettelchenmaterial in winzigem Päckel als Ur=MS [Manuskript] auf. Good!«[8]

Seit *Seelandschaft mit Pocahontas* arbeitet Arno Schmidt konsequent mit Zettelkästen. Kam dieses Projekt noch mit insgesamt 638 Zetteln aus, die bequem in das selbstgebaute Kästchen passten, so waren es schließlich bei seinem letzten fertiggestellten Werk, *Abend mit Goldrand*, 25 000 Zettel, die in einer großformatigen Kiste aufgehoben wurden, und beim Romanfragment *Julia, oder die Gemälde* 30 000 Zettel, die in einem Kasten mit vier Zetteltrögen steckten.

Die ultimative Zettelwirtschaft aber herrschte bei jenem Großwerk der Schreibmaschinenära, das den Zettel schon im Namen trägt und, schon was Umfang und Gewicht der gedruckten Ausgabe angeht, als Schmidts *opus magnum* bezeichnet werden darf: *Zettel's Traum*. Der Text breitet sich auf 1334 Typoskriptseiten in drei, manchmal vier Textspalten aus, durchwirkt von Zeichnungen, Collage-Elementen, fremdsprachigen Zitaten, handschriftlichen Einfügungen, Durchstreichungen und Schwärzungen, und konnte lange Zeit ausschließlich als faksimiliertes Typoskript im Din-A3-Format publiziert werden: Für Leser eher Zettel's Albtraum als *Zettel's Traum*. Formal hat sich Schmidt mit diesem Werk offensichtlich an die Sprachexperimente von James Joyce angelehnt und hier insbesondere dessen als »unlesbar« betrachtetes Spätwerk *Finnegans Wake*, auf den und auf das Schmidt vielfach – wenn auch häufig kritisch – Bezug nimmt und dessen Übersetzung er plante. Anders als Joyce in *Finnegans Wake* scheint Schmidt immerhin in *Zettel's Traum* noch eine Art Geschichte zu erzählen. Sie spielt an einem Sommerabend des Jahres 1968 in einem Dorf mit dem bezeichnenden Namen Ödingen in der Celler Ostheide. Dort war auch der Autor Arno Schmidt selbst mittlerweile zu Hause, denn nach vielen Umzügen waren er und seine Frau Alice in einem kleinen Haus am Rand des Dorfs Bargfeld in der Heide gelandet, wo sie in ihrer selbstgewählten Eremitage nahe dem Existenzminimum einzig der Literatur lebten (bis der Zigarettenerbe Jan Philipp

Reemtsma den Schriftsteller mit einer äußerst großzügigen Spende bedachte – einem »privaten Literaturnobelpreis«).[9] Der Roman umspannt erzählerisch nur eine einzige Nacht, von vier Uhr nachmittags bis zum nächsten Morgen. Bei Schmidts Alter Ego, dem Ich-Erzähler Daniel Pagenstecher, sind das Übersetzerehepaar Paul und Wilma Jakobi sowie deren Tochter Franziska zu Besuch. In langen Gesprächen geht es um Edgar Alan Poe, dessen Werk Arno Schmidt zusammen mit Hans Wollschläger übersetzt hatte und das durch eine psychoanalytische Brille seziert wird. Wichtig für diese Poe-Exegese wird Schmidts eigene sogenannte Etym-Theorie, die er seit 1960 für sich aus dem Werk Sigmund Freuds destilliert hatte. Dieser Theorie zufolge findet das Freud'sche Es, das Unbewusste, seinen Ausdruck nicht nur in Bildsymbolik, sondern vor allem auch sprachlich in einem »eigenen Schalks≠Esperanto« aus Wortspielen, Assoziationen, Assonanzen und Amphibolien, die neben der manifesten Bedeutung der Ausdrücke vor allem ihren in der Regel sexuellen Nebensinn zur Sprache bringen sollen. In *Zettel's Traum* heißt es dazu:

> »Ich möchte nun diese neuen, wortähnlichen Gebilde – die sowohlerzogen der scheinbaren Präzision der Normalsprache dienen; als auch den fehllustig=doppelzüngelnden Amfibolien der ›Hinter‹-Gedanken – ›ETYMS‹ heißen: der obere Teil des Unbewußten: spricht ›Etym‹.«[10]

Dass sich Arno Schmidt solcher »Etyms« selbst in nicht enden wollenden Wortspielkaskaden bedient und damit seinem Text auch viele weitere, zumeist erotische Subtexte verleiht, liegt auf der Hand. Es lässt sich bereits am Titel des Werks verdeutlichen. *Zettel's Traum* bezieht sich natürlich einerseits auf die Arbeitsweise des Autors, der den Roman aus dem Zettelkasten schafft. Andererseits stellt Schmidt dem Buch einen Mottotext voran.

Es handelt sich um einen Ausschnitt aus der Verwirr- und Verwandlungskomödie *Ein Sommernachtstraum* des von Schmidt sehr verehrten William Shakespeare:

> »Ich habe ein äußerst rares Gesicht gehabt. Ich hatt 'nen Traum – 's geht über Menschenwitz zu sagen, was es für ein Traum war. Der Mensch ist nur ein Esel, wenn er sich einfallen läßt, diesen Traum auszulegen. Mir war, als wär' ich – kein Menschenkind kann sagen, was. Mir war, als wär' ich, und mir war, als hätt' ich – aber der Mensch ist nur ein lumpiger Hanswurst, wenn er sich unterfängt, zu sagen, was mir war, als hätt' ich's: des Menschen Auge hat's nicht gehört, des Menschen Ohr hat's nicht gesehen; des Menschen Hand kann's nicht schmecken, seine Zunge kann's nicht begreifen, und sein Herz nicht wieder sagen, was mein Traum war.«

In dieser Nebenhandlung des Shakespeare'schen Stücks geht es um eine Laienschauspielgruppe aus lauter Arbeitern und Handwerkern, die von einem Peter Squenz angeführt wird. Der hier spricht, heißt bei Shakespeare »Nick Bottom«. In der Schlegel-Übersetzung des englischen Theaterstücks wird der Mann aber »Zettel« genannt, was Schmidt seinen Rezipienten jedoch gar nicht mitteilt. Er lässt auch die nun bei Shakespeare folgende Passage weg, obwohl doch eigentlich *die* erst den Titel von Arno Schmidts Werk explizit erklären würde:

> »Ich will den Peter Squenz dazu kriegen, mir von diesem Traum eine Ballade zu schreiben; sie soll Zettels Traum heißen, weil sie so seltsam angezettelt ist, und ich will sie gegen das Ende des Stücks vor dem Herzoge singen. Vielleicht, um sie noch anmutiger zu machen, werde ich sie nach dem Tode singen.«[11]

Schlegel rekurriert mit seiner Übersetzung von »Bottom« als »Zettel« auf die alte Bedeutung aus der Webersprache, da Nick Bottom auch selbst von Beruf Weber ist. »Bottom« kann nämlich im Englischen auch Webrahmen bedeuten, »bottom coil« im Englischen ist die Weberspule. Schlegel nutzt zugleich die Polysemie von Zettel, wenn er mit dem Wortfeld Zettel in dem Ausdruck »so seltsam angezettelt« fortfährt. Andererseits lässt Schlegel sich die ganz andere und drallere, »etymische« Doppelbödigkeit des Shakespeare-English in seiner deutschen Übersetzung, womöglich *ad usum delphini,* entgehen. Denn »bottom« in der Bedeutung von Boden oder Unterseite bezieht sich nicht nur im übertragenen Sinn auf die niedrige Herkunft und den niedrigen gesellschaftlichen Rang des Handwerkers. »Bottom« hat auch, Arno Schmidt würde sagen: als »Etym«, eine sexuelle oder fäkale Assoziation in der Bedeutung von »Hintern« oder »Arsch«. Aus der etymischen Doppelbödigkeit wird schnell bei Shakespeare in buchstäblichem Sinne eine Bodenlosigkeit: »It shall be called Bottom's Dream, because it hath no bottom« – es soll Bottom's Traum heißen, denn es hat kein Hinterteil. Die rektale Bedeutungsebene wird auch mit der Metamorphose der Figur Nick Bottom in einen Esel weitergeführt. Das englische »ass« für Esel (aus dem Lateinischen »asinus«) ist ebenfalls schon seit dem Mittelenglischen auch als Arsch (lateinisch »ars«) nachgewiesen. Als Bottom zum ersten Mal mit Eselkopf auftritt, ruft Regisseur Peter Squenz (im Original: Peter Quince) denn auch aus:

»Bless thee, Bottom! Bless thee!
Thou are translated!
[wörtlich] Gesegnet seist du, Bottom! Gesegnet!
Du bist übersetzt.« (III,1)[12]

Der Weber Bottom, der in einen Esel verwandelt wird, kann also auch das Hinterteil der Gesellschaft sein, das sich in einen Arsch transformiert sieht. Der Traum, den ein solcherart verwandelter Weber hat, wird vermutlich kein süßer sein, sondern ein bodenloser, ein Sturz- oder Falltraum, eine Vision des Niedergangs. Ungemein beziehungsreich ist nicht nur der Text, den Arno Schmidt seinem Werk voranstellt, sondern zu allem Überfluss auch jener Text, den er bei seinem Zitat fortlässt. Mit *Zettel's Traum* ist die Literatur am Gipfel der Bodenlosigkeit angekommen, man könnte auch sagen: am Arsch.

Das »etymische« Verfahren, die sprachliche Fehlleistung zur Hauptleistung zu machen, wird damit als Programm schon im Motto gleichzeitig ausgedrückt und nicht ausgedrückt: »des Menschen Auge hat's nicht gehört, des Menschen Ohr hat's nicht gesehen«. Arno Schmidt gelingt das Kunststück, nicht nur Kommunikanten ohne Kommunikat zu schaffen, sondern auch Kommunikate ohne Kommunikant. Kommunikanten ohne Kommunikate sind all die Zettel aus seinen Zettelkästen, die keine Aufnahme in seine literarischen Texte fanden. Im achten Zettelkasten zu *Zettel's Traum* gibt es eine eigene Abteilung »unbenutzte Notizen«, deren Zettel knapp die Hälfte dieses Kastens ausmachen. Auch im Kasten von *Abend mit Goldrand* existiert eine Ordnungskarte mit der Aufschrift »Zurück=Bleibendes«. Sogar im gar nicht vollends durchgearbeiteten Kasten zum Fragment *Julia* gibt es bereits eine mit Zetteln gefüllte Abteilung, die »Unbrauchbares, etc.« heißt. Neben denjenigen Zettelkästen im Bargfelder Arno-Schmidt-Archiv, die bestimmten Werken zugeordnet werden können, gibt es zwei Kisten (eine Zigarrenkiste und eine Holzkiste mit ähnlichem Format), die von Schmidt als allgemeine Zettelkästen genutzt wurden. Darin befinden sich Notizzettel zum Beispiel mit autobiographischen Notizen, ein Abteil »Gelehrte Einzelheiten«, Zettel zu *Finnegans Wake*, Stanislaus Joyce, Karl May und vielen weiteren Themen

Abb. 18b: Original-Typoskript-Seite a *Zettel's Traum*

sowie zu einigen ungeschriebenen Werken: »Es ist meine Art, viele […] Zettel zu sammeln – dann sorgfältig genau hintereinander zu passen zu montieren – und dann das Buch zu schreiben«.[13] Aber zu Kommunikanten ohne Kommunikat werden die Zettel nicht nur, weil einige von ihnen keine Verwendung finden werden. Die Zettel selbst werden ja nicht kommuniziert, sondern ihr Inhalt wird – ganz, teilweise, wer weiß? – in einen anderen, neuen Text eingepasst, hinter dem der ursprüngliche Zettel verschwindet. Das Verzetteln ist kein Akt der Kommunikation, nur daraus später ein literarisches oder anderes Buch zu machen und zu publizieren ist ein solcher kommunikativer Akt.

Auch in der literarischen Veröffentlichung selbst finden sich bei Schmidt Kommunikanten ohne Kommunikate. *Zettel's Traum* ist zum Beispiel reich an Verschlüsselungen, wie wir sie aus anderen Notizbüchern bereits kennen, hauptsächlich durch einfache Buchstabenzuweisungen: Ein großes X wird für Geschlechtsverkehr notiert, sinnigerweise ein kleines x für Selbstbefriedigung, ein Ø für die weibliche Scham. Arno Schmidt behauptet in seiner Nachbemerkung zu *Zettel's Traum*, es sei ihm hauptsächlich um »Vereinfachungen« gegangen, um »SchreibRaum zu gewinnen«, was angesichts eines über 1400 Seiten starken Werks, bei dem der Autor offensichtlich mit Schreibraum nicht gegeizt hat, nicht ganz nachvollziehbar ist. Schon eher plausibel scheint, allzu Explizites nicht in den Romantext aufzunehmen, sondern durch die Abkürzungen zu chiffrieren, gerade in Anbetracht der Querelen rund um die Explizitheit von *Seelandschaft mit Pocahontas*, die ihm immerhin eine Anklage wegen Gotteslästerung einbrachten und ihn kurzzeitig überlegen ließen, ins Ausland überzusiedeln. Die Etym-Theorie schließlich, die in *Zettel's Traum* in mehrfacher Hinsicht breiten Raum einnimmt, ist ja grundsätzlich eine Theorie der geheimen Botschaft, deren Schreibspiele beinahe in eine private Sprache münden können, wie es im Text selbst ausgedrückt wird:

> »1 süß=thematischer Tip noch: bei all diesen ›Dietrichen‹, diesen Nachschlüssel=Worten zu Sere=Privatem; müßt Ihr

prinzipiell unterscheiden zwischen *allgemeinmenschlich*=verbindlichem; und den *subjektiv*=erworbenen, nur für diesen 1 Verfasser gültigen, Etyms.«[14]

Dazu kommt aber eine Verschlüsselung ganz anderer Art, die eine Hermetik des Textes durch schiere Bedeutungsüberladung herstellt. Ein bisschen erinnert dieses Verfahren an die von Schmidts großem Vorbild Edgar Allan Poe erzählte Verheimlichungstechnik in *The purloined letter*. In dieser Erzählung schützt jemand einen inkriminablen Brief bei einer polizeilichen Hausdurchsuchung einfach dadurch, dass er ihn offen auf dem Schreibtisch liegen lässt. Die Polizisten suchen nach besonders exquisiten Verstecken und kommen darum nicht auf das so Naheliegende wie Offensichtliche. Schmidts Verfahren ist ähnlich, denn der Text von *Zettel's Traum* breitet sich ja offen aus, die Verstehensschwierigkeiten kommen eher daher, dass die Rezipientin zu viel Botschaft geboten bekommt, um alles verstehen zu können. Man könnte darum Schmidts Technik als Verschlüsselung durch Bedeutung bezeichnen. Gipfelpunkt der Kommunikationsverweigerung ist dann, bedeutungstragenden Text nicht mitzuteilen, wie es Arno Schmidt nicht nur im Motto zu *Zettel's Traum* macht. Der Anspielungsreichtum quer durch die Literaturgeschichte ist so immens groß, dass zwangsläufig selbst der kundigen Leserin der ein oder andere Querverweis entgeht oder fehlen muss. Und selbst wenn man sie alle nachvollzöge, wüsste man doch nicht, ob damit die eigentliche Bedeutung oder irgendeine »etymische« oder sonstige Nebenbedeutung konstituiert werden sollte. Dieses Verfahren könnte man Verschlüsselung durch Nicht-Mitteilung nennen, die wirksamste Form von Chiffrierung, wie schon Lichtenberg wusste.

Arno Schmidt schließt mit seinen Verzettelungen an eine bibliographische Arbeitstechnik an, die schon sehr viel älter ist.

Der Zettelkasten verknüpft die Welt der Literatur mit der Welt des Büros. Wie der Zettelkasten sich seit dem Beginn des Typozäns entwickelt hat, ist eine ganz eigene Geschichte.

Zettel Kisten Exzerpte

Man kann sich bei diesem Themenkomplex schnell selbst verzetteln: Das »Verzetteln« selbst hat nämlich mit den papiernen Zetteln und den hölzernen Zettelkästen eher wenig zu tun. Ausweislich der etymologischen Studien der Brüder Grimm und des Rheinischen Wörterbuchs stammt das Wort verzetteln nicht von dem losen Stück Papier, das sich wiederum vom lateinischen *cedula* ableitet, sondern, wie der Shakespeare übersetzende Schlegel noch wusste, aus der Fachsprache der Weberei. Als Zettel werden dort die Kettfäden bezeichnet, die in Längsrichtung im Webstuhl aufgespannt werden. Wer sich verzettelt, der hat im wahrsten Sinne des Wortes den Faden verloren. Die schon beinahe ans Wunderbare heranreichende Verkettung des Weberzettels mit der Textur, dem Gewebe der Texte, legt es nahe, sich an dieser Stelle auch selbst ein bisschen in und mit der Geschichte der Zettelkästen zu verzetteln.

Der Zettelkasten ist mehr als nur ein technisches Medium, er stellt ein geistiges Ordnungsprinzip dar. Er verspricht Übersicht über den Wirrwarr der Informationsflut, Orientierung im Dickicht des Bücherdschungels, und er gibt Antwort auf eine der elementaren Menschheitsfragen: Wo stand das noch mal? Es gibt darum gewisse Gründe zu sagen, dass die Erfindung der Schrift gleichen Ursprungs ist mit der Erfindung des Zettelkastens. Im Zweistromland vor mehr als 5000 Jahren musste alles Geschriebene auf »Zettel« passen. Dort drückten Sumerer abstrakte Ideogramme in Tonscherben. Auch um Ordnung zu schaffen: in Ernten, in die Abfolgen von Hochwasser, in Steuerangelegenheiten, auch in den unübersichtlichen Götterhimmel. Wer schreibt, der strukturiert. Die sumerische Keilschrift zeigt aber auch, dass das Ordnungsprinzip, das der Zettelkasten schaffen will, von Anfang an bedroht ist. Der Assyrologe Carl Bezold prägte das Wort von der »schrecklichen Keilschrift«, der Altphilologe Ernst Doblhofer spricht geradewegs von »Tohuwabohu«.[15] Denn die Prinzipien der sprachlichen Ordnung wurden in dieser frühen Schrift ständig geändert, ein und dasselbe Zeichen konnte für grundverschiedene Silbenwerte stehen, und was gemeint war, kann man letztlich nur raten. Wer sich mit mesopotamischen Keilschriften beschäftigt, muss sich also zwangsläufig, tja: verzetteln.

Wer nach den direkten Vorfahren des Zettelkastens fragen will, der muss es in der Kiste rappeln lassen. Die klösterliche Buchkultur des Mittelalters passte nämlich in eine ebensolche, die Bücher-Arche. Bevor man den Manuskripten eigene Klosterzellen einräumte, lagerte man sie in eisenbeschlagenen Truhen, die man auch »Tresekammern« nannte, vom lateinischen Wort Thesaurus für Schatzkammer. Unser Begriff »Wortschatz« leitet sich noch von dort her.[16]

Erst als die Zahl der Bücher so groß wurde, dass sie nicht mehr alle in die Kiste passten, wandelte der Container die Funktion. Von nun an wanderte nicht mehr die Information in den Kasten, sondern nur noch die Meta-Information, nämlich der Auszug, das Exzerpt, die Bibliographie. Bücherflut als Informationsflut war eine verbreitete Klage seit der Renaissance, vor allem nach der Erfindung des Buchdrucks im 15. Jahrhundert. »Wenig kunst und buecher viel / das ist der narren freuden spil«, heißt es in einer Augsburger Übersetzung von Petrarcas *De remediis utriusque fortunae*, dem *Glücksbuch*.[17] Mit einem Mal standen so viele gedruckte Bücher zur Verfügung, dass kein Mensch sie mehr lesen konnte. Wirklich keiner? Doch, ein unbeugsamer Gelehrter machte sich an das wagemutige Projekt, alle Bücher seiner Zeit zu lesen und auf einen Nenner zu bringen. Seine Name war Conrad Gesner (1516–1565), der Prototyp des Universalgelehrten, des Polyhistors. Gesners *Bibliotheca Universalis*, die zwischen 1545 und 1548 in zwei Foliobänden mit jeweils über 1000 Seiten erschien, wollte nichts weniger als alle Bücher verzeichnen, die seit Gutenberg erschienen waren. Ganz nebenbei entwickelte Gesner auch die erste systematische Methodik des Exzerpierens, womit er nichts Geringeres leistete, als die Wissensproduktion in einen Festspeicher (Read-only-memory = ROM) und einen flüchtigen Speicher (Random-access-memory = RAM) aufzuteilen. Der Festspeicher, also die Universalbibliothek, war im frühneuzeitlichen *information overload* aufgrund seiner Unüberschaubarkeit kein probates Arbeitsmittel mehr. Der Gelehrte griff für die »Komposition und Disposition von Texten« (Zedelmaier) als gängige Praxis der Wissensproduktion bis weit ins 19. Jahrhundert nunmehr nur noch auf den flüchtigen Speicher der Exzerptsammlungen zurück, die die *loci communes* enthielten: die »Gemeinplätze«, die auch für uns heute noch sprichwörtlich sind.[18] Für diese Prozedur schlug Gesner einen Algorithmus vor, der auch als Gründungsakt des Verzettelns und des Zettelkastens gelten kann:

a. Schreibe alles Wichtige zur Weiterverwendung auf ein einseitig zu beschreibendes Blatt;
b. Widme jedem neuen Gedanken eine neue Zeile;
c. Zerschneide alle Exzerpte mit einer Schere;
d. Untergliedere die Teile nach inhaltlichen Aspekten neu;
e. Ist die gewünschte neue Ordnung hergestellt, fixiere sie!

Der letzte Schritt der Fixierung erfolgte noch mittels des althergebrachten Mediums, die Notizen wurden in das sogenannte

Zettelbuch geklebt. Gesner selbst nannte diese Sammlungen auch »chartaceos libros«, also Karteibücher. Der Ordnungsbegriff, der hiermit etabliert wird, ist aber nur noch ein vager, denn das Zettelbuch ist jederzeit derangierbar, damit der Informationsflut Rechnung getragen und ständig neue Einträge hinzugefügt werden können – ein dekonstruktives, um nicht zu sagen: dekonstruktivistisches Verfahren. »Du weißt, wie leicht es ist, Fakten zu sammeln, und wie schwer, sie zu ordnen«, schrieb der Basler Gelehrte Caspar Wolf, der Herausgeber der Werke Gesners.[19]

Exzerpieranleitungen wurden im 17. und 18. Jahrhundert zu den wichtigsten Ratgebern in Sachen wissenschaftlichen Arbeitens, da doch »keiner der Zeit hat / alle und jede Bücher zu durchlesen / welche sonderlich keine Schulbücher sind / und nur zu dem nachschlagen dienen«, wie der fränkische Barockdichter Georg Philipp Harsdörffer feststellte.[20] Der Jesuit Francesco Sacchini entwickelte mit seiner Schrift *De ratione libros cum profectu legendi libellus* (1614) Gesners Zettelwirtschaft entscheidend weiter, indem er beim Exzerpieren ähnlich wie viele Notizbuchschreiberinnen sich einer haushalterischen Methodik bediente und eine Art doppelte Buchhaltung vorschlug. Der jesuitische Algorithmus sah so aus:

a. Trage in das erste Buch ohne jede Ordnung alles ein, was einem während des Lesens bemerkenswert erschien;

b. Im zweiten Buch ordne dieses Material bestimmten Sachthemen zu!

Der deutsche Gelehrte Vincent Placcius unternimmt anno 1689 den Versuch einer Inventur aller damaligen Methoden der Wissensorganisation und Wissensverwaltung: *De arte excerpendi. Vom gelehrten Buchhalten liber singularis*. Darin enthalten ist auch eine etwas kryptische Schrift eines anonymen Verfassers des Titels *De scrinio litterato. Über den gelehrten Kasten.* Es geht darin um die

> »Vorstellung eines Kastens oder Aufbewahrungsortes für gelehrte Studien, eine Methode, mit deren Hilfe alles Gelesene, Gehörte und Gedachte leichter aufbewahrt und schneller wieder aufgefunden werden kann.«[21]

Der »gelehrte Kasten« wird in dieser Beschreibung sowohl aufs Mittelalter zurückweisend als »Arche« wie auch zukunftsweisend als »machina«, als Maschine, bezeichnet. Die Schrift enthält nicht nur eine illustrierte Bauanleitung für den Holzschrank, sondern auch detaillierte Angaben über die Größe der zu verwendenden Notizzettel (»chartae«). Die Wissensorganisation erfolgt nach dieser neuen Methodik (»novus modus«) in einem dreistufigen Algorithmus:

a. *Scribendi modus:* das Aufschreiben der Exzerpte auf Zettel
b. *Digerendi modus:* die Ordnung der Exzerpte
c. *Utendi modus:* das Wiederfinden der abgelegten Exzerpte.

Der Karteischrank muss in der damaligen wissenschaftlichen Welt für einige Furore gesorgt haben und kann vielleicht als »Start-up moderner Wissensmaschinen« bezeichnet werden.[22] Gottfried Wilhelm Leibniz, der nicht nur angesehener Mathematiker und Philosoph war, sondern auch Bibliothekar der Herzog August Bibliothek in Wolfenbüttel, soll sich ein solches Büchermöbel nach eigenen Vorstellungen bauen gelassen haben. Da Leibniz zugleich der Erfinder des binären Zahlensystems ist, das jeden Wert ausschließlich aus Einsen und Nullen darstellt, könnte man sagen, dass sich in seiner Studierstube zum ersten Mal Computercode und Zettelkasten begegnet sind.

Die große Zahl von Verzettelungsanweisungen in der Aufklärungszeit deutet darauf hin, dass nicht nur der *information overload* als problematisch empfunden wurde, sondern auch die neue Form der Wissensaneignung durch randomisierte oder stochastische Verfahren, wie sie ihren Ausdruck in frei disponiblen Ordnungssystemen mit losen Zetteln fanden. Gerade vor Loseblattsammlungen wurde darum immer wieder streng gewarnt. Frühneuzeitliche Wissenschaftsfolgenabschätzung hielt nur jenes Wissen für beherrschbar, das noch möglichst vollständig der *memoria*, also dem Gedächtnis, zur Verfügung stand. Gedächtnissplitter dieser Ideologie finden sich noch bei Karl Kraus:

»Wer schreibt, um Bildung zu zeigen, muß Gedächtnis haben; dann ist er bloß ein Esel. Wenn er die Fachwissenschaft oder den Zettelkasten benützt, ist er auch ein Schwindler.«[23]

Ein warnendes Beispiel von *memory overflow* als verfehlter polyhistorischer Wissensaneignung existierte in Person des Hamburger Gelehrten Joachim Jungius, der in der Mitte des 17. Jahrhunderts ein »Zettelkonglomerat von ca. 160 000 hochverdichteten Textelementen« gesammelt hat, ohne dass daraus je eine Publikation erwachsen wäre.[24] Dennoch weisen die diversen Exzerpierhandbücher darauf hin, dass schon auf dem einsamen Gipfelpunkt des Gutenberg-Zeitalters das Medium Buch eine ernste Konkurrenz durch relationale Aufschreibsysteme erfuhr. Das Buch ist nur noch Durchlauferhitzer für individuelle freie Wissenssysteme, wie es erst geraume Zeit später Walter Benjamin explizit (allerdings in Parenthese!) beschreibt:

»Und heute schon ist das Buch, wie die aktuelle wissenschaftliche Produktionsweise lehrt, eine veraltete Vermittlung zwischen zwei verschiedenen Kartotheksystemen. Denn alles

Wesentliche findet sich im Zettelkasten des Forschers, der's verfaßte, und der Gelehrte, der darin studiert, assimiliert es seiner eigenen Kartothek.«[25]

Benjamins Zugang zum Zettelkasten ist ein kritischer: Er sieht die Qualität der Schrift in Quantität umschlagen, wo sie an die »Machtansprüche eines chaotischen Betriebes in Wissenschaft und Wirtschaft gebunden« sei, ja, vermutet einen Funktionswechsel der Schrift, wo sie »immer tiefer in das [sic!] graphische Bereich ihrer neuen exzentrischen Bildlichkeit vorstößt«, kurz: Sie wird zum Trägermedium für Kommunikanten ohne Kommunikat.[26]

Der Universalitätsanspruch, der hinter enzyklopädischen Großprojekten wie dem Conrad Gesners als zeitlose »Ordnung der Ordnungen« (Zedelmaier)[27] steckte, war natürlich schon im Ansatz paradox. Hatte man einmal damit angefangen, den Erkenntnisprozess zu systematisieren, perpetuierte er sich zwangsläufig. Dazu zählten die Enzyklopädien auch selbst, die das Weltwissen vergrößerten, ohne sich selbst zu enthalten: Der Zettelkasten ist nicht Teil des Zettelkastens. Die Ordnung war darum schon gestört, kaum dass sie hergestellt war. Es ist gerade diese Entropie, die die Systematisierung des Erkenntnisprozesses so produktiv macht.

Unter Beweis gestellt hat diese Produktivität des Zettelsystems der schwäbische Rechtsgelehrte Johann Jacob Moser (1701–1785). Unter der Überschrift »Meine Art, Materialien zu künfftigen Schrifften zu sammlen« beschreibt er selbst den Algorithmus, mit dessen Hilfe er seine »Zettelkästgen« füllt:

    a. Stelle Zettel von der Größe eines halben Octav-Blattes her;

    b. Schreibe alles, was aus anderen Büchern künftig zu Diensten sein könnte, auf diese Zettel;

    c. Lasse vom Schreiner Holzkisten fertigen, die

jeweils zwei solcher Zettel nebeneinander fassen
können;
d. Die Länge sei 1 Schuh, sodass ca. 1000 Zettel in den
Kasten passen.[28]

Mosers Verzettelungstechnik ist ein nachdrücklicher Beleg dafür, wie man allein durch Umadressierung aus den Exzerpten alter Bücher neue machen kann. Seine auf über 500 Titel veranschlagte Publikationsliste hätte Moser nach eigenem Bekunden ohne das von ihm geschaffene Hilfsmittel nicht annähernd bewältigen können (»der ich ausser disem Hülffsmittel nicht im Stande gewesen wäre, nur die Helffte dessen, was ich in Druck gegeben, oder sonst verfertiget habe, auszuarbeiten«). Moser sieht in seiner Kunst der Verzettelung drei Vorteile. Erstens handelt es sich offenbar um eine schriftstellerische Produktivitätsmaschine, denn

»wann man etwas ausarbeiten oder sonst wissen solle, man entweder (wann etwas ganz exzerpiret ist,) die Materialien selbst, oder, wann die Blätter nur die Citation von Büchern enthalten, wenigstens die Stellen, wo man nachzuschlagen hat, beysammen in solcher Menge, und darunter so vile besondere oder wichtige Nachrichten antrifft, und in sehr kurzer das zu wissen nöthige erlernen kann, daß ausser dem auch einem, der den größten Fleiß und das glücklichste Gedächtniß, so dann alle Subsidien bey Handen hat, dennoch in langer Zeit kaum möglich, vilfältig aber schlechterdings ganz unmöglich wäre, das zusammen zu bringen, worzu ihme diese Zettelgen Gelegenheit geben, wann ihme auch Ehre, Haab und Gut, ja Leib und Leben, darauf stünde.«

Ferner ist diese Produktionsmaschine eine Vergessensmaschine, denn was Moser auf seine »Zettelgen« geschrieben hat, kann er wieder aus dem Gedächtnis verbannen, »weil man nicht alles im Kopf und Gedächtniß behalten kann«. Gerade durch diese Eigenschaft mutiert der Zettelkasten zum Zauberkasten, denn sein Besitzer und Anwender kann damit seine natürlichen schriftstellerischen Fähigkeiten ins Übernatürliche steigern. Das von Moser entwickelte Verfahren muss jedenfalls seinerzeit in seiner Modernität für enorme Verblüffung gesorgt und seinem Erfinder den Ruf eingetragen haben, über die buchstäblichen »magischen Kanäle« zu verfügen, die knapp zweihundert Jahre später Marshall McLuhan adressieren wird:

»Und ich habe es bloß meinen Zettelgen zu dancken, daß öffters Leute, welche lange Jahre in dieses oder jenes Hofes Diensten stunden, oder sich auf eine gewisse Materie gelegt hatten, manches in meinen Schrifften antrafen, das sie vor etwas geheimes hielten, oder nicht begreifen konnten, wie ich darzu gekommen seye, da ich ihnen doch hernach zeigte, daß ich es bloß aus gedruckten Nachrichten angemercket hatte.«

Drittens bietet der Zettelkasten gerade im Vergleich zu einem simplen Exzerptenbuch, in das man seine Notizen in fortlaufender Reihenfolge schreibt, den enormen Vorteil der exakten Adressierung und bietet damit eine Lösung für das jedem Notizbuch innewohnende Revisionsproblem. Durch Verschlagwortung und Sortierung kann auf einzelnen Zetteln eine Information wieder aufgefunden werden, die im klassischen Notizbuch in der Masse der Notizen und Gedanken untergeht:

»Häuffen sich die Collectaneen in einer Materie, so verursachen sie mir auf einzelnen Blättern keine Unordnung, sondern ich stecke die neu hinzukommende bloß in ihre gehörige Ordnung ein; wo hingegen, wann man Colectaneen-Bücher macht, und selbiger nicht ungemein vile haben will, in denen Special=Materien keine Ordnung leicht gehalten werden kann.«

Der Ordnungsbegriff selbst verwandelt sich bei Johann Jacob Moser durch das Zettelkastensystem. Denn Ordnung wird bei ihm nicht mehr als etwas Prästabilisiertes verstanden, sondern als hergestellte und damit veränderliche Struktur, der Speicherinhalt kann nicht nur modifiziert, sondern in seiner Totalität umadressiert werden – eine wirklich revolutionäre Idee:

»Will ich ein ganzes Werck, oder Haupt- oder Special-Materien umschmelzen, und in eine ganz andere Ordnung bringen, oder neue Capitel hinzu= oder alte Capitel heraus thun, kann es bey einzelnen Zettelgen mit geringer Mühe in kurzer Zeit bewerckstelliget werden.«

Für die schöne Literatur war es der Schriftsteller Jean Paul Richter, der Mosers Verfahren adaptierte und äußerst fruchtbar in immer neue Werke umsetzte. In seinem Idyll *Leben des Quintus Fixlein, aus funfzehn Zettelkästen gezogen: nebst einem Musteil und einigen Jus des tablette* erweist er dem schwäbischen Juristen auch ausdrücklich die Reverenz. In der »Geschichte meiner Vorrede« sowie im zweiten der »Zettelkästen« überschriebenen Kapitel erwähnt der Dichter einen »Herr[n] von Moser«, den »Gevatter und Vorläufer deiner Zettelkästen«, der »in seinem Leben keinen zusammenhängenden Bogen geschrieben, sondern nur Aphorismen, Gnomen, Sinnsprüche, kurz nichts als Flechtwerk«.[29] Jean Paul hat eine schier beängstigende Fülle an Exzerpten und Zetteln hinterlassen: In den Nachlasskisten der Staatsbibliothek zu Berlin finden sich 12 000 Zettel samt Register, ungefähr ein Drittel des gesamten Dichternachlasses. Hätte man die jemals editieren wollen, wären im Layout der bisher erschienenen Nachlassbände bei Verzicht auf jegliche Kommentierung etwa acht bis zehn jeweils tausendseitige Bände herausgekommen.[30] Wie stark die ständige Umadressierung von Inhalten aus dem *random access memory* die Arbeitsweise Jean Pauls beeinflusst hat, ist schon seinen Zeitgenossen aufgefallen, vor allem negativ. In seinem *Brief über den Roman* behauptet Friedrich Schlegel, »Friedrich Richters Romane seien keine Romane, sondern ein buntes Allerlei von kränklichem Witz. Die wenige Geschichte sei zu schlecht dargestellt, um für Geschichte zu gelten, man müsse sie nur erraten«.[31] Und Georg Wilhelm Friedrich Hegel dekretiert in seinen *Vorlesungen über die Ästhetik*:

> »Jean Paul hat deshalb auch, um immer neues Material zu haben, in alle Bücher der verschiedensten Art, botanische, juristische, Reisebeschreibungen, philosophische, hineingesehen, was ihn frappierte, sogleich notiert, augenblickliche Einfälle dazugeschrieben und, wenn es nun darauf ankam, selber ans Erfinden zu gehen, äußerlich das Heterogenste – brasilianische Pflanzen und das alte Reichskammergericht – zueinandergebracht.«[32]

Jean Paul ist ein subversiver Benutzer seines Zettelkastens. Denn ähnlich wie literarische Konventionen unterwandert Jean Paul auch die *Netiquette* ordnungsgemäßer Verknüpfungen und Speicheradressierungen. So können Zitate und Fundstücke sich auf echte ebenso wie auf fiktionale Werke beziehen. Erschwerend kommt hinzu, dass Jean Paul auch die Gesamtheit seiner eigenen Schriften in ein komplexes Biblioversum aus Motiven, Geschichten und Personal verknotet hat. Am Ende seines Lebens wollte Jean Paul sich gar selbst in seinen Zettelkasten hineinschreiben, eine Art umgekehrte Transsubstantiation von Fleisch in Wort. *Papierdrache* sollte sein letztes Werk betitelt sein, und ein »Papierdrache« sollte es auch werden: Zusammengefaltet aus der Masse der Exzerpte, Zettel, Geschichten, Bücher und biographischen Daten. Ein Werk, das *alles* enthält, auch das eigene Leben,

> »weil in das letzte Buch oder den Papierdrachen alles hineingeschrieben werden muß – damit nur einmal ein Ende wird mit mir und von mir –, was ich nur von Einfällen, komischen Auftritten, Bemerkungen über Menschen und Sachen [...] im Pulte und im Kopfe vorrätig beherberge«.[33]

Von der Lesetechnik zur Verwaltungstechnik

Von der Lesetechnik zur Verwaltungstechnik wurde der Zettelkasten ziemlich genau im Jahr 1773. Ursache war ein Papierstau. Nach der Auflösung der ober- und niederösterreichischen jesuitischen Klosterbibliotheken durch Kaiser Joseph II. ergießt sich eine unbeschreibliche Bücherflut über die Wiener Hofbibliothek und stellt den Hofbibliothekar Gottfried Freiherr van Swieten vor das verwaltungstechnische Problem, wie Tausende von Bänden in eine Büchersammlung zu integrieren seien, die ohnehin schon seit Jahrzehnten keinen aktualisierten Katalog mehr besitzt. Letzterer Umstand war auch der kuriosen Tatsache zu verdanken, dass man das Anfertigen von Bücherverzeichnissen für eine Privatangelegenheit der Bibliothekare erachtete, die nicht zu den offiziellen Dienstobliegenheiten zählte. Van Swieten in seiner Not stellt sieben Bibliothekshelfer ein und legt ihnen, erstmalig in der Bibliotheksgeschichte, eine schriftliche Anweisung vor, wie zu bibliographieren sei: *Unterricht und Anweisung für diejenigen, so die Titel und Bücher abschreiben sollen.*[34] Der solchermaßen beschriebene Algorithmus lässt sich wie folgt zusammenfassen:

a. Richte einen separaten Raum abseits des Bibliotheksbetriebs ein;
b. Ein Bibliotheksdiener trage die Bücher jeweils eines Kastens aus einem Regal des Prunksaals in den Bibliographier-Raum;
c. Überprüfe, ob das jeweilige Buch eine Signatur hat;
d. Wenn die Signatur fehlt oder fehlerhaft ist, dann korrigiere sie;
e. Schreibe die bibliographischen Angaben in der Form (Titel / Autor / Druckort / Jahreszahl / Name des Druckers / Format / eventuelle Defekte) auf einen vorgefertigten Zettel;
f. Der Bibliotheksdiener trage die Bücher zurück in ihren Kasten im Prunksaal.

Der *Josephinische Katalog,* der auf diese Weise zusammenkam, enthielt am Ende inklusive eines ausgefeilten Verweissystems ca. 300 000 Zettel. Dass er aber als erster Zettelkatalog Bibliotheksgeschichte schrieb, lag eher an einem Fehler im Programm. Die letzte Befehlszeile des Codes von van Swieten wurde nämlich schlicht nicht ausgeführt. Sie hätte lauten sollen:

g. Übertrage alle bibliographischen Angaben in einen Bandkatalog und vernichte die Zettel.

Der Grund für diesen Programmierfehler bestand in ökonomischem Kalkül: Der geplante Katalog hätte gut und gerne 50 bis 60 Folio-Bände umfasst und wäre doch kurz nach Fertigstellung schon wieder obsolet gewesen. Darum wurden die Wiener Zettelkästen zur ersten relationalen Suchmaschine mit Erweiterungsfunktion.[35]

Von der Verwaltungstechnik des Wiener Zettelkastens zur Wirtschaftsverwaltung und von der Bücherordnung zur Buchführung war es nur noch ein kleiner Schritt, den der US-amerikanische Bibliothekar, Sprachreformer und Unternehmensgründer Melville Dewey (1851–1931) gegangen ist. Dewey führte als Chefbibliothekar der Columbia University und der New York State Library das nach ihm benannte Dezimalsystem ein (Dewey Decimal Classification), das bis heute weltweit von vielen Bibiotheken genutzt wird. Daneben gründete er eine Firma namens *Library Bureau*, die sich auf Bibliotheksmobiliar spezialisierte. Mit der Normierung von Karteikarten für die Karteikästen eigener Fabrikation machte Dewey sich um die Weiterentwicklung der Verzettelungstechniken verdient, ohne etwas damit zu verdienen. Um den ökonomischen Ruin zu verhindern, stellte das *Library Bureau* im Jahr 1888 die eigene Buchführung vom traditionellen Verbuchungssystem auf das schnellere und kostengünstigere System des »card index« um. Der »Technologietransfer zwischen Bibliothek und Büro« (Krajewski),[36] nämlich die Buchführung in Zettelkästen, wird ein Erfolgsschlager: Banken und Versicherungen, Stahl- und Eisenbahnunternehmen übernehmen das Karteisystem und damit auch die Karteikästen von Deweys Firma. 1896 schließen das *Library Bureau* und Hermann Holleriths *Tabulating Machine Company*, die spätere Fa. IBM, einen Kooperationsvertrag: Die Zettel bekommen Löcher und werden zu Lochkarten, die maschinelle Informationsverarbeitung kann beginnen.

Der Reimport der ökonomisch durchkalkulierten und -kalkulierenden Karteikästen nach Europa geschah postwendend, aber mit einer für den alten Kontinent vielleicht typischen geistigen Sublimierung. Der Berliner Philosophieprofessor Friedrich Kuntze sah 1922 anlässlich einer Büroausstellung die Möglichkeiten einer Rückanwendung für die Produktion geistiger Inhalte und damit die Einführung tayloristischer Fließbandarbeit auch im Felde des Guten, Wahren, Schönen: »[D]ie Einführung der Maschine in den Hain der Minerva«.[37] Nun war vielleicht gerade die Philosophie die vorderhand ungeeignetste akademische Disziplin zur Erprobung neuer Medien- und Denktechniken. Jedenfalls hieß es noch bei der Einführung des ersten Fotokopierers, des Xerox-Modells 914 im Jahr 1960, er sei »so einfach zu bedienen, daß man ihn selbst einem Professor für Philosophie anvertrauen kann«.[38] Vielleicht aber gerade deswegen war die Anwendung des Zettelkastens auf die Philosophie das *experimentum crucis* für die neue Medientechnologie. Dass das Herunterbrechen einst absoluter Wahrheiten auf die Größe von Karteikarten nur mit den brachialen Methoden einer im Wortsinn analytischen Philosophie geht, drückte der Weltkriegsteilnehmer Kuntze mit drastischen Worten aus: »[E]in Zeitalter, das die Vernichtungsstrategie erfunden hat, will diese auch gegenüber der Welt der geistigen Inhalte.« Die Disjunktion von Ordnung und Unordnung bleibt dabei stets virulent: Ewigkeitsansprüche sind an eine Loseblattsammlung nicht mehr zu stellen. Kuntze verfasste ein kleines Traktat über *Die Technik der geistigen Arbeit*, in dem er die »oft genialen Organisationsmethoden, die der moderne Kaufmann sich geschaffen hat«, seinen eigenen traditionellen »unpraktischen Arbeitsmethoden« entgegenhielt.

Dabei konnte Kuntze auf den Renaissance-Philosophen Francis Bacon verweisen, der bereits festhielt, dass der bloße Verstand wenig ausrichten könne ohne Instrumente und Hilfsmittel. Später, in den 1960er Jahren, würden die Digitalpioniere Joseph Licklider und Douglas Engelbart den Computer als »System zur Verstärkung der menschlichen Intelligenz« vorsehen.[39] Engelbart schreibt wörtlich von »augmentation of human intellect«.[40] Er bezieht sich damit auf ein Konzept des Kybernetikers W. Ross Ashby, der den Begriff »Intelligenzverstärker« für ein technisches Gerät entwickelt hat, das den Menschen bei komplexen Selektionsvorgängen unterstütze.[41] Licklider ging sogar noch einen Schritt weiter, er schreibt geradewegs von einer »Symbiose von Mensch und Maschine«.[42] Und Rudolf Werneburg, ein anderer Theoretiker der durchbürokratisierten Welt, verweist in seinem Lehrbuch der Rationalisierungsmöglichkeiten in Betrieb und Büro darauf, dass die Kartei das »künstliche Gedächtnis sowohl des Kaufmanns wie des Wissenschaftlers zu werden« verspreche.[43]

So weit wollte Friedrich Kuntze 1922 im Angesicht der Büroausstellung nicht gehen. Zwar könne die Wissenschaft oder das geistige System von Verfahrensweisen »genau so wenig Denken und Schaffen lehren, wie die Physiologie das Verdauen lehren kann«. Der Nutzen beider »für eine vernünftige körperliche und geistige Lebenshaltung« sei dennoch unbestreitbar. Es handle sich also um die Skizze einer »geistigen Maschinerie« als »Nachbildung des typisch genialen Schaffens in Begriffen«. Konkret schwebt Kuntze vor, bei jeder »planmäßigen« Lektüre die Bücher bereits zu annotieren, also mit Randbemerkungen oder Marginalien zu versehen oder Kernbegriffe im Drucktext »mit besonderen Farbstiften« zu unterstreichen: »Man gewöhne sich daran, mit der Feder in der Hand zwar nicht zu denken, aber zu lesen.« Sodann soll die geistige Arbeiterin »sehr bald nach der Lektüre« die so ausgezeichneten Begriffe und Wendungen auf Zettel schreiben. »Der Zettel soll, um dies vorwegzunehmen, so eingerichtet sein, daß aus ihm sowohl der uns interessierende Begriff, als auch seine näheren Spezifikationen deutlich zu erkennen sind.« Im folgenden Schritt solle der erfasste begriffliche Inhalt eines Buchs in das Dewey'sche dezimale Klassifikationssystem eingepasst werden. Als Einwand gegen seine technische Methode der geistigen Arbeit führt Kuntze im Nachwort seines Traktats selbst an, dass zuvor das Genie sich »seine Methode noch immer selbst erschaffen« habe. Nun aber

»werde der Dilettantismus belehrt, wie er *mimicry* treiben könne, und so würden geistige Machwerke, die sonst, das Zeichen der methodischen Nichtigkeit an der Stirne tragend, wenig beachtet vergangen wären, auch Kundige längere Zeit täuschen können«.

Mit der Einführung einer Technik der geistigen Arbeit muss die Wissenschaftlerin neuerdings gegen den Techniker bestehen, und im Kampf der Wissenschaft gegen den Dilettantismus kann Erstere nur gewinnen, indem sie die Pedanterie in den Kernbestand wissenschaftlicher Methodik befördert. Umso stärker wird die Notwendigkeit gesehen, durch Normierungen Mindestanforderungen ans Ordnungssystem von Zettelkästen zu stellen. Hier hat sich in Deutschland Walter Porstmann mit seinem in vielen Auflagen erschienenen *Handbuch der Karteitechnik* Meriten verdient. Porstmann hat unter anderem das Din-A-Papierformat entwickelt und sah gerade in der Vielfalt der Karteisysteme, die durch die Ökonomisierung des Zettelkastens zwangsläufig eintrat, die Zukunftsfähigkeit der Methode gesichert. »Es scheint, als hätte die Wildheit der Entwicklung«, schreibt Porstmann beruhigend, »keinerlei wilde Formen gezeitigt.«[44] Im Gegenteil, er spricht sich vehement für die Auflösung der alten Ordnung der Gutenberg-Galaxis und damit für die »Auflösung von Druckwerken und Büchern in Karteiblätter« aus:

> »Im Bereich der Buchung (Buchführung) hat die Kartei schon längst das Buch in den Fällen verdrängt, wo es nicht am Platze ist; nun beginnt sie auch im Bereich des gedruckten Buches den Wettbewerb.«

Porstmanns analytische Methode der Auflösung des Weltwissens in Karteikarten wird von ihm mit großem Selbstbewusstsein vorgetragen. Das zeigt schon die als Frontispiz zu seinem Werk abgedruckte Infographik mit dem Titel »Vom Papyrus zur Flachkartei«, die die gesamte Schrift- und Mediengeschichte als notwendige Stufenfolge von der Felsmalerei zur Karteiregistratur erscheinen lässt.

Besondere Aufmerksamkeit widmet Porstmann jenem Problem, das sich automatisch ergibt, wenn man sich dem synthetischen Buch als Codex analytisch nähert und den geschlossenen Verbund zusammenhängender Seiten auflöst in Loseblattsammlungen und Zettelkästen:

>»Schon seit dem Entstehen der Kartei machen ihre Gegner geltend, daß aus der Kartei leicht Karten verschwinden könnten, sei es aus Nachlässigkeit oder in böser Absicht, und daß der Verlust in vielen Fällen nur durch Zufall ans Licht komme.«

Die Ursache ist für Porstmann keine systematische, die am Verfahren selbst läge, sondern vielmehr der menschliche Faktor, nämlich gerade die fehlende Pedanterie:

>»Das Verschwinden von Karten kann in der Tat dort zum Verhängnis werden, wo an sich die straffe Büro-Organisation fehlt und die Bearbeiter die nötige Lust und Liebe zur Arbeit vermissen lassen.«

Das Verschwinden einer Karteikarte im Zettelkasten entspricht dem Abhandenkommen einer Speicheradresse im Gesamtspeicher, ein Kommunikat ohne Kommunikant also. Der Speicherinhalt, zum Beispiel ein Buch in der Wiener Hofbibliothek, ist ja noch vorhanden, aber nichts verweist mehr auf dieses Buch, und dadurch wird es unauffindbar. Das ist übrigens exakt der Grund, warum manche seltenen oder wertvollen Schriften wie zum Beispiel Lionardo'sche Manuskriptbände erst nach Jahrzehnten oder gar Jahrhunderten wieder aufgespürt werden. Vorderhand wäre eine Lösung dieser methodischen Schwierigkeit, eine zweite Kartei anzulegen, die nur die Kartographie der ersten Kartei darstellt. Dies allerdings würde das Problem des »Wo stand das noch mal?« nur delegieren auf die Frage »Wo stand noch mal, wo das stand?«. Offensichtlich würde ein solches Verfahren nur in einem unendlichen Regress landen und trüge nicht zur Lösung des Problems bei. Als probate Mittel gegen den Zettelschwund empfiehlt Postmann Verschlüsselung, Verzahnung oder lösbare Bindungen. Mit Verschlüsselung ist in einem ganz handfesten Sinne ein Zettelkasten mit einem Schloss gemeint, der »außerhalb der Bürozeit verschlossen gehalten werden« kann. Mit Verzahnung ist der parallele Eintrag jeder Karte in ein Buch gemeint, also im wörtlichen Sinne eine doppelte Buchführung (wobei damit gerade der eminente Vorteil der Verzettelung wieder entfällt, weil letztlich doch alles wieder im Buch landet!). Lösbare Bindungen stellen etwa Schließstangen dar, die durch die unten gelochten Karteikarten laufen, so dass die Karten nur dann entfernt oder umsortiert werden können, wenn die Stange zuvor entfernt wird. Letztlich aber ist kein Kraut gegen den *user* gewachsen, der in all seiner Imperfektibilität die Vollendung der (geistigen) Technik unterläuft: »Es kann aber auf keinen Fall die Kartei für Liederlichkeit im ganzen Büro verantwortlich gemacht werden.«[45]

Die analytische Methode der Karteikarten und Zettelkästen ist so lange gerechtfertigt, solange sie eine wenigstens theoretische Hoffnung auf zukünftige Synthese erlaubt. In dem Maße, in dem sich im Typozän die Bürokratie zum Bürokratismus ausgebaut hat, unterliegt das Zettelkastensystem dem gleichen *information-overload*-Problem, zu dessen Lösung es eigentlich angetreten ist: Zu viele Daten werden mit zu vielen Zetteln adressiert. Das Problem hat sich schon im Laufe des Typozäns massiv verschärft und scheint im Digizän gar nicht mehr beherrschbar. Zwei Bereiche sind dabei besonders zu erwähnen, in denen die Vergessensfunktion von Medien besonders deutlich wird, nämlich die

Bürokratie und die Wissenschaft. Die Zunahme von Daten und Informationen im Typozän ist stupend. Der Wissenschaftshistoriker Derek de Solla Price hat schon in den 1970er Jahren errechnet, dass seit dem Zeitalter der Aufklärung, also seit der Mitte des 17. Jahrhunderts, das menschliche Wissen sich ungefähr alle fünfzehn Jahre verdoppelt hat.[46] Im Digizän hat diese Entwicklung dramatische Züge angenommen: Die amerikanischen Forscher Martin Hilbert und Priscila López haben ermittelt, wie sich in allerjüngster Zeit die Kapazitäten verändert haben, Informationen durch den Raum zu übermitteln (Kommunikation), durch die Zeit zu übertragen (Speicherung) und zu berechnen (Informatik). Die Kapazität, Informationen durch Telekommunikationsnetze auszutauschen, betrug 1986 in Summe 281 Petabyte (das sind 1000 × 1000 Gigabyte), und im Jahr 2007 lag dieser Wert bei 65 Exabyte (1 Exabyte = 1000 Petabyte). Auch die Berechenbarkeit hat sich in dieser Zeit vertausendfacht. Und die Möglichkeiten, Informationen zu speichern, haben sich im gleichen Zeitraum immerhin verhundertfacht. Im Jahr 2003 war der Punkt erreicht, an dem mehr Informationen in digitaler als in analoger Form vorlagen. Waren im Jahr 1993 erst 3 Prozent der weltweiten Informationsspeicherkapazität digital, so waren es 2007 bereits 94 Prozent.[47] Der *overload*, die Überfrachtung, lässt sich ebenfalls numerisch fassen. Die Hirnforschung geht davon aus, dass das Gehirn eine Speicherkapazität von drei Petabyte hat. Schon heute ist das menschliche Gehirn also nur noch in der Lage, kleine Teile der in der Welt verfügbaren Information zu speichern oder zu verarbeiten, wobei die weltweite Datenmenge weiterhin jedes Jahr um 30 Prozent zunehmen soll.[48] Für Firmen und Behörden hat das ganz reale und manifeste Folgen in der Überlast der Archive. Harald Weinrich weist darauf hin, dass »heute leicht in einem einzigen Jahr so viel archivierbares Material [anfällt] wie früher in einem ganzen Jahrhundert«.[49] Dabei bedeutet der Vorgang der Archivierung selbst schon den Übergang vom Read-only-memory (ROM) zum Random-access-memory (RAM) und steht damit für den medialen Funktionswechsel vom Prozessieren zum Speichern, der Voraussetzung für jede Form von *information overload* ist. Das Archiv trägt die Informationslast und *ist* die Informationsüberlastung. Die Akte oder Datei, mit der ein Prozess zum Abschluss gebracht wird, muss nicht gespeichert, sondern kann gelöscht werden. Eine Akte zu archivieren ist nur sinnvoll, wenn sie reaktiviert und damit neuerlich in den Prozess integriert werden soll, und genau daran scheitert das Archiv.

Entsprechend ist da die Klage alt, wo Akten wirklich um Prozesse sich drehen, also Gerichtsakten. Nikolaus Thaddäus Gönner beschwert sich bereits 1822 in seiner *Kurzen [!] Prüfung der Ursachen der außerordentlichen Zunahme der Berufungen zur dritten Instanz und der vorgeschlagenen Mittel denselben gründlich abzuhelfen*, dass der oberste Gerichtshof des Reiches »den anströmenden Civilsachen nicht gewachsen ist, und der Rückstand an unerledigten Akten auf die, überdies fortwachsende Zahl von 700 steigt«, weswegen »jeder, der es mit dem Vaterlande gut meint, aufgefordert [ist], den Ursachen nachzuforschen, aus welchen jene fortschreitende Zunahme« herstamme.[50] Das von Gönner analysierte Problem ist auch ein mathematisches, denn es verweist darauf, dass nicht nur die liegengebliebenen Akten sich zum Berge türmen, sondern dass auch mit neuen Verfahren ständig neue Akten, die erst recht nicht bearbeitet werden können, hinzukommen, mithin das Wachstum der Datenmenge exponentiell ist. Für die am Prozess professionell Beteiligten heißt die Lösung Nicht-Zuständigkeit, und die ist im Behördenalltag eine wesentliche Vergessensfunktion, um aus dem *information overload* keinen *work overload* zu machen. Die Lösung unter Archivaren hat einen anderen Namen und heißt Kassation: Reißwolf statt Regal. Harald Weinrich hat recherchiert, dass schätzungsweise und »je nach den pragmatisch eingeführten Kassationsregeln zehn oder fünf oder auch nur zwei Prozent des speicherbaren Archivguts« erhalten werden.[51] War die Archivierungsquote zu hoch angesetzt, kann es gar zur »Nachkassation« kommen. Im sonst dem Lichte der Öffentlichkeit verborgenen Treiben der Archivarinnen ist ein Fall von Kassation dann doch kürzlich einmal mit einigem Aplomb, naja, aktenkundig geworden: Das in Köln angesiedelte Bundesamt für Verfassungsschutz hatte 2011 kurz nach dem Auf- und In-die-Luft-Fliegen des Nationalsozialistischen Untergrunds (NSU), der über ein Jahrzehnt unbehelligt rassistisch motivierte Mordanschläge an ihm ausländisch erscheinenden Menschen begehen konnte, Akten zu mindestens sieben Quellen im rechtsextremen Thüringer Milieu gelöscht, aus dem die Täter stammten.[52]

Der Philosoph Hermann Lübbe hat den Begriff der Präzeption als Gegenentwurf zur Rezeption ins Spiel gebracht. Es handelt sich dabei um die Fertigkeit, die zukünftige Rezeption im Vorhinein zu schätzen und dadurch dafür zu sorgen, dass die richtigen 2 bis 10 Prozent der Daten und Akten vor der Kassation bewahrt werden.[53] Radikaler ist der Vorschlag, den Hugo Loetscher schon vor geraumer Weile gemacht hat, nämlich zu einem Stichtag ein weltweites »Löschfest« zu veranstalten und schlagartig mit einem globalen *delete*-Kommando einen »Befreiungsakt« zu vollführen, mit dem ausnahmslos alle elektronisch gespeicherten Daten gelöscht werden. Loetscher (dessen eigener Name ja schon der Sache nahekommt) schreibt dazu: »Dieses Jahrhundert hatte sich zu viel gemerkt. Es wurden Daten gespeichert, die niemand im Sinne hatte, je wieder abzurufen. So wurde die Kampagne des großen Reinemachens gestartet.«[54] Bis zum Ende des Typozäns hielt sich das Vorurteil, dass Medien vor allem zum Sammeln und Erinnern dienen würden. Im Digizän müssen wir lernen, dass Medien zum Zerstreuen und zum Vergessen da sind.

Wilde Formen des Verzettelns

Aber doch bricht sich die Wildheit Bahn. Das Denken, auf den Zettel gebracht, nimmt Wege ungeahnt und führt in gänzlich neue, nämlich fiktionale Welten. Die Auflösung des Buches in Karteiblätter hat starke Auswirkungen auch auf die Belletristik: Nicht erst seit Moser und Jean Paul darf der Zettelkasten als Geburtsstätte weltliterarischer Werke gelten. Vor allem das Deutsche Literaturarchiv Marbach mit seinen kilometerlangen Gängen voller Schriftstellernachlässe ist ein nachhaltiger und materialer Beleg für die Geburt der Literatur aus dem Geiste des Zettelkastens. Doch während das Metapherngeflecht aus Texten und Verweben gut erschlossen ist, harrt die Verbindung von Dichten und Verzetteln nach wie vor der tieferen kommunikations- und medienwissenschaftlichen Untersuchung. Der Zettelkasten ist in der schönen Literatur viel mehr als nur Ordnungssystem, er wird buchstäblich zur *literarischen Maschine*, die auch stochastische Elemente in die Literaturproduktion bringt und als eine der grundlegenden genetischen Prinzipien für Literatur gelten darf. Schon die Ähnlichkeit des Zettelformats mit der Größe von Spielkarten kommt nicht von ungefähr: Schon am Beginn des Typozäns steht die Spielkarte. Denn die Initialzündung für das europäische Druckwesen stellt nicht etwa eine zweiundvierzigzeilige Bibel dar, sondern mittels Holzschnittverfahrens hergestellte Kartenspiele. Das hat der Leipziger Musikverleger Gottlob Immanuel Breitkopf schon Ende des 18. Jahrhunderts in seinem *Versuch, den Ursprung der Spielkarten, die Einführung des Leinenpapieres und den Anfang der Holzschneidekunst in Europa zu erforschen* festgehalten.[55] Das ist aber noch nicht der einzige Beleg für den Verbund aus Medien und Spiel zum Medienspiel. Als der Abbé François Rozier 1775 den Auftrag erhält, sämtliche zwischen 1666 und 1770 im Namen der *Académie des Sciences* in Paris erschienenen Schriften zu indizieren, verfällt er auf die Idee, dazu einheitlich präzise vorgefertigte Papiereinheiten zu verwenden, nämlich handelsübliche »cartes à jouer«, Spielkarten. Eindrücklicher lässt sich der *random access* im Literaturbetrieb kaum belegen: Dichten wird zum Schreibspiel, das mit Spielkarten gespielt wird und stochastischen Regeln folgt. Leichtgemacht wurde dieses Vorgehen dem Abbé, da die Rückseiten von Spielkarten unbedruckt waren und darum, wie Tisa Pawils in ihrer Geschichte der Spielkarte schreibt, häufig »zu Notizzetteln jeglicher Art« umfunktionisiert wurden.[56] Das Notieren: ein Kartenspiel.

Lasset die Spiele beginnen: Tristan Tzara legte im Züricher *Cabaret Voltaire* mit seinen »Zettelgedichten« den Grundstein für den Dadaismus. Er las willkürlich aus der Tasche gezogene Textschnipsel vor, die er zuvor aus Zeitungen ausgeschnitten hatte. André Breton machte in seinem *Ersten surrealistischen Manifest* aus der Zetteltaktik eine Methode: Die »écriture automatique« will bewusstes Gestalten ausschalten und Literatur ausschließlich durch »das Schweifenlassen der Gedanken ohne jede Kontrolle durch die Vernunft« generieren.[57] Heutige digitale Literaturmaschinen, von Enzensbergers »Poesie-Automat« (der im Marbacher Literaturmuseum der Moderne in Augenschein zu nehmen ist) bis zu den automatisierten Erzählstrategien der Computerspieleindustrie basieren alle auf dem nämlichen Prinzip eines Thesaurus, der randomisiert auf Bausteine zugreift und sie neu kombiniert: *Ars combinatoria*. Der rumäniendeutsche Dichter Oskar Pastior liebte Anagramme, also Wortspiele, in denen ständig neue Ausdrücke aus demselben Buchstabenmaterial zusammengesetzt werden. Zu diesem Zweck hatte Pastior sich eigens eine goldene Pralinenschachtel umfunktioniert, in der er Buchstabenkärtchen aufbewahrte. Aus dem Wort ZETTEL lässt sich mit diesem Verfahren etwa auch LETZTE oder ZELTET bilden, aus dem Worte ZETTELKASTEN lassen sich Ausdrücke formen wie STANZTE EKELT, KANZELTE TEST,

STELZTE KANTE, TANZES KLETTE oder TAKT LESE NETZ. Aufs Anagrammieren soll Pastior während eines Romaufenthalts gekommen sein. Als ihm in einer Bibliothek die *Kalendergeschichten* Johann Peter Hebels in die Hände fielen, sollen ihn nicht so sehr die Geschichten als vielmehr das Inhaltsverzeichnis fasziniert haben. Überschriften wie »Einer Edelfrau schlaflose Nacht« sollen ihn dazu angeregt haben, durch Umformungen Anagrammgedichte zu schaffen. Auch Pastiors Freundin und Kollegin, die Literatur-Nobelpreisträgerin Herta Müller, hat Wortcollagen hergestellt und dazu mit Karteikisten gearbeitet. Müller, die ebenfalls rumäniendeutschen Ursprungs ist, hat immer eine kleine Handschere bei sich und schneidet aus Illustrierten und Magazinen auffällige Wörter aus. Diese Wörter hat sie zuerst auf einem Hackbrett in der Küche, später auf einem eigens ihnen gewidmeten »Wörtertisch« gesammelt. Als die Zahl der miniaturisierten Wörterzettel in die Tausende ging, hat Müller ein »Wörterschränkchen« eingerichtet, in dem ihre Funde nun alphabetisch und nach Wortarten sortiert gelagert werden. Ursprünglich verwendete Müller, wie sie in einem Interview bekennt, diesen Fundus nur, um Freunden Karten mit zusammengeklebten Wörtern zu schicken, die ungefähr wie Erpresserbriefe in Agententhrillern aussehen. Inzwischen ist sie dazu übergegangen, das Wörtermaterial aus dem Zettelkasten zu Klebegedichten zusammenzustellen, die auch als »Gedichtbilder«, »Prosagedichte« oder »Kürzestgeschichten« bezeichnet werden.[58] Solche »gefundenen« Wörter zu verarbeiten sei der intensivste Kontakt mit Sprache, weil es haptisch sei, denn man müsse jedes Wort einzeln anfassen. Auch Herta Müller ist ursprünglich Rumäniendeutsche, und sie hält diese Wurzeln für einen möglichen Grund ihres Collageverfahrens:

> »Die ganze Kleberei hat womöglich mit meiner früheren Zeit in Rumänien zu tun. Dass es unzählige bunte Zeitschriften

gibt, so gutes Papier, so viele Texte, die nur flüchtig gelesen und schon weggeschmissen werden – das alles kannte ich in Rumänien nicht. Es gab nur graue, nach Schmieröl stinkende Staatszeitungen, sonst nichts. Schon vom Umblättern kriegte man schwarze Finger.«[59]

Systematisiert hat den produktiven Einfluss des Zettelkastens auf die geistige Arbeit der Prophet der Systemtheorie, Niklas Luhmann. Selbst Besitzer des neben dem von Hans Blumenberg vielleicht wissenschaftlich bedeutendsten Zettelkastens im 20. Jahrhundert, hat Luhmann mit seinem kleinen Erfahrungsbericht *Kommunikation mit Zettelkästen* Erhebliches zur Theorie der Verzettelung beigetragen. Luhmann begreift nämlich seine Zettelsammlung als vollwertigen und kreativen Kommunikationspartner. Der Algorithmus, dem der Luhmann'sche Zettelkasten folgt, könnte lauten:

a. Präpariere hölzerne Kästen mit Ausziehfächern und Zettel im Oktavformat;
b. Schreibe auf die Zettel alles, was dir interessant erscheint;
c. Gehe dabei ohne systematische Ordnung vor;
d. Sortiere alle Zettel zu einem Thema in einem Fach, das du mit einer Zahl versiehst;
e. Gib jedem Zettel im Fach eine Nummer;
f. Notiere auf jedem Zettel die Nummern derjenigen Zettel, mit denen er zu tun haben könnte;
g. Sortiere neue Zettel hinter inhaltlich dazugehörende schon vorhandene Zettel und setze die Nummerierung fort.

Kognitionstheoretische Voraussetzung für diese Arbeits- und Kommunikationsweise ist Luhmanns Annahme einer Priorität des Schriftlichen vor dem Mündlichen. Hier durchaus Derrida

Abb. 19: Luhmanns Zettelkasten in seinem Arbeitszimmer in Oerlinghausen

nahe, formuliert Luhmann: »Ohne zu schreiben, kann man nicht denken; jedenfalls nicht in anspruchsvoller anschlußfähiger Weise«.[60] Ausschließlich in der Schrift realisiert und materialisiert sich jede Form von (anspruchsvollem) Denken. Im Interview mit Dirk Baecker präzisiert Luhmann diesen Zusammenhang von Verzetteln und Denken. Der Zettelkasten wird hier zum Denkorgan stilisiert, der Denkprozess wird externalisiert und an jene Kiste delegiert, die zum Werkzeug des *extended mind* wird:

> »Ich denke ja nicht alles allein, sondern das geschieht weitgehend im Zettelkasten. [...] Meine Produktivität ist im wesentlichen aus dem Zettelkasten-System zu erklären.«[61]

An gleicher Stelle drückt Luhmann die Externalisierung des Denkens und die Philosophie des *embodiment* sogar noch deutlicher aus. Der Denkprozess überschreitet demnach ständig die

Systemgrenze des präsumtiven Denkorgans und interagiert, Luhmann'sch gesprochen, mit seiner Umwelt, um die Komplexität des Gedankens immer weiter zu erhöhen:

»Ohne die Zettel, also allein durch Nachdenken, würde ich auf solche Ideen nicht kommen. Natürlich ist mein Kopf erforderlich, um die Einfälle zu notieren, aber er kann nicht allein dafür verantwortlich gemacht werden.«[62]

Er fügt sogar noch an, die Arbeit am Zettelkasten koste ihn mehr Zeit als das Bücherschreiben. Und geschrieben hat Luhmann viel, sehr viel: 2100 Publikationen werden heute unter seinem Namen gezählt, die vornehmlich – hierin seinem Vorläufer nicht nur im Geiste, sondern auch in der Kiste, nämlich Johann Jacob Moser, nicht unähnlich – aus seinen Zettelkästen generiert worden sind. Der Soziologe Johannes F. K. Schmidt, der auch für den Transfer des Luhmann'schen Zettelkastens ins digitale Karteisystem des Internets verantwortlich zeichnet, hat diese Zettelsammlung eine »Theoriebildungs- und Publikationsmaschine« genannt,[63] Luhmann selbst sprach von seiner »Denk- und Schreibmaschine«.[64]

Verzettelt hat Luhmann praktisch sein gesamtes Forscherleben lang. Seine Zettelkästen bestehen aus etwa 90 000 einzelnen Zetteln und gliedern sich in zwei weitgehend selbständige Zettelsysteme: Eine frühe Sammlung führte Luhmann ungefähr von 1951 bis 1962, in die er sporadisch noch bis 1973 Einträge hinzufügte. Dieses Zettelsystem enthält cirka 24 000 Zettel vorwiegend zu verwaltungs- und staatswissenschaftlichen, philosophischen, organisationstheoretischen und wenigen soziologischen Themen, da Luhmann ja ursprünglich aus der Rechtswissenschaft kam. Das zweite Zettelsystem legte Luhmann nach seiner auch institutionellen Hinwendung zur Soziologie an. Diesen Zettelkasten führte Luhmann von 1963 bis

1996, und er ist deutlich von soziologischen Themen geprägt. Dieses zweite System enthält etwa 66 000 Zettel. Luhmann hat keinen Hinweis darauf gegeben, warum er Anfang der 1960er Jahre eine neue Zettelsammlung begonnen hat. Offenbar sollte die zweite Sammlung die erste ersetzen, darauf deutet jedenfalls der Umstand hin, dass Luhmann mit der Nummerierung wieder bei 1 begonnen hat. Die beiden Systeme überschreiten auch nur selten ihre eigenen Grenzen und sind entsprechend wenig miteinander verkoppelt: Während die interne Verweisungsdichte zwischen den Zetteln innerhalb eines Systems erstaunlich hoch ist, gibt es kaum Querverweise zwischen den beiden Systemen – und das selbst dann, wenn dieselben Oberbegriffe abgehandelt werden. Einzige Ausnahme sind die Notizen zum Begriff »Weltgesellschaft«, die nicht nur systematisch miteinander verknüpft sind, sondern sogar bis in die 1970er Jahre in das erste Zettelsystem integriert wurden.[65]

Diente das erste und ursprüngliche Zettelsystem noch einer eher herkömmlichen Form des Exzerpierens von Lektürefunden, so wird die Art der Verzettelung mit dem zweiten System deutlich transformiert. Die Zettel entfernen sich vom genuinen Lektüreerlebnis, die Notizen werden eigenständiger und tendieren zu selbständigen Thesen. Luhmann-Forscher Schmidt nennt das den »Verfremdungsaspekt«, und er stellt fest, dass die Frage, was rezipiert wurde, sich in vielen Fällen nur noch anhand der bibliographischen Einträge feststellen lasse, aber sich nicht zwingend aus den Inhalten erschlösse, die auf dem Zettel festgehalten sind.[66] Schon hier kann von einer Randomisierung des soziologischen Forschungsprojekts gesprochen werden, denn die Inhalte der Zettel passen häufig nur noch zufällig auf jene Quellen, auf die sie eigentlich verweisen sollen. Wichtiger wird Luhmann stattdessen, dass seine Notizen ins interne Verweissystem passen: Das System bestimmt also den Inhalt und nicht der Inhalt das System. Auch Johannes Schmidt stellt, leicht anekdotisch, fest, dass Literaturverweise in Luhmanns Zettelkasten häufig ins Leere führen:

»Wenn man im Zuge einer Hausarbeit die Luhmannschen Fußnoten in einem seiner Texte studierte und die dort herangezogene Literatur konsultierte, fand man häufig partout das nicht, für was Luhmann sie zitierte.«

Für den *random access* auf und zwischen seinen Zetteln hat Luhmann sich ein eigenes Adresssystem ausgedacht. Jede einzelne Schublade und jeder einzelne Zettel wird durchnummeriert und erhält damit einen festen Standort im Zettelkasten, der nie mehr verändert wird. Gab es im ersten Zettelsystem noch 108 verschiedene Einzelthemen, die als Oberbegriffe fungierten, so sind es im späteren System nur noch elf Einstiegsthemen, nämlich Organisationstheorie, Funktionalismus, Entscheidungstheorie, Amt, formale/informale Ordnung, Souveränität/Staat, Einzelbegriffe/Einzelprobleme, Wirtschaft, Ad-hoc-Notizen, Archaische Gesellschaften, Hochkulturen. Unter diesen Oberbegriffen werden die Zettel dezimal durchgezählt, auf Zettel 1,1 folgt also Zettel 1,2. Eine spätere Notiz, die einen Gedanken von Zettel 1,1 weiterverfolgt, wird mit 1,1a gekennzeichnet und zwischen die Zettel 1,1 und 1,2 eingeschoben. Daran kann sich, wenn man im Thema bleibt, der Zettel 1,1b anschließen oder auch eine weitere Verzettelung, also Zettel 1,1a1. Letzterer würde dann zwischen 1,1a und 1,1b eingefügt. Im äußersten Fall kann ein Zettel eine bis zu dreizehnstellige alphanumerische Zeichenfolge aufweisen, zum Beispiel ein Zettel zum Thema »Vertraulichkeit« mit der Kennzeichnung 21/3a1p5c4fB1a. Zwischen zwei ursprünglich thematisch zusammengehörende und darum hintereinanderstehende Zettel können im Laufe der Zeit bis zu 1000 Zettel eingeschoben worden sein. Der Büromethodologe Rudolf Werneburg hat diese Arbeitstechnik eine »Schaltung« im Gegensatz zur »Reihung« genannt und die »Schaltungsfähigkeit« des Karteikastens als sein besonderes Merkmal bezeichnet: Während im Buch und in der Liste Elemente nur hintereinandergereiht werden können, können im Zettelkasten die Zettel an beliebiger Stelle eingereiht werden.[67] Produktiv wird das Zettelsystem aber erst, wenn die Zettel untereinander aufeinander Bezug nehmen. Deswegen hat Luhmann eine eigene Verweisungsstruktur entwickelt, bei der er auf einem Zettel die Nummer eines oder mehrerer anderer Zettel notierte. Im ersten, älteren Zettelsystem finden sich etwa 19 000 solcher Verweise und im zweiten, jüngeren Zettelsystem finden sich rund 27 000 Verweise, wie eine stichprobenhafte Auszählung ergeben hat.[68] Luhmann hat selbst betont, dass die Position eines Zettels innerhalb des Zettelkastens nicht so wichtig ist wie das Vorhandensein eines Verweises, das erst für die Zukunftsoffenheit und Produktivität des Systems sorgt:

»Bei dieser Technik ist es weniger wichtig, wo eine neue Notiz eingeordnet wird. Wenn sich mehrere Möglichkeiten bieten, kann man das Problem nach Belieben lösen und den Zusammenhang durch Verweisungen festhalten.«[69]

In gewisser Weise ist der Luhmann'sche Zettelkasten und das integrale Verweissystem in Form einer Nummernsystematik eine mögliche oder gedachte Lösung des Revisionsproblems, das alle längeren und größeren Notizbücher, Zettelsammlungen und postkonventionellen Aufschreibesysteme mit sich bringen. Im Zettelkasten muss man nicht alle Notizen ständig im Blick haben, wieder und wieder lesen, revidieren: Es reicht, dass die Zettel im entscheidenden Augenblick wieder auffindbar sind, weil sie Adressen haben, auf die auf eine nicht nur formale, sondern semantische Art und Weise verwiesen werden kann. Allerdings ist für Luhmann sein Zettelkasten kein Ordnungssystem, sondern im Gegenteil ein System der planmäßigen Unordnung, und das stellt die Lösung des Revisionsproblems wieder in Frage. Die Vergessensfunktion von Medien ist direkt mit eingebaut, denn von den Zehntausenden Zetteln, die sein Kasten beherbergt, werden allzu viele nie wieder in die Hand genommen, verwendet, rezipiert, es sind Kommunikanten ohne Kommunikate:

> »Die Gesamtheit der Notizen läßt sich nur als Unordnung beschreiben, immerhin aber als Unordnung mit nichtbeliebiger interner Struktur. Manches versickert, manche Notiz wird man nie wieder sehen.«

Luhmann hat selbstredend auch einen Zettel zum Thema »Zettelkasten« in seinen Zettelkasten integriert.

> »Zettelkasten
> als kybernetisches System
> Kombination von Unordnung und Ordnung,
> von Klumpenbildung und unvorhersehbarer,
> im ad hoc Zugriff realisierter Kombination
> Vorbedingung: Verzicht auf festgelegte Ordnung.
> Die vorgeschaltete Differenzierung: Suchhilfen
> vs. Inhalt; Register, Fragestellungen, Einfälle
> vs. Vorhandenes überformt und macht z. T.
> entbehrlich, das, was an innerer Ordnung
> vorausgesetzt werden muß.«

Nur der Verzicht auf systematische Ordnung bzw. die »Kombination von Ordnung und Unordnung« garantiert jenen »Einbau von Zufall ins System«, der die Kommunikation mit dem Zettelkasten kreativ macht. Beispiele für diese Art randomisierten wissenschaftlichen Schreibspiels lassen sich in Luhmanns

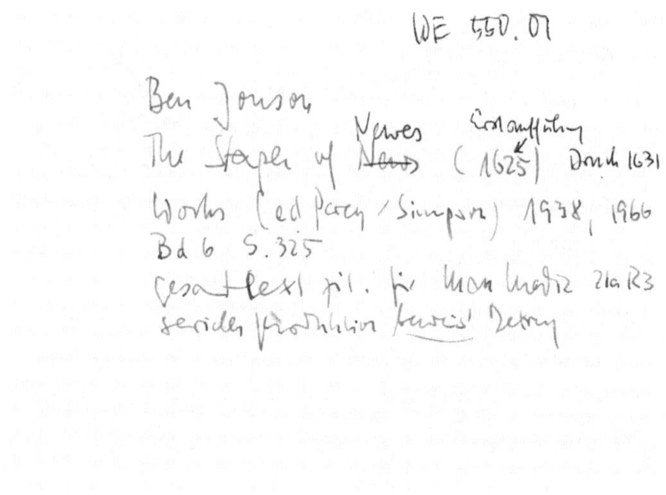
WE 550.07
Ben Jonson
The Staple of Newes (1625) Druck 1631
Works (ed Percy / Simpson) 1938, 1966
Bd 6 S. 325

Abb. 20: Luhmanns Notizen zu Jonsons *Staples of Newes*

Werk viele finden, ein prägnantes kommt aber gerade in seinem vielzitierten Medien-Buch *Die Realität der Massenmedien* vor, und zwar im fünften Kapitel, überschrieben »Nachrichten und Berichte«, in dem Luhmann sich mit dem Journalismus auseinandersetzt. Luhmann will hier die Nachrichtenproduktion analysieren, die er unter der von ihm so titulierten »Leitdifferenz« Information / Nichtinformation einsortiert und deren »evolutionäre Unwahrscheinlichkeit« hinsichtlich einer seriellen Produktion des »Überraschenden, Neuen, Interessanten, Mitteilungswürdigen« er präsupponiert.[70] Als Beleg für seine Anschauung zieht er nun einen Zettel aus seinem Kasten, auf dem er sich einige Exzerpte ausgerechnet eines britischen Komödiendichters der nach-elisabethanischen Zeit, Ben Jonson, notiert hat. Jonson hatte 1625 ein Stück mit dem Titel *The Staples of Newes* auf die Bühne gebracht, das 1631, wie auch Luhmann auf dem Zettel notiert, erstmals gedruckt worden ist. Es handelt sich um eine wirklich entlegene Quelle, das Stück zählt selbst innerhalb von Jonsons Œuvre nicht zu den bekannteren oder häufiger gespielten und sein Autor war womöglich sogar selbst nicht sehr zufrieden mit seinem Werk – jedenfalls wollte er es jahrelang nicht drucken lassen.[71] Wie landete also ausgerechnet diese Literaturstelle im Medienbuch Luhmanns? Man kann wohl getrost behaupten: aus Zufall. Der Zettelkasten hat es eben ausgespuckt.

Ein Zitat aus diesem Theaterstück des frühen 17. Jahrhunderts dient Luhmann als Indiz dafür, dass der Wahrheitsanspruch in der Nachrichtenproduktion relativiert werden könne und womöglich schon von der »Organisation der Neuigkeitenproduktion« auf ihre »Unwahrheit« geschlossen werden könne.[72] Allerdings ist Jonsons Begriff von »newes« noch ein ganz anderer als der heute im Englischen gebräuchliche »news«-Begriff. Zu Jonsons Zeit nämlich wurde zwischen Fakt und Fiktion noch gar nicht unterschieden, das Wahrheitskriterium entsprechend für Jonsons »newes«-Begriff gar nicht einschlägig. So hat es auch Lennard Davis in seinem Buch *Factual Fictions: The Origins of the English Novel* dargestellt – ein Titel, den Luhmann selbst auch anführt, dessen Hauptthese er also sehr wohl zur Kenntnis genommen hat.[73] Auch unser heute üblicher und von Luhmann verwendeter Nachrichtenbegriff ist auf die Publizistik in Jonsons Zeit nicht anwendbar: Das sprachhistorische Grimm'sche Wörterbuch weist für diese Verwendung erst Quellen auf, die 150 bis 200 Jahre jünger sind. Die erste »Zeitung« der Pressegeschichte überhaupt (die noch nicht diesen Namen trug, denn »Zeytungen« waren das, was *in* einem solchen Blatt stand) erschien, wie bereits erwähnt, 1605 im deutschsprachigen Straßburg. Das erste englischsprachige Blatt, das man als »newspaper« bezeichnen könnte, erschien erst 1620, und das noch nicht einmal in England, sondern wurde durch Joris Veseler in Rom gedruckt. Dass Jonson sich in seinem Theaterstück auf irgendetwas bezöge, was als wie auch immer vage Vorstufe oder Annäherung an Journalismus oder Zeitung in einem heutigen

Sinne gölte, kann man wohl eher ausschließen. Aber Luhmann ging es vielleicht mit seinem Zitat selbst gar nicht um Wahrheit, jedenfalls wenn man Wahrheit als Übereinstimmung einer Behauptung mit irgendwelchen historischen Fakten interpretiert. Die Wahrheit seiner Analyse ist diejenige des Zettelkastens, die Stimmigkeit einer Bemerkung im sich selbst schaffenden Verweissystem. Bei dieser Stimmigkeit wird von Luhmann auch ein bisschen nachgeholfen: Auf dem Zettel zitiert er das Jonson-Stück noch in der korrekten Originalschreibung als »newes«, im Buch dann allerdings ist die Schreibweise aktualisiert und modernisiert in das heute gebräuchliche Wort »news«, was das Argument natürlich wesentlich stärker aussehen lässt, als es tatsächlich ist. Auch Luhmann-Forscher Schmidt sieht einen erratischen Umgang mit Literatur und Belegstellen, der Bielefelder Soziologe hat sich eben nicht nur im wörtlichen, sondern auch im übertragenen Sinn »verzettelt«:

> »Luhmann notierte nämlich nicht nur bei der Lektüre bereits extrem selektiv, was an den Exzerpten auf den Rückseiten von Bibliografiezetteln sofort sichtbar wird, sondern bereits dort nicht nur mit Blick auf aktuelle Forschungsfragen, sondern auch schon mit dem Blick auf potenzielle Anschlüsse im Kasten. [...] Und wird dieser Zettel irgendwann (viel) später im Kontext einer ganz anderen Forschungsfrage zu Rate gezogen, so kommen wieder andere Relationierungen ins Spiel: kein Wunder, dass von dem Text, der am Anfang des ganzen Vorganges stand, nicht mehr viel übriggeblieben sein kann!«[74]

Luhmanns Zettelkasten ist dann eben tatsächlich ein »Überraschungsgenerator« (J. Schmidt). Letztlich ist sogar seine vom Erfinder stets behauptete Funktionalität in Frage gestellt, denn einerseits ist der Zettelkasten so konstruiert, wie heute anspruchsvolle digitale Datenbanken angelegt werden, andererseits hat er den nicht unbeträchtlichen Schönheitsfehler, eben nur eine analoge Maschine zu sein, deren kompletten Funktionsumfang Luhmann vermutlich gar nicht ausspielen konnte:

> »Zumindest kann ich mir kaum vorstellen, wie Luhmann den Kasten überhaupt zum flüssigen Sprechen bringen konnte, wenn man sich den Aufwand des Suchens und Findens von Zetteln in den dicht gepackten Auszügen vergegenwärtigt.«

Das höchste Maß an Produktivität ist erreicht, wenn die Maschinerie des Zettelkastens Automatismen entwickelt. Der Zustand, der dann erreicht wird, grenzt beinahe an eine wissenschaftliche *écriture automatique* und lässt sich auf *den* zentralen Begriff Luhmann'scher Systemtheorie bringen: Autopoetik. Wenn wir den Begriff Poetik in einem weiten und etymologisch korrekten Sinn für jede (kunst)handwerkliche Herstellung von Schrift verwenden, bedeutet der Begriff nichts anderes als Selbst-Schreibung.

Datei löschen

Der Befehl *Datei löschen* wurde in der Zwischenzeit auf die Zettelkästen selbst angewendet. Aus Büros, Buchhaltungen und sogar aus den Bibliotheken sind die papierenen Zettelsammlungen mittlerweile vollständig verschwunden – eine der großen Medienvernichtungen der Menschheit. Der Zettelkasten ist historisch geworden. Aus den analogen Algorithmen, wie sie seit den Zeiten Conrad Gesners entwickelt wurden, sind digitale geworden. Die elektronische Zettelsammlung hat das *random access memory* elektrifiziert. Die Buchführung bestimmen heute Excel und SAP. Für Privatanwender – und in diese Rolle sehen sich

Hobbyautoren und Schriftstellerinnen, Journalisten und Wissenschaftlerinnen gleichermaßen versetzt, denn die Profis sind fortan die Programmierer – gibt es eine schon durch ihre Vielzahl verwirrende Menge an Softwaretools zum Notieren und Verzetteln, von simplen Notizzettelprogrammen über graphisch aufwendige *mind-mapping*-Software bis hin zu komplexen Datenbanklösungen. In öffentlichen Bibliotheken hat der *Online Public Access Catalogue* (OPAC) den analogen Zettelkasten ausgerottet: vergessene Medien! Der heutige Zettelkasten ist digital, aus Holzkisten sind Schaltkreise geworden. Dabei stellt uns die unbestimmte Alterungsbeständigkeit der neuen, digitalen Medien vor ganz neue Archivierungsprobleme. Während wir bei Stein, Holz, Pergament oder Papier recht gut unterrichtet sind, wie lange sie die Zeitläufte überdauern, sind wir uns bei CD-ROMs, USB-Sticks und Festplatten noch nicht völlig im Klaren, wie lange sie Informationen bewahren. Ständiges Umcodieren mit der hohen Wahrscheinlichkeit an wenigstens partiellem Datenverlust ist die zwangsläufige Folge. Vielleicht werden die Speichermedien von heute zu den Vergessensmedien von morgen. Und die nächste Herausforderung steht schon vor der Tür oder vor den USB-Slots. Die Unüberschaubarkeit digitaler Medienangebote, die Größe heimischer Festplatten und die schier endlosen Speichermöglichkeiten des *cloud computing* erzwingen völlig neue Antworten auf die uralte Frage, auf die vormals die Zettelkästen antworten wollten: Wo stand das noch mal? Erst recht gilt dies für die sogenannte Rechnerallgegenwart, das *ubiquitous computing*. Der Kühlschrank ist in Zeiten des *smart home* nicht mehr nur Lebensmittelspeicher, sondern auch Informationsspeicher. Wenn Alltagsgegenstände wie Autos und Möbel, Kleidungsstücke und Supermarktwaren selbst zu Informationsträgern und Speichermedien werden, ist prinzipiell fraglich, ob Ordnungssysteme der verzettelnden Art überhaupt noch Antworten auf unsere uralte Frage finden – müssten sie doch, wie weiland beim fränkischen Dichter Jean Paul, buchstäblich das ganze Leben enthalten. Das *ubiquitous computing*, das ursprünglich von Mark Weiser vor allem technisch beschrieben wurde,[75] zeitigt Konsequenzen, die alles andere als nur technische sind und deren Bedeutung noch kaum ermessen wurde. Der Begriff des Inhalts selbst, ob als *content*, als *story*, als Gewicht oder als Zutat, entleert sich durch die Fülle seiner Verwendung. Wo alles überall nur noch voller Inhalt ist, werden wir künftig von ihm absehen: Medien sind zum Vergessen da. Das fragile Gleichgewicht aus Ordnung und Unordnung hat sich im Medienzeitalter womöglich vollends zur Unübersichtlichkeit verschoben, und wir werden uns vielleicht bald nach den Zeiten des guten alten Zettelkastens zurücksehnen, als wir uns noch ordentlich verzetteln durften.

Notizen an der Wand

Narrenhände beschmieren Tisch und Wände.
(Sprichwort)

Graffiti Wände Hände

So oder anders könnte es gewesen sein: Durch die Häuserschluchten von New York City schleicht eine Gestalt. Sie trägt Kapuzenpulli, vielleicht eine Jacke oder einen Mantel, eine Baseballkappe, eine Umhängetasche. Bei sich trägt sie einen Filzstift der Marke *Magic Marker*, später auch eine Sprühdose. Bevorzugtes Produkt ist *Krylon*, denn der Hersteller *Krylon Industrial* bietet eine besonders große Auswahl verschiedener Farben, sie setzen sich gut voneinander ab und sind außerdem äußerst wetterbeständig. Wo die Gestalt vorbeikommt, hinterlässt sie an den Wänden ihr Signet: TAKI 183. In U-Bahn-Stationen und in den Waggons der *MTA New Yorker Subway*, an den Hauswänden des Broadway, am Kennedy International Airport, in New Jersey, Connecticut, im New Yorker Umland und an vielen anderen Orten stehen die vier großgeschriebenen Buchstaben und drei Ziffern, TAKI 183.

Selten lässt der Beginn eines Schreibspiels sich so gut datieren wie im Falle der Geburtsstunde der Graffiti. Die Lokalredaktion der *New York Times* hat TAKI 183 ausfindig gemacht und über ihn berichtet. Die Zeitung ist gegenüber dem Graffito das deutlich ephemerere Medium, und doch hat gerade der Zeitungsbericht aus TAKI 183 eine Ikone und mediengeschichtliche Figur gemacht. In ihrer Ausgabe vom 21. Juli 1971 berichtet die *New York Times*, die größte Zeitung der Welt mit einer tausend Mann und Frau starken Redaktion, von einem griechischstämmigen Lieferjungen, der während seiner Botengänge durch New York City sein Pseudonym TAKI 183 auf den Hauswänden entlang seiner Route hinterlassen haben soll.[1] TAKI ist die Abkürzung für Dimitraki, was wiederum eine Koseform des griechischen Vornamens Dimitrios ist, denn der junge Mann, der als Botenjunge für einen Lieferservice arbeitet und in Midtown Manhattan die Highschool besucht, ist griechischstämmig und wohnt in einem Immigrantenviertel im Norden von Harlem. Die Nachbarschaft wird zunehmend von Populationen kubanischer, dominikanischer und puerto-ricanischer Einwanderer geprägt. Eine Straßengang namens The Savage Nomads hat ihr Hauptquartier nur einen Block weiter. Vielleicht war TAKI 183's Sprachspiel ein Imitationsspiel, vielleicht hat Dimitraki alias TAKI 183 sich sein Schreibspiel von der Gang abgeguckt. Denn bei nordamerikanischen Straßengangs war es spätestens seit den 1950er Jahren verbreitet, das eigene Revier mit »territorial markers«, sogenannten *turfs*, zu versehen. Walter Grasskamp nennt solche *turfs* auch »Okkupationsgeste[n]«, die er als »archaische Gesten« definiert, »mit denen sich ein Territorium beanspruchen und signalisieren« lasse.[2] *Turfs* konnten auch Ausdruck von Aggression und Brüskierung sein. Gisela Welz weist darauf hin, dass Gangs solche Markierungen »außerdem zur Provokation in feindlichen Territorien« hinterlassen hätten.[3] In einem zeitgenössischen Beitrag für die Annalen der Vereinigung amerikanischer Geographen gehen David Ley und Roman Cybriwsky noch weiter und adeln das Markieren von Territorium zu einer Art anthropologischen Konstante, die Fragen nach dem sozialen Zusammenhang solcher territorialer Markierungen mit den wirtschaftlichen Verhältnissen in den *neighborhoods* der *street gangs* aufwirft.

»Hoheit über und Okkupation von Territorium mag ein primitives Verhalten sein. Berge erklimmen, in die Tiefen der Ozeane eintauchen, Astronauten zum Mond schicken, die wiederum ihre eigenen Landmarkierungen hinterlassen, koloniale Abenteuer, auf der Autobahn rasen, ein Haus in gutbürgerlicher Wohngegend besitzen: Mittelklasse-Amerikaner haben reichlich Gelegenheit, ihre territorialen Bedürfnisse zu sublimieren. Aber viele dieser Gelegenheiten sind den Bewohnern ärmerer Stadtviertel versperrt. Für sie ist die Verfügung über Raum nur im Reich des Phantasmagorischen möglich. Der versperrte Zugang zur Mainstream-Kultur ermutigt zu projektiver Phantasie.«[4]

TAKI 183 war nicht der Erste, der seinen Namen an New Yorker Hauswänden hinterließ. Im *New-York-Times*-Bericht verweist er selbst auf einen JULIO 204, der im Nachbarviertel mit Filzer seinen Namen mural notierte. Doch JULIO 204 beließ es mit seinen Notierungen bei den engeren Grenzen seines Wohngebiets, während erst TAKI 183 Entgrenzung betrieb und sich dadurch stadtweit *einen Namen machte*. Die Entgrenzung machte Schule, denn TAKI 183 fand Nachahmer, massenhaft, und schuf dadurch eine Subkultur, die neben dem MC-ing, dem DJ-ing und dem B-Boy-ing beziehungsweise Breakdancing zum wesentlichen Bestandteil der Hip-Hop-Kultur wurde: Graffiti.

Exkurs: Philosophie des Hip-Hop

Wer dem Phänomen Graffiti als unkommunikativem Medium auf den Mauergrund gehen will, der muss sich mit dem Hip-Hop beschäftigen. Eine Philosophie des Hip-Hop täte allerdings not. Beide, die Philosophie und der Hip-Hop, haben nämlich, wie der Philosoph Jürgen Manemann feststellt, etwas gemeinsam: »Beide sind Troublemaker und beide dissen.«[5] Der Hip-Hop als Strömung der Popmusik und als eigenes subkulturelles Genre steht in engem Zusammenhang mit der Entwicklung der Popsubkulturen im 20. Jahrhundert überhaupt. Schon der Ausdruck Hip-Hop ist eine Referenz auf den Be-Bop, also jener Spielart des Jazz in den 1940er Jahren, mit der diese Musikrichtung sich von der Unterhaltungs- oder Populärmusik hin zu einer eigenen Kunstform entwickelt hat. Viele Erscheinungen der Popsubkulturen, die heute eher mit dem Rock'n'Roll oder noch jüngeren Stilrichtungen in Verbindung gebracht werden, sind in Wahrheit Ausgeburten jenes Jazz, der erstmals den afroamerikanischen und hispanoamerikanischen Minderheiten eine Stimme gegeben hat: der extrovertierte Kleidungsstil, der Drogen- und Alkoholmissbrauch, sexuelle Libertinage, ein eigener Slang und eine Identifikation der Gruppenmitglieder über Musik- und Lebensstil, kurz: Der Hipster gibt den Ton an. Was *hip* ist, wird nicht mehr nach den universellen Kriterien des Wahren, Schönen und Guten bestimmt, sondern durch die Abgrenzung als Entgrenzung, nämlich die Abgrenzung vom Mainstream, der sich neben dem Lebensstil auch durch Einkommensverhältnisse, ethnische Zugehörigkeit und Geschlecht definiert (aber welcher Lebensstil definiert sich nicht durch Einkommen, Ethnie und Sex?), und Entgrenzung als provokative und koordinierte Regelüberschreitung. Das exklamative Wörtchen *hip* geht wahrscheinlich auf den senegalesischen Dialekt Wolof zurück, wo der Ausdruck *xippi* »wachsam« oder »mit offenen Augen« bedeutet. Das Phonem -x- wird dabei als stimmloser uvularer Frikativ, also wie ein dunkles -ch-, gesprochen. Das *Oxford English Dictionary* vermerkt, dass das Wort *hip* erstmals 1904 in einer von Slang durchsetzten Kurzgeschichte von George Hobart mit dem Titel »Jim Hickey. A Story of The One-Night-Stands« auftaucht. Häufig fand sich in der Frühzeit des Jazz neben *hip* auch die Schreibweise *hep*, wer *angesagt* war, wurde als *hip cat* oder *hep cat* bezeichnet. Das Musik-Magazin *Downbeat* schreibt im Jahr 1937 in einer Bildunterschrift unter der Abbildung dreier Jazzmusiker mit ihrer Sängerin: »3 Hep Cats and a Hep Canary.«[6] Der Jazzsänger Cab Calloway, selbst Inbegriff des Hipsters, veröffentlicht ein Wörterbuch des Jive-Talks, der Insidersprache schwarzer Jazzer in New York, und nennt in Anlehnung an *Webster's Dictionary* sein Werk *Hepster's Dictionary: Language of Jive* (1944).

Entgrenzung ist immer Befreiung. Entgrenzung findet, auch, in und mit der Sprache statt, wenn es stimmt, was Ludwig Wittgenstein notiert hat, dass die Grenzen unserer Sprache die Grenzen unserer Welt sind. Der Hip-Hop als dezidiert sprachaffine Kunst- und Lebensform setzt sich mit diesen Grenzen von Sprache und Welt besonders intensiv auseinander. Rap als genuine Musik- und Gesangsform des Hip-Hop geht auf den Scat-Gesang des Jazz zurück, ein monoton rhythmisierendes Sprechen auf die *beats* der *turntable* mit zuweilen hypnotischer Wirkung. Der Rap wird vom MC vorgetragen, was mit *Master of Ceremony* übersetzt werden kann, manchmal aber auch als *Microphone Chief* oder *Microphone Checker* interpretiert wird oder sogar für den Ausdruck »to move the crowd« stehen soll. Dass das englische Wort *ceremony* auch für den Gottesdienst stehen kann, ist vielleicht kein Zufall, erinnert der repetitive Sprechgesang doch an priesterliche Rezitative, treten die MCs mit ihren wallenden Gewändern und Ketten wie die hohen Priester des Hip-Hop auf und reichen die Themengebiete der Raptexte von Exploitationserfahrungen im Ghetto über Drogen- und Gewaltexzesse auch nicht ganz zufällig bis zu satanistischen Beschwörungen. In der interreligiösen Konkurrenzsituation zwischen den Verkündigungen der Bibel und des Hip-Hop weist der christlich motivierte Rapexeget Michael Richmond darum warnend darauf hin, der Hip-Hop unterlaufe auf sträfliche

Weise die biblischen Moralstandards: »Rap music promotes rebellion and destruction [...]. The world of hip-hop has completely eroded the standards set forth in 1st Timothy 2,9 for young females.« In der genannten Bibelstelle wird nämlich verlangt, dass »Frauen sich in anständiger Haltung mit Schamhaftigkeit und Sittsamkeit schmücken, nicht mit Haarflechten und Gold oder Perlen oder kostbarer Kleidung, sondern mit dem, was Frauen geziemt, die sich zur Gottesfurcht bekennen, durch gute Werke«. Nein, das kann man dem Hip-Hop nicht nachsagen. Extensiv zur Schau getragene Körperlichkeit, sexuelle Promiskuität, Bandenkriminalität und Schlägereien sind Ghetto-Erfahrungen und Hip-Hop-Erfahrungen. Bei einer Anhörung vor dem US-Kongress wurde im September 2007 der Musikindustrie vorgeworfen, mit Rapmusik um schnöden Profit Gewalt und Sexismus zu fördern. Die Sprache der Anti-Exploitation ist tendenziell dieselbe wie die Sprache der Exploitation. Kein Wunder darum, dass der Hip-Hop und die Rapmusik von einer emanzipatorischen Kunstform zu einer gesellschaftlich indifferenten oder gar antiemanzipatorischen Kommerzform sich transformiert hat und Rapalben regelmäßig indiziert werden:

> »R[ap] ist seit langem nicht mehr eine schwarze politische Agitation. Diese Kommunikationsform wird zunehmend von den *white trash* übernommen – sie findet als entseeltes *mainstream*-Verhalten in entsprechenden musikalischen Formen ihr Epigonentum, sie findet zugleich als die intuitive gestische Rhetorik in der machtvollen Suggestion deutscher technoider Musik ihr scheinbar harmloses Dasein [...].«[7]

Haben die Texte des Rap überhaupt eine *message* oder sind es nicht vielmehr die Attitüde, der Gestus, die *show* und damit außersprachliche Konstituenten, die in der Hip-Hop-Kultur die Botschaft gesellschaftlicher Rebellion tragen? Ein Indiz dafür, dass Raptexte Kommunikanten ohne Kommunikat sind, bildet die starke Selbstbezüglichkeit vieler dieser Texte: Rap ist ein öffentlich vorgetragener und auf Vinyl verbreiteter Ego-Trip. Entsprechend hieß eine bekannte New Yorker Hip-Hop-Zeitschrift in den 1990er Jahren *Ego-Trip*, und der Rapper Snoop Dogg nannte bezeichnenderweise eines seiner Alben *Ego Trippin'*. Gerappt wird im Slang der Ghettos und damit in einer Geheimsprache, die den Kreis der Rezipientinnen deutlich verkleinert oder ein Hinweis darauf ist, dass die sprachliche Botschaft ohnehin nicht wesentlich ist. Arkane Sprachen sind immer excludente Sprachen. Vom Rotwelsch bis zu den Geheimcodes der Chiffriermaschine *Enigma* aus dem Zweiten Weltkrieg (deren griechischer Name »Rätsel« bedeutet) gilt: Der Sinn ihrer Codierung besteht gerade darin, nicht decodiert werden zu können. Wer den Geheimschlüssel verliert, der verliert den Krieg, und so ist es ja auch geschehen. Auch der Rap wurde mit Krieg verglichen: Das Sprachspiel der Rapperinnen ist ein agonales Sprechspiel, das in Form von *battles*, also Schlachten, ausgetragen wird, in denen es nicht um die Botschaft, sondern um den Sieg geht. Die Texte dieser Sprechspiele sind darum häufig Nonsens von dadaistischer Dichte, der einem Hugo Ball, einem Kurt Schwitters oder einem Tristan Tzara zur Ehre gereichen würde. Der Blog *Snacks and Shit* sammelt ausschließlich Nonsenstexte des Rap und vermerkt auf seiner *about*-Seite:

> »This blog is about rap and hip-hop lyrics that are absolutely absurd, ludicrous, nonsensical, ridiculous, basic, basically stupid, basically bad, basically basic, or preposterous.«[8]

Der Nonsens hat eine tiefere philosophische Bedeutung. Denn Unsinn ist das Nichtvorhandensein von Sinn im Satz und damit ein philosophisches Problem. In Ludwig Wittgensteins *Tractatus logico-philosophicus* sind unsinnige Sätze solche, die weder sinnvoll noch sinnlos sind. Unsinnig wird ein Satz dann, wenn er Ausdrücke enthält, die keine Bedeutung haben, also keine Gegenstände in der Welt repräsentieren: »Der Name bedeutet den Gegenstand. Der Gegenstand ist seine Bedeutung« (TLP 3.2.03).[9] Das Projekt der Philosophie, das beispielsweise Ludwig Wittgenstein verfolgt hat, besteht in einer Analyse der philosophischen oder wissenschaftlichen Sprache, und zwar in der Scheidung der sinnvollen Sätze vom Nonsens. Dieses Projekt hat *auch* mit Grenzen und Entgrenzung zu tun, nämlich den Grenzen des Denkens:

> »Das Buch will also dem Denken eine Grenze ziehen, oder vielmehr – nicht dem Denken, sondern dem Ausdruck der Gedanken: Denn um dem Denken eine Grenze zu ziehen, müßten wir beide Seiten dieser Grenze denken können (wir müßten also denken können, was sich nicht denken läßt.)
> Die Grenze wird also nur in der Sprache gezogen werden können und was jenseits der Grenze liegt, wird einfach Unsinn sein (TLP 3.203).«

Unsinnige Sätze enthalten Signifikanten ohne Signifikate, und sie werden gerade dadurch zu Kommunikanten ohne Kommunikate. Denn nur was sich (sinnvoll) sagen lässt, so Wittgenstein im vielzitierten Diktum, lässt sich überhaupt sagen, also kommunizieren, »und wovon man nicht reden kann, darüber muss man schweigen« (ebd.).

Sagbarkeit und Mitteilbarkeit, Semantik und Kommunikation stehen also in einem engen Abhängigkeitsverhältnis. Wo das Sprechen oder Schreiben keinen Sinn mehr ergibt, kann es trotzdem weiter erfolgen, es verliert nur seine kommunikative Funktion, und andere Funktionen treten an diese Stelle. An den Raptexten des Hip-Hop lässt sich das nachvollziehen. Aus dem »Gutmenschen« wird der *bad boy,* und aus Sinn wird Unsinn.

Das Nicht-Mitteilsame dieser Sprechspiele, das beredte Schweigen des Hip-Hop drückt sich gerade im Nonsens aus:

»With a douche pack, you're making my nose react.«
Meine Nase reagiert auf deine Duschpackung (DJ Kick).
»Let my convertible marinate on the avenue«.
Lass mein Cabrio auf der Straße marinieren (Rick Ross).
»A shotty by the shower if you wanna shoot me while I'm shitting.«
Ein Schuss von der Dusche, wenn du mich beim Scheißen erschießen willst (Notorious B. I. G.).
»It's too much drama, go ask ya mamas while I'm in the silk pajamas.«
Zu viel Drama, frag deine Mama, während ich im Seidenpyjama stecke (DJ Quick).[10]

Dass die popsubkulturelle Entwicklung mit dem Aufkommen des Hip-Hop irgendwie an ein Ende gekommen zu sein scheint und dass auch musikalisch der Pop seither keinen nennenswerten Fortschritt mehr genommen hat, kann auch daran liegen, dass der Nonsens nicht weiter komparierbar ist, Unsinn ist nicht mehr steigerbar, der Rest ist, frei nach Hamlet Wittgenstein, Schweigen.

Der Eindruck, dass der Rap eine Eintrittskarte für das Boudoir nichtkommunikativer Medien gelöst hat, wird durch den repetitiven Charakter seiner Texte und durch die monotone, sprachliche Akzente gerade vermeidende Vortragsart verstärkt. Die Wiederholung teilt nichts Neues mit, und damit teilt sie gar nichts mehr mit, wenn der Sinn von Kommunikation darin besteht, ständig neuen Sinn zu transportieren. Niklas Luhmann stellt in *Soziale Systeme* fest: »Eine Information, die sinngemäß wiederholt wird, ist keine Information mehr. Sie behält in der Wiederholung ihren Sinn, verliert aber ihren Informationswert.«[11]

Die Bedeutung der Bedeutungslosigkeit gilt in der Hip-Hop-Kultur nicht nur für den Sprechgesang des Rap, sondern vielleicht noch mehr für den Schreibakt der Graffiti, die, wenn man so will, die graphemische Form des Hip-Hop im Vergleich zur phonemischen des Rap darstellen. Während sich allgemein für die Urheber der Graffiti der Begriff Sprayer nach einem ihrer populären Schreibmaterialien, der Spraydose, etabliert hat, bezeichnen sich die Graffiti-Künstlerinnen selbst als *writer* und ihre Tätigkeit als *writing*, also buchstäblich »Schreiber« und »Schreiben«. Ihre Notizen an der Wand sind nicht nur Sudeleien und Sachbeschädigungen, zu denen Hausbesitzerinnen und eine sie kriminalisierende Obrigkeit sie machen will, sondern der Inbegriff des Schreibakts selbst. Eines Schreibaktes freilich, dem wesentliche Bestimmungsmerkmale des Schreibens und der schriftlichen Kommunikation, wie sie nach der herrschenden Auffassung definiert sind, abgehen. Die Graffiti-*writer* lösen vorderhand kein Problem, sie prozedieren keinen Vorgang, ja sie treffen keine Mitteilung. Beim Graffito wird wie kaum bei einer anderen Form der Schriftlichkeit der spielerische Charakter des Schreibens offenkundig. Jean Baudrillard als einer der frühen Theoretiker der Graffiti hat als Erster notiert, dass »die Graffiti keinen Inhalt, keine Botschaft haben. Es ist diese Leere, die ihre Kraft ausmacht«.[12]

Die Intention der *writer* erschließt sich nicht aus ihren Kommunikanten als Signifikanten, sondern aus der Rolle der *writer* im Schreibspiel. Als Imitat von Schrift im öffentlichen Raum, wie sie sonst durch kommerzielle Werbung und Wahlplakate repräsentiert werden, ist das Schreibspiel des Graffiti Mimikry. So nennt TAKI 183 im *New-York-Times*-Interview gerade Wahlwerbung als Entschuldigung oder Begründung für sein illegales Schreibspiel: »Warum verfolgen sie den kleinen Fisch? Warum nicht die Wahlkampforganisationen, die in Wahlkampfzeiten ihre Plakate überall in der U-Bahn verteilen?« Auch für Baudrillard ist öffentliche Werbung die Blaupause, gegen die Graffiti als »symbolisches Ritual« antreten:

> »Darin liegt die wahre Kraft eines symbolischen Rituals, und in diesem Sinne laufen die Graffiti allen Zeichen der Medien und der Werbung, die auf den Wänden unserer Städte die Illusion derselben Beschwörung erwecken könnten, zuwider. Man hat hinsichtlich der Werbung von Fest gesprochen: ohne sie wäre die urbane Welt düster. In Wirklichkeit aber ist sie nichts als kalte Animation, Simulakrum des Appells und der Wärme, sie gibt niemandem ein Zeichen, sie kann nicht durch eine eigenständige oder kollektive Lektüre wiederaufgenommen werden, sie kreiert kein symbolisches Netz. Mehr als die Mauern, die sie tragen, ist die Werbung selbst eine Mauer, eine Mauer aus funktionalen Zeichen, gemacht, um decodiert zu werden, Zeichen, deren Wirkung in der Decodierung sich erschöpft.«[13]

Wo nach Baudrillard die öffentliche Werbung den Signifikanzraum und damit den Kommunikationsraum dominiert, besteht der »Aufstand der Zeichen« darin, keine Bedeutung mehr zu tragen und die Kommunikationsverweigerung öffentlich zur Schau zu stellen, um dadurch als »linguistische[s] Ghetto« in die Stadt einzubrechen. Auch Tobias Schumann sagt darum den Graffiti-*writern* nach: »Es handelt sich gewissermaßen um eine gescheiterte Kommunikation: Bei unterstellter Mitteilungsabsicht ist eine Information nicht zu selektieren.«[14] Aber vielleicht lässt sich eine Mitteilungsabsicht eben auch gar nicht unterstellen. Das unterscheidet Graffiti dann auch von politischen Parolen, die ebenfalls im Rahmen eines subversiven Schreibspiels an Häuserwänden landen können, denn sie sind immer noch »erfüllte, informative Zeichen, Botschaften, für die die Wand noch ein Träger ist und die Sprache ein traditionelles Medium«.

Das Spiel, das solche Schriften an Wänden spielen, ist entsprechend nicht Mimikry, sondern es handelt sich um ein agonales Spiel, bei dem die eine Botschaft in Auseinandersetzung mit der anderen tritt.

Diese kommunikative Funktion von Medien ist – und das zu einer Zeit, Anfang der 1970er Jahre, in der das Pluraletantum »die Medien« sich überhaupt erst langsam etabliert – bereits wieder desavouiert. In einem anderen Text, »Requiem

Abb. 21a–e: Graffiti in London

für die Medien«, radikalisiert Baudrillard diesen Ansatz noch, wenn er der Mediennutzung insgesamt eine emanzipatorische Einsatzmöglichkeit rundheraus abspricht:

> »Es ist also eine strategische Illusion, an eine kritische Ver-Wendung der Medien zu glauben. Eine derartige Rede ist heute nur durch die Destruktion der Medien als solcher möglich, durch ihre Dekonstruktion als System der Nicht-Kommunikation.«

Aus der Medien-Ver-Wendung wird die – man möge mir das Wortspiel nachsehen – »Ver-Wändung«. Die Schrift an der Wand hat »keinen Inhalt, keine Botschaft«, sie *bezeichnet* in einem so ursprünglichen wie buchstäblichen Sinne die Wand selbst, auf der die Graffiti gesprüht oder geschrieben sind: »Die Graffiti [...] sind kein Heilmittel für die Architektur, sie besudeln sie, vergessen sie, sie laufen quer.« So wie Friedensreich Hundertwasser von »Recht und Pflicht der verantwortungsvollen Fassadengestaltung« sprach,[15] bemächtigen sich die *writer* der Wand, indem sie sie als Wand aus dem Verkehr ziehen. Seit Adolf Loos zur Jahrhundertwende in seinem berühmten Aufsatz »Ornament und Verbrechen« jede schmückende Ornamentierung von Fassaden als »Seuche«, »Sklaverei« und »Verwüstung« bezeichnet und damit den Funktionalismus in die Architektur und den Kunstdiskurs eingeführt hat,[16] gilt der kulturelle Kampf im öffentlichen Stadtraum der Ornamentik wie der Werbung gleichermaßen. Graffiti radikalisieren diesen Kampf, indem sie nicht nur nichts mitteilen, sondern sich auch gerade nicht als Ornament der Wände verstehen. Das unterscheidet Graffiti auch von der Street-Art, die den Stadtraum als Kunstraum definiert und entsprechende, sei's kunstinhärente Botschaften vermittelt. Der Graffiti-*writer* erweitert dagegen die »Interaktion seines Werks mit dem Betrachter um die Interaktion des Werkes mit seinem Anbringungskontext«, wie es in Monja Müllers Dissertation heißt.[17] In einem der ersten Texte, die sich überhaupt mit dem damals noch jungen Phänomen Graffiti beschäftigt haben, vergleicht der Schriftsteller Norman Mailer die Graffiti-*writer* mit Kunstpionieren wie Giotto, Botticelli, Michelangelo, Lionardo oder Raffael und hat damit früh einen etwas missverständlichen Interpretationsrahmen vorgeprägt.[18] Missverständlich, weil Mailer selbst darauf hinweist, dass von der ganzen Kunst, wie sie sich seit den Meistern der Fresco-Technik an den Wänden urbanen Raums entwickelt hat, im Graffito nur die Signatur des Künstlernamens stehen geblieben ist. Wurde der Rap als Ego-Trip im Sprechgesang identifiziert, so sind die Graffiti ein Ego-Trip auf Hausfassaden. Wenn notieren heißt, Notiz zu nehmen, dann ist das Taggen des eigenen Namens eine Form, von sich selbst Notiz zu nehmen. Von der ganzen Kunst ist allerdings nur die Signatur dieses Selbst übrig geblieben. Der Funktionalismus ist damit bei sich selbst als Selbst angekommen. Was es mit diesem Selbst der Graffiti auf sich hat, verdient nähere Betrachtung.

Ach, wie gut, dass niemand weiß ...
(Theorie des Notizzettels VI)

»I write therefore I am«, auf diese Formel bringt die britische Bildungsforscherin Victoria Carrington die Graffiti, die sie als »Verkündungen eigener Identität« bezeichnet: »Ich schreibe, also bin ich.«[19] Dieses Ego manifestiert sich durch schlichte oder auch kunstvolle Namensnennung auf Häuserwänden und Bahnwaggons. Zu fragen, was die semantische und die gesellschaftliche Bedeutung solcher Namensnennung ist (wobei jede semantische auch eine gesellschaftliche Bedeutung ist, aber vielleicht nicht jede gesellschaftliche eine semantische), heißt, nach der Funktion von Namen überhaupt zu fragen.

Auch wenn der eigene Name nicht zu den frühesten Wörtern gehört, die der Mensch lernt, hat er doch eine beinahe magische Ausstrahlung. Es ist die Magie, von der Sigmund Freud in seinen *Vorlesungen zur Einführung in die Psychoanalyse* spricht, wenn er sagt: »Worte waren ursprünglich Zauber, und das Wort hat noch heute viel von seiner alten Zauberkraft bewahrt.«[20] Häufig ist der eigene Name das Erste, was der Mensch zu schreiben lernt, und in vielen Fällen bleibt es auch das Einzige, was in teilalphabetisierten Gesellschaften an Schreibfähigkeit verbreitet ist. Der Name ist die erste eigene Notiz. Mit dem eigenen Namen wird bezeugt und beurkundet, wird geheiratet und werden Verträge geschlossen. Dem eigenen Namen wird auch deswegen ein großer Anteil an der Sprachmagie zuteil, weil in der Semantik und Sprachphilosophie hinter dem Ausdruck »Eigenname« eines der wichtigsten Konzepte überhaupt sich verbirgt, nämlich das der Benennung und damit der Bedeutungszuschreibung von Wort und Gegenstand.

In der Logik und der Sprachphilosophie hat man darum eine eigene Bezeichnung eingeführt und spricht von Eigennamen oder singulären Termini, wenn es um Ausdrücke geht, die genau einen, konkreten Gegenstand bezeichnen sollen. Allgemeine Termini sind dagegen dann solche Ausdrücke, die eine Vielzahl an Gegenständen bezeichnen können.

Was befremdlich ist, wenn Eigennamen singuläre Termini sein sollen, ist, dass zum Konzept des Eigennamens die Eindeutigkeit und damit auch die Unverwechselbarkeit gehört. Schon bei Gottlob Frege begann das Nachdenken über Eigennamen mit der Doppeltbenennung der Venus als Morgen- und als Abendstern. Und beides, Eindeutigkeit und Unverwechselbarkeit, steht im aufgeklärten europäischen Kontext (man muss allerdings zugeben, dass das in anderen Kulturkreisen anders bewertet wird), jedenfalls wenn es um die Eigennamen von Personen geht, im Zusammenhang mit unserem Konzept von Identität und Individualität. Doch genau so funktionieren personale Eigennamen in unserer Sprache nicht, sie sind alles andere als eindeutig und unverwechselbar. Die Idee von den singulären Termini als eindeutigen Bezeichnungen für Personen oder Gegenstände ist selbst eine Idealisierung, die sich im normalen Leben und in der normalen Sprache nicht wiederfindet. Sprache funktioniert auch gar nicht so. Saussures Entdeckung der Arbitrarität des sprachlichen Zeichens bezieht sich insbesondere auch auf die Eigennamen. Wörter sind nicht nur in einem diachronen oder historischen Kontext arbiträr und austauschbar, sondern auch synchron: Von jetzt auf gleich kann, unter bestimmten Bedingungen, der Name oder das Wort für einen Gegenstand ausgetauscht werden. Das ist das Problem, vor dem die Graffiti-*writer* stehen, denn sie wollen ihre Individualität und Unverwechselbarkeit auf Häuserwänden ausdrücken, und deswegen sollten wir uns das noch etwas genauer ansehen.

Eigennamen sind etwas Sprachliches und damit etwas Gesellschaftliches, und schon darum hat der Akt der Namensgebung auch etwas mit Recht, Macht und Hierarchie zu tun. Man muss das Recht haben, einer Person oder einem Gegenstand einen Namen zu geben. Einige haben dieses Recht, andere haben es nicht. Zum Beispiel folgt die binomische Nomenklatur in der Biologie heute dem System, das Carl von Linné im 18. Jahrhundert in seinen Büchern *Species plantarum* und *Systema naturae* aufgestellt hat. Nach den schließlich 1905 codierten »Règles internationales de la Nomenclature zoologique« haben nur bestimmte Personen das Recht, biologische Namen zu vergeben oder zu ändern, zum Beispiel Forscherinnen oder Züchter. So ist etwa der botanische Name für die Pfingstnelke *Dianthus gratianopolitanus*. Selbst wenn mir aus geschmäcklerischen Gründen diese Bezeichnung gegen die Hutschnur ginge, hätte ich doch keine Handhabe für ein nomenklatorisches Pfingsterlebnis betreffend die Pfingstnelke. Ich könnte mir gegebenenfalls wie der einsame Mann in der Kindergeschichte des Schweizer Schriftstellers Peter Bichsel einen neuen Namen für die Nelke überlegen, würde aber darüber, je nachdem, wie weit ich das Sprach- oder Schreibspiel triebe, selbst sehr einsam. Es wäre bei diesem Spiel sogar zu fragen, inwiefern es sich überhaupt um eine »Taufe« oder Benennung oder Namensgebung handelte, wenn der Akt der Namensgebung etwas Sprachliches und damit Gesellschaftliches und damit Kommunikatives darstellt. Entsprechend ist Namensgebung auch nichts Demokratisches. Selbst wenn es eine gesellschaftliche Mehrheit für eine Umbenennung der Pfingstnelke gäbe, sofern diese Mehrheit nicht auch die Macht über das Verfahren der Namensgebung hat, wäre hier nichts Pfingstliches auszurichten.

Das gilt, wenn auch in eingeschränktem Maße, auch für den höchst persönlichen eigenen Namen und damit den kommunikativen Ausdruck höchster personaler Identität. Denn in aller Regel haben wir – in christlich geprägten Gesellschaften ja sogar ganz manifest – unseren Namen von anderen in einem Taufakt verliehen bekommen, und an diesem fremdbestimmten und schon deswegen wenig individuellen Namen hängen wir meistens den Rest unseres Lebens. Ein kommunikatives Selbstbestimmungsrecht über den eigenen Namen gibt es in den meisten Gesellschaften nicht oder nur als Ausnahmetatbestand, zum Beispiel wenn man heiratet, zum Papst gewählt wird oder in ein Kloster eintritt. In diesem Sinne sind personale Namen in einem sehr gesellschaftlichen und damit kontigenten Sinne starre, aber nicht individuelle Deskriptoren.

Wenn die Wahrscheinlichkeit eines Kommunikanten 0 Prozent beträgt, dann beläuft sich sein Informationswert auf 100 Prozent und umgekehrt: Liegt die Wahrscheinlichkeit einer Kommunikation bei 100 Prozent, dann geht ihr Informationswert gegen null. Wer sich bei gleißendem Sonnenschein seinem Joggingpartner gegenüber zu der Äußerung hinreißen lässt: »Du, die Sonne scheint«, der sagt dem anderen nichts Nennenswertes. So verhält es sich mit vielen personalen Namen, deren gesellschaftliche und historische Umstände ihren Informationswert deutlich minimieren und darum zu einer eindeutigen und unverwechselbaren Kennzeichnung nicht taugen.

Sind die Referenten dieser Namen auch konkrete Individuen, geht die Bedeutung der Namen doch über die reine Referenz hinaus. Die Namen sagen uns etwas über die Zeitumstände, die Moden, die Gesellschaft, die Vorlieben der Taufgeber, ihre Religions-, Partei- oder Vereinszugehörigkeit oder Nationalität. In anderen Gesellschaften und zu anderen Zeiten waren und sind die Möglichkeiten der Namensgebung sogar noch restringierter: Im westafrikanischen Ghana werden Kinder nach dem Wochentag ihrer Geburt benannt. Der ehemalige UNO-Generalsekretär Kofi Annan teilt uns über seinen Vornamen mit, ein Freitagskind zu sein. Die Auswahl an Eigennamen als »singuläre« Termini und Ausdruck unverwechselbarer Individualität begrenzt sich damit auf sieben (multipliziert mit zwei für Jungen und Mädchen sowie Ausnahmen für Zwillingsgeschwister), die Namen werden auch nicht durch einen Taufakt vergeben, sondern durch eine Regel. Das ist ein Vorgang, der in der Sprachphilosophie bislang (vielleicht aufgrund kultureller Prägungen im westlichen Kulturkreis) noch gar nicht recht diskutiert wurde. Im hohen Mittelalter waren im Deutschen Reich so viele männliche Nachkommen nach den Kaisern Heinrich und Konrad benannt, dass die Kurzformen dieser Namen im Deutschen sogar zum sprichwörtlichen Ausweis höchster Beliebigkeit wurden: Hinz und Kunz.

Das Wunderbare und vielleicht auch Magische an Namen ist, dass ein gewisser Unterschied darin zu liegen scheint, wer einen Namen gebraucht. Benutzt Alter einen Namen, um sich auf jemand Bestimmten zu beziehen, so kann man berechtigterweise danach fragen, was er mit der Verwendung eines Namens meint oder was der genannte Name bedeuten soll. Bezieht Ego dagegen sich auf sich selbst, scheint es eher unsinnig, danach zu fragen, wen oder was er meine oder was der genannte Name bedeute. »Hallo, mein Name ist Kurt« ist unmittelbar einleuchtend, die Gegenfrage »Wen meinst du mit ›Kurt‹?« wäre dagegen offensichtlich nicht sinnvoll. Selbst eine Explikation im Sinne einer Russell'schen Beschreibung ergäbe ja keine neue Information, die über die erstgenannte Vorstellung hinausginge. Der Satz, »Mit ›Hallo, mein Name ist Kurt‹ meine ich die Person, die vor dir steht und sagt: ›Hallo, mein Name ist Kurt‹«, ist offenbar redundant, die eingeschobene Zitation ließe sich herauskürzen, und auch die Satzbestandteile »ich« und »die Person, die vor dir steht« wären äquivalent und austauschbar, so dass am Ende ein tautologisches »ich bin ich« übrig bliebe. Genau das hebt personale Eigennamen so eminent von anderen Formen gegenständlicher Benennung ab, so dass man (personale) Benamung und (gegenständliche) Benennung grundsätzlich getrennt voneinander betrachten sollte. »Abendstern« oder »Morgenstern« sind dann gar keine Benamungen, sondern nur Benennungen, während »Gottlob«, »Bertrand« oder »Ludwig« Benamungen sind, denn sie können für eine Ego-Position stehen, für die Morgen- und Abendsterne nicht zur Verfügung stehen.

Aber auch der Name fürs Ego ist kein singulärer Terminus, schon weil seit Sigmund Freud das Ich nicht mehr als singuläre Instanz angesehen werden kann: Ego rekurriert mit seinem Namen auf die Multiplizität des Selbst, auf alle Seiten und Schattierungen, alle Züge, die mit Gotthold Ephraim Lessing als »gemischter Charakter« angesprochen werden können. Der personale Name fürs Ego ist eine Summenbezeichnung für ein Potpourri aus Einstellungen, Zuständen, Gefühlen, über die das Ich mit seinem Namen einen großen Bogen schlägt. Wird die Spannung zwischen diesen Zuständen zu groß, so dass *ein* Ich nicht mehr mit nur *einem* Namen darauf rekurrieren kann, dann kann und muss ein neuer Name gewählt werden, der unter Umständen die vorangegangenen Zustände mit beinhaltet. »Rosemarie Magdalena Albach« ist der Name einer fünfzehnjährigen, in Wien geborenen Internatsschülerin, der nur einen kleinen Bereich von Ich-Zuständen umspannt. »Romy Schneider« dagegen ist der Name für einen ziemlich großen Ich-Zustands-Bereich, der die vorherigen Rosemarie-Zustände spielend mit vereinnahmt oder verein-namt. Namen sind fluide Deskriptoren und keine starren Deskriptoren. Es sind die Spiele der Sprache und der Schrift, die uns das vorgeben.

Schon das so simple wie verbreitete Ego-Googeln beschert uns vor allem eine Gewissheit, nämlich die, dass unsere Eigennamen uns in aller Regel nicht alleine gehören und uns noch weniger eindeutig benennen, also keine »starren Deskriptoren« sind. Die Sprayerinnen oder *writer* von Graffiti haben schon vor dem Zeitalter der Algorithmen darauf numerisch reagiert: Einerseits haben sie ihre Namen durchnummeriert, um sich gerade durch den Zahlencode einzigartig zu machen. Die nachgestellten Zahlen von TAKI 123 sollen von seiner eigenen Adresse stammen, 123rd Street, Washington Heights, Manhattan. Der Lieferjunge, ein später Nachfahre der spätmittelalterlichen Herolde und Korrespondenten, dessen prekäres Beschäftigungsverhältnis darin besteht, zur Ware gewordene Kommunikanten an die Adressen anderer zu liefern, ironisiert seine Tätigkeit, indem er neben seinem Kosenamen einen Teil seiner eigenen Adresse hinterlässt. Der Ungehorsam, der hinter dieser Form des Notierens steckt, kann auch als Auflehnung gegen das Arbeitsregime spätkapitalistischer Warenzirkulation verstanden werden. In Zeiten von Amazon und UPS hat diese Geste eine frische Relevanz. Andererseits erfolgt die numerische Reaktion der *writer* auf die Fluidität ihrer Namen dadurch, dass sie sie massenhaft in größter Zahl an die Wände sprayen und schreiben, sprich: notieren.

Darum sind auch Straßen- oder U-Bahn-Waggons so magische wie magnetische Anziehungspunkte für *writer*: Anders als besprayte Häuserwände, die, wenn man so will, starre Deskriptierte sind, sind Straßen- und U-Bahnen in ihrer Mobilität Ausdruck auch einer namhaften Fluidität, die die Nicht-Botschaft eines Namens im Stadtgebiet multipliziert. Die Multiplikation des eigenen Namens kann das Band zwischen Namen und Ego offenbar deutlich bestärken. Darum die litaneihafte Anrufung der Namen von Potentaten und Diktatoren, die schon aufgrund ihres Alleinherrschaftsanspruchs auch auf die Singularität von Ego und Benamung pochen müssen. Auch der Namenswechsel im Pontifikat hat vermutlich den Grund der Herausstellung von Alleinstellung des letzten in Europa verbliebenen absolutistischen Wahlmonarchen, auch wenn sein Herrschaftsbereich auf die Ausmaße des größten Museums der Welt zusammengeschnurrt ist. So kann eben auch ein Herrschaftsanspruch durch Benamung museal werden. Gegen diese Herrschaftsgesten treten die Graffitisprayerinnen subversiv an. Sie beanspruchen mit ihrem Namen die Sachherrschaft über Wände und Waggons, ohne mit anderen Machtmitteln ausgestattet zu sein als den Insignien von Spraydosen und Filzstiften. Die schiere Multiplikation der Namen schafft hier Gegenmacht, was man schon allein am zum Teil rigiden Vorgehen der eigentlichen Staatsmacht gegen die *writer* ablesen kann. Im *New-York-Times*-Artikel von 1971 wird ein Beamter des Verkehrsamts zitiert, der den mutmaßlichen Schaden durch Graffiti in New Yorker U-Bahnen auf 300 000 $ pro Jahr beziffert. Es seien schon in dieser frühen Phase des Phämonens Graffiti Sprayerinnen aus allen Stadtvierteln, jeder Hautfarbe und Religion und aus unterschiedlichen ökonomischen Milieus angezeigt und dingfest gemacht worden. Aus diesen Angaben lässt sich schließen, dass staatliche Verfolgung bereits in der Frühphase der Graffiti-Kultur mit großer Vehemenz stattfand. In der Bundesrepublik Deutschland verfügte ausgerechnet ein Bundesinnenminister Otto Schily, der in seinem Vorleben als Anwalt Protestierer der 68er-Generation und RAF-Terroristinnen verteidigt hatte, Sprayer vom Bundesgrenzschutz mit Hubschraubern verfolgen zu lassen. Im Jahr 2005 kam es in Deutschland sogar zu einem Todesfall bei der Verfolgung von Graffitisprayern. Die Hubschraubereinsätze wurden schließlich nur abgebrochen, weil brave Bürgerinnen sich in ihrer Ruhe gestört fühlten: Lärmbelästigung wiegt in Deutschland offenbar noch schwerer als Sachbeschädigung und staatlicher Kontrollverlust.[21] Seinen Eigennamen zu verbreiten ist das eine, es aber massenhaft und auf mobilen Trägermedien zu tun ist noch einmal etwas anderes und wirkt strafverschärfend.

Die Wahl von Pseudonymen und Abkürzungen als Benamungen der *writer* schützt hier so vordergründig vor staatlicher Verfolgung, wie der Putz der Wände und der Lack der U-Bahn-Waggons der mediale Vordergrund für dieses Schreibspiel sind. Hintergründig wechseln die Sprayerinnen auch die Pseudonyme, wenn es angesagt oder ihnen genehm ist. In seiner Studie über die frühe Graffiti-Szene in Denver berichtet Jeff Ferrell von einem *writer*, der als »The Amazing Zerrox« oder in der Kurzform einfach als »Zerrox« zeichnete. Als jedoch in der Szene ein neuer Sprayer auftauchte, der als »Xerox« taggte, wechselte »Zerrox« kurzerhand seinen *tag*:

> »Ich hörte, jemand anderes nennt sich jetzt auch Xerox ... Irgendwie musste ich damit umgehen ... Ich kürzte den Namen und nahm das Z, weil ich das schon immer mochte. Und ich nahm mir die Zahl 13, weil ich die 13 schon einige Male vorher benutzt hatte. [...] Es war wie eine Nummernkombination, deswegen machte ich es; außerdem ist auf meinem Arbeitsweg die 13 die Nummer meiner Linie. Es gibt noch

ein paar andere Gründe, warum die Zahl 13 ins Spiel kam. Kurzum, ich nahm die Zahl 13 und packte sie zusammen. Also hieß ich schließlich Z13.«[22]

Das Graffiti-Schreibspiel ist damit aber noch nicht beendet. Der neue Sprayer, der sich weiterhin Xerox nannte, wollte seinen Namen gerne als »z-rox« ausgesprochen haben. Als Respektbekundung gingen allerdings die anderen Sprayerinnen der Szene dazu über, den alten Zerrox/Z13 als »z-rox« auszusprechen. Der neue Xerox, der entsprechend als »x-rox« ausgesprochen wurde, änderte daraufhin seinen *tag* in »Mac«. Später taggte »Mac« aber auch als »STONED«, als er eine Marihuana-Phase hatte, und noch später sprayte er als »SATAN«. Z13 blieb hinwiederum auch nicht bei seinem neuen Namen: »Eine Art von Entwicklung in eine neue Form der Sache«, wie er selbst es nannte. Fortan zeichnete er als »Dik 4« oder auch »D-I-K-4«.

Aus Ego wird Alter Ego wird Alter Ego. Der Name bedeutet nichts, ist nur Kommunikant, aber kein Kommunikat. Graffiti-Forscher Jeff Ferrell stellt fest,

> »Writer haben keine Aversion gegen multiple Tags. Wenn ihre Situation oder ihre Interessen sich ändern, geben sie alte Tags auf, entwickeln neue, und häufig haben sie mehr als einen Tag gleichzeitig. Writer ändern und multiplizieren ihre Tags auch als Möglichkeit, mit ihrer subkulturellen und öffentlichen Identität zu spielen.«

»TAKI« und »TAKI 123« liest man heute noch an vielen Hauswänden in deutschen Großstädten, als Referenz auf die mittlerweile lange Tradition der Graffiti, vielleicht als Zitat, aber wohl eher nicht als Benamung für den »echten« Dimitrios oder Dimitraki, der irgendwann Ende der 1960er Jahre mit dem Schreibspiel begann. Graffiti stehen für ein Spiel mit Identitäten, für das

Schlüpfen in die Rolle eines Alter Ego, die Volatiliät westlicher Ich-Fixationen und den Eskapismus der »New-Age«-Generation vor einer als hermetisch, konsumfixiert und hyperleistungsorientiert erlebten Gesellschaft. Nicht der künstlerische Anspruch, sondern die Grenzerfahrung durch Gesetzesverletzung ist inhärentes Momentum der Graffiti-Szene. Die Schreib- und Notierspiele, die hier gespielt werden, sind Mimikry und Ilinx. Es sind die Spiele der Verwandlung und der Karnevalisierung. Der Anarchismus und Karnevalismus, der aus ihnen spricht, begann aber nicht in New York oder Denver in den 1960er Jahren, sondern ist schon um einiges älter.

Wiener-Hof-Write-Schule oder Fifteen minutes of publicity

Als Urahne des Eigennamen-Taggens gilt der Wiener Joseph Kyselak. Der im Jahr 1798 geborene Hofkammerbeamte soll gewettet haben, innert drei Jahren seinen Namen im gesamten Kaiserreich Österreich bekannt zu machen. Also begann Seiner Majestät Untertan in jener Stadt, die hundert Jahre später der Wiegenort des nach ihr benannten Philosophenzirkels Wiener Kreis und damit der modernen Sprachphilosophie werden sollte, an Orten und an Plätzen, an Stätten und am Immobiliar eines restaurierten *ancien régime* seinen Namen zu schreiben, zu kratzen und zu kritzeln. Wesentliches zur Verbreitung seines Namens trug eine erstaunliche Alpenwanderung bei, die den Kritzler und Ritzer von Graz aus über die Koralpe und das Drau- und das Mölltal nach Mallnitz, von hier aus über den Mallnitzer Tauern nach Bad Gastein, Hallein und Berchtesgaden führte, von wo aus Kyselak den Hundskopftod im Steinernen Meer bestieg, über Saalfelden ins Zillertal wanderte und den Alpenhauptkamm Richtung Sterzing überquerte, den Jaufenpass, das Passeiertal und das Timmelsjoch meisterte, vom Ötztal übers Stubaital nach Innsbruck gelangte, um hierauf nach Salzburg zu gehen, auf der Salzach und dem Inn nach Passau zu flößen und schließlich von hier aus wieder nach Wien heimzukehren. Wohin auf dieser Tour de Force dieses wohl nur mäßig begabten Alpinisten (bei seinen Kritzel-Kraxeleien über die Tiroler Berge ist er über Anstiege des heutigen USA-Schwierigkeitsgrads II nie hinausgekommen) er auch kam, überall hinterließ er seinem Namen, Kyselak Kyselak Kyselak. Und der Welt hinterließ er mehr als nur Notizen, nämlich eine vier Jahre später veröffentlichte Reisebeschreibung des Titels *Skizzen einer Fußreise durch Oesterreich, Steiermark, Kärnthen, Berchtesgaden, Tirol und Baiern nach Wien – nebst einer romantisch pittoresken Darstellung mehrerer Ritterburgen und ihrer Volkssagen, Gebirgsgegenden und Eisglätscher auf dieser Wanderung, unternommen im Jahre 1825.*

Den Grund für seine Marotte nennt Kyselak in dieser Schrift nicht. Gelegentlich verweist er auf sein Namens-Tagging. Als er beispielsweise seine Ankunft an der Schlossruine Kapfenberg in der Steiermark beschreibt, heißt es:

»Ich bezeichnete diese merkwürdige Wand, an der ich mich nun fest anklebte, groß mit schwarzer Jahreszahl.«[23]

Ist Kyselaks Plan aufgegangen und hat er sich mit seinen Namensnotizen in ganz Österreich bekannt gemacht? Schwer zu sagen, weil schwer zu messen, sind doch die Methoden der Demoskopie erst nach seiner Zeit entwickelt worden: Die Österreicherinnen wurden schlicht nicht befragt, ob ihnen Kyselak nun auch wirklich bekannt sei. Immerhin hat sein Name Einzug in *Wurzbachs Biographisches Lexikon des Kaiserthums Oesterreich* gehalten, wo er als »Sonderling« bezeichnet wird.[24]

Für seine größere Bekanntheit kann auch sprechen, dass sich um seinen Namen einige urbane Legenden ranken, von denen der *Wurzbach* das ein oder andere Lied zu singen weiß. So soll etwa Alexander von Humboldt bei seiner Besteigung des Chimborazo in Ecuador am Gipfel den Schriftzug »Kyselak 1837« vorgefunden haben. So ganz wahrscheinlich ist diese Anekdote allerdings nicht, denn Humboldt hatte den Chimborazo nicht 1837, sondern bereits 1802 bestiegen, und Kyselak war 1837 schon sechs Jahre tot. Eine andere nicht näher verbürgte Geschichte besagt, Kyselak sei zu Seiner Majestät, Kaiser Franz I., beordert worden, nachdem er ein kaiserliches Gebäude »beschmiert« habe. Seine Majestät soll verfügt haben, Kyselak dürfe nie mehr seinen Namen irgendwohin schreiben. Nach der Audienz soll der Kaiser dann aber laut dieser etwas zu gut erzählten Anekdote Kyselaks Namen und das Datum in seinen Schreibtisch eingeritzt gefunden haben: ein Narr, der Tische beschreibt!

Einige der Kyselak'schen Inskriptionen sind der Nachwelt erhalten geblieben, etwa am Wehrturm von Perchtoldsdorf oder an einer Felswand in der Wachau bei Rothenhof zwischen Dürnstein und Krems. Viele der Auf- und Inschriften, die man heute noch mit Kyselaks Namenszug in Österreich finden kann, sind Fälschungen oder zeitgenössische Artefakte. So findet sich der Name auf einem Obelisken im Wiener Schwarzenbergpark, allerdings existiert eine Fotografie vom selben Obelisken in nämlichem Park zur Jahrhundertwende, auf dem der Schriftzug noch nicht zu sehen ist. Hundertfach soll Joseph Kyselak seinen Namen auf Wänden und Felsen hinterlassen haben, ein von der Stadt Wien finanziertes Forschungsprojekt geht aktuell den Spuren des Kritzlers nach und kommt momentan auf 20 heute noch erhaltene und mit großer Wahrscheinlichkeit authentische Signaturen des Wiener Hofbeamten.[25]

Das Programm, das hier exerziert wird, ist das der Bekanntheit ohne Berühmtheit. Die »fifteen minutes of fame«, die Marshall McLuhan apostrophiert und Andy Warhol seinerseits berühmt gemacht hat, sind eigentlich nur »fifteen minutes of publicity«. Ruhm oder lateinisch *gloria* ist seit Sallusts Vorwort zu seiner Schrift über die *Verschwörung des Catilina* diejenige Tugend, nach der die Menschen mit größter Anstrengung streben, denn man dürfe sein Leben nicht »in Stillschweigen verleben wie das Vieh« (ne vitam silentio transeant veluti pecora). Allerdings eignet diesem Programm eine ganz eigene Komplexität, denn schon für den römischen Schriftsteller korrespondiert der Output Ruhm mit dem Input geistiger oder körperlicher Anstrengung, also gehört zum Preis der Tugend auch der Einsatz der Tugendhaftigkeit, und wer sein Leben nur mit Schlafen und mit Essen verbringe, der durchwandre sein Leben wie das Ausland und dessen Lebensleistung würdige man am besten dadurch, dass man über sie Schweigen bewahre.[26] Und schon Hesiod, Griechenlands frühester Mythograph, wusste: »Doch vor die Tugend haben den Schweiß die unsterblichen Götter weise gesetzt.«[27]

Im anbrechenden Medienzeitalter, so scheint's, kann Gloria durch Glanz, nämlich *publicity,* und der Kyselak'sche Schweiß durch schiere anstrengungsfreie Medienpräsenz ersetzt werden, und die, *horribile dictu,* Scripted-Reality-Formate des Privatfernsehens blitzen als späte Wiedergänger des Kyselakismus auf, nur dass deren Protagonistinnen nicht mal mehr die Fertigkeit besitzen müssen, ihren Namen schreiben zu können. Entsprechend ephemer ist ihre Bekanntheit, denn – wie jede Dichterin weiß – nur wer schreibt, bleibt (und wer nur spricht, nicht – wie der Satiriker Robert Gernhardt ergänzte).[28]

Der französische Soziologe und Ethnologe Pierre Bourdieu hat den Kapitalbegriff in der Soziologie und auch darüber hinaus wieder hoffähig gemacht und ihn dabei von seinen ökonomistischen Einseitigkeiten befreit. Die Wirtschaftstheorie habe den Begriff Kapital als Gesamtheit der gesellschaftlichen Austauschverhältnisse auf den bloßen Warentausch reduziert, der auf Profitmaximierung ausgerichtet und vom ökonomischen Eigennutz geleitet sei. Bourdieu sieht dagegen neben dem ökonomischen noch das kulturelle und das soziale Kapital. Während das kulturelle Kapital meist als verinnerlichter, inkorporierter Zustand vorliegt (zum Beispiel in Form von Bildung) und darum nicht so einfach auszutauschen ist, besteht das Sozialkapital in der Gesamtheit der Ressourcen, die »mit dem Besitz eines dauerhaften Netzes von mehr oder weniger institutionalisierten Beziehungen gegenseitigen Kennens oder Anerkennens verbunden sind«.[29] Beruht das ökonomische Kapital auf dem Prinzip des Eigennutzes, bedeutet das im Umkehrschluss nicht, dass kulturelles oder soziales Kapital nur aufgrund von Uneigennützigkeit akkumuliert würden. Im Gegenteil lassen sich auch diese Kapitalformen über Umwege wieder in »klingende Münze« und damit in ökonomisches Kapital umwandeln. Der Aufbau von sozialem und kulturellem Kapital andererseits kann auch ökonomische Kosten verursachen.

Mit seiner These von der »Aufmerksamkeits-Ökonomie« hat der österreichische Raumplaner und Ökonom Georg Franck Ähnliches beschrieben: »Prominente sind die Einkommensmillionäre in Sachen Aufmerksamkeit. Der Ruhm ist die schönste der irdischen Belohnungen, weil er den Status des Großverdieners an Aufmerksamkeit noch über den Tod hinaus sichert.«[30] Allerdings wäre einzuwenden, dass zwar Ruhm vermutlich Aufmerksamkeit auch nach dem Ableben garantiert, die Form von Aufmerksamkeit, die durch mediale Bekanntheit erreicht werden kann, dagegen eher nicht. Auch die amerikanischen Ökonomen Thomas Davenport und John C. Beck sprechen von »attention economy«.[31] Und der Sozialphilosoph Axel Honneth zählt den »Kampf um Anerkennung« zur »moralischen Grammatik sozialer Konflikte«, wobei Anerkennung noch anderes impliziert als Aufmerksamkeit, allerdings ist das eine ohne das andere vermutlich schwer zu realisieren.[32] Franck schließt sich Karl Marx' *Achtzehntem Brumaire* an, wo dieser schrieb, alle großen weltgeschichtlichen Tatsachen würden sich zweimal ereignen, »das eine Mal als Tragödie, das andere Mal als Farce«. Franck führt diesen Gedanken weiter und stellt fest: »Der Kapitalismus des Geldes war eine Tragödie. Der Kapitalismus der Aufmerksamkeit trägt zweifellos närrische Züge.«[33] Es ist gerade *die* Narrheit, die Tisch und Wände beschmiert, mit ihrem Namen nämlich.

Die Form der Wandbeschriftungen, die Kyselak vor- und die New Yorker Graffiti-*writer* nachgemacht haben, lässt sich mit den Bourdieu'schen Begriffen als Akkumulation von sozialem Kapital auf die ökonomischste Weise beschreiben. Die Popularität oder *publicity*, die mit dem Notieren des eigenen Namens auf Wänden und in Bäumen, auf Mauern und in Felsen hergestellt werden soll, spinnt ein Netz zwischen den Sprayern, ihrer Hip-Hop-*community* und dem urbanen Publikum aus Passantinnen und Verkehrsteilnehmern im öffentlichen Raum. Schon Bourdieu stellte fest, dass »für die Reproduktion von Sozialkapital [...] eine unaufhörliche Beziehungsarbeit in Form von ständigen Austauschakten erforderlich« sei, die die gegenseitige Anerkennung immer wieder neu bestätige.[34] Die *writer* institutionalisieren diese Beziehungsarbeit durch die Verwendung von Permanentmarkern und schwer entfernbaren Lacken, die Beschriftung beweglicher Ziele, die schiere Masse ihrer *tags* und die fortdauernde Repetition des eigenen (Künstler-)Namens oder Alias. Häufig wird das Konkurrenzverhalten innerhalb der Graffiti-Szene betont und ihre spezifische soziale Schichtung, die sehr genau zwischen »Kings« und »Toys«, also jenen Sprayern, die ihre Kunst nur amateurhaft und spielerisch ausüben, unterscheidet. Das könnte ein Indiz dafür sein, dass das Schreibspiel der *writer* doch nicht Mimikry oder Ilinx darstellt, sondern einen stark agonalen Charakter hat. Agonal ist allerdings nicht das Schreibspiel selbst. Die Agonalität, also der Wettkampfcharakter, dringt gerade durch die Vermengung zweier verschiedener Spiele in die Graffiti-Szene ein, nämlich des Schreibspiels und des ökonomischen Spiels im Kampf um Aufmerksamkeit. Oliver Schnoor sieht denn auch geradewegs Analogien zum Arbeitsethos der protestantischen Askese und macht den Vorschlag, »die Graffiti-Sprüher als puritanische Sekte im Sinne Webers zu begreifen: Der harte Weg zur Anerkennung [...], der Konkurrenzkampf um Originalität, Ruhm und Präsenz bei den Writern entspräche der dauernden Auslese und Bewährungspflicht.«[35] Das soziale Kapital entsteht und häuft sich an durch die Anerkennung innerhalb der eigenen *peer group* und Subkultur einerseits, aber auch durch eine Form von Aneignung und Enteignung fremden Wirtschaftsguts andererseits, das in der subversiven Beschriftung und Benamung fremden materiellen und immateriellen Besitzes besteht. Von der Redeweise »Das ist der Bahnwaggon *mit* (dem Schriftzug) CRAZY 238« zur anderen Redeweise »Das ist der Bahnwaggon *von* CRAZY 238« ist es nicht nur sprachlich lediglich ein kleiner Schritt. Aneignung durch Beschriftung kennen wir von den Brandmarkungen von Rinderherden bis zu den Pfandmarken der Gerichtsvollzieher auf dem Mobiliar der armen Schuldnerinnen. »Dies gehört mir« drückt sich am besten immer noch durch die Beschriftung »Dies gehört mir« aus. Die Sprayerinnen reklamieren diesen Titel widerrechtlich für sich, was einer der wesentlichen Gründe für ihre Strafverfolgung ist. Aber die Geschichte ist voll von Beispielen, wie aus widerrechtlichen Aneignungen *ex post* legale Besitztitel wurden. Jede Form von Kapitalakkumulation, weiß der Marxist in uns, beruht auf einer Akkumulation von Arbeit. Die postindustrielle Existenz der *writer* und Sprayer minimiert die Arbeit, die ein *old-school-tag* mit Edding auf der Wand bedeutet, und maximiert den sozialen Ertrag, der in öffentlicher Bekanntheit besteht.

Diese Form der sozialen Kapitalakkumulation ist allerdings dem postindustriellen Zeitalter nicht wesensinhärent, wie ein weiter Blick ins präindustrielle Zeitalter zeigt. Seit die Menschheit zwischen Wänden lebt und Mauern aufschichtet, sind deren Oberflächen vor der menschlichen Kommunikation nicht mehr sicher.

»Stoß langsam!« Antike Kritzeleien

Jedes Graffito stellt ein Menetekel dar.

Das Menetekel stammt aus dem Buch Daniel des Alten Testaments. Die Legende bildet sozusagen die Frühform der Erzählung von den Graffiti-*writern*, die vom biblischen Babylon bis zum Hip-Hop des babylonischen New York im 20. Jahrhundert führt. Im Alten Testament ist es der babylonische König Belšazar, der bei einem Gelage aus jenen goldenen und silbernen Gefäßen reichen lässt, die die Babylonier zusammen mit dem ganzen Volk Israel aus dem Tempel in Jerusalem entführt haben. Plötzlich erscheint aus dem Nichts eine Hand und – sie schreibt an die Wand. Doch keiner der Anwesenden kann die Zeichen an der Wand entziffern, und so lässt Belšazar den israelitischen Propheten Daniel kommen, der sich einen Namen als Traumdeuter, Astrologe und Schriftgelehrter gemacht hatte. Und der kann die Zeichen nicht nur lesen, sondern auch deuten:

»Mene mene tekel u-parsin.«[36]

Die ursprünglich wohl akkadischen Worte sind von der schreibenden Hand auf aus Daniels Sicht erfreuliche Weise in aramäische Zeichen gekleidet worden. Daniel übersetzt dem Herrscher die für ihn allerdings wenig erfreuliche Botschaft:

»Die Tage deiner Herrschaft sind gezählt. Gewogen wurdest du und für zu leicht befunden. Dein Reich wird geteilt und den Medern und Persern gegeben.«

Nicht nur mit dem Akt der Übersetzung, sondern auch mit der Botschaft selbst geben Daniel und die biblischen Autoren ein Beispiel für die hohe Kunst der Hermeneutik. Denn auch in der Übersetzung bleibt die Wandinschrift rätselhaft und vieldeutig. Das Menetekel der Interpretation wird hier deutlich ausgesprochen, so dass es selbst kaum einer weiteren Interpretation bedarf: Viele Deutungen, Schriftauslegungen und Übersetzungen werden, sofern sie gewogen werden, für zu leicht befunden. Die Botschaft, die vermittelt wird, ist die schreibende Hand und ihr Schreibspiel selbst, das plötzliche Auftauchen des göttlichen Griffelhalters im babylonischen Akt des Sakrilegs. *Was* sie an die Wand schreibt, ist bei weitem nicht so bedeutend wie, *dass* sie an die Wand schreibt. Dass der babylonische Herrscher tatsächlich in der gleichen Nacht verstirbt und sein Name, Ironie der Geschichte, kaum auf die Nachwelt gekommen wäre, wenn nicht die biblische Anekdote von ihm künden würde, ist tatsächlich nur eine Korrelation. Eine Kausalität zwischen dem Menetekel und dem Tod des babylonischen Herrschers begründet sich nur für den Schriftgläubigen, nicht aber für die Schriftkundige. Mit dem biblischen Menetekel-Graffito hat nicht nur Jahwe sich als der Gott des Hip-Hop geoutet, sondern auch der Glaube *an* die Schrift *in* die Schrift an der Wand sich eingeschrieben. Wer verstehend lesen will, muss an die Botschaft glauben. Wem dieser Glaube abgeht, für den bleibt nicht nur die Schrift an der Wand, sondern jede Schrift ein Medium ohne Botschaft, ein Kommunikant ohne Kommunikat, und es geht ihm oder ihr wie dem Goethe'schen Faust unter der Regieanweisung »Nacht, Faust mit sich allein«, wo der gelehrte Doktor feststellt: »Die Botschaft hör' ich wohl, allein mir fehlt der Glaube.«

Mit der Hand an der Wand rekurrieren die biblischen Autoren, vermutlich unbewusst oder unterbewusst, auf die Urform des Graphismus. Die ersten symbolischen Darstellungen, die wir aus der Frühgeschichte der Menschheit kennen, stammen aus Höhlen in Südfrankreich und Nordspanien. Die ältesten findet man in der El-Castillo-Höhle im spanischen Kantabrien, und sie sind etwa 40 000 Jahre alt. Dort haben die Menschen des Jungpaläolithikums 25 Graffiti in Form von Handabdrücken hinterlassen. Charlotte Faurie und Michel Raymond von der Universität Montpellier haben insgesamt über 500 Handabdrücke in 26 Höhlen Südwesteuropas gezählt. Diese Form des frühesten menschlichen Graphismus ist aber nicht auf Europa beschränkt. Eindrucksvolle Beispiele finden sich auch in Lateinamerika in der deswegen so genannten Cueva de las Manos (»Höhle der Hände«) im Norden der Provinz Santa Cruz in Argentinien, wo die Tehuelche-Indios vor etwas 15 000 Jahren ebenfalls zahlreiche Handabdrücke hinterlassen haben. Es handelt sich in den meisten Fällen um Invers-Graffiti. Das Verfahren wird manchmal auch »Stencil« genannt und findet sich bis heute im Repertoire der Sprayer und *writer*: Über die Hand an der Wand bliesen die prähistorischen Menschen mit einem Halm oder einem hohlen Vogelknochen einen dünnflüssigen Brei aus gemahlenem Pigment und Wasser. Auf diese Weise entstanden helle Handbilder auf dunklem Hintergrund. Als Farbstoff diente entweder schwarzer Manganit oder roter Hämatit, also Ocker. Solche Farbstoffe mussten absichtsvoll hergestellt worden sein, was den Blick darauf lenkt, dass die Erfindung des Graphismus in engem Zusammenhang mit der Technikgeschichte der Frühmenschen steht. Die Hand ist dabei selbst ein Symbol für diesen Siegeszug der Technik, denn mit dem aufrechten Gang werden die Hände frei für eine Regsamkeit, die sich über die Jahrtausende zum regelrechten Hand-Werk weiterentwickelt. Der Spielraum der Hände und das Gesichtsfeld nehmen seitdem quantitativ den größten Teil der menschlichen Hirntätigkeit ein: »80 Prozent [...] dienen der motorischen Kontrolle des Kopfes und der oberen Extremität, d.h. die beiden Pole des Relationsfeldes mobilisieren acht Zehntel des gesamten primären motorischen Dispositivs«, wie der französische Paläontologe André Leroi-Gourhan notiert.[37] Allerdings ist vor der Erfindung des Graphismus das Gesicht vor allem für die Sprache zuständig, die Hand hauptsächlich für die materielle Herstellung. Mit den ersten Hand-Wand-Zeichnungen wird das Gleichgewicht wiederhergestellt. Sprache und Werkzeuge haben sich gemeinsam und zeitgleich entwickelt, weil sie neurologisch miteinander verbunden sind. Immanuel Kant wird der Spruch zugeschrieben, die Hand sei das »äußere Gehirn«.[38] Was mit der ersten Hand-Schrift und in der Folge mit den Tausenden von Tierdarstellungen in den Höhlen von Altamira, Lascaux und anderswo sich entwickelte, war die »Fähigkeit, das Denken in materiellen Symbolen zu fixieren«.[39] Dieses symbolisierende Denken, das mit den Höhlenwandmalereien sich erstmals Ausdruck verschafft, wird zur *differentia specifica* des Menschen gegenüber dem Tier. Werkzeuggebrauch und Ansätze sprachlicher Kommunikation kann man, bei gutem Willen, auch manchen Tierarten zusprechen. Aber bis zum Erscheinen des Homo sapiens gibt es nichts der symbolistischen Ausdrucksweise Vergleichbares. Was an der Höhlenwand Niederschlag findet, ist Ausdruck des wilden Denkens, das noch nicht durch die alphabetische Schrift in »lineare« Ordnungsbahnen gezwungen wurde. Es ist präkonventionelles Schreiben. Auch wenn die späteren Funde der berühmten Tiermalereien von hoher Kunstfertigkeit künden und darum vermutlich das Endprodukt in einer Reihe uns nicht mehr bekannter Vor- und Übungsstufen darstellen, ist die altsteinzeitliche Wand doch dem Notizzettel näher als dem Buch oder auch der Staffelei. Es handelt sich um den Ausfluss eines Denkens, das noch »strahlenförmig wie der Körper des Seeigels oder des

Seesterns« ist, wie Leroi-Gourhan es ausdrückt.[40] Zur Emanzipation der Hand gehört auch, dass ihre gemalten Notizen an den Höhlenwänden ihre Autonomie gegenüber der gesprochenen Sprache bewahren. Offenbar herrscht bei den Höhlenwandmalereien kein phonetisches Prinzip, das heißt keine einfache Symbol-Laut-Zuordnung. Die Sprache und die Schreibe trennen sich und werden zu gleichberechtigten Ausdrucksformen, die sich gegenseitig ergänzen und befruchten, aber ihr je eigenes Recht haben. Der Linguist Christian Stetter geht so weit zu behaupten, dass jede Schrift

> »so verwendet werden kann, daß beim Schreiben überhaupt nichts Gesprochenes mehr abgebildet oder repräsentiert, daß vielmehr von vornherein der Text im schriftlichen Medium selbst formuliert wird und so schon durch die Art seiner Prägung ›literater‹ Text ist im Gegensatz zum ›oraten‹, zum konstitutiv mündlichen.«[41]

Das angenommene Verhältnis von Sprache und Schrift, das bislang häufig als Subordination des Graphismus unter den Phonismus gedacht wurde, kehrt sich damit beinahe um. Entsprechend spricht (oder besser: schreibt) Stetter ja von einer »Kohabitation«, also einem interagierenden Neben- und Miteinander von Sprache und Schrift. Und auch Leroi-Gourhan stellt fest:

> »Die Hand wurde so zur Schöpferin von Bildern, von Symbolen, die nicht unmittelbar vom Fluß der gesprochenen Sprache abhängen, sondern eine echte Parallele dazu darstellen.«[42]

Zu welchem Behufe die Hände erst sich selbst und dann ihre Umwelt an die Wände pinselten, darüber herrscht in der Wissenschaft, wie so häufig, vor allem eines, nämlich Uneinigkeit.

»Stoß langsam!« Antike Kritzeleien 445

Handelt es sich um prähistorisches Jägerlatein und damit um ein frühes Beispiel für eine problemlösende Schriftfunktion? Sind die Malereien Ausdruck der metaphysischen und religiösen Vorstellungen der frühen Menschen, stehen sie gar, wie Jean Clottes mutmaßt, für ihren »Schamanismus«?[43] Sind sie so etwas Ähnliches wie »beiläufiges Malen«, so wie sonst vom »beiläufigen Schreiben« gesprochen wird? Ihrer Beiläufigkeit steht ihre Kunstfertigkeit entgegen. Darum wird am intensivsten die Frage diskutiert, ob es sich bei den paläolithischen Höhlenmalereien um frühe Kunstausübung handelt. Schon Hans Jonas sprach vom *Homo pictor*, vom Kunstwillen des Menschen als ontischer Differenzrelation zum »weltarmen« Tier,[44] ein Gedanke, den er aus den Freiburger Vorlesungen seines Lehrers Martin Heidegger übernommen haben könnte.[45] Allerdings ist es schwierig, unseren etablierten Kunstbegriff auf die Menschen des Paläolithikums zu übertragen, zumal wenn sie selbst womöglich noch gar keinen eigenen Begriff von Kunst hatten. So weist Steven Mithen in seiner *Prehistory of the Mind* darauf hin, dass es unter den heutigen sogenannten Naturvölkern einige gibt, die durchaus Felsmalereien herstellen, ohne aber überhaupt ein Wort für »Kunst« in ihrer Sprache zu besitzen.[46]

Die gemalten Hände, deren deiktische Funktion ja nicht von der Hand zu weisen ist, deuten auf eine andere Funktion hin, nämlich die der Selbst-Schreibung oder Selbstaufzeichnung, die auch hier schon, bei den frühen paläolithischen Graffiti-*writern*, eine Aufzeichnung des Selbst ist. Die Abbildung der Hand steht dabei nicht zufällig für den ganzen Menschen. Nicht erst seit Entdeckung der Einzigartigkeit der Papillarleisten an den Endgliedkuppen des menschlichen Fingers, wie sie der britische Kolonialbeamte Sir William James Herschel 1858 erstmals entdeckte und direkt nutzbar machte, um indische Zahlungsempfänger eindeutig zu identifizieren, macht der Handabdruck die Individualität des je einzelnen Menschen aus. Wir können in den Höhlen Südfrankreichs den Beginn der Aufmerksamkeitsökonomie beobachten, einen Kyselakismus *avant la lettre*, der noch in den Graffiti der heutigen Metropolen und in den Kommentarbereichen der heutigen *social media* auf das prähistorische Erbe rekurriert. Was die frühen Höhlenmalereien dann mitteilen, ist nichts anderes als der Gestus der Mitteilung selbst. *La geste et la parole* heißt entsprechend Leroi-Gourhans Studie, die nur ungenau mit *Hand und Wort* ins Deutsche übersetzt worden ist: Hände winken uns zu aus früher Zeit, sie machen auf sich und ihre Besitzerinnen (75 Prozent der dargestellten Erwachsenenhände sollen weibliche sein) als Individuen aufmerksam und setzen damit die große Bewegung der Individualisierung in der Kultur in Gang: eine Geburtsstunde, *naissance*, von der noch die viel spätere Renaissance kündet. Und was danach kommt an Ausdifferenzierung, Kunstfertigkeit, Weltbezug und Operationalisierung, das ist nur die monumentale Steigerung jener ursprünglichen Selbstaufzeichnung, die im Kern immer ein Kommunikant ohne Kommunikat bleibt.

Seit den Höhlenmalereien hat sich das Schreiben, Malen, Kritzeln und Schmieren an Wände in der Menschheitsgeschichte etabliert und ist zu einer primären Form des Notierens, des Aufzeichnens des spontanen Gedankens und des wilden Denkens geworden. Schon die klassische Antike kennt nicht nur die Graffiti, sondern auch das Klagen über sie. »Alle Säulen, alle Wände sind voll geschrieben«, beklagte stellvertretend der jüngere Plinius im ersten nachchristlichen Jahrhundert die Kritzeleien am Heiligtum der Clitumnus-Quelle.[47] Wandinschriften, Gravuren und Kritzeleien müssen im Straßenbild des Römischen Reichs große Normalität besessen haben. »›Schonräume‹ gab es nicht«, hält der Chronist römischen Alltagslebens, Karl-Wilhelm Weeber, fest: »Ob Mauer oder Säule, Tor oder Grab, Thermen oder Tempel – die Graffiti-Schreiber schlugen überall zu; je nachdem, welches Gebäude oder Gebäudeteil ihnen gerade ›entgegenkam‹, wenn sie in Kritzellaune waren.«[48] Auch Tom Standage bestätigt das. Der britische Autor ordnet in seinem Buch *Writing On The Wall* die Wandschreibereien im alten Rom in die lange Vorgeschichte der heutigen Social-Media-Plattformen ein:

> »Die Mauern römischer Städte waren übersät mit geschriebenen Mitteilungen einschließlich Werbung, politischen Slogans und persönlichen Äußerungen aller Art. [...] Die traditionelle Anordnung eines römischen Hauses wies nach innen, mit Wohnräumen, die zum innenliegenden Atrium führten. Die Straßenseite war eine blanke Mauer, die eine Menge Platz für Graffiti bot. Solche Wände dienten als riesige öffentliche *message boards.*«[49]

Was es zu konstatieren gilt, ist die große Arbitrarität von Schreibutensil und Beschreibstoff: Womit überhaupt notiert werden kann, damit wird notiert. Worauf überhaupt mit irgendeinem Schreibwerkzeug geschrieben werden kann, darauf wird geschrieben. Kein Untergrund ist vor der Schrift sicher. Wenn es eine anthropologische Konstante in der Menschheitsgeschichte gibt, dann ist es das tiefe Bedürfnis, schriftlich Spuren zu hinterlassen. Der Mensch spiele nur, notiert Friedrich Schiller, »wo er in voller Bedeutung des Worts Mensch ist, und er ist nur da ganz Mensch, wo er spielt«.[50] Dieses Spiel ist aber in allererster Linie ein Schreibspiel. Und dieses Schreibspiel wurde immer schon gespielt, was das Zeug hielt: »Scripsit qui voluit« – wer wollte, der schrieb auch.

Bei antiken Wandkritzeleien von Graffiti zu sprechen ist in mehrfacher Hinsicht problematisch, wenn man Graffiti als Ausdrucksform und Schreibspiel einer bestimmten urbanen Subkultur im ausgehenden 20. Jahrhundert versteht. Der Einfachheit halber werde ich hier, wie häufig in der Literatur, jede

Form von Schreibspiel auf Wänden als Graffiti bezeichnen, ohne die Unterschiede zwischen historisch überkommenen und aktuellen postindustriellen Erscheinungsformen zu verwischen. Im alten Rom wurde mit einem spitzen Griffel aus Eisen oder Bronze in den Putz geritzt. Das Schreibwerkzeug war das gleiche, das auch benutzt wurde, um in die als Notizbücher verwendeten Wachstäfelchen zu schreiben. Fehlte ein solcher »stilus« oder »graphium«, so tat es auch ein rostiger Nagel, ein Stückchen Kohle, Kreide oder ein angesengter Holzspan. Anders als bei den modernen Graffiti war im alten Rom das Schreiben an die Wand ein offenbar akzeptiertes und gesellschaftlich weit verbreitetes Schreibspiel: »Graffiti zu schreiben, wurde nicht als Verunstaltung angesehen wie heute, und die Leute schrieben gewohnheitsmäßig sowohl auf die Wände ihrer eigenen Häuser wie auch auf die ihrer Freunde.«[51] Römische Graffiti waren nicht die unbeholfenen Kritzeleien einer sonst stimmlosen Gesellschaftsschicht, sondern zogen sich quer durch die Schichtungen der antiken Bevölkerung. Das bestätigt auch die relativ häufige Erwähnung dieser Graffiti in den Texten antiker Autoren. Plutarch etwa rät Leuten, die ihre übertriebene Neugierde bekämpfen wollen, zuerst die Botschaften anderer Leute auf Hauswänden und Grabsteinen zu ignorieren, da diese ohnehin nichts Nützliches enthielten.[52] Und Advokat Cicero klagt den Verres auch deswegen an, weil durch dessen Schuld über die Gemahlin des Aeschrios von Syrakus allerorten Spottverse auf die Wände gepinselt worden seien.

Es scheint, dass manche Wandbereiche gerade im Eingangsbereich römischer Wohnhäuser extra freigelassen wurden, um Nachrichten austauschen zu können und sogar die Schreiber in gegenseitigen Dialog treten zu lassen. Ein bemerkenswertes Beispiel ist die Wand eines Treppenaufgangs im Haus des Maius Castritius im antiken Pompeji, also einer der meistfrequentierten Orte in einem Wohnhaus, der größtmögliche *publicity* garantiert. Hier haben verschiedene *writer* kurze Fragmente zu einem Poem zusammengefügt, sich dabei aufeinander bezogen, gegenseitig verbessert und wie in einer Art Graffiti-Battle versucht, sich zu überragen – gerade so, wie es heute die Mitglieder einer Facebook-Gruppe im Kommentarbereich unter einem Posting tun. In den Textausgaben antiker Graffiti heißt es dann unter der Transkription einer ersten Kommunikantin: »von 2. Hand«, und dort liest sich dann die Kommentierung oder Sequenzialisierung. »Amantes ut apes vita[m] mellita[m] exigunt«, schreibt etwa ein offenbar Schwerverliebter: »Liebende führen wie Bienen ein honigsüßes Leben.« Ein anderer allerdings notiert auf der gleichen Wand darunter »von 2. Hand«: »Velle – Denkste!«[53]

Man könnte also meinen, dass es sich bei den antiken Graffiti um eine kommunikative Ausdrucksform und nicht um ein unkommunikatives Medium handelte, wenn der Sinn der alten Wandschreibereien in der Vermittlung von Botschaften an ein Publikum und sogar in gegenseitiger Bezugnahme innerhalb einer *sharing community* bestand. Doch das ist nur in seltenen Gelegenheiten der Fall. Nun haben Wandinschriften, die in den Putz gekratzt wurden, eine geringe Halbwertszeit, die die medien- und geistesgeschichtliche Analyse deutlich erschwert. Der medienhistorische Glücksfall ist hier die Naturkatastrophe, die sich im Jahr 79 n.Chr. am Vesuv abspielte. Der süditalienische Vulkan verschüttete die gerade erwähnte Stadt Pompeji und den Nachbarort Herculaneum und konservierte unter der Vulkanasche auch Wandschmuck, Malereien und Graffiti. Die pompeianischen Wandinschriften und Graffiti legen den Blick frei vom Schreibsystem auf das Sozialsystem. Andere Formen der visuellen Kommunikation im alten Rom, also die Inschriften, Gravuren, Wandmalereien und auch Plastiken, sind Auftragsarbeiten, die von (Kunst-)Handwerkern im Auftrag einer reichen Oberschicht oder der Administration ausgeführt werden. Die römischen Graffiti dagegen sind direkte Kommunikation im öffentlichen Raum und damit das vielleicht erste Beispiel für schriftliche Selbstzeugnisse der normalen Bevölkerung. Dafür spricht auch ihre sprachliche Form, wie Simone Voegtle in ihrer Untersuchung über die antike Kommunikation im städtischen Raum feststellt: »Die Sprache der geschriebenen Botschaften ist eine einfache, die Gestaltung der Buchstaben und auch der Zeichnungen ist oft unbeholfen oder fehlerhaft.«[54] Sie geben Auskunft darüber, was Menschen denken und gedacht haben, und zwar gerade in den Situationen, in denen sie selbst das Gefühl hatten, ganz bei sich und damit so gar nicht mitteilsam zu sein. Denn Kommunikanten *mit* Kommunikat, also Mitteilungen an andere, sind an den Hauswänden Pompejis eher die Ausnahme als die Regel. Politische Äußerungen zum Beispiel waren an den Hauswänden Pompejis eher selten. Wir wissen durch den Kaiserbiographen Sueton, dass Nero-Statuen in Rom mit eingeritzten und aufgemalten Kommentaren überzogen waren. In Pompeji dagegen findet sich die Kritik am Kaiserhaus beschränkt auf ein eher verloren wirkendes »Wehe euch, Nero und Poppaea!«.[55]

Das reziproke Ego-Googeln, also das Hinterlassen einer Ich-Spur, die letztlich nur der Bestätigung des eigenen Seins ohne weiteren Mitteilungscharakter entspricht, ist auch in der Antike eine der häufigsten Formen autoreflexiver Wandbeschriftung: »Paris hic fuit – Paris war hier.« Aber so einsam diese Anwesenheitsnotiz auch klingt, Paris war nicht alleine »hier«. Denn auch Sabinio war hier. Und Decius. Und der Architekt Crescens. Daphnicus war sogar mit seiner Felicla hier (»Daphnicus cum Felicla sua hic«), Pagatus mit Secunda, Nikostratos hat noch Menestratos und Stephanos mitgebracht, Romula hat ihren Staphylus im Schlepptau, Crome hat gar nicht nur ihre Schwiegermutter, sondern auch noch drei Zerlumpte und den Vater mitsamt Agla dabeigehabt (»Crome cum noverca, tres pannosi, pater cum Agla«). Es handelt sich um Autogramme, die dieses

Wort verdienen: Selbst-Schreibungen, die ihren Sinn nicht im Inhalt haben, sondern im Schreibakt selbst, der ein Schreibakt des Selbst ist. Ego hinterlässt eine Spur, die garantiert nicht gefunden wird, und das schon deswegen, weil niemand danach sucht. Deutlicher lässt das Recht auf Vergessen im medialen Diskurs kaum sich zum Ausdruck bringen. In der kommunikationswissenschaftlichen Typologie der Kommunikationsformen können die *Graffiti-writer* den bislang eher nicht vorgesehenen Fall der *many-to-one*-Kommunikation, wenn nicht gar der *many-to-zero*-Kommunikation darstellen: Viele haben etwas zu kommunizieren, aber kaum jemand oder gar niemand rezipiert es – Kommunikanten ohne Kommunikat.

Weil gerade von einem Architekten die Rede war: Ein später Erbe des Römers Crescens, der Architekt Norman Foster, entdeckte bei den Umbauarbeiten des Berliner Reichstags in den 1990er Jahren nach der Abnahme von Gipsfaserplatten, die das originale Mauerwerk verdeckten, über 200 kyrillische Graffiti, die in den letzten Kriegstagen oder der unmittelbaren Nachkriegszeit des Zweiten Weltkriegs dort hingeschrieben wurden:

> »Die Sichtung der Graffiti ergab, dass die überwiegende Zahl der Inschriften aus der Feststellung ›Hier war …‹ (russisch: ›здесь был‹), der folgenden Namensnennung und einem Datum oder einem Verweis auf die Herkunft, den Dienstgrad, den zurückgelegten Weg der Truppen oder die Zugehörigkeit zu einer militärischen Einheit bestand.«[56]

Was die Soldaten der Roten Armee auf den Reichstagswänden hinterließen, sind Schriftzeichen, die heute frescoartig herausgearbeitet und als zeithistorische Dokumente sichtbar belassen worden sind und die nichts bezeichnen, sondern ein ganz anderes Schreibspiel spielen: Sie besiegeln wie bei einem notariellen Kaufvertrag mit der Unterschrift den Sieg über Hitler und

Nazideutschland. Und wie bei einem gemeinschaftlichen Kauf jede Käuferin eigens unterschreiben muss, besiegelt auch jedes Truppenmitglied der Roten Armee den gemeinschaftlichen Sieg über den Usurpator. Das Schreibspiel führt hier aus, was Karl Valentin einst satirisch notiert haben soll: »Es ist zwar schon alles gesagt, aber noch nicht von jedem.«

Wenn die Ritualisierung einer Botschaft oder ihre Umwandlung in Litanei der sichere Weg ist, um sie ihres Bedeutungskerns zu entkleiden und zu einem leeren Kommunikanten zu machen, dann ist die Marotte, die die alliierten Partner der Roten Armee, die G.I.s der amerikanischen Truppe, während des Zweiten Weltkriegs an den Tag gelegt haben, eine sehr unkommunikative Form medialer Repräsentation. Was sie, dokumentiert seit spätestens 1939, auf Schiffs- und Häuserwände, auf Truppenmaterial und Waffensysteme, auf Junkertand und Straßenland hinterlassen haben, ist eine Botschaft ohne Sinn, der sogar das Ego abhandengekommen ist: »Kilroy was here«, schrieben sie massenhaft und versahen den Schriftzug mit einer kleinen Strichzeichnung eines Gesichts, das über eine Mauer lugt. Es handelt sich um das vielleicht erste Meme der Mediengeschichte. Die unkommunikative Botschaft weist einige Parallelen zu anderen Hervorbringungen der Populärkultur auf. So ist die Zeichnung auch in Toiletten der U.S. Army zusammen mit dem Untertitel »Schmoe is watching you« gesichtet worden, vielleicht ein Hinweis auf fehlende Privatsphäre selbst bei intimen Verrichtungen. In Großbritannien ist die kleine Zeichnung auch als »Mr. Chad« bekannt, der mit Einlassungen wie »Wot? No Eggs?« oder »Wot? No sugar?« auf die schwierige Versorgungslage der zivilen Bevölkerung hinweisen sollte. Und bei der Royal Australian Air Force war es nicht »Kilroy«, sondern »Foo«, der immer schon da war. Laut der *Encyclopedia of American Folklore* hat Kilroy die US-Armee angeblich »von Korea bis Kuwait« begleitet, also noch bis in die 1990er Jahre.[57] Bereits im Jahr 1948 hat der Kulturhistoriker H. L. Mencken für den zweiten Nachtragsband seines sprachgeschichtlichen Standardwerks *The American Language* drei Versionen für die Entstehung von »Kilroy was here« zu bieten. Die populärste Theorie besagt, das Graffito gehe auf den amerikanischen Schiffsinspektor James J. Kilroy zurück, der für die Fore River Shipyard in Quincy, Massachusetts, arbeitete. Sein Job auf der Werft soll gewesen sein, die Arbeiter an den Niethämmern zu kontrollieren, indem er zählte, wie viele Nieten sie eingeschlagen hätten. Um nicht doppelt zu zählen, so die Anekdote, habe er den Rumpf jener Schiffe, die er schon kontrolliert habe, mit einem gelben Stift mit dem Schriftzug »Kilroy was here« markiert. Einige Schiffe, die die Markierung immer noch trugen, landeten dann bei der U.S. Navy und amüsierten die Matrosen, die James Kilroy nicht mehr kannten, sich aber wunderten, dass er immer schon vor ihnen da gewesen sein solle.[58]

Gehen wir noch einmal 2000 Jahre in der Kommunikationsgeschichte zurück. Im Normalfall stellen auch antike Graffiti Kommunikanten ohne Kommunikat dar. Es sind intime Er- eher als Bekenntnisse, Selbstreflexionen der antiken *writer*, Aufzeichnungen über ihre Körperfunktionen und insbesondere über ihr Geschlechtsleben. Sie werden geschrieben und aufgeschrieben, weil sie gerade nicht mitteilbar und im offiziösen Kommunikationsraum, sei es auf Papyrus, sei es im öffentlichen Diskurs der Marktplätze, kommunizierbar wären. Altphilologe Karl-Wilhelm Weeber stellt fest, dass ein »sehr großer Teil des gesamten Graffiti-Materials aus eben solchen verbal deftigen Sex-Mitteilungen« bestünde.[59]

Das Menschliche, Allzumenschliche römischer Wandinschriften und Graffiti korrespondiert auf eine dramatisch aktualisierende Weise mit jenen Schreibereien und Kritzeleien, zu denen noch heute der moderne Mensch sich hingerissen fühlt, wenn er, wie der römische Satiriker Martial spottete, »den Leib leert«,⁶⁰ dagegen aber so gar nicht der »edlen Einfalt und stillen Größe«, die nach Winckelmann zum Ideal des klassischen Menschenbildes wurde.⁶¹ Der Pinsel, den die Einfalt hier eher im Kleinen als im Großen schwingt, ist darum vielen Philologinnen und den Verteidigern eines humanistischen Bildungsideals nie recht geheuer gewesen: Hieronymus Geist verzichtet in seiner Sammlung *Pompeianische Wandinschriften* (1960) lieber ganz darauf, »anstößige« Kritzeleien abzudrucken. Er kürzt sogar einige Inschriften, wenn sie heikel zu werden drohen. Der Altphilologe Werner Krenkel wenige Jahre später druckt zwar in seiner Edition *Pompejanische Inschriften* (1963) einige der für nicht »jugendfrei« erachteten Inschriften ab, im Unterschied zu allen anderen angebotenen Inschriften bietet er für diese aber keine deutsche Übersetzung.

Nur wer das Herrschaftswissen hat und Latein beherrscht, kann sich einen Eindruck von der unedlen Vielfalt und den gekritzelten Niedrigkeiten der antiken Menschen verschaffen. Es finden sich einfache Vollzugsmeldungen: »Futui coponam – Ich habe die Wirtin gevögelt«; es wird auf Gemeinschaftserlebnisse verwiesen: »Festus hic futuit com sodalibus – Festus hat hier mit seinen Kumpels gevögelt«; und es werden litaneihafte Lobgesänge formuliert: »Ephesus fututor. Felix Felix – Ephesus ist ein Ficker. Der Glückliche! Der Glückliche!« Auf einzelne Sexualpraktiken wird eigens eingegangen, wenn auf den pompeianischen Wänden zu lesen ist: »Corus cunnum lingit – Corus leckt die Scham« oder »Jucundus cun(n)um lingit Rusticae – Jucundus besorgt's der Rustica mit Lecken«. Gerade auch sexuelle Turnübungen, die Frauen an Männern praktizieren können, sind beliebtes Thema der antiken Graffiti: »Romula cum suo hic fellat et ubique – Romula lutscht ihn ihrem Freund hier und überall«. Großmanns- beziehungsweise Großfrausucht, der schon durch ihre verschobenen Größenangaben das Signifikat fehlt, findet sich selbstredend auch in den Autokommunikanten auf römischem Mauerwerk: »Euplia hic cum hominibus bellis MM – Euplia hat es hier mit 2000 hübschen Männern getrieben«. Dass andererseits weibliche Lust sich nicht in Quantität erschöpft, sondern vor allem auch erotische Qualitäten erfordert, wissen die lateinischen Graffiti ebenfalls zu berichten: »Lente impelle! – Stoß langsam!« Auch tiefer gehende Vollzugsmeldungen für ein erfülltes eheliches oder außereheliches Geschlechtstreiben lassen sich dem antiken *writer* entlocken:

»Futuitur cunnus (pi)lossus multo melius (qu)am glaber;
e(ad)em cintinet vaporem et eadem v(ell)it mentulam.
Eine behaarte Muschi läßt sich viel besser vögeln als eine unbehaarte;
sie hält die Wärme besser und kitzelt das Schwänzchen.«

Selbst da, wo der gebildete Römer Graffiti schreibend seinen Cicero zitiert (oder persifliert), wird doch nicht klassischem Bildungsideal gehuldigt, sondern der lustvollen körperlichen Vereinigung. In den Reden gegen Verres (Verr. II 5, 162) erzählt Cicero von einer Begebenheit, bei der ein römischer Bürger von den Überbringern des staatlichen Gewaltmonopols mit jenen Rutenbündeln verdroschen wird, aus deren lateinischer Übersetzung »fasces« sich viel später das Wort Faschismus herausbilden wird. Bei der Willkürtat lässt ihr Opfer keine anderen Töne hören als den steten Hinweis auf sein römisches Bürgerrecht. Im parodistischen Graffito wird aus dem gequälten Mann die verführte Frau, und aus dem Staatsbürgerrecht wird das Recht auf Lustschreie:

»Futuebatur, inquam futuebatur civium Romanorum
at(t)ractis pedibus cun(n)us, in qua nul(la)e aliae veces [sic!
vermutlich: voces]

erant nisissei dulcis(s)im(a)e et pisimae
Gevögelt wurde, gevögelt, sagte ich, die Scham römischer
   Bürgerinnen
mit gespreizten Beinen, und dabei waren keine anderen Töne
   zu hören
als äußerst angenehme und dankbare.«

Dass es gerade der »Locus« (ein lateinisches Wort!) ist, der seit über 2000 Jahren von den alten Römern bis zu den Kneipenaborten unserer Tage zu solchen Kommunikanten ohne Kommunikat anregt und den deswegen ja auch der römische Dichter Martial besingt, kommt nicht von ungefähr. Das körperliche Von-sich-Geben und das entsprechende geistige korrespondieren offenbar miteinander, wie auch Bertolt Brecht im Gedicht geäußert hat:

»Dies sei ein Ort, wo man zufrieden ist
Daß drüber Sterne sind und drunter Mist. [...]
Ein Ort der Demut, dort erkennst du scharf:
Daß du ein Mensch nur bist, der nichts behalten darf.«[62]

Doch der Mist, den die Kommunikatorin an Klowände pinselt, ist nicht die Freud'sche »Fehlleistung«, ist keine Aberration menschlichen mentalen Vermögens, sondern im Gegenteil die eigentliche Leistung, der Normal- und Regelfall der (Auto-) Kommunikation, dem gegenüber die Shakespeare'schen Sonette und die Schiller'schen Balladen der kommunikative Ausnahmezustand sind. Es handelt sich bei den Klosprüchen und -graffiti von den Römerzeiten bis in unsere Tage um Kommunikanten ohne Kommunikat, und das ist ja gerade der Grund, warum der Lokus auch als »stilles Örtchen« bezeichnet wird. Was auf dem Klo geschrieben und kommuniziert wird, das bleibt auf dem Klo und wird gerade nicht geteilt und mitgeteilt, wird kein ehrenwertes Mitglied der semantischen *sharing economy*. Eine notable Reflexion gerade hierüber hat der Schriftsteller Peter Handke mit seinem *Versuch über den Stillen Ort* angestellt. Handke ist selbst notorischer Notizbuchführer: Seit er Mitte der 1970er Jahre vom Flaneur zum Wanderer geworden ist, trägt er stets ein Notizbuch in der Jackentasche: »Ich übte mich nun darin, auf alles, was mir zustieß, sofort mit Sprache zu reagieren.«[63] Im Literaturarchiv Marbach sind seit 2008 schon 66 der insgesamt 78 Notizbücher einsehbar, mehr als zehntausend mit der Hand beschriebene Seiten. Handke sieht sein Schreiben und seine Biographie mit dem »stillen Ort« verknüpft, war für ihn, den Klosterschüler, das »Klosett« doch ein ähnlicher Rückzugsort wie sonst nur der Beichtstuhl und beide, Beichthäuschen und Scheißhäuschen, eine Klausur ganz eigener Art, die auch ganz ohne Not und Notdurft und damit ohne jedes Verlangen, etwas von sich zu geben, aufgesucht werden konnte. Die Stille dieser Orte bestand gerade in der Abwesenheit von Kommunikation, und sie wurden aufgesucht, um jeder Kommunikation zu entgehen:

> »Noch merkwürdiger, daß man, ohne Vorsatz oder gar Plan, die stillen Orte allein aus sich selber heraus schaffen konnte, von Fall zu Fall, inmitten eines Tumults (gerade im Tumult), inmitten von dem zeitweise noch ungleich stärker geisttötenden Gerede.«[64]

Die soziologischen Großtheorien sind sich heute einig darin, dass Kommunikation die Grundlage moderner Gesellschaften ist, wenn nicht des Gesellschaftlichen überhaupt. »Der elementare, Soziales als besondere Realität konstituierende Prozeß ist ein Kommunikationsprozeß«, schreibt Niklas Luhmann.[65] Der Rückzug von der Kommunikation kann darum immer auch als Rückzug aus der Gesellschaft gedeutet werden. Und genau dies tut auch Peter Handke, wenn er auf dem und über den »Stillen Ort« meditiert:

> »Was ich mich während des Aufschreibens hier insgeheim manchmal gefragt habe, frage ich mich jetzt schriftlich: War mein Aufsuchen der Stillen Orte, im Lauf des Lebens gleichsam weltweit, immer wieder auch ohne spezielle Notwendigkeit, vielleicht ein Ausdruck, wenn nicht von Gesellschaftsflucht, so doch von Gesellschaftswiderwillen, von Geselligkeitsüberdruß? Indem ich inmitten der anderen abrupt aufstand und von ihnen wegging, möglichst um mehrere Ecken und über neunmalneununddreißig Stufen: ein asozialer – ein antisozialer Akt?«[66]

Die Kommunikanten, die sich als Notizen auf Klowänden finden, sind neben den Altertumsforschern in Pompeji zuerst bei den Volkskundlerinnen und Ethnologinnen auf wissenschaftliches Interesse gestoßen. In der folkloristischen Sammlung *Kryptádia. Recueil de documents pour servir à l'étude des traditions populaires*, die seit 1883 erschienen sind, wurden zum ersten Mal eine Reihe von »Graphites français des latrines« veröffentlicht.[67] Der Wiener Volkskundler Friedrich Krauss gibt seit Anfang des 20. Jahrhunderts unter dem Titel *Anthropophyteia* ein umfangreiches »Jahrbuch für Folkloristische Erhebungen und Forschungen zur Entwicklungsgeschichte der geschlechtlichen Moral« heraus, und in dieser Reihe erscheint 1906 eine Sammlung von »Skatologischen Inschriften« aus diversen europäischen Regionen und aus Übersee.[68] In den Vereinigten Staaten sammelt der Linguist Allen Walker Read ab 1928 die Graffiti in öffentlichen Bedürfnisanstalten und veröffentlicht sie später im Privatdruck als Lexikon umgangssprachlicher Sexualausdrücke (*Lexical Evidence from Folk Epigraphy in Western North America: A Glossarial Study of the Low Element in the English*

»Stoß langsam!« Antike Kritzeleien

Vocabulary): Gerade die »bathroom graffiti« erschienen den amerikanischen Verlegern als »too racy« – zu scharf und damit nicht kommunizierbar.[69] Der Wiener Graffiti-Forscher Norbert Siegl hat das »Stille Örtchen« als »Kulturraum Klo« definiert und die dortigen Wandnotizen einer empirischen Untersuchung unterzogen. Siegl konstatiert vor allem einen geschlechtsspezifischen Unterschied bei den Klo-Graffiti: »Auf Männertoiletten finden sich, gleiche Bedingungen und gleiche Benutzeranzahl vorausgesetzt, weit mehr Inschriften und Zeichnungen als auf Frauentoiletten.«[70]

Sexuelles und Skatologisches machen auch nach Siegls Erhebung einen wichtigen Teil der Wandnotizen aus. Die Tatsache fiel schon Friedrich S. Krauss, dem Herausgeber der *Anthropophyteia*, auf, und er wandte sich deswegen an den Begründer der Psychoanalyse, Sigmund Freud. Dessen Antwortbrief ist erhalten, und er zeigt, dass Freud in den skatologischen und koprophilen Klosprüchen eine direkte Bestätigung seiner damals neuen Ansichten zur menschlichen Sexualität sah:

»Diese Geschichtchen geben uns direkte Auskunft darüber, welche Partialtriebe der Sexualität bei einer gewissen Gruppe von Menschen als besonders tauglich zur Lustgewinnung erhalten sind, und bestätigen so aufs schönste die Folgerungen, zu denen die psychoanalytische Untersuchung neurotischer Personen geführt hat.«[71]

Freud spielt hier darauf an, dass die Psychoanalyse besonders die »Afterregion« als »Sitz einer erogenen Empfindlichkeit« identifiziert hat, die sich »in gewissen Stücken ganz wie ein Genitale benimmt«. Die Dokumentation skatologischer Abort-Graffiti komme der Psychoanalyse zu Hilfe, indem sie zeige, »wie ganz allgemein die Menschen mit Lustbetonung bei dieser Körperregion, ihren Verrichtungen, ja dem Produkt ihrer

Funktion verweilen«. Wenn dies anders wäre, mutmaßt Freud, »müßten alle diese Geschichten bei denen, die sie anhören, Ekel erregen, oder das Volk müßte in seiner ganzen Masse ›pervers‹ sein im Sinne einer moralisierenden Psychopathia sexualis«.[72] Skatologische Klo-Graffiti zeigen den Normalfall von Sexualität und von Kommunikation auf, bei dem das anscheinend abweichende Verhalten in Wahrheit die Normalität ist, während der gesellschaftlich präsupponierte Normbegriff nur als Spezialfall angesehen werden kann. Eine »Musa latrinae«, gar einen »Genius loci« scheint es jedenfalls nicht zu geben.

Rund 56 Prozent der Graffiti auf Männeraborten entfallen laut Siegl auf das Themenfeld Politik, auf der Frauentoilette macht dessen Anteil nur knapp 8 Prozent aus. Auch dieser Wert steht aber nicht für die Mitteilsamkeit der Kommunikatoren, vielmehr bleibt das Klosett auch hierin ein »closed shop«. Denn die Inhalte dieser politikinduzierten Kommunikanten sind vor allem von jener Art, die außerhalb der Latrine eher nicht öffentlich geäußert wird, sie entstammen, wie Siegl betont, den »Themenbereiche[n] Fremdenfeindlichkeit, Rechtsextremismus und Neonazismus, bei denen ein starker Zuwachs an Inschriften zu verzeichnen ist und denen seltener als früher Gegenpositionen und Ablehnungen entgegengesetzt werden«.[73] Also gerade *keine* Anschlusskommunikationen entstehen durch die Äußerung extremer und extremistischer Notate, die im Deckungsraum von »stillen Kämmerchen, den Einsiedlerhöhlen in den Wüsten, den Schweige-Klausuren, den Elektronen- oder Neutronen-sonstwas-Beschußbunkern« (Handke)[74] wie eine Notdurft von sich gegeben werden: Poesie-Parodien wie »Wer vernichtet Volk und Land / Sozidreck und Asylant«[75] imitieren den hohen Ton für eine niederschwellige Botschaft, die der Bote sonst nicht öffentlich äußern würde. Selbst wenn Klo- und andere Wandnotizen Antworten und Entgegnungen, Fortführungen und Gegenreden erfahren, kommt doch keine direkte

Kommunikation zustande. Eine Antwort auf eine Frage oder eine Gegenthese auf eine These ist ja nur dann ein Ausdruck gelungener Kommunikation, wenn sie die Fragestellerin oder den Thesenerrichter erreicht. Gerade davon ist bei den Notizen auf der Wand des Klohäuschens nicht auszugehen, denn dieses Privatissimum, das im Österreichischen manchmal auch als Retirade, also Rückzugsraum, bezeichnet wird, ist als öffentlicher Raum ein Ort ohne Wiederkehr.

Wenn die »Stillen Orte« bei Handke »in ihrer konzentrierten Geometrie«[76] dennoch zu Orten des Übergangs werden, nämlich »von Stummheit, Geschlagensein mit Stummheit, zur Wiederkehr der Sprache und des Sprechens«, und das »im Moment des Schließens und Absperrens der bewußten Tür, allein mit dem Ort und seiner Geometrie, weg von den anderen«,[77] dann tritt eine Kommunikation höherer Art, auf einem anderen Niveau, in einer anderen Dimension ein. Diese Kommunikation am Stillen Ort ist Autopoiesis im mehr als nur Luhmann'schen Sinne, ist Reflexion über Kommunikation und damit auch Autoreflexion, auch hier ist Kommunikation unkommunikativ, teilt anderen nichts mit, weil sie selbstgenügsam ist:

»Tür zu, den Riegel senkrecht oder waagrecht gestellt, und schon hebt es zu reden an im Verstockten, de profundis, im Psalmenton, mit Feuerzungen, in Ausrufen, mehreren hintereinander, in einer ganz anderen, einer unerhörten Erleichterung.«[78]

Selbstreflexion gehört zum »Stillen Ort« wie Papier und Wasserspülung (auch das schon bei den Römern). Das Nachdenken auf dem lateinischen Locus kann, wie im folgenden Distichon, schon bei den alten Römern eine Höhe der Selbstironie erreichen, die fast postmodern anmutet und gerade auf das Unkommunikative, das Nicht-Mitteilbare des Geschlechtsakts abhebt.

Der Vers, der auf die körperliche Liebe *nicht* geschrieben werden darf, wird gerade als Vers dargeboten, und der Trieb erfährt seine Abfuhr ganz in der Nähe des Abwassers:

> »(Hic) ego cum domina resoluto clune (p)er(e)gi,
> (tales se)d versu(s) scribere (turp)e fuit.
> Hier habe ich die Zeit mit meiner Herrin verbracht, indem ich ihr Hinterteil auseinanderzog,
> aber solche Verse zu schreiben wäre schimpflich.«

Die Unkommunikativität des Mediums zeigt sich stets da in besonderem Maße, wo die Kommunikate chiffriert werden, um sie von vornherein gegen den semantischen Zugriff zu schützen. So war es bei den Aufzeichnungen des Lionardo da Vinci, bei den codierten Notizen Ludwig Wittgensteins, und so findet man es auch in den römischen Wandinschriften. Auch die Kommunikanten römischer Wandbeschriftungen sind oft codiert, enthalten unverständliche oder nicht entzifferbare Zeichen und Wörter, die verschlüsselt sein könnten, oder sind reiner Nonsens, der gar nichts Außersprachliches repräsentieren will und die Absicht, das Schreibspiel nur um des Spieles willen zu spielen, überdeutlich werden lässt. So kann man auf dem Mauerputz einer Häuserwand in Pompeji folgende geometrische Reihung von Wörtern finden:

»branc	nos	quod	rum	con	mol
broc	ter	quid	quis	les	mae
trans	tros	quae	que	gis	me
nus	men	quas	dem	mul	mae.«[79]

Als Botschaft bleibt dieser Kommunikant unübersetzbar und unverständlich, weil er dem Augenschein nach überhaupt nur vereinzelt sinnvolle lateinische Wörter enthält. Sollte es einen

Schlüssel geben, um diese Botschaft zu decodieren, so ist er mit der Stadt Pompeji untergegangen. Ähnlich verhält es sich mit einer Aneinanderreihung von Wörtern und Rätselwörtern, die vielleicht eine Orakelinschrift sein oder imitieren sollen oder vielleicht auch nur reiner Jux sind:

»Matnisyna tripoda puthis pot(a) putiis pota putaisa dystuinianta ps. domantis aulvasai Ciiaossni Stiiinnei aulst senidolinia.«[80]

Die Tradition, sinnlos lateinische Wörter aneinanderzureihen, hat auch außerhalb des katholischen Ritus, wo sie als »Hokuspokus«, nämlich der Verballhornung des eucharistischen »hoc est corpus – dies ist mein Leib« wahrgenommen wurden, in die Mediengeschichte sich eingeschrieben. Als Blindtext für Druckerzeugnisse, bei denen das Layout früher fertig ist als der eigentliche Text, wird eine lateintümelnde Wortphrase eingefügt, die schon deswegen keinem Kommunikat entsprechen soll, weil ihre Funktion gar nicht die sprachliche Mitteilung ist. Viele der in diesem nach seinen ersten beiden Ausdrücken »Loremipsum«-Text genannten Notat gebrauchten Wörter klingen nur lateinisch, ohne es zu sein. Das fängt beim ersten Wort, »lorem«, bereits an. Schon seit dem 16. Jahrhundert soll der »Loremipsum«-Text von Schriftsetzern als Blindtext verwendet worden sein. Sein erster Absatz lautet:

»Lorem ipsum dolor sit amet, consectetur adipisici elit, sed eiusmod tempor incidunt ut labore et dolore magna aliqua. Ut enim ad minim veniam, quis nostrud exercitation ullamco laboris nisi ut aliquid ex ea commodi consequat. Quis aute iure reprehenderit in voluptate velit esse cillum dolore eu fugiat nulla pariatur. Excepteur sint obcaecat cupidatat non proident, sunt in culpa qui officia deserunt mollit anim id est laborum.«

Entschlüsselungsversuche haben zutage gefördert, dass Teile des »Lorem-ipsum«-Texts entsprechenden Textpassagen aus Ciceros *De finibus bonorum et malorum* (Vom höchsten Gut und vom größten Übel) ähnlich sehen. Nachfolgend eine kurze Synopse aus dem Cicero-Original, wobei die Zitate im Blindtext unterstrichen sind:

> »Neque porro quisquam est, qui do<u>lorem ipsum</u> quia <u>dolor sit amet, consetetur, adipisci velit, sed</u> quia non numquam <u>eius modi tempora incidunt ut labore et dolore magnam aliquam</u> quaerat voluptatem.«[81]

Das Zustandekommen des Texts lässt sich beispielsweise so erklären, dass ein Renaissance-Schriftsetzer im 16. Jahrhundert, als Cicero ein wahrer Humanisten-Bestseller war, aus einem Satzbrett des Originaltexts recht wahllos Bleizeilen entnommen und als Blindtext zum neuen Wörterkonglomerat zusammengesetzt haben muss: Ein aleatorisches Spiel mit Schrifttypen, das vierhundert Jahre vor den stochastischen Schreibspielen des Surrealismus in der *écriture automatique* einen Text hervorgebracht hat, der durch die Jahrhunderte zum vielleicht meistproduzierten und -reproduzierten sinn- und kommunikatlosen Text der Druckgeschichte geworden ist. Textverarbeitungsprogramme können den »Lorem-ipsum«-Text heute automatisch erzeugen, Desktop-Publishing-Programme und Content-Management-Systeme erkennen in der elektronischen Druckaufbereitung die Wortfolge »Lorem ipsum« und geben einen Warnhinweis aus, damit kein Kommunikant ohne Kommunikat in den Druck, die Vervielfältigung oder die Ausspielung geht. Der Begriff Blindtext ist für dieses spezielle Phänomen aus dem Druckhandwerk vielleicht zu eng gefasst. Eher sollten alle Formen von Schreibspielen, bei denen Kommunikanten erzeugt werden, die nichts mitzuteilen haben, als Blindtext bezeichnet werden.

Das Subversive in der Narretei der Graffiti zeigt sich auch im antiken Pompeji schon daran, dass offensichtlich bereits im römischen Kaiserreich das Beschmieren von Wänden mit den Händen unter Strafe stand. Die Verweigerung von Sinnproduktion scheint für sich sträflich:

»Stercorari, ad murum progredere! Si pre(n)sus fueris, poena(m) patiare neces(s)e est
Schmutzfink, geh ein Stück zur Mauer vor! Wenn du ertappt wirst,
wirst du unausweichlich eine Strafe erleiden.«[82]

Autopoiesis und Selbstreflexion gehen in magischen Ritualen wie beim Graffiti-Schreiben Hand in Hand. Wo außersprachlicher Sinn nicht beabsichtigt ist, kann das Schreiben auf sich selbst sich beziehen. Das kann sehr einfach erfolgen, wenn der antike *writer* sein eigenes Tun als Schabernack oder Nonsens identifiziert und dies formelhaft mit seinem Namen beglaubigt: »Omnes lusero. Sum Max(imus) – Ich werde alle zum Narren halten. Ich bin Maximus.«[83] Noch bekenntnishafter tut es ein *writer* in Pompeji mit der magisch repetierenden formelhaften Wendung: »Nuga(e), nugae – Spielerei, Schnickschnack«.[84] Die lichte Höhe der Selbstbezüglichkeit erreicht eine pompejianische Graffiti-Schreiberin, wo sie das eigene Schreibspiel in Selbstironie tunkt und schreibend behauptet, nichts zu schreiben, was dann wohl nichts anderes als pure Zauberei sein muss, ein echtes Menetekel: »Viele haben vieles (auf die Wand) geschrieben, nur ich habe nichts geschrieben.«[85]

Nonsens, Sinnlosigkeit, Magie, Selbstbezüglichkeit: Was auf Wänden und Mauern notiert wird, unterläuft die Kriterien gelungener Kommunikation. Angelegentlich wird auch das Schreibzeug selbst, das Material, die Oberfläche thematisiert, und das gar nicht mal so oberflächlich:

»Admiror te, paries, non c(e)cidisse (ruinis),
qui tot scriptorum taedia sustineas
Ich wundere mich, Wand, daß du noch nicht zusammengestürzt bist,
die du doch das blöde Zeug so vieler Schreiber aushalten mußt.«[86]

Nachrichten auf der Wand: Acta Diurna

»Daß dir die öffentlichen Acten über die Angelegenheiten des Staates mitgetheilt werden, weiß ich bestimmt. Wär' ich davon nicht überzeugt, so meldete ich dir [sie] selbst«, schrieb Marcus Tullius Cicero seinem Freund Quintus Cornificius, der Roms Statthalter in der Provinz Africa war.[87] Der römische Schriftsteller verweist damit auf eine Praxis der Nachrichtenübermittlung, die in der Wissenschaft und in Lexika lange Zeit als »the nearest thing the Romans had to a newspaper«,[88] als »eine Art von Zeitungs- oder Wochenblatt«[89] oder gar, wie Wikipedia sträflich falsch behauptet, als »Vorform der Zeitung« bezeichnet wurde.[90] Das Besondere an diesen *acta diurna*, also den »täglichen Angelegenheiten«, war, dass sie in nur einer einzigen Kopie hergestellt wurden. Auch wenn kein einziges Exemplar dieser *acta* uns erhalten geblieben ist (was bereits auf den stark ephemeren Charakter dieser Publikationsform hinweist), können wir davon ausgehen, dass die dort veröffentlichten Nachrichten auf weiß getünchte hölzerne Tafeln geschrieben wurden, die sogenannten »Alben« (von lat. albus = weiß), die dann auf dem Forum Romanum, dem römischen Marktplatz und Epizentrum des römischen Staates, an eine Wand oder die Säule eines Tempels gelehnt und damit öffentlich zur Schau gestellt wurden. Mit den *acta diurna* wurden im alten Rom also die Notizen des Tages

Nachrichten auf der Wand: Acta Diurna 467

auf die Wand geschrieben. Aber welchen medialen Status hatten sie, und was kommunizierten sie eigentlich wem?

Eingeführt hat die *acta diurna* kein Geringerer als Gaius Julius Caesar im Jahr 59 v. Chr., und es handelte sich um einen politischen Schachzug. Caesar zählte zur Partei der Popularen, die sich auf die Volksversammlung und den präsumtiven Willen des Volkes stützte. Ihr Gegner waren die Optimaten, also die Vertreter des konservativen Adels, der die Macht im Senat als höchster gesetzgebender Instanz innehatte. Die Volksversammlung tagte öffentlich auf dem Forum. Der Senat dagegen tagte bis zu dieser Zeit im Geheimen in einem eigenen Versammlungsgebäude, der Kurie. Mit seinem Amtsantritt als Konsul bestimmte Caesar als eine seiner ersten Amtshandlungen, wie uns der Kaiser-Biograph Sueton berichtet:

> Am Tag der Amtsübernahme regelte er als erster von allen Konsuln, daß die Beschlüsse sowohl des Senats als auch der Volksversammlung täglich zusammengestellt und veröffentlicht werden sollten.«[91]

Die Praxis der Veröffentlichung via Alben war Caesar aus einem anderen Amt bereits wohlbekannt. Die Alben waren die Vorläufer jener Einrichtung, die wir heute im Deutschen unter bemerkenswerter Invertierung der Farbgebung als »Schwarzes Brett« bezeichnen, die aber beispielsweise im Englischen als *whiteboard* noch immer an den lateinischen Ursprung erinnert. Gaius Julius Caesar war nicht nur Konsul und später Diktator, sondern auch seit 63 v. Chr. Pontifex Maximus, also »oberster Brückenbauer«. Mit diesem Ehrentitel wurde in der vorchristlichen Zeit der Chef der römischen Religionsbehörde bezeichnet. Sein Amtssitz war die »domus publica« am östlichen Ende des Forum Romanum, in dem auch Caesar bis zu seiner Ermordung 44 v. Chr. wohnte. Dort wurden Alben aufgestellt, die *tabulae dealbatae*, die Tom Standage als »official noticeboards« bezeichnet[92] und auf denen neben den Namen der aktuell amtierenden Konsuln auch die Daten der Feiertage und religiösen Feste, Sonnenwenden und die wichtigsten Eheschließungen, Geburten, Adoptionen und Scheidungen öffentlich bekanntgemacht wurden. »In der Tat waren es eher geweißte Bretter als die Inschriften in Monumenten, die als Medien zur Publikation administrativer Dokumente bevorzugt wurden«, stellt die britische Althistorikerin Alison Cooley fest.[93] Und schon seit dem 5. Jahrhundert v. Chr. war es in Rom üblich, Gesetze schriftlich zu fixieren und öffentlich auszustellen, also buchstäblich an die Wand zu schreiben. Die *lex duodecim tabularum*, das Zwölftafelgesetz, trägt das Beschreibmedium im Namen, denn die Gesetzessammlung war in zwölf bronzene Tafeln eingraviert und wurde ebenfalls auf dem Forum für alle sichtbar ausgestellt. Bis heute gilt Öffentlichkeit, und das heißt die mediale Kommunikation des Gesetzestextes, als wesentliche Bedingung für seine Gültigkeit. Die Kenntnis des Gesetzes durch die ihm unterworfenen Staatsbürger ist dagegen nicht wesentlich für die Gültigkeit: Unwissenheit schützt vor Strafe nicht! Gesetze gelten also auch als Kommunikanten ohne Kommunikat. In Franz Kafkas Roman *Der Prozess* wird die Unkenntnis des Gesetzestextes zur Phantasmagorie, denn der Protagonist Josef K. wird nicht nur angeklagt, ohne sich einer Schuld bewusst zu sein, sondern auch am Ende hingerichtet »wie ein Hund«, ohne zuvor erfahren zu haben, warum. Was die römischen *acta* als Veröffentlichung der Senatsverhandlungen leisten, ist, neben den Gesetzen nun auch ihr Zustandekommen öffentlich zu dokumentieren. Das spricht dafür, dass die Komplexität des römischen Staats- und Rechtswesens im 1. Jahrhundert vor der Zeitenwende eine Höhe erreicht hat, in der der schlichte Gesetzestext für den staatlichen und politischen Regelungsbedarf nicht mehr ausreiche.

Hat Gaius Julius Caesar mit den *acta diurna* die Tageszeitung erfunden? Wohl eher nicht. Dagegen spricht schon, dass entgegen dem Namen des Mediums die *acta* nicht täglich veröffentlicht wurden. Wie Otto Hirschfeld schon Anfang des 20. Jahrhunderts festgestellt hat, spricht man von den *diurna*, also den »täglichen«, »nicht weil sie täglich erschienen wären, sondern wegen ihrer Anordnung nach Tagen, die bereits aus den Erwähnungen bei Cicero und bei seinem Kommentator Asconius deutlich erhellt«.[94] Anne Kolb weist darüber hinaus darauf hin, dass man auch deswegen nicht von einer Tageszeitung sprechen könnte, weil von den *acta* offenbar jeweils nur ein einziges Exemplar hergestellt worden ist: »[Ü]ber eine Publikation auf Papyrus oder ähnlichem handlichen [sic!] Material liegen uns keine Quellen vor«.[95] Zwar deutet Ciceros Brief an Quintus Cornificius darauf hin, dass die *acta* auch reichsweit wahrgenommen wurden. Auch Tacitus schreibt in seinen *Annalen*, dass die *acta* in den Provinzen gelesen worden seien. Beides sind aber keine Belege dafür, dass es ein reichsweites Produktions- und Distributionssystem gegeben hätte. Eine Weiterleitung der Inhalte der *acta diurna* wird wohl, worauf auch Anne Kolb hinweist, »wie schon zu Ciceros Zeiten auf privatem Weg – vielleicht auch durch professionelle Unternehmer – zustande gekommen sein«.[96] Professionelle Schreibbüros, die es zur Zeitenwende in Rom bereits gab, könnten demnach die *acta* von den *tabulae dealbatae* abgeschrieben und für ihren Versand gesorgt haben. Die Schreibkräfte waren in der römischen Sklavenhaltergesellschaft Leibeigene, ihre Arbeitskraft entsprechend billig. Andererseits deutet der Umstand, dass Sklaven als Schreiber verdungen wurden, auf den hohen Alphabetisierungsgrad der römischen Gesellschaft hin, der für eine Nachfrage nach einem semiprofessionellen Nachrichtensystem Voraussetzung war.

Die Redaktion der *acta* dürfte erst bei Beamten und Schreibern des Senats gelegen haben und dann, nach Einführung des

Prinzipalsystems, auf die kaiserliche Bürokratie übergegangen sein. Es sind einige Fälle dokumentiert, in denen Kaiser direkt Einfluss auf den Inhalt der Veröffentlichung und damit auf das politische Klima in der Stadt genommen haben. Laut der *Historia Augusta*, die die römischen Herrscherbiographien aus den Jahren 117 bis 284 enthält, soll beispielsweise Kaiser Commodus »generell alle seine Schandtaten, Grausamkeiten, Erfolge als Gladiator und Kuppler in den *acta* publizieren haben lassen«.[97] Die Abfassung und Zusammenstellung der Meldungen erfolgte also nicht durch unabhängige Leute, die irgendwie den Titel »Journalisten« verdient hätten – die *acta diurna* waren vielmehr *Public Relations* der amtierenden Regierung, ihre Veröffentlichung eher mit dem Amtsblatt vergleichbar als mit einem journalistischen Produkt. Dies gilt paradoxerweise zumal, seit Kaiser Augustus die Publikation der Senatsprotokolle in den »acta« wieder untersagt hat. Der Grund für deren Veröffentlichung als oppositionelle politische Geste war nämlich mit Einführung des Prinzipats hinfällig. Fortan wurde in den *acta diurna* auf den hölzernen Wandtafeln des Forum Romanum vor allem Klatsch und Tratsch veröffentlicht, was vermutlich das publizistische Pendant zur öffentlichen Befriedigungslosung des »panem et circenses« darstellte. Diese publizistische Strategie führte allem Anschein nach zu dem denkbar schlechten Ruf, den die *acta* in den wenigen schriftlichen Zeugnissen, die durch bekannte römische Autoren auf uns gekommen sind, erlangt haben. Tacitus weist in seinen Annalen darauf hin, dass in seinem Buch nur bedeutende Gegenstände behandelt würden, während für das Klein-Klein der Berichterstattung die »acta diurna« zuständig seien:

Hat man doch, der Würde des römischen Volkes entsprechend, die Einrichtung getroffen, in den Annalen nur wichtige Ereignisse zu berichten, derartige Kleinigkeiten aber dem täglichen Staatsanzeiger zu überlassen.«[98]

In seinem Roman *Satiricon* gibt uns Petronius eine parodistische Kostprobe der *acta diurna*, aus der man den stenographischen Schreibstil, aber auch den trivialen Inhalt der »acta« erahnen kann. Fakten von höchstens privater Relevanz werden hier in asyndetischer Form aneinandergereiht, vom hohen Stil des klassischen Lateins ist hier nichts übrig:

> Da gebot seiner Tanzlust vollends der Aktuar Einhalt, der wie aus dem Stadtanzeiger vorlas: ›26. Juli: Auf dem Landgut bei Cumä, das Trimalchio gehört, wurden geboren Knaben 30, Mädchen 40; von der Tenne auf den Speicher überführt Weizen 500 000 Scheffel; Ochsen eingefahren 500. Am gleichen Tag: der Sklave Mithridates wurde ans Kreuz geschlagen, weil er den Genius unseres Herrn Gajus gelästert hatte. Am gleichen Tag: in den Tresor wurden verbracht als nicht investierter Überschuß 10 Millionen. Am gleichen Tag: es gab einen Brand im Pompejanischen Park, ausgebrochen im Haus des Verwalters Nasta‹.«[99]

Waren die *acta diurna* vielleicht auch keine reinrassige journalistische Publikationsform, so handelte es sich vorderhand doch um ein Beispiel gelungener Kommunikation, einen Kommunikanten *mit* Kommunikat. Von dieser Sichtweise sind allerdings einige Abstriche zu machen. Zu den Merkmalen publizistischer und in Sonderheit journalistischer Kommunikation, wie wir sie beispielsweise von Tageszeitungen kennen, zählen wir Aktualität, Periodizität, Publizität, Universalität und Disponibilität. Diese Merkmale erfüllen die *acta* nur teilweise, und dort, wo ein Merkmal zuzutreffen scheint, wird es auch nicht voll erfüllt. Aktualität, also die zeitliche Nähe der Publikation zum berichteten Ereignis (um hier einen sehr vorsichtigen Definitionsversuch eines Begriffs, der sehr viel mehr Nuancen hat, zu versuchen, für den die Medien- und Kommunikationswissenschaft bislang nicht viel zu bieten hatte), ist nur sehr vage zu beurteilen, da keine echten Textbeispiele überliefert sind. Bei der andererseits nicht oder nur sehr ungefähr vorhandenen Periodizität der Veröffentlichung scheint auch Aktualität kein zwingendes Kriterium für die *acta* gewesen zu sein. Auch von Publizität kann nur eingeschränkt gesprochen werden, wo doch physische Präsenz am Publikationsort für die schätzungsweise 54 Millionen potenzieller Rezipientinnen, die der Historiker Karl Julius Beloch als Population des Römischen Reichs zur Zeitenwende errechnet hat, notwendig war.[100] Ein öffentlicher Aushang kann auch das Gegenteil von Publikation sein oder sogar eine subversive Form der De-Publikation darstellen, etwa wenn mit dem Aushang von Bebauungsplänen in Rathauskellern der Veröffentlichungspflicht Genüge getan wurde, ohne dass de facto Bürger und Anwohnerinnen sie zu Gesicht bekämen. Wenn wir Publizität mit öffentlicher Wahrnehmung gleichsetzen, sieht es für viele journalistische Produkte nicht gut aus. Nun ist die Messung der Rezeption beispielsweise von Zeitungen und Zeitschriften bei weitem nicht so ausgefeilt und raumgreifend wie etwa die Messung der Einschaltquoten beim Fernsehen. Aber das hat vielleicht einen guten Grund, nämlich den, dass die Verleger gar nicht so genau wissen (und publizieren) möchten, wie wenig eigentlich von dem gelesen und wahrgenommen wird, was sie verlegen und drucken. Beim Fernsehen kann man in Minutenschritten erfahren, wie viele Fernsehzuschauer landesweit welche Programme eingeschaltet haben. Michael Angele, selbst Journalist, geht in seinem Buch über *Den letzten Zeitungsleser* davon aus, dass Rezipientinnen heute eigentlich nicht mehr zu Zeitungen greifen würden, »um sich zu informieren«. Er beschreibt mit der gedruckten Zeitung von heute und damit an ihrem vermeintlichen Ende ein Medium, das selbst unkommunikativ geworden ist, weil es gar nicht mehr hergestellt wird, um von Rezipienten gelesen zu werden: »Die meisten Versuche zur

Rettung der Zeitung gehen davon aus, dass die Menschen eine Zeitung *lesen* wollen. Dass sie sich eine Zeitung besorgen, bloß um sie lesen zu *können*, wird nicht bedacht, es würde ja auch ein wenig ratlos machen«.[101] Die Ratlosigkeit resultiert freilich nur aus dem Umstand, keinen Begriff von einem unkommunikativen Medium zu haben. Die empirische Zeitungs- und Medienforschung kann bestätigen, dass das Allermeiste von dem, was in heutigen Zeitungen veröffentlicht wird, überhaupt nicht gelesen wird. Messungen kommen im Durchschnitt auf eine Lesequote von 13,13. Das bedeutet im Umkehrschluss: Mehr als 86 Prozent des Inhalts der Zeitungen wird nicht wahrgenommen. Beim Onlinejournalismus ergibt sich ein entsprechendes Bild: Hier liegt die durchschnittliche Verweildauer pro Artikel bei 100 Sekunden, wobei anzumerken ist, dass Leser am Bildschirm ungefähr 25 Prozent langsamer lesen als in Papiermedien. Die antiken *acta diurna* als Beispiel römischer Staatspropaganda und die letzten Zeitungen am Ende des Typozäns haben also vielleicht jenes gemeinsam, zur Kommunikation gar nicht geschaffen zu sein.

Die Universalität der Veröffentlichkeit bezieht sich vor allem auf Nachrichtenselektion und Agenda-Setting. Davon kann bei den *acta diurna* schon deswegen nicht ausgegangen werden, weil in ihnen als Staats-PR der *news bias*, also die thematische und politisch motivierte Unausgewogenheit, eingebaut ist. Die Disponibilität eines Mediums bezieht sich auf seine raumzeitliche Dislozierbarkeit. Diese ist bei allen Kommunikanten auf Wänden naturgemäß höchst eingeschränkt. Eine Reproduzierbarkeit der *acta diurna* war zwar durch die Schreibbüros und den zum Teil regen Briefverkehr der Römer prinzipiell gegeben, das Nichtvorhandensein von Fundstücken und Überbleibseln der *acta* deutet aber darauf hin, dass die Streuung der veröffentlichten Nachrichten nicht sehr raumgreifend war. Es gibt also Gründe, die römischen *acta diurna* in die Reihe der unkommunikativen Medien aufzunehmen. Mediengeschichte haben sie nicht so sehr als Vorläufer des modernen Journalismus geschrieben, sondern als Ahnen einer Form, über Wände zu kommunizieren, nämlich den Schwarzen Brettern oder *whiteboards*.

Sprechende Statuen

Bei Nacht in Rom schleicht eine Gestalt gebückt durch die Via del Vecchio Governo. An der Piazza Pantaleo, einem südwestlichen Nebenplatz der weltberühmten Piazza Navona, bleibt sie stehen und macht sich am Fragment einer antiken Statue zu schaffen. Sie heftet einen Zettel an den Sockel der Statue. Auf dem Zettel ist ein Spottgedicht auf die Obrigkeit zu lesen. Im 16. Jahrhundert, in dem diese Geschichte spielt, ist das vor allem die katholische Kirche mit ihren Päpsten und Kardinälen sowie den mächtigen Patrizierfamilien, aus denen diese hervorgehen. Autoritäten die Meinung zu sagen bekam den Kommunikatoren in jenen Tagen in der Regel schlecht. Die »Freiheit eines Christenmenschen«, die nördlich der Alpen ein Augustinermönch ausgerufen hatte, galt jedenfalls nicht in Rom – und ob damit in protestantischen Kreisen eine umfassende Meinungsfreiheit gemeint war, lassen wir mal dahingestellt.

Bei der schleichenden Gestalt soll es sich um einen Schneider mit Namen Pasquino gehandelt haben, der im Schutz der Nacht Schmähgedichte an besagter Statue angeklebt haben soll. So richtig historisch verbürgt ist das nicht. Auf festerem Grund steht der Ursprung der besagten Statue. 1501 wurde bei Pflasterarbeiten südlich des Palazzo Orsini der Torso einer Figurengruppe gefunden. Erhalten waren eine stark beschädigte erste Figur mit dem Mittelteil einer zweiten. Der Palastherr, Kardinal Oliviero Carafa, ließ die stark in Mitleidenschaft gezogene Statue auf einen Sockel an der linken Ecke der Hauptfassade seines Palastes aufstellen. Neben dem Wappen des Kardinals steht eine Inschrift, die diese Geschichte bestätigt: »Oliverii Carafae beneficio sum anno salutis MDI« (durch die Gunst des Oliverius Carafa stehe ich hier im Jahr des Heils 1501). Vermutlich handelt es sich bei der Statue um einen Teil des Figurenschmucks des Zirkus von Kaiser Domitian, der sich an der Stelle befand, wo heute noch die Piazza Navona ist (deren Grundstruktur exakt der des Zirkus entspricht). Sie soll ursprünglich den König Menelaos mit dem Leichnam des Patroklos aus den homerischen Epen gezeigt haben. In einem bemerkenswerten Sprachspiel erhielt die Statue aber schon früh den Namen jenes Schneiders und heißt seit diesen Tagen Pasquino. Andere Theorien besagen, dass es sich bei dem Namensgeber wahlweise um einen römischen Gastwirt oder um den Lehrer einer Lateinschule gehandelt habe, der nach Auffassung seiner Schüler Ähnlichkeiten mit der Statue aufgewiesen habe, weswegen sie ihn mit satirischen Gedichten verspotteten, die sie an die Skulptur hefteten. Wieder andere sehen als potenziellen Namensgeber den Protagonisten der siebten Novelle des vierten Tages aus Giovanni Boccaccios *Decamerone* mit Namen Pasquino, der elend an einem Salbeiblatt verstarb. In der Novelle wird am Ende festgestellt, dass der Salbeistrauch von einer Kröte vergiftet worden war: eine Heilpflanze mit tödlicher Wirkung, so wurde häufig auch der Machtmissbrauch durch die Päpste und den katholischen Klerus gesehen, eines der populärsten Themen der Spottgedichte jener Zeit.

Der erste verbürgte Spötter war auch kein Schneider, sondern der Dichter Pietro Aretino. Anlass seines Spotts war der berühmt-berüchtigte Papst Alexander VI. Borgia. Der Papst hatte nämlich 1501 die Stadt Rom verlassen und für die Zeit seiner Abwesenheit seiner unehelichen Tochter Lucrezia Borgia die Regierungsgeschäfte des Kirchenstaats übergeben – ein unerhörter Vorgang, der von Aretino mit entsprechenden Ver-

Abb. 22: Pasquino, die sprechende Statue in Rom

sen auf der Statue kommentiert wurde. Auch die Papstwahl Hadrians VI. – als Flame für geraume Zeit der letzte Nichtitaliener auf dem Papstthron – nahm Pietro Aretino zum Anlass, um die Statue in der Nähe der Piazza Navona mit Spottversen zu übersäen. Viele sollen es ihm gleichgetan haben. Ferdinand Gregorovius weiß in seiner *Geschichte der Stadt Rom im Mittelalter* zu berichten, dass »der Witz Roms geschäftig war, die Statue des Pasquino mit beißenden Epigrammen auf jeden der Wähler zu bedecken.«[102] Besondere Empörung löste übrigens bei den Römern und der römischen Kurie Papst Hadrians integrer Lebens-

Sprechende Statuen 477

wandel, seine Frömmigkeit und seine Bildung aus. So etwas war man von Päpsten einfach nicht gewöhnt. Der neue Papst soll nur mit Mühe daran gehindert worden sein, die sprechende Statue im Tiber versenken zu lassen.

Die Spottgedichte auf der Statue in Rom machten gleich zweifach Schule: Aus ihnen entstand zum einen eine eigene literarische Gattung, das Pasquill als Oberbegriff für ehrverletzende Schmäh- und Spottverse. Die Pasquillantin als Verfasserin solcher Zeilen arbeitet klandestin und publiziert anonym oder unter Pseudonym. Zum anderen wurde auch die Schreibunterlage, das Mauerwerk, die Skulptur als Trägermedium für den Spott sprichwörtlich, nämlich als *statua parlante*, als sprechende Statue. In Rom und in anderen italienischen Städten wurden Statuen dazu genutzt, um subversiv mit Häme und Spott gegen eine feudale und klerikale Obrigkeit zu agitieren, die andere Formen politischer und gesellschaftlicher Partizipation konsequent unterband. Bekannt geworden ist noch der *Gubbio di Rialto* in Venedig, der Bucklige an der Rialtobrücke, der der Legende nach sogar in Dialog mit Pasquino getreten sein soll. Von dem Podest, das die Statue auf den Schultern trägt, haben venezianische Staatsbeamte Gesetze oder auch die Namen von Gesetzesbrechern verkündet. Die Bevölkerung von Venedig hat dagegen den Sockel der Figur genutzt, um der Obrigkeit ihre Meinung zu diesen Gesetzen zu geigen.

Der Brauch, Spottverse an die Statue des Pasquino zu heften, wurde schon im 18. Jahrhundert Gegenstand kritischer Betrachtung. Der Schriftsteller und Bibliothekar Francesco Cancellieri hat 1789 gleich ein ganzes Büchlein dem Thema der sprechenden Statuen gewidmet, in dem er nicht mit Kritik spart:

»Es ist das Übel und der perverse Brauch von Hoffnungslosen und Übelbeleumundeten aufgekommen, Schriftstücke an dieser Statue anzubringen, die Personen des öffentlichen Lebens oder auch Privatleute verunglimpfen. Diese teuflischen Aktionen werden Pasquillen genannt, wahrscheinlich nach dem Namen dieser Statue, aber Genaues weiß man nicht. Nur eines ist sicher, dass an der Pasquino-Statue solche Schriften zu finden sind, oder auch anderswo, weil sie sich an einem rege besuchten Platz befindet, der quasi der Nabel der Stadt Rom ist.«[103]

Irgendwann schwiegen die sprechenden Statuen, und auch der Pasquino in Rom wurde nicht mehr als *bulletin board* für spöttische Kommentare genutzt. Der Brauch lebte erst im Jahr 1938 wieder auf, und zwar als antifaschistische Aktion. Aus Anlass des Besuchs von Adolf Hitler bei Benito Mussolini in Rom hefteten die Römerinnen wieder derbe Kommentare auf Zetteln an die Statue im Zentrum der Stadt. Seitdem ist Pasquino nicht mehr verstummt. In der jüngeren Vergangenheit war vor allem der Medienunternehmer und Regierungschef Silvio Berlusconi die Zielscheibe für den Spott. Nach der Restaurierung der Statue an der Piazza Pantaleo haben die neuen städtischen Autoritäten das Bekleben verboten. Stattdessen haben sie eine Metallstele neben den Pasquino gestellt, auf der die heutigen Spötter ihre Notizzettel hinterlassen können. Es ist wohl der Versuch, etwas Ordnung in die Unordentlichkeit zu bringen.

Dass es bei den Pasquillen, die an den sprechenden Statuen angeheftet wurden, mehr darum ging, sich selbst den Ärger von der Seele zu schreiben, als anderen etwas mitzuteilen, zeigt sich auch dadurch, dass nur sehr wenige solche geheime Botschaften erhalten sind. Die berühmteste ist jene, die auf Papst Urban VIII. aus der Familie Barberini, einem der großen Mäzenaten Roms, gemünzt war. Urban hatte seinen Baumeister Gian Lorenzo Bernini damit beauftragt, die Bronzeplatten, mit denen das Vordach des römischen Pantheons als besterhaltener antiker Tempel damals noch verkleidet war, einzuschmelzen und daraus das Ziborium über dem Altar des neuen Petersdoms zu gießen (und es blieb auch noch genug Material für einige katholische Kanonen über). Der Spottvers, den die *statua parlante* darauf sang, lautete: »Quod non fecerunt barbari fecerunt Barberini – Was die Barbaren von Rom übrig gelassen haben, das haben die Barberini ruiniert.« Auch die konkrete mediale Praxis erschwert die Kommunikation. Denn wo die *statua parlante* von mehreren Teilnehmerinnen im öffentlichen Diskurs für Anheftungen genutzt wird, kommt es automatisch zu Collagierungen und Überklebungen. Es ist der typische Effekt des Schwarzen Bretts, auf dem Zettel sich wechselweise überlagern. Was dabei entsteht, ist eine kollektive mentale Ordnung, bei der der Mitteilungscharakter der einzelnen Botschaft, also das Kommunikat des einzelnen Kommunikanten, deutlich erschwerte Bedingungen erfährt. Die Gedanken, die hinter den einzelnen Notizzetteln gesteckt haben mögen, verschmelzen mit der Zeit, und es ergeben sich jene kommunikativen Zusammenfaltungen und Verknotungen, in denen der einzelne Gedanke im Denkorgan einmal entstand. Die Beklebung eines Schwarzen Bretts oder einer sprechenden Statue kann also als der reziproke Prozess zur Entfaltung des Gedankens im Schreiben angesehen werden.

Die Manier, mittels Zetteln Botschaften ohne Ziel, Kommunikanten ohne Kommunikat zu hinterlassen, ist in Italien tief in die Volksfrömmigkeit eingesunken. In vielen Kirchen Italiens und vor allem Roms (wo es mehr als tausend Kirchen geben soll – niemand hat ihre genaue Zahl notiert) finden sich an, um und unter Heiligenstatuen kleinere oder größere Mengen an Zetteln mit Gebeten, Segenswünschen und Danksagungen. Die Einschätzung, ob es sich bei diesen Zetteln um Kommunikanten mit oder ohne Kommunikate handelt, ist eng mit der eigenen religiösen Anschauung und einer persönlichen Fühlung fürs Transzendente verknüpft. In Deutschland hat sich dieser Brauch nur in einem konkreten Fall erhalten, nämlich in den Wunschzetteln der Kinder zu Weihnachten. Solche Segenswünsche in Zettelform sind eine Art Einkaufsliste fürs Transzendente. Wer, wie Gott sei Dank viele Wissenschaftler, nicht an eine personale himmlische Schöpferin glaubt, dem wird für diese Botschaften schlicht der Adressat fehlen, und er wird nicht anders können, als diese Seufzer in Notizzettelgestalt für Kommunikanten ohne Kommunikat zu halten.

Begehbare Notizzettel

SPIEGEL: Herr Professor, vor zwei Wochen
schien die Welt noch in Ordnung ...
ADORNO: Mir nicht.
(Der Spiegel, 19/1969)

Geheimnisse unter den Dielen

Im Jahr 1880 verlegt ein Schreiner namens Joachim Martin aus dem Dörfchen Crottes am Fuße des Chateau de Picomtal einen neuen Fußboden im Schloss. Aber es brennt ihm einiges auf der Seele, und so beschreibt er einige der Dielen, bevor er sie im Fußboden einbaut. Bei Renovierungsarbeiten im Schloss, das inzwischen ein Hotel beherbergt, werden diese Notizen wiedergefunden. Es entfaltet sich eine kleine *chronique scandaleuse* des Dorflebens im ausgehenden 19. Jahrhundert: »1868 ging ich um Mitternacht an einem Stall vorbei. Ich hörte Stöhnen. Es war die Mätresse meines Kindheitsfreunds, und sie bekam ein Baby.«[1] Sechs Kinder habe die Frau zur Welt gebracht, vier von ihnen sollen in besagtem Stall begraben sein. Wegen der engen Verbindung schweigt Joachim Martin öffentlich, vertraut das Geheimnis aber dem Dielenboden an. Und nicht nur diese Geschichte ist unter dem Fußboden zu finden. Über zwei Jahre lang hat der Schreiner 72 Holzbretter beschriftet. Es geht um Sexualität, um Kriminalität und um Religion, oft sind die Aufzeichnungen eine Melange aus allem. Dass seine Notizen jemals gefunden würden, davon konnte Joachim Martin nicht ausgehen. Er hat Kommunikanten ohne Kommunikat, echten Blindtext verfasst – für sich selbst, nicht zur Mitteilung an andere. Nur durch Zufall sind sie wieder ans Licht

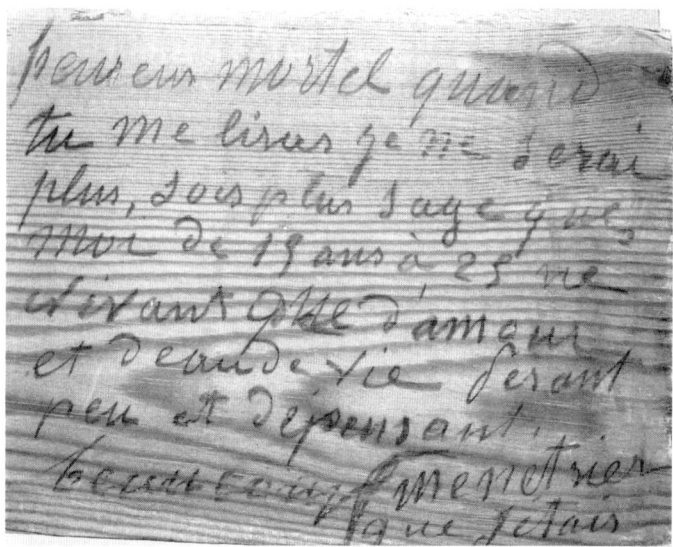

Abb. 23: Die Dielen von Joachim – begehbare Notizzettel

gekommen. Bei den Aufzeichnungen im Dielenboden kann man mit einigem Recht von einem begehbaren Notizbuch sprechen. Der Universalität der Notiz entspricht die Universalität ihrer Beschreibmaterialien. Deswegen ist es gar nicht so ungewöhnlich, dass nicht nur Fußbodendielen, sondern ganze Räume zum Träger von Notizen und den ihnen zugrundeliegenden Gedanken werden. So entstehen dreidimensionale, begehbare Notizbücher, von denen einige exemplarisch hier vorgestellt werden sollen.

Hohentwiel

Es steht sogar in der Zeitung. Am 12. Juli 1759 wissen die *Stuttgarter Wöchentlichen Nachrichten* zu berichten, dass der Rechtsgelehrte Johann Jacob Moser, der uns bereits als äußerst produktiver Schöpfer einer eigenen Zettelkastenmethodik bekannt ist, auf Veranlassung des württembergischen Herzogs Carl Eugen »auf die Vöstung Hohentwiel in gute Verwahrung« verbracht worden sei. Er habe sich

> »schon längstens in ganz Deutschland durch sein unruhiges Betragen und ohne genugsame Beurtheilungs-Kraft affectirte Zaumlosigkeit berüchtiget gemacht, [...] noch sich bey allen seinen Arbeiten eines wesentlichen göttlichen Wegens und Gedeyhens notorischermaßen zu erfreuen gehabt.«[2]

Herzog Carl Eugen war unter den absolutistischen europäischen Herrschern einer der besonders üblen Schurken. Er war es, vor dem Schiller erst nach Mannheim floh und schließlich in Weimar landete und dem er in *Kabale und Liebe* ein Denk- oder Mahnmal setzte als Fürst, der seine Landeskinder als Soldaten ins Ausland verhökerte, um sich sein Lotterleben zu finanzieren. Und lotterig war es allemal, immerhin hat Carl Eugen 77 uneheliche Söhne anerkannt, von den Töchtern und den nicht anerkannten ganz zu schweigen. Auch den Dichter und Journalisten Christian Friedrich Daniel Schubart ließ dieser württembergische Herzog in Festungshaft verrotten, was damals schon internationale Proteste hervorrief.

Der Gelehrte Johann Jacob Moser wurde auf die Festung Hohentwiel bei Singen am Bodensee geschafft, weil er die württembergische Landesverfassung und namentlich die Mitbestimmungsrechte der Landstände vor dem Landesvater verteidigt hatte und damit in den Augen des Regenten wenigstens der Führer einer gegen ihn gerichteten Opposition und schlimmstenfalls Landesverräter sei. Moser wurde ohne Untersuchung oder Prozess verhaftet, eine Willkürtat, auch während seiner Festungshaft wurden nie Beweise für kriminelle Handlungen vorgebracht. Er war, wie der Historiker

Andreas Gestrich feststellt, der Inbegriff des »politischen Gefangenen«.³

Was Johann Jacob Moser in der Festungshaft auszuführen sich genötigt sah, war ein fast unmögliches Programm: Das Schreiben ohne Medium. Die Gefängnisbedingungen würde man in aktualisierender Schreibweise als »Isolationshaft« bezeichnen, es war nämlich dem Festungskommandanten »bei Verlust seines Kopfes befohlen, zu verhüten, daß ich mit niemand sprechen könne«.⁴ Außerdem sollte dem bedeutenden und äußerst produktiven Schriftgelehrten Moser als besondere Haftverschärfung jedes Lesen und Schreiben unmöglich gemacht werden: »Mir wurde weder Papier, noch Dinte, noch Feder, noch Bleystift zugelassen, und an Büchern hatte ich nichts, als die Bibel die Steinhoferische Evangelien=Predigten in Octav, worzu hernach noch ein Gesangbuch kame.«⁵ Johann Jacob Moser ließ sich einiges einfallen, um unter den verschärften Haftbedingungen sein Schreibspielbedürfnis zu befriedigen, das den Charakter von Spielen betreffend vor allem auch zeigt, wie ernst sie sein können. Das Moser'sche Schreibspielbedürfnis war nachgerade ein Lebenserhaltungsbedürfnis war. Immerhin stellt Moser selbst fest, dass er in seinem Arrest »gar leicht das Leben, oder doch den gesunden Verstand, hätte einbüßen können«.⁶ Von Arzneimitteln, die in »türkisch Papier« eingewickelt waren, nahm er die Umverpackung und punktierte sie mit einer Nähnadel, die immerhin zur Grundausstattung des Gefangenen gehörte, um seine Gedanken zu Papier zu bringen: ein digitalisierendes Verfahren, das sowohl an die Aufzeichnungspraktik des Punkt-Strich-Codes eines Samuel Morse als auch an die Lochtechnik der Hollerith-Karten oder die viel später üblichen Nadeldrucker des frühen Computerzeitalters erinnert. Nachdem auch die leeren Zeilen der wenigen Bücher in seinem Besitz, ferner die freien Flächen der Briefe, die er erhalten durfte, sowie jenes Papier, das ihm »zum Gebrauch auf den [sic!] Abtritt gegeben wurde«, auf diese Weise vollge-»schrieben« waren, setzt Moser sein Schreibspiel auf der Gefängniswand fort. Hierzu bedient er sich der scharfen Spitze der Lichtputze oder Lichtschneuze. Es handelt sich dabei um speziell geformte Scheren, die dazu dienten, brennende Kerzendochte zu kürzen. Kerzen wurden bis zum Beginn des 19. Jahrhunderts aus tierischem Talg hergestellt und rußten umso stärker, je länger der Docht war. Deswegen musste dieser regelmäßig abgeschnitten oder »geschneuzt« werden, um auf konstantem Maß gehalten zu werden. An Fürstenhöfen gab es dafür eigens Diener, in Theatern, die bis zur Erfindung des elektrischen Lichts ebenfalls ausschließlich mit Kerzen beleuchtet werden konnten, war der »Komödien-Lichtputzer« ein spezieller Beruf. Wo also nach Anbruch der Dämmerung oder in frühen Morgenstunden gelesen, geschrieben oder gemalt wurde, war die Lichtputze nicht weit. Entsprechend häufig findet sie sich etwa in der europäischen Malerei seit dem 16. Jahrhundert in Stillleben als Symbol für die Sterblichkeit oder den bevorstehenden Tod abgebildet und hielt noch in Texten des ausgehenden 19. Jahrhunderts und mithin der anbrechenden Industrialisierung und der Technisierung des Alltagslebens als Symbol einer technisch rückständigen Zeit her. Das Sinnbild der Sterblichkeit wird für Moser zum Instrument der Lebenserhaltung. Mit der Spitze der Putze kratzt er in die weiße Wand:

> »Anfangs kame es grob und groß heraus; ich lernte es aber hernach viel kleiner und feiner. Nun überschriebe ich die ganze weiße Wand in meiner Stub und Kammer, so weit ich reichen konnte.«[7]

Mit der Zeit nutzte die Spitze der Schere sich ab und wurde stumpf, so dass Moser ein Verfahren ersann, das Schreibgerät erst am Ofenrohr wieder zu schärfen und hierauf am Eichenmobiliar seiner Zelle zu polieren, um es wieder in Schreibzustand zu versetzen. Die Abnutzung war auch deswegen so groß, weil Moser auch in Festungshaft keine reduzierte Produktivität an den Tag legte: So dichtete er eine so stattliche Zahl geistlicher Lieder, dass sie, als Moser sie nach seiner Haftentlassung 1766 und 1767 publizieren konnte, zwei Oktavbücher mit zusammen 1824 Druckseiten füllten. Er beließ es bei seiner geistigen Produktion auf der Festung Hohentwiel aber nicht bei lyrischer und erbaulicher Literatur. Er befasste sich mit theologischen, juristischen und wissenschaftlichen Fragestellungen, zu denen er lange Abhandlungen in die Wand kratzte. Sein intellektuelles Verfahren nennt er selbst »in rebus facti«, also an den Tatsachen orientiert, weil ihm die nötige Fachliteratur und seine Auszüge daraus, also sein »extended mind«, abgehen und er sich »blos auf das mir von Gott verliehene gute Gedächtniß verlassen mußte«.[8] Wer Medien zur Verfügung hat, darf ihre Inhalte vergessen. Wer im Gefängnis in Isolationshaft sitzt und jeder Medienrezeption beraubt wurde, der muss ein gutes Gedächtnis haben. Entsprechend nennt Moser seine Wandinschriften »Gedanken«, denn die Aufzeichnungen auf der Wand sind direkter Ausfluss seines Denkens ganz ohne Zuhilfenahme seiner Exzerpte und seines Zettelkastens, und sie sind unkommunikative Kommunikanten, denn Moser konnte zum Zeitpunkt seiner Haft nicht davon ausgehen, dass die Notizen auf der Wand jemals Leserinnen finden würden, zum Beispiel seine »Gedanken von Anlegung eines Landes=Nahrungs=Collegii in einer jeden beträchtlichen Provinz des deutschen Reiches« oder seinen »zweiten Gedanken«, in dem er den »Entwurf eines Europäischen Staats=Handbuchs, enthaltende einen kurzen Begrif aller wichtigen und bekannten alten und neuen Staats=Geschäfte zwischen allen und jeden Europäischen Mächten, besonders in dem vorigen und jetzigen Jahrhundert« in die Wand ritzt. Mosers Drang zu schreiben, ohne zu kommunizieren, war so stark, dass er zusätzlich noch eine Vielzahl von Glossen, Fabeln und Satiren mit der Putze in den Putz ritzte. »Eines alten Mannes muntere Stunden während eines engen Vestungs=Arrests« nannte er diese Dokumente medialer Unbeugsamkeit, die ausweislich seiner Autobiographie folgende Wandstücke enthielten:

»1) Politischer Streit zwischen einem lateinischen Präceptor und seinen Schülern. 2) Politische und philosophische Gedanken beym Hünerfüttern. 3) Auszug einer Reise-Beschreibung in das Land der Alt-Gebräuchler. 4) Der beliebte, unbrauchbare und verhaßte ehrliche Mann. 5) Von geheimen Wahrheits-Räthen. 6) Von denen Personen, so dem Statt die wichtigste Dienste leisten. (Maitressen und Musicanten.) 7) Von der bürgerlichen, Staats- und Cameral Menschenliebe. 8) Ueber das Sprüchwort: Die Welt will betrogen seyn. 9) Einige Staats=Fabeln zum Gebrauch eines jungen Erb=Prinzens. a) Der unglückliche Felsen=Kletterer. b) Der treue ungetreue, und ungetreue treue Diener. c) Der scharf beurtheilte hohe Thurn. d) Der geizige und ungeduldige Handelsmann. e) Der thörichte und kluge Colonist. f) Der seltsame commandirende General. g) Der prächtige Edelmann. h) Das wohl getroffene heßliche Gesicht. i) Der wunderliche Schloßbau. k) Der widersinnische Kranke. l) Der unglückliche patriotische Fuhrmann.«[9]

Mosers Inskriptionspraxis in die Festungswand demonstriert auf augenfällige Weise, dass der Geist gerade dann besonders rege ist, wenn die Außenreize reduziert sind. Stefan Zweig hat dem in seiner berühmten *Schachnovelle* Rechnung getragen, Mercier hat mit der *Reise um mein Zimmer* seine Gedanken um jenen Orbit reisen lassen, der den minimalsten Durchmesser hat. Das Denken, dass sich effektuiert, wenn schlechterdings keine Kommunikation möglich ist, drängt dennoch nach außen, sucht sich auch ohne Kommunikation ein Medium, will als Gedanke aufgeschrieben, eingeritzt oder hingekleckst werden. Die Wände jener Einrichtungen, die von jeher hinter hohen Mauern residieren, Gefängnisse und Kasernen, Internate und Klausuren, sprechen Bände über jene Gedanken, die nicht nach außen dringen sollen und doch Ausdruck finden. Die Aufzeichnungen und Einschreibungen, die sich an Zellenwänden finden, die Gefängniszellen oder Klosterzellen sein können, sind dem ungefilterten und unzensierten Gedanken des Menschen oftmals näher als jene Elaborate menschlichen Geistes, die die kunstvollen und regelgeleiteten Prozeduren und Verfahren durchschritten haben, die mit der kunsthandwerklichen und oftmals arbeitsteiligen Textproduktion spätestens seit Erfindung des Buchdrucks verbunden sind.

Dass Gefangenen das Schreiben verboten wird, gehört zu den wichtigen Disziplinierungsmaßnahmen der Moderne. Schon der Psychologe Karl Birnbaum stellte in seiner *Kriminal-Psychopathologie* von 1921 fest, dass es dem Strafzweck und der Strafaufgabe diene, »durch Minderung des Wohlbehagens oder direkte Unlusterzeugung wirksame und nachhaltige Gegenmotive gegen erneute strafbare Antriebe zu schaffen«, und dies geschehe gerade durch »Einschränkungen wichtiger physiologisch-somatischer wie psychologischer Lebensreize und -werte«:

»Der Zwang der Zelle verkürzt Luft, Licht und körperliche Bewegung; Isolierung, Arbeitszwang, Sprachverbot, begrenzte Schreib- und Besuchsmöglichkeiten engen die freie Selbstverfügung, die geistigen Anregungen und Ablenkungen, den gemütlichen und geistigen Austausch mit Umwelt und Familie mehr oder weniger ein.«[10]

Die »Einschränkung von Lebensreizen« bis hin zu den zitierten »begrenzten Schreibmöglichkeiten« haben aber nicht nur mit der von Birnbaum beschriebenen »Pönalpsychopathologie« zu tun. Hinzu kommt noch etwas anderes. Jeder Knast-Kommunikant kann eine Kontrollkrise auslösen, und das gilt zumal für »Gedankenverbrecher« wie Moser, dessen einziges Vergehen darin bestand, sich schriftlich und wissenschaftlich so geäußert zu haben, wie er sich geäußert hat. Der Industriesoziologe und Historiker James Beniger hat als Folge der mit der Industrialisierung einhergehenden Ausweitung und Beschleunigung der Warenzirkulation das Phänomen einer zunehmenden Desorganisation beschrieben, die in einer »Kontrollkrise« des Managements bestanden habe.[11] Die existierenden Verwaltungs- und Steuerungsmechanismen hätten nicht mehr ausgereicht, um die rapide zunehmende Komplexität und Zeitsensibilität der großflächig organisierten Warenproduktion und -distribution organisiert zu bekommen. Die herkömmlichen administrativen Methoden der manuellen Informationsverarbeitung seien damit obsolet geworden. Auch die Textproduktionsmethoden Mosers können als Vorwegnahme kulturindustrieller Textproduktionsformen angesehen werden, die schon deswegen der alten Elite des *ancient régime* nicht geheuer sein konnten. Der Kontrollkrise kann man durch eine Weiterentwicklung oder auch eine Revolution der Kontroll- und Verwaltungsmethodik begegnen oder eben durch Kontrollexzess. Letzteres scheint bei Moser der Fall gewesen zu sein. Den Panoptismus, der nach Michel Foucault das wesentliche Disziplinierungsmittel im modernen Gefängnisregime ist, lässt man dadurch idealtypisch sich realisieren, dass man die zu kontrollierenden Handlungen und Äußerungen der Gefangenen insgesamt reduziert. Wer als Gefangener nicht schreiben darf, dessen Schriften müssen auch nicht überwacht werden. Nicht-schreiben-Lassen zählt damit zu den ökonomischen Verfahren einer effizienten Gefängnisorganisation.

»Unser Schreibzeug arbeitet mit an unseren Gedanken« – das Nietzsche-Diktum wurde durch Friedrich Kittler zu einem

Credo der neueren Medien-(Kultur-)Wissenschaft und manchmal als »medientechnisches Apriori« apostrophiert. Aber wie kann es, das Schreibzeug, mitarbeiten, wenn es gar nicht vorhanden ist? Wie konstituiert sich der Kommunikant ohne Schreibzeug? Was, wenn der Gedanke erst das Schreibzeug konstituieren muss, bevor er zum Wort, zur Mitteilung, zum Kommunikant, zum Menetekel werden kann? Was Moser in seiner Singener Festungszelle demonstriert, ist, dass unsere Gedanken auch mit an unserem Schreibzeug arbeiten. Denken und Schreiben sind dialektisch aufeinander bezogene Prozeduren. Man könnte hier eher von einem »mentaltechnischen Apriori« sprechen oder schreiben. Die Konstituente, die Moser hier geschaffen hat, ist der dreidimensionale Notizzettel, das begehbare Denkkabinett, der »stille Ort«, der schreibt. Das politische Gefängnis auf dem Hohentwiel macht den Gedanken selbst begehbar, schafft einen Denkraum, ein Gedankengelass, ein Gehirngemach, ein Synapsenserail, ein Konzentrationskabuff. Der Kommunikator schreibt nicht seine Botschaft in das Medium ein, sondern er wird wie der vermeintliche oder nur gedachte Rezipient vom Medium aufgenommen. Die Beschwerlichkeit des Schreibens unter den Bedingungen der Isolation können Moser offenbar überhaupt nicht darin beirren zu schreiben, was und wie er immer schon geschrieben hat, vom geistlichen Lied bis zur gelehrten Abhandlung. Dass seine Notizen kürzer, seine Syntax asyndetischer, seine Texte aposiopetischer oder sein Stil brachylogischer geworden wären, dafür gibt es keine Anzeichen. Sein Widerstand gegen die Fürstenwillkür besteht offenbar auch darin, sich gedanklich und stilistisch nicht beirren zu lassen. Eine Freilassung, die er mit einem Schuldbekenntnis sich erkaufen soll, lehnt er ab. Moser kommt schließlich nach fünf Jahren Haft aufgrund der Intervention mehrerer gekrönter Häupter ohne weitere Bedingungen frei.

Keller Zelle Wand

Nicht nur die schreibenden Delinquenten sind hinter Gittern. Auch ihre Aufzeichnungen und Notizen sind es, und sie dringen noch seltener nach außen als die Häftlinge, die, jedenfalls unter rechtsstaatlichen Bedingungen, häufig eine Chance auf Wiederfreilassung und Resozialisierung haben. Die Notate an den Gefängnismauern werden in der Regel nicht resozialisiert, ja, gerade der gesellschaftlichen Funktion von Schrift sehen sie sich von vornherein beraubt. Ihnen droht noch wahrscheinlicher als jedem gedungenen Mörder die Auslöschung, sei es durch Überschreibungen durch die nachfolgenden Häftlinge, sei es durch regelmäßiges Übertünchen. Die Ephemerität von Schrift auf Wand wird auch durch die Ignoranz unterstrichen, die ihr von den vermeintlichen Adressatinnen oder zufälligen Rezipienten entgegengebracht wird: Wände wandern nicht ins Archiv, Wandinschriften und Graffiti werden in der Mehrzahl der Fälle nicht dokumentiert und gespeichert. Schrift in Fels gehauen ist ein probater Weg, Kommunikanten selbst über Jahrtausende zu archivieren. Schrift auf Wand gepinselt dagegen ist so vergänglich, wie unsere Wohninseln, Bürotürme und Zweckbauten es sind. Einen sehr seltenen Fall akribischer Dokumentation von Schrift auf Wand stellt die Edition der Wandinschriften im Kölner Gestapo-Gefängnis, dem sogenannten EL-DE-Haus, dar. Das Gebäude war ursprünglich als Geschäftshaus des Gold- und Uhrengroßhändlers Leopold Dahmen geplant, daher auch der Name, wurde aber noch im Rohbau von der Geheimen Staatspolizei (Gestapo) beschlagnahmt und zum Foltergefängnis umgebaut. Zehn Zellen zwischen 5,2 und 9,3 m^2 wurden im Keller eingerichtet, vier für Frauen und sechs für Männer. Während uns die Alltags-, Folter- und Mordpraxis in nationalsozialistischen Gefängnissen vor allem aus den Protokollen und anderen amtlichen Aufzeichnungen der Täter bekannt sind, geben die

Graffiti, die in überraschend großer Zahl in den zehn engen Zellen in dem Gestapo-Gebäude in der Kölner Innenstadt gefunden worden sind, uns einen authentischeren Blick auf die Realität der Opfer faschistischer Herrschaft. Insgesamt sind 1788 selbständige Inschriften und Zeichnungen auf der obersten, häufig beschädigten Tüncheschicht des Zellenblocks gefunden worden. Sie entstammen allesamt einem Zeitraum von 14 bis 16 Monaten von Ende 1943 oder Anfang 1944, als das EL-DE-Haus nach schweren Bombenschäden und Umbauten wieder bezogen worden und in diesem Zusammenhang auch der Kellertrakt neu gestrichen worden ist, bis zur amerikanischen Eroberung Kölns am 6. März 1945. Am 7. März 1945 findet sich dann eine Eintragung von einem der Befreier, nämlich Earl Huges aus Cleveland/Ohio von der 3. Amerikanischen Panzerdivision. Einige Inschriften aus der Zeit vor Ende 1943 schimmern teilweise noch durch die oberste Farbschicht hindurch wie Palimpseste oder wurden wieder freigelegt, wo diese beschädigt war.

Alle persönlichen Gegenstände wurden den Häftlingen genommen, dazu zählte auch jedes Schreibutensil. Auf die Zellenwände wurde darum mit jedem Material geschrieben, das gerade zur Hand und den Kontrollen entgangen war. Einige Bleistifte konnten offenbar in die Zellen geschmuggelt werden, denn bei deren Restaurierung sind die Stummel noch gefunden worden. Außerdem lassen sich mehrere Sorten von Kopierstiften feststellen: schwarzblaue, leicht mit Bleistift zu verwechselnde, bis zu violetten und auch roten. Vereinzelt wurde auch mit Kreide- oder Kohlestücken geschrieben, auch Buntstiftspuren sind zu finden. In den Frauenzellen begegnen auch einige Inschriften, die, wie Martin Huiskes, der Herausgeber der Wandinschriften des Kölner EL-DE-Hauses, feststellt,

> »mit Lippenstift groß und schwungvoll auf die Wände geschrieben sind, und ferner eine Anzahl Texte, die aus dünnen

Schriftzügen in schwach hellbrauner oder grünlicher Farbe bestehen und wahrscheinlich mit Augenbrauenstiften hergestellt worden sind.«[12]

Die meisten Inschriften sind in die Zellenwände des Gestapo-Gefängnisses geschabt, gekerbt oder geritzt. Als Schreibzeug dienten alle denkbaren spitzen und scharfen Gegenstände, wie sie auch bei der Restaurierung im Schmutz der Zellen gefunden worden sind: Eisennägel, Schrauben, Blechstücke, Holzstäbchen, Glas- und Spiegelscherben, Münzen und vermutlich auch Fingernägel. Solche Ritzungen, bei denen flach in die mehlige Farbfläche »eingeschliffene« Partien mit scharf geritzten abwechseln, sind stellenweise nur dann sichtbar, wenn man sie in ganz bestimmtem Winkel beleuchtet.[13] Während viele Inschriften mehr oder weniger waagerecht stehen, verlaufen andere schräg nach oben oder unten, manchmal geradezu senkrecht oder gar leicht gekippt. Sie sind offensichtlich auf der Pritsche oder auf dem Fußboden liegend geschrieben worden. Manche *writer* haben schwungvoll meterweit ausgeholt, andere haben so fein ziseliert geschrieben, dass die Buchstaben nur aus nächster Nähe zu entziffern sind. »Die einen«, so Manfred Huiskes, »haben die Schrift roh eingekratzt, bis tief in den Putz hinein, andere ebenmäßig, sauber, wie gestochen geritzt oder geschrieben, gelegentlich so schwach und eben angedeutet, dass sie nur im bestimmten Beleuchtungswinkel auffällt.« Gelegentlich finden sich beinahe kalligraphisch ausgestaltete Schriftzüge, aber es überwiegen bei weitem die ungeschulten und ungelenken Hände, zumal auf der ungewohnten und widerspenstigen Oberfläche in unbequemer Schreibhaltung nur schwer zu schreiben war. Viele Zelleninschriften sind »in großer Hast, flüchtig, hektisch und nervös geschrieben und nicht selten nur mit großer Geduld oder auch gar nicht zu entziffern«. Der Löwenanteil der Graffiti in dem Gestapo-Gefängnis ist eigentlich ein Löwinnenanteil: Mehr als 1000 Inschriften entfallen auf die Zellen des Frauentrakts. Da zwischen zwei Zellen dieses Trakts eine Wand entfernt worden ist, muss der Anteil sogar noch größer gewesen sein. In den Zellen der Männer wurden »ingesamt merklich weniger und zudem knappere, nüchterne Inschriften« verfasst. Mehr als sechshundert Inschriften und damit gut ein Drittel der Gesamtzahl sind in kyrillischer Schrift, von Ukrainern, Russen und Bulgaren verfasst worden. Weitere 230 sind in anderen fremden Sprachen, vor allem Französisch, Polnisch und Holländisch. Einige Graffiti sind auch in Spanisch, Italienisch, Englisch und ein einziges sogar in Latein. Die Sprachen der Graffiti weisen auf das Sozialsystem des Gestapo-Gefängnisses und damit auch auf die Lebens- und Terrorverhältnisse in Nazideutschland hin. So saßen in dem Knast Vertreter der Linksopposition, vor allem Kommunisten, sodann Mitglieder der Edelweißpiraten, einer Kölner Gruppe jugendlicher Nazi-Gegner, und anderer Widerstandsgruppen. Vor allem aber waren offenbar »Fremdarbeiter« Opfer der Gestapo, die entweder zu fliehen versucht hatten, bei Sabotageakten erwischt worden waren oder Widerstandsgruppen gebildet hatten. Insbesondere Osteuropäer und Russinnen wurden millionenhaft als »minderwertiges Menschenmaterial« aus ihrer Heimat verschleppt, um als Arbeitssklaven unter erbärmlichen und lebensbedrohenden Verhältnissen die deutsche Kriegswirtschaft am Laufen zu halten. Bei kleinsten Vergehen waren diese auch euphemistisch »Ostarbeiter« genannten Menschen unverzüglich der Gestapo zu übergeben. Keine einzige Inschrift weist auf Juden oder den jüdischen Glauben hin, denn die gab es in den Jahren 1944/45 in Köln nicht mehr.

Auch an den verputzten Mauern des Kölner Gestapo-Gefängnisses ist die Nennung, die Schreibung und die Eingravierung des eigenen Namens vorherrschende Praxis. Hier handelt es sich allerdings, anders als bei den Graffiti in der New Yorker

U-Bahn, nicht um ein solipsistisches Spiel mit Identitäten, sondern das Schreibspiel hat einen existenziellen Kern: Wer seinen eigenen Namen schreiben kann, der lebt noch – eine unter faschistischen Polizeistaatsbedingungen alles andere als selbstverständliche Versicherung. »Willi«, »Ruth«, »Matias«, »Margarete Bossmann«, »Fritz Maunacher«, »Margott«, »Stalino« – sie waren alle noch am Leben, als und weil sie schrieben.[14] »Helmut Pohl« hat an der Zellenwand über sein Überleben Buch geführt, unter seinem Namen notiert er:

»hereinspaziert am
Samstag, dem 20.1.45
gemeldet am 21.1.45
gemeldet am 22.1.45
gemeldet am 23.1.45
gemeldet am 24.1.45
gemeldet am 25.1.45
gemeldet am 26.1.45
gemeldet am 27.1.45
gemeldet am
gemeldet am«

Nach dem 27.1.45 bricht das Notat ab. Zwei weitere Male steht dort noch »gemeldet am«. Offenbar hat Helmut Pohl seine Lebensbuchführung schon in die Zukunft verlängert, eine Zukunft, die dann nicht mehr stattfand. Auch andere Gestapo-Gefangene und Nazi-Opfer notieren akribisch Tage, Daten und Uhrzeiten ihres Zellenaufenthalts.

Andere Aufzeichnungen auf den Kerkerwänden spiegeln die Haft- und Folterbedingungen der Insassen wider: »Die Gestapo besteht aus lauter Sadisten«, ist zu lesen. Drastischer »Leckt mich alle am Asch« [sic!] oder, von anderer Hand, einfach »Aschlöcher« (sic!). Ein Dokument der Auslöschung in wörtlichem wie übertragenem Sinn ist eine Wandnotiz, die so verblasst oder erblasst ist wie mutmaßlich der Verfasser oder die Verfasserin:

>»Weh Weh [.......]
> [......]
> Follterkammer [sic].«

Verstummende Mitteilungen, Kommunikanten, die abbrechen, bevor sie zu Ende ausgeführt sind, finden sich zuhauf an den Wänden des Nazi-Gefängnisses. Mit der Aufzeichnung endeten, fast immer, auch die Leben der Schreibenden, der *writer*, und damit auch ihr Denken, ihr Fühlen und ihr Lieben:

> »[H]ans
> Ich liebe dich
> von Herzen
> darum muß
> ich hier sitzen
> und Trübsal«

Ein anderer Typ von Wandnotiz gibt die Ratlosigkeit ob der Kafkaeskheit der Inhaftierung wieder. Man hört förmlich »Joseph K.« aus Franz Kafkas Roman *Der Prozess* klagen, wenn man an den Wänden des Kölner Gestapo-Knasts liest: »Ich bin hier und weiß nicht warum« oder »Auf Verdacht einfach eingelocht« oder auf Französisch »Je suis innocent – Ich bin unschuldig« oder simpel »Ich möchte nach Hause«. Bei manchen Aufzeichnungen schimmert schon durch ihre schiere Länge, vor allem aber durch ihre Bildhaftigkeit, ihre gehobene Wortwahl und ihre rhythmisierende Syntax bei allem Leid doch poetische Kraft hindurch, die auch von der Unbeugsamkeit des Geistes gegen die Geistlosigkeit kündet:

»Stunden vergehen wie Jahre u.
der Raum kennt nur Seufzer
das Lachen weicht bei diesem Gram
die Sonne scheint hier nicht mehr
Wann nimmt diese Qual ein Ende?«

Regressiv muten dagegen die Stimmen der Verzweifelten an, die in ihrer Not einfach nur noch die eigene Mutter anrufen wie weiland Ludwig Wittgenstein im Schützengraben:

»WENN KEINEr
AN dich dENkT,
dEINE MUTTEr
dENKT AN dich.
HANS WEINShEIME[r] 1944.«

Wieder ein anderer Typ der Gefängnis-Graffiti zeugt vom Widerstandswillen und von der Hoffnung auf einen doch noch guten, ja buchstäblich: Ausgang.

»Alles ist vergänglich
auch Lebenslänglich«.
»Alles geht vo[rü]be[r]
da[r]um Kopf Hoch«
»Ich liebte niemals noch so sehr das Leben«
»Freiheit!«

Die Vorwegnahme einer besseren Zukunft, das Prinzip Hoffnung, das Ausmalen einer Zeit nach der Nazi-Pein verweist auf die Funktion des Schreibspiels als Problemlösung. Zu dieser Problemlösung zählt, vor allem aus Sicht von Nazi-Gegnerinnen, auch die zukünftige Begleichung der Rechnung, der Blick auf den Payback-Tag, die Revanche oder, so einfach, wie verständlich: Rache, deren Ankündigung und Vollzug jeder lesen konnte, der sich in den dreidimensionalen Notizzettel des Gestapo-Gefängnisses begab: »Alles rächt sich auf Erden« steht dort, oder auf Französisch: »ON LES AURA LES BOCHES – Wir kriegen sie schon, diese Deutschen.« Ob der Wunsch Realität werden würde, war unter den herrschenden Haftumständen schwer zu beurteilen. Naheliegender und vermutlich als Kurzfrist-Prognose realistischer war der Wunsch, der in vielen Zellen und in vielen Sprachen auf die Wände notiert wurde: »Kämen doch die Amerikaner!!!«

Das Atelier des Francis Bacon

Ein anderer Typ von dreidimensionalem Notizzettel, der hier erwähnt werden muss, ist das Künstleratelier des britischen, in Dublin geborenen Malers Francis Bacon. Unter der Adresse 7 Reece Mews, South Kensington, London, arbeitete, trank und dreckte über dreißig Jahre, vom Herbst 1961 bis zu seinem Tod im Jahr 1992, der Künstler, den der britische Kunstkritiker Robert Hughes als den »derbsten und unerbittlichsten lyrischen Künstler Englands, ja vielleicht der Welt des späten 20. Jahrhunderts« bezeichnet hat.[15] Das Atelier befand sich in einer unscheinbaren kopfsteingepflasterten Straße über zwei Garagen und war zuvor von einem Bilderrahmer bewohnt worden. Für einen Künstler, der während des Zeitraums, den er dort lebte und malte, reich und berühmt wurde, handelte es sich um eine äußerst bescheidene Unterkunft. Die Behausung selbst war, wie Museumsdirektorin Barbara Dawson notierte, »sauber, wenn auch ein wenig eigentümlich«.[16] Die eigentliche Wohnung war klein, aber dafür recht aufgeräumt: Die Küche diente gleichzeitig als Badezimmer, auch Wohn- und Schlafzimmer waren kombiniert und wurden von einem riesigen zersprungenen Spiegel beherrscht, angeblich eine Erinnerung an einen Streit zwischen Francis Bacon und seinem tragisch verstorbenen Liebhaber George Dyer. Das Bild, das die eigentlichen Arbeitsräume boten, war dagegen ein ganz anderes, das selbst seine Nachlassverwalter staunen ließ:

»Im Unterschied zu diesen geordneten Wohnräumen herrschte im Atelier völliges Chaos. Der Fußboden war übersät mit Gegenständen. In Blechbüchsen, Einmachgläsern und Tassen steckten schmutzige Pinsel; Tiegel mit reinem Pigment, Dosen, Pinsel und Farben lagen kunterbunt durcheinander und bildeten eine verblüffende Farbkomposition, insbesondere auf der Westseite des Ateliers, wo der runde Spiegel hing. Auf dem Fußboden verstreut lagen Bücher, Fotografien, Zeitschriften, zerstörte Leinwände und andere Utensilien des Malers.«[17]

Der Algorithmus, dem die dreidimensionale Zettelarbeit Bacons zu folgen scheint, könnte so lauten:
  a. Reiße Seiten, Artikel oder Bilder aus Zeitungen, Büchern und Katalogen und wirf sie auf den Boden;
  b. Nimm Fotografien von Freunden oder von dir selbst, auch Röntgenbilder, fasse sie mit ölverschmierten Fingern an und wirf sie auf den Boden;
  c. Nimm alte Vinylschallplatten und wirf sie auf den Boden;
  d. Nimm alte Gemälde und Manuskripte von dir, zerreiße sie und wirf sie auf den Boden;
  e. Nimm alte Kleidungsstücke und Schuhe und wirf sie auf den Boden;
  f. Besudle alles hier und da mit Ölfarbe oder mit Bier, so dass die einzelnen Blätter oder Zettel zusammenkleben und Klumpen bilden.[18]

Der Künstler sagte auch von sich selbst: »In fact I live in a dump – In der Tat lebe ich in einer Müllkippe.«[19] Im heutigen Vokabular der Sozialpsychologie würde man ihn wohl als »Messie« bezeichnen. Francis Bacon war nicht in der Lage, irgend etwas wegzuschmeißen. Stattdessen ließ er es an Ort und Stelle liegen. Aus dieser Marotte machte Bacon ein Prinzip, denn er nutzte sein völlig verschmutztes und verrümpeltes Atelier als Quelle der Inspiration. All die zahllosen wie wahllosen Gegenstände bis hin zum Unrat und zum Müll erhalten damit mediale Funktion: Sie sind die Vorstufen und Paralipomena zu den künstlerischen Werken, die Bacon aus seinem Atelier selbst schöpft. Es sind Kommunikanten, deswegen kann sich Messie Bacon nicht von ihnen trennen. Francis Bacons Müll übernimmt die Funktion von Notizen. Als Notizen haben sie selbst keinen kommunikativen Wert, sie teilen schon deswegen niemandem etwas mit, weil Bacons Atelier nur für Bacon selbst eine Inspirationsmaschine war, nur einem äußerst kleinen Kreis anderer Personen war es überhaupt gestattet, den Raum zu betreten: Autokommunikation. All der aufgehäufte Plunder und Kram sind das Schmieröl und die Fette dieser Maschine für die eigentlichen Kommunikate Bacons, nämlich diejenigen Gemälde, die schließlich das Atelier verlassen. Bacon selbst während seines Schaffensprozesses steht buchstäblich mitten in seinem Notizzettel.

Was Bacons Atelier als dreidimensionalen Notizzettel auszeichnet, ist der konsequente Verstoß gegen die Regel vom freien Raum. Palimpsestuöse Praktiken, bei denen also frühere Aufzeichnungen durch spätere hindurchschimmern und wieder lesbar gemacht werden können, setzt Materialien voraus, die ein gewisses Maß an Transparenz bieten. Dies ist bei Bacons Lebens- und Arbeitscollage nicht der Fall. Die Kommunikanten überdecken und verstellen sich, überschreiben und übermalen, überklecksen und besudeln sich gegenseitig, der eine

Kommunikant geht auf Kosten des anderen: Viel Kommunikat bleibt dabei nicht über, die Gesamtheit der Notizen ist zwar historisierbar, aber nicht als Archiv, sondern nur als Kunstwerk. So war Bacon selbst besonders angetan von den bunten, farbverkrusteten Wänden, auf denen er seine Farben mischte und erprobte. An einigen Stellen war die Farbschicht durch die vielen Übermalungen so dick, dass sich reliefartig plastische Formen auswölbten. Gegenüber Melvyn Bragg äußerte Bacon, der als Meister der Gegenständlichkeit in der Malerei angesehen wird, diese Wände seien seine »einzigen abstrakten Arbeiten«.[20] Bacons Nachlassverwalter John Edwards weiß zu berichten:

> »Alles war mit einem feinen orangen und pinken Staub überzogen. Später habe ich herausgefunden, dass es die rohen Farbpigmente waren, die er so liebte, aber die, weil er Asthmatiker war, so schädlich für seine Gesundheit waren.«[21]

Niklas Luhmann schrieb über den Zettelkasten, die »Gesamtheit der Notizen läßt sich nur als Unordnung beschreiben, immerhin aber als Unordnung mit nichtbeliebiger interner Struktur«.[22] Dies trifft auf Bacons Atelier nicht zu: Hier herrscht die Unordnung mit der Unordnung als einzigem strukturierenden Prinzip. Allein durch das Begehen des Ateliers unterliegen die Objekte und Notizen einer ständigen Relokation bei gleichzeitiger Destruktion, die Objekte werden mit Füßen getreten, verschoben, beschmutzt und erfahren dadurch Veränderung sowohl in ihrem Aussehen wie auch in ihrer Lage und in ihrem Zusammenhang. Bacons Atelier ist eine Art Zettelkasten, in dem die Zettel dauerhaft in Bewegung sind, umgeschrieben oder sogar entstellt und zerrissen werden: Was heute hier war, kann morgen dort oder auch überhaupt nicht mehr sein.

Bacons Atelier lenkt den Blick auf die Fragilität des Begriffs der Ordnung selbst. Ordnung ist, wenn man so will, ein unor-

Abb. 24: Das Atelier von Francis Bacon als begehbarer Notizzettel

dentlicher Begriff. Ordnung dient als Frame mit einer Vielzahl von Konnotationen: Man denke nur an die Gesellschafts*ordnung*, an Spruchweisheiten wie: Ordnung ist das halbe Leben, Ordnung halten, in Ordnung sein. Wir sortieren nach Ordnungszahlen, halten gedankliche Ordnung und sind ordentliche Mitbürger. Auch wenn Adorno dekretierte, dass »der Begriff geistiger Ordnung selber nichts taugt«,[23] scheint Ordnung doch vielen gott- oder naturgegeben, während Unordnung zu Chaos wird und führt, die teuflisch, böse und asozial daherkommt.

Dass hierbei auch ein Grenznutzen überschritten werden kann, dafür ist wiederum das Bacon'sche Atelier ein Beispiel. John Edwards und Valerie Beston, die ehemalige Direktorin der Marlborough Gallery, die Bacons Werke vermarktete, unternahmen hin und wieder den Versuch, das Atelier aufzuräumen und offensichtlichen Müll zu entsorgen. Die Unternehmung endete allerdings regelmäßig damit, dass der Künstler sich in seinem

Atelier nicht mehr zurechtfand: »›Oh! Ich finde nichts wieder‹, rief er. Sein eigenes Chaos hatte eine Art von Ordnung, die nur er selbst verstand, und normalerweise konnte er finden, was er suchte«.[24]

Unser Begriff von Ordnung scheint stark kulturell geprägt zu sein. Gerade im deutschen Kontext zählen die bürgerlichen Tugenden Pünktlichkeit, Fleiß und eben vor allem Ordnung zu den »preußischen Tugenden«, mit denen seit den Zeiten des Soldatenkönigs Friedrich Wilhelm I. die deutsche Mentalität auf eine protestantisch-calvinistische Ethik festgelegt werden sollte. Der Tübinger Philosoph Otto Friedrich Bollnow bezeichnete noch in den 1960er Jahren die Ordnung als »Muttertugend« neben Sparsamkeit, Fleiß und Reinlichkeit.[25] Als »Sekundärtugenden« wurden sie neben den christlichen Katalog der Kardinaltugenden gestellt und von einem damaligen Saarbrücker Oberbürgermeister namens Oskar Lafontaine gegen seinen sozialdemokratischen Bundeskanzler Helmut Schmidt als solche verspottet, mit denen man auch ein Konzentrationslager führen könne, während der Publizist und Schriftsteller Carl Amery eine ähnliche Kritik in das Bild packte: »[I]ch kann mir die Hände nach einem rechtschaffenen Arbeitstag im Kornfeld oder im KZ-Krematorium waschen.«[26]

In der Wissenschaft ist wegen der Ambiguitäten des Ordnungsbegriffs eher von Komplexität und ihrer Zu- oder Abnahme die Rede. Von Komplexität ist bei einem System die Rede, wenn das Verhalten eines einzelnen Elements dieses Systems nicht vorhersehbar ist. Komplexität hat darum sehr viel mit Wahrscheinlichkeit und Wahrscheinlichkeitsrechnung zu tun. Die Komplexität von Francis Bacons Atelier als begehbarem Notizzettel zeigt sich gerade darin, dass, jedenfalls für Außenstehende, nicht vorhersehbar ist, wo bestimmte Gegenstände, zum Beispiel ein Pinsel oder ein Feuerzeug, sich befinden, während in der eher unterkomplexen Anordnung einer durchschnittlichen Küche die Wahrscheinlichkeit sehr groß ist, mit nur wenigen Handgriffen eine Pfanne, den Mülleimer oder die Milch im Kühlschrank zu finden. Dass diese gar nicht so neue Unübersichtlichkeit im Atelier des Künstlers positive Effekte auf seine Kreativität hat, dafür gibt es sogar experimentelle Bestätigung. Psychologische Versuchsreihen von Kathleen D. Vohs und anderen an der Universität von Minnesota haben gezeigt, dass ein aufgeräumtes, »ordentliches« Ambiente Eigenschaften wie Großzügigkeit, Uneigennützigkeit sowie einen gesunden Lebensstil fördere, ein eher unordentliches Ambiente steigere bei den Probanden Einfallsreichtum, Kreativität, Originalität und sei förderlich für das Verlassen ausgetretener Pfade und das Infragestellen hergebrachter Konzepte.[27] Eric Abrahamson und David H. Freedman stellen in ihrem Buch *Das perfekte Chaos – Warum unordentliche Menschen glücklicher und effizienter sind* fest, dass jemand, der an einem aufgeräumten Schreibtisch sitzt, im Durchschnitt 36 Prozent länger nach seinen Notizzetteln sucht als die Chaotin, auf deren Schreibtisch sich die Unterlagen türmen.[28] Das deckt sich mit den Ergebnissen von Jia Liu und anderen von der Universität Groningen: Ein »Messie« wird durch das Chaos auf seinem Schreibtisch eher dazu angespornt, einfache Lösungen zu finden.[29] Die »messiness« auf der Arbeitsfläche bietet dem Gehirn Ablenkung und dadurch gleichzeitig zahlreiche Impulse, um kreativ zu werden. Das ist genau der Grund, warum der Notizzettel mit seiner postkonventionellen Ordnung das eigentliche Universalmedium unserer Zeit ist. Auch in diesem Lichte scheint es sinnvoll, beim Atelier Francis Bacons von einem begehbaren Notizzettel zu sprechen.

Bacons Atelier führt Entropie exemplarisch vor. Die einzelnen Gegenstände, die sich kunterbunt in dem Raum türmen, sind die Variablen, deren Koordinaten sich in den meisten Fällen nur zufällig ergeben. Bacons Studio gibt damit auch eine allgemeinere Folie für das Sich-Verzetteln, wie wir es selbst auf unseren

Notizzetteln, Schmierpapieren und in Sudelbüchern tun. Im Vergleich zum gedruckten Buch oder zum planvollen Text als Informationsmedien mit eher geringer Entropie, die durch Seitenzählung, Inhaltsverzeichnisse, Paratexte und diverse allgemeine Regeln des dramaturgischen Aufbaus von Texten begrenzt wird, ist der Notizzettel ein Medium mit sehr hoher Entropie: Wo die Notierende den Stift ansetzt, in welcher Richtung sie mit welcher Textausrichtung schreibt, wie viel Sinn sie in die Aufzeichnung intrapoliert, ob sie monomodal nur alphabetischen Text oder multimodal Text mit Strichzeichnungen, Farbflächen oder Collagematerial kombiniert, ist von außen betrachtet hochgradig zufällig. Wenn wir den gebauten Text als durch eine lange Reihe kulturgeschichtlicher Operationen zustande gekommenes System im Gleichgewichtszustand definieren, so ist der Notizzettel ständig im Nichtgleichgewichtszustand. Der gebaute Text ist das Ausdrucksmedium für die »geistige Ordnung«, der Notizzettel ist das Medium für das »wilde Denken«. Im unordentlichsten Fall stellt der Notizzettel wie das Atelier Bacons nur weißes Rauschen dar, das mittels diverser Filteroperationen die diversen Rauschzustände – die Physikerinnen unterscheiden noch das rosa Rauschen, das rote Rauschen und das schwarze Rauschen – durchläuft, um nach den Gesetzen der Stochastik mitunter sinnvolle Kommunikate zu ergeben. Der Notizzettel ist der Text im Rauschzustand. Wenn in der Medientechnik von Rauschunterdrückung die Rede ist, ist damit mehr gemeint als nur ein technisches Verfahren: Um vom Zettel zum Text und vom Kommunikanten zum Kommunikat zu kommen, muss Druck ausgeübt werden, das Unordentliche gibt das Ordentliche nicht freiwillig her. Entropie kann nur durch Energiezufuhr verringert werden. Je mehr Druck ausgeübt und je mehr Energie dem System zugeführt wird, desto mehr Information und Kommunikation können gelingen. Die Verzettelungsbandbreite reicht hierbei vom unverständlichen Gekritzel bis zu Goethes

Gedicht »Ein Gleiches«, das der Dichterfürst im September 1780 auf dem Berg Kickelhahn bei Ilmenau im Thüringer Wald mit Bleistift an die Bretterwand einer Jagdhütte schrieb.

Nach dem Tod des Künstlers bot sein Alleinerbe, John Edwards, das komplette Atelier, so wie es war, der City Gallery The Hugh Lane in Bacons Geburtsort Dublin an. Nun ist es nicht völlig ungewöhnlich, dass Künstlerateliers *in situ* erhalten und der Öffentlichkeit zugänglich gemacht werden. Das Atelier und die Wohnung von Eugène Delacroix in der Rue Furstenberg in Paris ist heute ebenso musealisiert wie etwa das Wohnhaus und die Malerwerkstatt von Otto Dix am Bodensee. Beides sind heute allerdings antiseptische Reinräume, die wenig vom künstlerischen Furor ihrer ehemaligen Bewohner und Benutzer erahnen lassen. Bacons Chaossammlung hingegen musste erst einmal in London abgebaut und dann, ohne allzu viel Ordnung in die Unordnung zu bringen, in Dublin wieder aufgeschlagen werden. Hierzu hat der Fotograf Perry Ogden in dreijähriger Arbeit das komplette Atelier Gegenstand für Gegenstand fotografisch festgehalten. Auf der Grundlage dieser über 7000 Fotos haben archäologisch geschulte Kräfte jeden Winkel und jedes Detail kartographiert und in Skizzenbüchern festgehalten, auch herausgerissene Seiten aus Büchern, zerrissene Leinwände oder handschriftliche Notizen, die in zum Teil meterhohen Stapeln aufeinandergetürmt waren – ein Verfahren der Entropie-Reduktion. Die Archäologen haben ein Katalogsystem entwickelt, mit dessen Hilfe der exakte Fundort eines jeden Objekts definiert werden konnte. Der Abbau des Ateliers ging in drei Phasen vonstatten, entsprechend den Ablagerungsschichten des Raums, die in detailverliebten Vermessungsskizzen festgehalten wurden. Jeder Gegenstand wurde katalogisiert, verpackt und sein exakter Fundort auf einem Merkmalsbogen festgehalten. 7500 Objekte wurden auf diese Weise von London nach Dublin geschafft und dort rekonstruiert.

Vielleicht teilt das Atelier heute den Besucherinnen der Dublin City Gallery The Hugh Lane etwas mit, es hätte sich damit von einem unkommunikativen Medium zu einem kommunikativen Medium transformiert. Der Preis dafür ist allerdings, dass das Atelier seine Funktion als Werkstatt wie als begehbarer Notizzettel verloren hat. Die Musealisierung beraubt die Kunst ihres Amtes. Sprechendes Zeichen dafür ist, dass das Atelier, jener Chaosraum und Kunst-Inkubator, heute nicht mehr begehbar ist, sondern hinter einer dicken Glasscheibe versteckt wird, denn »schließlich soll nichts in Unordnung gebracht werden«.[30]

Das Leben notieren

Die finale Entropie hat mit seinen Verzettelungen der finnische Mathematiker, Kernphysiker, Filmemacher, Klangexperimentator und Synthesizerentwickler Erkki Kurenniemi erreicht. Er hatte nichts weniger vor, als sein gesamtes Leben zu notieren. Verwirklichen wollte er damit eine Prophezeiung Norbert Wieners, des Begründers der Kybernetik, die besagte, dass es »theoretisch möglich sei, einen Menschen durch eine Telegrafenleitung zu schicken«.[31] Kurenniemi untersuchte die evolutionären Möglichkeiten, den menschlichen Geist auf Schnittstellen zu übertragen, die nicht aus lebender Materie bestehen. Teil dieser Experimente war es, dass Kurenniemi sich, wie Lars Bang Larsen es ausdrückt, als »Archivar seines eigenen Lebens« betätigte.[32] Manisch, wie wir es schon von anderen großen Notiererinnen kennengelernt haben, sammelte der Forscher Lebenszeugnisse, Gedanken, Fakten und Hirnströme in Gestalt schriftlicher oder bildlicher Aufzeichnungen. Mit seinem Ego-Projekt kann Kurenniemi als Pionier des *lifelogging* gelten, bei dem Menschen im Internetzeitalter Lebensdaten und auch privateste Details einer

Netzgemeinde offenbaren. In seiner Radikalität übertrifft der finnische Programmierer und Computerkünstler die *lifelogger* mit ihren Social-Media-Kanälen jedoch bei weitem, allerdings stand ihm auch noch kein weltweites Kommunikationsnetzwerk zur Verfügung, das die Selbstdesavouierung publik gemacht hätte. Kurenniemis Ego-Dokumente versammeln selbst kleinste, unbedeutendste oder intimste Details des Alltagslebens, und die erkennbare Obsession des Aufzeichnenden lassen sie auch für eine Psychopathologie ebenjenes Alltagslebens stehen. Seine »Archiv des Ichs« genannte Notizensammlung ist unter den Vorzeichen des Medienwandels und des Übergangs vom Typozän zum Digizän ein Medienverbund aus Dutzenden von Notizbüchern, Hunderten Stunden Film-, Video- und Audiomaterial, Disketten, Festplatten und unzähligen Fotos und enthält

> »Tagebucheinträge (zu verschiedenen persönlichen Begegnungen oder Fernsehsendungen), Programmcodes, Quittungen, Ausstellungstickets, Übersetzungen verschiedener Zitate [...], Schnappschüsse, eine Originalzeichnung des Künstlers Olli Lyytikäinen, Schaltkreisdiagramme, einen Ausschnitt aus einem 16-mm-Erotikfilm sowie frenetische Ausrufe wie ›Ich brauche dringend / einen schönen Körper / und einen hässlichen Geist / und einen hässlichen Körper / und einen schönen Geist / Ich bin jetzt bereit‹.«

Hier hat das Notieren endgültig das reine Schreibspiel verlassen und nutzt, ohne erkennbares System oder identifizierbare Ordnung in der Auswahl der Aufzeichnungsgeräte, einen wilden Medienmix für einen ebenso kruden und inkohärenten Aufzeichnungsmix. Dabei greift Erkki Kurenniemi als technophiler »Nerd« stets auf die neueste Medientechnik zurück. Aus der Selbst-Schreibung wird eine Selbst-Aufzeichnung mit der innovativsten zur Verfügung stehenden Technik.

In den 1960er Jahren dokumentiert Kurenniemi neben seinen schriftlichen Aufzeichnungen in Notizbüchern, für die er die in dieser Zeit sehr populären und billigen »China-Kladden« verwendete, sein Alltagsleben auf 8- und 16-mm-Film. Neben den Aufzeichnungen seines persönlichen Lebensumfelds nutzte er die Filme auch für Kommentare zu seinen Lieblingsthemenfeldern Technologie, die Fortschritte der Computertechnik und die damit zusammenhängende Symbolik. In der gleichen Zeit experimentierte auch Andy Warhol mit dem Film als Medium der Selbstaufzeichnung oder Ego-Dokumentation. Warhol hatte dabei allerdings den deutlich größeren Kunstwillen und orientierte sich mehr als Kurenniemi am aktuellen Filmschaffen der Zeit. Kurenniemis »home movies« sind dafür vielleicht authentischer und repräsentieren, wie der Filmwissenschaftler und Medienkünstler Perttu Rastas feststellt, eher die populären Wurzeln des Filmemachens im Godard'schen Sinne.[33] Der französisch-schweizerische Regisseur Jean-Luc Godard, der die *nouvelle vague* entscheidend mitprägte, hatte in einem Interview konstatiert, dass der »wahre politische Film« ein Film über einen selbst sei, den man seiner Frau und seiner Tochter zeigte, also ein »home movie«: »Home movies repräsentieren die volkstümliche Basis des Kinos.«[34] Warhols Filme stehen, wie sich erst später herausstellte, in einem größeren Zusammenhang der Selbstaufzeichnung. Auch der Popkünstler dokumentierte nämlich das Alltagsleben in seiner *factory* und sammelte entsprechende Zeugnisse in Pappkartons. Er nannte diese Kartons »time capsules«. 612 solcher »Zeitkapseln« sind im Laufe der Zeit entstanden. Schon seit den 1950er Jahren schrieb Warhol Notizbücher voll und nutzte ähnlich wie Kurenniemi diverse Aufzeichnungstechniken. Sein Tonbandgerät nannte Warhol seine »Ehefrau«. Die Identifikation mit seinen Ego-Aufzeichnungen ging bei Warhol so weit, dass er sagte: »Wenn ich von ›uns‹ spreche, meine ich mich und mein Tonbandgerät.«[35]

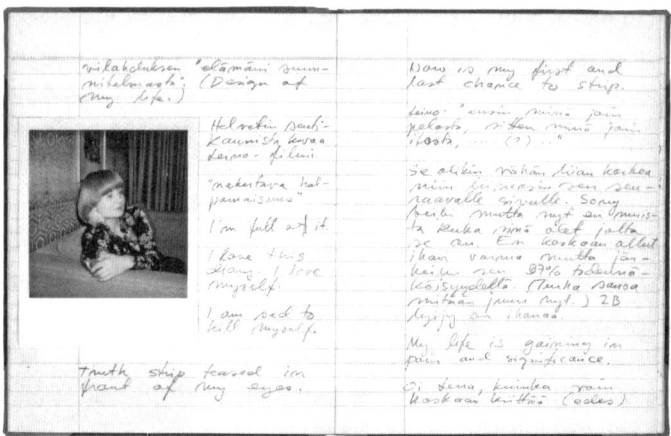

Abb. 25: Das Leben aufzeichen: E. Kurenniemis Notizbücher

Auch Erkki Kurenniemi nutzte nach der Markteinführung des Kassettenrekorders mit Kompaktkassetten, vor allem ab den 1970er Jahren, exzessiv diese Aufzeichnungstechnik. In mitunter stundenlangen Monologen und bewusstseinsstrommäßigen Selbstäußerungen bespielte er eine Kassette nach der anderen. Hier eine kleine Tonprobe:

»(00:00:00) *(Klick, klick, Radio-Signal, er pustet fünfmal ins Mikrophon, klick, pusten)* Eins, zwei, drei, puppadadud. Fuck, fuck, fuck, ist das empfindlich. Los geht's. *(Pusten)* Yeah, ein träumender Computer ... das wird die letzte menschliche Erfindung sein. Nun gut, nicht die letzte ... die letzte Erfindung. Denn ein träumender Computer wird alles schon geträumt haben. Zuvor unbewusst. Nun, nein. Tote Computer wird es nur in zwei Gebieten geben: in einer Leerlaufschleife, wartend, dass sie unterbrochen wird, oder in einem bewussten Raum, in dem er externe Informationen empfängt und verarbeitet, sie ausdruckt. Ein schlafender Computer befindet sich nicht im Leerlauf. Nun, tja, natürlich ist er, er stellt Fragen und wacht auf, wenn er gebraucht wird, aber ansonsten träumt er.«

Mit seinen Aufzeichnungen machte er auch vor seinem Sexualleben nicht halt, selbst wenn davon andere betroffen waren, nämlich seine Sexualpartnerinnen. Hier wird Kurenniemis Medienspiel als *embodiment* besonders deutlich. Die Ver- oder Entkörperung, die er im Sinn hat, kann technisch nur funktionieren, wenn gerade körperliche Vorgänge medial besonders detailliert aufgezeichnet werden. Stills aus Pornofilmen klebte er in seine Notizbücher, auf einem Blatt notierte er die Namen aller seiner bisherigen Freundinnen (und bedankte sich bei ihnen). Seine Wohnung stattete er mit Videokameras aus und machte sie damit endgültig zu einem begehbaren Notizbuch. Selbst intime Stunden mit verschiedenen Frauen dokumentierte Kurenniemi filmisch, wobei seine Sexualpartnerinnen von der Anwesenheit der Kamera wussten und in manchen Fällen auch aktiv Vorschläge für die »Filmhandlung« machten. Die feministische Medienwissenschaftlerin Susanna Paasonen hat sich speziell diese intimen Aufzeichnungen, die Kurenniemi auch selbst »Pornos« nannte (oder müsste man »Selbst-Pornos« schreiben?), angesehen. Eine solche Sichtung beschreibt sie so:

»Als das Video (mit Datum vom 5. Februar 1988) beginnt, gucke ich direkt in den Schritt von Erkki Kurenniemi, der sein schlaffes Glied streichelt und seine Hoden vor die Kamera hebt. Der Rest des Raums hinter Kurrenniemi ist sichtbar, und seine weibliche Partnerin liegt auf dem Bett, sieht ihm bei seinem Spiel zu. Kurenniemi bewegt sich von der Kamera weg, kommt dann wieder näher und positioniert seine Genitalien direkt ins Zentrum des Bildausschnitts. Ich gucke jetzt auf die Spitze von Kurenniemis Penis, jetzt auf seinen Hodensack in extremer Vergrößerung: Die Genitalien bewegen sich ständig aus dem Fokus raus und rein und berühren fast die Kameralinse. [...] Bald wechselt Kurenniemi die Seite und zoomt zu seiner Partnerin, die im hellen Licht blinzelt, bewegt sich über sie und beginnt, das Laken herunterzuziehen. Sie guckt direkt in die Kamera, dann zu ihm, zieht die Decke wieder hoch und beschwert sich, sie leide an ›akuter Video-Allergie‹. Kurenniemi antwortet: ›Nun, dann reagieren wir darauf und machen die Kamera aus, oder?‹ Als sie ›ja‹ flüstert, endet die Szene bei 01:52.«[36]

Erkki Kurenniemis Selbstaufzeichnungen sind Kommunikanten ohne Kommunikat. Seine Intention war nicht, sich und sein Leben jemandem mitzuteilen, sondern, sein eigenes Ego zu codieren und maschinenlesbar zu machen. Die Verschlüsselungen, die er dafür benutzte, waren markant (wenn man nicht schon das von ihm natürlich verwendete Finnisch, in dem er vorwiegend – neben dem Englischen – schrieb, schon für die maximale Verschlüsselung hält). Neben die völlig hemmungslose Attitüde tritt übergangslos Programmiersprache und mathematisches Kalkül. Auch Perttu Rastas, der immerhin Finnisch versteht, muss kapitulieren und stellt fest, dass »die Übergänge vom Öffentlichen zum Privaten rasant und gnadenlos sind«.[37] Erkki Kurenniemi hat mit seinen disparaten Collagen aus Ego-Material ein Privatmedium geschaffen, das weder übersetzbar noch kommunizierbar ist.

Im Jahr 2004 verfasst Kurenniemi einen Text, der die Überschrift »Oh, ein menschlicher Furz« trägt und den er prophetisch als »Selbst-Nachruf« bezeichnet hat (im Jahr 2005 erleidet er einen Schlaganfall und muss danach seine Aufzeichnungen einstellen). Darin skizziert er nicht nur seine digitale Vita, sondern auch eine Art Zukunftsprogramm. Obwohl er selbst sich mal als unpolitisch, mal als Anhänger eines Zen-Marxismus und mal als Verfechter des liberalen Anarchismus bezeichnet hat, tritt er am Ende seines aufgezeichneten Lebens für die Idee einer verschärften Form von nachhaltiger Entwicklung ein. Dazu aber müssten die Menschen die Erde Richtung Weltraum verlassen und ihre alte Heimstatt in das »Museum Planet Erde« verwandeln.[38] Die Transformation seines eigenen Lebens in einen Datenstrom sollte womöglich der Translokation Richtung *outer space* dienen.

Wenn aus Kurenniemis mitunter depressivem Ton herauszulesen ist, dass Alkohol und Drogen offenbar eine wichtige Funktion hinsichtlich seiner »Selbstbefreiung durch Datenspeicherung und -transferierbarkeit« (Lars Bang Larsen) innehatten, dann vielleicht auch deswegen, weil seine Hoffnung auf ein Leben jenseits der Vergänglichkeit enttäuscht wurde von einer neuen Form der Zerbrechlichkeit im Digizän. Erschwerend kommt hinzu, dass die von ihm eingesetzten »neuen Medien« in nicht einmal der Spanne eines Menschenlebens zu »alten Medien« und selbst ein Fall fürs Museum geworden sind. Kurenniemi hat zwar mit seiner Art des *life recording* sich bemüht, sein Leben aufzuzeichnen, aber in absehbarer Zeit werden die technischen Einrichtungen verlorengehen, um diese Aufzeichnungen noch abspielen zu können. Er selbst hat die Fragilität dieser Lebensaufzeichnung deutlich wahrgenommen und bekannte resignativ: »Es lässt sich durch den einfachen Befehl Datei löschen zerstören.« Speicherung bedeutet eben nicht Erinnerung, Medien sind zum Vergessen da.

Der Fluss der Kommunikation

> Ordnung ist heutzutage meistens dort, wo nichts ist.
> Es ist eine Mangelerscheinung.
> (Bertolt Brecht)

Ein Einbruch in eine Bank

Ein eigenartiger Beruf: Bankräuber. Und doch hätte Willie Sutton in einem Fragebogen schlecht etwas anderes angeben können. Eine Zeitlang stand er auf der FBI-Liste der zehn meistgesuchten Verbrecher. Dabei verkörperte er wie vielleicht kein Zweiter den Gentleman-Kriminellen: Zu den Bankangestellten, deren Institute er gerade überfiel, war er ausgesucht höflich. Er trug zwar eine Waffe, hat sie aber bei keinem seiner 37 Überfälle, die er zwischen den 1920er und 1950er Jahren begangen hat, auch nur ein einziges Mal benutzt. »Du kannst keine Bank nur mit Charme und Charisma ausrauben«, schrieb Sutton in seiner eigenen Autobiographie.[1] Mehr als zwei Millionen Dollar soll er erbeutet haben, dafür verbrachte er allerdings auch mehr als die Hälfte seines Lebens in diversen Gefängnissen.

Sutton hat die Methodik des Bankraubs wesentlich weiterentwickelt und professionalisiert. Aktuell wurden beispielsweise in Europa im Jahr 2015 nach einer Erhebung der *European Banking Federation* 1280 Banken ausgeraubt.[2] Die meisten Bankräuber sind aber nach einer Analyse der Wirtschaftswissenschaftler Giovanni Mastrobuoni und David A. Rivers Spontantäter, die ihr Delikt kaum planen, nicht maskiert sind, eine nur geringe Beute machen (im Durchschnitt etwa 14 000 €) und entspre-

Ein Einbruch in eine Bank 515

chend schnell wieder gefasst werden.[3] Nicht so Willie Sutton: Er plante seine Raubüberfälle minutiös, und zwar mit Hilfe eines Notizblocks. J. R. Moehringer, der über Sutton einen Tatsachenroman geschrieben hat, beschreibt dessen Vorgehen:

»Für Willie muss jede ausgewählte Bank eine Bedingung erfüllen: Man muss sie von einem Café aus klar sehen können. In den Tagen vor einem Raub kauft Willie einen Spiralblock und setzt sich stundenlang in das Café, beobachtet, macht sich Notizen. Er schreibt auf, wann die Bankangestellten kommen, welche klug aussehen und welche so, als könnten sie Ärger machen. Er verwendet Zeichenlineale und Buntstifte, um detaillierte Bilder, Skizzen und Karten anzufertigen. Manchmal wartet er, bis die Bank schließt, und folgt den Angestellten in ihre bevorzugten Lokale oder Flüsterkneipen. Er belauscht ihre Gespräche, erfährt ihre Namen, die Namen ihrer Ehefrauen. Während des Überfalls spricht er die Angestellten namentlich an oder lässt nebenbei den einer Ehefrau fallen. Tun Sie, was ich sage, Mr. Myers, oder Sie sehen Harriet nie wieder.«[4]

Mit seinem Notierspiel kann Sutton als früher Anwender von *social engineering* gelten. Gefragt, warum er denn immer wieder Banken ausrauben müsse, soll Willie Sutton geantwortet haben: »Weil da das Geld ist.«[5] Die Lakonie dieser Antwort (auf die Sutton in seiner Autobiografie dann später die Urheberschaft nicht mehr reklamieren wollte) würde gut auf einen Notizzettel passen. Und Will »the actor« Sutton, der vom FBI selbst als »artist«, als Künstler, bezeichnet wurde,[6] muss in einem Buch über Notizzettel gebührende Erwähnung finden, da er mit seiner Art und Weise, auf Notizzetteln seine Verbrechen zu planen, nicht weniger tat, als mit Notizen nach Noten zu jagen, Banknoten nämlich.

Das Schreibspiel, das der Bankräuber Sutton gespielt hat, besteht offensichtlich in Kommunikanten ohne Kommunikat. Denn hätten seine Notizzettel irgendeine Form von Öffentlichkeit erlangt, wäre gerade das Problem nicht mehr zu lösen gewesen, dessentwegen Sutton seine Notizen gemacht hat, nämlich erfolgreich ein Bankhaus um sein Geld zu erleichtern. Suttons Notierpraxis steht deshalb auch exemplarisch für das Notierspiel allgemein.

Das berühmteste literarische Wort in Sachen Bankraub stammt vermutlich von Bertolt Brecht mit seinem Dreigroschen-Diktum: »Was ist ein Einbruch in eine Bank gegen die Gründung einer Bank?«[7] Die frappierende Logik dieses Gedankens lässt sich auch auf das Notierspiel anwenden: Was ist schon das Lesen, Rezipieren und Verarbeiten der Schriften anderer, wenn man doch selbst schreiben, kritzeln, notieren, Wände bemalen oder ein handgeschriebenes Buch verfassen kann? Der Notizenmacher wildert nicht in den Gedanken anderer, er ist der Geschäftsführer im eigenen Gedankenhaushalt. Er bricht nicht Gesetze, aber Schreibkonventionen. Er nimmt sich die Freiheit des Nebeneinanders disparater Gegenstände und sich gegenseitig ausschließender Sachverhalte. Eine geraume Weile wurde der akademische Versuch unternommen, den Geist aus den Geisteswissenschaften auszutreiben.[8] Bei der Beschäftigung mit den Notizzetteln kommt man nicht umhin, den Geist wieder hereinzulassen. Mediennutzung ist eine Form von Geistesbeschwörung.

Diese Beschwörung ist keine der Innenwelt oder gar einer neuen Innerlichkeit. Denn die Aufenthaltsdauer des Geistes im Inneren seiner Besitzer ist denkbar kurz. Auf Notizzetteln und in Notizbüchern wird der Geist sofort wieder externalisiert. Dieses Schreiben und Notieren ist eine Form von Denken, die außerhalb von »skin and skull«, von Haut und Schädeldecke, stattfindet, das manchmal auch als »Schreibdenken« bezeichnet wurde. Wenn man für mediale Kommunikation unbedingt die Metapher vom Dialog aufrechterhalten möchte (und um mehr als eine Metapher handelt es sich dann ja nicht mehr), dann könnte man sagen, dass es sich beim Notierspiel um einen Dialog des Verstands mit dem externen Medium handelt. Eigenartig wirkt an dieser Redeweise, dass man mit einem leblosen Gegenstand »in Dialog« treten soll, aber die Anschauung, dass dieser unbelebte Gegenstand, das Notizbuch, »denkt«, ist ja vermutlich nicht minder eigenartig. Was bei diesem Dialog jedenfalls nicht mehr vonnöten ist, das ist eine andere Gesprächs- oder Kommunikationspartnerin. Notieren ist eine Äußerungsform, bei der Kommunikation nicht zustande kommt, oder bestenfalls als Autokommunikation – bei allen Schwierigkeiten, die dieser Begriff seinerseits bereitet. Notizen sind Kommunikanten ohne Kommunikate. Medien sind nicht zum Kommunizieren da.

Wo Kommunikation ohne Kommunikationspartner stattfindet, entfernt sie sich aus der Sozialität, wird asozial. Wer außerhalb eines sozialen Rahmens steht, der muss sich auch nicht mehr an soziale Regeln halten – und das Soziale ist im Begriff der Regel schon analytisch eingebaut. Entsprechend ist das Notierspiel ein Spiel ohne Regeln, und darum kann das Notieren auch als postkonventionelles Schreiben identifiziert werden. Notieren ist Schreiben im Ausnahmezustand. Auch hier verhält sich die Notierende ein bisschen wie der Bankräuber, der sich ja ebenfalls massiv über gesellschaftliche Normen und Konventionen hinwegsetzen muss. Das Konzept des Sprachspiels war bei Ludwig Wittgenstein eng mit dem Begriff des Regelbefolgens verbunden. Wer im Schreibspiel dagegen nur für sich schreibt, muss keiner Regel folgen. Deswegen sind die Notizen auf Notizzetteln auch das Paradebeispiel für eine private Sprache und ein privates Medium, also eines, das sich niemand anderem verständlich machen muss. Dass viele Schreiberinnen und Notierer ihre Notizen in Geheimschriften und Codes festgehalten haben (nicht zuletzt Wittgenstein selbst), ist nur der äußere Symbolismus für den Umstand, dass Notizen außerhalb der Sphäre des Öffentlichen spielen und darum privat sein können. Das Undechiffrierbare, das Unentzifferbare und das Unverständliche sind wesentliche Ingredienzien von Notizzetteln aller Art.

Das Schreiben von Notizen und das Führen von Notizbüchern wurde mit Anleihen bei Ludwig Wittgenstein, Johan Huizinga und Roger Caillois als Schreibspiel oder im engeren Sinne geradewegs als Notierspiel identifiziert. Über diesen Spielbegriff und seine typologischen Differenzierungen konnte festgestellt werden, dass das Notieren kein agonales Spiel ist, also nicht auf ein Ergebnis, ein Ziel oder einen Gewinn hin orientiert ist. Das Notierspiel folgt damit gerade nicht dem im Mediendiskurs so populären *Horse-Race Frame*. Es gehört vielmehr zu jenen Spielen, die Mimikry oder Karnevalisierung betreiben, also subversiv sind, gerade weil sie die Regeln der Kommunikation übertreten oder außer Kraft setzen.

Neben der Sprache des Notizzettels selbst folgt auch die Ordnung der Gegenstände und Sujets, von denen die Zettel handeln, nicht den Schreibkonventionen, die sich sonst für Schriftstücke etabliert haben. Das gleichzeitige Nebeneinander des Heterogenen, Nichtzusammengehörigen, Inkohärenten ist prägendes Prinzip des Notizzettels. Das postkonventionelle Medium etabliert keine Ordnung, sondern eine Unordnung. Da das Notieren eine Form des Denkens ist, sagt diese Unordnung viel über unsere mentalen Prozesse aus. Wo Widersprechendes und sich gegenseitig Ausschließendes gleich-wertig und gleich-gültig nebeneinanderstehen, da etabliert sich offensichtlich eine andere Logik. Wir können Widersprüchliches schreiben, weil wir es denken können. Die Logik des Notizzettels ist keine der notwendigen und zwangsläufigen Abfolge von Satz- und Gedankenkaskaden, sondern eine des Nebeneinanders. Von der »Logik des Stifts« schreibt in ähnlichem Zusammenhang der Philosoph

Manfred Sommer.[9] Konstellation statt Kohärenz ist die Devise. Welche Logik letztlich erfolgreicher ist, lässt sich gar nicht apriorisch sagen: Beide müssen sich bewähren, und beide haben sich bereits bewährt.

Die Gleich-Gültigkeit des Widersprüchlichen im Notizzettel ergibt sich auch aus dem, was ich das Revisionsproblem genannt habe. Wer vergisst, was er geschrieben hat, kann im Neu-Schreiben anders und anderes schreiben. Nicht Erinnern ist die Funktion von Medien, sondern Vergessen. Die Logik des Notizzettels zeigt uns, wie wichtig das Vergessen für die Entwicklung des Denkens ist. Jeder Notizzettel hat zwei Seiten, und wenn man das Blatt wendet, muss das nicht mehr gelten, was auf der ersten Seite stand, weil man es getrost vergessen darf. Das ist der Trost der Schreibenden, und vielleicht ist es der Trost der Philosophie: dass das Denken sich stets neu aufwerfen und entfalten, von vorne beginnen und das schon Gedachte hinter sich lassen kann.

Dieser Gedanke ist aber vielleicht auch nur ein Teil der Wahrheit. Denn wenn die Gleich-Gültigkeit des Verschiedenen nur eine Frage des Vorher und des Nachher wäre, dann würde sich die Widersprüchlichkeit des Notierens und des Denkens im Lernprozess aufheben, der logische Widerspruch wäre durch Medienpädagogik heilbar: Hinterher weiß man es halt besser. Beim Notieren gilt aber das Inkommensurable und das Inkohärente zugleich, steht neben-, auf- und übereinander: Manchmal sogar ganz plastisch als Collage, in dreidimensionalen und multimodalen Darstellungen oder sogar in begehbaren Notizräumen. Einstweilen sind wir mit dem Denken noch nicht fertig, weil man jeden Gedanken auch ganz anders sehen kann. Hoffentlich ist dann ein Notizzettel parat.

Notieren im digitalen Zeitalter

Es nimmt vielleicht an dieser Stelle nicht mehr wunder, dass einer der vermeintlichen Totengräber des analogen Zeitalters und der Heroen des Digizäns, der Facebook-Gründer Mark Zuckerberg, in der Gründungsphase des sozialen Netzwerks stets ein Notizbuch bei sich führte. Und nicht nur das: Zuckerbergs Notizen erhielten in der Tech-Szene schnell eine Aura des Unantastbaren. Der Silicon-Valley-Journalist Steven Levy mutmaßt, ein »Zuck-Notizbuch« reiche beinahe an ein »päpstliches Heiligtum« heran und gleiche »einem flüchtigen Blick in seine Seele«. Häufig sehe man Zuckerberg

> »am Firmensitz in [...] Palo Alto über eine gebundene, unlinierte Kladde gebeugt, in die er mit seiner unleserlich engen Handschrift Produktideen skizzierte, Programmierungsansätze schematisierte und teilweise in seine Philosophie abdriftete. Wer damals einmal in seinem Ein-Zimmer-Apartment war [...], dem wird vielleicht ein ganzer Stapel vollgeschriebener Notizbücher aufgefallen sein.«[10]

Was ist schon die Mitgliedschaft in einem sozialen Netzwerk gegen die Gründung eines sozialen Netzwerks? Mark Zuckerberg hat mit Facebook eine Plattform geschaffen, die potenziell zwei Milliarden Menschen weltweit digital miteinander verbindet. Das Wertvollste aber, was er hat, vertraut Zuckerberg weder seinem Netzwerk noch seiner Bank an, sondern dem Notizbuch: seine Gedanken, Pläne, Ideen. Mit der Privatheit der Kommunikanten der Mitglieder seines Netzwerks nimmt Mark Zuckerberg es nicht so genau. Auf seine eigene Privatsphäre und die seiner Aufzeichnungen und Notizen ist er umso mehr erpicht. Während beispielsweise die Nachrichten normaler *user* im Facebook Messenger ursprünglich unendlich lange auf den Ser-

vern der kalifornischen Firma gespeichert waren, wurden Mark
Zuckerbergs Nachrichten in seinem eigenen Netzwerk einseitig
gelöscht und wurde dazu sogar ein eigenes Firmenregularium
geschaffen: »Befristung der Aufbewahrungsdauer von Marks
Nachrichten«.[11] Und als seine Postings und Notizen bei Gericht
gegen Facebook verwendet worden waren, verbrannte Zuckerberg größere Teile seiner Notizbuchsammlung, damit das private Medium auch privat blieb.

Mit analogen Medien ist solch eine Löschung möglich, bei digitalen Medien stellt sich das schon deutlich anspruchsvoller dar. Nicht nur das ist ein Grund, warum gerade im Digizän die Menschen nach wir vor (oder sogar erst recht) ihre Gedanken lieber dem analogen Notizzettel oder Notizbuch anvertrauen als den Datenspeichern der digitalen Welt. Wenn es eine Renaissance analoger Medien im digitalen Zeitalter gibt, ist dies erst einmal ein paradoxer Befund, denn die digitalen Medien sollten zu ihren analogen Vorgängern ja in einem Ablösungsverhältnis stehen, und das mit triftigen Gründen, sind sie doch vordergründig kostengünstiger, effizienter, schneller, haben eine höhere *usability* und stehen universelleren Zwecken zur Verfügung. Gerade fürs Notierspiel scheinen die neuen, digitalen Medien wie geschaffen: Die Idee des *world wide web* mit seiner *hypertext markup language* verknüpft kürzere Text-*bytes* miteinander und hat die Struktur eines gigantischen Zettelkastens. Für unser fragmentiertes Denken und Wissen, ja vielleicht für unser fragmentiertes Fühlen und womöglich sogar für unser ebenso fragmentiertes Bewusstsein scheinen die digitalen Medien und scheint das Internet das beinahe ideale Organ zu sein. Deswegen bietet das Digizän unzählige *software tools*, die die Technik des Verzettelns und Notierens auf die Bildschirme holen sollen. Deswegen werden uns heute selbst solche Botschaften fragmentiert in Häppchen und Scheibchen serviert, die uns auch in altbekannter bündiger Form bekömmlich gewesen wären. Deswegen scheint das Notierspiel die Netzwerke unseres Denkens und Begehrens mit den Netzwerken der Server und ihrer Klienten ideal zu verknüpfen.

Und doch greifen wir – vielleicht mehr denn je – ganz analog zu Stift und Papier, notieren in zeitgeistgemäße kunstledergebundene Notizbücher oder auf schnell klebende Haftnotizen. »Menschen, die früher nie ans Notieren und Schreiben gedacht hatten, werden von einer wahren Notierwut befallen«, notiert Hanns-Josef Ortheil.[12] Wenn das Digizän uns gerne dazu verleiten würde, neben unseren Kontodaten, unseren Einkaufsgewohnheiten sowie unseren zehn beliebtesten Albumcovers auch noch unsere Gedanken den digitalen Geräten anzuvertrauen, sie dort zu entwickeln und zu hinterlegen, dann ist die neuerliche Hinwendung zum analogen Zettel womöglich die einzig folgerichtige Antwort auf diese Entwicklung. Denn insgeheim wissen wir alle, was Enzensberger lyrisch formulierte: »Gespeichert, d. h. vergessen«. Medien sind nicht zum Erinnern, sondern zum Vergessen da, und mit noch keiner von Menschen erfundenen Speichertechnologie waren die Potenziale des Vergessens größer als mit den digitalen. Je größer der Speicher, desto größer das Vergessen. Und deswegen bleiben wir vielleicht auch fürderhin bei den kleinen Speichereinheiten der Blöcke, Zettel und Notizbücher, um uns wenigstens die Chance auf eine Revisitation unserer Gedanken zu erhalten und sie nicht von vornherein im Nirwana der digitalen Speicher zu versenken. Das ist gerade die Dialektik, die dem analogen Notizzettel eignet und den digitalen Medien abgeht: Dass eine Restchance besteht, das einmal Geschriebene irgendwann wiederzufinden und sich im Denken nützlich machen zu lassen, so wie der schon zitierte Tucholsky es ausdrückte: »Das kann man noch gebrauchen.«

Erschwerend kommt hinzu: Im Netz sind Gedanken nicht privat, das Internet ist kein privates Medium. Wo die Privatsphäre ganz grundsätzlich in Frage gestellt ist, wo ein Mark Zuckerberg oder einer der anderen neuen digitalen Mandarine jeden einmal notierten Gedanken mitlesen, andernorts speichern und selbst weiterverwenden könnte, sind die Grenzen für die Funktionen des Notierspiels eindeutig gezogen. Wer analog schreibt, der entwickelt seine Gedanken im Schreiben. Daher kommt auch die Redeweise vom Schreibdenken. Wer digital schreibt, der überlässt diesen Prozess den Prozessoren. Im Analogen stellen unsere Gedanken sich ihr Schreibzeug selbst her, im Digitalen sind wir willfährige Nutzer einer Software, die wir nicht selbst geschrieben haben und deren Algorithmen wir in aller Regel nicht durchschauen. Hier schreibt das Schreibzeug womöglich mit an unseren Gedanken, aber in einer ganz anderen Weise, als Nietzsche es einmal vorausgesehen hat. Privat ist anders.

Die Welt der Zettel, der handgeschriebenen Notizbücher, der Graffiti an der Wand und all des Gesudels, das wir sonst wo hinterlassen, steht vielleicht für jene These Damon Krukowskis vom »neuen Analog«, der zufolge das Digitale das Analoge nicht verdrängen kann, sondern es im Gegenteil sogar noch aufwertet. Die ganze Welt des Digizäns ist durchsetzt mit Analogien des Analogen. Und das ist nicht nur Ausdruck einer Phase des Wandels und der Ablösung. Wenn wir unsere Notizen und damit die Aufzeichnungen unserer Gedankenwelt an digitalen Geräten machen, an Tablets, Smartphones oder mit Notizzettelprogrammen am Laptop oder am Desktopcomputer, dann ist das nur ein Surrogat und eine Simulation jener Art von Kommunikation, der immer schon das Kommunikat fehlt. Die Simulation einer Sprache ist aber keine Sprache, eine simulierte Liebe ist keine Liebe, und die Simulation eines Spiels ist auch kein Spiel (was zum Beispiel für alle Computergames gilt, bei denen man »gegen den Computer« zu »spielen« meint). Auch Sprach- und Schreibspiele lassen sich nicht simulieren, ohne gerade das zu verlieren, was sie ausmacht. Was uns die Computer als Medien stattdessen zeigen, ist, dass unser Denken eben doch ganz anders arbeitet als eine algorithmengesteuerte Maschine. Diese arbeitet nämlich formal Befehle in streng gegliederter Reihenfolge und in strenger Logik ab, während unser Denken wild und konfus ist, Widersprüchliches gleichzeitig dastehen lässt, sich um die Gedanken der Vortage wenig schert und auf die gedanklichen Konsequenzen für die Zukunft wenig Rücksicht nimmt.

Krukowski hat in seiner Apologie des Analogen (der Einband seines Buches kommt als Cover einer Vinyl-Langspielplatte daher) gar »Murphy's Moore'sches Gesetz« formuliert. Gordon Moore, einer der Gründer des Chipherstellers Intel, hatte im nach ihm benannten Gesetz festgeschrieben, dass die Komplexität integrierter Schaltkreise und damit die Geschwindigkeit von Mikroprozessoren ungefähr alle anderthalb Jahre sich verdopple. »Murphy's law« entstammt eher den Gefilden urbaner Legenden und besagt, was schiefgehen könne, gehe auch schief. Für Krukowski hat die Digitalisierung fast aller Lebensbereiche zu einer Verknüpfung dieser beiden Gesetze geführt, die er so formuliert:

> »Wenn bestimmte Aspekte einer Technologie vor der Einführung integrierter Schaltkreise besser funktioniert haben als danach, werden sie in derselben fantastischen Geschwindigkeit schlechter, in der Moore's Gesetz den Fortschritt prognostiziert.«[13]

Die digitalen Maschinen, die im Digizän unseren Alltag bestimmen, lösen häufig die Probleme gar nicht oder nicht in dem Maße wie vorgesehen und wofür sie vorgesehen, sie schaffen dafür aber neue Probleme. Aus der doppelten Problemstellung des Schreibens wird darum beim Einsatz digitaler Werkzeuge eine dreifache, weil man neben den Problemen des Denkens und des Schreibens auch noch die technischen Probleme der Computer lösen muss, was von einfachen Anwendungsproblemen der Software bis zum Systemversagen im Absturz reichen kann. Schon ein simpler Stromausfall kann das Notierspiel in unüberwindbare Schwierigkeiten führen und nicht nur zu Daten-, sondern auch zu Gedankenverlust führen. Ein Medium, das von der Stromversorgung abhängt, kann gar kein universelles Medium sein. Der analoge, papierne Notizzettel braucht keine Steckdose und ist darum in Wahrheit das einzige Universalmedium. Am Anfang dieser Expedition durch die fremde und uns doch so vertraute Welt der Notizzettel konnten wir feststellen, dass vom Notizzettel als Medium eigentlich erst in dem Augenblick sinnvoll gesprochen werden kann, in dem sich das Manuzän und das Typozän trennen und das Handgeschriebene als Kontrast zum Gedruckten erscheint. Dieser Kontrast, diese Differenz, diese Opposition, dieser Unterschied, der den Unterschied macht, tritt im beginnenden Digizän vielleicht nur noch deutlicher vor Augen: Mehr Notizzettel haben wir noch nie wahrgenommen als in dem Augenblick, in dem die ganze Welt sich in Medien auflöst und die spätmoderne Gesellschaft sich in eine Mediengesellschaft transformiert. Der handgeschriebene und vollgekritzelte Zettel markiert in seiner postkonventionellen Art gerade das oppositionelle Prinzip zu Glanz und Elend des Digitalen.

Notizzettel erwehren sich als private Medien der digitalen Welt der Codes, Algorithmen und formalen Anweisungen auch deswegen, weil sie nicht nur etwas Formales sind, sondern auch eine inhaltliche Dimension aufweisen. Sie sind nicht nur ein *Medium aus etwas*, sondern auch und vor allem ein *Medium für etwas*. Und dieses *Für* ist der Gedanke. Der Notizzettel ist das Medium des Denkens und verschränkt sich mit unserem Denken mehr als jedes andere Medium. Insofern ist der Notizzettel das *missing link* zwischen dem privaten Denken und all jenen abgeschlossenen, künstlerischen, gestalterischen oder wissenschaftlichen Werken, die eben nicht Ausdruck unseres Denkens, sondern Ausdruck unseres Notierens sind. Es gibt praktisch kein Werk der Kunst, der Literatur, des Journalismus oder der

Wissenschaft, das nicht durch ein Zwischenreich gegangen ist, das nicht Vorstufen, Übungen, Sammlungen, Exzerpte, Gesudel oder Gekritzel als Vorarbeit gehabt hätte. Der Philologe und frühe Medientheoretiker André Jolles ging in den 1920er Jahren in einer klassisch gewordenen Studie den *Einfachen Formen* der Literatur nach und verwies bereits darauf, dass »das vollendete Kunstwerk oder die einmalige und individuelle Schöpfung eines Dichters nicht den Anfang, sondern den Abschluss« geistiger Produktion bildeten. Bevor sie sich zum Kunstwerk verdichteten, befänden sich die Texte in einem anderen »Aggregatzustand«, in dem sie, »obwohl sie zur Kunst gehören, nicht eigentlich zum Kunstwerk werden, die, wenn auch Dichtung, so doch keine Gedichte darstellen«.[14]

Jolles verweist im Weiteren auf zwei ambivalente Begriffspaare, die den Notizzettel als Form definieren: einerseits Speicherung / Löschung, andererseits Information / Desinformation. Der Notizzettel als Vorform hat nur so lange Bestand, bis er den »Aggregatzustand« wechselt. Wird aus der »einfachen« eine »komplexe Form«, also zum Beispiel ein literarisches Werk (oder ein Fachbuch oder eine Komposition oder ein Wochenendeinkauf), so löst schon aufgrund fehlender Funktionalität der Notizzettel als solcher sich auf. Der Notizzettel ist Text auf Probe. Darum kann ihm auch keine positive kommunikative Funktion zugeschrieben werden. Er changiert ständig zwischen Information und Desinformation.

Der Physiker und Philosoph Carl Friedrich von Weizsäcker stellte einmal fest: »Information ist nur, was verstanden wird.«[15] Für den Notizzettel gilt das eben nur bedingt. Das notierende Ego benötigt die Information nicht, da es schon weiß, was es notiert. Zur Mitteilung, zur Kommunikation dient der Notizzettel aber nicht, so dass auch kein anderer seinen Sinn verstehen kann. Mit dem Informationsbegriff ist dem Notizzettel darum gar nicht recht beizukommen. Der Sinn des Notizzettels erschließt sich nicht in der Explikation, sondern in der Applikation, um eine leider schon etwas angestaubte Begriffsdichotomie von Hans-Georg Gadamer wieder aufzugreifen.[16] Oder griffiger formuliert: Der Sinn des Notizzettels liegt in dem, was man mit ihm macht. Es ist, wenn man so will, ein handwerklicher Sinn. Das führte uns dazu, den Notizzettel als Selbst-Schreibung zu bezeichnen, ein Ego-Dokument, das äußerst selbstbezüglich ist und seine Funktionalität gerade nicht aus dem Kommunikationsakt gewinnt.

Darum lässt sich zum Beispiel auch ein Einkaufszettel nicht wiederverwenden: Der Einkaufszettel der vergangenen Woche ist deswegen sinnlos, weil er einen Sinn nur dann hat und den Sinnen nur dann etwas zu bieten hat, wenn der Kontext der aktuellen sinnlichen Bedürfnisse durch die Verwendung des Zettels beim Einkauf gewahrt ist. Butter und Eier sind in Zettelform nur sinnvoll, wenn der Spargel zu Hause aktuell auf die Sauce hollandaise wartet. Der Notizzettel bringt mit seiner Verwendung seinen Sinn mit sich. Die Nähe zu den Sinnen und zur Sinnlichkeit, die man als Basis aller Denkvorgänge bezeichnen kann, macht den Notizzettel in gewisser Weise zu einem der Schrift und dem Schreiben vorgängigen oder elementaren Phänomen. Und so nennt auch Jolles die von ihm beschriebenen Texte »jene Formen, die [...] so sehr in der Sprache verankert sind, daß sie auch dem ewigen Gewissen der Sprache, der Schrift, zu widerstreben scheinen«.[17] Auch wenn einige der von Jolles betrachteten »einfachen Formen« schon eine gewisse Notizzettelhaftigkeit mit sich bringen, scheint doch wiederum der Notizzettel selbst den Jolles'schen Formen voranzugehen. Vielleicht kann man den Notizzettel darum als Protogattung bezeichnen. Vielleicht ist das aber auch schon zu viel der Einordnung, die ja auch eine Ordnung ist und der sich dieses unordentliche Medium verweigert.

Wie in der Kernphysik für die jeweils letzte Analysestufe immer noch eine elementarere Einheit seziert werden konnte, so scheinen auch die »einfachen Formen« eine vorgängige Gestaltungsstufe und im Notizzettel ihre »elementare Form« gefunden zu haben: der Notizzettel als Elementarteilchen der Kommunikation. Und so wie in der Teilchenphysik die Analyse der Elementarteilchen letztlich nur an den Grenzen der Wahrnehmung ihr Ende gefunden hat, mag der Notizzettel das Elementarteilchen der Schrift sein, das nur an den nicht weiter hinterfragbaren Rändern des Denkens seine Grenze findet: Die Grenzen meiner Notizen sind die Grenzen meiner Welt.

Der Notizzettel ist aber nicht nur ein vorgängiges Prinzip, sondern auch ein nachgängiges: Was vom Menschen übrig bleibt, wenn seine psychophysische Existenz zu Ende geht, sind ja nicht die großen Meisterwerke der Kunst, der Literatur, der Wissenschaft oder der Philosophie. Der allerkleinste Teil der Menschheit hat überhaupt den Versuch unternommen, solche Werke herzustellen und zu hinterlassen. Der romantische Philosoph Friedrich Schlegel nannte dieses Phänomen in seinen Lyceumsfragmenten das »Postulat der Gemeinheit« und das »Axiom der Gewöhnlichkeit« und führte dazu aus:

> »Postulat der Gemeinheit: Alles recht Große, Gute und Schöne ist unwahrscheinlich, denn es ist außerordentlich und zum mindesten verdächtig. Axiom der Gewöhnlichkeit: Wie es bei uns steht und um uns ist, so muß es überall gewesen sein, denn das ist ja alles so natürlich.«[18]

Statistisch ist der Anteil schöpferisch schriftstellerisch tätiger Menschen an der Gesamtpopulation der jemals auf Erden gewandelt seienden und immer noch wandelnden Personen vernachlässigenswert gering. Was vom Menschen übrig bleibt, sind stattdessen seine Notizen. Das durchaus Demokratische daran: In unseren Notizzetteln, Sudelbüchern und Tagesschriften sind wir alle so verwegen wie Lionardo da Vinci und sind wir auch alle so ein bisschen verrückt wie Ludwig Wittgenstein. Von jemandem Notiz nehmen, das heißt in jedem historischen Sinn, seine Notizen wahrzunehmen, das, was er an Selbst-Schreibungen und Ego-Dokumenten hinterlassen hat. Dazu müssen diese Notizen natürlich erst einmal auf jemanden kommen, was bei Kommunikanten ohne Kommunikat eine ganz eigene Schwierigkeit darstellt. Dass Kommunikanten in der Mediengesellschaft oft nur produziert werden, um im Spiel der Aufmerksamkeitsökonomie zu punkten, wurde mehrfach betont. Kommunikanten ohne Kommunikat dringen aber gar nicht in jene Öffentlichkeit vor, in der Aufmerksamkeit generiert werden könnte. Hier könnte man mit Erving Goffmans Begriff von der *civil inattention*, der bürgerlichen Unaufmerksamkeit, sprechen,[19] die vielleicht ihre eigene Ökonomie mitbringt, in der die Kommunikatorin ein Habenichts ist und bleibt. Oftmals sind es ja überhaupt nur Zufälle, dass die privaten Aufzeichnungen einer Person der Nachwelt übermittelt werden. Kommunikation ist wie die Arbeit des Sisyphos: Wir äußern und äußern und äußern uns, aber hauptsächlich äußern wir uns nur uns, wir äußern uns nicht den anderen. Das allermeiste von dem, was wir kommunizieren, bleibt unerhört, findet keinen Empfänger. Kommunikation ist wie ein Brief ohne Adressat.

Die Kommunikation im Fluss

Bei der Lektüre und der Revision der vielen Notizzettel, Notizbücher, Sudelsammlungen, Manuskripte und anderer privater Aufzeichnungen haben wir nicht nur eine Menge über diese privaten Medien gelernt. Umgekehrt haben diese Notizzettel uns auch einiges über das Wesen der Kommunikation gelehrt.

Und es scheint, dass Kommunikation doch etwas anders funktioniert, als es das weit verbreitete Vorurteil besagt, dem zufolge Kommunikation der Mitteilung an andere diene. Dies scheint vielmehr nur der seltene Ausnahmefall zu sein, während der Normalfall alltäglicher Kommunikation der ist, sich gar nicht anderen, sondern bestenfalls sich selbst mitzuteilen: Unsere Kommunikationen sind Kommunikanten ohne Kommunikate. Und gerade die enorme Zunahme an Kommunikationsmitteln durch die ubiquitäre Digitalisierung hat nicht zu einer Zunahme, sondern im Gegenteil zu einer Abnahme globaler Mitteilsamkeit geführt. Was heute in Blogs und YouTube-Kanälen, auf Instagram und Facebook an Text und Bild produziert wird, sind Selbst-Schreibungen, die hochgradig selbstbezüglich sind: Messenger-Dienste ohne *message*.

Menschliche Kommunikation erscheint eher wie ein großer dunkler Fluss, der an uns vorbeifließt. Ab und zu nur springen ein paar Leute in diesen Fluss der Kommunikation hinein, und sie fischen die Schätze ihrer Kommunikanten heraus und präsentieren sie stolz den am Ufer Wartenden. Dann ist Kommunikation gelungen, und der Kommunikant hat sein Kommunikat gefunden. Aber wie nicht jeder Angler den kapitalen Hecht erwischt, sondern oftmals nur den Stichling oder gar rostendes Treibgut, so macht das Gros der Kommunikanten, die zu Kommunikaten werden, nicht die Kunst, sondern der Trödel aus. Die allermeisten Kommunikanten indes treiben unbeachtet vorüber, finden nie den Weg ans Ufer, bleiben unerhört. Blindtext.

Einige wenige Fischer belassen es nicht bei gelegentlichen Fischzügen im Fluss der Kommunikation. Sie springen wieder und wieder ins treibende Gewässer, bei Wind und Wetter jagen sie dem Treibholz der Kommunikanten hinterher in der vagen Hoffnung, den goldenen Schatz der Kommunikation zu heben. Das sind die pathologischen Fälle. Denn Kommunizieren (das schriftliche, also notierende zumal) soll Probleme lösen, und wer schreibt, der muss Probleme haben. Wer gar nicht aufhören kann, zu schreiben und zu notieren, dessen Probleme müssen riesengroß sein, und sie harren ihrer klinischen Beschreibung. Es ist jene Psychopathologie der schriftstellerischen Tätigkeit, die Wilhelm Dilthey notierte, als er deren »Verwandtschaft mit Traum und Geisteskrankheit« hervorhob.[20]

So wie die Philosophie sich von der strengen formalen Logik hin zu einer Philosophie der normalen Sprache weiterentwickelt hat, müssen auch die Wissenschaften, die sich mit der Kommunikation beschäftigen, also die Philologien, die Soziologie und auch die Medien- und Kommunikationswissenschaft selbst, sich zu einer Wissenschaft von der Kommunikation der normalen Leute weiterentwickeln, und das bedeutet der nicht gelungenen, der gescheiterten, der privaten und der Autokommunikation, wie sie heute massenhaft in sozialen Netzwerken, in der Blogosphäre, an Smartphones und Tablets stattfindet: *One-to-zero-communication*, einer sendet, keiner empfängt.

Manchmal springen auch Nichtschwimmerinnen in den Fluss der Kommunikation. Man kann in Kommunikation auch untergehen. Und manchmal machen es die Kommunikatoren wie die schlechten Anglerinnen: »Catch & release« ist der verpönte Fachausdruck für jene Praxis, bei der einmal geangelte Fische betäubt und verletzt wieder ins Wasser gelassen werden. Auch Kommunikanten werden oft (und wer weiß? vielleicht sogar in den meisten Fällen) nur an Land gezerrt, um von der Kommunikatorin bewundert und dann wieder entlassen zu werden, ohne dass die soziale Welt jemals davon Notiz genommen hätte. Und so, wie man nach dem griechischen Philosophen Heraklit nicht zweimal in denselben Fluss steigen kann, kann man auch seine eigenen Kommunikanten, seine Notizen, nicht wirklich überblicken. Das wurde als das Revisionsproblem identifiziert, mit dem alle Notierenden sich auseinanderzusetzen haben. Medien sind nicht zum Erinnern, sondern zum Vergessen da.

Der portugiesische Künstler Marco Godinho hat für sein Kunstprojekt *Written by Water*, das bei der Kunstbiennale Venedig 2019 im Luxemburgischen Pavillon ausgestellt wurde, Hunderte von leeren Notizbüchern ins Mittelmeer getaucht, dabei jede einzelne Seite umgeblättert und vom Meerwasser »beschreiben« lassen. Der Künstler wollte damit auf die Wellen der Migration aufmerksam machen, die am Anfang des 21. Jahrhunderts von Süd nach Nord über das Mittelmeer sich bewegen. Ebenso drückt er aber mit seinem Projekt die Fluidität von Kommunikation aus: »Hier erscheint das Meer als eine Welt in fortdauernder Bewegung, in der die damit verbundenen Gedanken und Erinnerungen zu nomadischen Variablen werden.«

Am Ende strömt der Fluss der Kommunikanten wie jeder andere ins Meer und verliert sich schließlich in den Weiten des Ozeans der Kommunikation. Der Rest steht auf einem anderen Notizzettel.

Abb. 26: Marco Godinho: Written by Water (Biennale Venedig 2019)

Anmerkungen

Am Anfang notiert

1. Dhom (2001, S. 156 (aus dem abschließenden Obduktionsbericht von Kaiser Friedrich dem III.).).
2. Dhom (2001, S. 146).
3. Die Bulletins sind nachzulesen in Bardeleben et al. (1888).
4. Adler und Engels (2011, S. 228 (FN 10)).
5. Heimes (2011, S. 5).
6. Zit. n. Fermor und Schroeter-Wittke (2005, S. 235).
7. Emmerich (2006, S. 23).
8. Watzlawick et al. (2011, S. 59).
9. Nietzsche (2002, S. 18).
10. Porstmann (1950, S. 247).
11. Moles (1971).
12. Gumbrecht et al. (1988).
13. Kittler (1985; 1986).
14. Virilio (1986).
15. Eisenstein (1997).
16. Krajewski (2002).
17. Heilmann (2012).
18. Kirschenbaum (2016).
19. Faulstich (2008, S. 7).
20. Kittler (1998, S. 41).
21. Brandes (2001, S. 83). Hier auch das nächste Zitat.
22. Williams (2013, S. 36).
23. Taylor (1996, S. 103 f.).

Die Erfindung des Notizzettels

1. Klein (2008, S. 58).
2. Zit. n. Nicholl (2009, S. 617).
3. Jünger (2018, S. 4).
4. Giraldi (1554, S. 193).

5 Nicholl (2009, S. 23).
6 Leonardo da Vinci (1990, S. 304).
7 Vasari (1996, S. 10).
8 Klein (2008, S. 10).
9 Kemp (2008, S. 16).
10 Alle Zitate aus: Vasari (1996) S. 8, 11 und 16.
11 Klein (2008, S. 214).
12 Dickens (2006, S. 33).
13 Zit. n. Klein (2008, S. 214).
14 Lücke (1953, pag. VI).
15 Lücke (1953, S. 693).
16 Nicholl (2009, S. 86).
17 Lücke (1953, 857 f.).
18 Klein (2008, S. 26).
19 Zit. n. Klein (2008, S. 102).
20 Zit. n. Nicholl (2009, S. 502).
21 Smiraglia Scognamiglio (1896).
22 Nicholl (2009, S. 137) (hier auch das vorangehende Pedretti-Zitat).
23 Nicholl (2009, S. 592).
24 Zit. n. Zöllner (2015, S. 199).
25 Lücke (1953, S. 19).
26 Herzfeld (1989, S. 139).
27 Lücke (1953, S. 16).
28 Lücke (1953, S. 91).
29 Lücke (1953, S. 97).
30 Lücke (1953, S. 97).
31 Mittelstraß (1992, S. 12).
32 Olschki (1958, S. 374).
33 Lücke (1953, S. 714).
34 Reinhardt (2018, S. 9 u. 29).
35 Klein (2008, S. 13).
36 Lotman (1993, S. 19).
37 Freud (2000, Bd. 10, 145).
38 Dickens (2006, S. 16).
39 Rosa (2013).
40 Arasse (1999, S. 32).
41 Conti (1998, S. 15).
42 Vgl. Conti (1998, S. 17).
43 Lücke (1953, pag. VI).

44 Lücke (1953, S. 667).
45 Böckh (1877, S. 10).
46 Lücke (1953, S. 18).
47 Conti (1998, S. 32).
48 Feige (2018, S. 9).
49 Michelangelo (1897, Nr. LXXXI).
50 Klibansky et al. (1992, S. 358).
51 Petrarca (2004, S. 170).
52 Clark (1969, S. 169).
53 Vgl. Burckhardt (1987, 89 ff.).
54 Lücke (1953, S. 694).
55 Schneider (2002, S. 66).
56 Lücke (1953, S. 919).
57 Lücke (1953, S. 915).
58 Lücke (1953, S. 920).
59 Lücke (1953, S. 910).
60 Klein (2008, S. 13).
61 Leonardo da Vinci (1990, S. 62).
62 Kupper (2007, S. 14).
63 Suh (2005, S. 302).
64 Müller (2010, S. 17).
65 Benne (2015, S. 20).
66 Illich (2010).
67 Vgl. Giesecke (1994).
68 Vgl. Klein (2008, S. 170).
69 Cennini (1871, S. 6). Hier auch das folgende Zitat.
70 Conti (1998, S. 103).
71 Leonardo da Vinci (2015, S. 7 f.).
72 Augustinus (2004, S. 443).
73 Kopf (2016, S. 29).
74 Zit. n. Nicholl (2009, S. 357).
75 Blumenberg (1986).
76 Paracelsus (1973, S. 47).
77 Zöllner (2015, S. 106).
78 Farago (1999, S. 393).
79 Zit. n. Nicholl (2009, S. 499).
80 Nicholl (2009, S. 499).
81 Zöllner (2015, S. 644).
82 Zit. n. Nicholl (2009, S. 525).

83 Microsoft (2017, S. 7).
84 Kittler (1993, S. 8).
85 Value Creation Group (2018).
86 Winkler (2015, S. 22).
87 Bachelard (1988, S. 17).
88 Illich (2010, S. 96).
89 Jacobs, Geert und David Perrin (2014).
90 Perrin (2015).
91 Mach (1897, S. 1).
92 Krauthausen (2010, S. 8).
93 Luhmann (1992, S. 53).
94 Gadamer (2010, S. 394).
95 Bacon (1990, S. 81).
96 Grésillon (2012, 156 f.).
97 Popper (1996, 255 ff.).
98 Bereiter (2012, 402 f.).
99 Lücke (1953, S. 4).
100 Kohlberg (1996, 131 ff.).
101 Ebbinghaus (2011, S. 66).
102 Vester (2004, S. 71).
103 Vester (2004, S. 72).
104 Dickens (2006, S. 124).
105 Singer (2002, S. 78).
106 Plato (2019, Bd. 5, 176).
107 Dickens (2006, S. 59).
108 Dickens (2006, S. 58).
109 Eskritt, Michelle u. Sierra Ma (2013, S. 237).
110 Clark und Chalmers (1998, S. 7).
111 Clark und Chalmers (1998, S. 12).
112 Kirsh, David und Paul Maglio (18).
113 Clark und Chalmers (1998, S. 8) (übers. vom Vf., H. H.).
114 Uexküll und Kriszat (1983, S. 16).
115 Merleau-Ponty (1986, S. 60).
116 Waldenfels (2007, S. 133).
117 Sheets-Johnstone (2009).
118 Tschacher und Storch (2012, S. 261).
119 Gabriel (2015, S. 37).
120 McLuhan (1968, S. 9).
121 Kittler (1986, S. 293).

122 Rosa (2016, S. 288).
123 Halbwachs (1985, S. 21).
124 Esposito (2002, S. 27).
125 »Gedankenflucht (I)«. In: Enzensberger (1995, S. 31).
126 Freud (2000, Bd. 9, 292).
127 Knödler (2005, 214 f.).
128 Assmann (2016, S. 30).
129 Floridi (2015, S. 40).
130 Bolzoni (1995, S. 143).
131 Firus et al. (2012, 69 f.).
132 Esposito (2002, S. 29).
133 Wasianski (1804, S. 36).
134 Die Single wurde ursprünglich 1956 veröffentlicht, war Nr.-1-Hit in den Billboardcharts und erschien in der Folge auf dem Album Presley (1959).
135 Tucholsky (1976). Auch die weiteren Zitate hier.

Verzettelt denken

1 Kastner (2009, S. 90).
2 Zit. n. Monk (1992, S. 57).
3 Nicolin (1970, S. 76).
4 Monk (1992, S. 19).
5 Wittgenstein (1980, S. 96).
6 Wittgenstein (1991, S. 14).
7 Heller-Roazen (2018).
8 Heller-Roazen (2018, S. 89).
9 Zit. n. Wittgenstein (1991, 160 f.).
10 Wittgenstein (1990, S. 9) (künftig im Text zitiert als TLP + Seite).
11 Hofmannsthal (1957, hier: Bd. 2, S. 341 f.).
12 Kraus (1959, S. 452).
13 Mauthner (1999, S. 1).
14 Wittgenstein (1980, S. 85).
15 Malcolm (1968, S. 7).
16 Tetens (2009, S. 7).
17 Zit. n. Monk (1992, S. 226).
18 Wittgenstein (1984b, S. 481).
19 Schulte (2005, S. 43).

20 Braun (1991, S. 170 ff.).
21 Tetens (2009, S. 131).
22 Wittgenstein (1991, 31 (weitere Nachweise im Text mit Datum)).
23 Schopenhauer (1862, S. 80 (§ 53)). Der Satz fehlt in der heute besser zugänglichen Werkausgabe, die Ludger Lütkehaus besorgt hat, da sie auf der Erstauflage von 1851 fußt.
24 Monk (1992, S. 196). Wittgenstein hat tatsächlich das Wienerische »schwefeln« statt, wie bei Monk zitiert, »schwafeln« geschrieben.
25 Eilenberger (2018, S. 15).
26 Der Text ist weder in der Werkausgabe noch in der von J. Schulte besorgten Ausgabe der »kleinen Schriften« enthalten. Dafür zitiert sie Brian McGuinness in seiner Biographie über den jungen Wittgenstein: McGuinness (1992, S. 273).
27 Rhees (1987, 98 f.).
28 Wittgenstein (1989, S. 317 (Anmerkung des Herausgebers)).
29 Wright (1986, S. 43).
30 Wright (1986, S. 43).
31 Aus den unveröffentlichten Manuskripten und Typoskripten wird zitiert nach den Wittgenstein Archives der Universität Bergen: Wittgenstein (o. J.). Im Weiteren wird nach dieser Quelle im lf. Text mit Ms. oder Ts. + Nr. nach der von-Wright-Zählung zitiert.
32 Schulte (2005, 35 f.).
33 Zit. n. Rhees (1987, S. 159).
34 Adorno (1989, S. 191).
35 Rhees (1987, S. 119).
36 Wittgenstein (1984b, S. 345 f.).
37 Wittgenstein (1990, S. 302 (§ 123)). Im Folgenden alle Zitate aus den *Philosophischen Untersuchungen* in der Form: PU + §-Zahl.
38 Waismann und McGuinness (1989, S. 26).
39 Wittgenstein (1989, S. 315).
40 Wittgenstein (1989, S. 52).
41 Wittgenstein (1989, S. 7).
42 Wittgenstein (1987, S. 488 f.).
43 Zit. n. Schulte (2005, S. 79).
44 Malcolm (1987, S. 42 f.).
45 Wittgenstein (1990, S. 231).
46 Wittgenstein (1990, S. 231).
47 Die Manuskripte und Typoskripte Wittgensteins stehen online zur Verfügung unter http://wab.uib.no/. Texte, die nicht in Buchform pu-

bliziert sind, werden nach dieser Onlineedition im laufenden Text mit Angabe des Manu- oder Typoskripts angegeben.
48 Mol (2008, S. 161).
49 Wittgenstein (1990, S. 232 f.).
50 Stern (2006).
51 Wittgenstein (1984b, S. 529).
52 Wittgenstein (1984b, S. 447).
53 Rothhaupt (2012, S. 3).
54 Gibson und O'Mahony (2020).
55 Malcolm (1987, S. 90).
56 Gadamer (2010, S. 111).
57 Meggle (1981, S. 263).
58 Huizinga (1956, S. 55).
59 Vgl. Güntsche (2017).
60 Caillois (1982, S. 21 ff.).
61 Iser (1993, S. 445).
62 Meggle (1981, S. 251).
63 Littlewood (1998).
64 Caillois (1982, S. 32).
65 Wittgenstein (1984b, S. 265).
66 Bérubé (1990, S. 89).
67 Crowther (1947).
68 Malcolm (1987, S. 47).
69 Wittgenstein (1990, S. 94 f.).
70 Freud (2000, Bd. 1, S. 524).
71 Rhees (1987, S. 56).
72 Krämer (2008, S. 10).
73 Davidson (2008a).
74 Vgl. Davidson (2008b).
75 Coulmas (1982, S. 12 f.).
76 Posselt (2019, S. 42).
77 Stetter (1999, S. 139 f.).
78 Wittgenstein (1984b, S. 411).
79 Wittgenstein (1984b, S. 418).
80 Zit. n. Kammer (2018, S. 278).
81 Walser (1979, S. 301).
82 Werner Morlang: »Nachwort«. In: Walser (1985, Bd. 2, S. 513).
83 Bernhard Echte: »Editorische Vorbemerkung«. In: Walser (1985, Bd. 1, S. 6).

84 Morlang: »Nachwort«. In: Walser (1985, Bd. 2, S. 508).
85 Jochen Greven: »Editorische Notiz«. In: Walser (1976, S. 132).
86 Wittgenstein (1984b, S. 483).
87 Heller (2011).
88 Nagel (2016).
89 Kripke (2006, S. 26 ff.).
90 Pauen (2016, S. 25).
91 Nisbett und Wilson (1977).
92 Nyiri (1992, S. 226).
93 Brief vom 07.04.1923, zit. n. Monk (1992, S. 233).
94 Nyiri (1992, S. 228).
95 Sellars (2007, S. 185).
96 Vygotskij (2017, S. 431).
97 Vygotskij (2017, S. 95).
98 Vygotskij (2017, S. 317).
99 Vygotskij (2017, S. 454).
100 Fodor (1980, S. 55 ff.).
101 Fodor (1980, S. 156).
102 Vygotskij (2017, S. 317).
103 Vygotskij (2017, S. 317).
104 Vygotskij (2017, S. 318).
105 Walser (1960, S. 96).
106 Walser (1979, S. 365).
107 Partl et al. (2011, S. 69).
108 Anderssen-Reuster und Reuster (1998, S. 70).
109 Mächler (2003).
110 Walser (1985, Bd. 1, S. 233).
111 Partl et al. (2011, S. 72).
112 Walser (1985, Bd. 4, S. 20).
113 Walser (1985, Bd. 1, S. 68).
114 Walser (1985, Bd. 1, S. 142).
115 Partl et al. (2011, S. 74).
116 Jürgens (2006, S. 47).
117 Echte (2013, S. 100).
118 Canetti (1993, S. 299).
119 Foucault (1993, S. 9).
120 Foucault (1993, S. 539).
121 Wittgenstein (1984b, S. 362).
122 Wittgenstein (1984b, S. 557).

123 Lotman (2010, S. 32). Auch alle folgenden Zitate finden sich hier und ff.
124 Castells (2013, S. 58).
125 Nyiri (1992, S. 231).
126 Hintikka und Hintikka (1986, S. 275).
127 Nyiri (1992, S. 231).
128 Imhof (2006, S. 210).
129 Nyiri (1992, S. 232).
130 Wittgenstein (1984b, S. 560).
131 Wittgenstein (1990, S. 563 f.).
132 Malcolm (1968, S. 24).
133 Lévi-Strauss (1978, S. 291). Auch die nächsten Zitate hier und ff.
134 Walser (1985, Bd. 2, S. 516).
135 G. E. M. Anscombe u. G. von Wright: Vorwort der Herausgeber, in: Wittgenstein (1984b, S. 261 ff., hier: S. 261).
136 Kammer (2003, S. 118).
137 Rhees (1987, S. 57).
138 Rhees (1987, S. 89 ff.).
139 Rhees (1987, S. 107).
140 Rhees (1987, S. 24).
141 Malcolm (1987, S. 132).
142 Zit. n. Monk (1992, S. 553).
143 Asperger (1943).
144 Fitzgerald (2000a).
145 Edmonds und Eidinow (2003, S. 26).
146 Fitzgerald (2000b, S. 621).
147 Frith (2013).
148 Wittgenstein (1978, S. 50).
149 Wittgenstein (1984b, S. 360 (Nr. 372)).
150 Wittgenstein (1990, S. 178).
151 Wittgenstein (1984b, S. 289).
152 Wittgenstein (1984b, S. 293).
153 Wittgenstein (1984b, S. 293).
154 Weininger (2014, S. 218).
155 Wittgenstein (1984a, S. 79).
156 Wittgenstein (1984a, S. 430 f.).
157 Searle (2017, S. 244 ff.).
158 Foucault (1994, S. 39).
159 Miller (1956, S. 81).
160 Rhees (1987, S. 80 f.).

Das handgeschriebene Buch

1. Chatwin (1998, S. 160).
2. Kießling und Matthes (1993, S. 254 f.).
3. Friebe und Lobo (2006, S. 21).
4. Chatwin (1998, S. 160).
5. Baker (2005).
6. Kittler (1993, S. 226).
7. Klute (2010).
8. Mähler (2020).
9. Haußmann (2018); Rohde (2020).
10. Ortheil (2015).
11. Zit. n. Friebe und Lobo (2006, S. 21).
12. Poganatz (2010).
13. Siebenhaar (2012).
14. Jarvis (2009, S. 49).
15. Foucault (2012, S. 49).
16. Matzig (2019).
17. Kniebe (2006).
18. Athanasius (1875, S. 287 f.).
19. Foucault (2012, S. 52).
20. Schubert und Weiß (2015, S. 450).
21. Foucault (2012, S. 53).
22. Moser (2006, S. 300).
23. Moser (2006, S. 300).
24. Luhmann (1997, S. 454).
25. Epiktet (1914, S. 163).
26. Seneca (2014, S. 12) (Ep. 2, 4).
27. Seneca (2014, S. 12).
28. Epiktet (1914, S. 40).
29. Foucault (2012, S. 56).
30. Seneca (2009, 108 (Ep. 84, 6–7)).
31. Foucault (2012, S. 57).
32. An. (1983).
33. Die Geschichte der Fälschung der Hitler-Tagebücher kann nachgelesen werden bei: Seufert (2008).
34. Benne (2015, S. 156).
35. Woudhuysen (1996, S. 13).
36. Love (1998, S. 195).

Anmerkungen 543

37 Young (1977, S. 40).
38 Horstig (1796, S. 26).
39 Pestalozzi (1995, Bd. 13, S. 295).
40 Stephani (1815, S. 34).
41 Stephani (1815, S. 34).
42 Demeter (1818, S. 3).
43 Bosse (2012, S. 101).
44 Doede (1958, S. 23).
45 Benne (2015, S. 183).
46 Gleim (1792, S. 3).
47 Benne (2015, S. 195).
48 Richter (1927 ff., Bd. 6, S. 741).
49 Behrend (1974).
50 Richter (1927 ff., Bd. 8, S. 941).
51 Richter (1927 ff., Bd. 8 (Klappentext)).
52 Lichtenberg (1992, Bd. 1, S. 653 (J19)).
53 Koschorke (S. 183).
54 Schäfer (2009, S. 23 f.).
55 Kraepelin (1889, S. 144).
56 Zit. n. Schäfer (2009, S. 24).
57 Kraepelin (1895–1928, S. 21).
58 Kraepelin (1895–1928, S. 20).
59 Kraepelin (1910, Bd. 2, S. 22).
60 Goldscheider (1892, S. 525).
61 Mueller und Oppenheimer (2014).
62 Andrade (2010).
63 Microsoft (2017, S. 11).
64 Augstein (1983).
65 Lindgren (1972, S. 86 f.).
66 Peters (1993c).
67 Dekker (1989).
68 Warneken (1987).
69 Schulze (1996, S. 28).
70 Krusenstjern (1994, S. 463).
71 Peters (1993c, S. 235).
72 Schenda (1985, S. 448).
73 Schenda (1970, S. 442).
74 Medick (1992b, S. 59).
75 Maas (1991a, S. 88).

76 Vgl. Maas (1985, S. 56f.).
77 Maas (1991b, S. 229).
78 Maas (1985, S. 44f.).
79 Saussure (1931, S. 28).
80 Klein (1985, S. 10).
81 Klein (1985, S. 30).
82 Klein (1985, S. 17).
83 Goody (1997, S. 26).
84 Goody und Watt (1997, S. 72).
85 Goody und Watt (1997, S. 73).
86 Goody (1997, S. 44f.).
87 Pearson (1939).
88 Goody und Watt (1997, S. 104).
89 Eco (1975, S. 328ff.).
90 Zillhardt (1975, S. 86). Auch alle weiteren Zitate nach dieser Quelle. Sprachlich vom Vf. behutsam modernisiert (HH).
91 Alle biographischen Angaben übernehme ich aus Zillhardts Einleitung, der sie wiederum an Zweitquellen überprüft hat, vgl.: Zillhardt (1975, S. 8–84).
92 Zillhardt (1975, S. 75).
93 Peters (1993c, S. 236).
94 Fina (1981).
95 Foucault (1974, bes. S. 211ff.).
96 Benjamin (1977, S. 254).
97 Peters (1993c, S. 236).
98 Medick (1992a, S. 310).
99 Stagl (1989, S. 140).
100 Peters (1993b). Hieraus auch alle folgenden Originalzitate.
101 Medick (2018, 135f.).
102 Stagl (1989, S. 141).
103 Peters (1993a, S. 233).
104 Peters (1993a, S. 223ff.).
105 Fuldaer Geschichtsverein (hier: S. 113 (Vorbemerkung)). Alle weiteren Originalzitate hieraus. Sprachlich vom Vf. behutsam modernisiert (HH).
106 Fuldaer Geschichtsverein (S. 114).
107 Luhmann und Fuchs (1989).
108 Kamper (1992).
109 Harrach (2010).

110 Dr. Senckenbergische Stiftung (2020).
111 Lichtenberg (1992, Bd. 1, 851 (J 4)). Im Weiteren wird im Text nach dieser Ausgabe mit der von Lichtenberg selbst stammenden Buchstabierung der einzelnen Notizbücher und der entsprechenden Eintragsnummer zitiert.
112 Joost (1992, 11). Es wird nach der Onlinefassung mit der dortigen Paginierung zitiert.
113 Hier zit. n.: Adelung (1811, Bd. 4, S. 497 f.).
114 Heißenbüttel (1974).
115 Lichtenberg (1963).
116 Joost (1992, 7).
117 Joost (1992, 8).
118 Alle Nachweise finden sich Joost (1992, S. 7 f.).
119 Fricke (1984, S. 14).
120 Zit. n. Lichtenberg (1992, Bd. 3, S. 9 (Einleitung zum Kommentarband)).
121 Vgl. Ashworth (1994).
122 Joost (1992, S. 5).
123 Daston (2002, S. 144).
124 Joost (2018, S. 298).
125 Zit. n. Joost (2018, S. 299 (auch alle weiteren Zitate aus den Tagebüchern aus dieser Quelle)). Ulrich Joost hat zusammen mit Christian Wagenknecht seit längerem eine Edition der Tagebücher Lichtenbergs angekündigt, die aber bislang noch nicht vorliegt.
126 Joost (2018, S. 207 f.).
127 Campe (2010, S. 78).
128 Lichtenberg (1992, Bd. 3, S. 396 (Kommentar zu Bd. 1, S. 457)).
129 Wolff (2019, S. 35).
130 Patzig (1992, S. 25).
131 Roggenhofer (1992).
132 Beuermann (1992, S. 347).
133 Joost (1992, S. 3).
134 Zit. n. Joost (2018, S. 298).
135 Eich (1948, S. 38).
136 Kaiser (2003).
137 Zit. n. Treichel (2000).
138 Benn, G. (o. J.): Anstreichungen und Notizen auf Gedrucktem, Marbach DLA 91.114.141; die Inkohärenz des Haushalts- und Wirtschaftsbuchs zeigt sich auch in solchen Zettelkonvoluten aus Dichternachlässen:

Denn neben »Notizen über das dichterische Wort« (DLA 86.258) finden sich auch alltäglich Listenförmiges wie eine »Notiz zur Steuererklärung« (DLA 91.114.134) oder ein Konvolut »Rechnungen für die Feier des 70. Geburtstags« (DLA 91.114.886).

139 Benjamin (1992, S. 41).
140 Goody (2012, S. 346).
141 Gelb (1958, S. 69).
142 Goody (2012, S. 338).
143 Goody (2012, S. 348 f.).
144 Kogge (2006).
145 Gardiner (1947, Bd. 1, S. 1).
146 Kramer (1956, S. 280).
147 Goody (2012, S. 352).
148 Gordon (1967, S. 284).
149 Goody (2012, S. 361).
150 Scheuermann (2016); hier wird der Begriff allerdings in einem sehr spezifischen, methodischen Sinn ausgearbeitet.
151 Lonka (2007).
152 Goody (2012, S. 354).
153 Gordon (1967, S. 280).
154 Goody (2012, S. 361).
155 Goody (2012, S. 369).
156 Goody (2012, S. 369).
157 Landsberger (1937–2004, Bd. 9, S. 142).
158 Zit. n. Landsberger (1937–2004, Bd. 9, S. 124).
159 Gardiner (1947, Bd. 1, S. 4).
160 Goody (2012, S. 380).
161 Gardiner (1947, Bd. 1, S. 2 (»autographed text«)). Hervorhebung v. Verf. (HH).
162 Zit. n. Goody (2012, S. 383).
163 Goody (2012, S. 382).
164 Goody (2012, S. 384).
165 Goody (2012, S. 347).
166 »Das Geheimnis des Opfers oder der Mensch ist, was er ißt«. In: Feuerbach (1866, S. 1–36).
167 Heinrichs et al. (2011).
168 Block und Morwitz (1999, S. 347 f.).
169 Teichmüller (2008, S. 193).
170 Teichmüller (2008, 193 f.).

171 Thomas und Garland (1993).
172 Nibud (2018).
173 Thomas und Garland (1993).
174 Beneke und Davis (1985).
175 Meiling (2013, S. 138).
176 Unesco (1964).
177 Poe (1906, S. 115).
178 Benne (2015, S. 19).
179 Zit. n. Benne (2015, S. 15).
180 Radecke et al. (2013, S. 94).
181 Gfrereis und Raulff (2007, S. 117).
182 Gfrereis und Raulff (2007, S. 117).
183 Heesen (2006, S. 304).
184 Döbele (2015, S. 12).
185 Döbele ebda.
186 Döbele (2015, S. 64).
187 Döbele (2015, S. 13).
188 Marbach DLA Bestandsnr. 83.658. Hier auch die nächsten beiden Zitate.
189 King (1995, S. 56). Übersetzung vom Verf., HH.
190 Rheinberger (2012, S. 442).
191 Latour und Woolgar (1987).
192 Rheinberger (2012, S. 443).
193 Rheinberger (2012, S. 444).
194 Jacob (1998, 164 f.).
195 Hoffmann und Berz (2001, S. 39).
196 Hoffmann und Berz (2001, S. 26).
197 Hoffmann und Berz (2001, S. 42).
198 Hoffmann und Berz (2001, S. 43).
199 Mach (1926, S. 220).
200 Rheinberger (2012, S. 451).
201 Fleh (1980, S. 54 f.).
202 Carr (2010).

Der Zettel im Kasten

1 Zit. n. Rauschenbach (2000, S. 210).
2 Hier wie im ganzen Absatz folge ich der Darstellung Rauschenbachs (2000).

3 Mündliche Äußerung von Alice Schmidt gegenüber Jan Philipp Reemtsma Anfang der 1980er Jahre, zit. n. Rauschenbach (2000, S. 211).
4 Rauschenbach (2000, S. 211).
5 Töteberg (2012, S. 30).
6 Schmidt (1995).
7 Fischer und Rauschenbach (2000, S. 197).
8 Fischer und Rauschenbach (2000, S. 202).
9 Ortlepp (1983, S. 193).
10 Schmidt (2010, S. 30 (linke Spalte)).
11 Shakespeare (1986, Bd. 3, S. 206 (IV, 1)).
12 Shakespeare (o. J., S. 214).
13 Schmidt (1977, S. 3).
14 Schmidt (2010, S. 32).
15 Beide Zitate nach Doblhofer (2000, S. 175 f.).
16 Assmann (2010, S. 114).
17 Francesco Petrarca (1366): De remediis utriusque fortunae / Das Glücksbuch, Augsburg: Heinrich Steiner 1539, hier: zit. n. Giesecke (1994, S. 172).
18 Zedelmaier (2010, S. 523).
19 Vogel (2003, S. 205).
20 Harsdörffer (1990, S. 57).
21 Zedelmaier (2002, S. 45).
22 Zedelmaier (2002, S. 38).
23 Kraus (1909).
24 Krajewski (2008, S. 52).
25 Benjamin (1992, S. 42).
26 Benjamin (1992, S. 42 f.).
27 Zedelmaier (2002, S. 40).
28 Vgl. Moser (1773, S. 42 ff.). Auch die folgenden Zitate hier.
29 Paul (1996, Abt. I, Bd. 4, S. 19 sowie S. 83).
30 Will (2001).
31 Schlegel (1967, Bd. 2, S. 329).
32 Hegel (1986, Bd. 13, S. 382).
33 Paul (1996, Abt. 1, Bd. 6, S. 1067).
34 Krajewski (2002, S. 52).
35 Vgl. zum Komplex der Wiener Hofbibliothek den Ausstellungskatalog: Petschar (1999).
36 Krajewski (2002, S. 108).
37 Kuntze (1922, S. 83). Auch die weiteren Zitate aus dieser Schrift.

Anmerkungen

38 Lorenz (2016, S. 142).
39 Friedewald (2000, S. 4).
40 Engelbart (1962).
41 Ashby (1974).
42 Licklider (1960).
43 Werneburg (1964, S. 523).
44 Porstmann (1950, S. 265). Auch die weiteren Zitate aus dieser Quelle.
45 Porstmann (1950, S. 115).
46 Price (1974, S. 17).
47 Hilbert und López (2011).
48 Ochlast (2011, S. 29 f.).
49 Weinrich (2005, S. 259).
50 Gönner (1822, S. 3).
51 Weinrich (2005, S. 260).
52 Schultz (2018, S. 353 ff.).
53 Lübbe (1994, S. 155 ff.).
54 Loetscher (1984, S. 187).
55 Breitkopf (1784, S. 42 ff.).
56 Pawils (2008, S. 80).
57 Soupault (1990, S. 180).
58 Beyer (2012, S. 128).
59 Müller (2019, o. Pag. (S. 13)).
60 Luhmann (1992, S. 53). Auch die folgenden Zitate entstammen dieser Quelle.
61 Luhmann (1987a, S. 142).
62 Luhmann (1987a, S. 144).
63 Schmidt et al. (2019).
64 Schmidt (2013, S. 86).
65 Vgl. Schmidt (2012, S. 8).
66 Schmidt et al. (2019). Hier auch das nächste Zitat.
67 Werneburg (1964, S. 521 ff.).
68 Schmidt (2013, S. 89).
69 Luhmann (1992, S. 56). Hier auch das nächste Zitat.
70 Luhmann (1996, S. 53).
71 Parr (1988, S. 1).
72 Luhmann (1996, S. 54 (FN 2)).
73 Davis (1997, S. 42 ff.).
74 Schmidt et al. (2019). Hier auch die beiden nächsten Zitate.
75 Schmidt et al. (2019).

Notizen an der Wand

1. An. (1971).
2. Grasskamp (2009, S. 29).
3. Welz (1984, S. 197).
4. Ley und Cybriwsky (1974, S. 494).
5. Kranz (2015).
6. Dalzell (2012, S. 55).
7. Jauk (2001).
8. Unknown (o. J.).
9. Wittgenstein (1990, S. 19).
10. Alle Zitate aus Unknown (o. J.).
11. Luhmann (1987b, S. 102).
12. Baudrillard (1978, S. 30).
13. Baudrillard (1978, S. 27 f.).
14. Schumann (2011, S. 33). Auch die nächsten Zitate hier und ff.
15. Zit. n. Schumann (2011, S. 37).
16. Loos (2009).
17. Müller (2016, S. 117).
18. Naar und Mailer (2009, S. 4).
19. Carrington (2009, S. 425).
20. Freud (2000, Bd. 1, S. 43).
21. An. (2005).
22. Ferrell (1993, 61). Auch die nächsten beiden Zitate hier.
23. Kyselak (1829, S. 19).
24. Wurzbach (1865, S. 444–448).
25. https://www.kyselak.at/ Zugegriffen am 14. Januar 2021.
26. Sallustius Crispus (2006, S. 8).
27. Hesiod (1858, 76 (V. 289)).
28. Gernhardt (1990, S. 20).
29. Bourdieu (1983, S. 191).
30. Franck (1998, S. 10).
31. Davenport und Beck (2001).
32. Honneth (1992).
33. Franck (1998, S. 157).
34. Bourdieu 1983, S. 193).
35. Schnoor (2005, S. 92).
36. Buch Daniel 5,25.
37. Leroi-Gourhan (1988, S. 110).

Anmerkungen 551

38 Es gibt hierfür bei Kant keine Belegstelle. Erste Erwähnung dieses Aphorismus bei Katz (1925, S. 4).
39 Leroi-Gourhan (1988, S. 237).
40 Leroi-Gourhan (1988, S. 263).
41 Stetter (1999, S. 139).
42 Leroi-Gourhan (1988, S. 261).
43 Clottes (2016, S. 169).
44 Jonas (1961).
45 Heidegger (1983, S. 273).
46 Mithen (1998, S. 171).
47 Plinius (2000, Buch VIII, Ep. 8,7).
48 Weeber (1996, S. 12).
49 Standage (2013, S. 38). Übersetzung vom Vf. (HH).
50 Schiller (1987, Bd. 5, S. 618).
51 Standage (2013, S. 39).
52 Plutarch: De Curiositate, zit. n. Voegtle (2012, S. 107).
53 Weeber (1986, S. 35).
54 Voegtle (2012, S. 106).
55 Weeber (1996, S. 12). Hier auch die nächsten Zitate.
56 Deutscher Bundestag (2016).
57 Watts (2009, S. 237).
58 Mencken (1948).
59 Weeber (1986, S. 43).
60 Martialis (1957, S. 61, 7–10).
61 Winckelmann (1756, S. 28).
62 Brecht (1967a, Bd. 1, S. 15).
63 Handke & Fellinger (2015, S. 55).
64 Handke (2014, S. 49).
65 Luhmann (1987b, S. 193).
66 Handke (2014, S. 75).
67 Rolland & Gaídoz (1883).
68 Krauss (1906).
69 Read (1935).
70 Siegl (1993, S. 18).
71 Freud (1931, S. 241).
72 Freud ebda.
73 Siegl (1993, S. 18).
74 Handke (2014, S. 83).
75 Siegl (1993, S. 55).

76 Handke (2014, S. 83).
77 Handke (2014, S. 107).
78 Handke (2014, S. 108).
79 Weeber (1996, S. 169).
80 Weeber (1996, S. 168).
81 Der Hinweis auf die Ähnlichkeit zum Cicero-Text findet sich an verschiedenen Stellen im Netz, unter anderem bei Cole (2017).
82 Weeber (1996, S. 170).
83 Ebd., S. 166.
84 Ebd., S. 167.
85 Ebd., S. 11.
86 Ebd., S. 171.
87 Cicero (1821, S. 89).
88 Standage (2013, S. 28).
89 Ersch und Gruber (1969, B. 26, S. 135).
90 Wikipedia: Art. Acta diurna, https://de.wikipedia.org/wiki/Acta_diurna, zuletzt zugegriffen 15. Jan. 2021.
91 Sueton (2014, S. 38 f.).
92 Standage (2013, S. 31).
93 Hirschfeld (1913, S. 683).
94 Ebd.
95 Kolb (2003, S. 140).
96 Ebd., S. 141.
97 Ebd., S. 142.
98 Tacitus (1954, S. 614 f. (XIII, 31, 1)).
99 Petronius (1983, S. 98 ff.).
100 Beloch (1886).
101 Angele (2016, S. 35 f.).
102 Gregorovius (1988, S. 538).
103 Cancellieri (1789, S. 19).

Begehbare Notizzettel

1 Boudon (2018, S. 121 f.).
2 Moser (1777, Bd. 2, S. 119).
3 Gestrich (2002, S. 44).
4 Moser (1777, Bd. 2, S. 122).
5 Moser (1777, Bd. 2, S. 144).

Anmerkungen

6 Moser (1777, Bd. 2, S. 156).
7 Moser (1777, Bd. 2, S. 147).
8 Moser (1777, Bd. 2, S. 150).
9 Moser (1777, Bd. 2, S. 150 f.).
10 Birnbaum (1921 (Neuauflage 2013), S. 155).
11 Beniger (1986, S. 411 ff.).
12 Huiskes (1983, S. 71).
13 Vgl. Huiskes (1983); auch alle weiteren Zitate hier.
14 Dieses wie alle folgenden Originalzitate ebenfalls Huiskes (1983, 84 ff.).
15 Hughes (2008).
16 Dawson (2005, S. 12).
17 Dawson (2005).
18 Soentgen (2007, S. 117). Von Soentgen habe ich auch die Idee mit der algorithmischen Darstellung übernommen.
19 Ogden und Edwards (2001, S. 12).
20 Zit. n. Dawson (2005, S. 12).
21 Ogden und Edwards (2001, S. 10).
22 Luhmann (1992, S. 57).
23 Adorno (1989, S. 239).
24 Ogden und Edwards (2001, S. 11). Übers. vom Verf. (HH).
25 Bollnow (1962).
26 Amery (1963, S. 23).
27 Vohs et al. (2013).
28 Abrahamson und Freedman (2007).
29 Liu et al. (2012).
30 An. (2001).
31 Wiener (1964, S. 36).
32 Larsen (2012, S. 106). Hier auch das nächste Zitat.
33 Rastas (2015, S. 3).
34 Kehr (2011, S. 151).
35 Wainwright (2002, S. 39).
36 Paasonen (2015, S. 39).
37 Rastas (2015, S. 2).
38 Kurenniemi (2015).

Der Fluss der Kommunikation

1 Sutton und Linn (2004, S. 97).
2 European Banking Federation (2019).
3 Mastrobuoni und Rivers (2017).
4 Moehringer (2014, S. 246).
5 Sutton und Linn (2004, S. 119).
6 Zit. n. Krebs (1980).
7 Brecht (1967b, S. 482).
8 Kittler (1980).
9 Sommer (2020, S. 19).
10 Levy (2020, S. 143).
11 Levy (2020, S. 144).
12 Ortheil (2015, S. 6).
13 Krukowski (2018, S. 4).
14 Jolles (1999, S. 8).
15 Weizsäcker (1974, S. 351).
16 Gadamer (2010, S. 312) und öfter.
17 Jolles (1999, S. 262).
18 Schlegel (1971, S. 7).
19 Goffman (1966, S. 83).
20 Dilthey (1886, S. 7).

Abbildungsverzeichnis

S. 11: Mit freundlicher Genehmigung Venator & Hanstein, Köln

S. 176: © Keystone / Robert Walser-Stiftung Bern

S. 208: Mit freundlicher Genehmigung The Master and Fellows of Trinity College, Cambridge

S. 223: Aus: Bruce Chatwin. Far Journeys. Photographs and Notebooks. Introd. by F. Wyndham. Designed by D. King. Ed. by D. King and F. Wyndham. New York, 1993. Mit freundlicher Genehmigung

S. 260: Mit freundlicher Genehmigung der Staatsbibliothek zu Berlin – Preußischer Kulturbesitz, Handschriftenabteilung

S. 287: © und mit freundlicher Genehmigung Niedersächsische Staats- und Universitätsbibliothek Göttingen, Cod. Ms. Lichtenberg IV, 30

S. 335: Mit freundlicher Genehmigung Deutsches Literaturarchiv Marbach

S. 337: © und mit freundlicher Genehmigung Nachlass Hubert Fichte © S. Fischer Stiftung (Deutsches Literaturarchiv Marbach)

S. 339: Mit freundlicher Genehmigung Deutsches Literaturarchiv Marbach

S. 341: Mit freundlicher Genehmigung: Monika Trieb-Bense und Deutsches Literaturarchiv Marbach

S. 343: © und mit freundlicher Genehmigung Jonnie Döbele

S. 359: Mit freundlicher Genehmigung Deutsches Literaturarchiv Marbach

S. 362, 369: © und mit freundlicher Genehmigung S. Fischer Verlag

S. 398: © und mit freundlicher Genehmigung Archiv der Universität Bielefeld

S. 404: © und mit freundlicher Genehmigung Archiv der Universität Bielefeld

S. 476: © Hektor Haarkötter

S. 482: © und mit freundlicher Genehmigung von Jacques Peureux, Geschäftsführer des Hotels »Château de Picomtal«

S. 502: © The Estate of Francis Bacon. All rights reserved / VG-Bildkunst, Bonn 2020

S. 510: © Erkki Kurenniemís Diary, 1980; Erkki Kurenniemi Archive. Archive Collections, Finnish National Gallery; Photo: Finnish National Gallery / Jenni Nurminen

S. 532: © privat, mit freundlicher Genehmigung Marco Godinho

Literaturverzeichnis

Abrahamson, E., & Freedman, D. H. (2007). *Das perfekte Chaos. Warum unordentliche Menschen glücklicher und effizienter sind.* Berlin: Econ.

Adelung, J. C. (1811). *Grammatisch-kritisches Wörterbuch der hochdeutschen Mundart, mit beständiger Vergleichung der übrigen Mundarten, besonders aber der oberdeutschen.* Hg.: Franz Xaver Schönberger. Wien: Bauer.

Adler, V., & Engels, F. (2011). *Briefwechsel.* Berlin: Akademie-Verlag.

Adorno, T. W. (1989). *Ästhetische Theorie.* (9. Aufl.). Frankfurt am Main: Suhrkamp.

Amery, C. (1963). *Die Kapitulation. Oder Deutscher Katholizismus heute.* Reinbek bei Hamburg: Rowohlt.

An. (1971, 21. Juli). ›TAKI 183‹ Spawns Pen Pals. *New York Times,* S. 37.

An. (1983). Hitler-Tagebücher: »Ha, ha, daß ich nicht lache«. *Der Spiegel* (18), 17–27.

An. (2001). Francis Bacon. *Der Spiegel* (19), 268.

An. (2005). Schily will Graffiti-Sprayer mit Hubschraubern jagen. *Der Spiegel.* https://www.spiegel.de/politik/deutschland/saubermann-schily-will-graffiti-sprayer-mit-hubschraubern-jagen-a-350382.html. Zugegriffen: 14. Jan. 2021.

Anderssen-Reuster, U., & Reuster, T. (1998). Robert Walser. Atmen in den unteren Regionen. *Fundamenta Psychiatrica* (12), 66–71.

Andrade, J. (2010). What does doodling do? *Applied Cognitive Psychology, 24* (1), 100–106.

Angele, M. (2016). *Der letzte Zeitungsleser.* Berlin: Galiani.

Arasse, D. (1999). *Leonardo da Vinci.* Köln: DuMont.

Ashby, W. R. (1974). Entwurf für einen Intelligenz-Verstärker, in: C. E. Shannon, & J. MacCarthy (Hrsg.), *Studien zur Theorie der Automaten.* Dt.: Franz Kaltenbeck u. Peter Weibel (S. 249–271). München: Rogner und Bernhard.

Ashworth, W. J. (1994). The Calculating Eye. Bailey, Herschel, Babbage and the Business of Astronomy. *British Journal of the History of Science* (27), 409–441.

Asperger, H. (1943). *Die »Autistischen Psychopathen« im Kindesalter.* Medizinische Fakultät, Hab.-Schr. Wien.

Assmann, A. (2010). *Erinnerungsräume. Formen und Wandlungen des kul-*

turellen Gedächtnisses. Teilw. zugl.: Heidelberg, Univ., Habil.-Schr., 1992. (5. Aufl.). München: Beck.

Assmann, A. (2016). *Formen des Vergessens*. Göttingen: Wallstein Verlag.

Athanasius. (1875). *Ausgewählte Schriften des Heiligen Athanasius, Erzbischofs von Alexandria und Kirchenlehrers*. Kempten: Kösel.

Augstein, R. (1983). Bruder Hitler. *Der Spiegel* (18), 18.

Augustinus, A. (2004). *Confessiones. Lateinisch-deutsch = Bekenntnisse*. Dt.: Wilhelm Thimme. Düsseldorf, Zürich: Artemis und Winkler.

Bachelard, G. (1988). *Der neue wissenschaftliche Geist*. Frankfurt am Main: Suhrkamp.

Bacon, F. (1990). *Neues Organon. Lateinisch-deutsch*. 1. Teilband. Hg.: Wolfgang Krohn. Hamburg: Meiner.

Baker, N. (2005). *Der Eckenknick oder wie die Bibliotheken sich an den Büchern versündigen*. Reinbek bei Hamburg: Rowohlt.

Bardeleben, A. von, Bramann, F., Gerhardt, K., Kussmaul, A., Landgraf, W., Schmidt-Metzler, M., Schrötter, L. von, Tobold, A., & Waldeyer-Hartz, W. von. (1888). *Die Krankheit Kaiser Friedrich des Dritten. Dargest. nach amtlichen Quellen und den im Königlichen Hausministerium niedergelegten Berichten der Ärzte*. Berlin: Kaiserl. Reichsdr.

Baudrillard, J. (1978). *Kool Killer oder der Aufstand der Zeichen*. Berlin West: Merve.

Behrend, E. (1974). Jean Paul der meistgelesene Schriftsteller seiner Zeit?, in: U. Schweikert (Hrsg.), *Jean Paul* (S. 155–169). Darmstadt: Wissenschaftliche Buchgesellschaft.

Beloch, K. J. (1886). *Die Bevölkerung der griechisch-römischen Welt*. Leipzig: Duncker & Humblot.

Beneke, W. M., & Davis, C. H. (1985). Relationship of hunger, use of a shopping list and obesity to food purchases. *International Journal of Obesity, 9* (6), 2603–2617.

Beniger, J. (1986). *The Control Revolution. Technological and Economic Origins of the Information Society*. Cambridge, Mass.: Harvard University Press.

Benjamin, W. (1977). Über den Begriff der Geschichte, in: *Illuminationen. Ausgewählte Schriften* (S. 251–261). Frankfurt am Main: Suhrkamp.

Benjamin, W. (1992). *Einbahnstraße*. (12. Aufl.). Frankfurt am Main: Suhrkamp.

Benne, C. (2015). *Die Erfindung des Manuskripts. Zu Theorie und Geschichte literarischer Gegenständlichkeit*. Berlin: Suhrkamp.

Bereiter, C. (2012). Entwicklung im Schreiben, in: S. Zanetti (Hrsg.), *Schreiben als Kulturtechnik. Grundlagentexte* (S. 397–411). Berlin: Suhrkamp.

Bérubé, A. (1990). *Coming out under fire. Lesbians and the military during the Second World War.* New York: The Free Press.

Beuermann, G. (1992). Physikprofessor – Lichtenbergs Beruf, in: U. Joost, S. Oettermann, & S. Spiegel (Hrsg.), *Georg Christoph Lichtenberg, 1742–1799: Wagnis der Aufklärung. [Darmstadt: Mathildenhöhe 28. 6. – 30. 8. 1992, Göttingen: Niedersächsische Staats- und Univ.Bibl. 18. 10. – 18. 12. 1992]* (S. 346–364). München [u. a.]: Hanser.

Beyer, S. (2012). »Ich habe die Sprache gegessen«. Die Literatur-Nobelpreisträgerin Herta Müller über ihre zusammengeklebten Gedichte. *Der Spiegel* (35), 128–132.

Birnbaum, K. (1921 (Neuauflage 2013)). *Kriminal-Psychopathologie: Systematische Darstellung.* Berlin, Heidelberg: Springer.

Block, L. G., & Morwitz, V. G. (1999). Shopping Lists as an External Memory Aid for Grocery Shopping: Influences on List Writing and List Fulfillment. *Journal of Consumer Psychology, 8*(4), 343–375.

Blumenberg, H. (1986). *Die Lesbarkeit der Welt.* Frankfurt am Main: Suhrkamp.

Böckh, A. (1877). *Encyklopädie und Methodologie der philologischen Wissenschaften.* Leipzig: Teubner.

Bollnow, O. F. (1962). *Wesen und Wandel der Tugenden.* Frankfurt am Main: Ullstein.

Bolzoni, L. (1995). *La stanza della memoria. Modelli letterari e iconografici nell'età della stampa.* Torino: Einaudi.

Bosse, H. (2012). »Die Schüler müßen schreiben lernen« oder Die Einrichtung der Schiefertafel, in: S. Zanetti (Hrsg.), *Schreiben als Kulturtechnik. Grundlagentexte* (S. 67–111). Berlin: Suhrkamp.

Boudon, J.-O. (2018). *Le plancher de Joachim. L'histoire retrouvée d'un village français.* Paris: Belin.

Bourdieu, P. (1983). Ökonomisches Kapital, kulturelles Kapital, soziales Kapital, in: R. Kreckel (Hrsg.), *Soziale Ungleichheiten* (S. 183–198). Göttingen: Schwartz.

Brandes, U. (2001). Die Digitalisierung des Büros. Über den Rekonstruktionswahn von Gegenständlichkeit, in: B. E. Bürdek (Hrsg.), *Der digitale Wahn* (S. 82–92). Frankfurt am Main: Suhrkamp.

Braun, W. (1991). Nachwort, in: Wittgenstein, *Geheime Tagebücher. 1914–1916* (S. 155–172). Wien, Berlin: Turia und Kant.

Brecht, B. (1967a). Baal. Stücke 1, in: E. Hauptmann (Hrsg.), *Gesammelte Werke [in 20 Bänden].* (S. 1–67). Frankfurt am Main: Suhrkamp.

Brecht, B. (1967b). Die Dreigroschenoper. Stücke 2, in: E. Hauptmann

(Hrsg.), *Gesammelte Werke [in 20 Bänden].* (S. 393–497). Frankfurt am Main: Suhrkamp.

Breitkopf, J. G. L. (1784). *Versuch, den Ursprung der Spielkarten und die Einführung des Leinenpapiers zu erforschen.* Mit 14 Tafeln. Leipzig: Breitkopf (Neudruck: München u. a.: K. G. Saur 1985).

Burckhardt, J. (1987). *Die Kultur der Renaissance in Italien.* München: Edition Deutsche Bibliothek.

Caillois, R. (1982). *Die Spiele und die Menschen. Maske und Rausch.* Frankfurt am Main: Ullstein.

Calloway, C. (1944). *Hepster's Dictionary: Language of Jive.* New York: Eigenverlag

Campe, R. (2010). Vorgreifen und Zurückgreifen. Zur Emergenz des Sudelbuchs in Georg Christoph Lichtenbergs »Heft E«, in: K. Krauthausen, & O. W. Nasim (Hrsg.), *Notieren, Skizzieren. Schreiben und Zeichnen als Verfahren des Entwurfs* (S. 61–88). Zürich: Diaphanes Verlag.

Cancellieri, F. (1789). *Notizie delle due famose statue di un fiume e di Patroclo dette volgarmente di Marforio e di Pasquino.* Roma: Salvioni.

Canetti, E. (1993). *Die Provinz des Menschen. Aufzeichnungen 1942–1972.* (67. Aufl.). Frankfurt am Main: S. Fischer.

Carr, Nicholas (2010). *Wer bin ich, wenn ich online bin …: und was macht mein Gehirn solange? Wie das Internet unser Denken verändert.* Dt.: Henning Dedekind. München: Blessing.

Carrington, V. (2009). I write, therefore I am. Texts in the city. *Visual Communication, 8*(4), 409–425.

Castells, M. (2013). *Communication power.* Oxford: Oxford University Press.

Cennini, C. (1871). *Das Buch von der Kunst oder Tractat der Malerei des Cennino Cennini da Colle di Valdelsa.* Übers.: Albert Ilg. Wien: Braumüller.

Chatwin, B. (1998). *The Songlines.* London: Vintage.

Cicero, M. T. (1821). *Sämmtliche Briefe.* Übersetzt und erläutert von C. M. Wieland, Zürich.

Clark, K. M. (1969). *Leonardo da Vinci in Selbstzeugnissen und Bilddokumenten.* Reinbek bei Hamburg: Rowohlt.

Clark, Andy, & Chalmers, D. (1998). The Extended Mind. *Analysis, 58* (1), 7–19.

Clottes, J. (2016). *What Is Paleolithic Art? Cave Paintings and the Dawn of Human Creativity.* Chicago: University of Chicago Press.

Cole, T. (2017). Das Geheimnis des Lorem ipsum ist enthüllt. http://www.cole.de/das-geheimnis-des-lorem-ipsum-ist-enthuellt/. Zugegriffen: 3. Mai. 2020.

Conti, A. (1998). *Der Weg des Künstlers. Vom Handwerker zum Virtuosen.* Berlin: Wagenbach.

Cooley, A. (2012). *The Cambridge Manual of Latin Epigraphy.* Cambridge: University Press.

Coulmas, F. (1982). *Über Schrift.* Frankfurt am Main: Suhrkamp.

Crowther, B. (1947, 10. Juli). The Perils of Pauline. *New York Times.*

Dalzell, T. (2012). *Flappers 2 Rappers. American Youth Slang.* Newburyport: Dover Publications.

Daston, L. (2002). Warum sind Tatsachen kurz?, in: A. t. Heesen (Hrsg.), *cut and paste um 1900. Der Zeitungsausschnitt in den Wissenschaften* (S. 132–144). Berlin: Diaphanes Verlag.

Davenport, T. H., & Beck, J. C. (2001). *The attention economy. Understanding the new currency of business.* Boston, Mass.: Harvard Business School Press.

Davidson, D. (2008a). Die Sprache der Literatur, in: *Wahrheit, Sprache und Geschichte* (S. 262–286). Frankfurt am Main: Suhrkamp.

Davidson, D. (2008b). Eine hübsche Unordnung von Epitaphen, in: *Wahrheit, Sprache und Geschichte* (S. 151–180). Frankfurt am Main: Suhrkamp.

Davis, L. J. (1997). *Factual fictions. The origins of the English novel.* Philadelphia: University of Pennsylvania Press.

Dawson, B. (2005). Einführung, in: M. Cappock (Hrsg.), *Francis Bacon. Spuren im Atelier des Künstlers* (S. 11–28). München: Knesebeck.

Dekker, R. M. (1989). Ego-Documents in the Netherlands 1500–1814. *Dutch Crossing* (39), 61–72.

Demeter, I. (1818). *Schreiblehre mit Wand- und Hand-Vorschriften für deutsche Schulen.* Freiburg im Breisgau: Herder.

Deutscher Bundestag. (2016). Kyrillische Inschriften im Reichstagsgebäude. https://www.bundestag.de/dokumente/textarchiv/2016/kw30-rtg-graffiti/428422. Zugegriffen: 1. Mai. 2020.

Dhom, G. (2001). *Geschichte der Histopathologie.* Berlin, Heidelberg: Springer.

Dickens, E. (Hrsg.). (2006). *Das Da-Vinci-Universum. Die Notizbücher des Leonardo.* Bearbeitet von Annegret Scholz. Berlin: Ullstein.

Dilthey, W. (1886). *Dichterische Einbildungskraft und Wahnsinn. Rede, gehalten zur Feier des Stiftungstages der Militärärztlichen Bildungsanstalten am 2. Aug. 1886.* Berlin: Duncker & Humblot.

Döbele, J. (2015). *Max Bense 6.12.76, 18.15–19.20 h. Aufnahmen vom Hörsaalsitz.* Köln: König.

Doblhofer, E. (2000). *Die Entzifferung alter Schriften und Sprachen.* Leipzig: Reclam.

Doede, W. (1958). *Bibliographie deutscher Schreibmeisterbücher von Neudörffer bis 1800*. Hamburg: Hauswedell.

Dr. Senckenbergische Stiftung. (2020). »Der Senckenberg-Code«. Die Tagebücher Johann Christian Senckenbergs. http://www.senckenbergischestiftung.de/die-tagebuecher.html. Zugegriffen: 23. Mai. 2020.

Ebbinghaus, H. (2011). *Über das Gedächtnis. Untersuchungen zur experimentellen Psychologie*. Darmstadt: WBG.

Echte, B. (2013). Der Mensch – eine Maschine? Robert Walsers Blick auf die Psychiatrie, in: M. Bormuth, & F. Schneider (Hrsg.), *Psychiatrische Anthropologie. Zur Aktualität Hans Heimanns* (S. 88–104). Stuttgart: Kohlhammer.

Eco, U. (1975). *Trattato di semiotica generale*. Milano: Bompiani.

Edmonds, D., & Eidinow, J. (2003). *Wie Ludwig Wittgenstein Karl Popper mit dem Feuerhaken drohte. Eine Ermittlung*. Frankfurt am Main: S. Fischer.

Eich, G. (1948). *Abgelegene Gehöfte*. Frankfurt am Main: Schauer.

Eilenberger, W. (2018). *Zeit der Zauberer. Das große Jahrzehnt der Philosophie: 1919–1929*. Stuttgart: Klett-Cotta.

Eisenstein, Elizabeth L. (1997). *Die Druckerpresse. Kulturrevolutionen im frühen modernen Europa*. Wien / New York: Springer.

Emmerich, K. (2006). *Zum Beispiel Österreich. Kulturmacht, Wirtschaftskraft, Identität*. Wien, Köln, Weimar: Böhlau.

Engelbart, D. C. (1962). *Augmenting human intellect. A conceptual framework*. Menlo Park, Calif.: Stanford Research Institute.

Enzensberger, H. M. (1995). *Kiosk. Neue Gedichte*. (4. Aufl.). Frankfurt am Main: Suhrkamp.

Epiktet. (1914). *Unterredungen und Handbüchlein der Moral*. Hg. A. v. Gleichen Russwurm. Berlin: Deutsche Bibliothek.

Ersch, J. S. & Gruber, J. G. (1969): *Allgemeine Enzyklopädie der Wissenschaften und Künste*. Unveränderter Nachdruck der Ausgabe Leipzig 1818–1889. (168 Bände). Graz: Akademische Druck- und Verlagsanstalt.

Eskritt, M., & Ma, S. (2013). Intentional forgetting: Note-taking as a naturalistic example. *Psychonomic Society, 42* (2), 237–246.

Esposito, E. (2002). *Soziales Vergessen. Formen und Medien des Gedächtnisses der Gesellschaft*. Frankfurt am Main: Suhrkamp.

European Banking Federation. (2019). EBF Security Report. https://www.ebf.eu/strategic-themes-copy/bank-robberies/. Zugegriffen: 14. Jan. 2021.

Farago, C. J. (1999). *Leonardo's science and technology. Essential readings for the non-scientist*. New York: Garland.

Faulstich, W. (2008). Einführung, Fachliteratur und Forschungsstand, in:

W. Faulstich (Hrsg.), *Das Alltagsmedium Blatt* (S. 7–28). Paderborn: Fink.

Feige, D. M. (2018). *Design. Eine philosophische Analyse.* Berlin: Suhrkamp.

Fermor, G., & Schroeter-Wittke, H. (Hrsg.). (2005). *Kirchenmusik als religiöse Praxis. Praktisch-theologisches Handbuch der Kirchenmusik.* Leipzig: Evang. Verl.-Anst.

Ferrell, J. (1993). *Crimes of style. Urban graffiti and the politics of criminality.* New York: Garland.

Feuerbach, L. (1866). *Gottheit, Freiheit und Unsterblichkeit vom Standpunkte der Anthropologie.* Leipzig: Wigand.

Fina, O. (1981). *Klara Staigers Tagebuch. Aufzeichnungen während d. Dreissigjähr. Krieges im Kloster Mariastein bei Eichstätt.* Regensburg: Pustet.

Firus, C., Schleier, C., Geigges, W., & Reddemann, L. (2012). *Traumatherapie in der Gruppe. Grundlagen, Gruppenarbeitsbesuch und Therapie bei Komplextraum.* Stuttgart: Klett-Cotta.

Fischer, S., & Rauschenbach, B. (Hrsg.). (2000). *Arno Schmidts »Seelandschaft mit Pocahontas«. Zettel und andere Materialien.* Bargfeld: Arno Schmidt Stiftung im Haffmanns Verlag.

Fitzgerald, M. (2000a). Did Ludwig Wittgenstein have Asperger's syndrom? *European Child & Adolescent Psychiatry* (9), 61–65.

Fitzgerald, M. (2000b). Ludwig Wittgenstein: Autism and Philosophy. *Journal of Autism and Developmental Disorders, 30* (6), 621–622.

Fleck, L. (1980). *Entstehung und Entwicklung einer wissenschaftlichen Tatsache. Einführung in die Lehre vom Denkstil und Denkkollektiv.* Hrsg.: L. Schäfer & Th. Schnelle. Frankfurt am Main: Suhrkamp.

Floridi, L. (2015). *Die 4. Revolution. Wie die Infosphäre unser Leben verändert.* Berlin: Suhrkamp.

Fodor, J. A. (1980). *The language of thought.* Cambridge, Mass.: Harvard University Press.

Foucault, M. (1974). *Die Ordnung der Dinge. Eine Archäologie der Humanwissenschaften.* Frankfurt am Main: Suhrkamp.

Foucault, M. (1993). *Wahnsinn und Gesellschaft. Eine Geschichte des Wahns im Zeitalter der Vernunft.* (10. Aufl.). Frankfurt am Main: Suhrkamp.

Foucault, M. (1994). *Überwachen und Strafen. Die Geburt des Gefängnisses.* Frankfurt am Main: Suhrkamp.

Foucault, M. (2012). Über sich selbst schreiben, in: S. Zanetti (Hrsg.), *Schreiben als Kulturtechnik. Grundlagentexte* (S. 49–66). Berlin: Suhrkamp.

Franck, G. (1998). *Ökonomie der Aufmerksamkeit. Ein Entwurf.* München: Hanser.

Freud, S. (1931). *Kleine Schriften zur Sexualtheorie und zur Traumlehre.* Wien: Internationaler Psychoanalytischer Verlag.

Freud, S. (2000). *Studienausgabe.* Hg.: Alexander Mitscherlich. Frankfurt am Main: S. Fischer.

Fricke, H. (1984). *Aphorismus.* Stuttgart: Metzler.

Friebe, H., & Lobo, S. (2006). *Wir nennen es Arbeit. Die digitale Bohème oder: intelligentes Leben jenseits der Festanstellung.* München: Heyne.

Friedewald, M. (2000). Konzepte der Mensch-Computer-Kommunikation in den 1960er Jahren. J. C. R. Licklider, Douglas Engelbart und der Computer als Intelligenzverstärker. *Technikgeschichte, 67* (1), 1–24.

Frith, U. (2013). *Autismus.* Bern: Huber.

Fuldaer Geschichtsverein (Hrsg.). *Die Stausenbacher Chronik des Kaspar Preis. Mitgetheilt durch Postsekretär Ruhl, Marburg.* In: Fuldaer Geschichtsblätter, Monatsbeilage zur »Fuldaer Zeitung«, Nr. 8/1902, S. 113–125, Nr. 9/1902, S. 129–142, Nr. 10/1902, S. 145–155, Nr. 11/1902, S. 161–171, Nr 12/1902, S. 177–186.

Gabriel, M. (2015). *Ich ist nicht Gehirn. Philosophie des Geistes für das 21. Jahrhundert.* Berlin: Ullstein.

Gadamer, H.-G. (2010). *Hermeneutik I. Wahrheit und Methode; Grundzüge einer philosophischen Hermeneutik.* (7. Aufl.). Tübingen: Mohr Siebeck.

Gardiner, A. H. (1947). *Ancient Egyptian onomastica.* 3 Bde. Oxford: Univ. Press.

Gelb, I. J. (1958). *Von der Keilschrift zum Alphabet. Grundlagen einer Schriftwissenschaft.* Stuttgart: Kohlhammer.

Gernhardt, R. (1990). *Gedanken zum Gedicht.* Zürich: Haffmans.

Gestrich, A. (Hrsg.). (2002). *Johann Jacob Moser. Politiker, Pietist, Publizist.* Karlsruhe: Braun.

Gfrereis, H., & Raulff, H. (2007). *Ordnung. Eine unendliche Geschichte.* Marbach: Deutsches Literaturarchiv.

Gibson, A., & O'Mahony, N. (Hrsg.). (in Vorbereitung). *Dictating Philosophy To Francis Skinner: The Wittgenstein-Skinner Manuscripts. Transcribed and edited, with an Introduction, Introductory Chapters and Notes by Arthur Gibson.* Berlin: Springer.

Giesecke, M. (1994). *Der Buchdruck in der frühen Neuzeit. Eine historische Fallstudie über die Durchsetzung neuer Informations- und Kommunikationstechnologien.* Unveränd. Nachdruck der Ausgabe 1991. Frankfurt am Main: Suhrkamp.

Giraldi, G. (1554). *Discorsi di M. Giovambattista Giraldi Cinthio dell'illustrissimo et excellentiss. Duca di Ferrara intorno al comporre de i Romanze,*

delle Comedie, e delle Tragedie, e di altre maniere di Poesie. Venedig: Giolito.
Gleim, J. W. L. (1792). *Zeitgedichte vom alten Gleim. Als Handschrift für Freunde*. o. O.
Goffman, E. (1966). *Behavior in public places. Notes on the social organization of gatherings*. New York: Free Press.
Goldscheider, A. (1892). Zur Physiologie und Pathologie der Handschrift. Vortrag, gehalten in der militärärztlichen Gesellschaft zu Berlin am 21. October 1891. *Archiv für Psychiatrie und Nervenkrankheiten* (16), 503 – 525.
Gönner, N. T. (1822). *Kurze Prüfung der Ursachen der ausserordentlichen Zunahme der Berufungen zur dritten Instanz und der vorgeschlagenen Mittel denselben gründlich abzuhelfen*. München.
Goody, J. (1997). Funktionen der Schrift in traditionalen Gesellschaften, in: J. Goody, I. Watt, & K. Gough (Hrsg.), *Entstehung und Folgen der Schriftkultur* (3. Aufl.) (S. 25 – 62). Frankfurt am Main: Suhrkamp.
Goody, J. (2012). Woraus besteht eine Liste?, in: S. Zanetti (Hrsg.), *Schreiben als Kulturtechnik. Grundlagentexte* (S. 338 – 396). Berlin: Suhrkamp.
Goody, J., & Watt, I. (1997). Konsequenzen der Literalität, in: J. Goody, I. Watt, & K. Gough (Hrsg.), *Entstehung und Folgen der Schriftkultur* (3. Aufl.) (S. 63 – 122). Frankfurt am Main: Suhrkamp.
Gordon, C. H. (1967). *Ugaritic textbook*. Roma: Pontificium Institutum Biblicum.
Grasskamp, W. (2009). Handschrift ist verräterisch. Stichworte zu einer Ästhetik der Graffiti. *Kunstforum* (50), 15 – 61.
Gregorovius, F. (1988). *Geschichte der Stadt Rom im Mittelalter*. München: Beck.
Grésillon, A. (2012). Über die allmähliche Verfertigung von Texten beim Schreiben, in: S. Zanetti (Hrsg.), *Schreiben als Kulturtechnik. Grundlagentexte* (S. 152 – 186). Berlin: Suhrkamp.
Gumbrecht, H. U., Pfeiffer, K. L., & Elsner, M. (Hrsg.). (1988). *Materialität der Kommunikation*. Frankfurt am Main: Suhrkamp.
Güntsche, L. N. (2017). *Achtsamkeit in digitalen Zeiten. Ein persönlicher Wegweiser für mehr Ruhe in der Beschleunigung*. Wiesbaden: Springer.
Halbwachs, M. (1985). *Das Gedächtnis und seine sozialen Bedingungen*. Frankfurt am Main: Suhrkamp.
Handke, P. (2014). *Versuch über den Stillen Ort*. Berlin: Suhrkamp.
Handke, P., & Fellinger, R. (Hrsg.). (2015). *Notizbuch. 31. August 1978 – 18. Oktober 1978*. Berlin: Insel Verlag.

Harrach, E. A. von. (2010). *Die Diarien und Tagzettel des Kardinals Ernst Adalbert von Harrach (1598–1667).* Wien, Köln, Weimar: Böhlau.

Harsdörffer, G. Ph. (1990). *Delitiae philosophicae et mathematicae. Der philosophischen und mathematischen Erquickungsstunden dritter Theil.* Nürnberg 1653. Hrsg.: J. J. Berns. Frankfurt am Main: Keip.

Haußmann, M. (2018). *UZMO – denken mit dem Stift. Visuell präsentieren, dokumentieren und erkunden: das Praxisbuch zur bikablo®-Visualisierungstechnik.* (6. Aufl.). München: Redline Verlag.

Heesen, A. te. (2006). *Der Zeitungsausschnitt. Ein Papierobjekt der Moderne.* Frankfurt am Main: S. Fischer.

Hegel, G. W. F. (1986). *Werke.* Frankfurt am Main: Suhrkamp.

Heidegger, M. (1983). *Die Grundbegriffe der Metaphysik. Welt, Endlichkeit, Einsamkeit; [Freiburger Vorlesung Wintersemester 1929/30].* Hg.: Friedrich-Wilhelm von Herrmann. Frankfurt am Main: Klostermann.

Heilmann, T. A. (2012). *Textverarbeitung. Eine Mediengeschichte des Computers als Schreibmaschine.* Bielefeld: transcript-Verlag.

Heimes, S. (2011). *Schreib es dir von der Seele. Kreatives Schreiben leicht gemacht.* (2. Aufl.). Göttingen: Vandenhoeck & Ruprecht.

Heinrichs, F., Schreiber, D., & Schöning, J. (2011). The Hybrid Shopping List: Bridging the Gap between Physical and Digital Shopping Lists. *Mobile HCE Proceedings of the 13th international conference on Human Computer Interaction with Mobile Devices and Services, 251–254.*

Heißenbüttel, H. (1974). Georg Christoph Lichtenberg – der erste Autor des 20. Jahrhunderts?, in: W. Promies (Hrsg.), *Aufklärung über Lichtenberg* (S. 76–92). Göttingen: Vandenhoeck & Ruprecht.

Heller, C. (2011). *Post-Privacy. Prima leben ohne Privatsphäre.* München: Beck.

Heller-Roazen, D. (2018). *Dunkle Zungen. Geheimsprachen: Die Kunst der Gauner und Rätselfreunde.* Dt.: Horst Brühmann. Frankfurt am Main: S. Fischer.

Herzfeld, M. (Hrsg.). (1989). *Leonardo da Vinci – Traktat von der Malerei. Nach der Übersetzung von Heinrich Ludwig.* Nachdruck der Ausgabe 1925. München: Diederichs.

Hesiod. (1858). *Hesiods Werke. Verdeutscht im Versmaße der Urschrift von Eduard Eyth.* Stuttgart: Hoffmann.

Hilbert, Martin und Priscila López. (2011). The World's Technological Capacity to Store, Communicate, and Compute Information. *Science* (332), 60–65.

Hintikka, M. B., & Hintikka, J. (1986). *Investigating Wittgenstein.* Oxford: Blackwell.

Hirschfeld, O. (1913). Die römische Staatszeitung und die Acclamationen im Senat, in: *Kleine Schriften* (S. 682–702). Berlin: Weidmann'sche Buchhandlung.
Hoffmann, C., & Berz, P. (Hrsg.). (2001). *Über Schall. Ernst Machs und Peter Salchers Geschossfotografien*. Göttingen: Wallstein.
Hofmannsthal, H. von (1957). *Ausgewählte Werke in zwei Bänden*. Frankfurt am Main: S. Fischer.
Honneth, A. (1992). *Kampf um Anerkennung. Zur moralischen Grammatik sozialer Konflikte*. Frankfurt am Main: Suhrkamp.
Horstig, C. G. (1796). *Anweisung für die Lehrer in den Bürgerschulen*. Halle/ Saale, Hannover, Bückeburg: Hahn & Grimme.
Hughes, R. (2008, 30. August). Horrible! When Francis Bacon died in 1992, he went out on a high note of fame. So is a further retrospective deserved? *The Guardian*.
Huiskes, M. (1983). *Die Wandinschriften des Kölner Gestapo-Gefängnisses im EL-DE-Haus 1943–1945*. Köln: Böhlau.
Huizinga, J. (1956). *Homo ludens. Vom Ursprung der Kultur im Spiel*. Hamburg: Rowohlt.
Illich, I. (2010). *Im Weinberg des Textes. Als das Schriftbild der Moderne entstand; ein Kommentar zu Hugos »Didascalicon«*. München: Beck.
Imhof, K. (2006). *Die Diskontinuität der Moderne. Zur Theorie des sozialen Wandels*. Frankfurt am Main: Campus-Verl.
Iser, W. (1993). *Das Fiktive und das Imaginäre. Perspektiven literarischer Anthropologie*. Frankfurt am Main: Suhrkamp.
Jacob, F. (1998). *Die Maus, die Fliege und der Mensch. Über die moderne Genforschung*. Berlin: Berlin-Verlag.
Jacobs, G., & Perrin, D. (2014). Production modes: Writing as materializing and stimulating thoughts, in: E.-M. Jakobs, D. Perrin, K. Knapp, & G. Antos (Hrsg.), *Handbook of writing and text production* (S. 181–208). Berlin: de Gruyter Mouton.
Jarvis, J. (2009). *Was würde Google tun? Wie man von den Erfolgsstrategien des Internet-Giganten profitiert*. München: Heyne.
Jauk, W. (2001). Rap. Österreichisches Musiklexikon online. http://www.musiklexikon.ac.at/ml/musik_R/Rap.xml. Zugegriffen: 14. Jan. 2021.
Jolles, A. (1999). *Einfache Formen. Legende, Sage, Mythe, Rätsel, Spruch, Kasus, Memorabile, Märchen, Witz*. (7. Aufl.). Tübingen: Niemeyer.
Jonas, H. (1961). Homo Pictor und die Differentia des Menschen. *Zeitschrift für philosophische Forschung, 15* (2), 161–176.
Joost, U. (1992). »Schmierbuchmethode bestens zu empfehlen«. Lichtenbergs

›Sudelbücher‹ - Aphorismen?, in: U. Joost, S. Oettermann, & S. Spiegel (Hrsg.), *Georg Christoph Lichtenberg, 1742–1799: Wagnis der Aufklärung. [Darmstadt: Mathildenhöhe 28.6. – 30.8.1992, Göttingen: Niedersächsische Staats- und Univ.Bibl. 18.10. – 18.12.1992]* (S. 19–48). München [u.a.]: Hanser.

Joost, U. (2018). »In den Calender wurde nun eingetragen …«. Lichtenbergs Tagebücher, in: W. Promies, B. Achenbach, U. Joost, B. Moenninghoff, F. Spicker, & Lichtenberg-Gesellschaft (Hrsg.), *Lichtenberg-Jahrbuch 2017* (S. 291–332). Heidelberg: Universitätsverlag Winter.

Jünger, J. (2018). *Unklare Öffentlichkeit*. Wiesbaden: Springer VS.

Jürgens, M. (2006). *Seine Kunst zu zögern. Elf Versuche zu Robert Walser.* Münster: Oktober-Verlag.

Kaiser, G. (2003). Günter Eich: Inventur. Poetologie am Nullpunkt, in: O. Hildebrand (Hrsg.), *Poetologische Lyrik von Klopstock bis Grünbein. Gedichte und Interpretationen* (S. 268–285). Köln, Weimar, Wien: Böhlau.

Kammer, S. (2003). *Figurationen und Gesten des Schreibens.* Tübingen: Niemeyer.

Kammer, S. (2018). Das Phänomen Mikrographie, in: L. M. Gisi (Hrsg.), *Robert Walser-Handbuch. Leben – Werk – Wirkung* (S. 274–283). Stuttgart: J. B. Metzler.

Kamper, D. (Hrsg.). (1992). *Schweigen. Unterbrechung und Grenze der menschlichen Wirklichkeit.* Berlin: Reimer.

Kastner, H. (2009). *Welche Farbe haben schottische Schafe? Handbuch des skurrilen Wissens.* Hannover: Humboldt.

Katz, D. (1925). *Der Aufbau der Tastwelt.* Leipzig: Barth.

Kehr, D. (2011). *When movies mattered. Reviews from a transformative decade.* Chicago: University of Chicago Press.

Kemp, M. (2008). *Leonardo.* München: Beck.

Kießling, A., & Matthes, M. (1993). *Textil-Fachwörterbuch.* Berlin: Schiele & Schön.

King, D. C. (1995). *Thomas Alva Edison. King of Inventors.* Lowell, Massachusetts: Discovery Enterprises.

Kirschenbaum, M. G. (2016). *Track changes. A literary history of word processing.* Cambridge, Massachusetts, London, England: The Belknap Press of Harvard University Press.

Kirsh, D., & Maglio, P. (18). On Distinguishing Epistemic from Pragmatic Action. *Cognitive Science, 1994* (4), 513–549.

Kittler, F. A. (Hrsg.). (1980). *Austreibung des Geistes aus den Geisteswissenschaften. Programme des Poststrukturalismus.* Paderborn: Schöningh.

Kittler, F. A. (1985). *Aufschreibesysteme 1800/1900*. München: Fink.
Kittler, F. A. (1986). *Grammophon, Film, Typewriter*. Berlin: Brinkmann & Bose.
Kittler, F. A. (1993). *Draculas Vermächtnis. Technische Schriften*. Leipzig: Reclam.
Kittler, F. A. (1998). Die Herrschaft der Schreibtische, in: H. Lachmayer, & E. Louis (Hrsg.), *Work & culture. Büro; Inszenierung von Arbeit* (S. 39–42). Klagenfurt: Ritter.
Klein, S. (2008). *Da Vincis Vermächtnis oder wie Leonardo die Welt neu erfand*. Frankfurt am Main: S. Fischer.
Klein, W. (1985). Gesprochene Sprache – geschriebene Sprache. *Zeitschrift für Literaturwissenschaft und Linguistik (LiLi)* (59), 9–35.
Klibansky, R., Panofsky, E., & Saxl, F. (1992). *Saturn und Melancholie. Studien zur Geschichte der Naturphilosophie und Medizin, der Religion und der Kunst*. Frankfurt am Main: Suhrkamp.
Klute, H. (2010, 22. August). Renaissance des Notizbuchs: Wild und ungestylt. *Süddeutsche Zeitung*.
Kniebe, T. (2006, 10. Mai). Moleskine. *Süddeutsche Magazin*.
Knödler, T. (2005). *Public Relations und Wirtschaftsjournalismus. Erfolgs- und Risikofaktoren für einen win-win*. Wiesbaden: VS Verlag für Sozialwissenschaften.
Kogge, W. (2006). Elementare Gesichter. Über die Materialität der Schrift und wie Materialität überhaupt zu denken ist, in: S. Strätling, & G. Witte (Hrsg.), *Die Sichtbarkeit der Schrift* (S. 85–101). München: Fink.
Kohlberg, L. (1996). *Die Psychologie der Moralentwicklung*. Frankfurt am Main: Suhrkamp.
Kolb, A. (2003). Wege der Übermittlung politischer Inhalte im Alltag Roms, in: G. Weber & M. Zimmermann (Hrsg.): *Propaganda, Selbstdarstellung, Repräsentation im römischen Kaiserreich des 1. Jhs. n. Chr.*, (S. 127–144). Stuttgart: Franz Steiner.
Kopf, M. (2016). *Alpinismus–Andinismus*. Stuttgart: Metzler.
Koschorke, A. *Körperströme und Schriftverkehr*. München: Fink.
Kraepelin, E. (1889). *Psychiatrie. Ein kurzes Lehrbuch für Studirende und Aerzte*. (3. Aufl.). Leipzig: Abel.
Kraepelin, E. (1895–1928). Der psychologische Versuch in der Psychiatrie, in: E. Kraepelin (Hrsg.), *Psychologische Arbeiten* (S. 1–91). Leipzig: Engelmann.
Kraepelin, E. (1910). *Psychiatrie. Ein Lehrbuch für Studierende und Ärzte*. (8. Aufl.). Leipzig: Barth.

Krajewski, M. (2002). *Zettelwirtschaft. Die Geburt der Kartei aus dem Geiste der Bibliothek*. Berlin: Kulturverlag Kadmos.

Krajewski, M. (2008). Der Famulant. Gelahrte Kästen 1548–2006, in: T. Meyer, & E. Bippus (Hrsg.), *Bildung im neuen Medium. Wissensformation und digitale Infrastruktur* (S. 48–61). Münster, München: Waxmann.

Krämer, S. (2008). *Medium, Bote, Übertragung. Kleine Metaphysik der Medialität*. Frankfurt am Main: Suhrkamp.

Kramer, S. N. (1956). *From the tablets of Sumer. Twenty-fife firsts in mans' recorded history*. Indian Hills, Colorado: The Falcon's Wing Press.

Kranz, U. (2015, 12. Juni). Was sagt uns der Rap-Text, Herr Philosoph? Hip-Hop meets Philosophie. *Hannover'sche Allgemeine*.

Kraus, K. (1909). Tagebuch. *Die Fackel* (279–280), 7.

Kraus, K. (1959). *Worte in Versen*. Hg.: Heinrich Fischer. München: Kösel.

Krauss, F. S. (Hrsg.). (1906). *Historische Quellenschriften zum Studium der Anthropophyteia*. Privatdr., nur für Gelehrte bestimmt. Leipzig: Dt. Verlags-Actiengesellschaft.

Krauthausen, K. (2010). Vom Nutzen des Notierens. Verfahren des Entwurfs, in: K. Krauthausen, & O. W. Nasim (Hrsg.), *Notieren, Skizzieren. Schreiben und Zeichnen als Verfahren des Entwurfs* (S. 7–26). Zürich: Diaphanes.

Krebs, A. (1980, 19. November). Willie Sutton is dead at 79. *New York Times*, S. 31.

Kripke, S. A. (2006). *Wittgenstein über Regeln und Privatsprache. Eine elementare Darstellung*. Frankfurt am Main: Suhrkamp.

Krukowski, D. (2018). *The New Analog. Listening and Reconnecting in a Digital World*. München: The New Press.

Krusenstjern, B. v. (1994). Was sind Selbstzeugnisse? Begriffskritische und quellenkundliche Überlegungen anhand von Beispielen aus dem 17. Jahrhundert. *Historische Anthropologie* (2), 462–471.

Kuntze, F. (1922). *Die Technik der geistigen Arbeit*. (2. Aufl.). Heidelberg: Carl Winters Universitätsbuchhandlung.

Kupper, D. (2007). *Leonardo da Vinci*. Reinbek bei Hamburg: Rowohlt.

Kurenniemi, E. (2015). Oh, Human Fart, in: J. Krysa, & J. Parikka (Hrsg.), *Writing and unwriting (media) art history. Erkki Kurenniemi in 2048* (S. 5–9). Cambridge, Massachusetts, London, England: The MIT Press.

Kyselak, J. (1829). *Skizzen einer Fußreise durch Oesterreich, Steiermark, Kärnthen, Salzburg, Berchtesgaden, Tirol und Baiern nach Wien: nebst einer romantisch pittoresken Darstellung mehrerer Ritterburgen und ihrer Volkssagen, Gebirgsgegenden und Eisglätscher auf dieser Wanderung, unternommen im Jahre 1825*. Wien: Anton Pichler.

Landsberger, B. (Hrsg.). (1937–2004). *Materialien zum sumerischen Lexikon. Vokabulare und Formularbücher = Materials for the Sumerian lexicon.* Roma: Pontificium Inst. Biblicum.

Larsen, L. B. (2012). Erkki Kurenniemi. Einführung, in: C. Christov-Bakargiev (Hrsg.), *Das Buch der Bücher. Katalog / Documenta (13)* (S. 105–109). Ostfildern: Hatje Cantz.

Latour, B., & Woolgar, S. (1987). *Laboratory Life. The Construction of Scientific Facts.* Princeton, NJ: Princeton University Press.

Leonardo da Vinci. (1990). *Sämtliche Gemälde und die Schriften zur Malerei.* München: Schirmer-Mosel.

Leonardo da Vinci. (2015). *Der Esel auf dem Eis. Miniaturen.* (1. Aufl.). Zürich: Unionsverl.

Leroi-Gourhan, A. (1988). *Hand und Wort. Die Evolution von Technik, Sprache und Kunst.* Dt.: Michael Bischoff. Frankfurt am Main: Suhrkamp.

Lévi-Strauss, C. (1978). *Traurige Tropen.* Frankfurt am Main: Suhrkamp.

Levy, S. (2020). *Facebook – Weltmacht am Abgrund. Der unzensierte Blick auf den Tech-Giganten.* München: Droemer.

Ley, D., & Cybriwsky, R. (1974). Urban Graffiti as Territorial Markers. *Annals of the Association of American Geographers, 64* (4), 491–505.

Lichtenberg, G. C. (1963). *Gedankenbücher.* Hg:. Franz H. Mautner. Frankfurt am Main: S. Fischer.

Lichtenberg, G. C. (1992). *Schriften und Briefe.* Hg.: Wolfgang Promies. Frankfurt / Main: Zweitausendeins.

Licklider, J. C. R. (1960). Man-Computer Symbiosis. *IRE Transactions on Human Factors in Electronics* (1), 4–11.

Lindgren, A. (1972). *Immer dieser Michel.* Hamburg: Oetinger.

Littlewood, T. B. (1998). *Calling elections. The history of horse-race journalism.* Notre Dame, Ind.: University of Notre Dame Press.

Liu, J., Smeesters, D., & Trampe, D. (2012). Effects of messiness on preferences for simplicity. *Journal of consumer research (JCR): an interdisciplinary bimonthly, 39* (1), 199–214.

Loetscher, H. (1984). Ein Rückblick auf unser Jahrhundert von einem pazifischen Ufer aus, in: *Das Hugo Loetscher Lesebuch.* Hg.: Georg Sütterlin (S. 165–188). Zürich: Diogenes.

Lonka, K. (2007). Writing to learn, learning to write. How writing shapes thinking and thinking shapes writing. http://www.schreibzentrum.de/eataw2007/speakers/kirstilonka.html. Zugegriffen: 15. Jan. 2021.

Loos, A. (2009). Ornament und Verbrechen, in: A. Loos, & P. Stuiber

(Hrsg.), *Warum Architektur keine Kunst ist. Fundamentales über scheinbar Funktionales* (S. 42–57). Wien: Metroverlag.

Lorenz, T. (2016). Die Schule des Büros. Die Verwaltung des Geistes durch Medien-Sekretariate, in: *Medien der Bürokratie* (S. 141–150). Paderborn: Wilhelm Fink Verlag.

Lotman, J. M. (1993). *Die Struktur literarischer Texte*. (4. Aufl.). München: Fink.

Lotman, J. M. (2010). *Die Innenwelt des Denkens. Eine semiotische Theorie der Kultur*. Berlin: Suhrkamp.

Love, H. (1998). *The culture and commerce of texts. Scribal publication in seventeenth-century England*. Amherst: Univ. of Massachusetts Press.

Lübbe, H. (1994). *Im Zug der Zeit. Verkürzter Aufenthalt in der Gegenwart*. (2. Aufl.). Berlin u. a.: Springer.

Lücke, T. (Hrsg.). (1953). *Leonardo Da Vinci. Tagebücher und Aufzeichnungen*. Leipzig: Paul List Verlag.

Luhmann, N. (1987a). Biographie, Attitüden, Zettelkästen, in: Dirk Baecker und Georg Stanitzek (Hrsg.), *Archimedes und wir. Interviews* (S. 125–155). Berlin: Merve.

Luhmann, N. (1987b). *Soziale Systeme. Grundriß einer allgemeinen Theorie*. Frankfurt am Main: Suhrkamp.

Luhmann, N. (1992). Kommunikation mit Zettelkästen. Ein Erfahrungsbericht, in: A. Kieserling (Hrsg.), *Universität als Milieu. Kleine Schriften von Niklas Luhmann* (S. 53–61). Bielefeld: Haux.

Luhmann, N. (1996). *Die Realität der Massenmedien*. (2. Aufl.). Opladen: Westdeutscher Verlag.

Luhmann, N. (1997). *Die Gesellschaft der Gesellschaft*. Frankfurt am Main: Suhrkamp.

Luhmann, N., & Fuchs, P. (1989). *Reden und Schweigen*. Frankfurt am Main: Suhrkamp.

Maas, U. (1985). Lesen – Schreiben – Schrift. Die Demotisierung eines professionellen Arkanums im Spätmittelalter und in der frühen Neuzeit. *Zeitschrift für Literaturwissenschaft und Linguistik (LiLi)* (59), 55–81.

Maas, U. (1991a). Schrift und Schreiben. Einige systematische und historische Anmerkungen. *Hand Schrift – Schreib Werke: Schrift und Schreibkultur im Wandel in regionalen Beispielen des 18. bis 20. Jahrhunderts*, 85–118.

Maas, U. (1991b). Schriftlichkeit und das ganz Andere: Mündlichkeit als verkehrte Welt der Intellektuellen – Schriftlichkeit als Zuflucht der Nichtintellektuellen, in: A. Assmann, & D. Harth (Hrsg.), *Kultur als Lebenswelt und Monument* (S. 211–231). Frankfurt am Main: S. Fischer.

Mach, E. (1897). Über Gedankenexperimente. *Zeitschrift für den Physikalischen und Chemischen Unterricht, 10* (1), 1–5.

Mach, E. (1926). *Erkenntnis und Irrtum. Skizzen zum Psychologie der Forschung.* Leipzig: Joh. A. Barth.

Mächler, R. (2003). *Das Leben Robert Walsers. Eine dokumentarische Biographie.* Frankfurt am Main: Suhrkamp.

Mähler, C. (2020). Notizbuchblog. Ein Blog über Notizbücher und die ganze Welt drumherum. http://www.notizbuchblog.de/. Zugegriffen: 14. Sep. 2020.

Maistre, X. v. (2011). *Die Reise um mein Zimmer.* Dt.: E. Mayer. Berlin: Aufbau.

Malcolm, N. (1968). Wittgensteins ›Philosophische Untersuchungen‹, in: U. Steinvorth (Hrsg.), *Über Ludwig Wittgenstein* (S. 7–51). Frankfurt am Main: Suhrkamp.

Malcolm, N. (1987). *Erinnerungen an Wittgenstein.* Frankfurt am Main: Suhrkamp.

Martialis, M. V. (1957). *Epigramme.* Dt.: R. Helm. Zürich: Artemis.

Mastrobuoni, G., & Rivers, D. A. (2017). Optimizing Criminal Behavior and the Disutility of Prison. http://publish.uwo.ca/~drivers2/research/Value Freedom_new.pdf. Zugegriffen: 2. Jan. 2019.

Matzig, G. (2019, 7. Mai). Schreibschrift-Debatte: Das verlernte Handwerk. *Süddeutsche Zeitung.*

Mauthner, F. (1999). *Beiträge zu einer Kritik der Sprache.* Wien, Köln, Weimar: Böhlau.

McGuinness, B. (1992). *Wittgensteins frühe Jahre.* Frankfurt am Main: Suhrkamp.

McLuhan, M. (1968). *Die magischen Kanäle. »Understanding Media«.* Dt.: Meinrad Amann. Düsseldorf: Econ.

Medick, H. (1992a). Buchkultur und lutherischer Pietismus, in: R. Vierhaus (Hrsg.), *Frühe Neuzeit – frühe Moderne? Forschungen zur Vielschichtigkeit von Übergangsprozessen* (S. 297–326). Göttingen: Vandenhoeck und Ruprecht.

Medick, H. (1992b). Ein Volk ›mit‹ Büchern. Buchbesitz und Buchkultur auf dem Lande am Ende der Frühen Neuzeit, in: H. E. Bödeker (Hrsg.), *Lesekulturen im 18. Jahrhundert* (S. 59–94). Hamburg: Meiner.

Medick, H. (2018). *Der Dreißigjährige Krieg. Zeugnisse vom Leben mit Gewalt.* Göttingen: Wallstein.

Meggle, G. (1981). *Grundbegriffe der Kommunikation.* Berlin: De Gruyter.

Meiling, A. (2013). *Alles zu Schulden & Co. Aus der Schuldenfalle aussteigen.* Norderstedt: Verlag4you.

Mencken, H. L. (1948). *The American language. An inquiry into the development of English in the United States.* London: Routledge and Kegan Paul.
Merleau-Ponty, M. (1986). *Das Sichtbare und das Unsichtbare. Gefolgt von Arbeitsnotizen.* Hg.: Claude Lefort. München: Fink.
Michelangelo. (1897). *Die Dichtungen des Michelagniolo Buonarrotti.* Hg. u. m. krit. Apparat vers. v. Dr. C. Frey. Berlin: G. Grote.
Microsoft (2017). The Innovator's Guide to Modern Note Taking. How businesses can harness the digital revolution. https://enterprise.blob.core.windows.net/enterprise/The-Innovators-Guide-to-Modern-Note-Taking.pdf. Zugegriffen: 5. Jun. 2020.
Miller, G. A. (1956). The Magical Number Seven, Plus or Minus Two. Some Limits on Our Capacity for Processing Information. *Psychological Review* (63), 81–97.
Mithen, S. (1998). *The prehistory of the mind. A search for the origins of art, religion and science.* London: Phoenix.
Mittelstraß, J. (1992). *Leonardo-Welt. Über Wissenschaft, Forschung und Verantwortung.* Frankfurt am Main: Suhrkamp.
Moehringer, J. R. (2014). *Knapp am Herz vorbei. Roman.* Frankfurt am Main: S. Fischer.
Mol, J. de. (2008). Wittgenstein 2.0. Philosophical Reading and Writing after the Mediatic Turn, in: A. Pichler, & H. Hrachovec (Hrsg.), *Wittgenstein and the Philosophy of Information. Proceedings of the 30th International Ludwig Wittgenstein-Symposium in Kirchberg, 2007* (S. 153–179). Berlin / Boston: De Gruyter.
Moles, A. A. (1971). *Informationstheorie und ästhetische Wahrnehmung.* Köln: DuMont Schauberg.
Monk, R. (1992). *Wittgenstein. Das Handwerk des Genies.* Stuttgart: Klett-Cotta.
Moser, C. (2006). *Buchgestützte Subjektivität. Literarische Formen der Selbstsorge und der Selbsthermeneutik von Platon bis Montaigne.* Berlin: De Gruyter.
Moser, J. J. (1773). *Johann Jacob Mosers, Königlich-Dänischen Etats-Raths, einige Vortheile für Canzley-Verwandte und Gelehrte, in Absicht auf Acten-Verzeichnisse, Auszüge und Register, desgleichen auf Sammlungen zu künfftigen Schrifften, und würckliche Ausarbeitung derer Schrifften.* Tübingen.
Moser, J. J. (1777). *Lebens=Geschichte Johann Jacob Mosers königlich= dänischen Etats=Raths von ihm selbst beschrieben.* (3. Aufl.). Frankfurt, Leipzig.

Mueller, P. A., & Oppenheimer, D. M. (2014). The Pen Is Mightier Than the Keyboard. *Psychological Science, 25* (6), 1159–1168.
Müller, H. (2019). *Im Heimweh ist ein blauer Saal.* München: Hanser.
Müller, L. (2010). Das Ungedruckte autorisieren. Wie die Wahrheit zu Papier kommt. *Zeitschrift für Ideengeschichte* (4), 14–23.
Müller, M. (2016). *»Reclaim the streets!« – Die Street-Art-Bewegung und die Rückforderung des öffentlichen Raumes.* Dissertation, Rheinische Friedrich-Wilhelms-Universität Bonn.
Naar, J., & Mailer, N. (2009). *The faith of graffiti.* New York: Icon !t.
Nagel, T. (2016). *What is it like to be a Bat? Englisch / Deutsch = Wie ist es, eine Fledermaus zu sein?.* Stuttgart: Reclam.
Nibud (2018). Man tevredener over hoe partner met geld omgaat dan vrouw. https://www.nibud.nl/beroepsmatig/nibud-man-tevredener-hoe-partner-geld-omgaat-dan-vrouw/. Zugegriffen: 20. Jun. 2020.
Nicholl, C. (2009). *Leonardo da Vinci. Die Biographie.* Frankfurt am Main: S. Fischer.
Nicolin, G. (Hrsg.). (1970). *Hegel in Berichten seiner Zeitgenossen.* Hamburg: Meiner.
Nietzsche, F. (2002). *Schreibmaschinentexte. Vollständige Edition. Faksimiles und kritischer Kommentar.* Hg.: Stephan Günzel u. Rüdiger Schmidt-Grépály. Weimar: Univ.-Verlag.
Nisbett, R. E., & Wilson, T. D. (1977). Telling more than we can know: Verbal reports on mental processes. *Psychological Review, 84,* 231–259.
Nyiri, C. (1992). Schriftlichkeit und das Privatsprachenargument. *Deutsche Zeitschrift für Philosophie, 40* (3), 225–236.
Ochlast, I. (2011). Ein neues Krankheitsbild: das Information-Overload-Syndrom, in: Brunner, Wolfgang L. und Jürgen Weber (Hrsg.), *Unternehmen versinken im Datenmüll. Ansätze und Vorgehen für ein effizienteres Datenmanagement* (S. 29–40). Düsseldorf: Symposion.
Ogden, P., & Edwards, J. (2001). *7 reece mews. Francis Bacon's studio.* New York, NY: Thames & Hudson.
Olschki, L. (1958). *Italien: Genius und Geschichte.* Darmstadt: Gentner.
Ortheil, H.-J. (2015). *Schreiben dicht am Leben. Notieren und Skizzieren.* Berlin: Duden.
Ortlepp, G. (1983). Bis zum letzten Gericht. Über Tod und Erbe des Schriftstellers Arno Schmidt. *Der Spiegel* (11), 192–202.
Paasonen, S. (2015). Fleshy Intensities, in: J. Krysa, & J. Parikka (Hrsg.), *Writing and unwriting (media) art history. Erkki Kurenniemi in 2048* (S. 29–39). Cambridge, Mass.: The MIT Press.

Paracelsus. (1973). *Das Licht der Natur. Philosophische Schriften*. Leipzig: Reclam.
Parr, A. (1988). *A critical edition of Ben Jonson's The staple of news*. Manchester: Manchester University Press.
Partl, S., Pfuhlmann, B., Jabs, B., & Stöber, G. (2011). »Meine Krankheit ist eine Kopfkrankheit, die schwer zu definieren ist«: Robert Walser (1878– 1956) in seiner psychischen Erkrankung. *Der Nervenarzt, 82* (1), 67–78.
Patzig, G. (1992). Über den Philosophen Lichtenberg, in: H. L. Arnold (Hrsg.), *Georg Christoph Lichtenberg* (S. 23–26). München: Ed. Text + Kritik.
Pauen, M. (2016). *Die Natur des Geistes*. Frankfurt am Main: S. Fischer.
Paul, J. (1996). *Jean Pauls sämtliche Werke*. Weimar: Hermann Böhlaus Nachfolger.
Pawils, T. (2008). Die Spielkarte – Geschichte, Formen, Merkmale, Markt, in: W. Faulstich (Hrsg.), *Das Alltagsmedium Blatt* (S. 69–84). Paderborn: Fink.
Pearson, L. (1939). *Early Ionian historians*. Oxford: Clarendon Press.
Perrin, D. (2015). Beiläufiges Schreiben: Sprachgebrauchswandel im Journalismus. *Germanistik zwischen Tradition und Innovation: Akten des XIII. Kongresses der Internationalen Vereinigung für Germanistik (IVG)*, 179–183.
Pestalozzi, J. H. (1995). *Sämtliche Werke. Kritische Ausgabe*. Hrsg.: Artur Buchenau. (1927). Berlin: De Gruyter.
Peters, J. (1993a). Beobachtungen am Bericht, in: J. Peters (Hrsg.), *Ein Söldnerleben im Dreissigjährigen Krieg. Eine Quelle zur Sozialgeschichte* (S. 199–246). Berlin: Akademie-Verlag.
Peters, J. (Hrsg.). (1993b). *Ein Söldnerleben im Dreissigjährigen Krieg. Eine Quelle zur Sozialgeschichte*. Berlin: Akademie-Verlag.
Peters, J. (1993c). Wegweiser zum Innenleben? Möglichkeiten und Grenzen popularer Selbstzeugnisse. *Historische Anthropologie* (2), 235–249.
Petrarca, F. (2004). *Epistulae metricae. Briefe in Versen*. Würzburg: Königshausen & Neumann.
Petronius (1983). *Satyrica. Schelmenszenen*. Lateinisch–deutsch. Übers. von K. Müller und W. Ehlers. Berlin: De Gruyter.
Petschar, H. (Hrsg.). (1999). *Der Zettelkatalog. Ein historisches System geistiger Ordnung*. Wien, New York: Springer.
Plato. (2019). *Werke in acht Bänden. Griechisch und Deutsch*. Darmstadt: wbg Edition.
Plinius, G. C. S. (2000): *Briefe*, Hrsg.: U. Blank-Sangmeister, Münster: Aschenforff.

Poe, E. A. (1906). *The poetical works of Edgar Allan Poe. Together with his essay on the philosophy of composition*. Boston, New York: Educational Pub. Co.

Poganatz, H. (2010, 17. Mai). Moleskine: Kladde für Kreative. *Süddeutsche Zeitung*.

Popper, K. R. (1996). *Alles Leben ist Problemlösen. Über Erkenntnis, Geschichte und Politik*. München, Zürich: Piper.

Porstmann, W. (1950). *Karteikunde. Das Handbuch der Karteitechnik*. (4. Aufl.). Berlin-Schöneberg: Schwabe.

Posselt, G. (2019). Textualität und Diskursivität. Zur Medialität der philosophischen Rede, in: H. Halász, & C. Lörincz (Hrsg.), *Sprachmedialität. Verflechtungen von Sprach- und Medienbegriffen* (1. Aufl.) (S. 41–70). Bielefeld: transcript.

Presley, E. (1959). *A Date with Elvis*. New York: RCA Victor Records.

Price, D. J. d. S. (1974). *Little Science, Big Science. Von der Studierstube zur Großforschung*. Frankfurt am Main: Suhrkamp.

Radecke, G., Göbel, M., & Söring, S. (2013). Theodor Fontanes Notizbücher. Genetisch-kritische und kommentierte Hybrid-Edition, erstellt mit der Virtuellen Forschungsumgebung TextGrid, in: H. Neuroth, N. Lossau, & A. Rapp (Hrsg.), *Evolution der Informationsinfrastruktur. Kooperation zwischen Bibliothek und Wissenschaft* (S. 85–105). Göttingen: Universitätsverlag Göttingen.

Rastas, P. (2015). Archival Life, in: J. Krysa, & J. Parikka (Hrsg.), *Writing and unwriting (media) art history. Erkki Kurenniemi in 2048* (S. 1–4). Cambridge, Mass.: The MIT Press.

Rauschenbach, B. (2000). Zettel und Zettelkästen, in: S. Fischer & B. Rauschenbach (Hrsg.), *Arno Schmidts »Seelandschaft mit Pocahontas«. Zettel und andere Materialien* (S. 210–211). Bargfeld: Arno Schmidt Stiftung im Haffmanns Verlag.

Read, A. W. (1935). *Lexical evidence from folk epigraphy in Western North America. A glossarial study of the low element in the English vocabulary*. Paris: Privately printed.

Reinhardt, V. (2018). *Leonardo da Vinci. Das Auge der Welt: eine Biographie*. München: C. H. Beck.

Rhees, R. (Hrsg.). (1987). *Ludwig Wittgenstein. Porträts und Gespräche*. Frankfurt am Main: Suhrkamp.

Rheinberger, H.-J. (2012). Zettelwirtschaft, in: S. Zanetti (Hrsg.), *Schreiben als Kulturtechnik. Grundlagentexte* (S. 441–452). Berlin: Suhrkamp.

Richter, J. P. (1927 ff.). *Historisch-kritische Ausgabe. Zweite Abteilung*. Hrsg.: E. Behrend. Weimar: Böhlau.

Roggenhofer, J. (1992). *Zum Sprachdenken Georg Christoph Lichtenbergs.* 1991. Tübingen: Niemeyer.

Rohde, M. (Hrsg.). (2020). *Sketchnote Ideabook. Das ultimative Notizbuch vom Erfinder der Sketchnotes.* (2020. Aufl.). Frechen: MITP.

Rolland, E. & Gaidoz, H. (Hrsg.)(1883). *Kryptádia. Recueil de documents pour servir à l'étude des traditions populaires.* Paris, Heilbronn: Henninger Frères Editeur.

Rosa, H. (2013). *Beschleunigung und Entfremdung. Entwurf einer kritischen Theorie spätmoderner Zeitlichkeit.* Berlin: Suhrkamp.

Rosa, H. (2016). *Resonanz. Eine Soziologie der Weltbeziehung.* Berlin: Suhrkamp.

Rothhaupt, J. G. F. (Hrsg.). (2012). *Kulturen und Werte. Wittgensteins Kringel-Buch als Initialtext.* Berlin: De Gruyter.

Sallustius Crispus, G. (2006). *Werke.* (3. Aufl.). Düsseldorf: Artemis & Winkler.

Saussure, F. de. (1931). *Grundfragen der allgemeinen Sprachwissenschaft.* Hrsg. v. Charles Bally u. Albert Sechehaye unter Mitw. v. Albert Riedlinger. Übers. v. Herman Lommel. fotomechanischer Nachdruck Berlin 1967. Berlin & Leipzig: De Gruyter.

Schäfer, A. (2009). Spur und Symptom. Zur Erforschung der Handschrift in der Psychiatrie um 1900, in: B. Wittmann (Hrsg.), *Spuren erzeugen. Zeichnen und Schreiben als Verfahren der Selbstaufzeichnung* (S. 21–38). Zürich: Diaphanes Verlag.

Schenda, R. (1970). *Volk ohne Buch.* Frankfurt am Main: Klostermann.

Schenda, R. (1985). Orale und literarische Kommunikationsformen im Bereich von Analphabeten und Gebildeten im 17. Jahrhundert, in: W. Brückner (Hrsg.), *Literatur und Volk im 17. Jahrhundert. Probleme populärer Kultur in Deutschland* (S. 447–464). Wiesbaden: Harrassowitz.

Scheuermann, U. (2016). *Schreibdenken. Schreiben als Denk- und Lernwerkzeug nutzen und vermitteln.* (3. Aufl.). Stuttgart: UTB.

Schlegel, F. von (1967). *Kritische Friedrich-Schlegel-Ausgabe.* Hrsg.: Ernst Behler. Paderborn, München, Wien: Schöningh.

Schlegel, F. von (1971). *Kritische Schriften.* Hrsg.: W. Rasch. (3. Aufl.). München: Hanser.

Schiller, F. (1987): *Sämtliche Werke.* Hrsg.: H. G. Göpfert. 8. Aufl., München: Hanser.

Schmidt, A. (1977). *Vorläufiges zu Zettels Traum.* Frankfurt am Main: S. Fischer.

Schmidt, A. (1995). *Essays und Aufsätze.* Frankfurt am Main: Suhrkamp.

Schmidt, A. (2010). *Zettel's Traum.* Berlin: Suhrkamp.
Schmidt, J. (2012). Luhmanns Zettelkasten und seine Publikationen, in: O. Jahraus, A. Nassehi, M. Grizelj, I. Saake, & C. Kirchmeier (Hrsg.), *Luhmann-Handbuch. Leben – Werk – Wirkung* (S. 7–12). Stuttgart, Weimar: Metzler.
Schmidt, J. (2013). Der Zettelkasten als Kommunikationspartner Niklas Luhmanns, in: H. Gfrereis & E. Strittmatter (Hrsg.), *Zettelkästen. Maschinen der Phantasie [zur Ausstellung »Zettelkästen. Maschinen der Phantasie«, Literaturmuseum der Moderne, Marbach am Neckar, 4. März bis 15. September 2013]* (S. 84–93). Marbach am Neckar: Dt. Schillergesellschaft.
Schmidt, J., Weißmann, M., & Bauer, M. (2019). Was macht ein Luhmann-Editor eigentlich beruflich? In: Soziopolis. Gesellschaft verstehen. https://soziopolis.de/verstehen/was-tut-die-wissenschaft/artikel/was-macht-ein-luhmann-editor-eigentlich-beruflich/. Zugegriffen: 14. Jan. 2021.
Schneider, M. (Hrsg.). (2002). *Leonardo da Vinci. Eine Biographie in Zeugnissen, Selbstzeugnissen, Dokumenten und Bildern.* München: Schirmer/Mosel.
Schnoor, O. (2005). Die Bruderschaft der Schreiber und der Geist des Designs. Zur Religiosität von Graffiti-Sprühern. *Ästhetik und Kommunikation* (131), 87–94.
Schopenhauer, A. (1862). *Parerga und Paralipomena. Kleine philosophische Schriften.* Hg.: Julius Frauenstädt. (2. Aufl.). Berlin: Hayn.
Schubert, C., & Weiß, A. (2015). Die Hypomnemata bei Plutarch und Clemens: Ein Textmining-gestützter Vergleich der Arbeitsweise zweier ›Sophisten‹. *Hermes* (143), 447–471.
Schulte, J. (2005). *Ludwig Wittgenstein. Leben, Werk, Wirkung.* Frankfurt am Main: Suhrkamp.
Schultz, T. (2018). *NSU: Der Terror von rechts und das Versagen des Staates.* München: Droemer.
Schulze, W. (Hrsg.). (1996). *Ego-Dokumente. Annäherung an den Menschen in der Geschichte.* Berlin/Boston: De Gruyter.
Schumann, T. (2011). Verbotene Spiele – Transformationen des Stadtraums zur urbanen Arena. Der agonale Charakter des Graffiti-Writings, in: R. Beuthan & P. Smolarski (Hrsg.), *Was ist Graffiti? [Workshop im September 2009 an der Friedrich-Schiller-Universität Jena]* (S. 30–49). Würzburg: Königshausen & Neumann.
Searle, J. R. (2017). *Wie wir die soziale Welt machen. Die Struktur der menschlichen Zivilisation.* Berlin: Suhrkamp.
Sellars, W. (2007). Empirismus und die Philosophie des Geistes, in: P. Bieri

(Hrsg.), *Analytische Philosophie des Geistes* (4. Aufl.) (S. 184–198). Weinheim, Basel: Beltz.

Seneca, L. A. (2009). *Epistulae morales ad Lucilium. Briefe an Lucilius. Lateinisch – deutsch. Bd. 2.* Hg.: Rainer Nickel. Mannheim: Artemis & Winkler.

Seneca, L. A. (2014). *Epistulae morales ad Lucilium. Briefe an Lucilius. Lateinisch – deutsch. Bd. 1.* Hg.: Gerhard Fink. Berlin: De Gruyter.

Seufert, M. (2008). *Der Skandal um die Hitler-Tagebücher.* Frankfurt am Main: Scherz.

Shakespeare, W. (o. J.). *The Complete Works.* New York: Frederick A. Stokes.

Shakespeare, W. (1986). *Dramen in sieben Bänden.* Übersetzt von A. W. Schlegel und L. Tieck. Augsburg: Weltbild.

Sheets-Johnstone, M. (2009). *The corporeal turn. An interdisciplinary reader.* Exeter: Imprint Academic.

Siebenhaar, H.-P. (2012). Buchläden stehen vor schrumpfenden Erlösen. https://www.handelsblatt.com/unternehmen/handel-konsumgueter/trend-zu-onlinehandel-haelt-an-buchlaeden-stehen-vor-schrumpfenden-erloesen/6046358.html. Zugegriffen: 14. Jan. 2021.

Siegl, N. (1993). *Kommunikation am Klo. Graffiti von Frauen und Männern.* Wien: Verlag für Gesellschaftskritik.

Singer, W. (2002). *Der Beobachter im Gehirn. Essays zur Hirnforschung.* Frankfurt am Main: Suhrkamp.

Smiraglia Scognamiglio, N. (1896). Nuovi documenti su Leonardo da Vinci. *Archivio storico dell'arte* (2), 313–315.

Soentgen, J. (2007). *Selbstdenken! 20 Praktiken der Philosophie.* Weinheim: Beltz & Gelberg.

Sommer, M. (2020). *Stift, Blatt und Kant. Philosophie des Graphismus.* Berlin: Suhrkamp.

Soupault, R. (1990). Über das traumhafte Schreiben und das Schicksal eines Manuskripts, in: A. Breton, & P. Soupault (Hrsg.), *Les champs magnétiques. Die magnetischen Felder.* Deutsch: Ré Soupault (S. 177–191). Heidelberg: Wunderhorn.

Stagl, J. (1989). Die Methodisierung des Reisens im 16. Jahrhundert, in: P. J. Brenner (Hrsg.), *Der Reisebericht. Die Entwicklung einer Gattung in der deutschen Literatur* (S. 140–177). Frankfurt am Main: Suhrkamp.

Standage, T. (2013). *Writing on the Wall. Social media – the first 2,000 years.* London: Bloomsbury.

Stephani, H. (1815). *Ausführliche Beschreibung der genetischen Schreibmethode für Volksschulen. Mit 12 in Kupfer gestochenen Musterblättern.* Erlangen: Palm.

Stern, D. G. (2006). How Many Wittgensteins?, in: A. Pichler, & S. Säätelä (Hrsg.), *Wittgenstein: The Philosopher and his Works* (S. 205–229). Berlin / Boston: De Gruyter.
Stetter, C. (1999). *Schrift und Sprache*. Frankfurt am Main: Suhrkamp.
Sueton, G. T. (2014): *Die Kaiserviten. Berühmte Männer / De vita Caesarum. De viris illustribus*. Lateinisch – Deutsch. Übers. von H. Martinet, Berlin: De Gruyter.
Suh, H. A. (Hrsg.). (2005). *Leonardo da Vinci. Skizzenbücher*. Bath: Paragon Books.
Sutton, W., & Linn, E. (2004). *Where the money was*. New York: Broadway Books.
Tacitus, C. (1954). *Annalen*. Übers. von C. Hoffmann. Berlin.
Taylor, C. (1996). *Quellen des Selbst. Die Entstehung der neuzeitlichen Identität*. Frankfurt am Main: Suhrkamp.
Teichmüller, J. (2008). Bedeutung und Verwendung des Einkaufszettels, in: W. Faulstich (Hrsg.), *Das Alltagsmedium Blatt* (S. 191–194). Paderborn: Fink.
Tetens, H. (2009). *Wittgensteins »Tractatus«. Ein Kommentar*. Stuttgart: Reclam.
Thomas, A., & Garland, R. (2004). Grocery shopping: Why take a list to the supermarket? http://smib.vuw.ac.nz:8081/www/ANZMAC1998/Cd_rom/Thomas102.pdf. Zugegriffen: 14. Jan. 2021.
Thomas, A., & Garland, R. (1993). Supermarket shopping lists: their effect on consumer expenditure. *International Journal of Retail & Distribution Management, 21* (3), 8–14.
Töteberg, M. (2012). ›Das ist ein genialischer Mann mit tausend Unarten‹. Einblick in Verlagsinterna, Gutachten, Aktennotizen und Briefdurchschläge im Rowohlt-Archiv. *Bargfelder Bote* (Lieferung 354–356), 3–41.
Treichel, H.-U. (2000). Kein Neuanfang. Zu Günter Eich »Inventur«, in: M. Reich-Ranicki (Hrsg.), *Hundert Gedichte des Jahrhunderts. Mit Interpretationen* (S. 287–289). Frankfurt am Main, Leipzig: Insel Verl.
Tschacher, W., & Storch, M. (2012). Die Bedeutung von Embodiment für Psychologie und Psychotherapie. *Psychotherapie, 17* (2), 259–267.
Tucholsky, K. (1976). »Das kann man noch gebrauchen«., in: *Gesammelte Werke*. Hrsg. M. Gerold-Tucholsky & F. J. Raddatz (Bd. 8, S. 188–191). Reinbek bei Hamburg: Rowohlt.
Uexküll, J., & Kriszat, G. (1983). *Streifzüge durch die Umwelten von Tieren und Menschen. Ein Bilderbuch unsichtbarer Welten*. Frankfurt am Main: S. Fischer.

Unesco. (1964). Recommendation concerning the International Standardization of Statistics Relating to Book Production and Periodicals. http://portal.unesco.org/en/ev.php-URL_ID=13068&URL_DO=DO_TOPIC&URL_SECTION=201.html. Zugegriffen: 6. Jun. 2020.

Unknown (o. J.). Snacks and Shit. https://snacksandshit.typepad.com/. Zugegriffen: 14. Jan. 2021.

Value Creation Group. (10.12.2018). »Processing«. http://www.valuecreationgroup.com/process_analysis.htm. Zugegriffen: 14. Jan. 2021.

Vasari, G. (1996). *Das Leben von Lionardo da Vinci, Raffael von Urbino und Michelangelo Buonarroti*. Stuttgart: Reclam.

Vester, F. (2004). *Denken, Lernen, Vergessen. Was geht in unserem Kopf vor, wie lernt das Gehirn, und wann lässt es uns im Stich?* (30. Aufl.). München: dtv.

Virilio, P. (1986). *Krieg und Kino, Logistik der Wahrnehmung*. München, Wien: Hanser.

Voegtle, S. (2012). Admiror, paries, te non cecidisse ruinis. Graffiti und Karikaturen als Medien der Kommunikation im städtischen Raum, in: F. Mundt (Hrsg.), *Kommunikationsräume im kaiserzeitlichen Rom* (S. 105–122). Berlin: De Gruyter.

Vogel, S. (2003). Büchervielfalt: Kompendien in der Lyoner Buchproduktion des 16. Jahrhunderts, in: F. Büttner (Hrsg.), *Sammeln, Ordnen, Veranschaulichen. Zur Wissenskompilatorik in der frühen Neuzeit* (S. 205–219). Münster: LIT.

Vohs, K. D., Redden, J. P., & Rahinel, R. (2013). Physical Order Produces Healthy Choices, Generosity, and Conventionality, Whereas Disorder Produces Creativity. *Psychological Science* (20), 1–8. doi: 10.1177/0956797613480186.

Vygotskij, L. S. (2017). *Denken und Sprechen. Psychologische Untersuchungen*. Hg.: Joachim Lompscher und Georg Rückriem. (3. Aufl.). Weinheim, Basel: Beltz.

Wainwright, J. (2002). Andy Warhol's Wife. *Art Monthly* (254), 39–40.

Waismann, F., & McGuinness, B. (Hrsg.). (1989). *Ludwig Wittgenstein und der Wiener Kreis. Gespräche, aufgezeichnet von Friedrich Waismann*. Frankfurt am Main: Suhrkamp.

Waldenfels, B. (2007). *Antwortregister*. Frankfurt am Main: Suhrkamp.

Walser, R. (1960). *Prosa*. Frankfurt am Main: Suhrkamp.

Walser, R. (1976). *Der »Räuber«-Roman. Aus dem Nachlass hg. von Jochen Greven*. Frankfurt am Main: Suhrkamp.

Walser, R. (1979). *Briefe*. Frankfurt am Main: Suhrkamp.

Walser, R. (1985). *Aus dem Bleistiftgebiet. Mikrogramme aus den Jahren 1924–1927.* Entziffert u. herausgegeben von B. Echte und W. Morlang. Frankfurt am Main: Suhrkamp.
Warneken, B. J. (1987). *Populare Schreibkultur. Texte und Analysen.* Tübingen: Tübinger Vereinigung für Volkskunde.
Wasianski, E. A. C. (1804). *Immanuel Kant in seinen letzten Lebensjahren. Ein Beytrag zur Kenntniß seines Charakters und häuslichen Lebens aus dem täglichen Umgange mit ihm.* Königsberg: Nicolovius.
Watts, L. S. (2009). *Encyclopedia of American folklore.* New York: Facts on File.
Watzlawick, P., Beavin, J. H., & Jackson, D. d. (2011). *Menschliche Kommunikation. Formen, Störungen, Paradoxien.* (12. Aufl.). Bern: Huber.
Weeber, K.-W. (1996). *Decius war hier. Das Beste aus der römischen Graffiti-Szene.* Zürich: Artemis und Winkler.
Weininger, O. (2014). *Geschlecht und Charakter: Eine prinzipielle Untersuchung.* Hamburg: Severus Verlag.
Weinrich, H. (2005). *Lethe – Kunst und Kritik des Vergessens.* München: Beck.
Weiser, M. (1991). *The Computer for the 21st Century.* Scientific American (9), S. 94–104.
Weizsäcker, C. F. von. (1974). *Die Einheit der Natur. Studien.* München: dtv.
Welz, G. (1984). Die wilden Bilder von New York City, in: I.-M. Greverus (Hrsg.), *Naif. Alltagsästhetik oder ästhetisierter Alltag* (S. 191–207). Frankfurt am Main: Inst. für Kulturanthropologie.
Werneburg, R. (1964). *Lehrbuch der Rationalisierungsmöglichkeiten in Betrieb und Büro. Die Grundlagen der praktischen Betriebsführung.* Berlin-Spandau: Luchterhand.
Wiener, N. (1964). *God and Golem, Inc. A comment on certain points where cybernetics impinges on religion.* Cambridge, Mass.: The M. I. T. Press.
Will, Michael (2001). *Die Elektronische Edition von Jean Pauls Exzerptheften.* http://computerphilologie.digital-humanities.de/jg02/will.html. Zugegriffen: 15. Jan. 2021.
Williams, B. (2013). *Wahrheit und Wahrhaftigkeit.* Berlin: Suhrkamp.
Winckelmann, J. J. (1756). *Gedanken über die Nachahmung der griechischen Werke in der Malerey und Bildhauerkunst.* (2. Aufl.). Dresden und Leipzig: Walther.
Winkler, H. (2015). *Prozessieren. Die dritte, vernachlässigte Medienfunktion.* Paderborn: Wilhelm Fink.
Wittgenstein, L. (o. J.). The Wittgenstein Archives at the University of Bergen. Wittgenstein Source. http://wab.uib.no/. Zugegriffen: 14. Jan. 2021.

Wittgenstein, L. (1978). *Vorlesungen über die Grundlagen der Mathematik Cambridge. 1939.* Hg.: Cora Diamond. Frankfurt am Main: Suhrkamp.
Wittgenstein, L. (1980). *Briefe.* Frankfurt am Main: Suhrkamp.
Wittgenstein, L. (1984a). *Bemerkungen über die Grundlagen der Mathematik.* Hg.: G. E. M. Anscombe, Rush Rhees, G. H. von Wright. Frankfurt am Main: Suhrkamp.
Wittgenstein, L. (1984b). *Über Gewißheit. Bemerkungen über die Farben. Über Gewissheit. Zettel. Vermischte Bemerkungen.* Hg.: G. E. M. Anscombe. Frankfurt am Main: Suhrkamp.
Wittgenstein, L. (1987). *Philosophische Grammatik.* Hg.: Rush Rhees. Frankfurt am Main: Suhrkamp.
Wittgenstein, L. (1989). *Philosophische Bemerkungen.* Hg.: Rush Rhees. Frankfurt am Main: Suhrkamp.
Wittgenstein, L. (1990). *Tractatus logico-philosophicus, Tagebücher 1914–1916, philosophische Untersuchungen.* Hg.: Joachim Schulte. (7. Aufl.). Frankfurt am Main: Suhrkamp.
Wittgenstein, L. (1991). *Geheime Tagebücher. 1914–1916.* Wien, Berlin: Turia und Kant.
Wolff, C. von (2019). *Über den Unterschied zwischen einem systematischen und einem nicht-systematischen Verstand. Lateinisch – Deutsch.* (1. Aufl.). Hamburg: Felix Meiner Verlag.
Woudhuysen, H. R. (1996). *Sir Philip Sidney and the circulation of manuscripts. 1558–1640.* Oxford: Clarendon Press.
Wright, G. H. von (1986). *Wittgenstein.* Dt.: Joachim Schulte. Frankfurt am Main: Suhrkamp.
Wurzbach, C. von. (1865). Kyselak, Joseph, in: Kaiserliche Akademie der Wissenschaften (Hrsg.), *Biographisches Lexikon des Kaiserthums Oesterreich. 13. Theil* (S. 444–448). Wien: k. k. Hof- und Staatsdruckerei.
Young, E. (1977). *Gedanken über die Original-Werke (Conjectures, dt.).* (1760. Aufl.). Heidelberg: Schneider.
Zedelmaier, H. (2002). Buch, Exzerpt, Zettelschrank, Zettelkasten, in: H. Pompe, & L. Scholz (Hrsg.), *Archivprozesse. Die Kommunikation der Aufbewahrung* (S. 38–53). Köln: DuMont.
Zedelmaier, H. (2010). Buch und Wissen in der Frühen Neuzeit, in: U. Rautenberg (Hrsg.), *Buchwissenschaft in Deutschland. Ein Handbuch* (S. 503–533). Berlin/Boston: De Gruyter.
Zillhardt, G. (Hrsg.). (1975). *Der Dreißigjährige Krieg in zeitgenössischer Darstellung. Hans Heberles ›Zeytregister‹ (1618–1672), Aufzeichnungen aus*

d. Ulmer Territorium; e. Beitr. zu Geschichtsschreibung u. Geschichtsverständnis d. Unterschichten. Stuttgart: Kohlhammer in Komm.

Zöllner, F. (Hrsg.). (2015). *Leonardo da Vinci. 1452–1519: sämtliche Gemälde und Zeichnungen.* Köln: Taschen.

Zweig, St. (1987). *Schachnovelle.* Frankfurt am Main: S. Fischer.

Index

Adelung, Johann Christoph 285, 533
Adorno, Theodor W. 141, 481, 502
Aiken, Howard 345–347
Angele, Michael 472
Annan, Kofi 427
Anscombe, G. E. M. 207
Aragon, Luigi von 26
Arasse, Daniel 55
Arconato, Galeazzo 34
Aristoteles 49, 55, 136
Asperger, Hans 210–211
Assmann, Aleida 108–109
Athanasius 228–229
Augustinus von Hippo 28, 75

Bachelard, Gaston 87
Bacon, Francis (Künstler) 498–507
Bacon, Francis (Philosoph) 90, 125, 386
Baudrillard, Jean 419–420, 422
Beatis, Antonio de 26
Beck, John C. 437
Beethoven, Ludwig van 10–12, 332
Beloch, Karl Julius 472
Beniger, James 489
Benjamin, Walter 315, 377–378
Benn, Gottfried 315
Benne, Christian 67, 237, 242, 333
Bense, Max 340–443
Bereiter, Carl 93–95
Berelson, Bernard R. 74
Berners-Lee, Tim 226, 315

Bezold, Carl 373
Birnbaum, Karl 488–489
Blumenberg, Hans 14, 76, 397
Bollnow, Otto Friedrich 503
Borgia, Cesare 79–80, 82
Brecht, Bertolt 456, 514, 516
Breitkopf, Gottlob Immanuel 394
Breton, André 395
Brunelleschi, Filippo 67, 88
Buonarroti, Michelangelo 59, 64, 68, 423
Burckhardt, Jacob 60, 239

Caesar, Gaius Julius 121, 467–468
Caillois, Roger 161, 163, 518
Calloway, Cab 414
Campe, Rüdiger 304
Canetti, Elias 192
Caprotti, Giacomo »Salai« 43–44
Carano, Girolamo 83
Carnap, Rudolf 158
Carr, Nicholas 104–105, 356
Carrington, Victoria 423
Castells, Manuel 196
Cennini, Cennino 71
Chalmers, David 100–101, 104–105
Chastel, André 64–65
Chatwin, Bruce 13, 221–223, 225
Cicero, Marcus Tullius 28, 448, 455, 464, 466, 469
Clark, Andy 100–101, 104–105
Conti, Alessandro 55, 58, 72
Coulmas, Florian 169

Daston, Lorraine 298–299
Davenport, Thomas 437
Davidson, Donald 169
Dawson, Barbara 498
Demeter, Ignaz 241
Derrida, Jacques 125
Dewey, Melville 385
Dilthey, Wilhelm 531
Doblhofer, Ernst 373
Dogg, Snoop 416

Ebbinghaus, Hermann 96
Eco, Umberto 259
Edwards, John 501–502, 506
Eich, Günter 312–314, 332, 343–345
Engels, Friedrich 10
Enzensberger, Hans Magnus 107, 153, 395, 522
Epiktet 232, 234
Esposito, Elena 107, 111

Faulstich, Werner 18
Feige, Daniel Martin 59
Ferell, Jeff 431–432
Feuerbach, Ludwig 325
Fichte, Hubert 336–337
Fitzgerald, Michael 210–211
Floridi, Luciano 109
Fodor, Jerry A. 186
Fontane, Theodor 334–336
Foster, Norman 451
Foucault, Michel 193, 218, 227–231, 234–235, 267, 311, 489
Franck, Georg 437–438
Frege, Gottlob 117, 424
Freud, Sigmund 53, 55, 108, 166, 192, 325, 365, 424, 428, 456, 459–460

Fricke, Harald 294
Friedrich III. (Hohenzollern) 9

Gabriel, Markus 103
Gadamer, Hans-Georg 90, 157, 527
Gates, Bill 36
Geach, Peter 207
Gesner, Conrad 374–375, 378, 407
Giesecke, Michael 66–67
Gleim, Johann Wilhelm Ludwig 242
Godard, Jean-Luc 509
Godinho, Marco 532
Goethe, Johann Wolfgang 117, 214, 296, 315, 359, 441, 505
Goffman, Erving 529
Goldschneider, Alfred 247, 249
Goody, Jack 257–258, 316–321, 323–324
Gordon, Cyrus Herzl 319–320
Gregorovius, Ferdinand 476
Gumbrecht, Hans Ulrich 17
Gutenberg, Johannes Gensfleisch zu 25, 28, 66, 76, 109, 374, 377, 388

Habermas, Jürgen 157, 206, 245
Hagendorf, Peter 271–274
Halbwachse, Maurice 106
Hamlet, Prinz von Dänemark 60
Handke, Peter 457–458, 460–461
Harrach, Ernst Adalbert von 281
Harsdörffer, Georg Philipp 375
Heberle, Johannes 259–271, 274–275, 277, 279
Hegel, Georg Wilhelm Friedrich 91, 119, 325, 382
Heidegger, Martin 16, 445
Heimeran, Ernst 339–340

Index

Heißenbüttel, Helmut 289
Heller-Roazen, David 122
Hilbert, Martin 391
Hitler, Adolf 236–237, 251, 451, 478
Hofmannsthal, Hugo v. 125
Hollerith, Hermann 385
Honneth, Axel 437
Hopper, Grace Murray 346–347
Horstig, Carl Gottlieb 240
Hugo, Victor 12
Huizinga, Johan 161, 518
Hume, David 139
Hundertwasser, Friedensreich 422
Hutton, Betty 165

Illich, Ivan 67, 88

Jacobs, Geert 89
Jarvis, Jeff 226
Jolles, André 526–527
Jonas, Hans 445
Jonson, Ben 404–406
Joost, Ulrich 285, 293, 295, 301–302, 309
Joyce, James 364, 368
Jünger, Jakob 27, 121, 163, 220, 252, 281, 332
Jungius, Joachim 377

Kafka, Franz 342, 468, 496
Kant, Immanuel 108, 111, 139, 240, 296, 443
Kemp, Martin 36
Kilroy 452–453 (und an vielen anderen Orten)
Kittler, Friedrich A. 16–19, 86, 105, 223, 489
Klein, Stefan 32, 41, 51–52, 64, 70
Klibansky, Raymond 59

Klimt, Gustav 119
Kohlberg, Lawrence 95
Kraepelin, Emil 246–248, 251
Krajewski, Markus 18, 385
Krämer, Sybille 168
Kraus, Karl 125, 377
Krauss, Friedrich 458–459
Krawehl, Ernst 358–359
Kripke, Saul 180
Krukowski, Damon 523–524
Kujau, Konrad 236–237, 251
Kunze, Friedrich 385–388
Kupper, Daniel 64
Kurenniemi, Erkki 507–513
Kyselak, Joseph 433–436, 438, 446

Lampe, Martin 111
Latour, Bruno 348
Lavater, Johann Caspar 243
Lazarsfeld, Paul 74
Leibniz, Gottfried Wilhelm 376
Leoni, Pompeo 34
Leroi-Gourhan, André 443–444, 446
Lévi-Strauss, Claude 203–205
Lichtenberg, Georg Christoph 244, 282–310, 320, 338, 343, 371
Lilienthal, Otto 83
Lindgren, Astrid 252–253, 259
Lisa, Mona 37, 61, 77
Littlewood, Thomas B. 162–163
Lobo, Sascha 222
Loos, Adolf 422
López, Priscilla 391
Lotman, Juri 52, 195–197, 206, 254
Lübbe, Hermann 393
Luhmann, Niklas 14, 23, 90, 107, 232, 356, 397–407, 418, 457, 461, 501

Maas, Utz 255–256
Mach, Ernst 89, 125, 350–354
Machiavelli, Niccoló 79
Mailer, Norman 423
Malcolm, Norman 127, 147, 157, 165, 201–202, 210
Malinowski, Bronislaw 183–184
Manemann, Jürgen 413
Márquez, Gabriel García 104
Martialis, Marcus Valerius 453, 456
Martin, Joachim 481–482
Marx, Karl 10, 54, 91, 291, 438–439, 512
Mauthner, Fritz 125–126
May, Karl 368
McLuhan, Marshall 104, 380, 436
Medick, Hans 23, 255, 270
Meggle, Georg 159, 162
Meister Arnold 71
Melzi, Francesco 32–34
Merleau-Ponty, Maurice 103
Miranda, Carmen 165
Mithen, Steven 445
Mitscherlich, Alexander u. Margarete 108
Mittelstraß, Jürgen 50
Moore, George Edward 116, 118, 120, 145
Moore, Gordon 524
Moser, Johann Jacob 378–381, 394, 399, 482–487, 489–490
Mozart, Wolfgang Amadeus 313
Müller, Herta 396

Nicholl, Charles 26, 40, 43–44
Nielsen, Carl 11
Nietzsche, Friedrich 16, 21, 59, 105, 124, 293, 489, 523
Nyiri, Christian 182, 184, 198–199

Ogden, Charles K. 129, 183–184
Ogden, Perry 506
Olschki, Leonardo 51
Oltrocchi, Baldassare 34
Ortheil, Hanns-Josef 224, 522
Ostwald, Wilhelm 120, 128

Pacioli, Luca 50
Panofsky, Erwin 59
Paracelsus, Theophrastus Bombast von Hohenheim 76
Pasquino 474–478
Pastior, Oskar 395–396
Pedretti, Carlo 43
Perrin, Daniel 89
Peters, Jan 254, 270–271
Petrarca, Francesco 60, 63, 74–75, 244, 373
Petronius, Titus 471
Piaget, Jean 95, 185, 189
Picasso, Pablo 44, 225
Piccus, Jules 35
Placcius, Vincent 375–376
Platon 55, 98–99, 101, 140
Plinius, Gaius Caecilius Secundus (der Jüngere) 446
Plutarch 230–231, 448
Poe, Edgar Allan 332–333, 365, 371
Pope, Alexander 238
Popper, Karl 92, 211
Porstmann, Walter 17, 388–390
Preis, Kaspar 275–281
Price, Derek John de Solla 391

Read, Allen Walker 458
Reemtsma, Jan Philipp 365
Reinhardt, Volker 52
Rhees, Rush 145

Rheinberger, Hans-Jörg 347–348, 354
Richter, Jean Paul 243–244, 381–382, 394, 409
Rilke, Rainer Maria 125, 336
Rosa, Hartmut 54, 105–106
Rozier, François 394
Russell, Bertrand 116–118, 120, 127, 143, 154, 158–159, 184, 211, 428

Sacchini, Francesco 375
Salcher, Peter 351–352
Saltarelli, Giovanni 43
Salutati, Coluccio 74
San Sepolcro, Borgo 75
Saussure, Ferdinand de 14, 249, 256, 425
Saxl, Fritz 59
Schenda, Rudolf 254–255
Schlegel, August Wilhelm 366–367, 372
Schlegel, Friedrich 382, 528
Schmidt, Alice 358, 360, 363–364
Schmidt, Arno 23, 358–371
Schmidt, Johannes F. K. 399–400, 406
Schneider, Romy 429
Schulte, Joachim 130, 140
Scognamiglio, Nino Smiraglia 43
Seelig, Carl 173
Senckenberg, Johann Christian 281–282
Seneca, Lucius Annaeus 28, 231–234, 239
Sforza, Ludovico 42, 68, 70, 79
Shakespeare, William 366–367, 372, 456
Shannon, Claude E. 84, 195
Sidney, Philip 238

Siegl, Norbert 459–460
Singer, Wolf 97
Soden, Wolfram von 321
Spinoza, Baruch 120, 139
Standage, Tom 447, 468
Stetter, Christian 170, 444
Sutton, Willie 514–516
Swieten, Gottried van 383–384

TAKI 183 410–412, 419, 429, 432
Tetens, Holm 128, 130
Thaddäus, Nikolaus 392
Tolstoi, Lew Nikolajewitsch 130
Tucholsky, Kurt 112–113, 358, 522
Tzara, Tristan 395, 416

Vasari, Giorgio 31, 37, 52–53, 61
Verrocchio, Andrea del 67
Vinci, Lionardo da 25–72, 74–87, 94–99, 109, 111–112, 114–115, 121–122, 141, 153, 160, 195, 217, 261, 265, 290, 310, 324, 327, 389, 423, 462, 529
Virchow, Rudolf 9
Virilio, Paul 17
Vygotskij, Lew 184–185, 187, 189, 325

Waismann, Friedrich 142
Waldenfels, Bernhard 103
Walser, Robert 173–178, 187–192, 194, 199, 205–206, 208, 212, 310
Warhol, Andy 436, 509
Watzlawick, Paul 14
Weininger, Otto 217
Weinrich, Harald 391–393
Weiser, Mark 409
Weizsäcker, Carl Friedrich von 526
Werneburg, Rudolf 387, 401

Weyrauch, Wolfgang 361
Whitehead, Alfred North 117
Williams, Bernard 21
Winckelmann, Johann Joachim 454
Winkler, Hartmut 87
Wittgenstein, Ludwig 116–124, 126–160, 162–168, 171–172, 178–184, 193–194, 198–203, 205–220, 289, 299, 305, 340, 343, 414, 417–418, 497, 517–518, 529

Wolff, Christian 306–307
Woolgar, Steve 348
Wright, Georg Henrik von 139, 145, 210

Young, Edward 239–240

Zöllner, Frank 79, 83
Zuckerberg, Mark 520–522
Zwinger, Theodor 271–272

Raum für Ihre Notizen

Raum für Ihre Notizen